KB145320

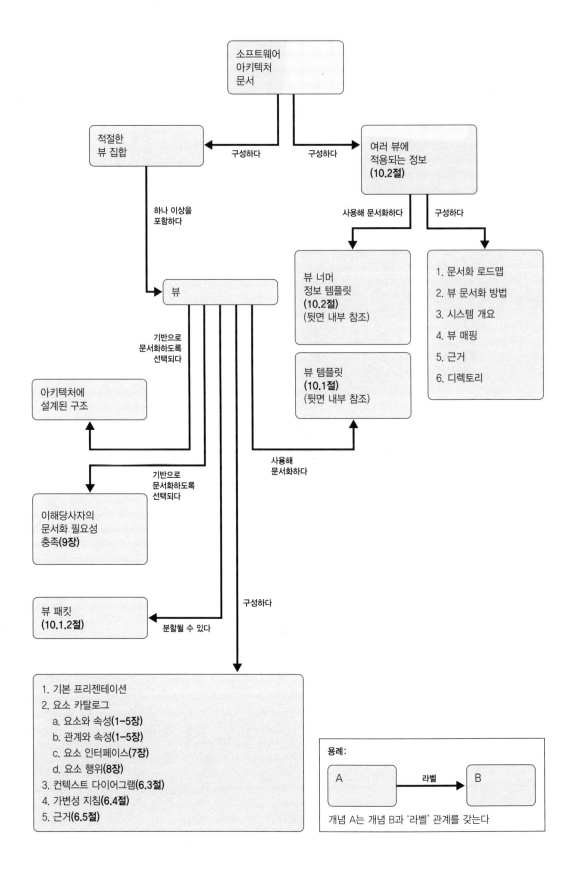

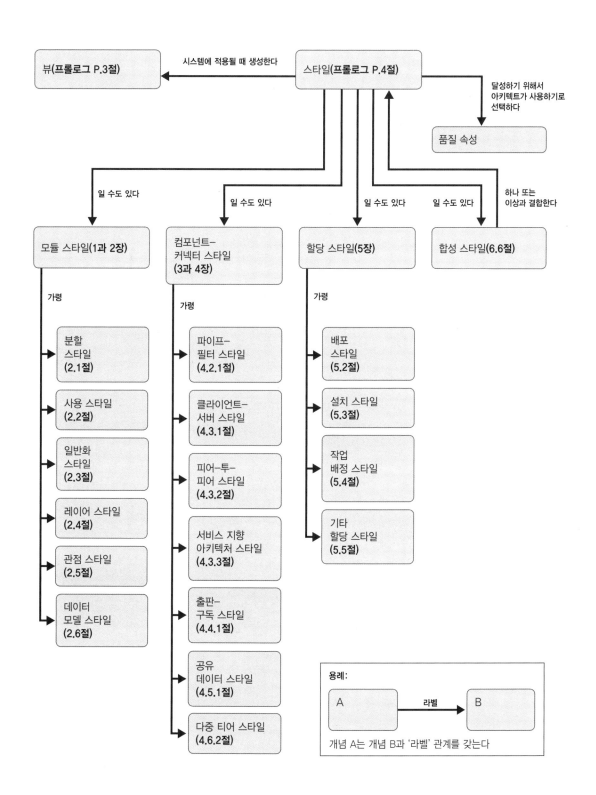

뷰(프롤로그 P.3절) ← 시스템에 적용될 때 생성한다 ← 스타일(프롤로그 P.4절)

스타일(프롤로그 P.4절) → 달성하기 위해서 아키텍트가 사용하기로 선택하다 → 품질 속성

**모듈 스타일(1과 2장)** (일 수도 있다)

가령
- 분할 스타일 (2.1절)
- 사용 스타일 (2.2절)
- 일반화 스타일 (2.3절)
- 레이어 스타일 (2.4절)
- 관점 스타일 (2.5절)
- 데이터 모델 스타일 (2.6절)

**컴포넌트-커넥터 스타일 (3과 4장)** (일 수도 있다)

가령
- 파이프-필터 스타일 (4.2.1절)
- 클라이언트-서버 스타일 (4.3.1절)
- 피어-투-피어 스타일 (4.3.2절)
- 서비스 지향 아키텍처 스타일 (4.3.3절)
- 출판-구독 스타일 (4.4.1절)
- 공유 데이터 스타일 (4.5.1절)
- 다중 티어 스타일 (4.6.2절)

**할당 스타일(5장)** (일 수도 있다)

가령
- 배포 스타일 (5.2절)
- 설치 스타일 (5.3절)
- 작업 배정 스타일 (5.4절)
- 기타 할당 스타일 (5.5절)

**합성 스타일(6.6절)** (하나 또는 이상과 결합한다)

용례:

A → 라벨 → B

개념 A는 개념 B과 '라벨' 관계를 갖는다

# 소프트웨어 아키텍처 문서화 2판

# 소프트웨어 아키텍처 문서화 2판

폴 클레멘츠 · 펠릭스 바흐만 · 렌 베스 · 데이비드 갈란 · 제임스 이버스
리드 리틀 · 파울로 멀슨 · 로버트 노드 · 주디스 스태포드 지음

전병선 옮김

i!i
에이콘

# 초판에 쏟아진 찬사

"오랫동안 선과 도형으로 된 다이어그램은 시스템 구현을 설명하는 글을 더 의미있게 만드는 존재였다. 사람들은 다이어그램을 보고 깨우침을 얻고, 영감을 받으며, 필요한 정보를 찾기도 하지만, 이 다이어그램들은 완전무결하다고 할 만큼 정확하거나 완전하지 않다. 최근 몇 년사이 시스템 구조를 설계하거나 아키텍처를 수립하는 작업의 중요성에 관심이 집중되기 시작했다. 이 책에서는 설계에 도움이 될 뿐만 아니라, 시스템의 소프트웨어 비용 전체에서 절반 정도를 차지하는 유지보수 인력들에 대한 유용한 정보들이 정리돼 있다. 유지보수 비용의 절반은 시스템이 어떻게 구성돼 있고 어디를 고쳐야 하는지 알아내는 데 쓰인다는 사실을 고려하면, 문서화된 아키텍처는 시스템 유지보수 인력들이 구현이라는 밀림을 헤쳐나가기 위해 반드시 지니고 다녀야 하는 지도라고 할 수 있다."

– 매리 셔(Mary Shaw) / 카네기멜론 대학교 컴퓨터 공학과 앨런 펠리스(Alan J. Perlis) 석좌교수, 『Software Architecture: Perspectives on an Emerging Discipline』의 공동 저자

"각자의 시각에서 소프트웨어 아키텍처를 이해하고 활용해야 하는 이해당사자들(사용자, 인수자, 개발자, 테스터, 유지보수 담당자, 상호운영 담장자, 기타 인력)이 다양하게 존재하는 상황에서 다중 소프트웨어 아키텍처 뷰는 필수불가결한 존재다. 따라서 자연히 여러 개의 아키텍처 뷰사이에서 어떻게 일관성을 확보할지 고민하게 되고, 이는 소프트웨어 아키텍처 분야에서 가장 중요하면서도 어려운 과제로 남는다. 이 책은

분석 가능한 소프트웨어 아키텍처 뷰를 정의하고, 그런 뷰를 통합할 수 있는 틀을 만드는 데 매우 소중한 첫발을 내딛고 있다."

– 배리 보엠(Barry Boehm) / TRW 소프트웨어 공학 교수,
남가주대학(USC) 소프트웨어 공학센터 책임자

"이 책의 저자들보다 이 책을 더 잘 쓸 수 있는 사람들은 아마 없었을 것이다. 우선 글의 내용이 읽기 쉬운 데다, 군데군데 유머도 효과적으로 활용하고 있다. 필요할 때는 적당히 관찰자의 입장에 있다가도 끝으로 가면 직접적이면서도 명확한 결론을 내려준다. 이 책에 담긴 철학적인 요소도 눈길을 끈다. 이 책에서 저자들은 다른 사람들이 인식하지 못한 개념들을 고찰하고, 그런 개념들과 관련된 문제점들을 제시한 후, 그 문제들을 해결한다. 가히 아키텍처 문서화라는 주제에 있어 해결사 같은 책이라 하겠다."

– 로버트 글래스(Robert Glass) / 「Journal of Systems and Software」 수석 편집장,
「The Software Practitioner」 편집장 겸 발행인

"우리 조직의 업무를 처리하는 데 매우 큰 가치가 있는 책이다. 복잡한 시스템의 소프트웨어 아키텍처를 설명하는 데 필요한 기법을 이해해야 하는 이들이나 기교를 향상시키고 싶은 이들 모두에게 이 책을 추천한다."

– 스테픈 티엘(Steffen Thiel) / 로버트 보쉬(Robert Bosch) 사

"수많은 이해당사자가 얽혀 있는 프로젝트에서는 다양한 시각에서 아키텍처를 문서화하는 일이 특히 중요하다. 문서화 작업을 할 때 활용할 수 있는 실용적이면서 잘 구성된 지침이 들어 있는 이 책은 현업에서 요긴하게 활용할 수 있는 참고서가 돼 줄 것이다."

– 마틴 시몬스(Martin Simons) / 다임러 크라이슬러(Daimler Chrysler) 기술 연구소

"소프트웨어 아키텍처란 핵심적인 설계 결정사항 중 대부분을 추상적으로 표현해 놓은 것이다. 그래서 소프트웨어 아키텍처에서는 소프트웨어 구현상으로는 직접적으로 보이지 않는 개념들을 사용한다. 그럼

이런 결정사항들을 어떻게 찾아서 표현할까? 복잡한 소프트웨어를 쉽게 이해시킬 수 있는 개념들을 어떻게 찾아낼까? 이 책은 전문적인 아키텍트들이 모여 유용한 아키텍처 개념, 핵심적인 설계 결정사항, 복잡한 소프트웨어를 아키텍처 뷰로 표현하는 실무적인 방법 등에 대한 경험과 이해를 서로 공유한 끝에 나온 빼어난 결과물이다."

— 알렉산더 란(Alexander Ran) / 노키아 소프트웨어 아키텍처 책임 연구원

"나는 이 책에서 잡은 화두에 특히 점수를 주고 싶다. 소프트웨어 아키텍처가 다양한 구조로 이루어지고, 그 구조는 모두 나름의 요소와 그 요소 사이의 관계를 정의하게 된다는 내용 말이다. 또한 오늘날 소프트웨어 설계자들이 애용하는 다이어그램들이 많아지면 혼동을 일으키고 별 가치도 없게 되는 이유를 지적한 부분은 더욱 후한 점수를 주고 싶다. (나는 소프트웨어 공학에서 다이어그램을 하나 사용하면 그것을 설명하는 데는 천 마디 말이 필요하다는 소리를 자주하고 다닌다.) 이 책에서는 많은 소프트웨어 설계자가 애호하는 용어인 '추상화 수준'이라는 말이 왜 공허한 표현인지에 대해서도 좋은 설명을 들을 수 있다. 또한, 이 책에는 유익한 내용이 많이 들어 있어서 출판되기만을 학수고대해왔다."

— 데이비드 웨이스(David Weiss) /
어바이어(Avaya) 연구소 소프트웨어 기술 연구부 책임자

"저자들은 소프트웨어 설계자들이 당면한 주요 문제 대부분을 다루는 유용한 책을 썼다. 이 책에서는 코딩을 시작하기 전에 프로그래머들이 미리 생각해보고, 논의하고, 결정할 수 있는 수많은 사안에 대한 지침을 제공한다. 이런 사안들은 프로그래머들 대부분이 심각하다고 인식하는 결정들보다 훨씬 더 중요하다. 이 책에서 논의된 사항들을 제대로 결정해서 문서화해 놓으면 소프트웨어 개발 과정 내내 프로그래머들에게 좋은 지침이 될 것이다."

— 데이비드 파나스(David Parnas) /
맥마스터(McMaster) 대학 소프트웨어 공학 프로그램 책임자

이 그림들은 재미있으라고 넣어 봤습니다. 도형을 연결하는 화살표는 아무 의미도 없습니다.

> — 최근 한 소프트웨어 아키텍처 컨퍼런스에서 어떤 발표자가 자신이 만든 시스템 아키텍처에 대해 도형과 선을 마구잡이로 쓴, 복잡하기만 하고 실제로는 적합하지 않은 뷰를 보여주고 나서 청중들에게 설명하기가 곤란하다고 판단되자 내뱉은 말

나는 다이어그램으로 시작하려고 합니다. 이것은 선으로 연결된 많은 도형입니다. 그리고 몇 가지 인상적인 말을 할 것입니다. 동적인 전자상거래 영역을 통합한 동기화된 디지털입니다. 질문 있습니까?

> — 딜버트(Dilbert) / 뷰 그래프 프리젠테이션을 하면서

세상이 끝나는 날까지 내가 만든 산출물이 남아 있기를 기원합니다. 나의 목표는 규범이 될 수 있는, 준 형식적인 아키텍처 서술서를 생성해서 이것으로 부서 간의 우선순위를 정하고, 개발을 병렬로 진행하며, 기존 시스템을 이전하는 작업을 관리하는 등의 일을 처리하는 데 기준으로 쓰일 수 있게 하는 것입니다.

> — 어느 대형 금융 서비스 회사의 소프트웨어 아키텍트

## 표지 그림에 대해

새의 날개 그림을 표지로 고른 이유는 날개가 소프트웨어 아키텍처와 유사한 측면이 많아서다. 우리는 소프트웨어와 시스템에 대한 아키텍처 분야에서 지금까지 여러 번 우려먹은 건축 아키텍처에 비유하는 대신에 신선하면서도 풍부한 은유를 살릴 수 있는 생리학적인 시스템들을 찾아냈다. 이런 시스템 중에서도 특히 날개가 가장 적절한 사례인 듯 싶었다.

새의 날개가 어떤 것인지 잘 모르는 사람을 위해 '문서화'를 한다면 어떻게 해야 할까? 날개를 나타낼 때는 소프트웨어 시스템과 마찬가지로 여러 가지 구조 중에서 하나를 골라 그것을 중심으로 보여줄 수 있다. 예를 들어, 신경과 깃털, 뼈대, 순환 계통, 근육 등과 같은 구조들은 다른 구조들과 맞물리면서도 어떤 공통적인 목적을 충족시키는 방향으로 수렴돼야 할 것이다. 예를 들어 깃털을 얼핏 보면 날개 전체를 덮은 요소들이 수없이 반복되는 것처럼 보일 것이다. 그러나 자세히 살펴보면 깃털 내부도 매우 풍부한 하위 구조들로 이루어져 있고, 작지만 체계적인 변형이 존재하기 때문에 모든 깃털이 비슷하게는 보이지만 똑같은 것은 하나도 없다는 사실을 발견하게 된다.

날개에는 무게의 경량성과 공기 역학적 우수성, 뛰어난 보온성 등과 같은 엄격한 품질 속성이 들어 있다. 수백만 번을 퍼덕여도 끄떡없는 날개의 안정성은 다른 무엇과도 견줄 수가 없다. 대개 정적으로 고정된 물리적인 대상이 중요한 건축물과 달리, 날개에서는 동적인 행위가 가장 중요하다. 간단히 말하면 날개는 펼칠 수 있고, 퍼덕일 수 있으며, 접을 수도 있다. 좀 더 자세하게 설명하면, 새는 눈으로는 볼 수 없을 정도의 미세한 움직임으로 날개를 흔들고 감고 비트는 동작을 아주 우아하게 제어한다. 수천 년간 인간들은 조류의 날개를 이해하고자 분해해서 연구하거나 관점을 바꿔서 보는 등의 시도를 해왔다. 그러나 날개는 그 날개를 구성하는 요소나 그 구조의 총합 이상의 무엇이다. 날개는 전체일 때 굉장한 성능과 함께, 아름다움과 우아함을 발산한다. 매의 날개는 훨씬 높은 속도를 낼 수 있도록 시속 200마일로 하강하는 동안 기화되지 않도록 딱딱해지는 눈물을 갖도록 진화됐으며, 후류가 폐에 부딪치는 것을 막기 위해 콧구멍 내부의 특별한 구조를 발전시켰다. 제비처럼 벌레를 먹는 새들은 보통 중력의 14배를 견딜 수 있으며, 하루에도 수십 번씩 그렇게 한다. 평범하게 날아다니는 찌르레기조차도 1초에 자기 몸 길이의 120배를 날아갈 수 있다. 하지만 세계에서 가장 빠른 비행기인 SR-71 '블랙버드'는 약 32배 정도만 날아갈 수 있다 (라이트<sup>Wright</sup>, 2003).

구조와 하위 구조, 변형을 동반한 복제, 행위, 품질 속성, 시스템 전체에 걸쳐 드러나는 속성과 같은 사항들은 모두 소프트웨어 아키텍처를 문서화할 때 찾아서 기록해야 할 중요한 사항들이다. 아직 아름다움과 우아함을 문서화하는 법에 대해서는 따로 연구된 바가 없지만, 논리적 근거를 문서화하거나 설계자가 마음에 새겨둬야 할 내용으로 대신하면 될 것이다. 소프트웨어에 대해서는 이렇게 하는 것이 가능하다. 그러나 새의 날개에 대해서라면, 그저 그 결과물을 바라보며 감탄하는 것 말고는 아직까지 어찌해볼 도리가 없다.

# 2판 추천의 글

내 동료는 주택 시장에서 프랭크 프로이드 라이트<sup>Frank Floyd Wright</sup>가 학생 때 설계했던 오래된 자산에 매혹됐다. 역사와 구조, 발전에 대한 호기심으로 지역 계획 위원회를 찾아갔고, 그곳에서는 원본 청사진의 복사본을 기꺼이 그리고 빠르게 제공했다.

내 친구는 수십 년 전의 집 설계도도 구할 수 있는데, 작년에 작성한 소프트웨어의 아키텍처를 왜 볼 수 없는지 나에게 물었다.

이 책에서 저자들은 내 친구의 궁금증을 해결하도록 도와주는 몇 가지 실용적인 지혜를 제공한다.

소프트웨어 시스템의 아키텍처에 대한 이론과 실제는 아주 활발한 단계에 있다. 특별히 매리 셔와 데이비드 갈란<sup>David Garlan</sup>의 초기 작업은 소프트웨어 아키텍처를 주요 연구 분야로 올려놓았다. 그 이후로 수년 동안 우리는 시스템의 개발과 발전의 주류 관심사로 산출물로의 아키텍처 출현을 목격했다. 이것은 (피립 크루첸<sup>Philippe Kruchten</sup>의 소프트웨어 아키텍처 4+1 모델 뷰에 의해 분명하게 영향을 받은) UML<sup>Unified Modeling Language</sup>과 같은 표기법뿐만 아니라, TOGAF<sup>The Open group Architecture Framework</sup>와 DoDAF<sup>Department of Defense Architecture Framework</sup>와 같은 아키텍처 프레임워크로 완전무장하고 나타난다. 이들을 IBM의 Unified Process와 또 다른 쪽에서는 FSAM<sup>Federal Segment Architecture Methodology</sup>와 같은 방법론에 추가해, 산출물로서의 아키텍처가 소프트웨어 시스템의 추론과 관리에 중요한 역할을 수행한다는 것이 명확해졌다.

우리가 자신 있게 말할 수 있는 몇 가지 사항이 있다. 모든 시스템은 아키텍처를 갖고 있다. 모든 복잡한 시스템은 본질상 계층적이지만, 또한 규칙적인 다른 패턴을 나타낸다. 아키텍처와 구현 과정 사이에 발생하는 친숙한 움직임이 있다. 그리고 소프트웨어 시스템의 아키텍처를 이해하고 추론하기 위해, 여러 이해당사자 부류의 특정한 관심사 관점을 반영하는 여러 뷰를 고려해야만 한다.

소프트웨어 아키텍처를 서술하는 데 가장 일반적으로 사용되는 표기법과 도구는 화이트보드 위에 생성한 상자와 선 스케치다. 이러한 문서화는 신속하고도 유용하다. 그러나 정확하거나 완성도를 갖지는 않는다. 이 책에서 저자들은 소프트웨어 시스템의 아키텍처를 정확하고 완성도 있게 문서화하는 것에 대한 결정적인 참고 자료를 제공한다. 그리고 유용하다!

나는 이 책의 초판을 읽고 저자들에게 그러한 포괄적인 참조에 대한 찬사를 이메일로 보냈던 기억이 난다. 그들은 아주 뛰어났다. 이 새로운 판은 이전 판보다 좀 더 명쾌하고 빛나며, 더 완전하고 실용적이며, 더 집중적이다. 그리고 나는 원래의 것을 향상시키는 일이 가능하다고 생각하지 않았다. 소프트웨어 아키텍처 분야가 과거 수십년보다 더 성장했기 때문에, 말할 것이 더 많고, 우리가 알아야 할 것이 훨씬 더 많아지고, 우리가 작업했지만 완벽하지 못했던 것이 훨씬 많아졌다. 그리고 저자들은 여기에서 그것들을 그 이상으로 해냈다.

따라서 독자 여러분들에 대한 내 희망은 이것이다. 여러분이 지금 작성하는 소프트웨어가 여러분의 아이들의 아이들이 이해하고 찬사를 보낼 수 있는 아키텍처를 갖게 하라.

– 그래디 부치(Grady Booch) / IBM 펠로우

# 초판 추천의 글

10년 전에 나는 새롭고 야심 찬 제어통제 시스템을 만드는 프로젝트의 아키텍처 팀을 이끌게 됐었다. 시작은 별로 매끄럽지 않았지만, 아키텍처 설계 작업이 점점 제 속도를 내며 진행돼 갔다. 아키텍트들은 작업을 진행하면서 새로운 것을 고안해 내 문제를 해결하고, 설계해서 실제로 돌려보기도 하면서 흥미진진해졌다. 우리는 브레인스토밍 회의를 여러 번 진행했고, 그때마다 화이트보드는 단편적인 설계안들로 메워졌고, 노트는 메모로 가득 차 갔다. 그 과정에서 다양한 프로토타입을 만들어 우리의 이론을 검증하거나 기각했다. 개발 팀의 규모가 커짐에 따라, 아키텍트들은 점점 더 많은 사람에게 최신 아키텍처 원칙들을 설명해야만 했다. 설명을 들어야 할 사람 중에는 신입 개발자들뿐만 아니라, 개발 그룹이 아닌 부서에서 온 사람들도 있었다. 그중 일부는 이런 새로운 종류의 소프트웨어 아키텍처 개념에 끌렸고, 일부는 이 아키텍처가 자신들에게 어떤 영향을 미치는지 알고 싶어했다. 다시 말해, 계획 수립, 팀 또는 하부 조직 구성, 시스템 납품, 시스템 부품 구매 과정에 끼치게 될 영향 등을 알고자 했다. 이 아키텍처를 설계하는 데 영향을 끼치고 싶어하는 이들도 있었다. 게다가 개발과 거리가 있는 고객이나 잠재 고객들도 한자리 끼고 싶어 했다. 이에 따라 아키텍트들은 짧게는 몇 시간에서 길게는 며칠까지 상당한 시간을 들여서 다양한 형태와 수준으로, 각양각색의 청중에게 맞는 어투로 아키텍처를 설명해야만 했다. 결국 각 부서에서 온 청중들이 아키텍처를 더 잘 이해할 수 있었다.

이렇게 의사소통을 하는 데 중심이 잡히자 우리의 역량은 서서히 강화됐다. 한쪽에서는 아키텍처를 설계하고 검증하느라 바빠졌고, 다른 한쪽에서는 가끔 많은 청중들을 모아놓고 작업해 놓은 아키텍처의 내용이 무엇인지, 왜 그렇게 돼 있는지, 다른 해결책은 왜 선택하지 않았는지를 발표했다. 그러나 그것이 과했던지 프로젝트가 몇 달 정도 진행된 후에는 우리 내부에서도 스스로 결정해놓은 아키텍처의 모습에 대해 이견이 생기기 시작했다.

이로 인해 우리는 결국 '기록되지 않은 것은 존재하지 않는다.'라는 합의점에 이르게 됐다. 이 원칙은 그 후 두 해 동안 아키텍처 팀 내에서 중심 사상이 됐다. 고대 중국의 철학자인 노자는 도덕경에서 이렇게 설파했다.

> 남들이 나의 일을 궁금해하도록 놓아두라.
> 나중에 가서 결과만을 알려줘라. (36장)

우리가 논의했거나 주장했거나 상상했거나 심지어 화이트보드에 초안까지 적어 놓았거나 상관없이 무엇이든 아키텍처가 될 수 있었다. 그러나 이 시스템에서는 오직 하나의 주력 문서에 기록된 것만이 실제 아키텍처였다. 그 문서가 바로 소프트웨어 아키텍처 문서<sup>SAD, Software Architecture Document</sup>다. 아키텍처적인 요소와 아키텍처적인 결정 중에서 이 문서에 적혀 있지 않으면 실제로는 존재하지 않는 것이다. 'SAD에 들어 있지 않으면 실제로 존재하지 않는 것이다.'라는 이 한 가지 규칙 덕택에 문서를 계속 개선하고 거의 주 단위로 갱신할 수 있게 됐다. 또한, 실제로 시도해 보지 않은 의견들이 분분하게 떠돌아다니는 것이 프로젝트에서 가장 혼동을 일으키는 요소라고 봤을 때, 이런 의견들을 모두 배제할 수 있다는 점도 장점이었다.

소프트웨어 아키텍처 문서는 곧 프로젝트 활동의 중심 요소가 됐다. 아키텍처 문서는 우리의 생각을 남들이 들여다볼 수 있게 해주는 최적의 문서일 뿐만 아니라, 우리가 자리를 비우게 되더라도 다른 사람들이 불편하지 않게 됐고, 우리의 설계가 공격받을 때는 방패막이 역할도 했다.

　그 당시 우리가 직면했던 문제 중에서 가장 핵심적인 것들은 다음과 같다. 소프트웨어 아키텍처 중에서 어떤 것을 문서화해야 할까? 그것을 어떻게 문서화할까? 구성은 어떤 식으로 해야 할까? 표기법은 어떤 것을 사용할 것인가? 얼마나 자세히, 얼마나 추상적으로 표현해야 할까? 우리 시스템만큼 야심 찬 시스템을 기술해 놓은 아키텍처 서술서도 사실 드물었다. 우리는 필요한 것이 생길 때마다 새로 만들어냈다. 이 과정에서 아키텍처라는 것이 평면적인 것이 아니라 일종의 입체적인 실체라는 사실을 곧 깨닫게 됐다. 거기에는 여러 가지 측면이 얽혀 있었고, 그중에서 몇 가지 측면(뷰라고도 한다)은 소수의 참여자에게만 관심을 끌었다. 우리는 문서를 읽어야 할 많은 사람이 500그램 가까이 되는 무게의 문서를 만들어 놓으면 열어보지도 않으리라는 사실을 알았다. 게다가 이런 문서들은 갱신하기도 매우 어려워보였다. 그리고 어떤 선택을 내렸을 때 그에 대한 근거를 제시하지 않으면 다시 재현해 내기가 불가능하다는 사실도 깨달았다. 또한 예리한 시각을 지닌 이해당사자가 새로 등장할 때마다 이런 사실이 다시 문제가 됐다. 우리는 시각적인 표기법을 선택했다. 표기법을 고를 때는 지나치게 모호하거나 헷갈리지 않되, 너무 난해하거나 복잡하지 않은 것으로 했다. 참여자들 대부분의 기를 초장에 꺾어버리지 않도록 말이다.

　이제 소프트웨어 아키텍트들은 자신들이 만드는 소프트웨어 아키텍처를 어떤 식으로 문서화할지 결정하는 데 매우 좋은 시작점에 서 있다. 손쉽게 할 수 있기 때문이다. 이 책의 저자들은 내가 겪었던 것과 비슷한 경험을 수없이 겪어 오면서 그 과정에서 깨달은 중요한 내용들을 추려냈다. 이 책의 저자들은 여러 소프트웨어 아키텍처 문서를 참고했다. 또한 연구 자료들을 검토하고 출간된 모든 책들을 연구한 다음, 표준적인 요소를 점검하고, 그 과정에서 얻은 지혜를 모두 정리해서 이 안내서를 만들었다. 따라서 이 책은 독자들이 소프트웨어 아키텍처 문서를 작성할 때 알아야 할 핵심적인 내용으로 가득차있다. 이 책에서는 소프트웨어 아키텍처의 범위나 구성, 사용하거나 사용하지 말아야 할

기법이나 도구, 표기법은 물론, 비교법이나 조언, 경험 법칙 등에 대한 안내도 담았다. 또한, 처음 시작할 때 유용하게 활용할 수 있을 뿐만 아니라, 방향을 잃고 절망할 때도 계속해서 방향을 잡아주는 역할을 해줄 문서 양식도 들어 있다.

이 책의 가치는 실로 엄청나다. 소프트웨어 아키텍처를 서술해서 여러 이해당사자에게 알리는 일은 매우 중요한 작업이다. 이 지침서는 그 과정에서 발생할 수 있는 수개월 간의 실패와 반복의 시간을 줄이고, 쓸데없는 불편함을 많이 제거해줄 것이며, 궁극적으로 이런 모든 시도 자체를 무의미하게 만드는 뼈저린 실수들을 많이 줄여줄 것이다. 소프트웨어 아키텍트들이 책장에 꼭 갖춰 놓아야 할 중요한 참고서로 자리 잡으리라 믿는다.

– 필립 크루첸(Philippe Kruchten) /
밴쿠버 소재 래셔널 소프트웨어 캐나다(Rational Software Canada)의 프로세스 개발 책임자

# 지은이 소개

**폴 클레멘츠**Paul Clements

카네기멜론 SEISoftware Engineering Institute 기술진의 선임 연구원으로, 1994년부터 소프트웨어 제품 라인 공학과 소프트웨어 아키텍처 문서화 및 분석 프로젝트를 주도하거나 공동 주도했다. 이 외에도『(개정3판)소프트웨어 아키텍처 이론과 실제』(에이콘, 2015)(1판, 2판 포함)와『소프트웨어 아키텍처 평가』(에이콘, 2009) 등 소프트웨어 아키텍처에 관한 두 개의 다른 실무 중심 책의 공동 저자다. 또한『Software Product Lines: Practices and Patterns』(Addison-Wesley, 2001)를 같이 썼으며,『Constructing Superior Software』(Sams, 1999)의 공동 저자이자 편집자다. 이와 함께 어려운 소프트웨어 시스템의 설계와 명세에 대한 지속적인 관심을 반영하는 소프트웨어 공학 논문을 수십 편 작성했다. 2005과 2006년에 뭄바이Mumbai의 인도공과대학Indian Institute of Technology에서 교환 교수로 1년을 보냈다. 1994년에 오스틴Austin에 있는 텍사스Texas 대학교에서 컴퓨터 과학 박사 학위를 받았다. 또한 소프트웨어 아키텍처 IFIP 작업 그룹(WG2.10)의 설립 회원이다.

**펠릭스 바흐만**Felix Bachmann

SEI 기술진의 선임 연구원으로, 아키텍처 센트릭 엔지니어링 이니셔티브Architecture Centric Engineering Initiative에서 일하고 있다. '속성 주도적 설계 방법Attribute-Sriven Design Method'의 공동 저자이자, ATAM 평가자 교육

코스의 기여자 및 교수며,『소프트웨어 아키텍처: 이론과 실제』(에이콘, 2007)의 공헌자다. SEI에 오기 전에는 기업 연구소인 로버트 보쉬Robert Bosch 사의 소프트웨어 엔지니어로, 소프트웨어 개발 부서에서 소규모와 대규모 임베디드 시스템의 소프트웨어 공학 문제를 해결했다.

### 렌 베스Len Bass

SEI 기술진의 선임 연구원이다. 소프트웨어 아키텍처에 관한 수상 경력을 갖고 있는 2권의 책의 공동 저자며, 컴퓨터 과학과 소프트웨어 공학에 관련된 다양한 주제에 대한 여러 권의 책과 다수의 논문을 썼다. 6개 대륙에서 기조 연설자이자 뛰어난 강사로 활약했다. 현재 초대형 시스템의 개념을 스마트 그리드에 적용하는 일을 하고 있다. 운영체제로부터 데이터베이스 관리 시스템과 자동차 시스템에 이르는 수많은 제품 및 연구 소프트웨어 시스템의 개발에 참여했다. 소프트웨어 아키텍처 IFIP 작업 그룹(WG2.10)의 회원이다.

### 데이비드 갈란David Galan

카네기멜론 대학(CMU) 컴퓨터 과학 학부의 컴퓨터 과학 교수며, 소프트웨어 공학 전문 프로그램 소장이다. CMU에서 1987년에 박사 학위를 받았으며, 1987년부터 1990년까지 현장에서 소프트웨어 아키텍트로 일했다. 소프트웨어 아키텍처, 자기 적응 시스템, 형식 방법론, 사이버 물리 시스템에 관심이 있다. 소프트웨어 아키텍처 분야, 특히 아키텍처 설계의 형식적 표현과 분석 분야의 창시자 중 한 사람으로 간주되고 있다. 2006년에는 소프트웨어 아키텍처를 소프트웨어 공학의 규율로서 개발과 이해에 기초적인 공헌을 인정받아 Stevens Award Citation을 받았다.

### 제임스 이버스James Ivers

SEI 기술진의 선임 연구원으로, 소프트웨어 아키텍처와 프로그램 분석 분야에서 일했다. CMU에서 1996년에 소프트웨어 공학 석사 학위를 받았으며, 스타트업에서부터 다국적 기업까지 다양한 개발 조직에서 일했다. 분산 시뮬레이션의 국제 표준 개발에 공헌한 여러 개의 논문을 썼으며, 최근에는 스마트 그리드의 보안 권고 초안을 작성하기 위해 공공-개인 협력 작업을 하고 있다.

### 리드 리틀<sup>Reed Little</sup>

SEI 기술진의 선임 연구원으로, 컴퓨터 시뮬레이션, 소프트웨어 아키텍처, 소프트웨어 제품 라인, 맨머신 인터페이스, 인공 지능, 프로그래밍 언어 설계 분야의 35년간 경험을 대형(300만 이상의 코드 행) 소프트웨어 시스템에 적용된 연구와 실무 고객 지원의 다양한 관점에 활용하고 있다.

### 파울로 멀슨<sup>Paulo Merson</sup>

20년 이상의 소프트웨어 개발 경험이 있다. SEI에서 소프트웨어 아키텍처, 서비스지향 아키텍처, 관점 지향 소프트웨어 개발 분야를 담당했다. 또한 산업에서 실무 소프트웨어 아키텍트다. SEI에서의 과제 중 하나로 산업과 정부 실무자를 대상으로 2일 과정의 '소프트웨어 아키텍처 문서화'를 가르쳤다. 또한 SD Best Practices, 닥터 도브<sup>Dr. Dobb</sup>의 Architecture & Design World, JavaOne과 같은 다양한 컨퍼런스에서 강의를 했다. SEI에 합류하기 전에는 자바 EE 컨설턴트였으며, 브라질리아<sup>Brasilia</sup> 대학에서 컴퓨터 과학 학사와 CMU에서 소프트웨며 공학 석사 학위를 받았다.

### 로버트 노드<sup>Robert Nord</sup>

SEI의 Research, Technology, System Solutions Program 기술진의 선임 연구원으로, 소프트웨어 아키텍처의 효과적인 방법론과 실천을 개발하고 의사소통하는 일을 한다. 『Applied Software Architecture』(Addison-Wesley, 2000)의 공동 저자며, 아키텍처 중심적 접근 방법에 대해 강의한다. 소프트웨어 아키텍처 IFIP 작업 그룹(WG2.10)의 회원이다.

### 주디스 스태포드 <sup>Judith Stafford</sup>

터프츠<sup>Tufts</sup> 대학의 전문 강사며 SEI의 교환 과학자다. 터프츠 대학 학부에 있기 전에 Product Lines Systems Program 안에 있는 SEI 기술진의 선임 연구원으로 소프트웨어 아키텍처 테크놀로지 이니셔티브 Software Architecture Technologies Initiative에서 일했다. 소프트웨어 아키텍처 분석과 소프트웨어 컴포넌트 합성에 대한 소프트웨어 아키텍처 지원, 그리고 소프트웨어 아키텍처 문서화를 주제로 하는 다양한 책의 몇 장을 공동 저술했다. 또한 여러 컨퍼런스와 워크샵의 주최자며 프로그램 위원회 멤버고, 여러 주도적인 소프트웨어 공학 저널 특별판의 게스트 편집자였다. 볼더<sup>Boulder</sup>에 있는 콜로라도 대학에서 컴퓨터 과학 박사와 석사 학위를 받았다. IEEE Computer Society와 ACM SIGSOFT, SIGPLAN, 소프트웨어 아키텍처 IFIP 작업 그룹(WG2.10)의 회원이다.

# 감사의 글

이 책이 나올 수 있게 도와주신 많은 분께 감사의 인사를 드린다.

초판이 없었다면 두 번째 판은 있을 수 없었을 것이다. 도움을 주시고 지원해주신 모든 분들에게 감사드린다.

SEI의 닌다 노스롭은 (두 번이나) 전폭적인 지원을 해주었다. SEI의 아키텍처 중심적인 이니셔티브의 수장 마크 클레인은 이 책을 그 이니셔티브를 전이하려는 노력의 일부로 만들었다. 골치아픈 워드프로세싱 문제를 처리하는 데 귀중한 도움을 준 바바라 화이트에게 매우 감사드린다. 표지를 만들고, 이 책의 많은 그림을 만들었으며, 모든 그림과 그래픽을 구조화시킨 커트 헤스에게도 감사드린다. 롭 치크는 완전한 초기 시안을 검토했으며, 특히 프롤로그의 '패턴 대 스타일' 박스에서 유용한 제안을 많이 해주었다. 책을 편집하는 데 도움을 준 존 몰리에게 감사드린다.

에디슨웨슬리Addison Wesley의 피터 고든은 이 책을 총괄하는 작업을 훌륭하게 해냈다. 우리의 많은 질문에 항상 올바른 대답을 해준 킴 보데가이머에게 감사한다. 우리가 지금 보고 있는 결과를 탁월한 능력으로 만들어주신 출판 전문가들, 애나 팝픽과 크로스토퍼 킨, 존 폴러에게 감사드린다.

이 판의 빛나는 추천의 글을 써준 그래디 부치에게 특별히 감사한다. 또한 그래디는 두 번째 판에 관한 우리의 생각을 가이드한 초판에 도움을 줬고 방향을 제시하는 코멘트를 해줬다. 초판 추천의 글을 써 준 필립 크루첸에게 감사의 말을 전하며, 이 글을 받게 된 것을 자랑스럽게 생각한다.

아키텍처 패턴과 아키텍처 스타일 사이의 차이점에 관한 온라인 토론에 참여한 아키텍처 커뮤니티의 저명한 전문가인 알렉산더 울프와 프랭크 버치맨, 셀소 곤잘레스, 데이비드 에머리, 오언 우즈, 그래디 부치, 한스 밴 브릿, 커트 워나우, 마틴 보아손, 매리 셔, 모벤 젠틀맨, 네노 메드비도빅, 리치 힐리어드, 릭 카즈만, 루스 마란에게 감사드린다.

표지 내부를 장식하는 개념 맵에 대한 아이디어를 준 프라브하카에게 감사한다. 개념 맵은 cmap.ihmc.us의 Cmap으로 렌더링됐다.

아키텍처 결정을 수집하는 것에 관한 필립 크루첸의 튜토리얼을 요약해준 래리 존스에게 감사하며, 그 튜토리얼에 대한 노트를 제공한 필립에게 감사한다. 행위 명세에 IEEE 시안 표준 1175를 주목하게 해준 피터 아이리히에게 감사한다. 초판에서 만족하지 못했던 장의 이름을 대체할 수 있도록 6장의 '기초를 넘어서' 제목을 제시해준 필 테일러에게 감사한다. 이벤트 주도적 대 전사적 시스템의 논의를 해준 조 배트맨에게 감사한다. 책에 있는 여러 인용이 광고와 관련돼 있는데 아키텍처에 이들을 마음대로 사용했다. 킴벌리 프리먼과 사이트 소유자에게 감사한다.

초기 시안을 완전히 그리고 아주 도움이 되도록 검토해준 잔 부치와 스테판 퍼버, 로버트 글래스, 오언 우즈에게 마음으로부터 감사한다.

해를 거듭할수록 내용을 향상시킬 수 있도록 통찰력 있는 코멘트를 해주고 이 책의 개정판을 만들도록 동기를 부여해준 '소프트웨어 아키텍처 문서화' 과정을 수강한 수천 명의 수강자에게도 감사 인사를 전한다.

프롤로그에 인용한 좋은 문서화의 규칙은 『A Rational Design Process: How and Why to Fake It』(파나스와 클레멘츠, 1986)에 있는 것에 기초했다. 그림 2.36과 2.37은 램니버스 래드애드밀의 2004년 프리젠테이션에서 가져왔다.

마지막으로 몇몇 아키텍처 전문가가 자신의 경험과 에너지를 이 책의 다양한 부분에 공헌해 주었다. 우리는 이들의 이름을 '와 함께'라고 장과 절의 제목 밑에 붙여서 이들의 공헌을 알렸다. 공헌한 저자의 목록은 '공헌자'에서 찾을 수 있다.

# 공헌자

### 아트 애크먼<sup>Art Akerman</sup>

포춘 500대 금융 서비스 회사의 전사적 아키텍처 임원이다. 복잡하고 필수적인 공공, 보험, 금융 서비스 분야의 시스템 개발과 아키텍팅에 15년 이상의 경험이 있다. 현재 회사의 기술 포트폴리오를 합병하고 가상화 및 표준화하는 IT 인프라스트럭처에 서비스지향 아키텍처 원칙을 적용하는 작업을 이끌고 있다.

### 피터 일리스<sup>Peter Eeles</sup>

IBM 래셔널 소프트웨어<sup>Rational Software</sup>의 중역 IT 아키텍트로, 대규모 분산 시스템을 아키텍팅하고 구현하는 데 대부분의 시간을 보냈다. 현재는 조직이 소프트웨어 개발 능력을 향상시키는 것을 도와주는 데 집중하고 있다. 『Building J2EE Applications with the Rationa Unified Process』(Addiosn-Wesley, 2003)와 『Building Business Objects』(Wiley, 1998), 『The Process of Software Architecting』(Addison-Wesley, 2009)의 공동 저자다.

### 데이비드 에머리<sup>David Emery</sup>

시스템/소프트웨어 공학 회사인 DSCI의 수석 소프트웨어 아키텍트로, 육군 미래 전투 시스템 프로그램에서 일하고 있다. 지난 18년 동안 소프트웨어와 시스템 공학의 분명한 규율을 지키며 아키텍처의 실천을 정의하고 향상시키는 작업을 했다. ISO/IEC 42010:2007 아키텍처 서술 표준을 개정하는 U.S. Technical Working Group for ISO/ IEC JTC1/SC7 WG42의 수석이며, 전신인 IEEE Std 1471-2000의 주요 공헌자였다.

### 조지 페어뱅크스 George Fairbanks

10년 동안 소프트웨어 아키텍처와 객체지향 설계를 가르쳤다. 2008년 봄에 카네기멜론 대학(CMU) 소프트웨어 아키텍처 대학원 과정의 공동 강사였다. CMU에서 소프트웨어 공학 박사 학위를 받았다. 박사 학위 논문에서는 설계 단편과 정적 분석을 통한 프레임워크의 정확한 사용을 명세하고 보장하는 새로운 방법을 도입했다. 전화교환기용, 이클립스 IDE 플러그인을 위한 코드를 작성했으며, 닷컴 스타트업을 위한 대부분의 코드를 작성했다.

### 릭 페런호스트 Rik Farenhorst

4년 동안 VU 암스테르담 대학의 정보 관리와 소프트웨어 공학 부서에서 연구원으로 일했다. 소프트웨어 아키텍처 도메인에 지식 관리 실천의 효과적인 적용에 중점을 둔 아키텍처 지식 관리 연구를 주도했다. 연구 결과는 수십 개의 학술지에 게재됐다.

### 피터 페일러 Peter Feiler

23년 동안 CMI SEI와 함께 했다. SAE Society of Automotive Engineers와 AADL Architecture Analysis & Design Language의 기술 리더이자 저자다. 주요 연구 관심사는 신뢰할 수 있는 실시간 시스템, 임베디드 시스템의 아키텍처 언어, 예측할 수 있는 시스템 공학 분야다.

### 제임스 허브슬렙 James herbsleb

CMU의 컴퓨터 과학 스쿨 School of Computer Science의 교수다. 지난 18년 동안 소프트웨어 공학 프로젝트의 조정을 집중적으로 연구해왔다. 벨 연구소 공동 연구 프로젝트를 이끌며, IBM, 액센츄어 Accenture, 보쉬 Bosch, 지멘스 Siemens를 포함한 많은 산업 파트너와 컨설팅 및 공동 작업하면서 실제 경험을 쌓아왔다. 현재는 조정을 개선하고, 조직과 아키텍처 솔루션을 병합하는 사회기술적 패턴의 식별과 목록을 작성하기 위한 조직적이고 아키텍처적인 전술을 개발하는 데 집중하고 있다.

### 리치 힐리어드<sup>Rich Hilliard</sup>

산업과 정부, 대학에 컨설팅하는 소프트웨어 시스템 아키텍트다. ISO/IEC 42010, Systems and Software Engineering-Architecture description(이전의 ANSI/IEEE Std 1471 표준)의 편집자다. 1990년부터 아키텍처에 관한 책을 써왔다.

### 존 클레인<sup>John Klein</sup>

SEI 기술진의 선임 연구원이다. 2008년 SEI에서 일하기 전에는 어바이어<sup>Avaya</sup> 사에서 통신 애플리케이션 제품의 수석 아키텍트로 일했다. 25년 이상 센서와 무기로부터 비디오 컨퍼런싱 및 전화 호출 센터의 협력 시스템에 이르는 도메인에서 시스템 아키텍처를 개발한 경험이 있다.

### 필립 크루첸<sup>Philippe Kruchten</sup>

약 20년 동안 알카텔<sup>Alcatel</sup>과 래셔널 소프트웨어에서 통신, 국방, 운송 분야의 다양한 대형 소프트웨어 시스템의 시스템 및 소프트웨어 아키텍트였다. 래셔널에 있는 동안 Rational Unified Process에 포함된 다중 아키텍처 뷰의 개념과 표현 기법을 개발했다. 지금은 밴쿠버<sup>VanCouver</sup>에 있는 브리티시 콜롬비아<sup>British Columbia</sup> 대학에서 소프트웨어 공학을 가르치고 있다.

### 존 맥그레거<sup>John D. McGregor</sup>

클렘슨<sup>Clemson</sup> 대학의 컴퓨터 과학 부교수며, SEI의 교환 과학자이고, 소프트웨어 공학 컨설팅 회사인 루미내리 소프트웨어<sup>Luminary Software</sup>의 파트너다. 주요 연구 관심사는 소프트웨어 제품 라인, 모델 주도적 개발과 컴포넌트 기반 소프트웨어 공학이다. 소프트웨어 아키텍처를 포함하는 소프트웨어 공학 결정에 시스템 엔지니어를 컨설팅해준다. 시스템 정의로부터 코드 생성과 테스트에 이르는 연속성을 제공하는 수단으로 SysML, AADL, UML로 구성된 도구 체인을 정의했다. 『A Practical Guide to Testing Object-Oriented Software』(Addison-Wesley, 2001)의 공동 저자다.

### 돈 오코넬 Don O'Connell

소프트웨어시스템 아키텍처 Software/System Architecture 의 특별 기술 연구원이며, 보잉 사에서 일하고 있다. 지난 9년 동안 보잉 팬텀 웍스 Boeing Phantom Works 에서 일했으며, 아키텍처 평가와 아키텍처 개발, 아키텍처 분석, 그리고 아키텍트 자격과 같은 핵심 실천을 도입함으로써 보잉사의 아키텍처 역량을 향상시키는 작업을 이끌었다.

### T.V. 프라바카르 T. V. Prabhakar

현재 1986년부터 칸푸르 Kanpur 에 있는 인도공과대학 컴퓨터 과학 공학의 교수다. 산업의 아키텍처와 설계에 대한 많은 과정을 가르치는데, 그의 강점은 교실에서 아키텍처를 가르친다는 것이다. 현재 관심사는 소프트웨어 아키텍처와 지식 프로세싱이다.

### 닉 로잔스키 Nick Rozanski

1980년대 초부터 IT 분야에서 일했다. 금융, 소매, 제조, 정부의 다양한 프로젝트에서 개발자, 설계자, 요구 분석가, 그리고 좀 더 최근에는 아키텍트로 일했다. 현재 런던에 있는 영국계 투자은행인 바클레이 Barclay Global Investors 에서 전사적 아키텍처 그룹을 이끌고 있다. 그의 팀은 IT의 비전과 로드맵을 전달하는 임무를 맡고 있다. 프로젝트와 프로그램의 가이드와 감독을 제공하고, IT 그룹의 계획과 투자 프로세스를 지원하며, 중요한 업무 문제의 혁신적인 솔루션을 추진하고 있다.

### 달판 사이니 Darpan Saini

카네기멜론 대학의 소프트웨어 공학 프로그램의 특별 연구원이다. 최우선 연구 관심사는 프로그래밍 언어 설계와 소프트웨어 아키텍처다.

UML 모델에서 코드를 생성하는 도구를 개발한 경험이 있다.

### 제프 타이리 Jeff Tyree

포춘 500대 금융 서비스 회사에서 IT 아키텍처 중역이다. 주요 관심사
는 대규모 소프트웨어 시스템 설계와 시스템 발전 프로세스, 리팩토링,
성능 엔지니어링이다. 금융과 국방 산업에서 20년 이상의 소프트웨어
개발 경험이 있다. 켄터키 베레아 Berea의 베레아 대학에서 수학 학사, 테
네스 녹스빌 Tennesse Knoxville 대학에서 수학 석사 학위를 받았다.

### 데이비드 웨이스 David M. Weiss

1962년에 유니온 Union 대학에서 수학 학사, 1981년에 메릴랜드 Maryland
대학에서 컴퓨터 과학 박사 학위를 받았다. 현재 아이오와 Iowa 주립 대
학의 Lanh and Oahn Nguyen 소프트웨어 공학 교수다. 소프트웨어
측정에 대한 목표-질문-메트릭스 접근 방법과 소프트웨어 시스템의
모듈 구조 연구, 그리고 FAST 프로세스의 공동 고안자로서 소프트웨어
제품 라인 공학에서의 작업이 매우 유명하다. 『Software Product Line
Engineering』(Springer, 2005)과 『Software Fundamentals: Collected
Papers by David L. Parnas』(Addison-Wesley, 2001)의 공동 저자이자
편집자다.

### 오언 우즈 Eoin Woods

영국계 투자은행인 바클레이 Barclays Global Investors의 소프트웨어 아키텍
트로, 회사의 차세대 포트폴리오 관리 시스템의 아키텍처를 담당하
고 있다. 1990년대 초부터 소프트웨어 공학 분야에서 일했으며, 지난
10년 동안 주로 소프트웨어 아키텍트로서 일했다. 닉 로잔스키와 함
께 『Software Systems Architecture: Working With Stakeholders
Using Viewpoints and Perspectives』(Addison-Wesley, 2005) 공동
저자다.

# 옮긴이 소개

**전병선**(bsjun@ensoa.co.kr)

30년간의 실무 개발 경험을 바탕으로 CBD, SOA, BPM 분야의 아키텍처 설계와 컨설팅을 수행하고 있으며, 20권 이상의 많은 저서를 출간한 베스트셀러 저자다. 1993년부터 C, C++, Visual C++, 객체지향, UML, CBD, SOA 분야의 IT 서적을 저술했으며 폭넓은 독자층을 갖고 있다. 최근에는 다시 개발자로서 직접 실무 개발에 참여해 .NET과 자바 개발 기술을 이끌고 있다.

1994년 이후 전문 IT 기술 강사로서 정보기술연구소, 다우데이터시스템, 소프트뱅크코리아, 데브피아, 웹타임, 삼성SDS 멀티캠퍼스에서 강의했으며, 1996, 1997년에는 마이크로소프트의 초대 리저널 디렉터로서 DevDays, TechEd, PDC 등의 여러 컨퍼런스에서 강연했다.

금융, 제조, 조선, 통신, 정부 연구기관 등 다양한 도메인 분야에서 아키텍트이자 PM으로 참여했다. 삼성전자 홈네트워크 솔루션 아키텍처 구축, STX 조선 생산계획 시스템, 대우조선 DIPS 시스템, 삼성생명 비전속영업관리 시스템 등 CBD 또는 Real-Time & Embedded를 기반으로 하는 다양한 프로젝트를 컨설팅했다.

또한 SOA 전문가로서 거버먼트 2.0, KRNet 2010 등 각종 SOA 세미나와 강연회를 가졌으며, 조달청 차세대 통합 국가전자조달시스템 구축 사업 서비스 모델링과 KT N-STEP SOA 진단 컨설팅을 했으며, KT의 NeOSS 시스템 구축, 암웨이의 AUS 시스템, 대우조선의 SOA 기반 종합 계획 EA 프로젝트 등의 SOA 관련 프로젝트들을 수행했다.

# 옮긴이의 말

30년간의 소프트웨어 개발 경험 속에서 갖고 있는 하나의 신념은 '아키텍처가 튼튼한 시스템이 결국엔 성공한다.'는 것이다. 아키텍처가 튼튼한 시스템은 결합성이 적고 응집력이 강한 시스템이다. 이처럼 튼튼하게 아키텍처가 설계된 시스템을 구현하는 것은 결코 실패하지 않으며, 적어도 문제를 최소화할 수 있다. 업무 로직이 변경되는 경우라도 쉽게 대응할 수 있어 생명력이 긴 소프트웨어 시스템을 만들어낼 수 있다. 이러한 신념을 바탕으로 집필한 『CBD, What & How』(와우북스, 2008)와 『SOA, What & How』(와우북스, 2008)에서 각각 제시한 CBD와 SOA 방법론은 모두 튼튼한 아키텍처 설계를 강조하고 있다. 소프트웨어 아키텍처를 문서화하는 것은 아키텍트나 개발자들에게 어려운 작업일 수 있다. 그러나 소프트웨어 아키텍처를 올바르게 문서화하는 일은 다양한 관점을 갖고 있는 모든 이해당사자가 시스템의 소프트웨어에 대해 같은 이해를 공유하게 한다는 점에서 아주 중요하다.

이 책은 초판의 연장선상에 있으면서도 문서화 체계를 변화시켰다. 뷰 타입과 스타일, 뷰로 구분하던 것을 스타일과 뷰로 간결하게 바꾼 것이다. 이것은 『(개정3판)소프트웨어 아키텍처 이론과 실제』(에이콘, 2015)를 반영한 결과다. 이 책에서 설명한 소프트웨어 아키텍처 문서화 방법론의 이름은 뷰와 그 너머View and Beyond다. 특별히 이번 판은 근래에 많이 적용하고 있는 애자일 개발 프로젝트에서의 아키텍처 문서화 방법도 함께 설명하고 있다. 이 책에서 뷰와 그 너머 방법론과 애자일 철학은 중심점에서 완전히 일치한다고 단정한다. 즉, 정보가 필요 없다면 문서화하지 않는다는 것이다. 많은 애자일 프로젝트에서 소프트웨어 아키텍처 문서화를 무시하는 경향이 있지만, 이 책을 읽고 여러분은 애자일 프로젝트에서도 소프트웨어 아키텍처 문서화가 필요하다는 것을 깨닫게 될 것이다. 특별히 이번 판에서는 UML을 사용해 소프트웨어 아키텍처의 다양한 뷰를 표현하는 방법도 포함하고 있으며, 웹 기반의 서비스지향 시스템을 문서화하는 예제도 제공한다.

『(개정3판)소프트웨어 아키텍처 이론과 실제』와 함께 이 책을 번역하게 된 것을 자랑스럽게 생각한다. 이 책 역시 소프트웨어 공학을 공부하는 사람들에게는 교과서와 같은 책이어서 학문적으로도 손색이 없도록 번역해야 한다는 점에서 부담감은 이루 말할 수 없었다. 이 책의 번역을 허락해주신 에이콘출판사에게 감사드리며 오타와 껄끄러운 문맥을 다듬느라 고생하신 편집부의 노고에 감사드린다. 이 번역본이 여러분의 시스템 아키텍처를 문서화하는 데 조금이라도 도움이 됐으면 한다.

전병선

에이콘출판의 기틀을 마련하신 故 정완재 선생님 (1935-2004)

# 차례

## 2장 몇 가지 모듈 스타일     131

## 5장  할당 뷰와 몇 가지 할당 스타일  275

## 7장 소프트웨어 인터페이스 문서화     359

## 8장 행위 문서화     391

## III부  아키텍처 문서화 구축         419

## 9장   뷰 선택         421

## 10장  문서 패키지 구축         447

# 11장  아키텍처 문서 검토 489

## 에필로그: 다른 접근 방법과 함께 뷰와 그 너머 사용    513

# 독자 가이드

## 이 책의 대상 독자

이 책에는 3가지 독자 유형이 있다.

1. **소프트웨어 프로젝트의 아키텍처 문서를 생성하는 책임을 맡은 소프트웨어 아키텍트**: 이들을 위해 "나의 아키텍처에 수집할 정보는 무엇이며, 시기적절한 형식으로 명확하고 유용하게 의사소통하는 데 사용할 수 있는 표기법과 기법은 무엇인가?"라는 질문에 대답할 것이다.

2. **아키텍트 또는 아키텍처 팀에게 받은 문서를 소화하고 사용해야 하는 아키텍처 이해당사자**: 소프트웨어 아키텍트는 자신의 문서를 위한 안내서로 이 책을 제공해 특정한 절을 통해 문서 구조의 원칙, 표기법, 개념 또는 관례를 설명할 수 있다.

3. **소프트웨어 아키텍처에 관한 기본 개념을 배우고자 하는 사람**: 소프트웨어 아키텍처(문서화)의 목적과 사용을 수립함으로써, 그리고 아키텍처의 생성과 의사소통에 중요한 기본적인 개념 집합을 수립함으로써, 이 책은 이 주제의 입문서 역할을 한다.

우리는 소프트웨어 엔지니어링의 개념에 대한 기본적인 사항을 알고 있다고 가정한다. 대부분의 경우에서 아키텍처 뷰와 아키텍처 스타일, 인터페이스와 같이 여러분이 알고 있는 기본 개념을 더 선명하고 명확하게 할 것이다.

## 편집 규약

이 책의 핵심 메시지는 본문에 포함돼 있다. 또한 여백에 다음과 같은 추가적인 정보를 제공한다.

- 정의: 뷰와 같은 용어를 소개할 때 해당 줄에 인접한 여백 노트에 정의를 제공한다. 이들 용어는 책 뒷부분에 있는 용어집 목록에도 포함돼 있다.

뷰(view)는 시스템 요소의 집합
과 이들과 관련된 관계의 집합
의 표현이다.

- 가치 있는 실제적인 조언

모든 그래픽 표현은 사용된 표
기법을 설명하는 용례를 포함해
야 한다.

- 이 책 안에 있는 것이든 외부에 있는 것이든 추가적인 정보의 출처

프롤로그는 이 책에서 사용된
기본적인 아키텍처 개념을 소개
한다.

- 메시지에 깊이를 더할 인용문

좋은 표기법은 수학적인 표기법
의 어떤 사용자라도 친근한 특
성을 구현해야 한다. 문제로 야
기되는 구조의 표현 용이성, 시
사점, 상세와 경제, 형식적인 증
명에 따르기 등이 포함된다.

- 켄 아이버슨(Ken Iverson)
  (1997, p.341)

여백 노트에 맞지 않는 조언은 본문 안에 삽입했다. 본문과 직접적이지 않은 것은 사이드바에 두어, 시각적으로 구별될 수 있도록 각 절 끝에 두었다. '용어 설명' 박스는 용어의 문제를 다루며, '관점' 박스는 하나 이상의 저자들에 의해 작성된 관찰이나 배경 정보다.

각 장의 끝에는 다음 사항이 온다.

- 장의 중점과 규범적인 지침을 조명하는 '요약 체크리스트'
- 교실이나 그룹 대화의 기반이 될 수 있는 '생각해볼 문제'
- 관련된 주제에 대해 좀 더 깊이 있는 논의를 할 때 찾아볼 수 있는 참고 자료를 제공하는 '더 읽을거리'

### 이 책의 활용 방법

모든 아키텍트가 활용하는 방법은 다음과 같다

- 1부 개요를 읽고 스타일과 뷰를 이해하며, 이 책에서 논의하는 스타일의 컬렉션에 대해 감을 잡는다.
- 1장에서 5장까지를 훑어보고 문서화에 사용되는 뷰에 대해 깊이 이해한다. 나중에 문서화할 뷰의 집합을 선택한다면, 필요할 때 좀 더 깊이 있게 이들을 읽을 수 있다.
- 10장을 읽고 문서화 패키지의 구성 체계를 배운다.
- 9장을 읽고 특정한 시스템에 중요한 뷰를 선택하는 방법을 배운다. 이것은 문서화에서 제공할 필요가 있는 종류의 정보로 제공할 이해당사자와 사용성이 일치하도록 문서화 패키지를 계획할 수 있게 한다.
- 6장의 절을 훑어보고 가변성과 컨텍스트 다이어그램 및 기타 유용한 개념들을 문서화하는 방법을 배운다. 필요할 때 다시 돌아와서 이들에 집중한다.
- 7장과 8장을 읽고 소프트웨어 인터페이스를 문서화하는 것과 시스템의 행위를 문서화하는 것을 배운다.
- 11장을 참조해 아키텍처 문서를 검토하는 방법을 보고서 검토자가 필요한 정보를 제공함으로써 성공적으로 검토가 이루어질 수 있도록 한다.

- IBM 래셔널<sup>Rational</sup>의 4+1 접근 방법이나 ISO/IEC 42010과 같은 다른 규범적인 방법론을 준수하는 문서를 만드는 데 관심이 있다면 에필로그를 참조한다.

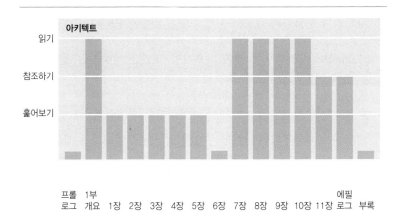

이 책의 규범대로 작성된 아키텍처 문서를 사용하는 아키텍처 이해당사자는 더 깊게 이해하기 위해서 이 책을 참조하기 원한다면 다음과 같이 사용한다.

- 10장을 읽고 문서의 레이아웃과 레이아웃이 전달하려는 아키텍처 정보의 범위를 달성하는 방법을 더 잘 이해한다.

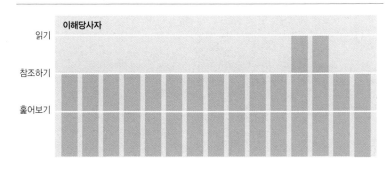

- 아키텍처 문서의 특정한 부분에 좀 더 통찰력을 필요로 하는 다른 장을 참조한다. 예를 들어, 1부 개요를 읽고 모듈과 컴포넌트-커넥터, 할당 스타일에 대해 배우고, 특정한 스타일에 관한 장을 참조한다.
- 아키텍처 문서화의 검토를 수행하거나 참여한다면 11장을 읽는다.

소프트웨어 아키텍트에 관한 기초적인 개념을 배우기를 원하는 독자는 다음과 같이 사용한다.

- 프롤로그를 읽고서 소프트웨어 아키텍처가 무엇인지, 왜 중요한지, 개발 프로젝트에서 문서화의 주요한 역할이 무엇인지를 배운다.
- 1부 개요를 읽고서 스타일과 뷰에 대해 이해하고, 이 책에서 논의하는 스타일 컬렉션의 감을 잡는다.
- 1장에서 5장까지 읽고 현대 소프트웨어 시스템에서 많이 사용되는 아키텍처 스타일에 익숙해진다.
- 7장과 8장을 훑어보고 인터페이스와 행위의 중요한 아키텍처 개념에 대해 배운다.
- 10장을 참조해 아키텍처 문서의 형식을 살펴본다.
- 표기법에 익숙하지 않다면 이 책의 예제를 이해하는 데 도움이 되도록 부록을 훑어본다.

# 들어가며

이 책의 목적은 다음 질문에 대답하는 것이다.

> 다른 사람이 성공적으로 사용할 수 있고, 유지보수하며, 시스템을 구축하
> 는 데 사용할 수 있는 아키텍처를 어떻게 문서화하는가?

이 책의 독자는 아키텍처 문서의 생산과 소비에 관련된 모든 사람들
이다. 이 책의 목표는 아키텍처에 관한 어떤 정보가 수집해야 할 중요
한 것인지를 결정하고, 그것을 수집하는 데 필요한 지침과 표기법, 예
제를 제공하는 것이다. 우리는 이 책이 아키텍처를 구성하는 다양한 종
류의 정보에 대한 실무 중심의 가이드가 되도록 했다. 또한, 어떤 정보
가 문서화돼야 하는지를 결정하며, (UML을 비롯한 다양한 표기법의 예제
와 함께) 다른 사람들이 아키텍처에 기반한 작업, 즉 구현과 분석, 복구
를 수행하는 데 사용할 수 있도록 작성할 때 그 정보를 서술하는 방법
을 보여주는 실제적인 가이드를 제공한다. 또한 다른 사람들이 사용할
수 있는 포괄적인 아키텍처 문서를 생성하는 방법도 보여준다.

대부분의 책에서 특정한 표기법(보통 UML)을 사용하는 방법을 설명
하지만, 우리는 아키텍트가 정말로 필요한 것은 아키텍처와 이해당사
자가 가장 우선하는 가이드며, 언어는 그것을 지원하는 부수적인 것이
라고 믿는다. 그것이 이 책에서 제공하고자 하는 것이다.

## 아키텍처를 위한 언어와 도구

상업용 언어와 도구 스윗은 특별히 객체지향 시스템 영역에서 설계 정보를 잡아내는 데 사용할 수 있다. 이들 도구 중 일부는 관련된 설계 방법론과 표기법, 상업용 제품에 묶여 있다. 일부 도구는 아키텍처가 아닌 설계 영역을 목표로 한다. 이런 도구나 표기법을 채택해야 하는 경우에 이 책이 여러분에게 도움이 될까?

특정한 도구에 대한 참조보다도 더 빨리 쓸모 없어지는 것도 없다. 따라서 이런 것들을 피하려고 한다. 대신에 아키텍처에 관해 잡아내야 하는 정보에 집중한다. 그 정보는 여러분이 취해야 하는 접근법이라고 생각한다. 수집할 필요가 있는 정보에 집중하고, 그다음에 사용할 수 있는 도구를 사용해 수집하는 방법을 찾아내야 한다. 거의 모든 도구가 그들이 제공하는 코딩 블록에 자유롭게 주석을 추가하는 방법을 제공한다. 다른 모든 것이 실패한다면 이들 주석은 적당한 방식으로 정보를 수집하고 기록할 수 있게 할 것이다. 아키텍처 문서를 준비해야 할 대상이 되는 모든 사람이 여러분이 선택한 도구 환경을 사용하거나 여러분이 채택한 상업용 표기법을 이해할 수 있는 것은 아니라는 것을 기억해야 한다.

하지만 보통 몇 가지 표준 언어와 표기법을 중점적으로 사용하며, 그중에서도 UML이 가장 많이 사용되고 있다. 그래서 이 책에서는 정제refinement와 행위 같은 다른 개념뿐만 아니라, 우리가 다루는 아키텍처 뷰를 표현하는 데 UML 2를 보여주는 많은 예제를 제공한다. 여러분이 모델링 언어로 UML을 선택한다면 아주 편안하게 느낄 것이다.

부록 A는 이 책의 개념을 문서화하기 위한 UML의 시각적인 표기법의 요약과 적용 방법을 알려준다. 부록 B와 C는 SysMLSystems Modeling Language과 AADLArchitecture Analysis and Design Language을 각각 요약한다. 우리의 목적은 이들 언어를 가르치는 데 있는 것이 아니고, 이들에 익숙한 사람들이 빨리 훑어보며, 다른 모든 사람에게는 개요를 제공하는 것이다.

## 2판에 새로 추가된 것

- 몇 가지 새로운 아키텍처 스타일이 주류로 들어왔으며, 이 판은 이들을 문서화하는 것에 대해 이야기한다. 여기에는 서비스지향 아키텍처와 다중 티어 아키텍처, 관점지향 시스템을 위한 아키텍처가 포함된다. 또한 설치와 제품 환경뿐만 아니라 소프트웨어 시스템 데이터 모델의 아키텍처 수준 문서화를 중요한 스타일로 다룬다.

- 2판은 포괄적인 문서화보다는 작동하는 소프트웨어에 더 큰 가치를 두는 애자일 선언문과 일관적인 충고를 지향하는 애자일에 근거을 두고 작업했다.

- 최고의 산업 관행을 반영해 더 근거 있고 체계적인 문서화를 다뤘다. 또한, 이해당사자가 의도한 대로 돼 있는지 아키텍처 문서를 검토하는 새로운 장을 추가했다.

- 제시된 아키텍처 문서화의 템플릿은 그동안의 사용과 피드백을 반영해 향상됐다. 또한, 좀 더 유연하며, 다른 옵션으로 문서를 배열할 수 있게 했다.

- 문서화된 소프트웨어 아키텍처의 포괄적인 예를 새로운 것으로 대체했다. 오늘날 산업의 주류 아키텍처는 웹 기반의 서비스지향 시스템이다. 이 책을 더 얇게 하고, 시간이 지남에 따라 예제를 유지할 수 있게 하기 위해 예제를 온라인에 두었다. 그리고 많은 온라인 예제도 대체되거나 변경됐다.

- 초판이 출간된 이래 UML은 2.0 이상의 버전으로 업그레이드됐다. 이것은 다양한 아키텍처 구조, 특히 컴포넌트와 커넥터를 좀 더 직접적으로 문서화할 수 있는 새로운 가능성을 열어주었다. 필요한 곳에 새로운 구조를 반영해 그림을 변경했다.

- 2판에서는 아키텍처를 문서화하는 데 유용한 UML과 AADL, SysML 등 3가지 중요한 언어와 표기법을 요약한 간결한 부록을 포함한다. 각 부록은 해당 언어의 간단한 참조 가이드를 제공한다.

- 마지막으로 2판에는 초판이 출간된 이래 그동안 우리가 '뷰와 그 너머'와 함께 얻은 경험이 반영됐다. 이 경험은 문서화된 아키텍처

를 생성하고, 다른 사람이 그렇게 하도록 도와주는 데서 온 것이다. 또한 다른 조직의 소프트웨어 아키텍처를 평가할 때와 같이 실제로 아키텍처 문서를 사용하는 데서 왔다. 마지막으로 이 책을 기반으로 하는 이틀간의 실무 과정에 참여한 수천 명 이상의 참가자와 상호작용한 결과를 반영했다. 소프트웨어 아키텍처를 실습하는 이들의 상호작용은 우리의 충고를 좀 더 규범적이고 선명하게 하며, 아키텍트가 매일 만나게 되는 문제와 상황을 반영하게 만들었다.

## 소프트웨어 아키텍처 문서화 온라인 예제

이 책에서 설명하는 접근 방법과 템플릿을 사용하는 소프트웨어 아키텍처 문서화의 완전한 작업 예제는 wiki.sei.cmu.edu/sad에 있다.

– P.C.
오스틴, 텍사스

– F.B., L.B., D.G., J.I., R.L., R.N.
피츠버그, 펜실베니아

– P.M
브라질리아, 브라질

– J.S.
보스톤, 메사추세츠

## 독자 의견과 정오표

이 책의 한국어판에 관한 질문은 이 책의 옮긴이나 에이콘출판사 편집 팀(editor@acornpub.co.kr)으로 문의해주기 바란다. 정오표는 에이콘출판사의 도서정보 페이지 http://www.acornpub.co.kr/book/swarchitect-document-2e에서 찾아볼 수 있다.

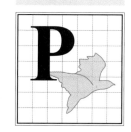

# 프롤로그: 소프트웨어 아키텍처와 문서화

프롤로그에서는 이 책 전체에서 사용되는 작지만 기본적인 개념을 정립한다. 소프트웨어 아키텍처(P.1절)와 아키텍처 문서화(P.2절)의 간단한 개요로 시작해, 다음과 같은 주제를 이어서 알아본다.

- P.3절: 아키텍처 뷰
- P.4절: 아키텍처 스타일(그리고 아키텍처 패턴과의 관계)과 3개의 스타일 카테고리 분류: 모듈 스타일, 컴포넌트-커넥터 스타일, 할당 스타일
- P.5절: 좋은 문서화를 위한 규칙

## P.1 소프트웨어 아키텍처의 간단한 개요

### P.1.1 개요

소프트웨어 아키텍처<sup>software architecture</sup>는 소프트웨어 엔지니어링의 하위 분야로 등장했다. 아키텍처는 전체를 부분으로 분별력 있게 분할하고, 부분 사이의 특정한 관계를 갖도록 하는 것을 말한다. 이러한 분할 partitioning은 그룹의 인력들이(주로 조직적으로, 지역적으로, 그리고 시간대 경계로도 구분돼) 함께 협력해 생산적으로 작업해, 개별적으로 해결할 수 있는 것보다 훨씬 더 큰 문제를 해결할 수 있도록 하는 것이다. 각 그룹은 상호작용하는 데 필요한 최소한의 가장 안정적인 정보를 드러내는 다른 그룹의 소프트웨어와 상호작용하는 소프트웨어를 작성한다. 이러한 상호작용으로부터 시스템의 이해당사자가 요구하는 기능성과 품질 속성(보안, 변경용이성, 성능 등)이 나온다. 시스템이 크고 복잡할수

컴퓨팅 시스템의 소프트웨어 아키텍처란 시스템을 추론하는 데 필요한 구조의 집합으로, 시스템은 소프트웨어 요소와 이들 사이의 관계, 그리고 이들 요소와 관계의 속성으로 구성된다.

록 이러한 분할(그리고 아키텍처)은 더 중요하다. 여러분도 보게 되겠지만, 이들 품질 속성이 더 많이 필요할수록 아키텍처는 그만큼 더 중요해진다.

단일 시스템은 대부분 불가피하게 여러 가지 다른 방식으로 동시에 분할된다. 각 분할은 아키텍처적인 구조, 즉 다른 부분들의 집합과 이 부분들 사이의 다른 관계를 생성하게 된다. 각각은 신중한 설계의 결과며, 주도적인 품질 속성 요구와 가장 중요한 시스템의 비즈니스 목표를 충족시키기 위해 수행된다.

아키텍처는 부분들의 집합이 모여 긴밀하고 성공적인 전체로서 함께 작업하게 하는 것이다. 아키텍처 문서화는 아키텍트가 올바른 결정을 할 수 있도록 도와준다. 개발자에게 이들이 어떻게 수행되는지를 알려주며, 시스템의 향후 관리자에게 아키텍트의 솔루션에 대한 통찰력을 제공할 수 있도록 이 결정들을 기록한다.

> 많은 프로젝트는 스레드와 객체를 동일시 하고, 객체를 모듈과 동일시 하며, 다시 모듈을 파일과 동일시 하는 것과 같이 여러 컴포넌트 도메인 안에 하나의 파티션을 부과하려는 실수를 저지른다. 이러한 접근 방법은 결코 완전히 성공할 수 없으며, 궁극적으로 조정이 이루어져야 하지만, 보통 이러한 초기 의도의 손실은 고치기 어렵다. 이것은 예외 없이 개발에서의 문제로 이어지며, 경우에 따라서는 최종 제품에도 문제를 야기시킨다.
>
> – 자자야(Jazayer)와 란(Ran), 반 데르 린덴(van der Linden)(2000, p.16-17)

## P.1.2 아키텍처와 품질 속성

거의 모든 시스템에서 성능, 신뢰성, 보안, 변경용이성과 같은 품질 속성은 모두 소프트웨어가 정확한 해결책을 만드는 것을 확인하는 것만큼 중요하다. 정확한 결과를 만드는 소프트웨어 시스템의 능력은 결과를 만드는 데 너무 오래 걸리거나 시스템이 결과를 전달할 만큼 충분히 지속되지 않거나 경쟁자나 적에게 결과를 노출시킨다면 도움이 되지 않는다. 아키텍처는 이러한 관심사가 해결되는 곳이다. 예를 들어 보자.

- 높은 성능이 필요하다면 다음 사항이 필요하다.
  - 작업을 협력하거나 동기화한 프로세스로 분할함으로써 잠재적인 병렬화를 촉진한다.
  - 프로세스 간 및 네트워크 통신 볼륨과 데이터 접근 빈도를 관리한다.
  - 예상 지연 시간과 처리량을 산정할 수 있다.
  - 발생할 만한 성능 병목을 식별한다.

- 높은 정확성이 필요하다면 데이터 항목이 정의되고 사용되는 방법과 이들 값이 시스템에서 이동하는 방법에 주목해야 한다.
- 보안이 중요하다면 다음 사항이 필요하다.
  - 부분 사이의 사용 관계와 커뮤니케이션 제약사항을 규정한다.
  - 권한을 갖지 않은 침입에 가장 취약한 시스템의 부분을 식별한다.
  - 가능하다면 가장 높은 신뢰도를 획득하는 특별한 요소를 도입한다.
- 변경용이성과 호환성을 지원해야 한다면, 시스템 부분 사이의 관심을 면밀하게 분리해 변경이 하나의 요소에 영향을 미칠 때 해당 변경이 시스템 전체에 퍼져나가지 않아야 한다.
- 시스템을 연속적으로 더 큰 서브 집합을 릴리스함으로써 점증적으로 배포하고 싶다면 조각들 사이에 의존성dependency 관계를 해결해 "모든 것이 다 작동할 때까지 아무것도 작동하지 않는다." 증후군을 피하도록 해야 한다.

이러한 해결 방안은 본질상 순수하게 아키텍처적이다. 이 해결 방안들을 찾아내고 그것을 수행할 사람들에게 효과적으로 전달하는 것은 아키텍트에게 달려 있다. 아키텍처 문서는 품질 속성에 관한 세 가지 책무가 있다. 첫 번째는 어떤 품질 속성이 설계를 주도하는지 나타내야 한다. 두 번째는 품질 속성 요구를 충족하기 위해 선택된 해결 방안을 담아내야 한다. 마지막으로 그 해결 방안이 필수적인 품질 속성을 어떻게 제공하는지 그 근거를 담아내야 한다. 목표는 아키텍처가 분석될 수 있는 충분한 정보를 담아내, 아키텍처가 이것으로부터 도출된 시스템이 필수적인 품질 속성을 갖고 있는지 확인하는 것이다.

10장에서는 주도적인 품질 속성 요구와 선택된 해결 방안, 이들 해결 방안의 근거를 문서의 어디에 기록하는지를 보여줄 것이다.

---

**용어 설명**

### 소프트웨어 아키텍처란?

소프트웨어 아키텍처 문서화의 의미에 동의한다면 우리가 문서화하는 것이 무엇인지에 대한 공통적인 기반을 수립해야 한다. 소프트웨어 아키텍처에 관한 보편적인 정의는 없다. SEI^Software

소프트웨어 아키텍처는 부정확하게 결정됐다면 프로젝트가 취소되게 할 수 있는 설계 결정의 집합이다.

– 오언 우즈(Eoin Woods)(SEI 2010)

www.sei.cmu.edu/architecure
에서 SEI 정의를 읽거나 기여할
수 있다.

Engineering Institute 웹사이트에서는 전 세계의 문헌과 전문가들로부터의 정의를 수집했다. 지금까지 150개 이상의 정의가 수집됐다.

새로운 분야는 가능한 한 표준 정의와 핵심 용어를 명확하게 정의하려고 한다. 해당 분야가 어느 정도 성숙해졌을 때 기본적인 개념이 견고한 정의보다 더 중요해지고, 정의하려는 열망은 점차 사라진다. 객체지향 개발도 초기에는 어떤 미팅에서든 아주 순진한 얼굴로 "객체가 정확히 무엇인가요?"라고 묻는 바람에 중단되는 경우가 많았다. 이러한 현상은 대체로 산재된 정의가 (이론적이지 않더라도) 분명한 중심점을 가져서 이것으로부터 아주 유용한 진행이 전개된다는 것을 사람들이 깨달았을 때 끝난다. 때로는 '충분히 근접한' 것으로 충분하다.

이것은 소프트웨어 아키텍처의 경우에도 그렇다. 몇 가지 정의를 내리려는 시도를 살펴보면 우리 중심을 잘 엿볼 수 있다. 그것을 마음 속에 두고 몇 가지 영향력을 갖는 정의를 살펴보자.

건축 아키텍처에 비유해 소프트웨어 아키텍처의 모델을 소프트웨어 아키텍처 = {요소, 형식, 근거}로 설명할 수 있다. 즉, 소프트웨어 아키텍처는 특별한 형식을 갖는 아키텍처(경우에 따라서는 설계) 요소의 집합이다. 아키텍처 요소를 처리 요소, 데이터 요소, 연결 요소 등 세 가지 종류로 구별할 수 있다. 처리 요소(processing element)는 데이터 요소에 변형을 공급하는 컴포넌트다. 데이터 요소(data element)는 사용되고 변형되는 정보를 포함하는 컴포넌트다. 연결 요소(connecting element)(연결하는 요소는 처리 요소나 데이터 요소 또는 둘 다 일 수도 있음)는 아키텍처의 다른 조각을 모아주는 접착제와 같다(페리(Perry)와 울프(Wolf), 1992, p.44).

... 연산 알고리즘과 데이터 구조를 넘어서, 전체 시스템 구조를 설계하고 명세하는 것이 새로운 유형의 문제로 등장했다. 구조적인 문제에는 총체적 조직과 전반적 통제 구조, 그리고 커뮤니케이션 프로토콜, 동기화 및 데이터 접근, 설계 요소에 기능성 할당, 물리적 분산, 설계 요소 조합, 확장과 성능, 설계 대안 사이의 선택이 포함된다(갈란(Garlan)과 쇼(Shaw), 1993, p.1).

프로그램/시스템의 구성 요소의 구조와 이들 상호 간의 관계, 그리고 이들 설계와 시간 경과에 따른 발전을 통제하는 원칙과 가이드라인이다(갈란과 페리, 1995, p.269).

아키텍처는 소프트웨어 시스템의 구조과 구조적 요소 및 시스템을 구성하는 인터페이스, 그리고 여기에 이들 요소 사이의 협력에 명시된 행위와 이들 구조 및 행위 구조를 점차적으로 더 큰 서브 시스템으로 조합하고 이 구조를 가이드하는 아키텍처 스타일(즉, 요소와 인터페이스, 협력, 조합)의 선택에 관한 중요한 결정의 집합이다(부치(Booch)와 럼버그(Rumbaugh), 제이콥슨(Jacobson), 1999, p.31).

시스템의 기본적인 구조로서, 컴포넌트와 이들 사이의 관계, 환경, 그리고 설계와 발전을 가이드하는 원칙을 포함한다(IEEE 1471, 2000, p.9).

프로그램 또는 컴퓨팅 시스템의 소프트웨어 아키텍처는 소프트웨어 요소와 이들 요소의 외부로 드러나는 속성, 그리고 이들 사이의 관계를 구성하는 시스템의 구조다. '외부로 드러나는 속성(externally visible property)'이란 다른 컴포넌트들이 컴포넌트에 관한 제공된 인터페이스(provided interface), 성능 특징, 결함 처리, 공유 리소스 사용 등과 같은 가정을 한다는 것을 의미한다(베스(Bass)와 클레멘츠(Clements), 카즈만(Kazman), 2003, p.27).

시스템을 통제하는 기본적인 설계 결정 집합이다(테일러(Taylor)와 메드비도빅(Medvidovic), 대서피(Dashofy), 2009, p.xv).

그 이후로 몇 가지 다른 '주류' 정의가 나왔지만, 대부분은 우리가 앞에서 언급한 것을 재진술하거나 재조합한 것이다. 그 중심점은 안정화된 듯하다.

이러한 중심점은 주로 소프트웨어 아키텍처의 구조적인 관점을 취한다. 소프트웨어 아키텍처는 요소와 이들 사이의 연결 또는 관계, 그리고 대개 (여러분이 고를 수 있는) 설정, 제약사항 또는 의미론, 분석 또는 속성, 또는 근거, 요구 또는 이해당사자의 필요성과 같은 몇 가지 다른 관점으로 구성된다.

이들 관점은 서로를 배제하지 않으며, 소프트웨어 아키텍처 정의에 대한 표현이 기본적으로 충돌하지도 않는다. 대신에 구성 부분, 전체 실체, 일단 구축됐다면 행위하는 방식, 또는 그것의 구축 등 아키텍처에서 강조점에 관한 소프트웨어 아키텍처 커뮤니티 안에서의 스펙트럼을 표현한다. 이들이 함께 어우러져 소프트웨어 아키텍처의 일치된 관점을 형성한다.

이 책에서는 베스와 클레멘츠, 카즈만(2003)의 것과 유사한 정의를 사용한다. 아키텍처에 관해 문서화할 것이 무엇인지를 알려주기 때문이다. 이 정의는 모든 소프트웨어 시스템에 있는 복수의 구조를 강조한다. 아키텍트가 주의깊게 선택하고 설계한 이들 구조는 시스템의 설계 목표를 달성하고 추론하는 핵심이다. 그리고 이들 구조는 아키텍처를 이해하는 핵심이 된다. 따라서 소프트웨어 아키텍처를 문서화하는 우리의 접근 방법의 중심이 된다. 구조는 요소와 이들 사이의 관계, 그리고 이들 둘의 중요한 속성으로 구성된다. 따라서 구조를 문서화하는 것은 이들을 문서화하는 것이 된다.

---

**관점**

### 아키텍처와 설계의 차이점

아키텍처가 설계와 어떻게 다른가 하는 문제는 수년간 소프트웨어 개발 커뮤니티를 따라 다니면서 괴롭혀온 질문이기도 하다. 내가 아키텍처 초급 과정을 가르칠 때 종종 받았던 질문이다. 이것은 아키텍처 문서에 무엇을 담을 것인가, 그리고 그 밖의 다른 것에는 무엇을 담을 것인가와 관련된 질문이기 때문에 여기에서도 중요하다.

우리가 말할 수 있는 첫 번째는 명확하게 아키텍처는 설계지만, 모든 설계가 아키텍처는 아니라는 것이다. 즉, 많은 설계 결정이 아키텍처에서 결정되지 않은 채로 남겨져서, 이후 설계자나 구현자가 알아서 판단할 수 있도록 한다. 아키텍처는 이후 활동의 제약사항을 수립하고, 이 활동들은 아키텍처를 준수하는 산출물(더 적은 입자성의 설계와 코드)을 산출해야 한다.

여기에서 멈추고 싶은 유혹을 받겠지만, 여러분이 주의를 기울였다면 우리가 질문을 이렇게 바꾸었다는 것을 알아차렸을 것이다. 즉, 아키텍처는 아키텍처적인 설계 결정으로 구성되며, 그 밖의 다른 것은 비아키텍처적이다. 그렇다면 어떤 결정이 비아키텍처적인가? 즉, 어떤 설계 결정이 다른 사람이 알아서 결정하도록 남겨주어야 하는 것일까?

이 질문에 대답하기 위해 우리는 본래 아키텍처의 목적으로 되돌아가야 한다. 아키텍처의 목적은 시스템의 품질과 행위 요구 그리고 비즈니스 목표를 만족시키는 것이다. 아키텍트는 시스템의 아키텍처적인 구조로 표현되는 설계 결정을 함으로써 아키텍처를 설계한다.

따라서 아키텍처 결정은 시스템이 품질 속성과 행위 요구를 충족시키도록 하는 것이다. 그 밖의 다른 모든 결정은 비아키텍처적이다.

명확하게 가시적이지 않은(즉, 요소 외부에 차이점이 없는) 요소의 속성을 가져오는 어떤 설계 결정도 비아키텍처적이다. 일반적인 예로는 데이터 구조와 그 데이터 구조를 관리하고 접근하는 알고리즘의 선택이다.

아마도 "모듈 분할의 처음 세 개의 수준은 아키텍처적이지만, 이후 분할은 아니다."라거나 "UML 클래스 다이어그램에서 클래스, 패키지, 그리고 이들 관계는 아키텍처적이지만, 시퀀스 다이어그램은 아니다." 또는 "SOA 시스템의 서비스를 정의하는 것은 아키텍처적이지만, 각 서비스 공급자 컴포넌트의 내부 구조를 설계하는 것은 아니다."와 같이 여러분은 좀 더 구체적인 대답을 기대하고 있었을지 모르겠다.

그러나 이런 것들은 임의적이고 인위적인 경계를 긋기 때문에 적합하지 않다. 이처럼 실제적일 것 같은 시도는 진짜 아키텍처가 이들 경계에서 잘려나가기 때문에 결국은 실제적이지 않다.

여기 몇 가지 종종 들을 수 있는 인위적인 정의가 있다.

먼저 "아키텍처는 커다란 설계 결정의 작은 집합이다." 누군가 아키텍처 문서가 50페이지를 넘지 않아야 한다고 수장하기 때문에 '작은 집합'이라고 정의했다. 또는 80페이지, 30페이지라고도 한다. 분명하게 그들은 아키텍처가 지정된 페이지 분량을 채울 수 있는 설계 결정의 집합이며, 그것을 넘어가는 나머지는 아니라고 생각한다. 물론 이것은 분명히 터무니없는 생각이다.

또 다른 자주 듣는 오답은 "아키텍처는 설계에 세부사항을 추가하기 시작할 수 있는 것이다."라는 말이다. 용어는 보통 우리의 생각을 제공하기보다는 지시한다. 잘못된 마음가짐을 갖는 해로운 예는 '상세 설계detailed design'다. 많은 사람들이 상세 설계는 아키텍처 다음에 하는 것으로 생각한다. 이 용어가 모든 곳에서 사용되고 있는데, 사용하지 말아야 한다. 이것은 아키텍처 설계와 비아키텍처 설계nonarchitectural design 사이의 구별이 '상세'라는 의미를 갖는다. 이 경우에 아키텍처는 상세하면 안 된다. 만약 상세하다면 그다음에 상세 설계를 할 것이 없기 때문이다. '상세'를 측정하는 방법이나 상세한 것이 어떤 정도여야 아키텍처적이 아닌가 하는 임계치를 설정하는 것을 모른다고 염려하지 말라. 만약 설계가 '상세'한 것처럼 보인다면 여러분은 아키텍처를 하지 않고 여러분의 권한을 감독하는 상세 설계 감독관에에게 보고하게 될 것이다. 이처럼 터무니없는 것들이 많이 있다.

일부 아키텍처의 설계 결정에 특수성specificity이 많이 부족할 수 있다. 즉, 이후 설계자에게 선택의 자유를 남겨준다. 어떤 아키텍처적인 설계 결정은 전혀 '결정'이 아니라 광범위한 제약사항일 수도 있다. 웹 브라우저에 끼워넣는 플러그인이 그 예다. 어떤 아키텍처도 완전한 집합을 상세히 결정하지 않는다. 아키텍처는 일정한 표준과 인터페이스를 충족하도록 새로운 것을 제한한다. 또

'상세 설계'란 용어를 사용하지 말라! 대신에 '비아키텍처 설계' 용어를 사용하라.

는 아키텍트는 다음과 같이 요소를 서술할 수도 있다. "요소는 출판된 인터페이스를 통해서 연산 결과를 전달하며, 스레드 안정적이고, 네트워크상에서 한 번에 3개 이상의 메시지를 호출하지 않으며, 20나노초 안에 응답을 반환한다." 해당 요소를 구현하는 팀은 아키텍트가 정한 규정을 만족시키는 한 어떤 설계 결정도 자유롭게 할 수 있다.

반대로 어떤 아키텍처 결정은 특정한 프로토콜의 채택, XML 스키마, 또는 커뮤니케이션이나 기술 표준과 같이 아주 '상세'할 수 있다. 그러한 결정은 상호운영성 또는 다양한 확장성scalability이나 확장력extensibility과 같은 변경용이성을 목적으로 한다.

요소의 인터페이스조차 '분명하게' 아키텍처 영역 밖에 있다고 일부 사람들은 비난하지만, 이들은 최고로 아키텍처적이다. 예를 들어 서비스지향 아키텍처SOA, Service-Oriented Architecture에서 컴포넌트는 출판된 인터페이스를 통해서 상호작용한다. 이들 인터페이스를 정의할 때 중요한 설계 결정은 오퍼레이션의 입자성granularity과 데이터 형식, 각 오퍼레이션의 상호작용 타입(동기적, 비동기적)이 포함된다. 또는 실시간 센서의 데이터를 처리하는 요소를 고려한다. 이들 요소의 인터페이스가 개별 데이터 요소와는 반대로 스트림으로 처리되도록 하는 것은 실시간 성능 요구를 충족시키도록 하는 요소(따라서 시스템)의 능력에 엄청난 변화를 가져올 것이다. 이러한 결정은 요소의 개발 팀에게 맡겨둘 수 없으며, 모든 것이 여기에 의존한다.

상세에 관한 적절한 질문은 모듈과 다른 계층적 요소hierarchical element를 고려할 때 제기된다. 언제 중단해야 하나? 설계할 때 계층도에 충분한 수준은 어느 정도인가? 서브 모듈은 충분한가 또는 아키텍트는 서브-서브-서브-서브 모듈을 설계해야 할 필요가 있는가? 아키텍처를 중단해야 할 때에 관한 우리가 주장하는 좋은 기준이 있다. 모듈 분할module decomposition의 기준은 독립적인 개발과 변경용이성을 달성하는 것이다. 각 모듈에 밀집성을 갖는

계층적 요소(hierarchical element)는 유사한 종류의 요소로 구성되는 요소의 일종이다. 모듈(module)은 그 자체가 모듈인 서브 모듈(submodule)로 구성되기 때문에 계층적 요소다. 작업(task) 또는 프로세스(process)는 계층적 요소가 아니다.

책임을 면밀하게 할당함으로써 둘 다 달성할 수 있다. 설계한 모듈이 시스템의 변경용이성과 독립적인 개발 요소를 만족시키기에 충분할 정도로 입자성이 작다면 아키텍트로서의 의무를 다한 셈이다.

마지막으로 아키텍처에 대한 정의는 컨텍스드에 민감하다. 가령 아키텍트가 요소를 식별하지만, 광범위한 관점에서 요소의 인터페이스와 행위를 스케치하는 데 동의한다고 하자. 규정된 요소가 아주 크고 복잡하다면 그것을 개발하는 팀은 자신의 내부 서브 구조를 제공하도록 선택할 수 있으며, 이 서브 구조는 모든 면에서 아키텍처와 같을 수도 있다. 그리고 해당 요소의 컨텍스트 안에서 그 서브 구조는 아키텍처다. 그러나 전체 시스템 컨텍스트에서는 아키텍처적이지 않으며, 개발 팀이 해당 요소에서 대해 내린 내부 설계 결정일 뿐이다.

요약하면 아키텍처는 설계지만 모든 설계가 아키텍처적이지는 않다. 아키텍트는 시스템이 개발과 행위, 및 품질 목표를 충족하는 데 꼭 필요한 결정을 하도록 함으로써 아키텍처적인 설계와 비아키텍처적인 설계 사이의 경계를 그린다. 다른 모든 결정은 이후 설계자와 구현자에게 남겨둘 수 있다. 결정은 컨텍스트에 따라서 아키텍처적일 수도 있고 아닐 수도 있다. 구조가 시스템의 목표를 달성하는 데 중요하다면 그 구조는 아키텍처적이다. 그러나 여러분이 부여한 요소나 서브 시스템의 설계자가 이들 목표를 충족시키기 위해 자신의 구조를 도입해야 한다면 이 경우에 이 구조는 그들에게 아키텍처적이 된다. 그러나 여러분에게는 아키텍처적이 아니다.

그리고 (나를 따라서 반복한다) 우리 모두는 '상세 설계'란 말을 사용하지 않기로 약속한다. 대신에 '비아키텍처 설계'란 말을 사용하기로 하자.

‑ P.C.

## P.2   아키텍처 문서화의 간단한 개요

### P.2.1 왜 소프트웨어 아키텍처를 문서화하는가?

가장 완벽하게 작업에 적합한 최고의 아키텍처조차도 사용할 필요가 있는 사람이 그것이 있다는 것을 알지 못한다면, 적용할 수 있을 정도로 충분히 잘 이해할 수 없다면, 또는 (최악의 경우지만) 잘못 이해해서 잘못 적용한다면 아주 쓸데없는 것이 될 것이다. 아키텍처 팀의 모든 노력과 분석, 어려운 작업, 통찰력 있는 설계는 낭비가 될 것이다. 또한 이들은 아키텍처로 얻을 수 있는 모든 이점을 날려버릴 수도 있다.

아키텍처를 생성하는 것만으로는 충분하지 않다. 이해당사자가 적절하게 사용해 자신의 작업을 수행할 수 있는 방식으로 의사소통돼야 한다. 여러분이 강력한 아키텍처를 생성하도록 노력한다면, 모호하지 않고 구조화시켜서 충분히 자세히 설명하도록 노력해 다른 사람들이 필요한 정보를 빨리 찾을 수 있도록 해야 한다.

문서화는 아키텍트를 대변한다. 아키텍트가 아키텍처에 관한 수백 가지 질문에 대답하는 것 외에 오늘 다른 작업을 수행해야만 할 때 아키텍트를 대변한다. 그리고 미래에 프로젝트를 떠나서 다른 누군가가 발전과 유지 보수를 담당해야 할 때 아키텍트를 대변한다.

보통 문서화는 무엇인가를 해야 하기 때문에 하는 군더더기로 취급된다. 아마도 계약 때문일 수도 있고, 고객이 요구하기 때문일 수도 있다. 아마도 회사의 표준 프로세스가 이것을 요구할 수도 있다. 사실상 이들은 모두 정당한 이유다. 그러나 어느 것도 고품질의 문서를 만드는 데 충분히 설득력이 있지는 않다. 단지 관리자가 문서들을 검토하기만 하고 끝나버린다면 왜 아키텍트가 귀중한 시간과 에너지를 낭비해야 할까?

가장 실력이 좋은 아키텍트가 좋은 문서를 만드는 것은 '필요'하기 때문이 아니라, 당면한 문제, 즉 고품질의 제품을 만들어내며, 가능한 한 재작업을 하지 않도록 하는 것에 필수적이라는 것을 알기 때문이다. 이들은 자신의 직접적인 이해당사자, 즉 개발자, 배포자, 테스터, 분석가를 이러한 작업에 가장 밀접하게 관련된 사람으로 간주한다.

광고하지 않고 비즈니스를 하는 것(또는 문서화하지 않고 아키텍처를 설계하는 것)은 어둠 속에서 여자에게 윙크하는 것과 같다. 여러분이 했다는 것을 여러분은 알지만, 다른 사람은 아무도 모른다.

– 스튜어스 헨더슨 브릿
  (Steuart Henderson Britt )

그러나 최고의 아키텍트는 문서화를 자신에게도 가치를 전달하는 것으로 생각한다. 문서화는 주요 설계 결정의 결과가 승인됐을 때 이것을 담는 그릇으로 사용된다. 잘 고안된 문서화 체계는 설계 프로세스를 훨씬 더 매끄럽고 체계적으로 수행할 수 있게 한다. 문서화는 아키텍트가 아키텍처 설계에 대한 근거를 설명하며, 6개월의 설계 단계에서든 6일간의 애자일 스프린트 동안이든 아키텍팅이 진행되는 동안에 의사소통할 수 있도록 해준다.

---

**용어 설명**

### 명세, 표현, 서술, 문서화

나중에 다른 사람들이나 자기자신을 위해서 소프트웨어 아키텍처를 작성하는 활동을 무엇이라고 부를까? 중요한 후보로는 문서화, 표현, 서술, 명세 등의 용어가 있다. 이 용어들 중 어느 것도 이 분야에서 표준화된 의미를 갖지 않는다. 이들 사이의 차이점은 불명확하다. 이 책에서는 대부분 문서화 용어를 사용할 것이며, 그 이유를 설명하고자 한다.

명세specification는 형식 언어formal language로 아키텍처를 표현한다는 것을 내포한다. 지금 우리는 모두 형식 명세formal spec를 지지한다. 그러나 형식 명세가 언제나 실제적인 것은 아니며, 항상 필요한 일은 아니다. 때로는 유용하지도 않다. 예를 들어서 형식 언어에서 아키텍처 결정의 근거를 어떻게 담아내고, 왜 그렇게 해야 할까?

표현representation은 어떤 대상의 모델과 추상화를 내포하며, 그 대상 자체와는 분리되거나 다른 것이다. 아키텍처가 누군가 작성하는 것 이상의 어떤 것일까? 아마도 그렇다. 그러나 어떤 경우에는 확실히 아주 불분명한 것이다. 모델 대 모델링되는 것의 문제를 제기하는 것은 취미나 직업이 철학인 사람들에게는 즐거운 질문을 쓸데없이 만들어낼 뿐이다. 숲의 모델에 떨어지는 나무의 추상화가 소리의 표현을 만들어낼까? 이것이 생산적인 대화의 시작은 아닌 것 같다.

서술<sup>description</sup>은 아키텍처 서술 언어<sup>ADL, Architecture Description</sup> <sup>Language</sup> 커뮤니티에서 주로 사용하는 용어다. 그러나 형식주의자 쪽에서는 이 용어가 많은 용어 중에서도 유독 정확성이 떨어진다 고 이야기한다(나중에 제트 여객기를 타고서, 컴퓨터 통제 X레이 기계 앞에 앉아있거나 여러분의 세금이 들어가 수십억 달러짜리 우주선 발사 를 지켜보거나, 통제 소프트웨어를 구현한 사람들이 넘겨받은 것이 시스 템의 명세이기를 바라는지, 그저 시스템에 대한 설명이기만 해도 되는지 말이다). 그래서 우리는 서술을 제외시켰다. 이것이 너무 형식적 이기도 하고(아키텍처를 작성하려면 아키텍처 서술 언어가 필요하다고 사람들이 생각하기를 원하지 않는다) 너무 비형식적으로 들리기 때 문이다. 서술은 여러분의 친구가 소개팅을 설명하는 것처럼 아주 모호하다. 때로는 우리의 삶에서 좀 더 특수성이 필요하며, 아키 텍처 안에서도 이러한 특수성이 필요하다.

이제 문서화가 남았다. 문서화<sup>documentation</sup>는 산출물, 즉 전자 파 일이나, 웹 페이지, 화이트보드 스냅 사진, 종이로 구성된 문서의 생성을 내포한다. 따라서 소프트웨어 아키텍처를 문서화하는 것 은 구체적인 작업이 된다. 즉, 소프트웨어 아키텍처 문서를 만든 것이다. 구체적인 결과물을 생성하는 것과 같은 활동으로 간주하 는 것은 이점이 있다. 우리는 좋은 아키텍처 문서와 나쁜 아키텍 처 문서를 설명할 수 있게 된다. 산출물을 만들거나 작업이 언제 완료될지를 가늠할 수 있도록 완료 조건을 정할 수도 있다. 산출 물이나 문서를 작성하는 일과 관련해 프로젝트의 진척도를 계획 하거나 추적하는 것은 아주 훌륭한 관리 방법이다. 고객이 아키텍 처 정보를 얻을 수 있게 하고, 그 정보를 최신으로 유지하면 문제 를 형상 통제를 잘 하는 쪽으로 좁힐 수 있다. 적절하게 문서화를 형식화하거나 아닐 수 있으며, 적절하게 모델을 포함할 수도 있고 아닐 수도 있다. 따라서 일반적으로 적절한 용어가 된다.

여러분이 무엇으로 부르든 상관없이 활동의 본질은 아키텍처

ADL은 3.4.2절과 8장의 더 읽 을거리에서 설명한다. ADL 의 개요에 대해서는 스태포드 (Stafford)와 울프(2001)의 자료 를 참조한다.

5.1.3절(설계 스펙트럼)에서는 아키텍처 문서화가 매우 추상적인 것을 아주 상세하게 담아내는 방법을 설명한다.

9장에서는 아키텍트가 문서화한 결과물에 대한 여러 가지 예상 용도를 용도별로 필요한 문서화 의무 사항과 함께 문서 패키지 작성 계획의 기반으로 활용하는 방법을 설명한다.

9장에서는 문서화 패키지의 내용을 계획하는 방법에 대해 설명한다. 11장에서는 문서를 검토하는 것을 알아본다.

결정의 결과를 작성(현재 상태로 유지)해 접근할 수 있으며, 모호하지 않은 형식으로 그들이 필요한 정보를 갖도록 하는 것이다.

## P.2.2 아키텍처 문서화의 사용과 독자

아키텍처 문서는 다양한 목적으로 사용할 수 있어야 한다. 신입 직원이 빨리 이해할 수 있도록 충분히 투명해야 하며 쉽게 접근할 수 있어야 한다. 설계 시 청사진으로 사용될 수 있도록 충분히 구체적이어야 한다. 분석의 기반으로 사용될 수 있을 정도로 충분한 정보를 갖고 있어야 한다.

아키텍처 문서는 규범적prescriptive이면서도 서술적descriptive이다. 어떤 독자에게는 아직 결정될 제약사항을 부과하면서 무엇이 참이어야 하는지를 규정한다. 또 다른 독자에게는 시스템 설계에 관해 이미 결정된 결정을 상세히 말하면서 무엇이 참인지를 서술한다.

가령 성능 분석에 가장 좋은 아키텍처 문서는 구현자에게 넘겨줄 가장 좋은 아키텍처 문서와는 다를 수 있다. 그리고 이들 모두 새로운 직원의 '입사 축하' 패키지나 경영진에게 보고할 브리핑에 담을 것과는 다를 것이다. 문서를 계획하고 검토할 때 모든 적절한 필요성을 지원하는지 확인할 필요가 있다.

우리는 많은 다른 유형의 사람들이 아키텍처 문서에 지속적인 흥미를 갖는 것을 볼 수 있다. 그들은 아키텍처 문서가 각자의 작업을 할 수 있도록 도와줄 것을 희망하고 기대한다. 그들이 아키텍처 문서를 어떻게 사용하는지를 이해하는 것은 필수적이다. 그들의 문서 사용이 수집할 중요한 정보를 결정하기 때문이다.

기본적으로 아키텍처 문서는 세 가지 활용성을 갖는다.

1. 아키텍처 문서는 교육 수단으로 사용된다: 교육적인 활용은 사람들에게 시스템을 소개하는 것으로 구성된다. 대상은 팀의 새로운 멤버이거나 외부 분석가 또는 새로운 아키텍트일 수도 있다. 많은 경우에 있어서 '새로운' 사람은 처음으로 여러분의 솔루션을 보여주는 고객이어서, 프리젠테이션을 잘해서 자금을 지원받거나 계속 진

행 승인을 받게 되기를 희망할 것이다.

2. 아키텍처 문서는 이해당사자 사이의 최우선 의사소통 수단으로서 사용된다: 의사소통 수단으로서 아키텍처의 정확한 사용은 어느 이해당사자와 의사소통하는가에 달려 있다. 몇 가지 예를 표 P.1에서 볼 수 있다.

아키텍처의 이해당사자는 기득권(vested interest)을 갖고 있는 사람이다(표 P.1에 많은 이해당사자의 목록이 있다).

9장에서는 이해당사자의 필요성이 아키텍처 문서의 내용을 어떻게 결정하는가를 알아본다.

표 P.1 아키텍처 문서의 이해당사자와 역할 및 사용 방법

| 이름 | 설명 | 아키텍처 문서 사용 |
|---|---|---|
| 분석가(analyst) | 아키텍처를 분석해 특정한 중요한 품질 요구를 달성할 수 있는지 확인한다. 보통 분석가는 특별한 분야가 있다. 예를 들어 성능 분석가와 안전성 분석가, 보안 분석가는 프로젝트 안에서 자신만의 위치가 있다. | 아키텍처를 기반으로 시스템의 품질 속성 요구를 만족시키는지 분석하는 것 |
| 아키텍트(architect) | 아키텍처 개발과 문서화를 담당한다. 시스템에 집중하고 책임이 있다. | 경쟁하는 요구와 설계 접근 방법 사이에 협상하고 트레이드오프를 하는 것. 설계 결정을 기록하는 방법. 아키텍처가 책임을 만족시킨다는 것을 증명하는 것 |
| 업무 관리자(business manager) | 시스템을 소유하는 업무/조직 실체의 기능을 담당한다. 관리/행정 책임과 업무 프로세스를 정의하는 책임 등이 포함된다. | 비즈니스 목표를 만족시키는 아키텍처 능력의 이해 |
| 준수 검토자 (conformance checker) | 표준과 프로세스를 준수하는지 확인해 제품의 적합성을 신뢰할 수 있게 한다 | 구현이 아키텍처 규정에 충실한지를 보증하는 준수 검토 기초 |
| 고객(customer) | 시스템 비용을 지불하고 인도를 확인한다. 특별히 정부가 취득하는 상황에서 보통 고객은 최종 사용자를 대변하거나 표현한다. | 요구한 기능과 품질이 인도되는지 확인, 진행 상황 측정, 비용 산정, 어떤 것이 언제, 어느 정도로 인도될지 기대치 설정 |
| 데이터베이스 관리자(database administrator) | 데이터베이스 설계와 데이터 분석, 데이터 모델링과 최적화, 데이터베이스 소프트웨어 설치 및 데이터베이스 보안 모니터링과 관리를 포함하는 데이터 저장소에 관련된 다양한 사항에 관여한다. | 다른 아키텍처 요소가 데이터를 생성하고, 사용하고 갱신하는 방법과 전체 시스템이 품질 목표를 달성하기 위해 가져야 하는 데이터와 데이터베이스가 어떤 속성을 가져야 하는지에 대한 이해 |
| 배포자(deployer) | 개발이 완료된 시스템을 인수해 배포하고, 운영할 수 있게 하며, 할당된 업무 기능을 달성하게 한다. | 인도돼 고객 또는 최종 사용자 사이트에 설치될 아키텍처 요소 및 이들의 전체 시스템 기능 책임에 대한 이해 |
| 설계자(designer) | 아키텍처 다음 단계인 시스템 및 소프트웨어 설계를 담당한다. 아키텍처를 적용해 자신이 담당한 부분의 특정한 요구를 달성한다. | 리소스 다툼 해결 및 성능과 다른 종류의 런타임 리소스 소비 예산 수립. 자신이 맡은 부분이 시스템의 다른 부분과 어떻게 커뮤니케이션하고 상호작용하는지에 대한 이해 |

이어짐

| 이름 | 설명 | 아키텍처 문서 사용 |
|---|---|---|
| 평가자(evaluator) | 몇 가지 명확하게 정의된 기준에 대해 공식적인 아키텍처 평가(그리고 문서화)를 수행한다. | 요구된 행위와 품질 속성을 인도하는 아키텍처 역량 평가 |
| 구현자(implementer) | 설계와 요구, 아키텍처에 따라서 특정한 요소의 개발한다. | 개발 활동에서 반드시 따라야 하는 제약사항과 자유롭게 구현할 수 있는 사항에 대한 이해 |
| 통합자(integrator) | 아키텍처와 시스템 실계에 나라서 개별 컴포넌트를 넘겨 받아 이들을 통합한다. | 통합 계획과 절차 생성 및 통합이 실패한 소스의 위치 설정 |
| 유지보수자 (maintainer) | 시스템 존속 기간 동안에 버그를 수정하고 기능을 향상시킨다(원래에는 구상되지 않은 시스템의 사용성을 적합하게 하는 것을 포함함). | 변경과 관련된 파생 문제 이해 |
| 네트워크 관리자(network administrator) | 컴퓨터 네트워크에서의 컴퓨터 하드웨어와 소프트웨어를 유지보수하고 감독한다. 여기에는 네트워크 컴포넌트의 배포와 설정, 유지보수, 모니터링이 포함된다. | 다양한 사용 프로파일에서 네트워크 부하 결정, 네트워크 사용 이해 |
| 제품라인 관리자(product-line manager) | 제품의 전체 패밀리 개발과 동일한 핵심 자산(아키텍처 포함)을 사용해 구축되는 모든 것을 담당한다. | 제품 패밀리의 잠재적인 새로운 멤버가 범위에 포함되는지 여부 및 범위 밖이라면 어느 정도인지 결정 |
| 프로젝트 관리자 (project manager) | 소프트웨어 컴포넌트를 개발하기 위한 리소스 계획과 순서, 일정 및 할당을 담당하며, 컴포넌트를 통합 및 테스트 활동에 전달한다. | 예산 및 일정 설정, 수립된 예산과 일정에 대한 진행상황 검토, 개발 시간 리소스 다툼 식별 및 해결 |
| 외부 시스템 대표 (representative of external systems) | 우리 시스템이 상호작용해야 하는 시스템과 우리 시스템과의 인터페이스를 관리한다. | 시스템 사이의 계약 정의 |
| 시스템 엔지니어 (system engineer) | 소프트웨어가 역할을 수행하는 시스템 또는 시스템 컴포넌트를 설계하고 개발한다. | 소프트웨어를 위해 제공된 시스템 환경이 충분하지 확인한다. |
| 테스터(tester) | 공식적인 요구와 아키텍처에 대해 시스템 또는 시스템 요소를 (독립적으로) 테스트하고 확인한다. | 소프트웨어 요소의 행위와 상호작용에 기반을 둔 테스트 생성 |
| 사용자(user) | 시스템의 실제 최종 사용자. 관리자와 슈퍼 유저 등의 사용자 종류를 구별할 수 있다. | 검토자 역할을 하는 사용자는 아키텍처 문서를 사용해 원하는 기능이 인도되는지를 검토한다. 또한 사용자는 문서를 사용해 주요 시스템 요소가 무엇이고, 위급한 실무 유지보수 시에 그들을 도와줄 수 있는 것이 무엇인지를 이해한다. |

아마도 아키텍처 문서의 가장 분명한 소비자 중 하나는 바로 프로젝트를 담당할 미래의 아키텍트다. 미래의 아키텍트는 같은 사람일 수도 있고 다른 사람으로 대체될 수도 있다. 그러나 어느 경우든

문서에 있는 수많은 것을 감당해야만 한다. 미래의 아키텍트는 전임자가 시스템의 어려운 문제를 처리한 방법과 특별한 결정이 내려진 이유를 배우는 데 관심을 가질 것이다. 미래의 아키텍트가 같은 사람이라고 하더라도 문서를 생각의 레파지토리, 즉 너무 많고 하릴없이 꼬여 있어서 기억만으로는 다시 만들어낼 수 없는 설계 결정의 저장소로서 사용할 것이다.

단기적으로 아키텍처를 문서화하는 것은 아키텍처를 설계하는 과정에 도움을 준다. 먼저 문서화는 다양한 종류의 설계 결정이 이루어지면 기록할 수 있는 전용 구획을 제공한다. 둘째로 문서화는 진행 상황과 남아 있는 작업을 가늠할 수 있는 대강이지만 유용한 방식을 제공한다. TBD[1]가 문서에 나타나면 완료가 가깝다는 것을 의미한다. 마지막으로 문서화는 아키텍처를 설계하는 데 체계적인 프레임워크를 제공한다. 대개 초기에 이루어지는 핵심 설계 결정이 작성돼 이후 설계 결정에서 명확하고 기억되도록 해야 한다.

이해당사자는 (명확하게 또는 암시적으로) 아키텍처의 전체 윤곽과 방향을 주도하며, 아키텍처는 전적으로 그들의 이익과 필요성을 해결하기 위해 개발된다.... 이해당사자가 없으면 아키텍처를 개발할 때 소용이 없게 된다. 시스템으로 전환시킬 필요가 없거나, 구축하고 배포하고 비용을 지불할 사람이 없을 수도 있다... 아키텍처는 이해당사자의 필요성을 충족시키기 위해서만 생성된다.

– 로잔스키(Rozaski)와 우즈 (Woods) (2005, p.21)

---

**인용**

우리 조직에서 개발 그룹이 설계 문서를 작성해, 다른 개발자와 외부 테스트 조직, 성능 분석가, 사용설명서와 도움말 기술 작성자, 별도의 설치 패키지 개발자, 사용편의성 팀, 그리고 국제화 관련 번역 결과를 테스팅을 하는 사람들과 의사소통하는 데 사용된다. 이들 각 그룹은 다른 그룹과는 아주 다른 특정한 질문을 마음 속에 갖고 있다.

- 기능적인 에러를 드러나게 하는 데 어떤 테스트 케이스가 필요할까?
- 이 설계는 어디에 문제가 있을까?
- 더 쉽게 테스트하도록 설계할 수 있을까?
- 이 설계가 많은 부하가 걸린 시스템의 반응에 어떤 영향을 미칠까?

---

1  TBD는 To Be Determined의 약자로 나중에 결정된다. 아직 결정되지 않았다는 의미를 갖는다. – 옮긴이

> - 이 설계에서 성능이나 많은 사용자로 확장할 수 있는 능력에 영향을 미치는 부분이 있는가?
> - 사용자나 관리자가 이 시스템을 사용하는 데 어떤 정보가 필요한가, 그리고 이 설계의 정보로 그것을 작성할 수 있을까?
> - 이 설계가 사용자가 대답하는 방법을 알지 못하는 설정 질문에 대답하도록 요구하고 있는가?
> - 사용자가 꺼릴 만한 제약사항을 만들어내는가?
> - 이 설계에 따르면 번역이 필요한 텍스트가 얼마나 될까?
> - 이 설계에는 2바이트 문자 체계나 양방향 필기 체계를 다루는 문제에 대한 대책이 서 있는가?
>
> – 캐서린 헤닝거 브리튼(Kathryn Heninger Britton)(호프만(Hoffman)과 웨이스 (Weiss) 2001, p.337~338)

분석하는 습관을 들인다. 분석은 조만간 합성이 마음의 습관이 되게 할 것이다.

– 프랭크 로이드 라이트(Frank Lloyd Wright)

3. 아키텍처 문서는 시스템 분석과 구축의 기초로서 사용된다.
   - 아키텍처는 구현자에게 무엇을 구현해야 할지를 알려준다.
   - 설계가 시스템의 품질 목표를 충족시킬 수 있는지에 관심이 있는 사람들에게는 아키텍처 문서는 평가를 위한 소재가 된다. 아키텍처 문서는 보안, 성능, 사용편의성, 가용성, 변경용이성과 같은 다양한 속성을 평가하는 데 필요한 정보를 포함하고 있어야 한다.
   - 자동 코드 생성 도구를 사용하는 시스템 구축자들을 위해 문서에 코드를 생성하는 데 사용될 모델이 포함될 수 있다.

## P.2.3 아키텍처 문서화와 품질 속성

아키텍처는 주로 품질 속성의 달성에 관한 것이며, 아키텍처 문서화의 주요 사용 중 하나가 (아키텍처가 요구되는 품질 속성을 달성할 것이라는 것을 확인하기 위해) 분석을 위한 기초로 사용되는 것이라면, 품질 속성은 문서에서 어디에 나타나야 할까? 품질 뷰는 완전히 성숙되지 않았으므로, 다음 5가지 방법으로 문서화할 수 있다.

1. 어떤 (아키텍처 패턴과 같은) 주요 설계 접근 방법이든 그것과 관련된 품질 속성 특성을 갖는다. 클라이언트-서버는 확장성에 좋으며, 레이어링은 호환성에 좋고, 정보 감추기 기반 분할은 변경용이성에 좋으며, 서비스는 상호운영성에 좋다. 등등이다. 설계 접근 방법의 선택을 설명하는 것은 대체로 품질 속성 요구와 발생하는 트레이드오프에 대한 논의를 포함한다. 그러한 설명이 나타는 문서에서의 위치를 찾는다. 우리의 접근 방법에서는 근거<sup>rationale</sup>라고 부른다.

스타일과 패턴에 대한 자세한 사항은 이번 장에 있는 용어 설명 '아키텍처 스타일'과 '아키텍처 패턴'을 참고한다.

근거를 문서화하는 것은 6.5절에서 설명한다.

2. 서비스를 제공하는 아키텍처 요소는 부여된 품질 속성 한계를 갖는다. 서비스 소비자는 이들 서비스가 얼마나 빠르고 안전하며 신뢰할 수 있는지를 알아야 할 필요가 있다. 이들 품질 속성 한계는 요소의 인터페이스 문서 안에 정의되며, 때로는 서비스 수준 계약<sup>SLA,</sup> <sup>Service-Level Agreement</sup> 형식으로 정의된다. 또는 단순히 요소가 노출하는 속성<sup>property</sup>으로 기록된다.

인터페이스 문서화는 7장에서 설명한다.

속성에 대해서는 I부의 개요에 있는 I.3절에서 설명한다.

3. 품질 속성은 여러분이 찾고 있는 것의 '언어'를 말해준다. 예를 들어 보안은 보안 수준, 인증된 사용자, 감사의 단서, 방화벽 등을 포함하며, 성능은 버퍼 용량, 마감 시간, 기간, 이벤트율, 분산, 시간과 타이머 등을 포함한다. 가용성은 평균 실패 시간, 장애 조치 메커니즘, 프라이머리<sup>primary</sup> 및 세컨더리<sup>secondary</sup> 기능, 중요한 프로세스 및 중요하지 않은 프로세스, 중복 요소 등을 불러낸다. 품질 속성의 언어에 유창한 사람은 아키텍처 요소의 종류(그리고 이들 요소의 속성)를 찾아보고 품질 속성 요구를 만족시키기 위해 정확하게 제대로 사용했는지를 알 수 있다.

4. 아키텍처 문서는 어떻게 (품질 속성 요구 포함해) 요구가 만족하는지를 보여주는 요구 매핑을 포함한다. 예를 들어 요구 문서가 가용성 요구를 수립하고 있다면 아키텍처 문서에서 이름 또는 참조로 검색해서 해당 요구사항이 만족되는 위치를 알 수 있어야 한다.

요구 매핑을 문서화하는 것은 10.3절에서 설명한다.

5. 모든 품질 속성 요구는 그것이 만족됐는지 알기를 원하는 이해당사자들이 있다. 아키텍트는 이들 이해당사자를 위해 문서의 개요 안에 특별한 위치를 제공해, 이해당사자가 찾고 있는 것을 제공하거나 또는 찾아볼 수 있는 위치를 알려주어야 한다. 이것은 다음처럼

문서화 로드맵은 10.2절에서
설명한다.

말하는 것과 같다. "만약 당신이 성능 분석가라면 ([여기에] 정의되
는) 프로세스와 스레드 및 이들 속성, 그리고 ([여기에] 정의되는) 해
당 하드웨어 플래폼상에 이들의 배포되는 것에 주목해야 한다." 우
리의 문서 접근 방법에서는 이것을 문서화 로드맵이라고 하는 섹션
에 '여기에 찾고 있는 것이 있습니다.' 정보를 넣는다.

### P.2.4 아키텍처 문서화의 경제성

돈을 절약하기 위해 광고하지
않는 사람은 시간을 절약하기
위해 시계를 멈추게 하는 사람
과 같다. [문서화하지 않는 아키
텍트도 마찬가지다.]

– 토마스 제퍼슨(Thomas
Jefferson)

물론 우리는 모두 이해당사자들을 만족시키기를 원한다. 어쩔 수 없
지만 사실이다. 그렇다면 종종 아키텍트의 많은 작업 중에서 '시간이 나
면 할 일' 분류로 좌천되는 고품질 아키텍처 문서화를 산출해야 하는
이유는 무엇일까? 아키텍처 문서가 개발 동안에 산출된 다른 산출물과
함께 있어야 한다고 프로젝트 관리자가 주장하지 못하는 이유는 무엇
일까? 물론 대답은 아키텍처 문서가 정신을 어지럽게 하는 것은 말할
것도 없고, 시간과 비용을 지불해야 한다는 것이다.

대체로 프로젝트 관리자는 이성적인 사람들이다(아니, 심각할 정도로
이성적이다). 명백한 이익을 가져다 주는 활동에 리소스를 투자하려고
한다. 그렇지 않으면 많이 투자하지 않는다. 아키텍트로서 우리는 아키
텍처 문서화를 생성하고 유지하기 위한 비즈니스 사례를 만들 수 있어
야 한다. 그리고 여기에 있다. 프로젝트 관리자가 자금을 제공할 활동
은 고품질, 최신 문서화가 없는 경우에 드는 비용보다 덜 드는 것이다.

절약되는 것을 보여주는 공식은 다음과 같다.

$$\sum_{\text{(전체 A 활동에 대해)}} (\text{아키텍처 문서화가 없는 A의 비용} - \text{아키텍처 문서화한 A의 비용}) > \text{아키텍처 문서화 비용}$$

여기서 '아키텍처 문서화가 없는 A의 비용'과 '아키텍처 문서화한 A
의 비용'은 아키텍처 문서화를 하지 않은 경우와 한 경우에 활동 A를
수행하는 비용을 말한다. '아키텍처 문서화 비용'은 아키텍처 문서화를
만들고 유지하는 비용이다. 다시 말해, 좋은 아키텍처 문서화로부터의
회수 비용이 생성하는 노력을 초과해야 한다. 회수 비용은 절약된 노력
의 단위로 측정된다.

이 공식은 문서화와 노력과 그 대가에 관해 생각하게 한다. 특별한 문서화 부분을 만들어야 할지 여부를 결정할 때 어느 정도의 노력으로 할 수 있으며, 그 결과로서 어떤 활동이 더 비용이 적게 들어가게 될 것인가를 스스로 질문한다. 문서화로부터 얻게 될 주요 활동 중에서 몇 개를 선택해서 투자한 결과가 지불된 것보다 더 크다고 하는 설득력 있는 대략 분석$^{back-of-the-envelope analysis}$ 주장을 할 수 있어야 한다.

그리고 여러분이 그렇게 할 수 없다면(즉, 결과가 지불할 수 없으면) 그것에 지출하지 말아야 한다. 공식은 아주 일반적이어서, 실제로 관련된 모든 활동을 열거할 필요는 없다. 아키텍처 문서화의 존재 또는 부재에 전혀 영향을 받지 않는 것은 단순히 공식에서 빠진다. 그러나 코딩, 역공학, 변경 노력 착수 등과 같은 다른 활동은 상당한 비용이 절감된다.

### P.2.5 뷰와 그 너머 방법론

우리의 문서화 접근 방법을 뷰와 그 너머$^{Views and Beyond}$라고 한다. 이것은 뷰$^{view}$ 개념(다음 절에 설명함)을 아키텍처 문서화의 기본적인 구성 원칙으로 사용하는 것을 강조하지만, 또한 뷰를 넘어서 아키텍처 문서에 속하는 추가적인 정보를 포함하기 때문이다.

뷰와 그 너머는 실제로 방법론이 아니다. 단계의 순서도 없고, 각 단계의 진입 또는 출구 기준도 없다. 그보다는 오히려 기저에 있는 이루는 철학을 수행하는 기법의 컬렉션$^{collection}$이다. 철학은 아키텍처 문서화가 그것을 사용해 (결코 아키텍트의 작업이 아닌) 자신의 작업을 수행하는 사람에게 도움이 돼야 한다는 것이다. 기법은 몇 가지 카테고리로 묶을 수 있다.

1. 이해당사자가 필요한 것을 찾는다. 이것을 할 수 없다면 아무에게도 도움이 되지 않는 문서화로 끝나버리게 된다.
2. 다양한 뷰와 뷰 너머의 정보에 따라서 설계 결정을 기록함으로써 이들의 필요성을 충족하는 정보를 제공한다.
3. 문서화의 결과가 필요성을 충족하는지 검토한다.
4. 이해당사자에게 유용한 형식으로 정보를 패키징한다.

9장에서는 이해대상자의 필요에 따라 아키텍처 문서에 포함시켜야 하는 뷰를 결정하는 방법을 살펴본다.

11장에서는 문서화 검토를 다룬다.

10장에서는 문서의 패키징과 구성을 다룬다.

아키텍처 문서화를 설계와 구별된 작업으로서 생각하지 말라. 그보다는 아키텍처 설계 과정의 필수적인 부분으로 만들어, 아키텍처 결정이 이루어지자마자 그 결과를 담는 준비된 그릇으로서의 역할을 수행하게 한다.

우리는 ... 포괄적인 문서보다 작동하는 소프트웨어를 ... 가치 있게 여긴다.

– 애자일 선언문(Agile Alliance), 2002

에필로그의 E.4절에서 애자일 환경에서 아키텍처 문서화를 다듬는 것에 대해 설명한다.

항목 3과 4는 문서 중심적인 활동을 나타내지만, 항목 1과 2는 아키텍처를 설계하는 것과 연결돼 수행돼야 하는 활동을 나타낸다. 즉, 우리는 뷰와 그 너머가 아키텍처 문서화 방법론이 되기를 원하지 않는다. 그보다는 아키텍트가 자신이 내린 필수적인 설계 결정을 식별하고 기록할 수 있도록 하기를 원한다. 문서화는 아키텍처 결정을 하는 데 도움을 주는 결과지, 별도의 아키텍처 프로세스 단계가 아니어야 한다. 이러한 문서화가 별도로 자신의 방법론을 갖고 설계를 뒤따른 것으로 취급되면 잘 할 수 있는 가능성은 낮아진다.

### P.2.6 애자일 환경에서의 뷰와 그 너머

애자일$^{agile}$ 개발과 문서화(특별히 아키텍처 문서화)는 서로 충돌한다는 적절하지 않은 통념이 있다. 사실은 그렇지 않다. 애자일 리더들이 그것을 정확하게 말했다는 많은 예가 있다. 그럼에도 불구하고 이 책에서의 충고를 헤비급의 부담스런 문서화 접근 방법으로 규정하는 것으로 해석하는 것이 가능하다. 여러분은 아키텍트가 프로젝트가 지체돼 어찌할 도리 없이 꾸물거리고 있는 것을 상상할 수 있다. 프로젝드는 계속 진행되고 있지만, 6번 반복$^{iteration}$ 전에서부터 아키텍트는 뷰와 그 너머 형식의 문서 패키지를 완성하느라 아직도 고군분투하고 있다. 다음 프로젝트에서 아키텍트는 (그리고 이 책도) 보기 어려울 것 같다.

모든 프로젝트, 그러나 특별히 애자일 프로젝트에 적용할 수 있는 몇 가지 충고가 있다. 뷰와 그 너머 접근 방법은 구조와 요소, 관계, 행위, 인터페이스, 근거, 요구 추적, 타입 가이드, 시스템 컨텍스트, 그리고 훨씬 더 많은 여러 종류의 아키텍처 정보를 문서화하는 가이드를 제공한다. 그러나 어느 곳에서도 이 모두를 해야 한다고 쓰여 있지 않다. 유용한 것이 무엇인지를 결정하면 된다(여러분은 P.2.4절에 있는 공식을 사용해 결정할 수 있다). 다음에는 예를 들어 일정한 설계 결정의 근거를 문서화하는 것이 향후 유익할 것이라고 결정했다면 그것을 하는 것을 도와주는 유용한 가이드를 사용할 수 있다. 일정한 뷰를 문서화하는 것이 유용하다고 결정했다면 그것을 하는 것을 도와주는 유용한 가이드를 사용할 수 있다 등이다.

문서화에 유용한 것과 비용 효율성을 선택한다. 그리고 그것을 문서화하면 된다. 끝이다.

## P.2.7 문서화보다 빨리 변경되는 아키텍처의 문서화

웹 브라우저가 전에 사용해본 적이 없는 파일 타입을 만나면 인터넷에서 그 파일을 처리할 적절한 플러그인을 다운로드한 다음에 설치하고 그것을 사용하도록 재설정한다. 코드-통합-테스트 개발 주기를 통과하는 것은 물론이고, 종료할 필요조차도 없이 브라우저는 새로운 컴포넌트를 추가함으로써 자신의 아키텍처를 변경시킬 수 있다.

동적 서비스 발견 및 바인딩을 활용하는 서비스지향 시스템도 이들 특성을 노출시킨다. 고도로 동적이며 자기조직적이고 (자기 인식self-aware 이란 의미를 갖는) 투영된reflective 좀 더 도발적인 시스템도 이미 존재한다. 이 경우에 이들의 상호작용은 물론이고, 서로 상호작용하는 컴포넌트의 정체성은 어떤 정적인 아키텍처 문서 안에 고정될 수 없다.

문서화 관점에서 마찬가지로 도발적인 또 다른 종류의 아키텍처 동력론dynamism은 아주 빠르게 재빌드되고 재배포되는 시스템에서 찾을 수 있다. 상업용 웹사이트를 담당하는 사람들과 같은 일부 개발 조직은 매일 여러 번씩 자신의 시스템을 빌드하고 '생방송'한다.

아키텍처가 런타임에 변경되든 또는 잦은 릴리스-배포 사이클의 결과로 변경되든, 문서화 사이클보다 더 빨리 변경된다. 이들 두 경우 모두 아무도 새로운 문서가 생성되고 검토되고 릴리스될 때까지 기다리지 않는다.

그러나 이들 시스템의 아키텍처를 아는 것은 똑같이 중요하며, 전통적인 라이프사이클 세계에서의 시스템보다 더 중요하다고 할 수 있다. 여러분이 고도로 동적인 환경 안에 있는 아키텍트라면 다음 사항을 할 수 있다.

1. 시스템의 모든 버전에 대해 참인 것을 문서화한다: 웹 브라우저는 새로운 플러그인이 필요할 때 그냥 나가서 어떤 소프트웨어 조각을 가져오지는 않는다. 플러그인은 특정한 특성과 특정한 인터페이스

를 가져야 한다. 그리고 아무 곳에나 플러그인하지 않는다. 아키텍처 안에서 미리 결정된 위치 안에 플러그인한다. 아키텍처에는 이와 같이 변하지 않는 것만 기록한다. 이것은 문서화된 아키텍처가 시스템의 어떤 준수 버전이 따라야 하는 제약 사항이나 가이드라인을 더 많이 설명하도록 한다. 그것이면 충분하다.

아키텍처의 가변점(variation point)을 문서화하기 위해 가변성 지침을 사용하는 것은 6.4절에서 설명한다.

2. 아키텍처 변성이 허용되는 방식을 문서화한다: 이전 예에서 이것은 새로운 컴포넌트를 추가하거나 컴포넌트를 새로운 구현으로 대체하는 것을 의미한다. 뷰와 그 너머 접근 방법에서 이것을 하는 위치를 가변성 지침<sup>variability guide</sup>라고 한다.

3. 시스템이 자동적으로 순간적인 아키텍처<sup>architecture-of-the-moment</sup>를 잡도록 한다: 웹 브라우저나 SOA 시스템이 중단될 때 복구 팀은 문제가 발생했을 때 어떤 설정이 실행되고 있는지를 정확하게 알기 원할 것이다. 이러한 능력은 기본적인 것(로그 파일에 변경을 작성한다)에서부터 복잡한 것(네트워크 서비스 센터에서 볼 수 있는 것과 아주 유사하게 컴포넌트와 이들 상호작용의 실시간 디스플레이를 주도한다)에 이르기까지 스펙트럼을 실행할 수 있다.

## P.3 아키텍처 뷰

뷰(view)는 시스템 요소의 집합과 이들과 관련된 관계의 집합의 표현이다.

새의 날개 비유에 관한 좀 더 자세한 정보는 '표지 그림에 대해'를 참조한다.

소프트웨어 아키텍처 문서화와 관련된 가장 중요한 개념은 뷰에 대한 개념일 것이다. 소프트웨어 아키텍처는 단순한 일차원 방식으로는 기술할 수 없는 복잡한 실체다. 새의 날개의 비유를 생각해보자. 가장 피상적인 이해에 관심을 갖고 있는 것이 아니라면 새의 날개를 단 하나로 표현할 방법은 없다. 등 깃털, 골격, 순환 계통, 근육 뷰 등 이들 뷰 중에서 어느 것이 날개의 '아키텍처'인가? 어느 것도 아니다. 어떤 뷰가 아키텍처를 담고 있을까? 모두 다.

이 책에서는 그림 P.1에서와 같이 뷰의 개념을 사용해 아키텍처 문서화의 가장 기본적인 원칙을 제시한다.

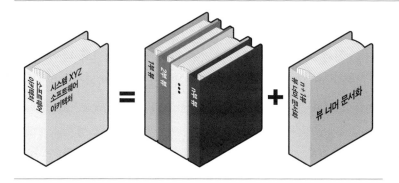

**그림 P.1**
소프트웨어 아키텍처의 문서화
패키지는 하나 이상의 여러 뷰
문서로 구성될 수 있으며, 뷰가
서로 어떻게 관련되는지를 설명
하는 문서화는 독자에게 패키지
를 소개하고 사용 방법을 가이
드한다

아키텍처 문서화는 적절한 뷰를 문서화한 다음에, 하나 이상의 뷰에
적용되는 정보를 문서화를 추가하는 것이다.

적절한 뷰란 무엇인가? 그것은 목적에 따라 다르다. 앞에서 보았듯
이 아키텍처 문서화는 여러 가지 목적을 담당한다. 구현자 사명 선언
문, 분석가 기초 자료, 자동 코드 생성 명세, 시스템 이해와 자산 복구의
시작점, 또는 프로젝트 계획 청사진 등이다.

또한 다른 뷰는 다른 정도로 다른 품질 속성을 나타낸다. 따라서 시
스템 개발에서 여러분과 다른 이해당사자에게 가장 관심이 있는 품
질 속성은 문서화할 뷰를 선택하는 데 영향을 줄 것이다. 예를 들어 레
이어 뷰$^{layered\ view}$는 시스템의 이식성$^{portability}$에 대해 말해주며, 배포 뷰
$^{deployment\ view}$는 시스템의 성능$^{performance}$과 신뢰성$^{reliability}$ 등을 추론할 수
있게 한다.

다른 뷰는 목적과 용도가 다르다. 이것은 기본적으로 우리가 특정한
뷰나 뷰의 컬렉션을 지지하지 않는 이유다. 문서화해야 하는 뷰를 결정
하는 것은 문서를 만드는 사람이 기대하는 용도에 따라 달려 있다. 뷰
마다 강조하고자 하는 시스템 요소나 관계가 다를 것이다.

하나의 뷰만 가지고 아키텍처를 완전히 표현할 수 없다는 것이 혼란
스러울 수 있다. 또한 구별된 여러 뷰들이 직접적인 방식으로는 서로
관련될 수도 있고 아닐 수도 있기 때문에 이들을 통해서만 시스템을 본
다는 것이 적절하지 않다고 느낄 수 있다. 아키텍처의 본질은 당장 작

9장에서는 적절한 뷰를 선택하
는 방법을 보여준다. 10.1절에서
는 뷰를 문서화하는 방법을 보여
주고, 10.2절에서는 하나 이상의
여러 뷰에 적용되는 정보를 문서
화하는 방법을 보여준다.

레이어 뷰에 대해서는 2.4절에
서 설명한다.

배포 뷰는 5.2절에서 설명한다.

객체지향 프로그램의 런타임 구조는 보통 코드 구조와 그다지 많이 닮아 있지 않다. 코드 구조는 컴파일 시에 결정된다. 고정된 상속성 관계로 이루어진 클래스로 구성된다. 프로그램의 런타임 구조는 커뮤니케이션하는 객체의 빠르게 변화하는 네트워크로 구성된다. 사실상 두 구조는 대부분 독립적이다. 하나의 구조로 다른 구조를 이해하려는 것은 식물과 동물의 정적인 분류 체계로 살아있는 생태계의 동력론을 이해하려는 것 또는 그 반대와 유사하다.

– 감마(Gamma) 등 (1995, p22)

10.1절에서 이 개요를 자세히 설명한다.

업하는 데 불필요한 정보를 억누르는 데 있다. 따라서 전체를 한 번에 다 보여주는 것보다는 한 번에 한두 가지 면만 볼 수 있도록 하는 것이 아키텍처의 본래 특성에 더 잘 맞는다. 이것이 아키텍처의 강점이다. 각 뷰는 시스템의 일정한 측면을 강조하지만, 다른 측면을 덜 강조하거나 무시함으로써 당면한 문제를 추적하는 데 모든 관심을 기울이게 한다. 그림에도 불구하고 이들 개별 뷰의 어느 하나도 시스템의 소프트웨어 아키텍처를 적절하게 문서화하지 않는다. 완벽한 뷰의 집합과 이들을 뛰어넘는 정보를 함께 갖추어야 달성할 수 있다.

뷰의 문서화에는 다음 내용을 포함한다.

- 기본 프리젠테이션primary presentation: 기본 요소들과 뷰의 관계를 보통 그래픽으로 표시된다.
- 요소 카탈로그element catalog: 뷰에 있는 요소를 설명하고 정의하며, 이들 요소의 속성 목록이 나열된다.
- 요소의 인터페이스와 행위 명세
- 가변성 지침element guide: 아키텍처 맞춤화에 사용할 수 있는 내장 메커니즘을 설명한다.
- 근거rationale와 설계 정보

모든 뷰에 적용되는 문서화에는 다음 내용을 포함한다.

- 전체 패키지 개요: 이해당사자가 원하는 정보를 빨리 찾을 수 있도록 도와주는 가이드를 포함한다.
- 뷰가 서로 그리고 전체로서 시스템과 어떻게 관련되는가를 설명하는 정보
- 전체 아키텍처에 대한 제약사항과 근거
- 전체 패키지를 효율적으로 유지하는 데 필요한 관리 정보

10.2절에서 이 개요를 자세히 설명한다.

## 아키텍처 뷰의 간단한 역사

아키텍처를 설계하고 문서화하는 거의 모든 현대적인 접근 방법
은 아키텍처 뷰<sup>architecture view</sup> 개념에 의존한다. 이 개념은 어디에
서 왔을까?

약 30년 전에 데이비드 파나스(David Parnas)(1974)는 소프
트웨어가 많은 구조로 구성돼 있다는 것을 발견했다. 그리고
그는 구조가 시스템을 부분의 컬렉션으로 보여주고, 부분 사
이의 몇 가지 관계를 보여주는 부분적인 서술이라고 정의했다. 이 정의는
오늘날의 아키텍처 논문에서도 대체로 유효하다. 파나스는 소프트웨어에
서 많이 사용되는 여러 가지 구조를 식별했다. 이들 중 일부는 어떤 프로세
스가 어떤 메모리 세그먼트를 소유하는지를 정의하는 구조와 같이 운영체
제에 아주 특정한 것도 있지만, 좀 더 일반적이고 광범위하게 적용할 수 있
는 것들도 있다. 이들 중에는 모듈 구조(module structure)가 있다. 이 구
조에서 단위는 작업 배정이며, 관계는 일부분이다(is-a-part-of) 또는 같
은 비밀을 공유하다(shares-part-of-the-same-secret-as)이다. 사용 구
조(uses structure)도 있다. 이 구조에서 단위는 프로그램이며, 관계는 의
존하다(depends on the correctness of)이다. 프로세스 구조(process
structure)는 단위가 프로세스며 관계는 연산 작업을 배당하다(gives
computational work to)이다.

아주 오랜 후에 드웨인 페리(드웨인 페리
(DeWayne Perry))와 알렉산더 울프(Alexander
wolf)는 건축 아키텍처와 유사하게 시스템의 다양
한 뷰가 필요하다는 것을 인식했다. 각 뷰는 다른 이해당사자 또는 다른 목
적에 유용한 일정한 아키텍처 관점을 강조한다(페리와 울프, 1992).

나중에 래셔널 소프트웨어(Rational Software) 사의 필립 크루
첸(Philippe Kruchten)(1995)은 소프트웨어 아키텍처의 시스템
을 구축하는 데 커다란 이점을 제공하는 네 가지 기본 뷰(논리,
프로세스, 개발, 물리)와, 이들 네 개를 묶어서 주요 유스케이스(use case)를
충족하는 방법을 보여주는 구별된 다섯 번째 뷰를 설명하는 영향력 있는 논
문을 썼으며, 이것을 4+1 아키텍처 접근 방식이라고 한다. 그 이후로 4+1
접근 방식은 RUP(Rational Unified Process)의 근간을 형성했다.

4+1 뷰가 이책에서 설명하는
뷰와 어떻게 대응하는지에 대해
서는 에필로그의 E.2절을 참조
한다.

거의 동시에 지멘스(Simens) 연구소의 딜립 소니(Dilip Soni)와 로버트 노드(Robert Nord), 크리스틴 호프미에스터(Christine Hofmeister)가 산업 현장에서 사용되는 아키텍처 뷰에 대한 유사한 연구를 했다(소니와 노드, 호프미에스터, 1995). 이들의 논문에서는 개념 뷰, 모듈 상호 연결 뷰, 실행 뷰, 코드 뷰에 관해 설명하고 있으며, 크루첸의 4개 뷰와 다소 대응되는 이들 뷰는 지멘스의 4개의 아키텍처 뷰 모델이라고 한다.

지멘스 4개 뷰 모델은 호프미에스터와 노드, 소니(2000) 책에 설명돼 있다.

이들 이후에 다른 '뷰 집합'이 등장했다. 로잔스키[Rozanski]와 우즈[Woods]는 자신의 책 『소프트웨어 시스템 아키텍처』(에이콘, 2015)에서 기능, 정보, 동시성, 개발, 배포, 운영 뷰를 사용할 것을 주장했다. 네덜란드 대형 가전 회사의 R&D 부분인 필립스[Philips] 연구소는 아키텍처의 'CAFCR' 모델을 만들었으며, 이 모델은 5개의 뷰, 즉 고객, 애플리케이션, 기능, 개념, 실현 뷰를 요구한다.

2000년도에 IEEE는 아키텍처 서술 표준(IEEE 1471-2000)을 채택했다. 고정된 뷰의 집합을 규정하는 대신에 이 표준은 이해 당사자와 시스템에 관련된 이들의 관심사를 가장 잘 표현하는 자신의 뷰를 생성할 것을 주장한다(뷰와 그 너머 접근 방법도 자신의 뷰 집합을 선택할 때 유연성을 권고한다).

IEEE 1471-2000은 현재 ISO/IEC 42010:2007로 알려져 있다. 에필로그의 E.1절에서 이 표준에 대해 설명한다.

## P.4  아키텍처 스타일

아키텍처 스타일은 요소와 관계 타입의 특수화(specialization), 그리고 이들이 사용되는 방법에 대한 제약사항에 대한 집합이다.

완전히 다른 시스템에서조차 뷰를 표현하는 데 반복적인 형식을 발견할 수 있다. 이들 형식은 별도로 작성하거나 익혀둘 필요가 있을 정도로 자주 등장한다. 우리는 이들 형식을 아키텍처 스타일architecture style(이 책에서는 그냥 스타일)이라고 한다. 스타일은 아키텍처 문서에서 의미를 가지며, 별도로 정의와 논의할 가치가 있다.

아키텍처 스타일은 요소와 관계 타입의 특수화, 그리고 이들이 사용되는 방법에 대한 제약사항에 대한 집합이다. 스타일은 특수한 설계 지식을 특정한 시스템 타입에 적용하고, 스타일에 특정한 도구를 사용한 설계와 분석, 구현을 지원하도록 한다. 여러 스타일을 포함한 많은 문헌이 있으며, 대부분의 아키텍트는 이들 스타일 중에서 폭넓게 선택할 수 있다.

예를 들어 각 모듈이 사용이 허용되도록 제한함으로써 모듈을 유용한 구성으로 배열할 수 있다는 것을 알게 될 것이다. 이것이 레이어 스타일layered style로, 변경용이성modifiability과 이식성portability의 품질을 시스템에게 부여한다. 시스템마다 레이어의 수가 다르고, 각 레이어의 내용도 다르며, 각 레이어에 사용이 허용되는 규칙도 다르다. 그러나 레이어 스타일은 이들 옵션에 관련해 추상적이어서, 이들을 묶지 않고도 익히고 분석될 수 있다.

다른 예로 클라이언트-서버가 일반적인 아키텍처 스타일이라는 것을 알게 될 것이다. 이 스타일의 요소는 클라이언트와 서버, 그리고 이들 상호작용을 설명하는 프로토콜 커넥터protocol connector다. 시스템에 사용될 때 클라이언트-서버 스타일은 별로 힘들이지 않고도 클라이언트를 추가할 수 있는 능력과 같은 바람직한 속성을 시스템에 부여한다. 시스템마다 프로토콜도 다르고, 서버의 숫자도 다르며, 각 시스템이 지원할 수 있는 클라이언트의 숫자도 다를 것이다. 그러나 클라이언트-서버 스타일은 이들 옵션에 관련해 추상적이어서, 이들을 묶지 않고도 익히고 분석될 수 있다.

일부 스타일은 모든 소프트웨어 시스템에 적용할 수 있다. 예를 들어 모든 시스템은 작업을 나누기 위해 모듈로 분할된다. 따라서 분할 스타일decomposition style은 모든 곳에 적용된다. '범용적인 스타일'의 다른 예로는 사용uses, 배포deployment, 작업 배정work assignment 스타일이 있다. 일부 스타일은 아키텍트가 명확하게 선택하고 설계한 시스템에서만 나타난다. 예를 들어 레이어layered, 서비스지향service oriented, 다중 티어multi-tier 스타일을 들 수 있다.

이 책에서 다룬 스타일이든 다른 곳에 있는 것이든 스타일을 선택하는 것은 스타일이 부과하는 특수화와 제약사항 및 스타일이 시스템에 부여하는 특징을 기록하는 문서화 의무를 부여한다. 이러한 문서화 부

삶의 모든 과정에서 사람들은 모방을 하며, 예술가들 역시 마찬가지다. 그들은 조상에게서와 마찬가지로 동료에게 영향을 받는다. 이것이 유기적인 발전 방식이기 때문이다. 예를 들어 베토벤 후기와 슈베르트 초기는 거의 구별할 수 없다. 브람스는 베토벤 작품에서 일정한 주제와 음표를 취했고, 세익스피어는 대부분의 구성을 도용당했다(확실히 모두 좋은 것이었다).

– 애그니스 데밀(Agnes de
 Mille), 미국 무용가, 안무가
 (애틀랜틱, 1956)

레이어 스타일은 2.4절에서 설명한다.

클라이언트-서버 스타일은 4.3.1절에서 설명한다.

스타일 지침은 아키텍처 스타일을 서술한 것으로, 설계의 용어(요소와 관계 타입의 집합)와 규칙(토폴로지 및 의미론적인 제약사항의 집합)을 명세한다.

스타일 지침의 내용은 1부 개요의 1.2절에 제시된다. 6.1.4절에서는 새로운 스타일을 생성하고 문서화하는 방법을 설명한다.

뷰를 결합하는 것은 중요한 개념으로 6.6절에서 다룬다.

브리징 요소는 두 뷰에 공통적인 요소로 하나의 뷰로부터 다른 뷰를 이해하는 연속성을 제공하는 데 사용된다. 브리징 요소는 두 뷰에서 나타나며, 아마도 결합된 그림으로 대응을 명확하게 보여주는 지원하는 문서, 즉 대개는 뷰 사이의 매핑을 갖는다.

분을 스타일 지침style guide이라고 한다. 보통 예를 들어 이 책과 같은 문헌에 있는 스타일에 있는 설명을 인용함으로써 스타일을 문서화하는 의무는 면제된다. 그러나 여러분이 자신의 스타일을 고안한다면 스타일 지침을 작성해 여러분과 동료가 다른 시스템에서 해당 스타일을 적용할 수 있도록 해야 한다.

어떤 시스템도 하나의 스타일로만 구축되지 않는다. 반대로 모든 시스템은 많은 다른 스타일이 혼합된 것으로 보일 수 있다. (분할과 작업 배정과 같은) 일부 스타일은 모든 시스템에서 나타나지만, 또한 이들과 함께 시스템은 하나 이상의 '선택된' 스타일의 조합을 나타낼 수 있다.

컴포넌트-커넥터 스타일component-and-connector style로 제한한다고 하더라도, 하나의 시스템이 다음과 같은 방식으로 여러 스타일을 표현하는 것이 가능하다.

• 시스템의 '영역'별로 다른 스타일을 표현할 수 있다. 예를 들어, 시스템은 파이프-필터 스타일pipe-and-filter style을 사용해 입력 데이터를 처리하고, 그 결과를 여러 요소에서 접근하는 데이터베이스에 전달할 수 있다. 이 시스템은 파이프-필터 스타일과 공유 데이터 스타일shared-data style의 혼합이 될 것이다. 이 시스템의 문서화하는 (1) 시스템의 일부를 보여주는 파이프-필터 뷰와 (2) 다른 부분을 보여주는 공유 데이터 뷰를 포함할 것이다. 이와 같은 경우에 하나의 이상의 요소가 양쪽 뷰에 나타나야 하며, 양쪽 요소 타입의 속성을 가져야 한다(그렇지 않으면 시스템의 두 부분이 서로 커뮤니케이션할 수 없게 된다). 이들 브리징 요소bridging element는 하나의 뷰로부터 다른 뷰를 이해하는 연속성을 제공한다. 이들은 보통 여러 인터페이스를, 각 인터페이스는 요소가 자신이 속한 각 뷰에서 다른 요소와 작업하게 하는 메커니즘을 제공한다. 그림 P.2의 필터/데이터베이스 커넥터가 그 예다.

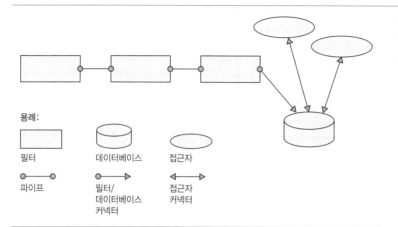

**그림 P.2**
파이프–필터 스타일과 공유 데이터 스타일이 결합된 시스템. '필터/데이터베이스 커넥터'는 브릿징 요소다

- 하나의 스타일에서 한 부분의 역할을 하는 요소는 그 자체가 다른 스타일로 배열되는 요소로 구성될 수 있다. 예를 들어 SOA 시스템에서 서비스 공급자는 다른 서비스 공급자 또는 자신의 서비스 사용자에 알려지지 않은 채로 다중 티어 스타일<sup>multi-tier style</sup>을 사용해 구현될 수 있다. 이 시스템의 문서화는 그림 P.3에서 볼 수 있는 바와 같이 전체 시스템을 보여주는 SOA 뷰뿐만 아니라 해당 서비스를 문서화하는 다중 티어 뷰를 포함할 수 있다.

- 마지막으로 마치 색안경으로 보는 것처럼 같은 시스템이 다르게 보일 수 있다. 예를 들어 그림 P.4와 같이 데이터베이스 레파지토리 특징을 갖는 시스템이 공유 데이터 스타일이나 클라이언트–서버 스타일을 구체화한 것으로 볼 수 있다. 여러분이 선택한 관점은 여러분이 '보는' 스타일을 결정한다.

**그림 P.3**
두 스타일이 결합된 시스템. 여기서 서비스 공급자는 다중 티어 스타일 안에 내부적으로 구성된다

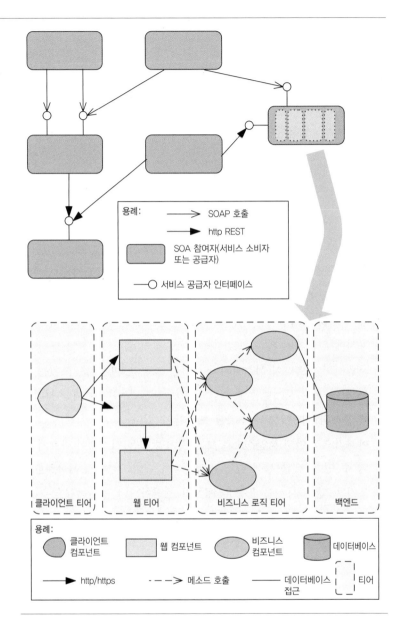

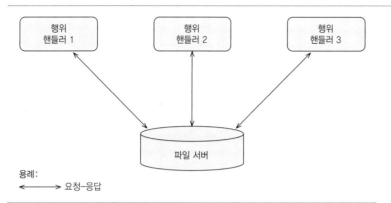

마지막 경우에 다시 한 번 어떤 스타일의 색안경을 선택할지는 여러분과 이해당사자가 문서를 어떤 식으로 활용하고자 하는지에 달려 있다. 예를 들어 이 뷰를 사용하는 이해당사자가 공유 데이터 스타일을 좀 더 쉽게 이해한다면 그것을 선택하면 된다. 그러나 하나 이상의 스타일이 제공하는 관점이 필요한 경우에는 선택권이 있다. 각각 대응하는 뷰를 문서화할 수 있거나, 대략 말하자면 분리된 뷰로 표현될 내용을 짜맞추어 하나의 뷰로 결합할 수 있다

결합된 뷰를 오버레이(overlay) 라고 한다. 오버레이는 6.6절에서 다룬다.

## P.4.1 스타일의 3가지 분류

고정된 뷰의 집합이 모든 시스템에 적절하지는 않더라도 광범위한 가이드라인이 확고한 기반을 다지게 할 수 있다. 아키텍트는 동시에 세 가지 방식으로 소프트웨어를 생각할 필요가 있다.

1. 구현 단위 집합으로 구조화하는 방법
2. 런타임 행위와 상호작용을 갖는 요소의 집합으로 구조화하는 방법
3. 환경 안에서의 비소프트웨어 구조와 연관시키는 방법

이 책에서 제시하는 각 스타일은 다음과 같은 3가지 분류로 구분된다.

1. 모듈$^{module}$ 스타일
2. 컴포넌트-커넥터$^{C\&C, component-and-connector}$ 스타일
3. 할당$^{allocation}$ 스타일

모듈 스타일 선택은 2장에서 설명한다. C&C 스타일 선택은 4장에서 설명한다. 할당 스타일 선택은 5장에서 설명한다.

시스템에 스타일을 적용할 때 결과는 뷰가 된다. 모듈 뷰는 시스템의 기본 구현 단위를 문서화한다. C&C 뷰는 시스템의 실행 단위를 문서화한다. 그리고 할당 뷰는 시스템의 소프트웨어와 개발 및 실행 환경의 비소프트웨어 리소스 사이의 관계를 문서화한다.

아키텍처에서 혼란을 피할 수 있는 가장 좋은 방법 중 하나는 각 아키텍처 요소가 모듈인지 컴포넌트인지를 명확하게 하는 것에 신경을 쓰는 것이다.

---

**용어 설명**

### 모듈과 컴포넌트

이 책에서는 모듈, 컴포넌트-커넥터, 할당 등 세 가지 스타일을 사용한다. 이들 세 가지 카테고리로 표현하고자 하는 정보를 체계적인 방식으로 구조화하고, 우리가 바라는 체계적인 방식으로 기억해내거나 접근할 수 있게 한다. 따라서 여러분은 체계적인 방식으로 정보를 표현하는 아키텍처 문서를 작성할 수 있게 된다. 그러나 이러한 전략이 성공하기 위해서는 카테고리의 구분이 의미가 있어야만 한다. 카테고리 중 두 가지에 사용되는 단어, 즉 모듈과 컴포넌트는 정확한 의미를 제공하지만, 역사적으로 보면 잘 구별하지 못한다.

컴퓨팅 분야에서의 많은 용어와 마찬가지로 이들 두 가지는 우리 분야 밖에서도 의미를 갖는다. 게다가 두 용어는 중복되는 목표를 갖는 소프트웨어 엔지니어링에서의 움직임과도 관련돼 있다.

1960년대와 1970년대 동안에 소프트웨어 시스템은 규모가 커져서 더 이상 한 사람이 만들어낼 수 없게 됐다. 소프트웨어 복잡성을 관리하고, 프로그래머 사이에 작업을 분할하는 데 필요한 새로운 기법이 필요하다는 것이 분명해졌다. '대규모 프로그래밍'의 이러한 문제를 해결하기 위해서 프로그래머들이 소프트웨어를 분할하는 방법을 결정할 수 있도록 도와주는 다양한 기준이 도입됐다. 캡슐화$^{encapsulation}$, 정보 감추기$^{information\ hiding}$, 추상적인 데이터 타입$^{abstract\ data\ type}$은 당시의 지배적인 설계 패러다임이었다. 이러한 움직임이 있기까지 컴퓨터 프로그램은 대부분 정확한 답을 계산하는 데 중점을 두었지만, 지금은 시스템의 다른 중요한 속성이 코드를 구조화하는 방법을 결정한다고 이론가들은 말한다. 모듈module은 이러한 의미의 운송자가 됐다. 1970년대와 1980년대는 '모듈 연결 언어module interconnection language', 모듈러Modula의 모듈module과 스몰토크Smalltalk의 클래스class, 에이다Aida의 패키지package와 같은 새로운 프로그래밍 언어의 기능이 등장했다. 오늘날의 지배적인 설계 패러다임(객체지향 프로그래밍object-oriented programming)도 핵심에는 이들 모듈 개념이 있다. 이에 대해 컴포넌트component는 컴포넌트 기반 소프트웨어 엔지니어링component-based software engineering과 소프트웨어 아키텍처 분야의 컴포넌트-커넥터 관점으로 주목을 받고 있다.

두 움직임은 독립적인 하위 부분의 선택과 조합, 전체 교체를 통해 빠른 시스템 구축과 발전을 달성하는 것을 목적으로 한다. 그러나 모듈과 컴포넌트는 전체 소프트웨어 시스템을 구성 부품으로 분할하는 것에 관한 것이다. 그러나 이 외에도 두 용어는 다른 의미를 갖는다.

- 모듈은 맨 먼저 구현 단위a unit of implementation를 가리킨다. 파나스의 모듈 설계에 관한 기초 연구(파나스, 1972)는 모듈에 책임을 할당하는 기준으로서 정보 감추기를 사용했다. 데이터 구조나 알고리즘과 같이 시스템의 수명 시간 동안에 변경될 가능성이 있는 정보는 모듈에 할당되며, 모듈의 인터페이스를 통해서 해당 기능에 접근하게 했다. 모듈은 오랫동안 소스 코드와 연관돼 있었지만, 정보 모델, XML 파일, 설정 파일, 파서용 BNF 파일, 기타 구현 산출물 모두 완벽하게 좋은 모듈이다.
- 컴포넌트는 런타임 실체rutime entity를 가리킨다. 즈위퍼스키Szyperski는 컴포넌트가 '독립적으로 배포될 수 있으며, 서드 파티에 의해 조합될 수 있는' 것이라고 했다(즈위퍼스키, 1998, p.30). 여기에서 분명한 것은 완성된 제품을 강조하고 있는 것

이지, 그 제품을 만들어내는 데 필요한 설계상의 고려사항에 중점을 두는 것은 아니라는 것이다. 실제로 운영 모델은 실행할 수 있는 이전 형식으로만 컴포넌트가 전달된다. 이보다 상위 수준의 어떤 것도 시스템 구축자가 사용할 수 없다.

간단히 말해 모듈은 구현 단위와 산출물을 의미하며, 전달 매체와 런타임에 실행되는 것에는 별로 강조하지 않는다. 컴포넌트는 구현 구조에는 드러나지 않는 런타임에서 활동적인 소프트웨어 단위에 관한 것이다.

상관없다. 모든 모듈이 런타임에 정확히 하나의 컴포넌트로 변한다면 차이점을 덮어두는 것이 더 쉬울 것이다. 그러나 실제로 이런 일은 일어나지 않는다. 많은 시스템에서 하나의 모듈은 여러 컴포넌트로 변하거나 여러 모듈이 하나의 컴포넌트로 변한다. 이것을 알 수 있는 손쉬운 방법은 아주 간단한 클라이언트-서버 시스템을 상상하는 것이다. 여러분의 시스템이 단일 서버를 갖고 있으며, 런타임에 10개의 클라이언트에 데이터를 제공한다고 가정하자. 이 시스템에서 컴포넌트는 11개지만 모듈은 단지 2개 뿐이다. 서버 모듈은 서버 컴포넌트 S1과 1:1 대응한다. 클라이언트 모듈은 클라이언트 컴포넌트 C1에서 C10까지 1:10 대응한다. 모듈과 컴포넌트를 구별하지 못하면 모든 구현 단위가 정확히 하나의 실행 단위로 변한다고 부주의하게 가정하기 너무 쉽다. 하지만 실제로는 그렇지 않다.

이 책에서 사용하는 용어에는 전통이 반영돼 있다. 이 책의 모듈 스타일은 구현 산출물에 대한 고려를 반영하고 있다. 문제 부분을 설계 및 구현 단위에 할당하는 분할$^{decomposition}$과 소프트웨어가 작성될 때 어떤 사용이 허용되는지를 반영하는 레이어, 인스턴스의 집합으로부터 공통성을 뽑아내는 클래스 스타일이 그것이다.

이들 스타일에서 모듈은 보통 소스 코드 단위지만, 시스템이

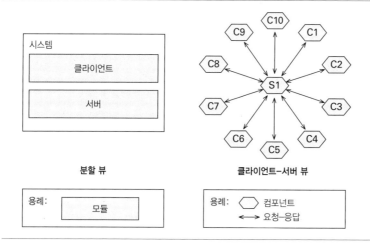

분할 뷰                    클라이언트-서버 뷰

**그림 P.5**
클라이언트-서버 시스템은 2개
모듈이지만 7개의 컴포넌트로
구성된다

조작하는 데이터의 모델이 모듈인 데이터 모델$^{data\ model}$ 스타일도
있다. 물론 이들 모든 모듈 스타일은 런타임 의미를 갖는다. 결국
런타임은 소프트웨어 설계의 최종 목적지이기 때문이다. 이 책에
서 설명하는 C&C 스타일은 실행되는 동안에 어떻게 프로세스가
상호작용하고 시스템으로 데이터가 이동하는가에 집중한다.

많은 아키텍처에서 모듈과 컴포넌트 사이의 일대일 매핑이 있
다. 게다가 이 경우에 모듈과 대응되는 컴포넌트는 같은 이름을
갖게 마련이다. 이것은 모듈과 컴포넌트가 같은 것이며, 따라서
둘 사이에 차이점이 없다고 생각하게 만든다. 이렇게 생각하지
말라. 일대일 매핑이 해로운 것은 아니지만, 모듈과 컴포넌트는
같은 이름을 공유하는 다른 요소다. 이와 같은 아키텍처에서 모
듈은 모듈 뷰에 나타나고, 같은 이름을 갖는 컴포넌트는 하나 이
상의 컴포넌트-커넥터 뷰에 나타날 것이다.

모듈과 컴포넌트는 소프트웨어 시스템을 빠르게 구축하고 손쉽
게 변경할 수 있도록 하는 현재 소프트웨어 엔지니어링 접근 방법
의 기반이 된다. 따라서 모듈과 컴포넌트는 소프트웨어 아키텍처
를 생성하고 문서화하는 기본적인 빌딩 블록으로 역할을 한다.

10.2절에서 시스템의 모듈과
컴포넌트 사이의 매핑을 문서
화하는 방법을 설명한다. 1.5절
과 3.5절에서는 모듈과 컴포넌
트가 서로 어떻게 관련되는지를
설명한다.

**용어 설명**

### '아키텍처 스타일'과 '아키텍처 패턴'

#### 두 용어의 의미는 무엇인가?

이 책에서는 소프트웨어 시스템의 일반적인 설계 접근 방법을 설명하는 설계 결정 패키지에 대한 용어로 '아키텍치 스타일'을 사용한다. 많은 아키텍트와 저자들이 사용하는 유사한 개념의 다른 용어로는 '아키텍처 패턴'이 있다. 이 두 개념 사이의 차이점은 무엇이며, 왜 패턴 대신에 스타일을 선택했을까?

아키텍처 스타일architecture style은 '요소와 관계 타입의 특수화specialization, 그리고 이들이 사용되는 방법에 대한 제약사항에 대한 집합'(베스와 클레멘츠, 카즈만, 2003)이다.

아키텍처 패턴architecture pattern은 "소프트웨어 시스템의 기본적인 구조적 구성 스키마를 표현"(부쉬만Buschmann 외, 1996, p.12)한다. 특히, 패턴은 아키텍처 컨텍스트 안에서 특정한 설계 컨텍스트에서 제기되는 반복적으로 나타나는 특별한 설계 문제와 해결 방안에 대한 잘 증명된 일반적인 체계를 표현한다. 해결 방안 체계solution scheme는 구성 컴포넌트와 이들의 책임과 관계, 그리고 이들이 협력하는 방식을 서술함으로써 명세된다.(부쉬만 외, 1996, p.8)

아키텍처 패턴의 필수적인 부분은 문제와 컨텍스트와 함께, 해당 컨텍스트 안에서 문제를 해결하는 방법에 집중하는 것이다. 이 마지막 부분을 우리는 아키텍처 접근 방법architecture approach이라고 한다. 아키텍처 스타일은 아키텍처 접근 방법에 집중하며, 특별한 스타일이 언제 유용하거나 유용하지 않은지에 대한 좀 더 가벼운 지침을 제공한다. 아주 비공식적으로 다음과 같은 방식으로 표현한다(여기에서 화살표는 '제안하다suggest'를 의미한다).

- 아키텍처 패턴: {문제, 컨텍스트} → 아키텍처 접근 방법
- 아키텍처 스타일: 아키텍처 접근 방법

따라서 소프트웨어 아키텍처에 관한 몇 가지 기본적인 통찰력을 건축 아키텍처에서 찾을 수 있다. 즉, 아키텍처의 서로 다른 관점을 강조하고 이해하기 위해서는 여러 뷰가 필요하다. 스타일은 서술적이고 규범적으로 사용될 수 있는 적절하고 중요한 성문화 형식이다. 그리고 특별한 아키텍처와 아키텍처 스타일을 개발하고 지원하는 데 엔지니어링 원칙과 재료의 속성이 중요하다.

– 페리와 울프(1992)

[건축 아키텍처에서] 아키텍처 스타일은 형식과 기술, 재료, 시간, 기간, 지역 등에 관점에서 아키텍처를 분류해 고딕(Gothic) '양식'과 같은 용어를 만들어낸다.

– 위키백과(2010a)

## 두 용어의 등장 배경은?

오늘날 우리가 사용하는 '아키텍처 스타일'은 몇 가지 초기 저술을 소프트웨어 아키텍처 연구를 형성하는 시기에서부터 추적할 수 있다.

1990년과 1991년에 메리 쇼(Mary Shaw)는 많은 시스템에서 발견한 반복적인 아키텍처 개념을 언급하고 서술했다. 그리고 이들을 '소프트웨어 아키텍처의 설계 언어의 요소' 또는 '설계 이디엄(design idiom)'이라고 불렀다(쇼, 1990, 1991). 1992년에 드웨인 페리와 알렉산더 울프는 소프트웨어 아키텍처의 아직 새로운 분야에 관한 '직관성을 구축'하기를 원했다(페리와 울프, 1992). 다른 타입의 아키텍처(네트워크 아키텍처, 컴퓨터 아키텍처 등)를 살펴보면서 건축 아키텍처에 풍부한(그리고 빌려올 수 있는) 개념들이 많이 있다는 것을 깨달았다. 이들 개념 중의 하나가 아키텍처 스타일이다. 자신들 이전의 쇼와 마찬가지로 소프트웨어 아키텍처에 반복적인 설계 형식이 있다는 것을 알아차리고, 이것이 이들 형식을 서술하는 데 유용하다고 생각했다. 이때 스타일은 저자들이 거듭해서 사용되고 있다고 발견한 관찰된 형상이며, 접근 방법(사용한 요소와 관계의 종류 명단)이었다. 활용된 헝색의 발견과 분류를 강조했다.

1996년에 지맨스 사의 프랭크 부쉬만과 그의 동료는 두 개의 강력한 개념, 즉 소프트웨어 아키텍처와 디자인 패턴(design pattern)을 필연적으로 연결시켰다(후자는 그 이전 해에 소프트웨어 엔지니어링 분야를 깜짝 놀라게 했다). 이들의 책『패턴 지향 소프트웨어 아키텍처: 패턴시스템 Volume 1.』(지앤선, 2008)(부쉬만 외, 1996; 줄여서 PoSA라고 함)에서 아키텍처 패턴이란 용어를 처음 사용했다. 해를 거듭하면서 (이 책을 쓰고 있는 현재) 4권의 PoSA 시리즈는 디자인 패턴(Design Pattern)(감마 외, 1995)이 설계자와 프로그래머에게 했던 것을 아키텍처에게 하고 있다.

디자인 패턴과 (소프트웨어) 아키텍처 패턴은 건축 아키텍트인 크리스토퍼 알렉산더(Christopher Alexander)에게서 영향을 받았다. 그는 1970년대 일반적인 건축 설계 문제를 해결하기 위한 아키텍처 접근 방법을 해설한 여러 책을 저술했다. 그의 저술에서 사람들은 창문 옆에 앉아 있기를 좋아했으며, 모든 방에는 편안하게 그렇게

"아키텍처 패턴은 소프트웨어 시스템의 기본적인 구조적 구성 스키마를 표현한다. 규정된 서브 시스템의 집합을 제공하며, 이들의 책임을 명세하고, 이들 사이의 관계를 구성하는 규칙과 지침을 포함한다." (부쉬만 외, 1996, p.12)

할 수 있는 장소가 있다고 했다. 사람들은 발코니를 좋아했지만 10피트도 안 되는 폭을 가진 발코니에서 시간을 보내지는 않는다는 것을 발견했다. 따라서 발코니는 최소한 10피드 폭을 가져야 한다. 사람들은 야외 공간을 좋아했지만 건물의 그림자 안에 있는 것은 좋아하지 않았다. 따라서 북반구에서는 남쪽에 정원을 두었다. 그는 이러한 설계 덩어리를 패턴을 '일정한 컨텍스트, 문제와 해결 방안 사이의 관계를 표현하는 세 부분 규칙'(알렉산더, 1979, p.247)이라고 불렀다. (어떤 분야든) 패턴 커뮤니티는 그가 의미하는 것을 지키도록 노력하고 있다.

### 왜 패턴이 좀 더 구체적일까?

출판된 아키텍처 패턴이 아키텍처 스타일보다는 좀 더 제한적인 (즉, 좀 더 설계 결정을 포함한다는) 경향을 갖는다는 것은 내부 본질 문제가 아니라, 실제적인 문제임이 판명됐다. 보통 패턴은 스타일보다 '좀 더 상세'하거나 또는 '덜 추상적'인 것처럼 보인다. 스타일은 어떤 타입의 요소와 관계에 관심을 갖고 있는지, 그리고 토폴로지 제약사항을 제공하는지 말해준다. 레이어 위에는 레어어를 둔다. 파이프는 필터와 연결되며 파이프끼리는 연결할 수 없다 등이다. 패턴은 좀 더 특정해 서로 상호작용하는 요소 타입의 인스턴스를 보여준다. 전에는 아무도 찾지 못했던 공통성을 찾는 데 스타일 수집가들이 적극적이기 때문이다. 광범위한 카테고리가 더 많은 것을 포함한다. 패턴 작성자들은 아주 특정하고 컨텍스트 의존적인 문제를 기록하기 마련이다. 따라서 이에 부합해 이들 해결 방안은 특정하다.

아키텍트는 자신의 장점에 이러한 사실적인 구분을 사용할 수 있다. 예를 들어 시스템에서 많은 데이터를 처리한다면 어떤 스타일(공유 데이터 스타일이 좋은 후보다)을 사용할 것을 고려하고, 요소와 관계 타입이 여러분이 필요한 것인지를 확인할 것이다. 즉, 정말로 데이터베이스가 필요한가? 그런가? 좋다. 이제 (패턴으로서 아주 잘 제공될 수 있는) 좀 더 제약이 많은 아키텍처 방법을 찾아보자.

그것이 좋은 생각이기 때문에 그렇게 하는 것은 쓸데없는 일이라는 것을 잊어서는 안 된다. 한 번만 새로 만든 생각의 건전성에 대해 좀 더 걱정하라고 배웠다.

– 파나스(D. L. Parnas), 1996

공유 데이터 스타일은 4.5.1절에서 설명한다.

이 책에서는 왜 '아키텍처 스타일'을 사용하는가?

이 책에서는 소프트웨어 아키텍처를 설계하는 것이 아니라 문서화하는 것을 설명하므로, 다양한 해결 방안 접근 방법(아키텍처 스타일)을 제시해, 이들을 사용해 구축된 시스템을 문서화하는 방법을 보여주는 데 집중한다. 소프트웨어 아키텍처 문서화에서는 패턴을 문서화하는 것이 아니라, 그것을 적용한 것, 즉 인스턴스화된 해결 방안 접근 방법을 문서화한다.

소프트웨어 아키텍처 문서에 스타일 또는 패턴 사용을 어떻게 문서화하는가?

아키텍트는 설계의 시작점으로 패턴이나 스타일을 사용할 수 있다. 이들은 기존 카탈로그에 공표돼 있을 수도 있고, 조직의 독자적인 표준 설계 레파지토리에 저장됐을 수도 있으며, 아키텍트가 직접 문제를 해결하기 위해서 만들어낼 수도 있다. 어느 경우든 아키텍트가 정제하고 인스턴스를 생성해야 하는 일반적인 (즉, 완성되지 않은) 해결 접근 방법을 제공한다.

먼저, 해당 스타일 또는 패턴이 사용되고 있다는 사실을 기록한다. 그다음에 왜 이러한 해결 접근 방법을 선택했는지(당면한 문제에 왜 적합한지)를 설명한다. 선택된 접근 방법이 패턴에서 가져온 것이라면 당면한 문제가 패턴의 문제와 컨텍스트에 맞아떨어지는지를 보여준다. 스타일에서 가져온 것이라면 스타일이 필요한 작업을 하는 이유를 설명한다.

10장의 소프트웨어 아키텍처 문서 템플릿은 이러한 모든 정보를 담을 수 있을 것이다.

패턴이나 스타일을 사용하는 것은 궁극적으로 아키텍처로 귀착되는 성공적인 설계 결정을 한다는 것을 의미한다. 이러한 설계 결정은 새로 인스턴스화된 요소와 이들 사이의 관계로서 나타난다. 아키텍트는 모든 단계에서 아키텍처의 스냅샷을 문서화할 수 있다. 얼마나 많은 단계가 필요한지는 많은 것에 달려 있으며, 이들 중에는 향후 재검토하는 경우에 설계 프로세스를 따르는 독자의 능력도 포함된다.

성공적으로 좀 더 제약이 많은 설계 결정을 하는 개념을 '설계 스펙트럼(spectrum of design)'이라고 하며, 6.1.3절에서 설명한다.

스타일은 정보의 공통 집합을 사용해 서술된다. 이러한 배열을 스타일 지침(style guide)이라고 한다. 이 책에서 다루는 스타일을 서술하는 데 사용하는 스타일 지침은 1부 개요에서 설명한다.

요약

아키텍처 스타일은 주목받고 있는 아키텍처 접근 방법을 표현한다. 스타일 서술은 일반적으로 상세한 문제/컨텍스트 정보를 포함하지 않는다. 아키텍처 패턴을 포함한다. 아키텍처 접근 방법은 아키텍처 스타일와 아키텍처 패턴으로 문서화될 수 있다. 스타일과 패턴 둘 다 요소 타입과 관계 타입, 속성 및 토폴로지와 관계를 통한 요소 사이의 상호작용 제약사항의 선택을 포함하는 미리 패키지화된 설계 결정의 집합이다. 둘 다 설명을 단축시켜주는 용어를 제공하며, 아주 수월하게 의사소통("시스템은 레이어야.", "아! 알겠어. 레이어가 몇 개지?")을 할 수 있으며, 특정한 품질 속성 요구를 만족시키는 과정을 기록할 수 있게 한다. 둘 다 조합해서 사용할 수 있다. 하나의 스타일이나 아키텍처 패턴만 사용하는 시스템은 드물다. 그리고 둘 다 아키텍트의 용어의 필수적인 요소를 표현한다.

## P.5 좋은 문서화를 위한 7가지 규칙

이들은 소프트웨어 아키텍처 문서화를 포함한 어떤 기술적인 문서화에도 사용할 수 있는 규칙이다.

1. 읽는 사람의 관점에서 문서를 작성한다.
2. 불필요한 반복을 피한다.
3. 모호성을 피한다.
4. 표준 구성을 사용한다.
5. 근거를 기록한다.
6. 문서를 최신 버전으로 유지한다.
7. 목적에 적합한지 문서를 검토한다.

아키텍처 문서는 소프트웨어 개발 프로젝트의 다른 부분에서 작성하는 문서화와 많이 유사하다. 그 자체로는 좋고 유용한 문서와 나쁘고 무시되는 문서를 구별하는 것과 같은 기본적인 규칙을 따른다. 우리는 좋은 소프트웨어 문서화의 7가지 규칙으로 프롤로그를 마무리하려고 한다. 기술 문서를 작성할 때 이 체크리스트를 사용할 수 있다(또한 기술 문서를 읽을 때도 사용할 수 있다. 이 규칙들은 문서의 품질을 판단할 수 있는 객관적인 기준을 제공하며, 비평적인 검토에서 건설적인 것을 말할 수 있게 한다).

### 규칙 1. 읽는 사람의 관점에서 문서를 작성한다

이 규칙은 단순히 우리가 문서를 생성할 때 염두에 두어야 하는 것이다. 문서가 이해당사자에 쓸모가 있고, 그들이 이것을 의도한 대로 사용할 수 있도록 만들어야 한다. 기한이 가까워지거나 이메일이 넘쳐나도록 들어오고, 끊임없이 전화벨이 울리면 너무나도 쉽게 이 규칙을 잊어버린다.

현재 우리가 당연하게 받아들이는 많은 소프트웨어 엔지니어링 원칙을 만들어낸 위대한 컴퓨팅 과학자인 에츠허르 데이크스트라[Edsger Dijkstra](1930-2002)는 단 하나의 문장을 더 명확하게 만드는 방법을 궁리하는 데 두 시간 정도를 들인다고 말했다. 논문을 수백 명이 읽고(데이크스트라 정도의 역량을 갖춘 사람이라면 아주 겸손한 추정이다) 각 사람이 혼동하는 시간을 1, 2분씩만 절약하더라도 노력의 가치가 있다고 그는 이유를 설명했다. 데이크스트라 교수의 독자에 대한 배려는 그의 고상한 태도를 반영하는 것이지만, 또한 문서와 관련된 노력의 새롭고 유용한 개념을 제공한다. 보통 우리는 문서를 작성하는 데 얼마나 시간이 걸리는지를 계산한다. 데이크스트라 교수는 문서가 얼마나 오랫동안 사용되는지에 관심을 가질 것을 가르친다. 독자가 쉽게 사용할 수 있는 문서를 작성하는 것이 P.2.4절에 있는 공식에 정의된 대로, 문서의 경제학을 우리에게 유리하도록 맞출 수 있게 할 것이다.

읽는 사람을 위해 작성하면 겸손해지지만, 또한 실제적인 이점도 있다. 독자들은 현재 읽는 문서가 자신을 염두에 두고 작성됐다는 것을 느낄 때 노력에 감사하는 마음을 갖게 되지만, 더 중요한 것은 향후에도 계속해서 그 문서를 다시 찾게 된다는 것이다. 독자를 위해 작성한 문서는 잘 읽겠지만, 작성자가 편하도록 작성한 문서는 그렇지 않을 것이다. 사람들이 자신이 원하는 물건이 있는 상점에는 들어가서 물건을 사지만, 원하는 물건이 없는 상점은 지나친다. 문서화 역시 같은 이치다.

독자를 위해 작성하는 방법에 대한 팁은 다음과 같다.

- 독자가 누구인지, 그들이 무엇을 알고 있는지, 그리고 무엇을 문서화하기를 원하는지 찾는다. 다양한 유형의 독자층 대표와 비공식적인 대화를 해 그들이 기대하고 있는 것이 무엇인지를 알아낸다. 독자가 알고 있는 것에 대해 모른다고 가정을 하지 말라.
- 의식의 흐름[stream of consciousness] 작성을 피한다. 전반적인 구성 계획을 갖지 않고 여러분이 일이 발생할 순서대로 작성하고 있다는 것

고객은 얼간이가 아니다. 여러분의 부인과 같다.

– 데이비드 오길비(David Oglivy), 광고 관련 저술에서

이렇게 편지가 길어진 이유는 단지 편지를 더 짧게 쓸 시간이 없기 때문이다.

– 블레즈 파스칼(Blaise Pascal), 프랑스 수학자, 물리학자, 도덕주의자

남자의 진정한 가치는 그가 자신에게 절대적으로 선을 행하지 않는 누군가를 어떻게 대하는 방법이다.

– 사뮤엘 존슨(Samuel Johnson)의 노고로

을 발견하면 중단해야 한다. 특정 타입의 정보가 자신이 속한 곳으로 가서 그곳에 둘 수 있도록 작업한다. 문서의 각 절에 질문에 대해 어떤 답을 제시할지 미리 정한다.

로잔스키와 우즈의 저서 『소프트웨어 시스템 아키텍처』에는 다음과 같은 '효과적인 아키텍처 서술'의 특성을 제시한다. 정확성(correctness), 충분성(sufficiency), 간결성(conciseness), 명확성(clarity), 현재성(currency), 정밀성(precision) 등이다.

- 불필요한 내부 전문용어$^{jargon}$는 피한다. 그 분야에 처음인 사람이나 같은 용어를 사용하지 않는 회사에서 온 사람이 볼 수도 있다. 특별한 용어는 용어집에 정의한다.
- 약어를 과도하게 사용하지 않는다. 원래의 용어가 짧거나 몇 번 사용되지 않을 때는 약어 사용을 피한다. 항상 사용하는 약어마다 해독하는 사전을 제공한다.

### 규칙 2. 불필요한 반복을 피한다

각 타입의 정보는 정확하게 한 장소에만 기록해야 한다. 이렇게 해야 문서를 사용하고 더 쉽고 발전할 때 변경하기 훨씬 더 쉬워진다. 또한 혼란을 피할 수도 있다. 반복된 정보는 조금씩 형식이 달라지며, 이제 독자들은 "의도적으로 다르게 한건가? 그렇다면 차이점의 의미가 뭐지? 저자가 한 곳은 변경했는데 다른 곳은 변경하는 것을 잊어버린 것은 아닌가?"라는 의구심을 갖게 된다.

결코 정보를 반복하지 않겠다는 목표가 있어야 한다. 그러나 때로는 필요한 다른 곳에 정보를 반복하지 않으려다 보면 독자에게 부담을 주는 경우가 있다. 독자들은 불필요하게 페이지를 넘기거나 하이퍼링크를 클릭하는 것을 좋아하지 않는다. 명확성을 위해서 또는 다른 관점을 제시하기 위해 두 군데 이상의 서로 다른 장소에 정보를 반복할 수 있다. 또한 같은 생각을 다른 형식으로 표현하면 독자들이 더 완전하게 이해할 수 있게 된다. 정보를 별도로 두는 것이 독자에게 너무 큰 부담이 된다면 정보를 반복하는 것이 좋다.

온라인으로 문서를 유지하고 본다면 하이퍼링크가 이 규칙을 더 쉽게 따를 수 있게 한다. 예를 들어 각 용어가 정의로 하이퍼링크될 수 있다. 개념은 설명이나 정교$^{elaboration}$로 하이퍼링크될 수 있다.

## 모든 사람이 '그냥 아는' 표기법을 조심하라

규칙 3은 모호성을 피하라고 권고한다. "정교하게 의미론을 표현할 수 있는 잘 정의된 표기법을 갖춘다면 문서에서 발생할 수 있는 모든 종류의 모호성을 제거할 수 있을 것이다."라고 말한다. 여기서 우리는 '정교한 의미론precise sematnics' 부분을 강조하고 싶다. 잘 정의된 표기법을 갖는 것만으로는 충분하지 않다.

데이터 흐름 다이어그램DFD, Data Flow Diagram을 생각해보자. 몇 년 전에 미카엘 잭슨은 훌륭한 소크라테스 식의 대화 내용을 썼다(잭슨, 1995, p.42-47, 이 책의 초판[클레멘츠 외, 2003]의 11장에 이 대화가 실려 있다). 이 대화에서는 데이터 흐름 다이어그램을 살펴보기 시작할 당시에 설계가 어떤 것인지에 대한 아주 좋은 생각을 이미 갖고 있지 않다면 소프트웨어 설계에 관한 유용한 정보를 어떻게 전달할 수 없는지를 보여준다. 세상에! 데이터 흐름 다이어그램이다. 수십 년도 더 된 것이다. 이들 다이어그램이 무엇을 의미하는지 아무도 이해하지 못한다는 것이 정말로 사실일까? 잭슨은 그들이 얼마나 잘못 해석될 수 있는지 자신있게 보여줄 수 있었다.

레이어 다이어그램layer diagram을 생각해보자. 레이어 시스템은 약 40년 전에 처음 서술됐다. 우리 모두는 이 시스템들을 보았다. 또한 이들을 작성했다. 그러나 그들이 정확하게 무엇을 의미하는지 얼마나 여러 번 멈추어서 질문했던가? 레이어 다이어그램은 중요한 위치를 차지하는 아키텍처의 단 하나의 그래픽 표현에 관한 것이다. 상자 2 위에 있는 상자 1은 상자 1 위에 있는 상자 2와는 아주 다른 시스템이다. 몇 개의 사각형이 서로 위에 쌓여 있는 것이 정확하게 무엇을 의미할까? "아!, 위에 있는 프로그램이 아래에 있는 프로그램을 호출할 수 있는 거네요." 이것이 내가 수업 시간에 질문을 했을 때 종종 들었던 대답이다. 그러면 위에 있는 프로그램이 아래에 있는 어떤 프로그램이라도 호출할 수

데이터 흐름 다이어그램은 ... 별 쓸모가 없겠어요. 그저 어떤 문제를 해결하려면 시스템이 어떤 모습이어야 좋을지에 대해 누군가의 머릿속에 떠오른 내용을 제시해 놓은 모호한 그림들일 뿐이죠. 다른 사람들은 문제가 뭔지에 대해서도 별 생각이 없는 상태에서 말이죠. 당신이 이해하고 있는 내용이 큰 그림에 하나도 담겨 있지 않으면 그다지 쓸모가 없죠. 당신은 그저 프레드의 다이어그램에 담긴 의미를 추측하고 있을 뿐이잖아요. 이 경우 당신이 어떤 문제를 다루려고 하는지, 그리고 그 문제를 어떻게 해결할지를 이미 알고 있지 않으면 아무런 의미가 없는 거죠.

– 미카엘 잭슨(Michael Jackson)(1995)이 쓴 데이터 흐름 다이어그램에 관한 이야기 중의 한 등장인물

있을까? 또는 바로 아래 레이어에 있는 프로그램만 호출할 수 있을까? 전문가 소프트웨어 엔지니어로 가득 차 있는 방에서 이 질문을 했다. 그리고 (이들 그룹을 가르쳐본 내 경험이 어떤 측정치라면) 보통 1/3은 고개를 끄덕이고, 1/3은 머리를 흔들고, 1/3은 신기한 이야기를 듣는 것처럼 쳐다본다. 어떤 레이어에 있는 프로그램이 같은 레이어의 다른 프로그램을 호출할 수 있을까? 일반적으로 같은 반응이다. 그리고 모두 절대적으로 모두가 아래에 있는 프로그램이 위에 있는 프로그램을 호출하는 것이 허용되지 않는다고 내가 말했던 것을 잊어버린다. 이것이 레이어에 관해 기억해야 하는 더 중요한 사실임에도 불구하고 말이다.

그래서 놀라운 사실이 있는데, 간단한 레이어 다이어그램도 본질적으로는 모호하다. 상자 더미 한쪽에 수직 상자가 붙어 있는 내가 '사이드카가 붙은 레이어'라고 부르는 것과 같은 일반적인 변형은 더 모호하다(좋은 소식은 쉽게 모호함을 없앨 수 있다는 것이다).

잘 정의된 표기법은 예를 보고 그것이 표기법에 잘 맞게 사용한 예인지 아닌지를 알 수 있는 것이다. 레이어와 데이터 흐름 다이어그램 모두 이러한 속성을 갖는다. 그러나 전통적으로 표현된 어느 것도 모호함이 없을 정도로 충분히 정확한 의미론을 갖지 못한다.

이와 같이 소프트웨어 엔지니어가 의미하는 바를 '그냥 알고 있는' 표기법이 가장 위험하다. 우리 모두는 레이어 다이어그램이 의미하는 것을 '알고' 있다. 문제는 '내가 알고 있는 것'이 '여러분이 알고 있는 것'과 다를 것이며, 아키텍처가 의미하는 것과도 다를 것이라는 것이다. 따라서 우리 모두는 문제가 있다는 것을 알아차리지 못하고 즐겁게 함께 갈 수 있을 것이다. 적어도 프로젝트 후반부에 잘못된 이해로 인해 기한을 맞추지 못하거나 운영의 실패로 고통을 받을 때까지는 말이다.

– P.C.

### 규칙 3. 모호성을 피한다

모호성은 문서가 한 가지 이상의 방식으로 해석될 때, 그리고 이들 방법 중 적어도 하나가 부정확할 때 발생한다. 가장 위험한 유형의 모호성은 발견되지 않은 모호성이다. 이 경우에 각 독자들은 자신이 문서를 이해했다고 생각하지만, 자신도 모르게 각 독자들이 그것이 말하고 있는 것에 관해 서로 다른 결론에 도달할 것이다.

다른 규칙 중에서 두 가지가 모호성을 피할 수 있도록 한다.

모호한 것보다는 잘못됐지만 명확한 것이 훨씬 더 낫다.

– 프레드릭 브룩스(Frederick Brooks, Jr.), 1995, p.259

- (규칙 2) 불필요한 반복을 피함으로써 '거의 같지만 똑같지 않은' 모호성의 형식을 피할 수 있다.
- (규칙 7) 의도한 청중 멤버와 함께 문서를 검토하는 것은 모호성을 찾아서 추려낼 수 있게 할 것이다.

정확한 의미론을 갖는 잘 정의된 표기법은 문서에서 발생할 수 있는 모든 종류의 언어적 모호성을 제거할 수 있게 한다. 표준 언어와 표기법이 많은 도움을 주기는 하지만, 항상 형식 언어를 사용해야 할 필요는 없다. 단순히 표기법 규칙을 채택하고, 일관적이고 적극적으로 사용하는 것만으로도 많은 모호성의 원인들을 제거할 수 있을 것이다. 그러나 표기법을 채택할 때는 다음과 같은 부수적인 것들도 적용된다.

대규모 프로젝트 수행이 완료되고 난 후에 해결하려던 문제 자체가 잘못된 것이었음을 깨닫고 당황하게 되는 것을 막을 방법은 문제를 명확하게 하는 것 밖에는 없다.

– 호어(C. A. R. Hoare), 1985, p.85

---

**조언**

아키텍처 문서인 체 하는 상자와 선으로 구성되는 다이어그램에 관해 몇 가지 할 말이 있다.

- 이런 다이어그램을 그리고 아키텍처 서술의 시작 이상인 것으로 추장하는 것에 거리낌을 느끼지 말라.
- 여러분이 이런 다이어그램을 그린다면 상자와 선이 무엇을 의미하는지를 정확하게 설명한다.
- 이런 다이어그램을 본다면 작성자에게 상자가 의미한 것과 정확하게 화살표가 내포하는 의미를 질문한다. 대답을 듣고 나면 대부분 명확해진다. 설사 그렇지 않더라도 작성자가 혼동했다는 사실만은 명확해진다.

### 규칙 3a. 표기법을 설명한다

아키텍처 문서의 모든 다이어 그램은 사용된 모든 기호의 의미를 설명하는 용례를 포함해야 한다. 용례는 표기법을 식별해야 한다. 만약 (UML과 같이) 미리 정의된 표기법을 사용하고 있다면 용례에 그 이름을 지정한다. 그리고 필요하다면 사용된 버전을 정의한 문서를 인용한다. 그렇지 않으면 용례는 기호론과 색상, 형태, 위치, 그리고 다른 표현의 의미를 정의해야 한다. 다이어그램이 색상을 사용하지만, 색상이 특별한 의미를 갖지 않거나 가독성을 향상시키기 위해서 사용된다면 용례에 그렇게 표현해야 한다.

다이어그램의 비형식적인 표기법을 정의한다면 같은 타입의 다이어그램에 일관적으로 같은 표기법을 사용하도록 해야 한다. 다른 타입의 요소와 관계에 대해서는 다른 기호를 사용한다. 예를 들어, 어떤 다이어그램에서 웹 컴포넌트에 둥근 모서리 사각형을 사용했다면, 다른 다이어그램에서 웹 컴포넌트에 다른 도형을 사용하지 않는다.

사람들이 항상 화이트보드에 그리는 상자와 선으로 구성되는 다이어그램이 아키텍처 문서에서 모호함을 야기시키는 가장 큰 출처 중 하나다. 이 다이어그램들이 시작점으로서는 나쁘지 않지만, 확실히 좋은 아키텍처 문서화는 아니다. 먼저, 대부분의 이와 같은 다이어그램은 모호성으로부터 어려움을 겪는다. 상자가 의미하는 것이 무엇일까? 모듈, 객체, 클래스, 서비스, 클라이언트, 서버, 데이터베이스, 프로세스, 함수, 티어, 프로시저, 프로세서, 또는 다른 것? 화살표는 무엇을 의미할까? 호출하다, 사용하다, 데이터 흐름, 입출력, 상속성, 커뮤니케이션, 프로세서 이주, 또는 다른 것?

독자가 표기법의 의미를 이해할 수 있도록 가능한 한 쉽게 만든다. 가장 좋은 방법은 다이어그램에 항상 용례를 포함시키는 것이다. 다른 곳에 정의된 표준 시각화 언어를 사용하고 있다면 용례에는 그 언어의 이름을 붙이거나 언어의 의미론의 출처를 독자가 참조하게 한다. 언어가 표준적이나 광범위하게 사용되는 것이라고 하더라도 보통 다른 버전이 있을 수 있다. 이 경우에는 여러분이 사용하고 있는 것을 인용함으로써 독자에게 알려준다. 예를 들어, '용례: UML 2.0'은 완벽하게 좋은 용례로, 독자와 저자를 같은 페이지에 머물게 한다. 자체적인 정보 표기법이라면 기호론 용례를 포함시키는 것이 좋다. 이렇게 하는 것은 시스템의 어떤 부분이며, 서로 상관되는 방법을 이해할 수 있게 하는 좋은 방법이다. 또한 독자에게 예의를 갖추는 일이 된다.

**화살표의 의미**

비형식적 표기법의 많은 아키텍처 다이어그램이 아키텍처 요소 사이의 방향성을 갖는 관계를 표현할 때 화살표를 사용한다. 이것이 두 요소가 상호작용한다는 것을 나타내는 좋고 무해한 방법인 것처럼 보이지만, 많은 경우에 있어서 혼동의 근원이 된다. 화살표가 무엇을 의미할까?

다음 아키텍처 단편을 생각해보자.

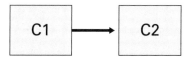

화살표가 의미하는 것이 무엇일까? 여기 몇 가지 가능성이 있다.

- C1과 C2를 호출한다.
- C1에서 C2로 데이터가 흘러간다.
- C1이 C2의 인스턴스를 생성한다.
- C1이 C2에게 메시지를 보낸다.
- C1은 C2의 서브 타입이다(보통 C2가 C1 위에 놓이지만, 필수적 인 것은 아니다).
- C2는 데이터 저장소고, C1은 C2에 데이터를 저장한다.
- 반대로 C1이 데이터 저장소고, C2가 C1에서 데이터를 읽는다.

이들 중 어느 것이어도 의미가 통한다. 그래서 사람들은 이들 모든 것, 그리고 그 이상의 의미로 화살표를 사용하며, 보통은 같은 다이어그램에 여러 가지 해석이 가능하도록 사용한다.

가령 화살표가 컴포넌트 C1이 컴포넌트 C2를 호출하는 것을 나타낸다고 알고 있다고 하자. 시스템이 다른 종류의 호출을 사용한다면 다이어그램에서 이들을 구분하는 것이 좋다. 특별히 동기적 호출과 비동기적 호출, 그리고 지역 호출과 원격 호출을 구분하는 것이 중요하다. 두 관점이 상호작용의 행위, 성능, 변경용이성, 신뢰성을 의미할 수 있다. 또한 솔루션이 다른 방법을 수용할 수 있을 때 다른 기술을 사용해 호출을 구현하는 것이 유용할 수 있다. 예를 들어 여러 가지 옵션 가운데 동기적 원격 호출은 SOAP이나 REST와 같은 웹 서비스나 자바 RMI, 또는 .NET 리모팅을 사용해 구현될 수 있다. 다이어그램에서 상호작용 타입을 구별하기 위해 별개의 화살촉(개방형, 폐쇄형, 채워진 것, 비어 있는 것)과 선(실선, 점선, 대시, 이중)을 사용한다.

SOAP과 REST는 4.3.3절에서 정의된다. 이전 버전의 SOAP 명세에서 SOAP은 약어였지만, 지금은 더 이상 약어가 아니다. http://www.w3.org/TR/soap12-part1/#intro를 참조한다.

C1이 C2를 호출한다는 것을 알고 있다고 하자. 대개는 둘 사이에 데이터 흐름을 보여주고 싶은 생각이 들 수도 있다. 우리는 이전 그림을 사용해 화살표가 ('호출' 대신에) 데이터 흐름을 나타낸다고 가정할 수 있다. 그러나 C2가 C1에게 값을 반환한다면 화살표가 양쪽에 있어야 하나? 아니면 하나의 화살표가 두 개의 화살촉을 갖도록 해야 하나? 이들 두 옵션은 상호교환될 수 없다. 두 개의 화살촉을 갖는 화살표는 일반적으로 두 요소 사이에 대칭적 관계를 나타낸다. 반면에, 하나의 화살촉을 갖는 두 개의 화살표는 작업 시에 두 개의 비대칭적 관계를 의미한다. 이들 경우에서 다이어그램은 C1이 상호작용을 시작했다는 정보를 잃고 만다. 또한 C2가 C1을 호출한다고 가정하다. C1과 C2 사이에 두 개의 화살촉을 갖는 두 개의 화살표를 사용해야 하나? 컴포넌트 C1이 컴포넌트 C2를 호출할 때 C1이 C2에 인수로 데이터를 넘겨주고, C2가 C1에게 데이터를 도로 반환할 수 있다. 그러므로 보통 데이터 흐름보다는 호출 관계를 나타내는 데 화살표를 사용하는 것이 더 좋은 생각이다. 그렇지 않으면 다이어그램은 구분할 수 없는 두 개의 화살촉을 갖는 화살표로 쉽게 가득 차 버리고 말 것이다.

보통 화살표가 상호작용을 표현하는 데 사용되지만, 오해를 불러일으킬 만한 곳에는 사용하지 않음으로써 혼동을 피할 수 있다. 예를 들어 화살촉 없는 선을 사용할 수 있다. 때로는 선보다는 물리적인 위치가 같은 정보를 표현할 수도 있다. 예를 들어 레이어 B 위에 있는 레이어 A는 A에 있는 모듈이 B에 있는 모듈을 사용한다는 것을 나타낸다. 다른 요소 안에 하나의 요소를 내포하는 것은 '부분이다'라는 것을 의미한다.

마지막으로 좋은 용례는 '호출하다'와 같은 '간단한' 상호작용을 표현하는 것이라고 해도 화살표의 의미를 이해하는 데 필수적이다. 용례에서 적절하게 설명된 유용한 화살표는 어떤 것이 호출-반환 커넥터의 호출하는 쪽이고 어느 것이 호출되는 쪽인지,

그리고 데이터가 어떤 방향으로 흘러가는지에 관해 의심의 여지를 남기지 않는다.
  - D.G와 P.M

## 규칙 4. 표준 구성을 사용한다

표준 구성 체계를 수립하고 이것에 맞추어 문서를 작성해 독자들이 이것을 알 수 있게 한다. 또한 템플릿이라고 하는 표준 구성은 많은 이점을 제공한다.

I부 개요의 I.2절에는 스타일 지침에 대한 표준 구성이 포함돼 있다. 10.1절과 10.2절은 뷰와 뷰 너머 정보를 문서화하는 데 권장되는 표준 구성을 포함한다. 7장에서 소프트웨어 인터페이스를 문서화할 때 적용되는 표준 구성을 설명한다.

- 독자들이 문서를 진행하거나 특정한 정보를 빨리 찾을 수 있게 한다. 따라서 이 이점은 읽는 사람의 관점에서 문서를 작성한다는 규칙과 관련돼 있다.

- 또한 문서 작성자가 내용을 계획하고 구성하는 데 도움을 준다. "이 문서에 어떤 주제를 어떤 순서로 할까?"라는 질문에 대답할 때 작성자는 빈 페이지에서 시작하지 않아도 된다. 템플릿은 이미 다루어야 중요한 주제의 개요를 제공한다.

- 작성자는 기록할 정보를 알게 되면 곧장 기록할 수 있다. 예를 들어 1에서 3절 부분을 작성하기 전에 4절 부분을 작성할 수 있다.

- TBD$^{\text{to be determined}}$ 또는 미정과 같은 표시가 돼 있는 부분이 몇 개인지에 따라서 남아 있는 작업이 얼마인지 알 수 있다.

본문에 있는 그림의 긴 설명은 그림 제목으로 이동시켰다. 본문에 설명을 두는 것은 처음 읽는 독자들에게는 좋지만, 두 번째 읽는 독자들에게는 그림 제목에 두는 것이 더 좋을 것이다. 찾은 그림을 볼 때 본문에서 설명을 찾지 않아도 되기 때문이다.

- 이 책을 참조하기 쉽도록 책을 구성하는 방식을 설명한 내용

- 정보의 완료성 규칙을 구체화한다. 전달할 중요한 정보 요소들이 문서의 절에 반영되기 때문이다. 따라서 표준 구성은 리뷰 시에 문서의 일차적인 유효성 검증 검토의 기반을 형성할 수 있다.

이렇게 하려면 다음과 같이 해야 한다.

1. 참조하기 쉽도록 문서를 구성한다. 소프트웨어 문서를 처음부터 끝까지 읽는 경우는 기껏해야 한 번이고, 아마도 이런 경우는 결코 없다. 그러나 수백 수천 번 참조될 가능성이 많다. 정보를 빨리 찾기 쉽도록 최선을 다해야 한다. 목차와 인덱스, 용어집, 약어 목록을 추

가하는 것은 특정한 정보를 찾을 수 있도록 하는 좋은 방법들이다.

2. 어떤 절이든 공란으로 두지 말고 아직 알지 못하는 것은 TBD, 알고는 있지만 적용하지 않은 것은 NA로 표시한다. 대부분의 경우에 문서를 완벽하게 채워넣을 수는 없다. 아직 정보를 모르기 때문이기도 하고, 아직 결정되지 않았기 때문일 수도 있다. 또는 그렇게 할 시간이 없었을 수도 있다. 이 경우에는 상황에 맞게 (예를 들어, TBD나 미정과 같이) 문서에 표시한다. 템플릿은 본질상 일반적이고 따라서 포괄적이다. 템플릿의 일정 부분이 생성하는 문서에 적용되지 않으면 NA라고 표시한다. 절을 비워놓게 되면 독자 입장에서 나중에 해당 정보를 채워넣을 것인지, 공란으로 두려고 의도한 것인지를 알 수 없기 때문이다. 따라서 이 조언은 모호성을 피한다는 규칙과 관련돼 있다.

절을 공란으로 두지 말라. 적절하게 NA 또는 TBD라고 표시한다. 더 좋은 것은 'NA: [이유]'와 'TBD: [예정일자 또는 마일스톤]'을 지정하는 것이다.

### 규칙 5. 근거를 기록한다

아키텍처는 중요한 설계 결정을 내린 결과며, 아키텍처 문서화는 이들 결정의 결과를 기록한다. 대부분의 중요한 결정에 대해 왜 그렇게 결정했는지를 기록해야 한다. 또한 탈락시킨 대안에는 어떤 것이 있고, 그 이유는 무엇인지 기록해야 한다. 나중에 이들 결정을 자세히 검토하거나 변경해야 할 경우에 같은 논의를 다시 할 수도 있고, 그때 왜 다른 길을 선택하지 않았는지 그 이유가 궁금할 수도 있을 것이다. 근거를 기록하는 것은 결국 많은 시간을 절약할 수 있게 된다. 이렇게 하려면 상황이 닥쳤을 때 근거를 기록하는 훈련이 필요하다.

물론 모든 단일 설계 결정의 근거를 아키텍처 문서화에 포함시켜야 하는 것은 아니다. 설계 결정이 시스템의 품질 요구를 달성하는 데 중요하다면 아마도 근거를 남길 가치가 있다. 설계 결정을 하기 위해서 이해당사자와 오랜 시간 동안 회의를 해야 한다면 그것은 근거를 남겨야 하는 좋은 결정이다. 여러분이 기술적인 실험과 연구를 수행하거나 설계 대안을 평가할 프로토타입을 만든다면 이 작업의 결과는 선택된 대안의 근거로서 남겨두어야 한다. 지금부터 한 주, 한 달, 또는 일 년

"좋아, 좋은 생각이야. 그리고 니쁜 생각조차도 없는 것보다는 낫지." 리 선생님이 말했다. "잘못된 것은 진실로 가는 방향을 알려주지만, 무식함은 더 많은 무식함으로 이끌거나 정치 경력으로 이끌고 가버리지."
– 배리 허거트(Barry Hughart)의 『Bridge of Birds』(1984)

6.5절은 근거를 문서화하는 방법을 설명한다.

후에 왜 그런 결정을 했는지 기억나지 않을 수도 있으며, 다른 사람도
마찬가지로 알지 못할 수도 있다는 것을 기억해야 한다.

### 규칙 6. 문서를 최신 버전으로 유지하지만, 꼭 그럴 필요는 없다

불완전하거나 유효기간이 끝난 문서는 사실을 반영하지 못하고 형식과
내부적인 일관성을 위한 자체 규칙을 따르지 않으며, 사용되지도 않는
다. 현재 상황과 정확성을 유지한 문서만 사용된다. 왜 그럴까? 소프트
웨어 관한 질문은 적절한 문서를 참조함으로써 가장 쉽고 효율적으로
대답될 수 있기 때문이다. 질문에 어떤 식으로든 부적절한 대답을 하는
문서는 수정될 필요가 있다. 문서를 갱신하고 질문자에게 그것을 참조
하라고 하는 것은 문서가 최종적이고 권위 있는 정보라는 강력한 메시
지를 전달하게 될 것이다.

한편 설계 과정에서 결정이 이루어지고 다시 검토하는 일이 빈번하
게 발생한다. 지속되지 않을 결정을 반영해 문서를 개정하는 것은 불필
요한 낭비다.

개발 계획에서 특정 시점을 정해 문서를 최신으로 갱신하거나 문서
화를 현재로 유지하는 프로세스를 정해 두어야 한다. 예를 들어서 각
반복iteration이나 스프린트sprint 또는 각 증분 릴리스incremetnal release 끝에
개정된 문서를 제공하는 것으로 정할 수 있다. 모든 설계 결정을 바로
기록할 필요는 없다. 그보다는 문서를 버전 관리가 필요한 대상으로 정
하고, 다른 모든 산출물과 마찬가지로 릴리스 전략을 세워야 한다.

### 규칙 7. 목적에 적합한지 문서를 검토한다

문서의 의도된 사용자만이 올바른 방식으로 표현된 올바른 정보가 포함
돼 있는지를 알 수 있을 것이다. 이들을 나열한다. 문서가 릴리스되기 전
에 이들 커뮤니티의 대표나 커뮤니티가 작성한 것을 검토하게 한다.

아주 좋은 의도라고 하더라도
때로는 예산과 일정 때문에 시
스템이 변경될 때 아키텍처 문
서를 갱신하는 것을 의도적으로
배제할 수 있다. 이 경우에 이런
일이 너무 자주 발생하면 신뢰
할 수 있는 최종 출처는 코드가
돼 버린다. P.2.4절의 공식을 사
용해 그렇게 하는 것이 투자할
가치가 있는지를 확인함으로써
문서를 유지하는 것을 정당화한
다. 만약 할 수 없다고 하더라도
적어도 독자들이 나머지 부분에
대한 신뢰를 가질 수 있도록 문
서의 해당 부분이 유효하지 않
다는 표시를 하는 것이 바람직
하다.

11장에서 아키텍처 문서 검토
를 다룬다.

## P.6   요약 체크리스트

- 아키텍처 문서화의 목표는 아키텍처를 기록해 다른 사람들이 아키텍처를 제대로 사용하고, 유지하며, 시스템을 구축하게 하는 데 있다.

- 문서화는 교육의 수단, 이해당사자 사이의 의사소통 장치, 그리고 분석의 기반으로서 아키텍처가 확장해시 사용될 수 있도록 하기 위해 존재한다.

- 아키텍처를 문서화하는 것은 관련된 뷰를 문서화한 다음, 하나 이상의 뷰에 적용하는 문서를 추가하는 일이다.

- 문서화는 개발 활동의 비용을 줄일 수 있게 함으로써 자체적으로 비용을 지불한다.

- 모듈 스타일은 아키텍트가 구현 단위 집합으로 소프트웨어를 생각할 수 있게 한다. C&C 뷰는 런타임 행위와 상호작용을 갖는 요소의 집합으로 소프트웨어를 생각하게 한다. 할당 뷰는 소프트웨어가 환경 안에서의 비소프트웨어 구조와 어떻게 관련되는지를 생각하게 한다.

- 아키텍처 스타일은 요소와 관계 타입의 특수화 그리고 이들이 사용되는 방법에 대한 제약사항에 대한 집합이다. 스타일은 제약사항을 만족하는 아키텍처 패밀리를 정의한다.

- 아키텍처 스타일 중에는 모든 소프트웨어 시스템에 적용할 수 있는 것이 있다. 다른 스타일은 아키텍처가 명확하게 선택하고 설계한 시스템에서만 나타난다.

- 좋은 아키텍처 문서화의 7가지 규칙은 다음과 같다.

  1. 읽는 사람의 관점에서 문서를 작성한다.
  2. 불필요한 반복을 피한다.
  3. 모호성을 피한다.
  4. 표준 구성을 사용한다.
  5. 근거를 기록한다.
  6. 문서를 최신 버전으로 유지한다.
  7. 목적에 적합한지 문서를 검토한다.

## P.7 생각해볼 문제

1. 기억나는 기술 문서 중에서 특히 유용했던 것이 있는가? 그 이유는 무엇인가?

2. 기억나는 기술 문서 중에서 아주 좋지 않았던 것이 있는가? 그 이유는 무엇인가?

3. 여러분에게 익숙한 시스템의 여러 아키텍처 관점을 열거하고 그 이유를 설명한다. 아키텍처적이지 않은 여러 관점도 열거하고 그 이유를 설명한다. '경계선상에' 있는 여러 관점을 열거하고, 각각을 '아키텍처' 또는 '비아키텍처' 범주 중 어디에 두어야 할지를 논의한다.

4. 대한민국의 서울을 방문하면 번잡한 도심의 간선도로에서 다음과 같은 표지판을 볼 수 있다.

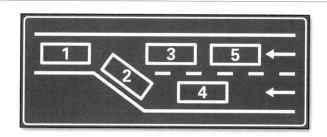

이것이 무슨 의미일까? 이 표지판이 전달하고자 하는 것이 조직적인 정보인가, 행위적인 정보인가, 또는 둘 다인가? 이 시스템에서 요소는 무엇인가? 이 모듈들과 같은가, 컴포넌트와 같은가? 표기법의 어떤 품질 때문에 이 표지판이 이해할 수 있게 되거나 이해할 수 없게 되는가? 이 표지판은 동적인 아키텍처를 보여주는가, 정적인 아키텍처 안에서 동적인 행위를 보여주는가? 누가 이 표지판의 이해당사자인가? 어떤 품질 속성을 달성하려고 하는 것일까? 그것을 어떻게 확인할 수 있는가? 여러분 스스로 품질을 만족시킨다고 확신하는가?

5. 프로젝트 예산 중에서 소프트웨어 아키텍처 문서화에 사용할 수 있

는 금액은 어느 정도인가? 왜 그런가? 비용과 편익을 어떻게 측정
하는가?

## P.8   더 읽을거리

소프트웨어 아키텍처의 전반적인 작업(구축하는 방법, 좋은지 확인하
기 위해 평가하는 방법, 얽혀 있는 레거시 코드에서 복구하는 방법, 일단 갖
고 있다면 개발 노력을 주도하는 방법)은 이 책의 범위를 넘어선다. 그러
나 소프트웨어 아키텍처에 관한 일반적인 책은 많다. 여러 저자들이 좋
은 책을 썼다. 베스와 클레멘츠, 카즈만(2003), 호프미에스터[Hofmiester]
와 노드[Nord], 소니[Soni](2000), 쇼와 갈란(1996), 보쉬[Bosch](2000), 고튼
[Gorton](2006) 등이다. 또한 제프 갈랜드[Jeff Garland]와 리차드 앤소니[Richard Anthony]의 『Large-Scale Software Architecture: A Practical Guide
Using UML』도 좋은 자료(갈랜드와 앤소니, 2003)다.

SEI[Software Engineering Institute]의 소프트웨어 아키텍처 웹 페이지(www.
sei.cmu.edu/architecture)도 광범위하게 다양한 소프트웨어 아키텍처
리소스와 링크를 제공하며, 용어에 대한 정의를 광범위하게 모아서 정
리했다(SEI, 2010).

문서화의 목적 중 하나는 아키텍처가 목적에 적합한지 분석될 수 있
도록 충분한 정보를 제공하는 것이다. 소프트웨어 아키텍처의 분석과
평가에 대한 자세한 사항은 클레멘츠와 카즈만, 클레인[Klein](2002)을 참
조한다.

좋은 문서화의 7가지 규칙은 파나스와 클레멘츠(1986) 논문에서 채
택됐다. 또한 이 논문은 이 책에 직접적으로 적절한 철학을 옹호한다.
이 논문은 시스템 설계가 거의 항상 에러와 잘못된 시작, 그리고 리소
스 제약적인 타협을 하기 쉽지만, 시스템은 이상적이고 단계적이고, 부
드럽게 실행되는 설계 프로세스의 산물인 것처럼 문서화돼야만 한다고
말한다. 궁극적으로는 이것이 가장 도움이 될 수 있는 문서화다. 이 책
은 문서화의 마지막 상태가 무엇이어야 하는가를 보여준다는 점에서
이러한 철학과 일치한다.

여러분이 아키텍처 분야와 그 뿌리에 대해 더 깊이 이해하고 싶다면 몇 가지 초기 논문을 깊이 있게 살펴보는 것이 가치 있는 시간이 될 것이다.

데이비드 파나스(1974)는 처음으로 소프트웨어가 하나가 아니라 여러 구조로 서술될 수 있다는 것을 발견했다. 이거한 통찰력은 오늘날 우리가 사용하는 뷰의 개념과 직접 맞닿아 있다. 일반적인 아키텍처 뷰와 특별히 '4+1 뷰'는 래셔널(지금은 IBM 래셔널) 'Unified Process for object-oriented software'(크루첸, 1995)의 기본적인 관점이다.

우리와 건축 아키텍처, 그리고 우리의 '아키텍처 스타일'과 건축 양식을 묶어놓은 소프트웨어 아키텍처의 초기 논문은 페리와 울프(1992)가 작성했다.

스타일 비교의 최고의 걸작은 쇼(1995)의 논문에서 발견할 수 있다. 이 논문에서 저자는 11개의 이전에 출판된 자동차 크루즈 컨트롤 문제에 대한 해결 방안을 검토해, 아키텍처 스타일이란 안경을 통해서 각 해결 방안을 비교했다. 쇼와 갈란(1996)의 책 3장에서는 이 주제를 계속 다룬다. 몇 가지 문제의 예를 제시하고 각각에 대해 서로 다른 아키텍처 스타일을 기반으로 한 여러 가지 아키텍처 해결 방안을 제시했다. 이처럼 나란히 비교하는 것은 스타일 그 자체의 품질을 드러낼 뿐만 아니라, 전반적인 개념을 풍부하게 예시한다.

아키텍처 패턴의 백과사전식 카탈로그는 『패턴 지향 소프트웨어 아키텍처』 시리즈에서 볼 수 있다. 이 시리즈의 저자는 부쉬만 외(1996), 슈미트[Schmidt] 외(2000), 키르허[Kircher]와 제인[Jain](2004), 부쉬만과 헨리[Henney], 슈미트(2007a 그리고 2007b)다.

스미스[Smith]와 윌리엄스[Williams](2002)는 성능을 위주로 하는 시스템을 아키텍팅하기 위한 원칙과 가이드에 3개의 장을 할애했다.

# 소프트웨어 아키텍처 스타일의 컬렉션

아키텍처 설계의 시작점은 대부분 보통 이전부터 있었던 설계 결정의 패키지다. 아키텍트가 시스템을 설계할 때 눈을 감고, 심각하게 고민해 완전히 아주 새로운 설계를 불러내지는 않는다.

가장 유용한 설계 결정 패키지가 아키텍처 스타일architecture style이다. 1장에서 5장까지는 중요하고 광범위하게 사용되는 아키텍처 스타일의 범위를 제시한다. 여기에서 강조하고자 하는 것은 스타일의 사용으로 만들어지는 뷰를 어떻게 문서화할 것인가 하는 것이다.

## I.1 스타일의 세 가지 카테고리

1장에서 5장까지는 프롤로그에서 설명한 스타일의 3가지 카테고리, 즉 모듈 스타일(1장과 2장), 컴포넌트-커넥터(C&C) 스타일(3장과 4장), 그리고 할당 스타일(5장)에 따라서 구성된다. 여러분의 문서화 패키지가 적어도 하나의 모듈 뷰와 적어도 하나의 컴포넌트-커넥터 뷰, 그리고 적어도 하나의 할당 뷰를 포함하도록 계획한다.

모듈module은 모듈 스타일module style의 기본적인 요소다. 모듈은 밀집성을 갖는 책임의 집합을 제공하는 구현 단위다. 모듈은 클래스나 클래스 컬렉션, 레이어, 관점, 또는 구현 단위의 어떤 분할 형식을 가질 수 있다. 모든 모듈에는 할당되는 속성들이 있다. 이들 속성은 모듈과 관련된 중요한 정보와 모듈에 대한 제약사항도 표현할 수 있다. 속성의 예로는 책임과 가시성 정보, 그리고 작성자나 소유자 등이 있다. 모듈이 서로에 대해 갖는 관계에는 일부분이다is part of, 의존하다depends on, 일

모듈 스타일은 특정한 모듈 타입의 집합을 도입하고, 이들 타입의 요소가 결합되는 방법에 대한 규칙을 명시한 스타일의 일종이다.

모듈 스타일은 1장과 2장에서 설명한다.

컴포넌트-커넥터 스타일은 컴포넌트와 커넥터 타입의 측정한 집합을 도입하고, 이들 타입의 요소가 결합되는 방법에 대한 규칙을 명시한 스타일의 일종이다. 추가적으로 C&C 뷰가 시스템의 런타임 관점을 표현한다면 C&C 스타일은 또한 일반직으로 이 스타일로 설계된 시스템을 통해 데이터와 제어가 흘러가는 방법을 규정하는 연산 모델과 관련된다.

C&C 스타일은 3장과 4장에서 설명한다.

할당 스타일은 소프트웨어 단위를 소프트웨어가 개발되고 실행되는 환경의 요소에 매핑을 기술하는 스타일의 일종이다.

할당 스타일은 5장에서 설명한다.

스타일 지침은 설계 어휘(요소와 관계 타입의 집합)와 해당 어휘가 사용될 수 있는 방법에 대한 규칙(토폴로지와 의미론적 제약사항의 집합)을 명시하는 아키텍처 스타일의 서술이다.

종이다$^{is\ a}$가 있다.

컴포넌트-커넥터 스타일$^{component\text{-}and\text{-}connector\ style}$은 런타임 행위를 표현한다. 이 스타일은 컴포넌트와 커넥터 관점에서 서술된다. 컴포넌트$^{component}$는 실행하는 시스템의 기본적인 처리 단위 중 하나다. 컴포넌트는 예를 들어, 서비스일 수도 있고, 프로세스나 스레드, 필터, 레파지토리, 피어, 노는 클라이언트와 서버일 수도 있다. 커넥터$^{connector}$는 컴포넌트 사이의 상호작용 메커니즘이다. 커넥터에는 파이프, 큐, 요청/응답 프로토콜, 직접 호출, 이벤트 주도적 호출 등이 포함된다. 컴포넌트와 커넥터는 다른 컴포넌트와 커넥터로 구성될 수 있다. 컴포넌트의 분할에는 커넥터를 포함할 수 있으며, 그 반대도 마찬가지다.

할당 스타일$^{allocation\ style}$은 소프트웨어 단위를 소프트웨어가 개발되고 실행되는 환경의 요소에 매핑을 기술한다. 환경$^{environment}$은 하드웨어나 개발 또는 배포를 지원하는 파일 시스템, 개발 조직일 수도 있다.

## I.2  스타일 지침: 스타일을 설명하기 위한 표준 구성

비교와 선택을 위해 함께 제시되는 스타일은 서로 일관적으로 서술돼야 한다. 이런 방식으로 아키텍트는 어떤 것을 사용할지에 관한 세련된 결정을 더 잘 할 수 있다. 이것이 좋은 문서화의 4번째 규칙, 즉 표준 구성을 사용한다의 적용이다. 스타일을 서술하는 데 사용되는 개요를 스타일 지침$^{style\ guide}$라고 한다.

1장에서 5장까지의 스타일은 스타일 지침 형식으로 표현된다. 다음은 스타일 지침의 개요다.

> **스타일 지침 개요**
>
> 1. 개요: 이 스타일이 유용한 이유를 설명한다. 스타일이 시스템의 어떤 부분을 다루고자 하는지와 시스템을 파악하고 분석하는 데 어떻게 활용될 수 있는지를 설명한다.
> 2. 요소 타입, 관계 타입, 속성

a. 요소<sup>element</sup>는 스타일에 고유한 아키텍처 빌딩 블록<sup>building block</sup>이다. 스타일 지침은 하나 이상의 요소 타입<sup>element type</sup>을 정의하고, 요소 타입의 인스턴스는 해당 스타일을 사용하는 아키텍처를 채운다.

b. 관계<sup>relation</sup>는 요소들이 어떻게 함께 작업해 시스템의 작업을 완수하는지를 결정한다. 스타일 지침은 스타일의 요소 타입에 적용하는 하나의 이상의 관계 타입<sup>relation type</sup>을 정의한다. 스타일을 사용하는 아키텍처는 요소가 어떻게 함께 작업할 수 있는지와 이들 관계의 중요한 속성을 결정하는 관계(관계 타입의 인스턴스)를 서술할 것이다. 스타일 지침은 요소 사이의 가능한 관계와 불가능한 관계에 대한 규칙을 제공한다.

3. 제약사항: 요소와 관계가 함께 유효한 스타일의 인스턴스를 형성하도록 하는 규칙을 목록화한다. 예를 들어, 파이프-필터 스타일<sup>pipe-and-filter style</sup>에서 파이프는 필터에 결합<sup>attachment</sup>이 허용되지만, 다른 파이프에는 허용되지 않는다. 작업 배정 스타일<sup>work-assignment style</sup>에서 모든 소프트웨어 단위는 적어도 하나의 조직 요소에 할당돼야 한다.

4. 사용법: 스타일의 뷰가 지원하는 추론의 종류를 서술한다. 어떤 목적으로 이 스타일에 뷰를 포함시킬 것인지를 아키텍트가 이해할 수 있도록 한다. 이것은 스타일을 사용하는 것이 개발 프로세스에 어떤 도움을 주는가 하는 것일 수도 있다(예를 들어 '사용' 스타일은 변경용이성을 추론하기에 좋다). 또는 스타일이 제품에 어떤 도움을 주는가 일 수도 있다(예를 들어, 파이프-필터는 데이터 요소를 연속적으로 처리할 때 좋은 성능을 발휘한다).

5. 표기법: 스타일에 뷰를 문서화할 때 사용할 수 있고 유용한 그래픽 및 텍스트 표현을 설명한다. 또한 전달하고자 하는 정보의 타입에 따라서 다른 표기법을 사용할 수 있다.

요소는 스타일에 고유한 아키텍처 빌딩 블록이다. 요소는 모듈이나 컴포넌트, 커넥터, 또는 우리가 문서화하는 시스템의 환경 안에 있는 요소일 수 있다. 요소의 서술은 아키텍처에서 어떤 역할을 수행하는가를 알려주며, 중요한 속성의 목록을 제시하고, 뷰에 있는 요소의 효율적인 문서화를 위한 지침을 제공해준다.

관계는 요소들이 어떻게 협력해 시스템의 작업을 완수하는지를 결정한다. 관계의 서술은 요소 사이의 관계의 이름을 정하고, 가능한 관계와 불가능한 관계에 대한 규칙을 제공한다.

속성(property)은 요소와 관계에 관한 부가적인 정보를 포함한다. 스타일 정의에는 속성 이름과 설명이 포함된다. 아키텍트가 해당 스타일을 기반으로 뷰를 문서화할 때 속성에 값이 부여된다. 보통 속성 값은 아키텍트가 품질 속성 요구를 충족하는지를 분석하기 위해 사용된다.

6. 다른 스타일과의 관계: 이 스타일로부터 도출되는 뷰가 다른 스타일에서 도출되는 뷰와 어떻게 관련되는가를 서술한다. 예를 들어 두 개의 다른 스타일의 뷰는 시스템에 관한 다르지만 관련된 정보를 전달한다. 그리고 아키텍트는 어느 것을 사용할지 선택하는 방법을 알고 싶을 것이다. 또한 해당 뷰와 혼동을 일으켜 시스템과 이해당사자에게 손실을 입히는 뷰가 있는 경우에 경고하는 내용도 포함할 수 있다(이것의 좋은 예는 레이어와 티어다. 이들은 기본적으로 다르지만 보통 혼용해서 사용(오용)하는 경우가 많다).

7. 예제: 해당 스타일에서 도출된 문서화된 뷰의 예를 제공하거나 가리킨다.

## I.3  문서화할 요소 및 관계 속성 선택

1장에서 5장까지는 스타일을 강조하며, 스타일은 출판된 스타일 지침에 문서화된다. I부에서 스타일에 관한 사항을 읽을 때 결국 선택된 스타일을 기반으로 하는 뷰를 생성한다는 것을 기억해야 한다. 뷰는 특정한 시스템(이 경우에는 아키텍처가 문서화되고 있는 시스템)에 적용된 스타일의 표현이기 때문이다.

뷰를 문서화할 때 해당 뷰의 요소에 관해 문서화할 속성 목록을 결정하도록 한다. 문서가 지원하기를 원하는 분석을 도와줄 속성을 선택한다. 그다음에 뷰를 문서화할 때 선택한 속성의 값을 함께 문서화한다.

뷰를 문서화할 때 작업 중 하나는 요소의 어떤 속성을 문서화할 것인지를 결정하는 것이다. 앞에서 스타일 지침을 설명할 때 속성은 문서화에 유용한 요소와 관계에 관한 부가적인 정보라고 했다. 1장에서 5장까지 다루는 스타일은 각각 유용한 속성의 집합을 서술한다. 이 제안들을 검토한다.

속성에는 아키텍처에서의 역할 또는 책임의 서술과 함께, 거의 항상 요소의 이름이 포함된다. 예를 들어 레이어$^{layer}$(모듈 스타일 중 하나인 레이어 스타일$^{layered\ style}$의 요소)의 속성에는 레이어 이름과 레이어가 포함하는 소프트웨어 단위, 그리고 레이어가 제공하는 기능의 본질이 포함돼야 한다. 그다음에 레이어 뷰에서는 각 레이어에 대해 이름과 포함하는 소프트웨어 단위, 제공하는 기능을 명세한다.

그러나 이들 기본적인 속성 외에도 아키텍처 기반 분석을 지원하는 속성이 있다. 아키텍처의 성능을 분석하고 싶다면 아마도 일부 뷰의 속성에 요소의 최고 및 최악의 응답 시간 또는 요소가 시간 단위당 처리할 수 있는 이벤트의 최대 수를 포함해야 한다. 아키텍처의 보안을 분석하고 싶다면 다른 요소와 관계의 암호화 수준과 권한 규칙을 설명하는 속성을 문서화하기 원할 것이다.

따라서 품질 속성 x에 관심이 있다면 x를 달성하는 데 관련된 뷰에서 x에 대해 분석하기를 원하는 속성을 정의한다.

또한 1장에서 5장까지 읽을 때 뷰가 하나 이상의 스타일을 표현할 수도 있다는 것을 기억한다. 사실은 이것이 정상적이다. 어느 정도 수준의 모든 소프트웨어 시스템은 한 번에 많은 스타일을 사용하기 때문에, 하나의 뷰가 단 하나의 스타일만 사용한다면 뷰가 많아져서 아주 두꺼운 아키텍처 문서를 만들어 내게 될 것이다. 일부 스타일들은 효과적으로 결합될 수 있으며, 이렇게 결합돼 하나의 뷰를 생성할 수 있다. 특별히 컴포넌트-커넥터 스타일은 잘 결합되기 때문에, 많은 아키텍트들이 시스템에 사용하고 싶은 모든 C&C 스타일을 반영하는 하나의 컴포넌트-커넥터 뷰를 만든다.

그러나 '순수한'(결합되지 않은) 뷰를 배움으로써 어떤 것을 결합하면 좋을지 더 세련된 선택을 할 수 있게 된다. 각 스타일은 고유한 (요소와 관계 타입의) 어휘가 있다. 여러분은 이들 어휘를 사용해 각 구성 스타일의 본질을 이어받는 의미 있는 결합된 뷰$^{combined\ view}$를 만들 수 있다.

6.6절에서는 결합된 뷰를 생성하는 데 어떤 스타일이 잘 어울릴 수 있는지를 설명한다.

## I.4  아키텍처 뷰 표기법

뷰를 문서화하는 데 사용되는 표기법은 형식성 정도에 따라 상당히 달라진다. 대략적으로 말하면 표기법에는 3가지 주요 카테고리가 있다.

1. 비형식적 표기법$^{informal\ notation}$: 범용적인 다이어그램 편집 도구와 작업 중인 시스템에서 자주 사용하는 시각적인 규약을 사용해 뷰를

아키텍처 문서의 각 다이어그램의 설계 표기법을 선택할 때 주의 깊게 생각한다. 사용할 수 있는 도구의 지원과 문서화 이해당사자의 지식과 필요성, 그리고 다이어그램의 목적(예를 들어, 구현 지침, 분석 또는 모델과 코드 생성)을 고려한다. 일부 아키텍처 정보는 다른 표기법으로 좀 더 효율적으로 문서화될 수 있다.

(보통 그래픽으로) 표현한다. 자연 언어로 의미론을 서술하며 형식적으로 분석할 수는 없다.

2. **준형식적 표기법**semiformal notation: 그래픽 요소와 구성 규칙을 규정한 표준화된 표기법으로 뷰를 표현한다. 그러나 이들 요소의 의미를 완전히 의미론적으로 처리하지는 않는다. 만약 서술이 구문적인 속성을 만족시킨다면 초보적인 분석이 결정하는 데 적용될 수 있다. 이러한 점에서 UML unified modeling language이 준형식적 표기법이다.

3. **형식적 표기법**formal notation: 정확한 (보통 수학적으로 기반을 둔) 의미론을 갖는 표기법으로 뷰를 표현한다. 구문과 의미론의 형식적인 분석이 모두 가능하다. 소프트웨어 아키텍처용으로 사용할 수 있는 다양한 형식적 표기법이 있지만, 이들 중 어느 것도 폭넓게 사용되지는 않는다. 일반적으로 아키텍처 서술 언어ADL, Architecture Description Language라고 하며, 보통 그래픽 어휘와 아키텍처 표현에 내재하는 의미론을 모두 제공한다. 어떤 경우에는 이들 표기법이 특정한 아키텍처 뷰에만 특별히 사용된다. 다른 경우에는 많은 뷰에서 허용되거나 또는 새로운 뷰를 형식적으로 정의하는 기능을 제공한다. ADL의 유용성은 관련된 도구를 통한 자동화 지원 기능(아키텍처의 유용한 분석을 제공하며 코드 생성을 지원하는 자동화)에 있다.

아키텍처 서술 언어(ADL)는 소프트웨어 및 시스템 아키텍처를 표현하는 데 사용되는 언어다. ADL은 보통 그래픽 어휘와 아키텍처 표현에 내재하는 의미론을 모두 제공하며, 보통 관련된 도구를 사용한다.

부록 C에서는 AADL이라고 하는 하나의 특정한 아키텍처 서술 언어를 자세히 설명한다. 3장의 '더 읽을거리'에서는 다른 ADL을 배울 수 있는 자료를 제공한다.

사용할 표기법을 결정하는 것은 여러 가지 트레이드오프가 있다. 일반적으로 좀 더 형식적인 표기법은 생성하고 이해하는 데 더 많은 시간과 노력이 든다. 그러나 이러한 노력은 모호성이 줄어들고 좀 더 분석을 위한 기회를 제공함으로써 보상받는다. 반면에 좀 더 비형식적인 표기법은 생성하기 더 쉽다. 그러나 더 적은 보장성을 제공한다.

우리는 I부 전체에서 이들 다른 종류의 표기법으로 표현된 뷰의 예를 살펴보게 될 것이다.

단어의 모호성보다 더 큰 지식의 발전에 방해물은 없다.
– 토마스 리드(Thomas Reid), 스코틀랜드 철학자

## I.5 사례

이 책 전체에서, 그러나 특별히 I부에서 우리는 실제 시스템으로부터 가져온 많은 아키텍처 문서 단편의 예를 제시할 것이다. 이들 예를 살펴볼 때 다음 사항을 염두에 두기 바란다.

- 사례가 전달하는 정보의 타입과 다른 타입의 요소와 관계를 그려내는 데 선택된 표기법이 어떻게 사용되는가를 이해하는 데 목적이 있다.

- 특정한 요소와 관계의 의미, 즉 이들이 충족하는 책임을 이해하는 것이 목적이 아니다. 어떤 소프트웨어 시스템은 해당 시스템에 익숙한 이해당사자의 어휘의 일부가 된 약어와 내부 전문 용어를 사용한다. 이 책의 예제는 이들 용어의 의미를 이해하지 않고서도 아키텍트가 어떤 정보를 수집하기를 원하는지를 알 수 있도록 해야 한다.

- 각 예에서 일반적으로 원래의 아키텍처 문서에서 추출된 부분은 그냥 다이어그램이다. 이 다이어그램에 간단한 설명으로 다이어그램만으로는 정말로 추론할 수 없는 정보를 추가했다. 이 정보는 이 책에서 제시되지 않는 각 시스템의 아키텍처 문서의 다른 부분에서 가져온 것이다. 다이어그램은 뷰를 문서화하는 데는 충분하지 않다!

- 우리는 다른 스타일과 표기법의 좋은 예라고 판단한 다이어그램을 선택했다. 그러나 표기법 선택과 사용, 다이어그램의 심미성, 그리고 설계 자체의 품질과 관련해서 완전하지 않을 수도 있다.

- 보통 대부분의 아키텍처 다이어그램이 순수한 형태로 단 하나의 스타일을 보여주지는 않는다. 많은 예에서 다이어그램이 보여주고자 하는 것과는 다른 스타일의 흔적을 발견할 수 있을 것이다. 이것은 정상이다.

- 사례가 반드시 설계의 최신 버전을 보여주는 것은 아니다.

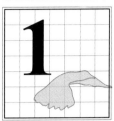

# 모듈 뷰

이 장에서는 모듈 뷰의 다음 사항을 살펴본다.

- 요소, 관계 및 속성
- 목적
- 표기법
- 다른 뷰와의 관계

## 1.1 개요

이번 장과 다음 장에서는 시스템의 소프트웨어의 모듈 구조를 문서화하는 방법을 살펴본다. 이 문서화에는 시스템의 기본적인 구현 단위 또는 모듈$^{module}$과 함께 이들 단위 사이의 관계를 열거하며, 이러한 서술을 모듈 뷰$^{module view}$라고 한다. 앞으로 보게 되겠지만, 이들 뷰는 프롤로그에서 설명한 각 목적, 즉 교육과 이해당사자 사이의 의사소통, 구축과 분석의 기반으로서 사용될 수 있다.

시스템의 소프트웨어가 관리할 수 있는 단위로 분할되는 방식은 시스템 구조의 중요한 형식 중 하나로 남아 있다. 최소한 시스템의 소스 코드가 어떻게 단위로 분할되는가, 각 단위는 다른 단위가 제공하는 서비스에 대해 어떤 종류의 가정을 할 수 있는가, 그리고 이들 단위가 어떻게 더 큰 단위로 조합될 수 있는가를 결정한다. 또한 여러 단위에 영향을 주고 받는 전역 데이터 구조$^{global data structure}$를 포함한다. 보통 모듈 구조$^{module structure}$는 시스템의 한 부분에 대한 변경이 다른 부분에 얼마나 영향을 미치는지를 결정한다. 따라서 변경용이성$^{modifiability}$, 이식

아키텍트는 예언자이어야 한다... 용어의 진정한 감각이란 점에서 예언자. 적어도 10년 앞을 내다볼 수 없다면 아키텍트라고 부르면 안 된다.

– 프랭크 로이드 라이트

성$^{portability}$, 재사용성$^{reuse}$을 지원하는 시스템의 기능을 결정한다.

소프트웨어 아키텍처의 문서화에는 적어도 하나의 모듈 뷰가 있어야 한다.

일반적인 형식의 모듈 뷰를 살펴보는 것으로부터 시작하자. 표 1.1은 다음 절에서 설명하게 되는 모듈 뷰의 요소와 관계, 세약사항, 목적을 요약한다. 2장에서 자주 사용되는 몇 개의 모듈 스타일 각각에 특정한 정보를 제공하게 될 것이다.

**표 1.1** 모듈 뷰 요약

| 요소 | 모듈: 밀집성을 갖는 책임의 집합을 제공하는 구현 단위 |
|---|---|
| 관계 | • 일부분이다(is part of): 조합 모듈(전체)과 서브 모듈(부분) 사이의 전체/부분 관계를 정의한다.<br>• 의존하다(depends on): 두 모듈 사이의 의존성(depedency) 관계를 정의한다. 특정한 모듈 뷰가 의존성이 의미하는 것을 상세화할 수 있다.<br>• 일종이다(is a): 좀 더 특정한 모듈(식)과 좀 더 일반적인 모듈(부모) 사이의 일반화/특수화 관계를 정의한다. |
| 제약사항 | 다른 모듈 뷰는 모듈 사이의 가시성을 제한하는 것과 같은 특정한 토폴로지 제약사항을 부과할 수 있다. |
| 사용 | • 코드의 구축 청사진<br>• 변경–영향 분석<br>• 점증 개발 계획<br>• 요구 추적성 분석<br>• 시스템의 기능과 코드 인프라스트럭처의 의사소통<br>• 작업 배정, 구현 일정, 예산 정보 지원<br>• 시스템이 관리할 필요가 있는 정보 구조 표현 |

모듈은 밀집성을 갖는 책임의 집합을 제공하는 소프트웨어의 구현 단위다.

책임은 아키텍처에 관한 일반적인 진술이며, 아키텍처에 기여하기를 기대하는 것이다. 여기에는 수행하는 행위와 유지하는 지식, 내리는 결정, 또는 시스템의 전반적인 품질 속성 또는 기능성을 달성하기 위해 수행하는 역할이 포함된다.

## 1.2   모듈 뷰의 요소와 관계, 속성

### 1.2.1 요소

시스템 설계자는 모듈$^{module}$이란 용어를 광범위한 다양한 소프트웨어 구조를 가리키는 데 사용한다. 여기에는 프로그래밍 언어 구조(C 프로그램, 자바 또는 C# 클래스, 델파이$^{Delphi}$ 단위, 그리고 PL/SQL 저장 프로시저와 같은)와 소스 코드 단위(자바 패키지, C# 네임스페이스와 같은)도 포함된다. 이 책에서는 훨씬 광범위한 정의를 채택한다.

우리는 모듈의 속성 중에서 가장 중요한 책임$^{responsibility}$의 집합을 열거함으로써 모듈을 특징짓는다. 이러한 책임의 폭넓은 개념은 소프트웨어 단위가 제공하는 특징$^{feature}$의 종류를 포함하는 것을 의미한다. 즉, 기능성과 책임이 유지하는 지식이다.

모듈은 조합될 수도 분할될 수도 있다. 다양한 각 모듈 스타일은 서로 다른 모듈과 관계 집합을 식별하고, 적절한 스타일 기준을 기반으로 이들 모듈을 조합하거나 분할한다. 예를 들어 레이어 스타일$^{layer \, style}$은 모듈을 식별하고 사용을 허용하다$^{allowed-to-use}$ 관계를 기반으로 조합한다. 반면에 일반화 스타일$^{generalization \, style}$은 이들이 갖고 있는 공통점을 기반으로 모듈을 식별하고 조합한다.

## 1.2.2 관계

모듈 뷰는 다음과 같은 타입의 관계를 갖는다.

- 일부분이다$^{is \, part \, of}$: 조합 모듈(전체)과 서브 모듈(부분) 사이의 전체/부분 관계를 정의한다. 가장 일반적인 형식에서 일부분이다 관계는 함축된 의미론이 없는 단순히 조합을 나타낸다.

- 의존하다$^{depends \, on}$: A가 B의 의존하다는 A와 B 사이의 의존성 $^{depedency}$ 관계를 정의한다. 많은 다른 특정한 형식의 의존성이 모듈 뷰에서 사용될 수 있다. 나중에 특별히 모듈의 사용$^{uses}$, 레이어$^{layred}$, 관점$^{aspect}$ 및 데이터 모델$^{data \, model}$ 스타일에서 각각 사용하다 $^{uses}$, 사용-허용하다$^{allowed-to-use}$, 횡단하다$^{crosscuts}$, 그리고 데이터 실체의 관계$^{relationships}$ 등 4개를 살펴보게 될 것이다. (예를 들어 UML 클래스 다이어그램에서) 클래스 사이의 논리적인 연관 관계도 클래스 사이의 의존성으로 표현한다.

- 일종이다$^{is \, a}$: 좀 더 특정한 모듈(자식)과 좀 더 일반적인 모듈(부모) 사이의 일반화/특수화 관계를 정의한다. 자식은 부모가 사용되는 컨텍스트 안에서 사용될 수 있다. 나중에 일반화 스타일에서 이 관계를 좀 더 자세히 살펴볼 것이다. 객체지향의 상속성과 인터페이스 실현은 일종이다 관계의 특별한 경우다.

2장에서 일부분이다 관계는 분할 스타일의 분할(decomposition) 관계로 정제된다.

2장에서 의존하다 관계는 사용 스타일의 '사용하다', 레이어 스타일의 '사용-허용하다', 관점 스타일의 '횡단하다' 관계로 정제된다.

2장에서 일종이다 관계는 일반화 스타일의 일반화(generalization) 관계로 정제된다.

### 1.2.3 속성

모듈의 속성은 구현을 가이드하고, 분석의 입력이므로 모듈 뷰 문서의 일부로서 기록돼야 한다. 속성 목록은 다양하지만 다음 사항을 포함한다.

- 이름$^{name}$: 물론 모듈 이름은 그것을 가리키는 중요한 수단이다. 모듈의 이름은 보통 시스템에서의 역할에 관한 것을 암시한다. 이와 함께 모듈의 이름은 분할 계층도에서 위치를 반영한다. 예를 들어 'A.B.C'는 모듈 C는 모듈 B의 서브 모듈이고, 다시 모듈 B 그 자체는 A의 서브 모듈이라는 것을 나타낸다.

- 책임$^{responsibility}$: 모듈의 책임 속성은 전반적인 시스템에서의 역할을 식별하고, 이름 이상의 신원을 수립하는 방법이다. 모듈의 이름이 역할을 암시할 수는 있지만, 책임 속성은 훨씬 더 명확하게 역할을 세워준다. 책임은 각 모듈이 하는 일을 독자에게 명확하게 하기 위해 충분히 상세하게 기술돼야 한다.

- 인터페이스 가시성$^{visibility\ of\ interface}$: 모듈이 서브 모듈을 가진 때 일부 서브 모듈의 인터페이스가 내부적인 목적으로 가질 수 있다. 즉, 인터페이스는 둘러싸고 있는 부모 모듈의 서브 모듈로서만 사용된다. 이들 인터페이스는 해당 컨텍스트 외부에서는 볼 수 없으며, 따라서 부모 인터페이스와 직접적인 관계를 갖지 않는다. 이들 인터페이스가 부모 인터페이스와 직접적인 관계를 갖도록 다른 전략이 사용될 수 있다. 그림 1.1(a)에서 보여주는 전략은 캡슐화$^{encapsulation}$다. 부모 모듈은 자신의 인터페이스를 제공하고 모든 요청을 서브 모듈이 제공하는 기능에 매핑시킨다. 둘러싸인 모듈의 기능은 부모 외부에서는 사용할 수 없다. 그 대신, 조합 모듈$^{aggregate\ module}$이 선택적으로 서브 모듈의 인터페이스 중 일부를 노출시킬 수 있다. 레이어와 서브 시스템은 주로 이런 방식으로 정의된다. 예를 들어, 모듈 C가 모듈 A와 B의 조합이면, C 의 암시적인 인터페이스는 모듈 A와 B의 인터페이스의 서브 집합이 될 것이다(그림 1.1(b)로 참조한다).

소프트웨어 인터페이스를 문서화하는 것은 7장에서 설명한다.

1장 모듈 뷰 • 123

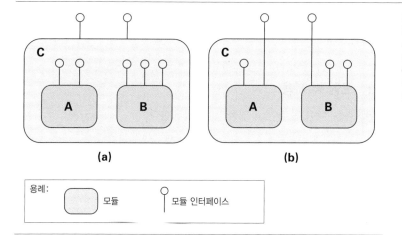

**그림 1.1**
(a) 모듈 C는 자신의 인터페이스를 제공하고, 모듈 A와 B의 인터페이스를 감춘다. (b) 모듈 C는 모듈 A와 B의 인터페이스의 서브 집합을 자신의 인터페이스로 노출한다

- 구현 정보<sup>implementation information</sup>: 모듈은 구현 단위다. 따라서 개발을 관리하고 이들을 포함하는 시스템을 구축하는 관점에서 구현에 관련된 정보를 기록한다. 이 정보가 엄격하게 말해서 아키텍처적이지는 않지만, 모듈이 정의된 아키텍처 문서에 기록하는 것이 유용할 수 있다. 구현 정보에는 다음 사항이 포함된다.

- 소스 코드 단위 매핑: 모듈의 구현을 구성하는 파일을 식별한다. 예를 들어, Account 모듈이 자바로 구현된다면 구현을 구성하는 여러 개의 파일을 갖는다. IAccount.java(인터페이스), AccountImpl.java(Account 기능의 구현), AccountBean.java(계정의 상태를 메모리에 저장하는 클래스), AccountOrmMapping.xml(AccountBean과 데이터베이스 파일 사이의 매핑을 정의하는 파일 – 객체-관계 매핑), 그리고 아마도 단위 테스트 AccountTest.java 등이다.

- 테스트 정보: 모듈의 테스트 계획, 테스트 케이스, 테스트 조립<sup>scaffold</sup>, 테스트 데이터가 문서화에 중요하다.

- 관리 정보: 관리자는 예상 일정과 예산에 관한 정보를 필요로 한다.

- 구현 제약사항: 많은 경우에 아키텍트는 모듈에 대한 구현 전략을 염두에 두고 있거나 구현이 따라야 하는 제약사항을 알고 있을 것이다. 이 정보는 모듈에 내부적이기 때문에, 예를 들어 모듈의 인터페이스에는 나타나지 않을 것이다.

구현 단위를 식별하는 것과 더불어 그 구현 단위가 프로젝트의 파일 구조 내 어느 곳에 위치하는지 찾아내는 작업도 필요하다. 파일 시스템 내의 디렉토리나 폴더, 인트라넷의 URL, 형상 관리 시스템의 저장소 영역 안에서의 위치 등이 해당된다. 이 정보는 5.5절에서 설명하는 구현 스타일의 범위에 포함된다.

모듈 스타일은 이외에도 자기 자신의 속성을 가질 수 있다. 또한 여기에 제시되지 않은 다른 유용한 속성도 찾을 수 있다.

### 1.3 모듈 뷰 사용

모듈 뷰는 다음과 같은 작업을 위해 사용한다.

10.3절에서는 요구와 아키텍처 사이의 매핑을 문서화하는 방법에 대해 설명한다.

- 구축: 모듈 뷰는 소스 코드와 데이터 저장소의 청사진을 제공할 수 있다. 이 경우에 모듈과 소스 코드 파일과 디렉토리와 같은 물리적인 구조는 밀접하게 매핑된다.

- 분석: 중요한 분석 기법으로는 요구 추적성과 영향 분석 두 가지 있다. 모듈은 시스템을 분할하기 때문에 모듈에 할당된 책임이 시스템의 기능 요구를 얼마나 잘 지원하는가를 결정하는 것이 가능해야 한다. 일부 기능 요구는 모듈 사이의 호출 순서에 의해 충족될 것이다. 이러한 순서를 문서화하는 것은 시스템이 얼마나 요구를 충족시키는지를 보여주며, 해결되지 않은 요구를 식별해내기도 한다. 이와 반대로 영향 분석은 시스템을 변경하는 효과를 예측할 수 있게 한다. 모듈 또는 레이어 사이의 의존성을 보여주는 모듈 뷰는 영향 분석의 좋은 기반을 제공한다. 문제 보고 또는 변경 요청의 결과로서 모듈이 수정된다. 영향 분석을 하려면 일정한 수준의 설계 완료성과 모듈 서술의 무결성이 필요하다. 유용한 결과를 만들어내기 위해서는 특별히 의존성 정보가 필요하며 정확해야 한다.

- 의사 소통: 모듈 뷰는 시스템에 익숙하지 않은 사람들에게 시스템의 기능을 설명하는 데 사용될 수 있다. 모듈 분할의 다양한 수준의 입자성은 시스템의 책임을 하향식으로 표현할 수 있게 하며, 따라서 학습 과정을 가이드할 수 있다. 이미 구현되고 있는 시스템의 경우에 모듈 뷰가 최신 상태를 유지한다면 팀에 들어온 새로운 개발자에게 코드 기반 구조를 설명할 때 유용하다. 버전 관리 시스템 레파지토리의 URL을 제공하고 소스 파일을 보고 코드를 읽으라고 하는 것보다는 훨씬 더 효과적이다. 따라서 최신 모듈 뷰는 시스템 유지보수 동안에도 아주 유용하다.

반면에, 모듈 뷰를 사용해 런타임 행위를 추론하는 것은 어렵다. 이
들 뷰가 소프트웨어 기능의 정적인 부분만을 보여주기 때문이다. 따라
서 모듈 뷰는 일반적으로 성능, 신뢰성 등의 런타임 품질 분석에는 사
용되지 않는다. 이것을 위해서는 컴포넌트-커넥터와 할당 뷰에 의존해
야 한다.

성능, 신뢰성 등의 런타임 품질
분석에는 모듈 뷰가 아니라 컴
포넌트-커넥터와 할당 뷰를 사
용한다.

## 1.4  모듈 뷰 표기법

### 1.4.1 비형식적 표기법

모듈 뷰를 표현하는 데 여러 가지 표기법을 사용할 수 있다. 하나의 일
반적인 비형식적 표기법은 모듈을 상자로 표현하고, 관계를 표현하기
위해 이들 사이의 다른 종류의 선을 사용하는 것이다. 모듈의 조합은
중첩시키는 것으로 표현하며, 일반적으로 화살표는 의존하다depends-on
관계를 표현한다. 예를 들어, (1.2.3절에 있는) 그림 1.1은 중첩이 조합을
표현하며, 막대사탕이 인터페이스를 나타낸다.

일반적인 비형식적 표기법의 두 번째 형식은 모듈의 책임 설명을 덧
붙인 간단한 텍스트 목록이다. 부분이다is aprt of 관계를 표현하는 데 들
여쓰기, 번호붙이기, 괄호 중첩과 같은 다양한 텍스트 체계를 사용할
수 있다. 지시문으로 다른 관계를 나타낼 수도 있다. 예를 들어 모듈 A
모듈의 설명에 "모듈 B, C를 임포트한다."를 포함해 모듈 A와 모듈 B
와 C 사이의 의존성을 나타낼 수 있다.

그림 2.4는 모듈의 텍스트 방식
표기법의 예다. 들여쓰기는 부
분이다(is aprt of) 관계를 나타
낸다.

### 1.4.2 UML

UML^Unified Modeling Language과 같은 소프트웨어 모델링 표기법은 모듈을
표현할 수 있는 다양한 구조를 제공한다. 그림 1.2는 UML 표기법을 사
용한 모듈의 몇 가지 예를 보여준다. 그림 1.3은 모듈 뷰의 세 가지 기
본적인 관계를 UML을 사용해 표현한다.

여기에서 설명한 바와 같이 UML에는 모듈을 객체지향에 특화시킨
클래스class 구조가 있다. UML 패키지package는 모듈의 조합을 표현하는
데 사용된다. 예를 들어 UML 패키지는 레이어와 서브 시스템, 구현 네
임스페이스 안에 함께 있는 구현 단위의 컬렉션을 표현할 수 있다.

부록 A는 UML을 사용해 다른
모듈 뷰뿐만 아니라 C&C와 할
당 스타일을 표현하는 방법을
설명한다.

**그림 1.2**
UML 모듈 표기법의 예. 모듈은 클래스 또는 패키지로 표현될 수 있다. 모듈의 좀 더 특정 타입은 (그림 1.4와 같이) 스테레오 타입으로 표시될 수 있다

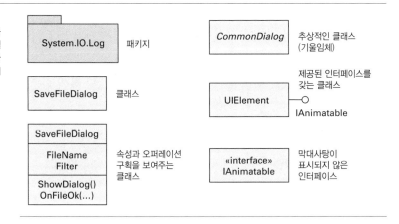

**그림 1.3**
UML 모듈 관계의 예

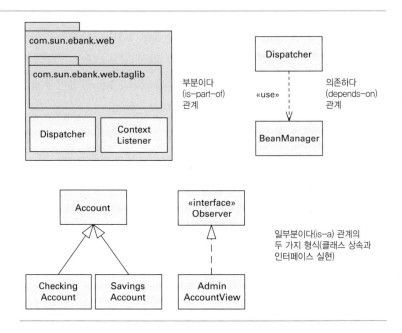

스테레오 타입은 기존 UML 요소나 관계를 기반으로 새로운 타입의 모델링 요소나 관계를 정의할 수 있도록 하는 UML 확장 메커니즘이다.

　　UML은 원래 객체지향 시스템을 모델링하기 위해 생성됐다. 이제는 범용적인 모델링 언어로 간주된다. 그 결과 UML 요소와 관계는 일반적이다. 즉, 특정한 구현 기술이나 플랫폼에 종속되지 않는다. 그러나 여러분은 스테레오 타입을 정의해 UML 기호를 특수화시킬 수 있다. 스테레오 타입[strereotype]은 UML 확장 메커니즘으로, 기메[guillemet] 안의 라벨(《스테레오 타입 라벨》)로 다이어그램에 표현된다. 그림 1.4는 몇 가지

예를 보여준다. 정확하게 사용한다면 스테레오 타입을 사용해 UML 다이어그램을 더 풍부하게 표현할 수 있다. UML 명세는 몇 가지 표준 스테레오 타입을 제공하지만, 여러분 스스로의 것을 만들 수도 있다.

UML 표준 스테레오 타입뿐만 아니라 여러분의 조직에서 일반적으로 사용하는 다른 스테레오 타입에도 익숙해져야 한다.

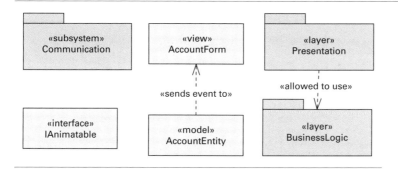

**그림 1.4**
스테레오 타입을 갖는 UML 요소와 관계의 예

### 1.4.3 DSM

의존성 구조 매트릭스$^{DSM, dependency\ structure\ matrix}$는 행과 열 헤더에 모듈을 표시하고 표의 셀에 의존성을 보여주는 테이블이다. DSM은 정방형 매트릭스(즉, 같은 수의 행과 열을 가진 매트릭스)로 구축된다. 여기에서 아키텍처에 있는 모듈 i와 모듈 j 사이에 의존성이 있다면 요소 ij는 0이 아닌 값이다.

DSM을 생성하는 몇 가지 도구는 클래스 다이어그램이나 상자와 선 다이어그램과 DSM 사이를 자동적으로 교환할 수 있다. DSM 기반 도구는 이미 구현된 시스템에 대한 아키텍처 관리와 적용에 좀 더 일반적으로 사용된다. 코드를 역공학함으로써 DSM을 획득할 수 있다.

DSM은 행과 열 헤더에 모듈을 표시하는 테이블이다. 행의 모듈과 열의 모듈 사이의 의존성이 있는 경우에만 0이 아닌 값을 지정한다.

2.2.4절에서는 DSM에 관한 예제와 좀 더 많은 정보를 제공한다.

### 1.4.4 ERD

ERD$^{entity-relationship\ diagram}$는 특별히 데이터 모델에 사용되는 표기법이다. 시스템에 표현을 필요로 하는 데이터 엔티티와 이들 관계를 보여준다. 이들 관계는 일대일, 일대다, 또는 다대다일 수 있다.

2.6.4절에서는 ERD에 관한 예제와 좀 더 많은 정보를 제공한다.

## 1.5 다른 뷰와의 관계

컴포넌트는 3.2절에서 자세히 설명한다.

할당 뷰는 5장에서 설명한다.

모듈 뷰는 일반적으로 컴포넌트-커넥터 뷰에 매핑된다. 모듈 뷰에 있는 구현 단위는 런타임에 실행되는 컴포넌트와 매핑된다. 때로는 매핑이 아주 직접적이고, 일대일조차도 가능하다. 좀 더 일반적으로 단일 모듈은 여러 런타임 컴포넌트의 일부로서 복제될 것이며, 해당 컴포넌트는 여러 모듈에 매핑될 수 있다.

또한 모듈 뷰는 다양한 할당 뷰 안에 있는 시스템 환경의 다양한 비소프트웨어 요소에 매핑되는 소프트웨어 요소를 제공한다.

공통적인 문제는 다른 뷰에 속해 있는 정보와 모듈 뷰를 중복하는 것이다. 이것은 규율화된 방식으로 행할 때는 아주 유용할 수 있지만, 또한 혼란을 야기시킬 수도 있다. 예를 들어 모듈 뷰에 원격 프로시저 호출 연결을 보여주는 것은 컴포넌트-커넥터 뷰의 '커넥터' 개념을 암시적으로 도입하는 것이다. 보통 모듈 뷰는 런타임 관계를 보여주기 위한 뷰와 혼동된다. 모듈 뷰는 소프트웨어 구현 단위의 정적인 분할을 표현한다. 따라서 객체의 여러 인스턴스(예를 들어 데이터 레파지토리와 네트워크)는 이 뷰에 나타내지 말아야 한다.

## 1.6 요약 체크리스트

- 모듈은 시스템의 소프트웨어가 관리할 수 있는 책임 단위로 분할되는 방식에 어울리며, 이것이 시스템 구조의 중요한 형식 중 하나다.
- 모듈은 일부분이다$^{\text{is-part-of}}$, 의존하다$^{\text{depends-on}}$, 일종이다$^{\text{is-a}}$ 관계의 형식으로 서로 관련된다.
- 모듈 뷰는 소스 코드와 데이터 모델의 청사진을 제공한다.
- 문서화 패키지에 적어도 하나의 모듈 뷰가 있어야 한다.
- 모듈의 기능적인 의무를 정의하는 데 모듈 이름에 의존하지 말아야 한다. 책임 속성을 사용한다.
- 시스템에서 모듈의 역할을 수립하기 위해 모듈 인터페이스를 문서화한다.

- 모듈 뷰는 보통 컴포넌트-커넥터 뷰와 매핑된다. 일반적으로 하나의 모듈이 많은 런타임 컴포넌트에 참여할 수도 있다.

## 1.7 생각해볼 문제

1. 모듈 뷰를 살펴보면서 데이터 흐름을 파악하려고 할 때 무엇이 가능하고 무엇이 가능하지 않은가? 제어 흐름에 대해서는 어떤가? 어떤 모듈의 어떤 다른 모듈과 상호작용한다는 것을 어떻게 알 수 있는가?

2. 모듈 속성 중에서 별도의 표기법을 사용해 표현할 만큼 가치가 있는 것은 무엇이라고 생각하는가? 왜 그런가? 예를 들어 상용 모듈은 자체 개발 모듈과 다른 색상으로 표시하기를 원할 수도 있다.

3. 모듈 사이의 의존하다depends-on 관계는 아주 일반적이다. 모듈 뷰에 반영될 수 있는 구체적인 의존 타입은 어떤 것이 있는가?

4. 모듈의 기본적인 속성은 책임의 집합이다. 모듈의 책임은 만족시켜야 하는 요구와 어떻게 다른가?

5. 특정한 시스템을 문서화할 때 예를 들어, 모듈을 결합한 패키지로 시장에 출시하기를 원할 수도 있다. 이 패키지 자체가 모듈인가? 즉, 모듈의 조합 그 자체가 모듈인가?

## 1.8 더 읽을거리

드리머DeRemer와 크론Kron(1976)은 작은 프로그래밍programming-in-the-small 언어로 모듈을 작성하고, '모듈 상호 연결 언어module interconnection language'로 끼워 맞추는 방식에 대해 설명한다. 프리에토디아즈PrietoDiaz와 네이버스Neighbors(1986)는 특별히 모듈 상호 연결을 지원하도록 설계된 모듈 상호 연결 언어를 조사해, 모듈 상호 연결을 지원하는 일부 소프트웨어 개발 시스템의 간단한 설명을 포함했다.

호프미에스터와 노르, 소니(2000)의 모듈 아키텍처 뷰에 관한 장에서 모듈과 레이어 관점에서 시스템의 뷰와 이들을 UML로 표현하는 방법을 설명했다.

# 몇 가지 모듈 스타일

이번 장에서는 6가지 중요한 모듈 스타일을 살펴본다.

- 분할 스타일: 모듈과 서브 모듈의 구조(즉, 모듈 사이의 포함 관계)를 보여주는 데 사용된다.
- 사용 스타일: 모듈 사이의 기능적인 의존성 관계를 나타내는 데 사용된다.
- 일반화 스타일: 모듈 사이의 특별화 관계를 나타내는 데 사용된다.
- 레이어 스타일: 레이어라고 하는 모듈의 그룹 사이의 제한된 형식으로 사용-허용하다 관계를 서술하는 데 사용된다.
- 관점 스타일: 횡단 관심사의 책임을 담당하는 관점이라고 하는 특별한 모듈을 서술하는 데 사용된다.
- 데이터 모델 스타일: 데이터 엔티티 사이의 관계를 보여주는 데 사용된다.

## 2.1 분할 스타일

### 2.1.1 개요

모듈 뷰의 요소와 속성을 취해 일부분이다$^{is-part-of}$ 관계에 집중해서 분할 스타일$^{decomposition\ style}$을 얻게 된다. 분할 스타일은 모듈과 서브 모듈로서 코드의 구조를 서술하고, 시스템의 책임이 이들 사이에 어떻게 분할되는가를 보여준다. 거의 모든 아키텍트들이 분할 스타일로 시작한다. 아키텍트는 '나누어서 정복한다$^{divide-and-conquer}$' 기법을 사용해 문제를 공략하려는 경향이 있으며, 분할 뷰는 이러한 활동을 기록한다.

모듈을 더 작은 모듈로 분할하는 데 사용되는 기준은 다음과 같다.

- 일정한 품질 속성 달성: 예를 들어 변경용이성을 지원하기 위해 정보 감추기 설계 원칙을 사용해 별도의 모듈에 시스템의 변화하는 부분을 캡슐화함으로써 하나의 변경에 대한 영향을 지역화한다.
- 구축 대 구매 결정: 일부 모듈은 상업용 시장에서 구입하거나, 이전 프로젝트의 것을 그대로 재사용하거나, 또는 오픈소스 소프트웨어를 획득할 수 있다. 이들 모듈에는 이미 책임 집합이 구현돼 있다. 그다음에는 이들 수립된 모듈을 중심으로 나머지 책임을 분할하면 된다.
- 제품 라인 구현: 제품 패밀리의 제품의 효율적인 구현을 지원하기 위해서는 모든 또는 대부분의 제품에서 사용되는 공통 모듈common module과 제품마다 다른 가변 모듈variable module을 구별하는 것이 필수적이다.
- 팀 할당: 병렬로 다른 책임을 구현하기 위해서는 다른 팀에게 할당할 수 있는 별도의 모듈이 정의돼야 한다. 또한 개발 기술도 분할에 영향을 줄 수 있다. 예를 들어, 특별한 웹 개발자를 활용할 수 있다면 웹 UI를 처리하는 모듈은 분리돼야 한다.

경험적으로 볼 때 모듈 구현에 할당됐던 프로그래머가 프로젝트를 떠난다면 해당 모듈을 폐기하고 다시 시작할 수 있을 정도로 충분히 작게 모듈을 설계하는 것이 좋다.

분할 뷰는 상세한 아키텍처 설계로 진입하기 위한 첫 번째 단계를 표현할 수 있다. 즉, 아키텍트는 그 후에 다른 타입의 특화된 관계와 모듈을 도입할 수 있다. 분할 뷰는 사용, 레이어, 일반화, 그리고 다른 모듈 기반 뷰에 나타날 수 있는 모듈을 정의한다.

### 2.1.2 요소, 관계, 속성

이번 장에 있는 용어 설명 '서브 시스템'을 참조한다.

표 2.1은 분할 스타일의 특징을 요약한다. 1.2절에서 설명한 것처럼 분할 스타일의 요소는 모듈이다. 다른 모듈을 조합하는 모듈을 서브 시스템subsystem이라고 한다. 기본적인 관계인 분할decomposition 관계는 일부분

이다<sup>is-part-of</sup> 관계의 한 형태로 요소가 최대 하나의 조합<sup>aggregate</sup>의 일부
분이 될 수 있다는 것을 보장하는 기본적인 제약사항을 갖는다.

모듈 분할은 서브 모듈이 조합 모듈(부모)에서만 볼 수 있는지 또는
다른 모듈에서도 볼 수 있는지를 정의할 수 있다. 서브 모듈의 가시성
<sup>visibility</sup>은 뷰 요소 카탈로그에 서술되거나 그래픽으로, 예를 들어 그림
1.1과 같이 조합 모듈의 내부나 외부에 인터페이스 막대사탕을 보여줌
으로써 표현할 수 있다.

아키텍처 뷰의 요소 카탈로그는
해당 뷰의 요소에 관한 다양한
정보를 제공한다. 요소 카탈로
그는 10.1절에서 설명한다.

**표 2.1** 분할 스타일 요약

| 개요 | 분할 스타일은 시스템을 구현 단위로 분할하는 데 사용된다. 분할 뷰는 모듈과 서브 모듈로서 코드의 구성을 기술하며, 시스템의 책임이 이들 사이에 어떻게 분할되는가를 보여준다. |
|---|---|
| 요소 | 모듈 |
| 관계 | 분할(decomposition) 관계: 일부분이다(is part of)의 한 형태. 분할을 정의하는 데 사용되는 기준을 명시해야 한다. |
| 제약사항 | • 분할 그래프에서 반복(loop)은 허용되지 않는다.<br>• 모듈은 하나의 부모만 가질 수 있다. |
| 사용 | • 요약된 덩어리로 신입자에게 소프트웨어 구조에 대한 근거를 설명하고 커뮤니케이션한다.<br>• 작업 할당의 입력을 제공한다.<br>• 변경 지역화에 대한 근거를 설명한다. |

## 2.1.3 분할 스타일 사용

분할 뷰는 지적으로 관리할 수 있는 조각으로 시스템의 책임을 표현하
고, 이들 조각을 점점 더 상세한 것을 전달하도록 정제한다. 그러므로
이 스타일은 시스템에 대한 학습 과정을 지원하는 데 적합하다. 아키텍
트가 설계 작업을 지원하는 분명한 이점 외에도 이 스타일은 프로젝트
의 신입자와 시스템의 전체 기능 구조를 기억할 필요가 없는 다른 사람
들에게 훌륭한 학습 및 안내 도구가 된다. 또한 이 스타일에서 보여주
는 책임의 그룹은 형상 관리 프레임워크 안에서의 형상 항목을 정의하
는 데 유용한 기반이 될 수 있다.

정제(refinement)는 6.1절에서
다룬다.

분할 뷰는 보통 시스템의 작업 배정 뷰에 입력으로서 사용돼 소프트
웨어 시스템의 부분이 그들을 구현하고 테스트하게 될 조직 단위 또는
팀에 매핑되도록 한다. 또한 분할 뷰는 변경 효과를 분석하는 것을 일

작업 배정 스타일은 5.4절에서
설명한다.

부 지원하지만, 이 뷰가 모듈 사이의 모든 의존성을 보여주지는 않기 때문에 완전한 영향 분석을 기대할 수는 없다. 그래서 다음 절에서 살펴보게 될 사용 스타일과 같이 의존성 관계를 좀 더 완전하게 정교화하는 뷰가 필요하다.

### 2.1.4 분할 스타일 표기법

#### 비형식적 표기법

비형식적 표기법에서 분할 스타일의 모듈은 보통 다른 이름이 붙은 상자를 포함하는 이름 붙은 상자로서 표현된다. 또한 분할은 (2.1.6절에 있는) 그림 2.4와 같이 모듈 이름 목록과 일부분이다$^{\text{is part of}}$를 나타내는 들여쓰기를 사용해 보여줄 수도 있다.

중첩 표기법은 불투명성(그리고 용례에 설명한다)을 나타내는 두꺼운 경계선을 사용해 자식이 부모 외부에서 볼 수 없다는 것을 표현할 수 있다. 시각적인 표기법을 가시성을 나타내는 데 사용할 수 없다면 다른 속성과 마찬가지로 텍스트로 정의될 수 있다.

#### UML

UML에서 다른 모듈을 포함하는 모듈을 표현할 때 패키지$^{\text{package}}$ 구성체를 사용할 수 있다. 패키지는 클래스와 다른 패키지를 포함할 수 있다. 일반적으로 클래스는 분할의 최종 단위로 사용된다.

UML에서 분할은 다음과 같은 두 가지 방식 중 하나로 표현한다.

1. 그림 2.1에서처럼 모듈을 충첩시킬 수 있다.
2. 두 개의 다이어그램을 연속적으로 보여주며, 두 번째는 첫 번째에서 보여준 모듈의 내용을 보여준다. (2.1.6 절에 있는) 그림 2.2와 2.3은 이러한 접근 방법을 보여준다.

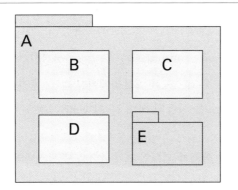

그림 2.1
UML에서 모듈 분할은 패키지로 표현되는 조합 모듈을 갖는 중첩으로 나타난다

모듈의 책임과 같은 다른 속성은 아마도 주석을 사용해 텍스트로 제시할 수 있다. 스테레오 타입으로 모듈 타입에 대한 부가적인 정보를 제공할 수 있다.

### 2.1.5 다른 스타일과의 관계

분할 뷰와 하나 이상의 컴포넌트-커넥터 뷰 사이의 매핑이 가능하며 보통 바람직하다. 지금은 그러한 매핑을 제공하는 이유가 소프트웨어 구현 구조를 런타임 구조에 매핑시키는 방법을 나타내는 것이라고 언급하는 것으로 충분하다. 일반적으로 다대다 관계다. 같은 모듈이 여러 컴포넌트나 커넥터의 전체 또는 일부를 구현할 수도 있다. 반대로 하나의 컴포넌트가 여러 모듈을 구현할 수도 있다.

분할 스타일은 할당 스타일의 일종인 작업 배정 스타일과 밀접한 관련을 갖는다. 작업 배정 스타일은 분할의 결과로 생성된 모듈을 해당 모듈을 구현하고 테스트할 책임을 갖는 팀에 매핑시킨다.

또한 3.5절에서는 모듈과 컴포넌트 사이의 매핑을 설명한다. 매핑을 문서화하는 것은 10.2절에서 설명한다.

작업 배정 스타일은 5.4절에서 설명한다.

### 2.1.6 분할 스타일 사례

#### Adventure Builder

이 책의 온라인에서 제공되는 예제 소프트웨어 아키텍처 문서에는 Adventure Builder(2010) 시스템의 분할 뷰의 예가 포함돼 있다. wiki.sei.cmu.edu/sad를 참조한다.

그림 2.2는 실제 시스템의 아키
텍처 문서화 일부의 많은 예 중
에서 첫 번째다. 이들 예제를 검
토할 때 I부 개요의 I.5절에서 설
명한 고려사항을 명심하기 바란
다. 우리가 제공하는 요소의 서
술은 그림에서 도출될 수 없다.
그보다는 아키텍처 문서의 다이
어그램과 동반되는 부가적인 문
서에 의존한다.

### ATIA-M 시스템

ATIA-M<sup>Army Training Information Architecture-Migrated</sup>는 미국 국방성에서 훈련을
지원하는 대규모 웹 기반의 자바 EE 애플리케이션이다. .NET(C#)을 사
용해 개발된 윈도우 데스크톱 애플리케이션인 '씩 클라이언트<sup>thick client</sup>'<sup>1</sup>
는 웹 서비스 기술을 사용해 서버 측 자바 EE 컴포넌트와 커뮤니케이
션을 한다.

그림 2.2는 그 자체가 모듈인 전체 ATIA-M 시스템의 최상위 수준의
모듈 분할을 보여준다. 코드는 3개의 커다란 모듈로 나뉘어진다.

**그림 2.2**
ATIA 시스템의 최상위 수준 분
할 뷰

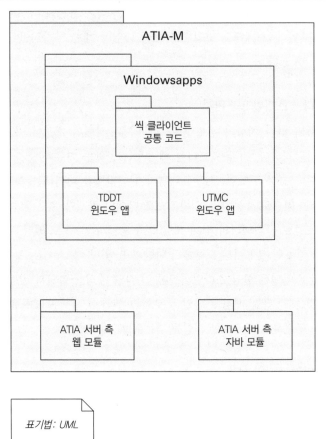

---

1  풍부한 사용자 인터페이스를 갖는 개인용 컴퓨터에서 독립적으로 실행되는 애플리케이션을 말한다.
   일반적으로 리치 클라이언트(rich client), 또는 팻 클라이언트(fat client)라고 부른다. – 옮긴이

- Windowsapps는 씬 클라이언트 코드를 포함한다. 3개의 서브 모듈은 TDDT<sup>Training and Doctrine Development Tool</sup>, UTMC<sup>Unit Training Management Configuration</sup>, 그리고 다른 윈도우 애플리케이션이 사용하는 공통 코드를 갖는 별도의 서브 모듈에 대응된다. TDDT와 UTMC는 원래 계획됐던 두 개의 윈도우 애플리케이션이지만, 다른 것들은 추가됐다.

- ATIA 서버 측 웹 모듈은 모두 서버 머신에 배포되는 비자바 모듈을 포함한다. 웹 모듈은 JSP<sup>JavaServer Pages</sup> 파일과 자바스크립트 및 HTML 코드, 그리고 애플릿을 포함한다.

- ATIA 서버 측 자바 모듈은 애플리케이션 서버에서 실행되는 ATIA의 모든 자바 소스 코드를 포함한다. 이 모듈은 JSP, 자바스크립트, HTML, 애플릿, 또는 씬 클라이언트 코드를 포함하지 않는다.

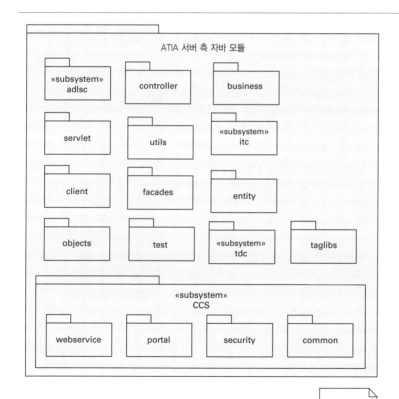

**그림 2.3**
ATIA-M 서버 측 자바 모듈의 정제로, 서브 모듈로 더 분할되는 방법을 보여준다

**하드웨어 감추기 모듈**
　확장 컴포넌트 모듈
　　데이터 모듈
　　입/출력 모듈
　　컴퓨터 상태 모듈
　　병렬 통제 모듈
　　프로그램 모듈
　　가상 메모리 모듈
　　인터럽트 핸들러 모듈
　　타이머 모듈
　디바이스 인터페이스 모듈
　　항공 데이터 컴퓨터 모듈
　　공격 센서 각도 모듈
　　음성 신호 장치 모듈
　　컴퓨터 실패 장치 모듈
　　도플러 레이더 집합 모듈
　　비행 정보 표시 모듈
　　전방 감시 레이더 모듈
　　전방 투영 장치 모듈
　　관성 측정 집합 모듈
　　입출력 표현 모듈
　　마스터 함수 스위치 모듈
　　패널 모듈
　　투영된 지도 표시 집합 모듈
　　레이더 고도계 모듈
　　비행 시스템 애부 모듈
　　이동 조절 모듈
　　스위치 뱅크 모듈
　　TACAN 모듈
　　시각적 지시자 모듈
　　방향에 대한 정보 제공 시스템 모듈
　　무기 특성 모듈
　　무기 해제 시스템 모듈
　　기어 무게 모듈

**행위 감추기 모듈**
　함수 드라이버 모듈
　　항공 데이터 컴퓨터 모듈
　　음성 신호 모듈
　　컴퓨터 실패 신호 모듈
　　도플러 레이더 모듈
　　비행 정보 표시 모듈
　　전방감시 모듈
　　비행 정보 표시 모듈
　　전방 감시 레이더 모듈
　　전방 투영 모듈
　　관성 측정 집합 모듈
　　패널 모듈
　　투영된 지도 표시 집합 모듈
　　비행 시스템 애부 모듈
　　시각적 지시자 모듈
　　무기 특성 모듈
　　지표면 테스트 모듈
　　공유 서비스 모듈
　모드 결정 모듈
　　패널 I/O 지원 모듈
　　공유 서브루틴 모듈
　　무대 감독 모듈
　　시스템 값 모듈
**소프트웨어 결정 감추기 모듈**
　애플리케이션 데이터 타입 모듈
　　숫자 데이터 타입 모듈
　　상태 전이 이벤트 모듈
　데이터 뱅커 모듈
　　단일 값 모듈
　　복잡한 이벤트 모듈
　　필터 행위 모듈
　물리적 모델 모듈
　　항공기 모션 모듈
　　지구 특성 모듈
　　인간 요소 모듈
　　목표 행위 모듈
　　무기 행위 모듈
　소프트웨어 유틸리티 모듈
　　전원 초기화 모듈
　　숫자 알고리즘 모듈
　시스템 생성 모듈
　　시스템 생성 매개변수 모듈
　　지원 소프트웨어 모듈

**그림 2.4**
A-7E 소프트웨어 아키텍처는 3개의 최상위 모듈(하드웨어 감추기, 행위 감추기, 소프트웨어 설계 감추기)과 일부분이다 관계로 분할된다(베스와 클레멘츠, 카즈만, 2003, p.59). 이 프리젠테이션에서 일부분이다는 들여쓰기로 표현된다

Windowsapps는 그림 2.2에서처럼 3개의 서브 모듈로 분할된다. 반면에 ATIA 서버 측 자바 모듈은 그림 2.3과 같이 또 다른 모듈 뷰 다이어그램에 표현된다.

### A-7E 항공전자제어 시스템

분할 스타일의 예로 베스와 클레멘츠, 카즈만(2003)의 책 3장[2]에서 설명한 A-7E 항공전자제어 시스템을 살펴보자. 그림 2.4는 뷰의 기본 프리젠테이션 부분을 보여준다. 그림에서는 A-7E 시스템에 필요한 요소의 이름을 열거하고, 이들 사이의 일부분이다$^{is-part-of}$ 관계를 보여준다. 분할 관계는 들여쓰기로 표현한다.

기본 프리젠테이션은 10장에서 설명하겠지만 (일반적으로) 아키텍처 뷰의 그래픽 부분이다.

이 예에서 분할 기준은 정보 감추기 원칙으로, 함께 변경될 가능성이 있는 책임을 캡슐화하도록 모듈을 정의한다. 그다음 모듈의 책임은 캡슐화하는 정보 감추기 비밀이라는 관점에서 서술된다.

이 다이어그램은 A-7E에서 최우선 분할로 하드웨어 감추기, 행위 감추기, 소프트웨어 결정 감추기 등 3가지 모듈이 생성됐음을 보여준다. 이들 각 모듈은 2개에서 6가지 서브 모듈로 분할되며, 이들 서브 모듈은 다시 분할된다. 이러한 분할은 입자성이 관리할 수 있을 정도로 충분히 작아질 때까지 계속된다.

A-7E 분할 뷰 문서는 세 가지 가장 상위 수준의 모듈의 책임을 요소 카탈로그에 다음과 같이 기술한다.

- 하드웨어 감추기 모듈: 이 모듈에는 하드웨어의 일부분이 같은 하드웨어/소프트웨어 인터페이스를 갖지만 같은 일반적인 기능을 갖는 새로운 단위로 대체된다면 변경될 필요가 있는 프로시저를 포함한다. 이 모듈은 시스템의 나머지 부분이 사용하는 '가상 하드웨어' 또는 추상적인 장치를 구현한다. 이 모듈의 첫 번째 비밀은 하드웨어/소프트웨어 인터페이스다. 두 번째 비밀은 가상 하드웨어를 구현하는 데 사용되는 데이터 구조와 알고리즘이다.

---

2  2003년에 출간된 『Software Architecture in Practice』 2판에 있다. 2013년에 출간된 3판(『(개정3판)소프트웨어 아키텍처 이론과 실제』(에이콘, 2015))에는 이 예제가 없다. 이 외에도 2판의 사례 연구 영문판 PDF는 http://www.informit.com/store/software-architecture-in-practice-9780321815736에서 다운로드할 수 있다. - 옮긴이

- 행위 감추기 모듈: 이 모듈은 필수 행위에 영향을 미치는 요구가 변경된다면 변경될 필요가 있는 프로세스를 포함한다. 이들 요구는 이 모듈의 첫 번째 비밀이다. 이들 프로시저는 하드웨어 감추기 모듈이 제공하는 가상적인 출력 장치로 전송되는 값을 결정한다.

- 소프트웨어 결정 감추기 모듈: 이 모듈은 수학적인 이론, 물리적인 사실, 그리고 알고리즘 효율성 및 정확성과 같은 프로그래밍 고려 사항을 기반으로 하는 소프트웨어 설계 결정을 감춘다. 이 모듈의 비밀은 요구 문서에 기술되지 않는다. 이 모듈은 비밀과 인터페이스가 소프트웨어 설계자에 의해 결정된다는 점에서 다른 모듈과 다르다. 이 모듈을 변경하는 것은 외부적으로 노출된 변경에 의해서라기보다는 성능 또는 정확성을 향상시키려는 의도로 이루어지는 경우가 많다.

프로젝트를 구성하는 데 모듈 분할 구조를 사용한다면 구성 동기로서 관리할 수 있는 입자성을 기반으로 선택된 계층도의 특정한 수준에 집중하는 것이 유용하다.

그다음에 A-7E 분할 뷰 문서는 계속해서 두 번째 수준 모듈을 기술한다.

A-7E 아키텍처의 경우에 두 번째 수준 모듈 구조는 다양한 방식으로 기술된다. 설세 문서화, 설정 통제된 파일, 테스트 계획, 프로그래밍 팀, 검토 프로시저, 그리고 프로젝트 일정과 마일스톤 모두가 참조 단위로서 이 두 번째 수준의 구조에 사용된다.

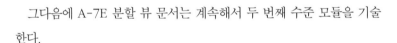

**용어 설명**

### 서브 시스템

시스템의 모듈 뷰를 문서화할 때 일정한 조합된 모듈을 서브 시스템subsystem으로 식별할 수 있다. 서브 시스템은 여러분이 원하는 어떤 것이든 가능하지만, 보통 다음과 같은 시스템의 일부를 서술한다. (1) 전체 시스템의 미션 중에서 기능적인 밀집성이 있는 서브 집합을 수행한다. (2) 독립적으로 실행될 수 있다. (3) 점증적으로 개발되고 배포될 수 있다. 예를 들어 화성 탐험 로봇의 소프트웨어 시스템은 다음과 같은 책임을 갖는 서브 시스템으로 분할될 수 있다.

- 커뮤니케이션
- 이동
- 전력 관리
- 항해
- 자신의 건강 및 상태 모니터링

단지 시스템의 일부라고 해서 모두 서브 시스템은 아니다. 우리의 탐험 로봇 예에서 수학 유틸리티 라이브러리는 시스템의 부분이며, 모듈의 조합이고, 밀집성 있는 기능을 갖고 있기도 하다. 그러나 라이브러리를 서브 시스템이라고 하지는 않는다. 인식할 수 있도록 전반적인 시스템의 목적의 일부가 되는 작업을 독립적으로 수행할 수 없기 때문이다.

서브 시스템은 완전히 분리된 부분으로 시스템을 분할하지 않는다. 일부분은 하나 이상의 시스템에서 사용될 수도 있기 때문이다. 예를 들어 탐험 로봇 시스템이 그림 2.5와 같은 레이어 설계를 갖는다고 하자. 이 경우에 서브 시스템은 상위 레이어로의 하나의 세그먼트segment뿐만 아니라, 자신의 책임을 수행하는 데 필요한 하위 레이어의 세그먼트를 구성한다. 이런 방식으로 형성된 시스템의 서브 집합을 보통 슬라이스slice 또는 수직 슬라이스라고 한다.

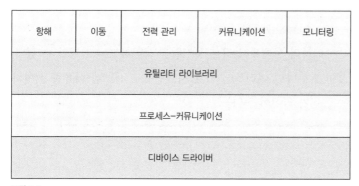

| 항해 | 이동 | 전력 관리 | 커뮤니케이션 | 모니터링 |
|---|---|---|---|---|
| 유틸리티 라이브러리 | | | | |
| 프로세스-커뮤니케이션 | | | | |
| 디바이스 드라이버 | | | | |

**그림 2.5**
가상적인 탐험 로봇 시스템의 레이어 설계

서브 시스템의 '다소 독립적인' 특성은 프로젝트의 작업을 분할하기에 이상적이다. 예를 들어 서브 시스템의 성능을 검토하도록 분석가에게 요청할 수 있다. 보통 서브 시스템은 전체 시스템이 완료되기 전에 현장에 적용시켜 유용한 작업을 수행할 수 있다. 서브 시스템을 편리한 패키지로 만들어서 팀이나 협력업체에게 구현하도록 넘겨줄 수 있다. 다소 독립적으로 실행될 수 있다는 사실로 인해 팀은 테스팅조차도 다소 독립적으로 할 수 있게 된다.

UML에서 《subsystem》은 컴포넌트의 스테레오 타입이다. 이것은 다른 컴포넌트를 포함하는 대규모 컴포넌트를 표현한다. UML 2.2 명세에 따르면 서브 시스템은 다음과 같다.

> 서브 시스템은 대규모 시스템의 계층적인 분할 단위다. 일반적으로 서브 시스템은 간접적으로 인스턴스가 생성된다. 서브 시스템의 정의는 도메인과 방법론에 따라 광범위하게 다르며, 도메인 및 방법론 프로파일에서 이러한 구성체를 특수화할 필요가 있다.

UML 이전 버전에서 《subsystem》은 패키지 스테레오 타입이었으며, 지금도 아직 UML 다이어그램에서 이 스테레오 타입을 갖는 패키지를 발견할 수 있다. 어떤 표기법이 사용되든 상관없이 서브 시스템은 모듈(구현 단위)의 그룹 또는 런타임 존재를 갖는 컴포넌트의 그룹을 표현할 수 있다.

여러분의 설계에서 서브 시스템을 식별하도록 결정할 수 있다. 그렇게 한다면 여러분이 서브 시스템으로 선택한 이유를 설명하는 근거가 있어야 한다.

## 2.2  사용 스타일

### 2.2.1 개요

사용 스타일<sup>uses style</sup>은 의존하다<sup>depends-on</sup> 관계가 사용하다<sup>uses</sup> 관계로
특수화된 결과다. 한 모듈의 정확성이 다른 모듈의 정확성에 의존한다
면 다른 모듈을 사용하는 것이 된다. 모듈 분할 스타일이 모듈과 서브
모듈로서 구현 단위의 구성을 보여주지만, 사용 스타일은 한걸음 더 나
아가 어떤 모듈이 어떤 다른 모듈을 사용하는지를 나타낸다. 이 스타일
은 시스템의 일부가 정확하게 작동하기 위해서는 어떤 다른 모듈이 존
재해야 하는가를 개발자에게 알려준다. 이 스타일은 전체 시스템의 유
용한 서브 집합을 점증적으로 개발하고 배포할 수 있게 한다.

사용은 두 개의 모듈 사이에 존
재할 수 있는 의존성의 형태다.
A의 정확성이 B가 정확하게 구
현돼 있어야 한다는 것에 의존
한다면 A는 B를 사용하는 것이
된다.

### 2.2.2 요소, 관계, 속성

표 2.2는 사용 스타일의 특징을 요약한다. 1.2절에서 설명한 것처럼 이
스타일의 요소는 모듈이다. 사용하다<sup>uses</sup> 관계는 의존하다<sup>depends-on</sup> 관
계의 특수화로 정의된다. 여기에서 하나의 모듈이 정확하게 기능을 하
기 위해서는 다른 모듈의 정확한 구현을 필요로 한다. 이 뷰는 어떤 모
듈이 자신이 책임을 달성하기 위해서 어떤 다른 모듈을 사용하는지를
명확하게 한다.

**표 2.2** 사용 스타일 요약

| 개요 | 사용 스타일은 모듈이 서로 어떻게 의존하는가를 보여준다. 서브 집합과 개발되는 시스템의 증분을 정의할 수 있게 하므로 계획에 유용하다. |
| --- | --- |
| 요소 | 모듈 |
| 관계 | 사용하다(uses) 관계: 의존하다(depends-on) 관계의 한 형태. 모듈 A가 자신의 요구를 충족시키기 위해 적절하게 기능을 하는 모듈 B의 존재에 의존한다면 A는 B를 사용한다. |
| 제약사항 | 사용 스타일은 토폴로지 제약이 없다. 그러나 사용 관계가 반복, 광범위한 팬-아웃(fan-out)[3] 또는 긴 의존성 체인을 표현한다면 점증적 서브 집합에 전달되는 아키텍처의 능력은 감소될 것이다. |
| 사용 | • 점증적 개발과 서브 집합 계획<br>• 디버깅과 테스팅<br>• 변경 효과 가늠하기 |

---

3  특정한 출력에 연결될 수 있는 입력 수 – 옮긴이

### 2.2.3 사용 스타일 사용

이 스타일은 점증적 개발과 시스템 확장과 서브 집합, 디버깅과 테스팅, 그리고 특정한 변경에 대한 영향을 가늠하는 데 유용하다. 그림 2.6은 사용 뷰의 기본 프리젠테이션과 점증적 개발에 도움이 되는 방법을 보여준다. 점증적인 서브 집합을 정의하기 위해서 모듈은 적절한 입자성 수준으로 정의돼야 한다. 예에서 admin.core는 전체 dao 패키지가 아니라 단지 서브 모듈만 필요로 할 수 있다. 이 경우에는 dao 서브 모듈을 보여주어야 한다.

**그림 2.6**
이 사용 뷰에서는 다음 릴리스의 admin.client 모듈을 요구하는 점증적 개발 계획을 가정한다. 다이어그램은 사용 관계를 기반으로 필요한 다른 모듈이 무엇인지를 강조한다: admin. core, dao, util

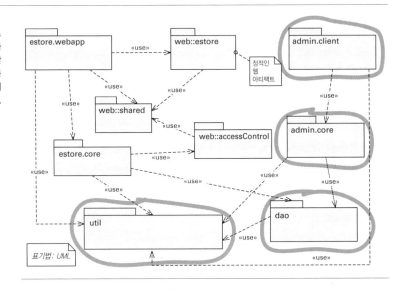

사용하다 관계에서 순환(loop) 사용에 대해서는 이번 장의 용어 설명 '사용'을 참조한다.

또한 구축되거나 유지보수해야 할 시스템의 의존성을 관리하는 데 도움이 된다. 이 작업의 목적은 복잡성을 통제하고 불필요한 의존성을 추가하는 것으로 인한 시스템의 변경용이성의 감소를 피하는 것이다.

### 2.2.4 사용 스타일 표기법

#### 비형식적 표기법

분할 정제에 대해서는 6.1절에서 설명한다.

사용하다[uses] 관계는 두 개 열을 갖는 테이블로 문서화될 수 있다. 이 테이블에서 왼쪽에는 요소가 오른쪽에 있는 요소들을 사용하도록 배열한다. 또는 비형식적 그래픽 표기법을 사용해 용례가 포함된 표준 상자와 선 다이어그램으로 관계를 보여줄 수 있다. 서브 집합을 정의할 때 때로는 테이블(즉, 비그래픽) 표기법이 더 좋은 선택이 될 수 있다. 다이어그램보다는 테이블에서 상세한 관계를 찾는 것이 더 쉽다. 다이어그램에서는 분할 정제decomposition refinement를 사용해 다이어그램을 분리시키지 않는다면, 빠르게 혼란스러워져서 도움이 되지 않을 수 있기 때문이다.

### 준형식적 표기법

### UML

사용 스타일은 UML로 쉽게 표현될 수 있다. UML 패키지는 모듈을 표현하는 데 사용될 수 있다. 사용하다uses 관계는 《use》 스테레오 타입을 갖는 의존성으로 표현된다. 그림 2.7(a)에서 사용자 인터페이스 모듈은 데이터 접근 모듈에 사용하다 의존성을 갖는다.

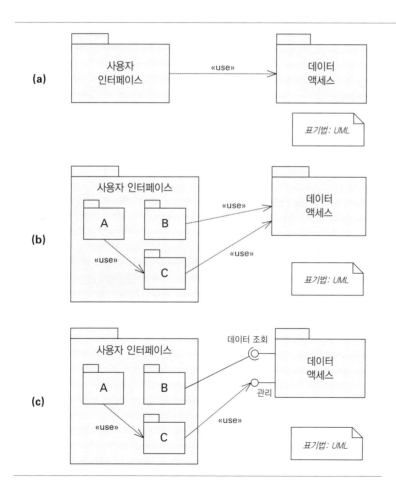

**그림 2.7**

(a) 사용자 인터페이스 모듈은 데이터 접근 모듈과 사용하다 의존성을 갖는 조합 모듈이다. 우리는 UML 패키지 표기법을 사용해 모듈을 표현하고, 의존하다(depends-on) 화살표의 특별한 형태로 사용하다 관계를 표현한다

(b) 그림 2.7(a)의 변형으로, 사용자 인터페이스 모듈은 A, B, C 모듈로 분할됐다. 이들 중 적어도 하나의 모듈은 데이터 접근 모듈에 의존해야 한다. 그렇지 않으면 분할이 일관적이지 않을 것이다

(c) UML에서 사용하다 관계를 표현하고 명확하게 인터페이스를 보여줄 수 있다. 이 버전은 데이터 접근 모듈이 두 개의 인터페이스를 갖고 있으며, 이 인터페이스를 모듈 B와 C에서 사용한다. 소켓 막대사항 연결과 막대사항에 연결된 《use》의 존성은 모두 사용하다 관계를 나타낸다

### DSM

DSM도 용례가 필요하다. 용례에서 행 i와 열 j에 있는 값이 모듈 i가 모듈 j를 의존하는지, 모듈 j가 모듈 i를 의존하는지를 설명한다 두 대안이 가능하다.

사용하다[uses] 관계는 행과 열 헤더에 모듈을 표시하는 정방형 매트릭스로 문서화할 수 있다. i번째 열과 j번째 행의 표시는 모듈 i가 모듈 j를 사용한다는 것을 나타낸다. 이러한 단순한 표현이 발전해 자동화 도구를 사용해 DSM[dependency structure matrix]을 생성한다.

그림 2.8의 UML 패키지 다이어그램과 같은 다이어그램은 방향성 그래프로 간주될 수 있다. 패키지는 꼭짓점이고, 의존성은 꼬리다. DSM은 방향성 그래프의 매트릭스 표현이다. 열 i와 행 j에 대응되는 셀은 그래프에서 꼭지점 i로부터 j로 꼬리가 있다(즉, 모듈 i가 모듈 j를 사용한다)면 0이 아닌 값이다. 그림 2.9는 그림 2.8의 UML 다이어그램에 대한 DSM을 보여준다.

**그림 2.8**
〈〈use〉〉 의존성을 보여주는
UML 패키지 다이어그램

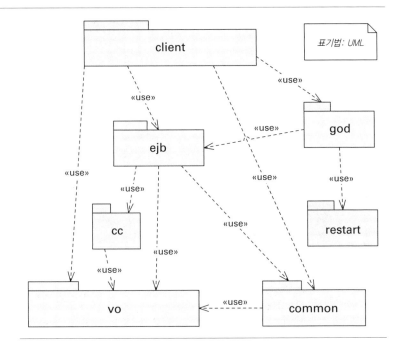

| 사용되는 모듈 \ 사용하는 모듈 | client | ejb | cc | god | restart | common | vo |
|---|---|---|---|---|---|---|---|
| client | 0 | 0 | 0 | 0 | 0 | 0 | 0 |
| ejb | 1 | 0 | 0 | 1 | 0 | 0 | 0 |
| cc | 0 | 1 | 0 | 0 | 0 | 0 | 0 |
| god | 1 | 0 | 0 | 0 | 0 | 0 | 0 |
| restart | 0 | 0 | 0 | 1 | 0 | 0 | 0 |
| common | 1 | 1 | 0 | 0 | 0 | 0 | 0 |
| vo | 1 | 1 | 1 | 0 | 0 | 1 | 0 |

용례: "1"은 열의 모듈의 행의 모듈을 사용한다는 것을 의미한다.

**그림 2.9**
그림 2.8의 UML 다이어그램에 대한 DSM

## 2.2.5 다른 스타일과의 관계

또한 사용 스타일은 사용–허용하다$^{allowed-to-use}$ 관계로 레이어 스타일과 함께 사용된다. 보통 사용–허용하다 관계가 먼저 오고, 구현자 재량 정도를 정의하는 대략적인 지시사항을 포함한다. 일단 구현 선택이 결정되면 사용 뷰를 사용해 점증적인 서브 집합을 생성하고 관리한다.

모듈이 서브 모듈을 포함할 때 분할은 조합 모듈을 포함하는 어떤 사용하다 관계도 해당 관계를 사용하는 서브 모듈에 매핑될 것을 요구한다. 그림 2.7(b)에서 사용자 인터페이스 모듈은 모듈 A, B, C로 분할됐다. 이들 중 적어도 하나의 모듈이 데이터 접근 모듈에 의존해야 한다. 그렇지 않으면 분할이 일관적이지 않게 된다.

또한 사용 뷰는 인터페이스를 명확하게 보여줄 수 있다. 그림 2.7(c)에서 데이터 접근 모듈은 두 개의 인터페이스를 가지며, 각각 모듈 B와 C가 이들을 사용한다.

7장에서 인터페이스를 자세히 설명한다.

### 2.2.6 사용 스타일 사례

Adventure Builder

이 책의 온라인에서 제공되는 예제 소프트웨어 아키텍처 문서에는 Adventure Builder(2010) 시스템의 사용 뷰의 예가 포함돼 있다. wiki.sei.cmu.edu/sad를 참조한다.

ATIA-M 시스템

그림 2.10은 ATIA-M 시스템의 최상위 사용 뷰 다이어그램을 보여준다(또한 분할 뷰도 보여준다). 아키텍처 문서에서 같은 시스템의 분할 뷰(그림 2.2참조)를 대체할 수 있다.

**그림 2.10**
ATIA-M 시스템의 최상위 사용 뷰

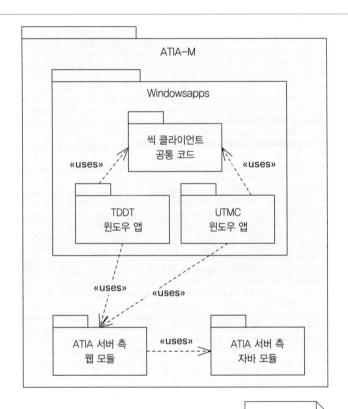

## ECS

ECS<sup>EOSDIS Core System</sup>는 NASA 시스템이다. 위성군이 지구에 관한 측정치를 수집해 지상소<sup>ground station</sup>에 데이터를 전송한다. ECS는 우주선과 장비를 통제해 데이터를 처리한 후에 여러 분산 데이터 센터에 저장될 정제된 데이터를 만들어서 전 세계 과학자들이 사용할 수 있게 한다. 그림 2.11은 ECS 시스템의 사용 뷰의 기본 프리젠테이션 중 일부를 보여준다. 표기법은 앞에서 언급한 테이블 형식의 텍스트를 사용했다. 대부분의 기본 프리젠테이션과 마찬가지로 이것도 요소의 이름만 나열했다. 이들은 뷰의 지원 문서에 정의된다(여기에서는 보여주지 않는다).

| 요소 | 사용하는 요소 |
|---|---|
| 과학 데이터 처리 영역 | |
|     흡입 서브시스템 | |
|         INGST CSCI | 상호작용 서브 시스템의 ADSRV CSCI |
| | 데이터 서버 서브 시스템의 STMGT CSCI |
| | 데이터 서버 서브 시스템의 SDSRV CSCI |
| | 통신 서브 시스템의 DCCI CSCI |
|         (흡입 서브 시스템의 다른 CSCI 들) | |
|     데이터 서버 서브 시스템 | |
|         DDIST CSCI | 시스템 관리 서브 시스템의 MCI CSCI |
| | 통신 서브 시스템의 DCCI CSCI |
| | 데이터 서버 서브 시스템의 STMGT CSCI |
| | 흡입 서브 시스템의 INGST CSCI |
|         (데이터 서버 서브 시스템의 다른 CSCI 등) | |
|     (과학 데이터 처리 영역의 다른 서브 시스템들) | |
| (다른 ECS 영역들) | |

**그림 2.11**
테이블 형식으로 문서화된 ECS 시스템의 사용 뷰의 일부. 왼쪽 열은 시스템의 모듈 분할 구조를 반영한다

---

**용어 설명**

### 사용하다(uses)

우리가 이 책에서 제시하는 모듈 스타일 중 두 가지(사용 스타일과 레이어 스타일)는 소프트웨어 엔지니어링의 가장 많이 사용되지 않는 관계 중 하나, 즉 사용하다<sup>uses</sup> 관계에 기반을 둔다. 사용하다 관계는 의존하다<sup>depends-on</sup> 관계의 한 형태다. 소프트웨어 단위 $P_1$의 정확성이 표현되고 있는 다른 단위 $P_2$의 정확한 구현에 의존한다면 $P_1$이 $P_2$를 사용한다고 말한다.

사용하다 관계는 대부분의 프로그래밍 언어에서 제공되는 단순한 호출하다[calls] 관계와 닮아 있지만 결정적으로는 같지 않다. 왜 그런지 살펴보자.

- 프로그램 $P_1$이 프로그램 $P_2$를 호출하지 않고 사용할 수 있다. 예를 들어, $P_2$가 작업이 끝났을 때 공유 장치에 사용할 수 있는 상태를 남겨두었다고 $P_1$이 가정할 수 있다. 또는 $P_1$은 $P_2$가 이벤트 신호를 보내서 깨울 때까지 잠들어 있는 프로세스일 수도 있다.
- 프로그램 $P_1$은 프로그램 $P_2$를 사용하지 않고도 호출할 수 있다. $P_2$가 에러가 발생할 때 호출되도록 $P_1$의 매개변수[4]로 전달되는 예외 핸들러라면 $P_1$은 $P_2$가 무엇을 하는 것인지 관심이 없다. $P_1$은 자신의 정확성이 $P_2$에 의존하지 않기 때문에 $P_2$를 사용하지 않는 것이 된다.

따라서 사용하다[uses]는 호출하다[calls] 또는 불러내다[invokes]가 아니다. 마찬가지로 사용하다는 포함하다[includes]와 같은 다른 의존하다[depends-on] 관계와 다르다. 포함하다 관계는 컴파일 의존성은 처리하지만, 런타임 정확성에 영향을 미치지는 않는다.

사용하다 관계는 여러 형태를 가질 수 있기 때문에 보통 사용 뷰는 자동적으로 다른 아키텍처 뷰로부터 도출될 수 없으며, 소스 코드로부터 추출될 수도 없다. 이 점을 활용하기 위해서 아키텍트는 관계를 엔지니어링하고 사용 뷰를 명확하게 문서화해야 한다.

사용하다 관계를 주의깊게 엔지니어링을 하면 전체 시스템의 작은 서브 집합을 구축할 수 있게 하는 강력한 기능을 개발 팀에게 부여한다. 즉, 프로젝트 초기에 초기 프로토타이핑, 초기 통합, 초기 테스팅을 허용하는 개발 패러다임인 점증적 개발이 가능해진다. 모든 단계를 따라가면서 시스템은 전체 기능은 아니더라도 일부분을 정확하게 수행한다. 프레드 브룩스[Fred Brooks](1995)는 팀의 사기에 관한 '점화 효과[electrifying effect]'에 관해 썼다. 점화 효과란 팀은 자신들이 만들고 있는 시스템이 일단 뭔가를 수행하는 데 성공하는 모습을 보면 사기가 올라가는 현상을 말한다. 점증적인 개발을 하지 않으면 모든 것이다 제대로 작동하기 전에는 제대로 작동하는 것이 아무것도 없게 되고, 폭포수 개발 모델로 후퇴하고 만다. 또한 전체 시스템의 서브 집합은 개발을 넘어서도 유용하다. 일정이 늦어지게 될 때 안전한 대비책을 제공한다. 프로젝트 관리자가 인도 시점에 사과와 약속보다는 시스템의 작동하는 서브 집합을 고객에게 제공하는 것어 훨씬 더 낫다.

---

4 또는 시스템 생성 시점에 매개변수로 이름이 전달된 프로그램을 호출하거나, 이름 서버에서 프로그램의 이름을 찾아서 호출할 수도 있다. 여러 가지 방법이 가능하다.

점증적 개발이 이루어지는 방법을 살펴보자. 부분 집합 안에 들어갈 프로그램을 선택한다. 이것을 $P_1$이라고 하자. $P_1$이 이 서브 집합 안에서 성공적으로 작동하려면 이것이 사용하는 프로그램의 정확한 구현이 있어야 한다. 따라서 서브 집합 안에 이들 포함시킨다. 또한 이들이 정확하게 작동하기 위해서는 이들이 사용한 프로그램도 있어야 한다 등이다. 서브 집합은 $P_1$ 사용의 추이적 폐쇄$^{transitive\ closure}$로 구성된다.[5] 개념적으로 $P_1$을 사용 그래프에서 빼내면 그것 밑으로 떨어져 나갈 프로그램이 무엇인지를 알아내면 된다. 그것이 부분 집합이다.

관계의 순환$^{loop}$(즉, 예를 들어 $P_1$이 $P_2$를 사용하고, $P_2$가 $P_3$를 사용하고, $P_3$가 $P_1$을 사용한다) 단순한 서브 집합의 적이다. 거다란 사용히다 루프는 많은 프로그램(순환에 참여하는 모든 멤버)을 어떤 멤버든 가입할 수 있는 서브 집합으로 가져오는 것이 필연적이다. 물론 "프로그램으로 가져온다."라는 말의 의미는 구현돼야 하고, 디버깅되며, 통합되고 테스트돼야 한다는 말이다. 그러나 점증적 개발의 핵심은 적은 수의 프로그램을 각 새로운 증분$^{increment}$에 가져오고, 어떤 것을 가져올지 말지를 그들 스스로 선택할 수 있게 한다는 것이다. 일반적으로 말해서 (관계의 긴 의존성 체인 또는 광범위한 팬아웃$^{fan-out}$으로 야기된) 사용된 프로그램의 긴 목록은 작은 증분을 현장에 배포하는 능력을 줄인다. 또한 이들은 변경 용이성을 감소시킨다. 한 모듈의 변경이 그것을 사용하는 모듈에 아주 잘 전파되기 때문이다.

서브 집합을 관리하는 것 외에도 사용하다 관계는 디버깅과 통합 테스팅을 위한 유용한 도구다. 부정확한 결과를 산출하는 프로그램을 발견할 경우에 문제의 원인은 해당 프로그램 자체 또는 그것이 사용하는 프로그램에 있을 것이다. 이럴 때 사용하다 관계로 의심 목록을 즉각적으로 좁힐 수 있다. 마찬가지로 제안된 변경의 영향을 가늠하기 위해 이 관계를 사용할 수 있다. 계획된 변경의 결과로 프로그램의 외부 행위가 변경된다면, 사용하다 관계를 역으로 추적하면 해당 변경이 어떤 다른 프로그램에게 영향을 미치는지 알 수 있게 된다.

---

5 물론 호출하다와 다른 의존하다 관계에도 준수해야 할 조건이 있다. 서브 집합에서 프로그램이 다른 프로그램을 호출하거나 포함하거나 상속하고 그것을 사용하지 않더라도 컴파일러는 그 프로그램이 존재할 것을 여전히 기대한다. 그러나 사용되지 않는다면 정확한 구현이 있을 필요는 없다. 미리 준비해 놓은 형식적인 결과값을 반환하는 단순한 스텁(stub)만으로도 충분하다.

## 2.3 일반화 스타일

### 2.3.1 개요

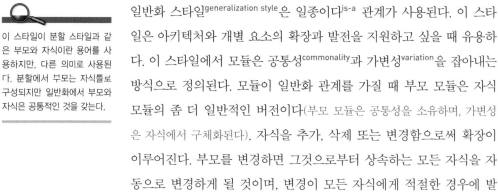

이 스타일이 분할 스타일과 같은 부모와 자식이란 용어를 사용하지만, 다른 의미로 사용된다. 분할에서 부모는 자식들로 구성되지만 일반화에서 부모와 자식은 공통적인 것을 갖는다.

일반화 스타일<sup>generalization style</sup>은 일종이다<sup>is-a</sup> 관계가 사용된다. 이 스타일은 아키텍처와 개별 요소의 확장과 발전을 지원하고 싶을 때 유용하다. 이 스타일에서 모듈은 공통성<sup>commonality</sup>과 가변성<sup>variation</sup>을 잡아내는 방식으로 정의된다. 모듈이 일반화 관계를 가질 때 부모 모듈은 자식 모듈의 좀 더 일반적인 버전이다(부모 모듈은 공통성을 소유하며, 가변성은 자식에서 구체화된다). 자식을 추가, 삭제 또는 변경함으로써 확장이 이루어진다. 부모를 변경하면 그것으로부터 상속하는 모든 자식을 자동으로 변경하게 될 것이며, 변경이 모든 자식에게 적절한 경우에 발전을 지원할 수 있다.

일반화는 인터페이스<sup>interface</sup>, 구현<sup>implementation</sup> 또는 두 개 모두의 상속성<sup>inheritance</sup>을 표현할 수 있다. 아키텍처 서술 안에서는 인터페이스를 공유하고 재사용하는 데 강조하며, 구현에 대해서는 그다지 강조하지 않는다.

### 2.3.2 요소, 관계, 속성

표 2.3은 일반화 스타일의 특징을 요약한다. 일반화 스타일의 요소는 모듈이다. 관계는 1.2절에서 정의된 일종이다<sup>is-a</sup> 관계인 일반화<sup>generalization</sup>이다. 이 관계에서 모듈은 다른 모듈(자식)의 일반화(부모)이며, 이들 다른 모듈은 첫 번째의 특수화<sup>specialization</sup>다.

표 2.3 일반화 스타일 요약

| 개요 | 일반화 스타일은 일종이다(is-a) 관계를 사용해 아키텍처와 개별 요소의 확장과 발전을 지원한다. 이 스타일의 모듈은 공동성과 가변성을 잡아내는 방식으로 정의된다. |
|---|---|
| 요소 | 모듈. 모듈은 완전한 구현을 포함하지 않은 것을 나타내는 '추상적인' 속성을 가질 수 있다. |
| 관계 | 일종이다(is-a) 관계의 특수화인 일반화(generalization) 관계. 이 관계는 클래스 상속, 인터페이스 상속 또는 인터페이스 실현을 나타내도록 특수화될 수 있다. |
| 제약사항 | • 모듈은 여러 부모를 가질 수 있다. 그러나 다중 상속성은 위험한 설계 접근 방법으로 인식되고 있다.<br>• 일반화 관계에서 순환은 허용되지 않는다. 즉, 하나의 뷰에서 자식 모듈이 하나 이상의 부모 모듈의 일반화일 수는 없다. |

이어짐

| 사용 | • 객체지향 설계에서 상속성 표현 |
|------|--------------------------------|
|      | • 진화와 확장을 점증적으로 기술함 |
|      | • 가변성을 자식으로 갖는 공통성 수집 |
|      | • 재사용 지원 |

모듈은 추상적일 수 있다. 이러한 모듈은 완전한 구현을 포함하지 않는다. 추상적 모듈의 자식인 모듈은 필요한 구현을 제공할 필요가 있다. 그렇지 않으면 이들도 마찬가지로 추상적이어야 한다.

정보를 상속하는 모듈을 자손$^{descendant}$이라고 한다. 정보를 제공하는 모듈은 조상$^{ancestor}$이다. 순환은 허용되지 않는다. 즉, 그 자체가 조상이나 자손이 될 수는 없다.

인터페이스 실현$^{interface\ realization}$을 사용해 모듈 A가 모듈 B로부터 상속된다는 것은 모듈 A가 인터페이스 B를 준수한다는 것을 약속하는 것이다. 이러한 전략은 다른 구현을 갖는 모듈의 가변성을 필요로 하고, 다른 모듈에 거의 또는 전혀 영향을 미치지 않고 다른 구현으로 대체할 수 있을 때 유용하다. 객체지향 설계에서 클래스 상속$^{class\ inheritance}$은 어떤 모듈이 조상으로부터 행위를 상속하며, 특별한 행위를 달성하기 위해 변경될 수 있다는 것을 나타낸다. 또한 인터페이스 상속$^{interface\ inheritance}$도 부모 인터페이스에서 정의된 오퍼레이션$^{operation}$ 목록에 오퍼레이션을 자식 인터페이스에 추가할 수 있게 한다.

### 2.3.3 일반화 스타일 사용

일반화 스타일은 다음과 같은 경우를 지원하기 위해 사용될 수 있다.

- 객체지향 설계: 일반화 스타일은 상속성 기반, 객체지향 시스템 설계를 표현하는 중요한 수단이다.

- 확장: 처음부터 새로운 모듈을 이해하려고 하는 것보다는 하나의 모듈이 다른 잘 알려진 모듈과 어떻게 다른지를 이해하는 것이 더 쉽다. 따라서 일반화는 모듈에 대한 점증적인 서술을 생성해 완전한 서술을 형성하는 접근 방법이다.

- 지역 변화 또는 가변성: 아키텍처의 하나의 목적은 지역 변화 또는 가변성을 수용하는 안정적인 전역 구조를 제공하는 것이다. 일반화

는 공통성을 더 높은 수준에 정의하고, 가변성을 모듈의 자식에 정의하는 하나의 접근 방법이다.

* 재사용: 재사용할 수 있는 모듈을 찾는 것은 다른 목적의 부산물이다. 적절한 추상화는 인터페이스 수준에서 단독으로 재사용될 수 있으며, 또한 구현도 포함될 수 있다. 추상적인 모듈의 정의는 재사용의 기회를 만들어낸다.

### 2.3.4 일반화 스타일 표기법

UML

7장에서는 인터페이스를 문서화하는 방법을 설명한다.

일반화를 표현하는 것은 UML의 핵심이다. 일반적으로 모듈은 클래스나 인터페이스로 표현된다. 그림 2.12는 UML에서 사용할 수 있는 클래스나 인터페이스 상속의 기본적인 표기법을 보여준다. 그림 2.13은 UML이 인터페이스 실현을 표현하는 방법을 보여준다.

**그림 2.12**
UML에서 클래스나 인터페이스 상속은 닫힌 비어 있는 화살촉을 가진 실선으로 표현된다. UML에서는 서브 모듈 대신에 말줄임표(...) 를 사용할 수 있으며, 표현된 것보다 더 많은 자식이 있을 수 있으며, 추가적인 것이 있을 수 있다는 것을 나타낸다. 도형 모듈은 다각형, 원형, 원호 모듈의 부모이며, 각각은 도형의 서브 클래스(subclass), 자식, 또는 자손이다. 도형은 좀 더 일반적이며, 자식은 특수화된 버전이다. 화살표는 좀 더 일반적인 실체로 향한다

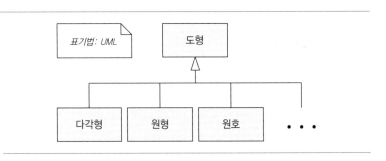

**그림 2.13**
인터페이스 실현(때로는 인터페이스 구현이라고도 함)도 일반화의 일종이다. UML에서 두 가지 방식으로 표현될 수 있다. (1) 모듈로부터 실현하는 인터페이스로 향하는 닫힌 비어 있는 화살촉을 가진 점선과 (2) 인터페이스를 구현하는 모듈에 연결돼 있는 인터페이스의 막대사탕 기호다. 따라서 그림에서 두 표기법은 동일하다. 그러나 왼쪽에 있는 것이 여러 모듈이 같은 인터페이스를 실현할 때 좀 더 편리하다

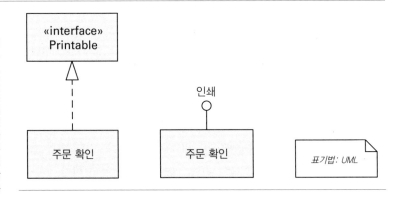

## 2.3.5 다른 스타일과의 관계

상속성과 인터페이스 실현 관계는 다른 모듈 관계를 보완하며, 사용하다 관계 및 패키지 분할과 함께 모듈 뷰에 종종 나타난다. 그러나 복잡한 모듈 계층도를 포함하는 설계에서는 다른 관계 타입과 분리된 다이어그램에 상속성 관계를 표현하는 것이 좋다.

## 2.3.6 일반화 스타일 사례

### ArchE

그림 2.14에서는 SEI 아키텍처 전문가ArchE 도구의 일반화 뷰의 일부를 보여준다. 이 도구는 아키텍트가 품질 속성과 피처 요구, 기존 설계 부분을 기반으로 시스템의 아키텍처 설계를 생성할 수 있게 한다. 내부적으로 ArchE는 사실fact이라고 하는 데이터 요소를 조작하는 규칙 엔진rule engine을 사용한다. 어떤 Fact 객체에서 다양한 오퍼레이션이 수행된다. Fact 서브 클래스에 특정한 오퍼레이션도 있다.

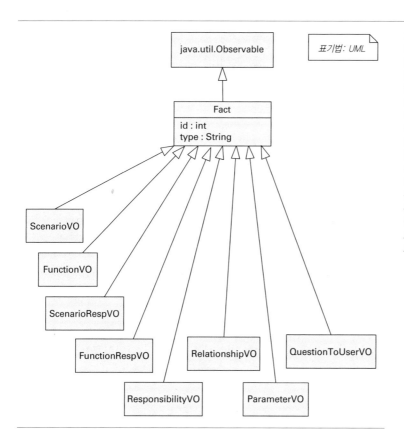

**그림 2.14**
ArchE 일반화 뷰의 기본 프리젠테이션. 이 시스템은 내부적으로 규칙 엔진을 사용하며, 많은 오퍼레이션은 Fact 클래스에 정의돼 있다. 이와 함께 특정한 기능이 다른 종류의 사실을 처리하기 위해 존재하며, 따라서 이 그림에서 일반화로 표현돼 있다. 또한 여기에 보여주는 클래스는 다른 다이어그램에서도 나타나며, 이들 다이어그램에서는 각 클래스에서 사용할 수 있는 속성과 오퍼레이션과 함께 이들과 시스템의 일부인 다른 모듈 사이의 사용하다 관계도 보여준다

PetStore

그림 2.15는 PetStore 애플리케이션의 일반화 뷰의 일부를 보여준다. 이것은 온라인 애완동물 스토어를 구현하는 다중 티어multi tier, 웹 기반 애플리케이션이다(그림 2.15는 이들의 서브 집합을 보여준다).

**그림 2.15**
PetStore 애플리케이션의 일반화 뷰의 기본 프리젠테이션 일부. 시스템에서 이벤트를 표현하는 클래스의 계층도와 인터페이스 실현을 보여준다. 오른쪽에 있는 패키지는 웹 애플리케이션 프레임워크(waf)의 일부로, 이벤트 처리 서비스를 제공한다. PetStore와 같은 애플리케이션은 애플리케이션의 특정한 이벤트를 정의해야만 한다. 이벤트는 모델-뷰-컨트롤러(model-view-controller) 패턴을 따르는 시스템에 있는 (보여주지 않는) 다른 모듈의 상호작용에 사용된다

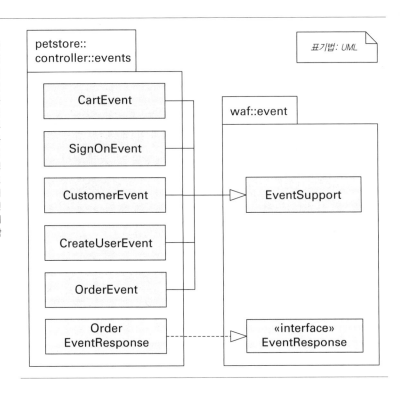

## 2.4 레이어 스타일

### 2.4.1 개요

레이어는 함께 밀집성을 갖는 서비스 집합을 다른 레이어에게 제공하는 모듈의 그룹이다. 레이어는 엄격한 순서를 갖는 사용-허용하다 관계에 의해 서로 연관된다.

다른 모듈 스타일과 마찬가지로 레이어 스타일layered style은 소프트웨어를 단위로 분할하는 것을 반영한다. 이 경우에 단위는 레이어layer다. 각 레이어는 밀집성을 갖는 서비스의 집합을 제공하는 모듈의 그룹을 표현한다. 이들은 레이어 사이에는 사용-허용하다allowed-to-use 관계의 제약이 있다. 관계는 단방향이어야 한다. 레이어 다이어그램layer diagram으로 표현되는 아키텍처의 레이어 뷰는 소프트웨어 아키텍처에서 가장

일반적으로 사용되는 뷰 중 하나다. 그러나 보통 잘못 정의돼서 잘못 이해되는 경우가 많다. 진짜 레이어 시스템은 변경용이성과 이식성을 증진시키기 때문에 아키텍트는 설사 아니더라도 시스템이 레이어인 것처럼 보이게 하려는 경향이 있다.

레이어는 소프트웨어의 집합을 완전하게 분할하며, 각 분할<sup>partition</sup>은 (공개 인터페이스를 통해서) 밀집성 있는 서비스의 집합을 제공한다. 그러나 그것이 전부는 아니다. 의도적으로 단위가 무엇이고 어떻게 상호작용하는지를 모호하게 표현한 그림 2.16은 3개의 다른 소프트웨어 분할을 보여주지만(여러분은 각 분할이 밀집성 있는 서비스 집합을 제공한다는 말을 주목해야 한다) 어느 것도 레이어를 구성하시는 않는다. 무엇이 빠졌을까?

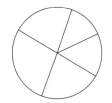 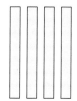 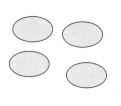

**그림 2.16**
3개의 다른 소프트웨어 분할.
어느 것이 레이어일까?

레이어링<sup>layering</sup>은 하나 이상의 기본적인 속성을 갖는다. 레이어는 엄격한 순서를 갖는 관계에 따라 상호작용하도록 생성된다. (A, B)가 이 관계에 있다면 레이어 A의 구현은 레이어 B가 제공하는 어떤 공개 기능이든 사용이 허용된다고 말한다.

사용하다<sup>uses</sup>란 2.2절에서 정의한 사용 스타일의 아주 특정한 용어를 의미한다. 그러나 이 용어는 몇 가지 허점이 있다. 만약 A가 B의 기능을 사용해 구현된다면 단지 B만 사용해 구현되는 걸까? 그럴 수도 있고 아닐 수도 있다. 예를 들어 레이어가 수평적으로 어떤 것이 다른 것 위에 올려져 있는 것으로 그려졌다고 가정하다. 일부 레이어링 방식은 가장 가까운 하위 레이어뿐만 아니라 어떤 하위 레이어의 공개 기능이든 사용하도록 허용된다. 다른 레이어링 방식은 유틸리티 컬렉션인 소위 레이어를 갖고 있어서 다른 레이어에서 사용될 수 있다. 그러나 레

요소 A의 정확성이 표현되고 있는 요소 B의 정확한 구현에 의존한다면 A는 B를 사용한다.

이어라고 유효하게 부를 수 있는 어떤 아키텍처도 어떤 레이어가 상위의 레이어의 기능을 제약없이 사용할 수 있도록 허용하지 않는다. 제약없이 상향식 사용을 허용하는 것은 레이어링이 아키텍처에 가져오는 바람직한 속성을 파괴해버린다. 이것은 잠시 후에 설명한다. 일반적으로 레이어에서 사용의 흐름은 하향식이다. 잘 정의된 특별한 소수의 경우가 허용될 수 있지만, 이런 것은 거의 없으며 이 규칙의 예외로 간주된다. 따라서 그림 2.17에서 아키텍처는 레이어를 흉내냈지만 레이어는 아니다.

**그림 2.17**
3개의 레이어가 있는 것처럼 보이지만 이것은 레이어 스타일로 설계된 것이 아니다. 레이어 스타일에서는 상향식 사용을 금하고 있다

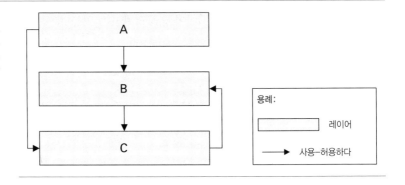

하위 레이어에서 상위 레이어로 사용하다 관계를 갖는 시스템은 엄격하게 말해서 레이어 시스템이 아니라는 것을 기억한다.

그림 2.17은 레이어가 왜 그토록 오랫동안 모호성의 근원이었는지를 보여준다. 아키텍트는 이러한 다이어그램이 레이어가 아닐 때도 레이어라고 불렀다. 레이어는 서로 위에 별도의 부분을 그리는 능력 외에 그 이상이 있다.

일부의 경우에 정상적이라면 다음의 하위 레이어를 사용하는 것만 허용되지만, 최상위 레이어에 있는 모듈이 최하위 레이어에 있는 모듈을 직접 사용할 필요가 있을 수도 있다. 바로 다음 하위 레이어가 아닌 하위 레이어에 있는 모듈을 사용하는 상위 레이어의 소프트웨어의 경우를 레이어 브릿징layer bridging이라고 한다. 이들이 많이 있으면 적어도 레이어링이 달성하도록 도와주는 이식성과 변경용이성 목표 관점에서 시스템은 잘못 구조화된 것이다. 상향식 사용을 갖는 시스템은 정의에 엄격하게 따르면 레이어 시스템이 아니다. 그러나 이와 같은 경우에도 레이어 스타일은 실제와 아주 유사하게 표현할 수 있고, 또한 아키텍트

가 달성하려고 하는 이상적인 설계를 전달할 수도 없다.

레이어는 소스 코드를 검토해서 도출할 수 없다. 레이어는 아키텍처를 생성하고 의사소통하는 데 훌륭하게 도움을 주는 논리적인 그룹이지만, 소스 코드에서 명확하게 경계를 정할 수는 없다. 소스 코드는 무엇이 무엇을 사용하는지를 드러낼 수는 있지만, 레이어에서의 관계는 사용-허용하다기 때문이다.

시스템의 레이어를 정의하는 데 적용할 수 있는 몇 가지 기준으로는 시스템이 다른 시간 척도로 독립적으로 발전할 것이라는 기대치, 다른 기술 집합을 가진 다른 사람들이 다른 레이어에서 작업할 것이라는 기대치, 다른 레이어에 다른 수준의 재사용성이 예상되는 기대치다.

### 2.4.2 요소, 관계, 속성

표 2.4는 레이어 스타일의 특징을 요약한다. 레이어 뷰의 요소는 레이어다. 레이어는 밀집성을 갖는 모듈의 컬렉션으로, 각 모듈이 호출되거나 접근될 수 있다. 레이어의 모듈은 웹 서비스를 구현하는 모듈로부터, 어셈블리 서브 루틴, 공유 데이터에 이르기까지 어떤 것이든 될 수 있다. 하나의 요구는 모듈이 서비스가 호출되거나 접근될 수 있는 인터페이스를 가져야 한다는 것이다.

**표 2.4** 레이어 스타일 요약

| | |
|---|---|
| **개요** | 레이어 스타일은 레이어(밀집성을 갖는 서비스의 집합을 제공하는 모듈의 그룹)와 이들 사이의 단방향 사용-허용하다(allowed-to-use) 관계로 묶는다. |
| **요소** | 레이어(layer). 레이어가 어떤 모듈을 포함하는지를 정의해야 한다. |
| **관계** | 의존하다(depends-on) 관계의 특별한 형태인 사용-허용하다(allowed-to-use) 관계. 레이어 사용 규칙(예: 레이어는 어떤 하위 레이어를 사용할 수 있다)과 허용되는 예외를 정의해야 한다. |
| **제약사항** | • 모든 소프트웨어 요소는 정확히 하나의 레이어에 할당된다.<br>• 적어도 2개의 레이어가 있다(일반적으로는 3개 이상이다).<br>• 사용 허용 관계는 순환적일 수 없다(즉, 하위 레이어가 상위 레이어를 사용할 수 없다). |
| **사용** | • 변경용이성과 호환성을 증대한다.<br>• 복잡성을 관리하고 개발자와의 코드 구조 커뮤니케이션을 조장한다.<br>• 재사용성을 증대한다.<br>• 관심의 분리를 달성한다. |

요소 카탈로그는 10.1절에서 설명한다.

레이어 사이의 관계는 사용-허용하다$^{allowed-to-use}$이다. 이 관계를 갖는 두 레이어에 대해 첫 번째에 있는 어떤 모듈도 두 번째에 있는 어떤 모듈이든 사용이 허용된다. 모듈 A의 정확성이 모듈 B의 정확성과 존재에 의존한다면, 모듈 A는 모듈 B를 사용한다고 말한다.

레이어는 다음과 같은 속성을 가지며, 레이어 다이어그램을 동반하는 요소 카탈로그에 문서화돼야 한다.

- 내용: 레이어 설명은 레이어 안에 어떤 모듈이 있어야 하며, 어떻게 구현하는가에 대한 가이드를 제공해야 한다. 또한 각 레이어에 포함되는 소프트웨어 모듈을 명확하게 목록화할 수 있다. 각 모듈은 정확히 한 레이어에 할당돼야 한다. 일반적으로 레이어에는 '네트워크 통신 레이어' 또는 '업무 규칙 레이어'와 같이 서술적이지만 모호하게 라벨을 붙인다. 서술은 모든 레이어의 완전한 내용을 식별하는 데 필요하다.

2.4.4는 분할된 레이어에 관한 더 많은 정보를 제공한다.
또한 이 장에 있는 관점 '더 높은 레이어 호출'을 참조한다.

- 레이어에 사용이 허용된 소프트웨어: 레이어가 바로 밑에 있는 레이어만 또는 하위의 어떤 레이어나 다른 레이어의 사용이 허용되는가? 레이어가 수평적으로 분할되면 같은 레이어의 다른 분할에 있는 모듈의 사용이 허용되는가? 또한 이러한 문서화의 부분은 배열이 의미하는 사용 규칙에 예외가 있다면 설명해야만 한다.

레이어 분할 선택에 대한 근거를 문서화해야 한다. 각 레이어가 밀접성 있는 책임의 집합을 제공하는 방법을 설명한다. 이러한 설명은 향후 모듈을 하나 또는 다른 레이어에 할당하는 것을 도와준다.

가상 머신은 프로그램을 실행할 수 있는 분리된 밀집성 있는 서비스 집합의 형성하는 모듈의 컬렉션이다. 때로 추상화 머신(abstract machine)이라고 한다.
이 장의 용어 설명 '가상 머신'을 참조한다.

모듈 $P_1$이 모듈 $P_2$의 사용이 허용된다고 가정하자. $P_2$가 $P_1$보다 더 낮은 레이어에 있어야 하는가, 아니면 같은 레이어에 있어야 하는가? 레이어는 단지 누가 무엇을 사용하는 기능이 아니라, 밀집성과 변경 가능한 본질과 같은 고려에 기반을 두고 모듈을 레이어에 할당하는 의도적인 설계 결정의 결과다. 일반적으로 $P_1$과 $P_2$가 함께 새로운 애플리케이션에 이식될 가능성이 있다면 또는 이들이 함께 사용 커뮤니티에 같은 가상 머신$^{virtual machine}$의 다른 관점을 제공한다면 같은 레이어에 있어야 한다.

앞의 내용은 응집력의 운영적인 정의다. 또한 응집력 있는 설명은 다른 레이어에 영향을 미치지 않고 각 레이어 수행될 수 있는 변경을 설명하는 이식성 지침$^{portability\ guide}$으로도 사용될 수 있다.

### 2.4.3 레이어 스타일 사용

레이어는 소프트웨어 시스템에 변경용이성과 이식성의 품질 속성을 가져다 준다. 레이어는 정보 감추기 원칙의 적용이다. 이론적인 배경은 하위 레이어의 변경이 인터페이스 뒤에 감추어질 수 있으며, 상위에 있는 레이어에 영향을 미치지 않을 것이라는 것이다. 그와 같은 모든 이론과 마찬가지로 진실과 위협이 모두 이것과 관련돼 있다. 진실은 이 기술이 이식성을 지원하는 데 성공적으로 사용할 수 있다는 것이다. 머신, 운영체제 또는 다른 플랫폼 의존성은 레이어 안에 감추어진다. 레이어에 대한 인터페이스가 변경되지 않는 한, 기술에 특정한 또는 제품 특정한 부분은 교환될 수 있으며, 인터페이스에만 의존하는 상위 수준은 성공적으로 작동할 것이다.

위협은 인터페이스$^{interface}$가 프로그램 시그니처$^{signature}$를 포함하는 애플리케이션 프로그래밍 인터페이스$^{API,\ Application\ Programming\ Interface}$ 이상을 의미한다는 것이다. 인터페이스는 외부 실체(이 경우에는 레이어)가 할 수도 있는 모든 가정을 구체화한다. 가령 성능 가정에 영향을 미치는 하위 레이어에서의 변경은 인터페이스로 새어나갈 것이며, 더 높은 레이어에 영향을 미칠 수 있다.

7장에 있는 용어 설명 '시그니처, 인터페이스, API'를 참조한다.

일반적인 오해는 레이어가 추가적인 런타임 오버헤드를 도입한다는 것이다. 이것은 순전한 구현에서 사실일지 모르지만 복잡한 컴파일/링크/로드 기능은 추가적인 오버헤드를 감소시킬 수 있다.

우리는 이미 일부 컨텍스트에서 레이어가 사용되지 않은 서비스를 포함할 수 있다는 것을 언급했다. 이러한 사용되지 않는 서비스들은 사용되지 않는 코드를 저장하는 메모리나 결코 실행되지 않는 스레드와 같은 런타임 자원을 필요 없이 소비할 수 있다. 이들 자원이 부족하게 되면 사용되지 않는 코드를 제거하는 복잡한 컴파일/링크/로드 기능이 도움이 될 것이다.

레이어는 아키텍처가 시스템을 구축하는 데 수행하는 청사진 역할의 일부다. 개발자가 자신의 소프트웨어가 있는 레이어를 알고 있다면 코딩 환경에서 어떤 서비스에 의존할 수 있는지를 알 수 있게 된다. 항상은 아니지만 레이어는 개발 팀에게 배정할 작업을 정의할 수 있다.

레이어는 아키텍처가 수행하는 의사소통 역할의 일부다. 대규모 시스템에서 모듈의 숫자와 이들 사이의 의존성은 빠르게 확장된다. 모듈을 인터페이스를 갖는 레이어로 구성하는 것은 복잡성을 관리하고 개발자에게 구조를 알려줄 수 있는 중요한 도구가 된다.

같은 기술 추상화를 갖거나 이들의 책임과 관련해 밀집성이 있는 모듈을 레이어로 그룹화함으로써 좀 더 특별한 팀에게 구현 작업을 배정할 수 있게 된다. 예를 들어 프리젠테이션 레이어presentation layer에 있는 모듈을 능숙한 GUI 개발자에게 할당할 수 있다.

레이어는 아키텍처를 사용해 분석하는 데 도움을 준다. 레이어는 변경 영역을 결정할 수 있게 함으로써 설계의 변경 영향을 분석할 수 있도록 한다.

이 장의 용어 설명 '가상 머신'을 참조한다.

가상 머신virtual machine을 제공하는 레이어는 이식성portability을 증진시킨다. 이런 이유로 이식성 관심사가 해결될 수 있도록 하기 위해서는 레이어의 인터페이스를 면밀하게 조사하는 것이 중요하다. 인터페이스는 특정한 플랫폼에 종속적인 기능을 노출시키지 않아야 한다. 이들 기능은 플랫폼에 독립적인 좀 더 추상적인 인터페이스 뒤에 감추어져야 한다.

레이어 사이의 순서 관계가 '사용이 허용되는 구현'과 관련되기 때문에 레이어가 낮아질수록 사용할 수 있는 기능이 더 적어진다. 즉, 낮은 레이어의 '세계관'은 더 작고 컴퓨팅 플랫폼에 더 집중되는 경향이 있다. 낮은 레이어는 운영체제, 통신 채널, 데이터베이스 등의 지식을 사용해 구축되는 경향이 있다. 이들 플랫폼에 특정한 레이어는 대체로 이들 위에서 실행되는 특정한 애플리케이션에 독립적이다. 이들은 애플리케이션을 다른 플랫폼에 좀 더 쉽게 이식할 수 있게 한다.

### 2.4.4 레이어 스타일 표기법

#### 비형식적 표기법

#### 상자 쌓기

레이어는 거의 대부분 상자 쌓기로 그려진다. 그림 2.18과 같이 사용-
허용-하다$^{\text{allowed-to-use}}$ 관계는 지역적으로 인접한 것으로 표현되며, 위에
서 아래로 읽는다(용례에 "레이어는 어떤 하위 레이어도 사용이 허용된다."
라고 표현할 수도 있다는 것에 주목한다).

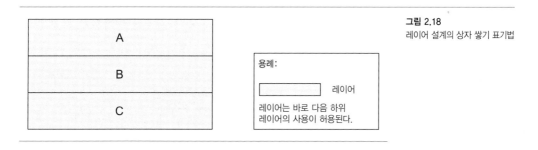

그림 2.18
레이어 설계의 상자 쌓기 표기법

레이어링은 컴포넌트 사이의 연결을 화살표와 같은 명확한 기호를
사용하지 않고 지역적인 인접성으로 나타내는 몇 안 되는 아키텍처 스
타일 중 하나다. 하지만 그림 2.19와 같이 화살표를 사용할 수도 있다.

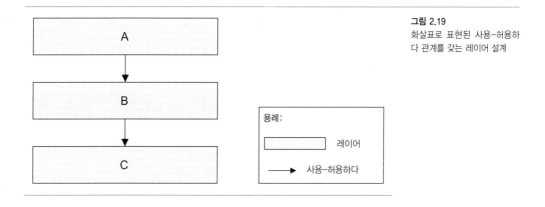

그림 2.19
화살표로 표현된 사용-허용하
다 관계를 갖는 레이어 설계

#### 세그먼트로 분할된 레이어

때로는 레이어가 입자성이 작은 모듈로 조합된 세그먼트$^{\text{segment}}$로 분할
된다. 보통 임포트$^{\text{import}}$된 모듈과 같은 기존에 있는 단위 집합이 같은

사용-허용하다 관계를 공유할 때 발생한다. 이것이 발생할 때 다이어 그램 작성자는 세그먼트 사이에 어떤 사용 규칙$^{usage\ rule}$이 유효한지를 명시해야 한다. 많은 사용 규칙이 가능하지만, 명확하게 해야만 한다. 그림 2.20에서 상단과 하단 레이어는 세그먼트로 분할돼 있다. 상단 레 이어의 세그먼트는 서로 사용이 허용되지 않는다. 그러나 하단 레이어 의 세그먼트는 허용된다. 화살표를 사용하지 않고 같은 다이어그램을 그리면 세그먼트로 분할된 레이어 안에서 사용 규칙을 구별하기 더 어 려워질 것이다. 보통 레이어 다이어그램은 모호성의 근원이 되고 있는 데, 그것은 다이어그램이 사용-허용하다 관계를 명확하게 하지 않기 때문이다.

**그림 2.20**
세그먼트로 분할된 레이어를 갖 는 레이어 설계

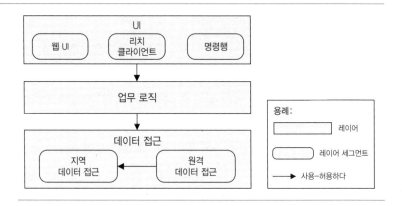

## 원반형

동심원이나 원반$^{ring}$으로 레이어를 보여주는 표기법의 변형이 가능하 다. 가장 내부의 원반은 가장 낮은 레이어에 해당한다. 가장 바깥쪽의 원반은 가장 높은 레이어다. 원반은 구획$^{sector}$으로 분할될 수 있으며, 이것은 세그먼트로 분할된 경우와 동일하다.

상자 쌓기를 사용하는 레이어 다이어그램과 원반형을 사용하는 것 사이에 의미론적인 차이점은 없다. 다만 세그먼트로 분할된 레이어는 레이어 안에서 사용-허용하다 관계에 제약을 가질 수 있다. 그림 2.21 에서 인접한 원반 구획은 서로 사용이 허용되며, 인접한 레이어 세그먼

트도 서로 사용이 허용된다. 원반 다이어그램을 펼쳐서 오른쪽에 있는
것과 같은 상자 쌓기 다이어그램을 만들어서 정확히 동일한 의미를 갖
도록 할 수는 없다. 직선적인 배열보다는 원형 배열이 좀 더 많이 인접
하기 때문이다(레이어 다이어그램에서 B1과 B3은 구별된다. 원반형 다이어
그램에서는 이들이 인접해 있다). 이와 같은 경우가 상자 쌓기 다이어그램
이 할 수 없는 지역적인 인접성을 원반형 다이어그램이 표현할 수 있는
유일한 경우다.

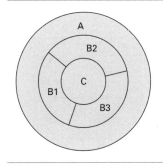 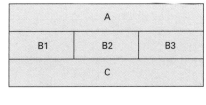

**그림 2.21**
동심 원반과 상자 쌓기로 표현
된 레이어 설계. 이들 두 표현이
동일한가?

## 사이드카를 갖는 레이어

레이어로 서술된 많은 아키텍처가 그림 2.22와 같이 나타난다. 이런 형
식의 표기법은 두 가지 중 하나를 의미한다. (1) D에 있는 모듈이 A나
B, C를 사용할 수 있다. (2) A나 B, C에 있는 모듈이 D에 있는 모듈을
사용할 수 있다. 다이어그램을 작성한 사람은 어떤 사용 규칙을 적용할
지를 결정해야 한다. 이와 같은 변형은 주 상자 쌓기에서 단일 수준의
사용 규칙을 적용할 때, 즉 A가 B만 사용할 수 있고 그 밑에 있는 다른
것을 어떤 것도 사용할 수 없을 때만 가능하다. 그렇지 않으면 D는 단
순히 주 상자 쌓기에서 가장 밑에 있는 레이어와 같기 때문이다. 이 경
우에 '사이드카'의 위치는 불필요하게 된다.

일부 경우에서 레이어 아키텍처는 모든 다른 레이어에 접근할 수 있
는 레이어를 표현하기 위해 그림 2.23과 같이 3차원 그림으로도 표현
된다.

**그림 2.22**
사이드카를 가진 레이어. 용례
는 옆에 붙어 있는 상자에 있는
소프트웨어의 사용이 허용된 것
과 사용하는 것을 명확히 해야
한다

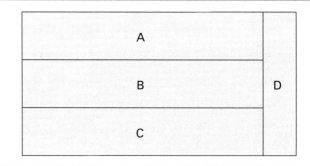

**그림 2.23**
3차원 레이어 다이어그램. 모든
다른 레이어에서 레이어 D를 사
용할 수 있다는 것을 나타낸다.
또한 이 그림은 D가 다른 모든
레이어도 사용할 수 있다는 것
을 보여줄 수도 있다. 이러한 모
호성은 주석 또는 용례에서 해
결돼야 한다

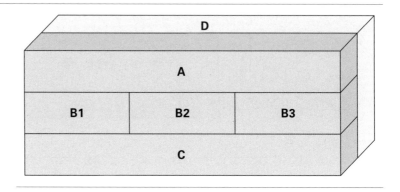

이처럼 옆에 붙어 있는 레이어는 보통 유틸리티 라이브러리나 (운영
체제나 런타임 환경과 같은) 플랫폼 서비스를 표현한다.

### 크기와 색상

때로는 레이어에 색상이 입혀져 어떤 팀이 책임을 맡고 있는지 또는 다
른 구별할 수 있는 특징을 나타내는 경우가 있다. 때로는 단지 가독성
을 향상시키기 위해서 레이어에 다른 색상을 사용할 수도 있다. 또한
다양한 레이어를 구성하는 모듈의 상대적인 크기에 대한 막연한 생각
을 제시하는 데 사용될 수도 있다. 이들의 의미를 전달할 수 있기 위해
서는 레이어 다이어그램의 용례에 크기와 색상에 대해 설명해야 한다.

### UML

UML은 레이어에 대응되는 모델 요소를 내장하고 있지 않다. 그러나
그림 2.24와 같이 UML에서 스테레오 타입을 갖는 패키지로 레이어를

표현할 수 있다. 패키지는 요소를 그룹으로 묶을 수 있는 범용 메커니즘이며, 레이어를 표현하는 데 적당하다. 사용-허용하다[allowed-to-use] 관계는 레이어 패키지 사이의 스테레오 타입을 갖는 의존성으로 표현할 수 있다.

부록 A에서는 UML 클래스와 패키지를 사용해 레이어와 그 밖의 것을 표현하는 방법에 대해 설명한다.

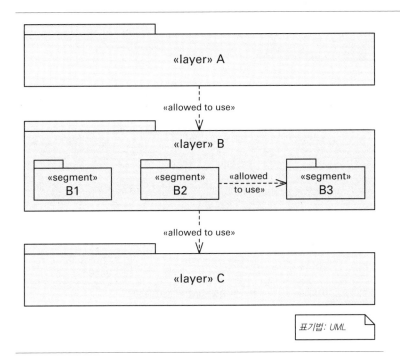

**그림 2.24**
UML로 분할되는 레이어 문서화. 레이어의 세그먼트가 서로 사용이 허용된다면 〈allowed to use〉 의존성이 이들 사이에도 추가돼야 한다

접근 의존성은 이행적[transitive]이지 않다. 패키지 1이 패키지 2에 접근할 수 있고, 패키지 2가 패키지 3에 접근할 수 있다고 하더라도 자동적으로 패키지 1이 패키지 3에 접근할 수는 없다.

### 2.4.5 다른 스타일과의 관계

레이어 다이어그램은 사용-허용하다 관계에 직교적인[orthogonal6] 정보가 신중한 결정 없이 도입될 때 주로 다른 아키텍처 스타일과 혼동된다.

1. 모듈 분할: 레이어 뷰의 레이어와 분할 뷰의 모듈은 항상 관련되지

---

6  직교적(orthogonal)이란 하나의 문제에 대해 두 개 이상의 관점이 별개로 취급될 수 있는 것을 말한다. 또는 서로 독립적이거나 상관이 없는 2개 이상의 문제나 주제를 의미한다. - 옮긴이

만, 거의 서로 일대일 대응하지는 않는다. 레이어는 하나 이상의 모듈로 구성될 수 있다. 같은 모듈의 두 개의 서브 모듈은 다른 레이어의 일부가 될 수 있다. 어떤 경우에서는 분할 뷰 안에 레이어와 모듈 사이의 매핑을 제공해야만 한다. 모듈이 하나 이상의 레이어에 나타난다면 그림 2.25에서와 같은 색상 또는 채우기 패턴을 사용해 이것을 표시할 수 있다.

**그림 2.25**
A-7E 소프트웨어 아키텍처의 분할 뷰의 레이어와 모듈을 보여주는 다이어그램

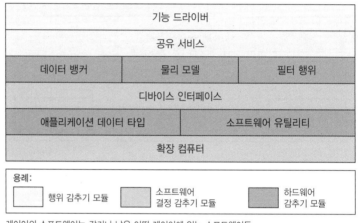

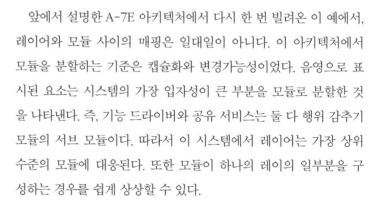

레이어의 소프트웨어는 같거나 낮은 어떤 레이어에 있는 소프트웨어든 사용이 허용된다.

2.1.6절은 A-7E 항공전자제어 시스템에서의 모듈 분할에 관한 더 많은 정보를 제공한다.

앞에서 설명한 A-7E 아키텍처에서 다시 한 번 빌려온 이 예에서, 레이어와 모듈 사이의 매핑은 일대일이 아니다. 이 아키텍처에서 모듈을 분할하는 기준은 캡슐화와 변경가능성이었다. 음영으로 표시된 요소는 시스템의 가장 입자성이 큰 부분을 모듈로 분할한 것을 나타낸다. 즉, 기능 드라이버와 공유 서비스는 둘 다 행위 감추기 모듈의 서브 모듈이다. 따라서 이 시스템에서 레이어는 가장 상위 수준의 모듈에 대응된다. 또한 모듈이 하나의 레이의 일부분을 구성하는 경우를 쉽게 상상할 수 있다.

4.6.2절에서 티어에 대해 설명한다.

2. 티어<sup>tier</sup>: 레이어는 보통 다중 티어 아키텍처<sup>multi-tier architecture</sup>의 티어와 혼동된다. 레이어 스타일은 구현 단위의 그룹화를 보여주며, 따라서 모듈 스타일의 일종이다. 다중 티어 스타일<sup>multi-tier style</sup>은 티어

가 런타임 컴포넌트를 모아놓은 것이기 때문에 컴포넌트-커넥터 스타일이다.

3. 모듈 '사용' 스타일: 레이어가 사용-허용하다 관계를 표현하기 때문에 사용 스타일과의 밀접하게 대응된다. 물론 어떤 사용하다 (uses) 관계도 사용-허용하다 관계를 위반할 수 없다. 점증적으로 개발하거나 서브 집합을 현장에 적용하는 것이 목표라면 아키텍트는 광범위한 사용-허용하다 명세로 시작해, 관심을 갖고 있는 서브 집합이 사용하다 관계를 갖도록 설계하도록 지침을 내릴 수 있다.

사용 스타일은 2.2절에서 다룬다.

기존 코드를 기반으로 레이어 아키텍처가 DSM으로 식별되는 방법에 대한 설명에 대해서는 이 장에 있는 관점 'DSM을 사용해 레이어 아키텍처 유지하기'를 참고한다.

## 2.4.6 레이어 스타일 사례

### 유닉스 시스템 V

고전적인 레이어 설계는 그림 2.26에서 볼 수 있는 유닉스 시스템 V 운영체제다. 하위 레이어는 시스템 커널<sup>system kernel</sup>을 형성한다. 상위 레이어는 시스템 호출을 통해 커널에 접근하는 사용자 프로그램 또는 라이브러리다. 시스템 호출 인터페이스 레이어는 커널 구현 상세를 분리해, 사용자 프로그램에 가상 머신을 제공한다. 파일 서브 시스템은 파일(디바이스도 파일로 취급된다)을 관리하고, 빈 공간을 관리하며, 데이터 읽기/쓰기를 담당한다. 프로세스 제어 서브 시스템은 프로세스 스키줄링, 프로세스 간 통신, 프로세스 동기화, 그리고 메모리 관리를 담당한다. 하드웨어 제어 레이어는 인터럽트를 처리하고 머신과의 통신을 담당한다.

이 설계는 바흐 모리스 바흐<sup>Maurice Bach</sup>의 고전적인 책 『The Design of the UNIX Operating System』(1986)[7]의 2장에서 있는 것이다. 이 책에서는 다음과 같이 솔직하게 설명하고 있다. "다이어그램은 커널의 유용한 논리적인 관점을 보여주지만, 실제로는 일부 모듈이 다른 내부 오퍼레이션과 상호작용하기 때문에 커널이 모델과는 다르다." 이러한 모든 예외는 문서에 주석 처리돼야 한다.

이것은 언어의 순서를 사용해 서술된 수준의 순서로 복잡한 시스템은 구조화돼야 한다는 생각, 즉 계층화된 설계 접근 방식이다. 각 수준은 각 수준에서 기본적인 것으로 간주되는 부분을 결합함으로써 구축된다. 그리고 각 수준에서 구축된 부분은 다른 수준에서 기본적인 것으로 사용된다.

– 애빌슨(H. Abelson)과 서스먼(G. Sussman), 『컴퓨터 프로그램의 구조와 해석』(인사이트, 2008)

---

7 『유닉스 운영체제의 설계』란 제목으로 번역 출간됐지만 지금은 절판된 상태다. – 옮긴이

그림 2.26
유닉스 시스템 V 운영체제 구현의 레이어 뷰의 기본 프리젠테이션(바흐(Bach), 1986에서 따옴)

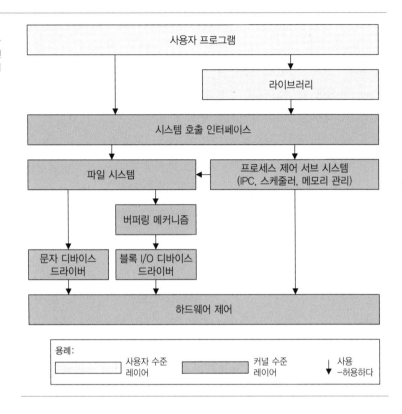

## 자바 EE 애플리케이션

그림 2.27은 자바 EE 플랫폼을 사용하는 통합된 다중 티어 웹 기반 애플리케이션의 레이어 뷰의 기본 프리젠테이션이다. 이 애플리케이션에서 모든 사용자 오퍼레이션은 이 레이어 설계를 따른다. 가장 상위 레이어는 프리젠테이션 클래스, 즉 서블릿과 JSF<sup>Java Server Faces</sup> 액션 클래스다. 서블릿과 JSF는 웹 컴포넌트를 개발하는 데 사용되는 자바 컴포넌트 기술이다. 두 번째 레이어는 컨트롤러 클래스로, 하나의 유스케이스<sup>use case</sup>의 기능을 수행하는 연속적인 단계를 구현한다. 컨트롤러 클래스의 예가 CtlRetreivePtoDays다. 컨트롤러 클래스는 업무 서비스 클래스와 상호작용하며, 업무 서비스 클래스는 도메인 객체와 관련된 핵심 업무 로직을 캡슐화한다. 서비스 클래스의 예는 SvcFullTimeEmployee다. 가장 낮은 레이어는 데이터 액세스 객체다.

이들 모듈은 관계형 데이터베이스와 모든 상호작용을 처리한다.

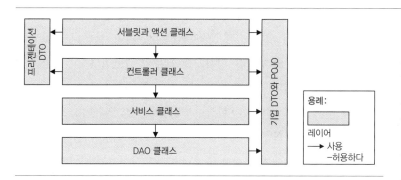

그림 2.27
자바 EE 애플리케이션의 레이
어 뷰의 일부. 상위 레이어에
는 사용자 인터페이스를 담당하
는 서블릿과 JSF 액션 클래스
가 있다. 컨트롤러 클래스는 업
무 서비스 클래스와 상호작용함
으로써 사용자 오퍼레이션을 처
리한다. 데이터베이스에 접근은
데이터 액세스 객체를 갖는 가
장 하위 레이어에서 이루어진
다. 사이드카 레이어는 다른 레
이어에서 데이터를 보유하고 전
송하기 위해서 사용되는 DTO와
POJO를 포함한다

사이드카 레이어로서 표현되는 두 개의 보조 모듈 집합이 있다. 왼쪽에는 프리젠테이션 데이터 전송 객체[DTO, Data Transfer Object]가 있다. 이들은 다른 사용자 화면에서 필요한 데이터 요소에 대응하는 기본적인 속성을 포함하는 단순한 클래스다. 오른쪽 사이드카 레이어에는 기업 DTO와 POJO[plain old Java object]가 있다. 프리젠테이션 DTO와 마찬가지로 이들 클래스는 데이터를 보유하는 속성 집합을 갖는다. 이 설계에서 DTO는 특정한 트랜잭션에 필요한 속성을 갖는다. 반면에 POJO는 데이터베이스에 저장되는 데이터 엔티티에 대응된다.

이 레이어 설계의 주요 요인은 변경용이성과 이식성이며, 이들은 관심의 분리로 달성될 수 있다. 가장 상위에는 프리젠테이션 레이가 있다. 사용자 인터페이스에 대한 변경이 해당 레이어 안에서 해결된다. UI를 구현하는 데 사용된 기술이 서블릿와 JSF로부터 가령 구글 웹 툴킷[Google Web Toolkit]과 플래시로 변경된다면 이 레이어는 다시 작성돼야 하지만, 다른 레이어는 변경되지 않은 채 그대로 남아 있어야 한다. 두 번째 레이어는 핵심 업무 로직 레이어인 세 번째 레이어에 있는 서비스를 호출하도록 연결함으로써 사용자 행위를 처리하는 로직을 구현한다. 가장 밑에 있는 레이어는 데이터 접근 연산을 분리하며, 또한 이식성을 향상시킨다. 만약 애플리케이션을 다른 SQL 방언을 갖는 데이터베이스 관리 시스템으로 이주한다면 이 레이어를 변경하기만 하면 된다.

### 가상 머신

가상 머신$^{virtual\ machine}$은 때로는 추상적인 머신$^{abstract\ machine}$이라고도 하며, 분리된 밀집성 있는 프로그램을 실행할 수 있는 서비스의 집합을 형성하는 모듈의 집합이다. 이 용어는 초기에 실제 컴퓨터의 좀 더 추상적인 대역$^{stand-in}$을 가리키는 말이었지만, 지금은 어떤 실제 머신과 직접적인 대응되지 않은 가상 머신도 포함한다. 해석기$^{interpreter}$는 가상 머신의 좋은 예다. 마이크로소프트 .NET 플랫폼의 CLR$^{Common\ Language\ Runtime}$은 가상 머신의 예다. 이것은 C#이나 다른 .NET 프로그래밍 언어가 생성한 바이트코드를 실행하는 서비스를 제공한다. CLR은 바이트코드를 해당 운영체제의 네이티브 코드$^{native\ code}$로 변환한다. JVM$^{Java\ Virtual\ Machine}$은 자바 언어에 대해 같은 일을 한다. 운영체제 그 자체는 해당 하드웨어상에서 네이티브 코드의 실행을 허용하는 가상 머신이다. 따라서 가상 머신은 '프로그램'을 실행할 수 있는 소프트웨어 레이어이며, 프로그램은 가상 머신의 인터페이스의 기능을 연속적으로 호출하게 된다. 따라서 일부 저장들은 레이어와 가상 머신을 동의어로 간주한다.

### 상위 레이어 호출

우리는 상향식 사용이 레이어링을 무효화시킨다고 강조해 말했다. 별도로 문서화해 놓은 경우에 한해 예외가 인정되기는 하지만, 이면에는 이런 예외를 남발하다보면 소프트웨어 아키텍트의 명예의 전당에서 배제될 것이라는 암시가 깔려 있다.

그러나 노련한 기술자는 잘 설계된 많은 레이어 시스템에서 이식성과 재사용성, 변경 용이성, 또는 다른 레이어와 관련된 품질을 잃어버리지 않고도 모든 종류의 제어 및 정보 흐름이 레이어 체인을 따라 거슬러 올라갈 수 있다는 것을 알고 있다. 사실상 레이어의 목적 중 하나는 정보를 처리하기에 적절한 영역의 소프트웨어의 단위로 '비등'시키는 것이다. 에러 처리 접근 방법 중 하나가 이러한 상향 흐름의 예다. 그림 2.28과 같이 간단한 3레이어 시스템이 있다고 하자. A의 프로그램 $P_A$는 B의 $P_B$를 사용한다고 하자. 그리고 $P_B$는 C의 프로그램 $P_C$를 사용한다. $P_C$가 호출될 때 명세가 위반됐다면 $P_C$는 $P_B$에게 알려주는 방법이 필요하다. "이봐! 나를 잘못 호출했어!" 그 시점에서 (1) $P_B$는 자기가 잘못했다는 것을 알아차리고 이번에는 정확하게 다시 $P_C$를 호출하거나, 또는 다른 행위를 취할 수 있다. 또는 (2) $P_B$는 $P_A$가 자신을 잘못(아마도 잘못된 데이터를 넘겨주었다) 호출했기 때문에 에러가 발생했다는 것을 알아차렸을 수 있다. 후자의 경우에 $P_B$는 $P_A$에게 "이봐! 나를 잘못 호출했어!"라고 말할 수 있는 방법이 필요하다.

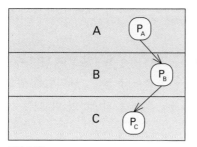
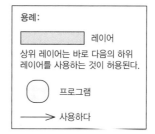

**그림 2.28**
프로그램 내부와 사용 의존성을 보여주는 레이어 설계

콜백$^{callback}$은 이와 같은 이의 제기를 할 수 있도록 하는 메커니즘이다. 우리는 B 안에 있는 프로그램을 알아야 $P_C$를 작성할 수 있거나, A에 있는 프로그램을 알아야 $P_B$를 작성할 수 있기를 원하지 않는다. 이것은 레이어 C와 B의 이식성을 제한할 수 있기 때문이다. 따라서 에러가 발생하는 경우에 호출할 상위 레이어의 프로그램의 이름이 매개변수로 하위 레이어에 전달돼야 한다. 그다음에 가령 $P_B$의 명세에 에러가 발생하는 경우에 전달된 이름으로 프로그램을 호출할 것이라고 명시하면 된다.

콜백이 사용될 수 있는 다른 상황은 다음과 같다.

- $P_A$가 $P_B$를 사용해 사용자 인터페이스에 표현할 데이터를 구하지만, 또한 데이터가 향후 변경된다는 것을 $P_B$가 $P_A$에게 알려주기를 원한다. 다시 말하면, $P_A$는 $P_B$가 제출하는 이벤트를 구독하고, 이벤트를 처리할 오퍼레이션의 이름을 $P_B$에게 제공한다.
- $P_A$가 $P_B$를 비동기적으로 사용하지만, $P_B$가 요청 처리를 완료했을 때 $P_A$가 응답받기를 원한다. 이 경우에 $P_A$는 호출할 오퍼레이션의 이름을 $P_B$에게 제공한다.

이렇게 해서 우리는 이것, 즉 최고의 레이어의 품질을 유지하는 세련된 에러 처리 방식으로 상, 하향식으로 흘러가는 데이터와 제어를 가질 수 있게 된다. 상향식 사용을 금하는 것은 과도하다. 그런가?

틀렸다. 상향식 사용은 여전히 좋은 생각이 아니다. 그러나 방금 설명한 방법은 어떤 것도 상향식 사용이 아니다. 이것은 상향식으로 데이터가 흘러가고 호출하는 것이지 사용하는 것이 아니다. 일단 프로그램이 에러 핸들러를 호출하면 그것으로 책임은 끝난다. 프로그램에서는 에러 핸들러를 사용하는 것이 아니다. 자신의 정확성이 에러 핸들러가 하는 것에 조금도 의존하지 않기 때문이다. 이것이 일부 프로그래밍 언어에서 내장된 콜백 메커니즘이 작동하는 방법이며, 아직도 진짜 레이어 시스템을 이들 언어로 작성할 수 있도록 허용하는 이유다.

이것이 다소 기술적으로 들릴지는 모르지만, 중요한 구별이다. 사용하다는 레이어를 재사용하고 이식하는 능력을 결정하는 관계이지 '호출하다' 또는 '데이터를 전송하다'가 아니다. 아키텍트는 아키텍처 문서에 관계의 정확한 의미를 전달하기 위해서는 이러한 차이점과 필요성을 알아야 할 필요가 있다.

— P.C와 P.M

---

### 레이어 아키텍처를 유지하기 위한 DSM 사용

대규모 소프트웨어 프로젝트에서 복잡성을 관리하는 솔루션이라고 주장하는 DSM[Dependency Structure Matrix]을 기반으로 하는 도구가 최근 프로그램 분석가와 소프트웨어 아키텍트의 주목을 받고 있다. DSM 개념은 도날드 스튜어드[Donald Steward]의 『Design Structure System』(1981)이 처음으로 소프트웨어 엔지니어링에서 사용됐으며, 핵무기 산업에서 복잡성을 관리하기 위해 1967년에 고안한 것이다. 지난 15년 이상 동안에 DSM은 다양한 산업 분야에서 프로젝트 계획과 관리뿐만 아니라 시스템 엔지니어링과 분석에 사용됐다.

레이어 A가 레이어 B에 의존하고, 레이어 B가 레이어 A에 의존할 때 두 레이어 사이에는 상호 의존성이 있으며, 이러한 상황은 레이어 아키텍처에서 금하고 있다. DSM에서 순환 의존성은 매트릭스의 양쪽 사선에 표시된 셀로서 즉시 나타나게 된다. 레이어 아키텍처는 대응되는 DSM이 더 낮은 삼각 매트릭스(즉, 모든 표시된 셀이 사선 밑에 있는 것)이기 때문에 명확하게 구별될 수 있다. 예를 들어 그림 2.29의 레이어 아키텍처를 고려해보자. 용례에는 레이어가 다음 하위 레이어만 사용이 허용된다고 표시하고 있다. 따라서 엄격한 레이어 설계가 된다. 대응되는 DSM은 그림 2.30(a)에 제시돼 있다. 만약 어떤 하위 레이어든 사용이 허용된다면 DSM은 그림 2.30(b)와 같이 나타날 것이다. 사선 위에 있는 셀이 표시된다면 아키텍트는 순환 의존성을 찾아내고, 어떻게 변경해야 레이어 아키텍처의 목표에 도달할 수 있는지에 집중할 수 있게 된다.

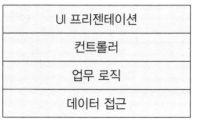

| UI 프리젠테이션 |
| :---: |
| 컨트롤러 |
| 업무 로직 |
| 데이터 접근 |

용례:

| |
| :---: |
| 레이어 |

어떤 레이어든 다음 하위 레이어만 사용이 허용된다.

**그림 2.29**
간단한 레이어 아키텍처

| 사용되는<br>레이어 \ 사용하는<br>레이어 | UI 프리젠테이션 | 컨트롤러 | 업무 로직 | 데이터 접근 |
| :---: | :---: | :---: | :---: | :---: |
| UI 프리젠테이션 | 0 | 0 | 0 | 0 |
| 컨트롤러 | **1** | 0 | 0 | 0 |
| 업무 로직 | 0 | **1** | 0 | 0 |
| 데이터 접근 | 0 | 0 | **1** | 0 |

**(a)**

| 사용되는<br>레이어 \ 사용하는<br>레이어 | UI 프리젠테이션 | 컨트롤러 | 업무 로직 | 데이터 접근 |
| :---: | :---: | :---: | :---: | :---: |
| UI 프리젠테이션 | 0 | 0 | 0 | 0 |
| 컨트롤러 | **1** | 0 | 0 | 0 |
| 업무 로직 | **1** | **1** | 0 | 0 |
| 데이터 접근 | **1** | **1** | **1** | 0 |

**(b)**

**그림 2.30**
(a) 엄격한 레이어 설계와 (b) 일반 레이어 설계를 보여주는 DSM

실제로는 레이어 아키텍처가 좀 더 복잡하다. 그림 2.31은 그림 2.27에서 제시된 레이어 설계에 각 레이어에 추가된 자바 패키지를 함께 보여준다. 이 설계의 DSM은 그림 2.32에 보여준다. DSM 도구에서 아키텍트는 레이어 설계를 위반한 의존성을 그림 2.32에서와 같이 사선 위와 아래에 강조된 셀로 표시할 수 있다. 시스템을 구현하는 동안에 도구는 코드로부터 DSM을 생성해 위반 사항을 강조 표시한다. 상호 의존성에 대한 다른 제약사항을 아키텍트가 표시한다면 또한 이들도 DSM 표현을 사용해 한눈에 알아볼 수 있다. 좋은 도구의 지원으로 연속적인 통합<sup>continuous integration</sup> 빌드에서 DSM 분석을 할 수 있어 아키텍처 위반 사항을 즉시 잡아낼 수 있게 된다. 또한 일반적으로 DSM 도구는 시스템의 재구조화를 시뮬레이션함으로써 사용자가 '가정<sup>what-if</sup>' 분석을 수행할 수 있게 하며, 제안된 변경이 시스템의 구조에 미치는 영향에 대한 즉각적인 통찰력을 제공한다.

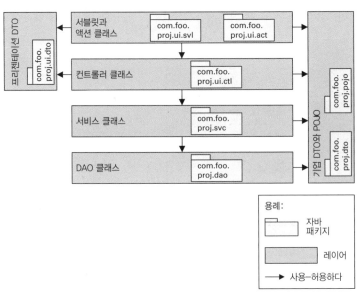

**그림 2.31**
각 레이어의 자바 패키지를 보여주는 레이어 설계

| 사용되는<br>모듈 \ 사용하는<br>모듈 | com.foo.proj.ui.svl | com.foo.proj.ui.act | com.foo.proj.ui.ctl | com.foo.proj.ui.dto | com.foo.proj.svc | com.foo.proj.dao | com.foo.proj.dto | com.foo.proj.pojo |
|---|---|---|---|---|---|---|---|---|
| com.foo.proj.ui.svl | 0 | 0 | 0 | 0 | 0 | 0 | 0 | 0 |
| com.foo.proj.ui.act | 0 | 0 | 0 | 0 | 0 | 0 | 0 | 0 |
| com.foo.proj.ui.ctl | **1** | **1** | 0 | 0 | 0 | 0 | 0 | 0 |
| com.foo.proj.ui.dto | **1** | **1** | **1** | 0 | 0 | 0 | 0 | 0 |
| com.foo.proj.svc | 0 | 0 | **1** | 0 | 0 | 0 | 0 | 0 |
| com.foo.proj.dao | 0 | 0 | 0 | 0 | **1** | 0 | 0 | 0 |
| com.foo.proj.dto | **1** | **1** | **1** | 0 | **1** | **1** | 0 | 0 |
| com.foo.proj.pojo | **1** | **1** | **1** | 0 | **1** | **1** | 0 | 0 |

**그림 2.32**
레이어 설계의 DSM. 사선의 위와 아래에 강조된 셀은 허용되지 않는 의존성을 표시한다

― J.S와 P.M

## 2.5 관점 스타일

### 2.5.1 개요

관점 스타일<sup>aspect style</sup>은 횡단 관심사<sup>crosscutting concern</sup>를 담당하는 모듈을 아키텍처에서 분리하는 데 사용되는 모듈 스타일이다.

일반적인 소프트웨어 모듈을 구현할 때 업무 로직 코드는 횡단 관심사를 처리하는 코드와 서로 섞이게 된다. 예를 들어서 은행 자동화 시스템을 작성할 때 계좌, 고객, ATM과 같은 모듈이 있을 수 있다. 이상적이라면 계좌 모듈은 은행 계좌 업무 로직(계좌 개설 및 해지, 예금, 인출, 이체 등)을 처리하는 코드만 포함한다. 그러나 실제로는 접근 제어, 트랜잭션 관리, 로깅과 같은 횡단 관심사를 처리하는 코드를 추가해야한다.

관점 스타일은 횡단 기능을 담당하는 모듈이 하나 이상의 관점 뷰<sup>aspect view</sup>에 있어야 한다고 규정한다. 이들 모듈을 관점지향 프로그래밍<sup>AOP, Aspect-Oriented Programming</sup>에 의해 도입된 기술을 기반으로 하는 관점<sup>aspect</sup>이라고 한다. 관점 뷰는 횡단 기능을 필요로 하는 다른 모듈을 관점 모듈과 바인딩시키는 정보를 포함해야 한다.

관점 스타일은 구현에 AOP를 사용할 때 특별히 유용하다. 그러나 클래스 상속<sup>inheritance</sup>과 인터페이스<sup>interface</sup>, 매크로 삽입<sup>macro insertion</sup>, 의존성 주입<sup>dependency injection</sup>, 유틸리티 라이브러리<sup>utility library</sup> 또는 다른 방법을 사용하는 전통적인 방식으로 횡단 기능을 구현할 때도 적용할 수 있다. 횡단 관심사를 별도의 관점 모듈로 설계하고 구현하는 목적은 업무 도메인 기능을 처리하는 모듈의 변경용이성을 향상시키는 것이다.

### 2.5.2 요소, 관계, 속성

표 2.5는 관점 스타일의 특징을 요약한다. 관점 스타일의 요소는 관점 모듈<sup>aspect module</sup>이다. 2.5.1에서 설명한 바와 같이 관점은 AOP에서 도입된 모듈의 특별한 타입이다. 시스템의 다른 특정한 모듈에 영향을 미치는 횡단 코드를 포함한다.

보통 관점 스타일의 관계는 횡단하다<sup>crosscuts</sup>이다. 관점이 모듈에 영

공통성을 문서화하지 않았다면 구현을 끝낼 즈음에는 하나가 될 가능성이 없다.

– 파나스(D. L. Parnas)

이 장의 용어 설명 '관점지향 프로그래밍'을 참조한다.

향을 미치는 횡단 기능을 포함하고 있다면 관점은 모듈을 횡단한다. 관점은 일반 모듈과 같이 속성을 포함할 수 있다. 이와 함께 해당 관점이 어떤 대상 모듈에 영향을 미치는지를 서술하는 속성을 포함한다. AOP 용어로 이 속성을 포인트컷[pointcut] 명세라고 한다.

**표 2.5** 관섬 스타일 요약

| 개요 | 관점 스타일은 횡단 관심사를 구현하는 관점 모듈과 이들이 시스템의 다른 모듈에 어떻게 바인딩되는지를 보여준다. |
|---|---|
| 요소 | 관점(aspect): 횡단 관심사의 구현을 포함하는 특별한 모듈 |
| 관계 | 횡단하다(crosscuts): 관점 모듈과 해당 관점의 횡단 로직에 영향을 받는 모듈을 바인딩한다. |
| 제약사항 | • 관점은 하나 이상의 일반 모듈뿐만 아니라 관점 모듈과 횡단할 수 있다.<br>• 자신을 횡단하는 관점은 구현에 따라서 무한 반복을 야기시킬 수 있다. |
| 사용 | • 객체지향 설계에서 횡단 관심사 모델링<br>• 변경용이성을 향상시킴 |

### 2.5.3 관점 스타일 사용

관점 스타일은 횡단 관심사의 구현을 모델링하는 데 사용될 수 있다. 모듈성을 증가시키고 횡단 기능과 업무 도메인 기능이 썩이는 것을 방지함으로써 변경용이성을 향상시킨다.

### 2.5.4 관점 스타일 표기법

UML

UML이 관점에 대한 내장 모델 요소를 제공하지는 않지만, 관점 뷰를 표현할 수 있는 일반적인 방법이 있다. UML에서 관점 모듈은 그림 2.33과 같이 보통 클래스 다이어그램에 스테레오 타입을 갖는 클래스로 표현된다. 특별히 대상 구현 플랫폼이 AOP를 지원할 때 관점이 구조적으로는 클래스와 유사하기 때문에 스테레오 타입을 갖는 클래스로 관점 모듈을 보여주는 것이 좋다. 관점 모듈도 속성과 오퍼레이션을 포함할 수 있으며, 상속성 관계로 다른 관점을 확장시킬 수도 있다.

횡단하다[crosscuts] 관계는 관점으로부터 횡단하는 각 모듈로 가는 스테레오 타입을 갖는 의존성으로 표현될 수 있다. 그러나 이런 방법은 적절하지 않다. 정의상 관점은 횡단 기능을 제공하며, 따라서 너무 많은 모듈을 횡단할 수도 있기 때문이다. 관점 모듈과 각 횡단 모듈 사이의 선을 긋는 것은 복잡한 시스템에서 비현실적이며, 다이어그램을 복잡하게 만든다. 더 좋은 방법은 다이어그램에서 그냥 횡단하다가 관계를 생략하는 것이다. 대신에 관점 모듈에 (자연 언어로 또는 형식적인 구문으로) 주석을 달아서 이 관점이 어떤 모듈을 횡단하는지를 서술하는 것이다. 그림 2.34는 이러한 예를 보여준다. AOP를 구현할 때 개발자가 해당 관점에 대한 각 대상 클래스를 식별할 필요가 없기 때문에 다이어그램에 횡단하다 관계를 나타내지 않는 것이 좋다. 아키텍처 명세는 구현보다 더 상세하지 않아야 한다.

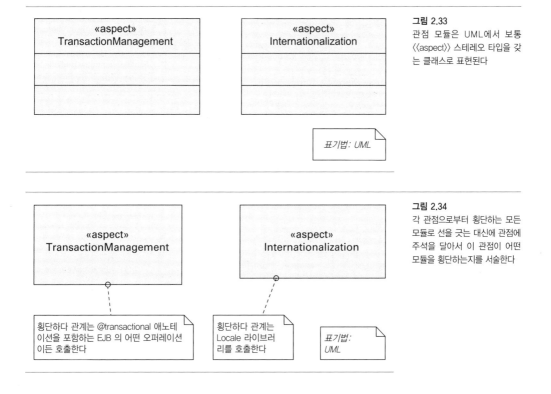

**그림 2.33**
관점 모듈은 UML에서 보통 ⟨⟨aspect⟩⟩ 스테레오 타입을 갖는 클래스로 표현된다

**그림 2.34**
각 관점으로부터 횡단하는 모든 모듈로 선을 긋는 대신에 관점에 주석을 달아서 이 관점이 어떤 모듈을 횡단하는지를 서술한다

### 2.5.5 다른 스타일과의 관계

일반적으로 관점은 상속성이 허용된다. 관점 스타일은 일반화 스타일 generalization style과 결합도와 관점의 계층도를 보여줄 수 있다.

### 2.5.6 관점 스타일 사례

그림 2.35는 IkeWiki라고 하는 애플리케이션의 관점 뷰에서 가져온 것이다. 설계에는 트랜잭션 관리, 예외 처리, 권한 검토, 아키텍처 제약사항 강화를 위한 관점 사용을 규정한다. 각 횡단하다crosscuts 관계의 선을 그리는 것은 비현실적이며, 따라서 아키텍트는 각 관점이 어떤 모듈을 횡단하는지를 간단하게 주석으로 표시했다.

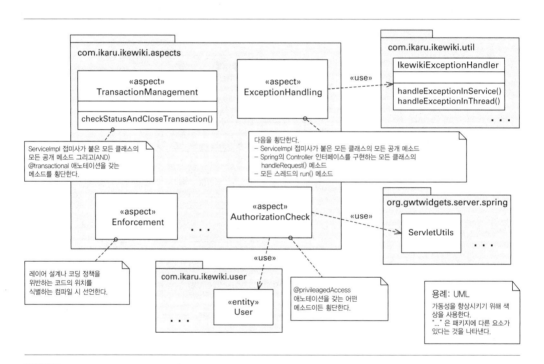

**그림 2.35**

ikeWiki 애플리케이션의 관점 뷰의 기본 프리젠테이션. 이 자바 EE 애플리케이션은 Spring 프레임워크와 구글 웹 툴킷으로 구현됐으며, 일부 횡단 관심사에 대해 관점을 사용한다. TransactionManagement 관점은 서버로부터 수신한 모든 요청이 트랜잭션을 닫고 데이터베이스 리소스를 적절하게 릴리스하도록 하며, 예외가 발생할 때 롤백을 수행한다. ExceptionHandling 관점은 데이터베이스에 에러를 로깅하고, 적용할 수 있다면 전자우편 통지를 보내고, 클라이언트 애플리케이션이 표시할 수 있도록 적절한 사용자 메시지로 예외를 감싸는 코드를 포함한다. 이 관점은 HTTP 요청을 처리하는 스레드나 진입점의 서버 측 클래스 안에 엮인다. AuthorizationCheck 관점은 현재 사용자가 특정한 메소드를 실행할 수 있는 권한을 갖고 있는지를 검사하는 데 사용된다. Enforcement 관점은 다른 것들과는 다르다. 이것은 정확하게 횡단 관심사를 구현하지 않지만, 컴파일 시에 소스 코드를 스캔해 레이어 설계의 위반 사항과 여러 코딩 정책의 위반 사항을 찾는다

### 용어 설명

## 관점지향 프로그래밍

관점지향 프로그래밍<sup>aspect-oriented programming</sup>은 객체지향 프로그래밍을 보완하고 횡단 관심사를 수월하게 구현할 수 있도록 하는 진보적인 구현 패러다임이다. 아마도 가장 유명한 AOP 패키지는 AspectJ일 것이다. 다른 구현으로는 Spring AOP, JBoss AOP, AspectC++, Aspect# 등이 있다.

은행 자동화 예가 일반적인 객체지향 언어를 사용해 구현된다고 하자. 솔루션에는 Account, Customer, Atm과 같은 클래스가 포함될 것이다. 이들 클래스에서 로깅이나 트랜잭션 관리와 같은 횡단 관심사를 처리하는 코드는 업무 로직 코드와 섞여 있어 이들 클래스를 유지보수하기 어렵게 한다. 게다가 Account 클래스에서 트랜잭션 관리를 처리하는 코드는 Customer와 Atm, 그리고 다른 클래스에서 같은 관심을 처리하는 코드와 동일하지는 않지만 아주 유사하다. 특정한 관심사에 대한 코드는 여러 클래스에 걸쳐 퍼져 있어서 이것이 변경용이성 문제를 야기시킨다. 가령 로깅에 사용되는 메소드의 시그니처를 변경할 필요가 있다고 하자. 그러면 로깅이 필요한 모든 클래스에 대응되는 코드를 변경시켜야 할 것이다. 전통적인 객체지향 애플리케이션에서 뒤섞인 코드와 산재된 코드는 그림 2.36에 추상적으로 표현돼 있다.

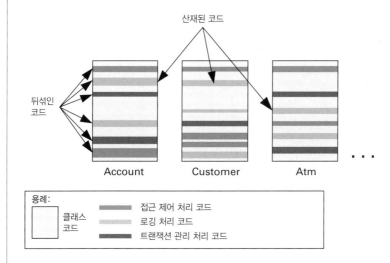

그림 2.36
은행 자동화 시스템의 전통적인 객체지향 구현은 업무 로직이 접근 제어, 로깅, 트랜잭션 관리와 같은 횡단 관심사를 처리하는 코드와 섞여 있다. 게다가 특정한 횡단 관심사를 처리하는 코드는 여러 클래스에 걸쳐 반복되며 산재돼 있다

AOP는 모듈성을 향상시키고, 뒤섞인 코드와 산재된 코드 문제를 해결하는 독창적인 해결 방안을 제공한다. 그림 2.37에서와 같이 횡단 코드는 클래스로부터 추출돼 관점이라고 하는 특별한 모듈에 둔다. 관점은 어드바이스$^{advice}$와 포인트컷$^{pointcut}$ 명세라고 하는 두 개의 중요한 부분을 갖는다. 어드바이스는 횡단 관심사 코드를 포함한다. 이들 코드는 AOP 컴파일러가 수행하는 엮기$^{weaving}$라는 과정을 통해서 (연결점$^{join\ point}$이라고 하는) 특정한 위치에 주입될 것이다. 포인트컷 명세는 대상 클래스에서 특정한 연결점 집합을 매핑하는 선언을 포함한다. 관점 코드에서 어드바이스는 포인트컷 명세와 연관돼 AOP 컴파일러가 각 어드바이스 코드를 정확하게 대상 클래스의 어느 위치에 주입할 것인지를 알 수 있도록 한다.

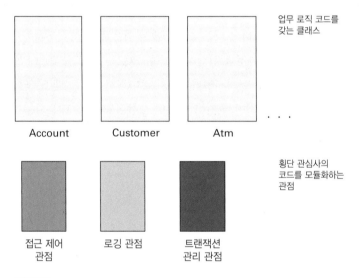

업무 로직 코드를 갖는 클래스

Account    Customer    Atm

횡단 관심사의 코드를 모듈화하는 관점

접근 제어 관점    로깅 관점    트랜잭션 관리 관점

**그림 2.37**
같은 은행 자동화 시스템의 관점지향 구현에서 클래스는 로깅, 접근 제어, 트랜잭션 관리와 다른 횡단 관심사에 해당하는 코드를 포함하지 않는다. 이제 이들 관심사를 처리하는 코드는 관점 모듈 안에 있다. Account, Customer, Atm과 같은 클래스는 업무 로직만 포함한다. AOP 컴파일러는 엮기(weaving) 과정을 사용해 관점 안에 있는 코드가 필요한 클래스의 위치에 끼워 넣는다

AOP는 더 큰 관점지향 소프트웨어 개발$^{AOSD,\ Aspect\text{-}Oriented\ Software\ Development}$ 운동의 프로그래밍 구성 요소로, 이 운동은 요구 엔지니어링과 설계, 테스팅을 포함한 모든 종류의 소프트웨어 활동에서 여분의 공통적인 작업을 배제시키려고 노력한다.

## 2.6  데이터 모델

### 2.6.1 개요

데이터 모델링<sup>data modeling</sup>은 정보 시스템의 소프트웨어 개발 프로세스에서 일반적인 활동이다. 이 활동의 결과는 데이터 모델<sup>data model</sup>로, 데이터 엔티티<sup>data entity</sup>와 이들의 관계<sup>relationship</sup>라는 관점에서 정적인 정보 구조를 서술한다. 예를 들어 은행 시스템에서 엔티티에는 일반적으로 계좌, 고객, 대출 등이 포함된다. 계좌는 계좌 번호, 유형(예금 또는 당좌), 현재 잔액과 같은 여러 속성을 갖는다. 관계는 하나의 고객이 하나 이상의 계좌를 가질 수 있으며, 하나의 계좌는 하나 또는 두 명의 고객과 관련된다는 것을 나타낼 수 있다. 데이터 모델은 보통 ERD<sup>Entity-Relationship Diagram</sup>나 UML 클래스 다이어그램에 그래픽으로 표현된다.

일반적으로 아키텍처 뷰의 첫 번째 시안은 그다지 자세하지 않다. 시간이 지나면서 설계 결정이 이루어질 때 뷰가 정교해지고, 아키텍트가 해당 아키텍처 뷰에 수집된 정보가 충분하다고 생각될 때까지 계속된다. 같은 작업이 데이터 모델에서도 이루어진다. 데이터 모델링은 예를 들어 관계형 데이터베이스 관리 시스템에 데이터가 저장되는 방법의 세부사항을 보여주는 모델 안에 해당 업무 도메인의 데이터 엔티티를 표시하는 상위 수준의 모델의 발전으로 확대된다. 결과적으로 조직 마다 서로 다른 데이터 모델 발전 단계에서 모델링과 문서화 노력에 집중한다. 따라서 때로는 조직이 이들 단계를 구별하기 위해 데이터 모델의 수식자를 사용한다. 수식자의 예는 다음과 같다.

- 개념적: 개념적 데이터 모델<sup>conceptual data model</sup>은 구현 세부사항을 추상화하고 문제 도메인에서 인식되는 것과 같은 엔티티와 관계에 집중한다. 그림 2.38은 개념적인 데이터 모델의 일부를 보여준다.
- 논리적: 논리적 데이터 모델<sup>logical data model</sup>은 개념적인 데이터 모델이 (관계형 데이터베이스와 같은) 데이터 관리 기술로 발전한 것이다. 일반적으로 이 모델의 주제는 정규화<sup>normalization</sup>다(2.6.2절 참조). 그림 2.39는 논리적 데이터 모델의 예를 보여준다.

**그림 2.38**
개념적 데이터 모델의 첫 번째
시안. 이것과 다음 두 다이어그
램은 다른 단계에서의 온라인
주문 처리 시스템의 일부다

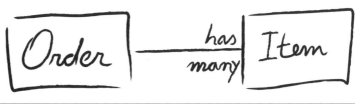

**그림 2.39**
그림 2.38의 개념적 데이터 모
델에서 발전한 논리적 데이터
모델

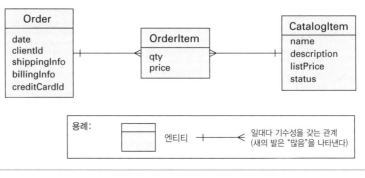

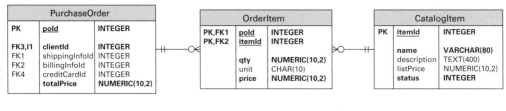

**그림 2.40**
그림 2.39의 논리적 데이터 모델에 구현 세부사항과 최적화를 추가함으로써 생성된 물리적 데이터 모델

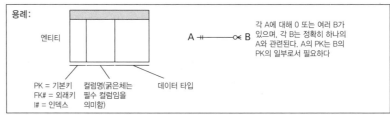

- 물리적: 물리적 데이터 모델physical data model은 데이터 엔티티의 구현
  에 관심을 갖는다. 엔티티를 분할 또는 병합, 데이터 중복, 식별 키
  와 인덱스 생성을 포함하는 최적화optimization를 포함한다. 예를 들어
  그림 2.40에서 totalPrice 컬럼은 성능 최적화를 위해 Order 엔티

티에 추가됐을 것이다. 합계 금액은 전체 주문 항목을 읽어서 금액을 더하면 얻을 수 있기 때문이다.

초기 단계에서 아키텍처 문서는 핵심 엔티티와 중요한 관계를 갖는 데이터 모델을 포함한다. 나중이 이 초기 모델은 데이터 관리자가 승인한 상세 모델로 대체된다.

## 2.6.2 요소, 관계, 속성

표 2.6은 데이터 모델 스타일의 특징을 요약한다.

데이터 모델에서 요소를 데이터 엔티티[data entity] 또는 엔티티[entity]라고 한다. 시스템에 저장되고 표현되는 정보를 포함하는 구별할 수 있는 객체는 엔티티가 될 수 있다.

이 장의 용어 설명 '엔티티'를 참조한다.

**표 2.6** 데이터 모델 스타일 요약

| 개요 | 데이터 모델은 데이터 엔티티와 이들 사이의 관계 구조를 기술한다. |
|---|---|
| 요소 | 데이터 엔티티(data entity): 시스템에 저장되거나 표현될 필요가 있는 정보를 포함하는 객체. 속성에는 이름, 데이터 속성, 기본키, 사용자 엔티티 접근 허용 규칙을 포함한다. |
| 관계 | . 일대일(one-to-one), 일대다(one-to-many), 다대다(many-to-many) 관계: 데이터 실체 사이의 논리적인 연관<br>. 일반화(generalization)/특수화(specialization): 실체 사이의 일종이다(is-a) 관계<br>. 집계(aggregation): 집계 엔티티로 관계 전환 |
| 제약사항 | 기능적인 종속성(functional dependency)을 피해야 한다. |
| 사용 | . 시스템에서 사용되는 데이터의 구조를 기술한다.<br>. 데이터 모델의 변경에 대한 영향 분석(확장성 분석)을 수행한다.<br>. 중복성(redundancy)과 비일관성(inconsistency)을 피함으로써 데이터 품질을 강화한다.<br>. 데이터에 접근하는 모듈 구현을 가이드한다. |

엔티티의 속성은 다음과 같다.

- 엔티티 이름
- 엔티티의 의미와 중요성 설명
- 엔티티의 데이터 속성 목록: 예를 들어, 자동차 엔티티는 년식, 제조사, 모델, 주행거리, 가격, 면허 속성을 가질 수 있다. 각 속성은 데이

터 타입과 크기, 필수 속성인지 여부와 같은 속성을 가질 수 있다.

- 엔티티를 고유하게 식별하는 데 사용되는 속성(또는 속성들)(즉, 기본키)
- 약한 엔티티 여부: 약한 엔티티weak entity는 의존적 엔티티dependent entity라고도 하며, 다른 엔티티의 존재에 의존적이다. 예를 들어 그림 2.40에서 OrderItem은 PurchaseOrder가 필요하다.
- 개별 또는 결합된 속성 값의 제약사항constraint과 불변사항invariant: 예를 들어, '귀국 일자는 출국 일자보다 먼저 올 수 없다.'
- 사용자 또는 사용자 그룹가 엔티티에 접근하는 것을 승인하는 데 사용되는 규칙
- 엔티티 인스턴스 예상 개수와 증가율

물리적인 데이터 모델과 관련되고, 데이터 모델의 대상 구현 플랫폼에 특정한 속성이 있다. 이들 속성의 예는 다음과 같다.

- 접근 시간을 최적화하기 위해 인덱스돼야 하는 속성 목록
- 암호화되거나 압축돼야 하는 속성 목록
- 엔티티가 테이블table 대신에 데이터베이스 뷰가 돼야 하는지 여부: 뷰는 하나 이상의 테이블에 대해 SQL 질의 명령으로 정의되는 가상적인 테이블이다.
- 엔티티가 구체화 뷰materialized view가 돼야 하는지 여부: 구체화 뷰가 마스터 테이블mater table에서 복사된 데이터의 서브 집합을 저장하는 테이베이스 테이블로서 구현될 것이라는 것을 의미한다. 일반 뷰와 같이 서브 집합은 질의 명령에 의해 정의된다.
- 해당 엔티티에 구현될 데이터베이스 트리거trigger 목록: 트리거는 데이터가 추가, 갱신, 삭제될 때 데이터베이스 관리 시스템이 자동적으로 실행하는 특별한 프로시저procedure다.

데이터 모델의 3가지 유형의 관계는 다음과 같다.

- 관계relationship: 엔티티 사이의 논리적인 연관을 지정하는 데 사용된다. 보통 참여하는 엔티티의 기수성cardinality, 즉 일대일, 일대다, 다대다로 한정된다. 이와 함께 관계는 식별identifying과 비식

별<sup>nonidentifying</sup>로 구분될 수 있다. A로부터 B로 식별 관계<sup>identifying</sup> relationship은 B의 존재가 A의 존재에 의존한다는 것을 의미한다. 즉, B의 기본키가 A의 기본키를 포함한다.

- 일반화<sup>generalization</sup>/특수화<sup>specialization</sup>: 엔티티 사이의 일종이다<sup>is-a</sup> 관계를 나타낸다. 예를 들어 보험 엔티티는 여러 종류의 보험의 일반화다. 동시에 자동차 보험과 주택 보험 엔티티는 보험 엔티티의 특수화다.

- 집계<sup>aggregation</sup>: 엔티티 사이의 관계를 집계 엔티티<sup>aggregate entity</sup>로 전환하는 추상화(스미스와 스미스, 1977). 예를 들어 환자, 내과 의사, 날짜는 예약이라고 하는 집계 엔티티로 추상화될 수 있다. 실제로 이 관계는 거의 사용되지 않는다.

개념적으로 데이터 모델의 관계에 관련된 위상적인 제약사항은 없다. 그러나 데이터베이스 정규화<sup>normalization</sup> 기법은 엔티티 속성 사이의 의존성을 기반으로 한 데이터 모델에 제약을 부과한다. 정규화는 데이터 일관성<sup>consistency</sup>, 즉 무결성<sup>integrity</sup>을 보호하기 위해 정보의 중복을 피하기 위해 데이터 관리자가 사용한다. 그림 2.41과 2.42는 정규화의 예를 보여준다.

정규화 기법과 다양한 정규형(normal form)의 설명은 데이트(C. J. Date)의 고전적인 책 『데이터 시스템』(홍릉과학출판사, 2002)을 참조한다.

| EmpId | Name | Position | ProjNo | ProjDesc | Start | End |
|---|---|---|---|---|---|---|
| 100 | Simpson | Analyst | 23 | DB design | Apr-02 | Jul-02 |
| 140 | Beeton | Technician | 14 | Network cabling | Sep-02 | Oct-02 |
| 160 | Davis | Technician | 14 | Network cabling | Sep-02 | Nov-02 |
| | | | 36 | Network testing | Nov-02 | Dec-02 |
| 190 | Berger | DBA | 45 | Physical design | Aug-02 | Nov-02 |
| | | | 48 | Space allocation | Nov-02 | Dec-02 |
| 100 | Simpson | Analyst | 25 | Reports | Oct-02 | Nov-02 |
| 110 | Covino | Analyst | 31 | Forms | Mar-02 | May-02 |
| | | | 25 | Reports | May-02 | Jul-02 |
| 120 | Brown | Analyst | 11 | Order entry | Jul-02 | Sep-02 |
| 180 | Smith | Programmer | 31 | Forms | Sep-02 | Nov-02 |
| | | | 25 | Reports | May-02 | Jul-02 |
| 200 | Rogers | Programmer | 11 | Order entry | Sep-02 | Oct-02 |
| | | | 12 | Inventory control | Oct-02 | Dec-02 |
| | | | 13 | Invoicing | Nov-02 | Dec-02 |
| 100 | Simpson | Analyst | 31 | Forms | Aug-02 | Oct-02 |
| 130 | Clemens | Analyst | 23 | DB design | Apr-02 | Jun-02 |

ProjectAssignment

| PK | EmpId | INTEGER |
|---|---|---|
| PK | ProjNo | INTEGER |
| | Name | VARCHAR(80) |
| | Position | VARCHAR(80) |
| | ProjDesc | VARCHAR(80) |
| | Start | DATETIME |
| | End | DATETIME |

**그림 2.41**
샘플 데이터와 함께 정규화 이전의 ProjectAssignment 엔티티(Ponniah 2007에서 따옴). 프로젝트 관리 할당을 유일하게 식별하는 속성(즉, 기본키)은 Empid와 ProjNo다

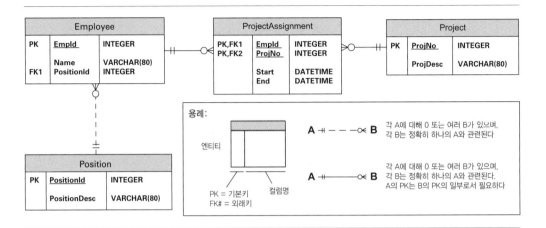

**그림 2.42**
정규화 이후의 ProjectAssignment 데이터 모델. 정규화 규칙 중 하나는 키가 아닌 속성은 전체 기본 키에만 기능적인 의존성(functional dependency)을 가져야 한다는 것이다. ProjDesc 속성은 전체 기본키가 아닌 ProjNo와 기능적인 의존성을 갖는다. 이것을 포함해 다른 정규화 규칙 위반이 수정된 후의 데이터 모델 다이어그램이다

### 2.6.3 데이터 모델 사용

데이터 모델은 도메인 분석과 요구 도출 동안에 이해당사자 의사소통을 쉽게 한다. 그러나 가장 먼저, 데이터 모델은 예를 들어 관계형 데이터베이스에 데이터 엔티티를 구현하기 위한 청사진이다.

또한 면밀하게 생성된 데이터 모델은 소프트웨어 시스템에서 성능 요구를 달성할 수 있도록 한다. 데이터 중심적인 애플리케이션에서 데이터에 접근은 보통 사용자 요구를 처리하는 시간의 대부분을 차지한다. 아키텍트와 데이터 관리자는 어떤 종류의 데이터 접근 오퍼레이션이 시스템에 좀 더 중요한지, 그리고 이들의 성능 요구는 어떤 것인지를 이해해야 한다. 이들 요구에 주도돼 비정규화<sup>denormalization</sup>와 최적화, 그리고 다른 설계 결정이 시스템의 성능 향상을 목표로 데이터 모델에 적용된다. 이들 설계 결정의 예에는 다음 사항이 포함된다.

- 두 엔티티를 병합해 질의에서 값비싼 외부 조인<sup>outer join</sup> 또는 유니언<sup>union</sup> 연산을 피하도록 하는 것
- 파생 속성<sup>derived attribute</sup>을 추가해 파생 값을 구하기 위해 전체 데이터 테이블을 훑어야 하지 않도록 하는 것

- 질의에서 자주 매개변수로 사용되는 속성에 인덱스$^{index}$를 생성하는 것
- 특정한 엔티티에 (테이블 로우 또는 페이지와 같은) 입자성$^{granularity}$과 (낙천적$^{optimistic}$과 같은) 잠금$^{locking}$ 타입을 변경해 다툼$^{contention}$과 교착상태$^{deadlock}$를 피하도록 하는 것

소프트웨어 시스템이 구현된 후에 데이터 모델이 신중하게 생성됐을 때조차도 데이터 접근 오퍼레이션에서 성능 병목 현상이 발견되는 것이 일반적이다. 이러한 병목 현상을 제거하기 위해서 다시 한 번 질의 최적화$^{query\ optimization}$라고 하는 작업을 하는 것이 데이터 모델에 도움이 된다.

정보 시스템에서 데이터 모델은 변경용이성 분석에 중요한 입력이 된다. 시스템에 요구되는 변경의 영향을 분석하기 위해서 전적으로 코드 구조만 살펴볼 수는 없다. 데이터 모델을 변경해야만 하는 경우가 많으며, 따라서 데이터 모델의 물리적인 구현을 변경해야 한다. 데이터 모델을 변경하는 것은 비용이 많이 든다. 같은 데이터를 공유하는 여러 애플리케이션의 코드를 변경시켜야 할 수도 있기 때문이다. (예를 들어, 고객의 생일을 요구하는) 엔티티의 특정한 속성을 필수로 만든 것과 같은 단순한 변경도 이 정보를 생성하거나 갱신하도록 하기 위해 모든 화면과 기능을 변경해야 할 수도 있다. 애플리케이션의 버전 관리와 재배포도 데이터 모델이 변경될 때는 더 복잡해진다. 게다가 레거시 시스템의 데이터 모델을 병합하는 것과 같은 더 큰 데이터 모델 변경 또한 데이터 자체를 고치기 위해서는 ETL$^{extract,\ transform,\ load}$ 오퍼레이션의 구현이 필요하다. 물론 데이터 웨어하우스 프로젝트와 업무 제휴(예를 들어, 항공사는 자동차 렌탈 회사와 데이터를 공유할 필요가 있다)에 필요한 데이터 스키마$^{schema}$ 통합에 데이터 모델은 중요하다.

데이터 모델은 점증적 개발 계획, 향후 확장 및 정보 시스템 사이의 데이터 통합을 완전히 이해해 이상적으로 생성돼야 하는 아키텍처 뷰다. 데이터는 가치 있는 자산이기 때문에, 데이터 무결성$^{data\ integrity}$을 강화하기 위해서는 기업 데이터 모델과 데이터 관리 그룹이 필요하다. 새

데이터 무결성은 시스템의 모든 애플리케이션에 공유되는 데이터의 일관성과 정확성을 가리킨다.

로운 시스템이 매출 정보를 가져와야 할 필요가 있다면 기업 데이터 모델은 이미 그 정보를 갖고 있을 것이다. 새로운 시스템의 아키텍트는 매출 정보를 저장하고 있는 데이터 엔티티를 알 필요가 없을 수도 있다. 그러나 데이터 관리자는 데이터베이스에 새로운 엔티티를 생성하는 대신에 이들 엔티티를 가르쳐줄 수 있고, 또 그래야 한다. 다른 여분의 데이터는 나쁜 데이터 품질의 원인이 된다.

데이터 모델을 기반으로 데이터 모델링 도구는 물리적인 데이터베이스를 생성하는 스크립트를 생성할 수 있다. 또한 일부 도구는 데이터 테이블에 접근하는 애플리케이션 코드와 데이터를 저장할 클래스, 최종 사용자가 데이터를 입력하는 폼form, 메시지 스키마, 그리고 간단한 보고서도 생성할 수 있다.

마지막으로 데이터 모델은 애플리케이션 개발자가 데이터베이스에 접근하는 코드를 작성할 수 있도록 도와준다. 테이블 생성 명령 또는 데이터베이스 관리 시스템 사전을 살펴보는 것보다는 ERDentity-relationship diagram를 이해하는 것이 더 쉽다.

### 2.6.4 데이터 모델 스타일 표기법

데이터 모델은 다음과 같은 형식적 또는 준형식적 시각적인 표기법을 사용해 그래픽으로 서술될 수 있다.

- 피터 첸Peter Chen의 엔티티-관계 다이어그램 표기법(첸, 1976)
- 새의 발 엔티티-관계 다이어그램 표기법
- IDEFIX
- UML 클래스 다이어그램

앞의 세 가지 표기법은 ERD 변형이고, 마지막은 UML의 ERD 대안이다. 새의 발과 UML 클래스 다이어그램이 업계에서보다 광범위하게 사용되며, 도구에서 더 일반적으로 지원한다.

### 새의 발 ERD 표기법

가장 많이 사용되는 ERD의 관계 표기법 중 하나는 기수성cardinality을 나타내기 위해 양쪽에 특별한 기술을 갖는 선을 사용한다. 이들 기호로는 대시(1을 의미함)와 고리(0을 의미함), 그리고 새의 발(많음을 의미함)이 사용된다. 새의 발 ERD 표기법은 1980년대에 리차드 바커<sup>Richard</sup> <sup>Barker</sup>(1990)에 의해 처음 사용됐으며, 제임스 마틴<sup>James Martin</sup>과 클라이브 핀켈슈타인<sup>Clive Finkelstein</sup>(1981)이 개발한 정보 공학<sup>information engineering</sup> 접근 방법에서도 사용됐다. 오늘날 도구에서 사용되는 기호는 바커의 원래 표기법과 정보 공학 표기법에서 약간 변형된 것이다. 그림 2.43은 하나의 예를 보여준다.

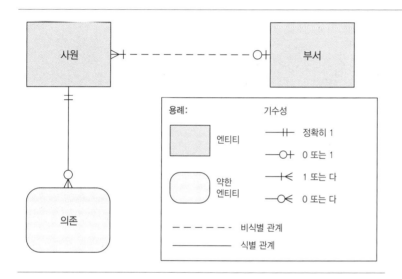

**그림 2.43**
새의 발 ERD 표기법을 사용한 인사 시스템의 (단순화된) 데이터 모델

## UML

데이터 모델을 UML 클래스 다이어그램으로 표현할 수 있다. 클래스는 데이터 엔티티에 대응된다. 속성 구역에는 엔티티 속성을 두고, 오퍼레이션 구역은 비워둔다. UML 관계는 엔티티 사이의 관계를 표현하며, 연관 선 양쪽 끝에 보이는 다수성 간격(예를 들어 "1...*")은 관계의 기수성을 나타낸다. 그림 2.44는 하나의 예를 보여준다.

UML은 원래 데이터 모델링이 아니라 객체지향 모델링을 위해 만들어졌다. 따라서 기본키, 약한 엔티티 또는 외래키를 나타내는 내장 메커니즘을 제공하지 않는다. 이와 함께 클래스 다이어그램은 ERD보다

OMG(Object Management Group)는 엔티티–관계 모델링용 UML 2 프로파일을 포함하는 정보 관리 메타 모델의 명세시안을 제공한다. omgwiki.org/imm에서 구할 수 있다.

더 유연하다. 예를 들어 주문 클래스는 속성으로 주문항목 목록을 포함할 수 있지만, ERD에서 주문항목은 별도의 엔티티여야 한다. UML 클래스 다이어그램을 ERD 대안으로 사용하기 위해서는 몇 가지 제약사항이 필요하다.

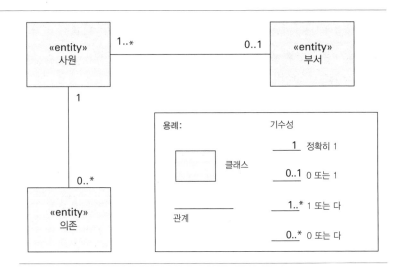

**그림 2.44**
UML 클래스 다이어그램으로 표현된 인사 시스템의 (단순화된) 데이터 모델

### 2.6.5 다른 스타일과의 관계

데이터 모델에서 엔티티는 다른 모듈 뷰, 특별히 데이터의 인-메모리in-memory 표현을 포함하는 모듈과 내적으로 연결된다. 관계형 데이터베이스를 사용해 데이터를 저장하는 객체지향 시스템에서는 일반적으로 지속성을 갖는 엔티티에 대응되는 클래스를 식별한다. 매핑이 항상 일대일인 것은 아니다. 관계형 패러다임이 기본적으로 객체지향 패러다임과 다르기 때문이다. 이 문제를 객체-관계 임피던스 불일치object-relational impedance mismatch(앰버Ambler, 2006)라고 하며, 객체-관계 매핑ORM, object-relational mapping 도구와 자바용 Hibernate와 마이크로소프트 .NET LLBLGen과 같은 프레임워크를 사용해 해결한다.

아키텍트는 (모듈 뷰의) 어떤 모듈, (컴포넌트-커넥터 뷰의) 어떤 컴포넌트 또는 어떤 기능 요구가 어떤 데이터 엔티티를 사용하는지를 나타내는 것이 유용하다는 것을 발견할 수도 있다. 이러한 데이터 모델과 다른 뷰의 매핑을 10.2절에서 설명하는 것처럼 표로 기록할 수 있다. 게다가 아키텍트는 각 요소가 각 데이터 엔티티로부터 데이터를 생성, 조회, 갱신, 삭제(CRUD<sup>create, read, update, delete</sup>라고 함)하는지 여부를 표시할 수 있다. 이러한 일반적인 매핑을 CRUD 매트릭스로 표현될 수 있다.

뷰 사이의 매핑은 10.2절에서 설명한다.

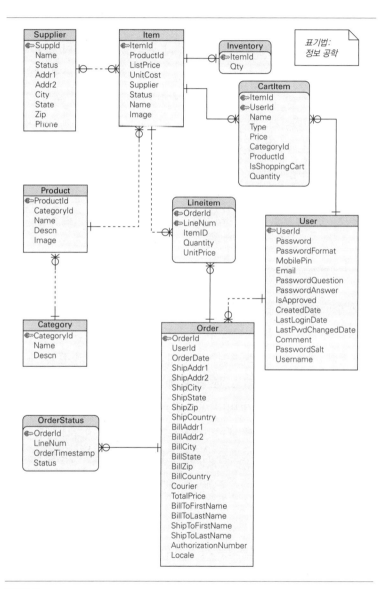

그림 2.45
정보 공학 새의 발 ERD 표기법을 사용한 애완샵 애플리케이션의 데이터 모델

---

**용어 설명**

## 엔티티

데이터 모델 스타일의 요소는 데이터 엔티티다. 또는 대부분의 데이터 관리자와 개발자들은 엔티티라고 부른다. 엔티티-관계 모델을 제안한 원래 논문은 초기에 순전히 개념적인 방식으로 엔티티를 설명했다. 엔티티는 분명하게 식별될 수 있는 '사물'이다(첸, 1976). 논문에서 저자는 끝부분에 실제적인 경고를 덧붙였다. "지금부터 우리는 데이터베이스 설계에 들어와야 하는 엔티티와 관계(그리고 이들에 관한 정보)만 고려할 것이다." 따라서 엔티티는 자동차와 사람, 이벤트, 회사 등과 같은 실세계에 있는 어떤 객체에 관련될 수 있다. 그러나 실제적인 이유로 일반적인 데이터 모델링에서는 소프트웨어 시스템에 적절하며, 따라서 시스템, 아마도 데이터베이스에 표현될 엔티티와 각 속성에만 관심을 갖는다. 소프트웨어 아키텍처 문서화 컨텍스트에서도 같다. 엄격하게 말하면 엔티티는 엔티티 집합$^{entity\ set}$ 또는 엔티티 타입$^{entity\ type}$의 특별한 인스턴스$^{instance}$다. 예를 들어 지구는 행성이라는 엔티티 집합의 엔티티다. 간단하게 대부분의 사람은 이것을 구별하지 않으며 엔티티 집합을 엔티티라고 한다.

---

공유 데이터 스타일에 대해서는 4.5.1절에서 다룬다.

배포 스타일에 대해서는 5.2절에서 다룬다.

데이터 모델은 데이터 엔티티의 구조와 관계를 서술하며, 일반적으로 오라클$^{Oracle}$ 데이터베이스와 같은 공유 데이터 저장소 컴포넌트에 배포된다. 데이터 저장소는 보통 아키텍처의 공유 데이터 뷰에 이것에 접근하는 다른 런타임 컴포넌트와 함께 표현된다. 또한 일반적으로 배포 뷰로 데이터 저장소가 어떤 머신에 배포되는가를 보여준다. 특별히 솔루션이 분산 또는 복제 데이터베이스를 사용할 때 데이터 모델의 엔티티를 다른 데이터 저장소와 각각의 머신에 매핑되는 정보를 문서화하는 것이 유용하다.

### 2.6.6 데이터 모델 사례

그림 2.45는 마이크로소프트 .NET 애완샵 애플리케이션(마이크로소프트 2002)에서 가져와 재구조화한 데이터 모델을 보여준다. 이 애플리케이션을 애완용품의 카탈로그를 보여주고 등록된 웹 사용자로부터 주문을 받는 웹 스토어다. 데이터는 관계형 데이터베이스에 저장된다. 대부

분의 기능은 데이터 모델에 표현된 데이터를 조회하고 생성 또는 갱신
하는 것으로 구성된다.

## 2.7 요약 체크리스트

- 분할 뷰는 책임을 모듈과 서브 모듈에 할당하는 방법을 보여준다.
- 사용 뷰는 모듈이 서로 의존하는 방법을 보여준다. 이 뷰는 점증적
  개발을 달성하게 하며, 변경 영향 분석을 수행하는 데 특히 적당
  하다.
- 일반화 뷰는 모듈이 다른 것의 일반화 또는 특수화가 되는 방법을
  보여줌으로써 연관시킨다. 이 뷰는 객체지향 시스템에서 폭넓게 사
  용되며, 상속성이 모듈 사이의 공통성을 나타낼 때 사용된다.
- 레이어 뷰는 밀집성이 있는 책임을 제공하는 모듈의 그룹으로 시스
  템을 분할한다. 이들 그룹을 레이어라고 하며, 단방향의 사용-허용
  하다 관계로 서로 관계한다. 레이어 설계는 시스템이 이식성과 변
  경용이성을 달성할 수 있게 한다.
- 관점 뷰는 횡단 관심사를 담당하는 관점이라고 하는 특별한 모듈을
  보여준다. 이 뷰는 시스템의 구현이 AOP를 사용한다면 특별히 유
  용하다.
- 데이터 모델 뷰는 데이터 엔티티와 관계라는 관점에서 시스템에서
  사용되는 데이터의 구조를 서술한다. 데이터 중심적인 시스템에서
  구현을 가이드하고, 성능과 변경용이성을 향상시킬 수 있게 한다.

## 2.8 생각해볼 문제

1. 레이어 뷰를 사용해 서술할 수 있는 시스템을 생각할 수 있는가? 시
   스템이 레이어가 아니라면 사용-허용하다 관계를 어떻게 표현할
   수 있을까?
2. UML 클래스 다이어그램이 이 장에 제시된 스타일과 어떻게 관련
   되는가? 해당 다이어그램이 분할, 사용, 일반화 또는 다른 조합을

보여주는가?

3. 우리는 상속성이란 용어가 갖고 있는 여러 가지 의미를 피하기 위해 일반화란 용어를 신중하게 선택했다. 이들 의미 중 두세 개를 찾아서 비교해보고, 각각이 왜 일반화의 타입인가를 논의한다(힌트: 부치와 럼버그 책에서 각각을 찾아보기 바란다).

4. 여러분의 시스템이 COTS^Commercial Off-The-Shelf 소프트웨어 모듈을 포함한다고 하자. 어떤 모듈 뷰에 보여줄 것인가? 왜 그런가?

5. 데이터베이스를 포함하지 않을 시스템에 대해 엔티티-관계 표기법을 사용해 데이터 모델을 생성할 것인가? 어떤 상황에서 그런가? 왜 그런가?

6. 횡단 관심사가 AOP 구성체를 사용하지 않고 객체지향 시스템에서 구현됐다. 구현이 AOP를 사용하지 않는다면 시스템의 관점 뷰를 생성할 것인가? 이 경우에 설계에서 관점 모듈을 사용할 것인가?

7. 그림 2.46에서 두 개의 레이어 다이어그램은 실제 시스템에서 가져온 것이다. 첫 번째는 ECMA '토스터 모델^toaster model'이라고 하며, 플러그인될 수 있는 도구의 슬롯을 갖고 있다. 두 번째는 OSGi 프레임워크의 레이어 아키텍처다. 이들 다이어그램에서 사용-허용하다 관계를 어떻게 표현하는가? 어떻게 각 다이어그램에 용례를 생성해 표기법에서의 모호성을 제거할 것인가?

**그림 2.46**
ECMA 토스터 모델(왼쪽)과 OSGi 프레임워크 레이어 설계 (오른쪽)

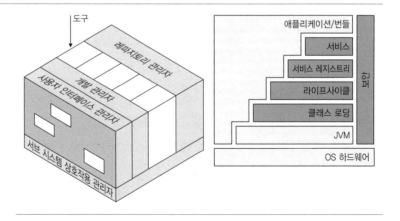

## 2.9 더 읽을거리

이번 장에서 대부분의 스타일은 소프트웨어 엔지니어링 문헌의 연감에 기초 논문으로 나오는 것이다. 규율의 기원에 관심이 있는 아키텍트는 이들의 단순성과 목적성에서 원래의 참신한 생각을 찾을 수 있다. 이들 논문은 정확한 대답을 얻기보다는 컴퓨터 프로그램에 더 많이 있는 혁명적인 생각을 표현한다. 또한 프로그램을 어떻게 구조화하는가도 중요하다.

1968년에 에츠허르 데이크스트라는 우리에게 레이어 개념을 제공하는 운영체제를 추상적인 가상 머신으로 설계하는 것에 관한 책을 썼다(데이크스트라, 1968). 데이비드 파나스는 처리 단계가 아니라 변경가능성을 기반으로 시스템을 모듈로 분할해 아주 손쉽게 변경할 수 있는 시스템을 만들어내는 방법을 보여주었다(파나스, 1972). 또한 파나스는 사용하다 관계를 도입하고, 이것으로 확장하거나 점증적으로 개발하기 쉬운 소프트웨어를 만들어내는 방법을 보여주었다(파나스와 웨이스, 1979).

1960년대에 객체, 상속성, 동적 바인딩을 포함한 기본적인 객체지향 프로그래밍 개념이 오슬로에 있는 노르웨이 컴퓨팅 센터[Norwegian Computing Center]의 올레 요한 달[Ole-Johan Dahl]과 크리스텐 니가드[Kristen Nygaard]에 의해 고안됐다(니가드와 달, 1981). 이 개념은 Simula-67 프로그래밍 언어에 도입됐지만, 그 자체는 많이 사용되지 않았고 다만 Smalltalk와 C++와 같은 유명한 객체지향 프로그래밍 언어가 발전하는 데 기초가 됐다. 1986-1987년에 앨런 스나이더[Alan Snyder]와 바르나라 리스코프[Barnara Liskov]가 각각 발표한 두 개의 아주 영향력 있는 논문이 따로 떨어져 있던 두 개의 개념, 즉 상속성과 캡슐화를 묶어놓았다(스나이더 1986, 리스코프 1987). 특별히 리스코프는 객체의 추상화를 위반하는 원칙 없는 상속성이 문제가 된다고 설득력 있게 주장했다. 이들 사이에서 이들은 객체지향 커뮤니티를 현재의 방향으로 이끌었다.

1980년에 미국 해군에서 소프트웨어 공학 시범 프로젝트로 진행한 A-7E 항공전자제어 시스템에서는 별도의 아키텍처 구조를 활용하는 데 특별한 관심을 기울였다. 이 사례 연구는 베이스와 클레멘츠, 카즈만(2003)[8]의 책에서 제시돼 있다. 이 예제에서는 (정보 감추기를 기준으로 사용하는[파나스와 클레멘츠, 웨이스, 2001]) 분할과 레이어, 사용하다를 사용해, 사용하다 관계로부터 서브 집합이 구축되는 방법을 보여준다.

UML 언어와 표기법에 대한 권위 있는 출처는 OMG[Object Management Group]에서 발표한 명세(OMG 2009)이며, 이 책을 쓰는 시점에서는 2.2 버전이다. 그러나 훨씬 잘 요약돼 있는 많은 UML 책들이 있다. 참조할 만한 두 책은 부치와 럼버그, 제이콥슨의 『THE UML USER GUIDE: UML 실전 활용 테크닉』(케이앤피IT, 2010)과 마틴 파울러[Martin Fowler]의 『UML Distilled』(홍릉과학출판사, 2005)다. UML 클래스 패키지, 그리고 이들의 관계는 특별히 모듈 타입에 적당하다.

관점지향 프로그래밍에 관한 영향력이 있는 논문은 Xerox PARC의 그레고르 킥잘레스[Gregor Kiczales]와 그의 동료가 발표한 것(킥잘레스 외, 1997)이다. 이 논문은 나중에 AspectJ와 다른 AOP 언어를 생성하는 데 사용되는 개념과 용어를 설명한다. 램니 바스라다드[Ramnivas Laddad](2008)가 쓴 책의 두 번째 판은 AspectJ의 훌륭한 가이드가 되고, AOP의 좋은 개요를 제공한다. 최근에 도메인 분석과 요구 엔지니어링, 그리고 소프트웨어 아키텍처 분야에서 관점지향을 연구하고 있다. 소프트웨어 개발의 초기 단계에서 관점 사용에 관한 자료는 early-aspects.net에서 찾을 수 있다.

데이터 모델링은 잘 확립된 규율이다. 엔티티-관계 모델링은 원래 피터 첸(1976)에 의해 제안됐다. 첸의 원래 논문과 함께 데이트[C. J. Date](2003)의 책이 1975년에 초판이 발행된 이래 관계형 이론과 정규화, 데이터 모델링의 중요한 참고서가 됐다.

---

8  2003년에 출간된 『Software Architecture in Practice』 2판에 있다. 2013년에 출간된 3판에는 이 예제가 없다. 이 외에도 2판의 사례 연구 영문판 PDF는 http://www.informit.com/store/software-architecture-in-practice-9780321815736에서 다운로드할 수 있다. – 옮긴이

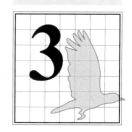

# 컴포넌트-커넥터 뷰

이번 장에서는 컴포넌트-커넥터[C&C, Component-and-Connector] 뷰의 다음과 같은 관점을 살펴본다.

- 요소, 관계, 속성
- 목적
- 표기법
- 다른 뷰와의 관계

## 3.1 개요

이번 장에서는 가장 일반적인 형식으로 C&C 뷰에 대해 논의하며, C&C 뷰를 표현한 표기법에 대해서 살펴본다. 4장에서는 몇 가지 중요한 C&C 스타일을 살펴보게 될 것이다.

C&C 뷰는 프로세스와 객체, 클라이언트, 서버, 데이터 저장소와 같은 몇 가지 런타임 존재를 갖는 요소를 보여준다. 이들 요소를 컴포넌트[component]라고 한다. 이와 함께 통신 연결과 프로토콜, 정보 흐름, 공유 저장소 접근과 같은 상호작용 경로를 요소로 포함한다. 이러한 상호작용을 C&C뷰에서는 커넥터[connector]로 표현된다.

컴포넌트-커넥터 뷰는 실제로 도처에 있다. 이 뷰를 표현하는 상자와 선 다이어그램은 보통 시스템의 아키텍처의 기초적인 처음 설명을 그래픽 방식으로 표현한 것이다. 그러나 비형식적인 C&C 뷰는 오해하기 쉬우며, 모호하고 비일관적이다. 몇 가지 문제점은 시각적인 문서화의 일반적인 함정으로, 이 책에서 설명하는 어떤 뷰 타입에든 동일하게 적용된다. 컴포넌트와 커넥터를 시스템의 실행 구조를 표현하는 데 사용하기 때문에 발생하는 문제도 있다. 이번 장에서는 C&C 뷰를 문서화하는 가이드라인을 제공하며, 몇 가지 함정을 강조한다.

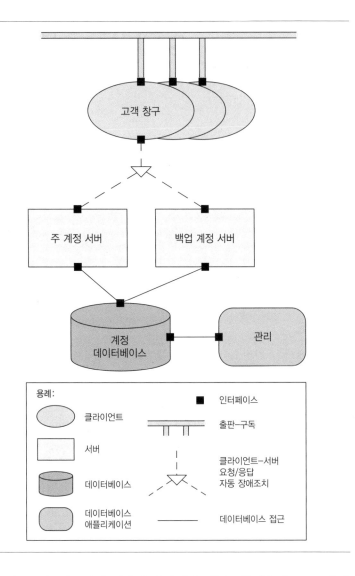

**그림 3.1**
런타임에 나타나는 시스템 개관. 이 시스템은 서버와 관리 컴포넌트에서 접근하는 공유 레파지토리를 포함한다. 고객 창구들은 계정 서버와 상호작용할 수 있으며, 출판–구독 커넥터를 통해서 커뮤니케이션한다

그림 3.1은 시스템의 런타임 아키텍처<sup>runtime architecture</sup>의 C&C 뷰의 기본 프리젠테이션을 보여준다. 이 다이어그램(그리고 다이어그램을 설명하는 문서)이 무엇을 전달하고자 하는가? 이것은 런타임에 나타나는

시스템의 그림을 보여준다. 시스템은 두 개의 서버와 관리 컴포넌트에서 접근하는 고객 계정(계정 데이터베이스)의 공유 레파지토리를 포함한다. 고객 창구는 클라이언트–서버 스타일로 구체화된 계정 레파지토리 서버와 상호작용할 수 있다. 이들 클라이언트 컴포넌트는 이벤트를 출판하고 구독함으로써 서로 커뮤니케이션한다. 두 서버의 목적은 가용성을 향상시키는 것이다. 주 서버가 중단되면 백업이 넘겨받을 수 있다. 마지막으로 관리 컴포넌트는 관리자가 공유 데이터 저장소에 접근하고 유지보수할 수 있도록 한다.

그림 3.1에 제시된 3개의 각 커넥터 타입은 연결된 부분 사이의 상호작용 방식이 다르다.

기본 프리젠테이션은 (일반적으로) 아키텍처 뷰의 그래픽 부분이다. 기본 프리젠테이션을 설명하는 문서를 지원 문서라고 부른다. 둘 다 10장에서 설명한다.

- 클라이언트–서버 커넥터는 동시 클라이언트가 서비스 요청을 통해 동기적으로 데이터를 검색할 수 있게 한다. 클라이언트–서버 스타일의 변형은 백업 서버로 투명한 장애조치를 지원한다.
- 데이터베이스 접근 커넥터는 데이터베이스를 읽고, 쓰고, 모니터링하기 위한 트랜잭션 및 인증 접근을 제공한다.
- 출판–구독 커넥터는 비동기적인 이벤트 알림과 고지를 지원한다.

그림 3.1에 예시된 시스템은 다른 스타일들이 혼합된 것이다. 클라이언트–서버는 4.3절에서 설명하며, 공유 데이터 스타일은 4.5절에서, 출판–구독은 4.4절에서 각각 설명한다. 이 그림은 6.6절에서 설명하게 되는 결합된 뷰의 결과다.

이들 각 커넥터는 복잡한 상호작용 형식을 표현하며, 복잡한 구현 메커니즘이 필요할 가능성이 크다. 예를 들어, 클라이언트–서버 타입은 클라이언트가 클라이언트–서버 세션을 시작하는 방법을 규정하는 상호작용 프로토콜을 표현한다. 이 커넥터의 구현은 아마도 서버가 종료했을 때를 찾아내고, 클라이언트 요청을 큐$^{queue}$에 저장하며, 클라이언트의 접속과 종료를 처리하는 등의 런타임 메커니즘을 포함할 것이다.

커넥터가 이진일 필요는 없다. 그림 3.1에서 이들 커넥터 중 두 타입은 출판–구독 버스와 장애조치 클라이언트–서버 커넥터 등 두 개 이상의 참여자가 포함될 수 있다.

또한 이 뷰를 기반으로 성능, 신뢰성, 보안과 같은 시스템 속성의 품질적이며 계량적인 분석을 수행할 수 있을 것이다. 예를 들어, 관리자용 사용자 인터페이스를 변경할 때 데이터베이스 스키마를 변경해야만 하도록 하는 설계 결정은 시스템의 보안을 향상시킬 것이다. 그러나 또한 이 결정은 실용성이나 가용성에 영향을 줄 수도 있다. 예를 들어 관리자용 인터페이스 사용이 서버를 잠가버리는가? 유사하게 개별적인 서버와 데이터베이스의 신뢰성에 관한 속성을 알고 있다면 몇 가지 신뢰성 분석 형식을 사용해 시스템의 전체 신뢰성의 숫자적 추정치를 산출해낼 수 있을 것이다.

그림 3.1에서와 같이 그래픽으로 표현된 C&C 문서의 특징에 관해 알아야 하는 몇 가지 사실이 있다.

지원 문서에 대해서는 10.1절에서 설명한다.

- 관련된 지원 문서(여기에서는 나타나지 않음)는 용례로서의 역할을 한다. 지원 문서에서 요소와 관계, 속성에 관한 세부사항을 찾을 수 있다.
- 단일 다이어그램으로 단순하게 표현(그리고 이해)될 수 있을 정도로 정보를 제한한다.
- 다이어그램의 용례에 컴포넌트-커넥터 타입의 용어를 설명한다.
- 컴포넌트와 커넥터에 관한 인터페이스의 수와 종류를 나타낸다.
- 풍부한 의미론과 복잡한 구현을 갖는 컴포넌트-커넥터 추상화를 사용한다.

다이어그램을 설명하는 문서는 표현된 요소를 상세히 설명해야 한다. 예를 들어 지원 문서는 백업 계정 서버가 시스템의 가용성을 어떻게 향상시키는지를 설명해야 한다. 그림 3.1에서의 일부 요소는 그 자체가 어디인가 다른 곳에 설명돼 있는 서브 아키텍처subarchitecture를 갖고 있는 서브 시스템subsystem으로 표현돼 있다.

C&C 다이어그램과 지원 문서의 결합으로 아키텍트의 설계 의도를 전달하고, 시스템의 런타임 행위에 관한 추론을 지원하며, 적절한 품질 속성에 미치는 영향이란 관점에서 설계 결정의 근거를 제공할 수 있다.

## 3.2   C&C 뷰의 요소, 관계, 속성

표 3.1은 C&C 뷰에 나타날 수 있는 요소와 관계, 속성을 요약한다. 그리고 이들 개념에 대한 좀 더 자세한 논의와 함께 문서화에 관련된 가이드라인을 설명한다.

표 3.1 C&C 뷰 요약

| 요소 | • 컴포넌트: 기본적인 처리 단위 및 데이터 저장소. 컴포넌트는 (커넥터를 통해서) 다른 컴포 넌트와 상호작용하는 포트의 집합을 갖는다. <br> • 커넥터: 컴포넌트 사이의 상호작용 경로. 커넥터는 역할(인터페이스) 집합을 가지며, 역할 은 컴포넌트가 상호작용하는 데 커넥터를 어떻게 사용하는지를 나타낸다. |
|---|---|
| 관계 | • 결합(attachment): 컴포넌트 포트는 커넥터의 역할과 관련돼 컴포넌트와 커넥터의 그래프 를 산출한다. <br> • 인터페이스 위임(interface delegation): 일부 상황에서 '내부' 서브 아키텍처에서 컴포넌트 포트는 하나 이상의 포트와 연관된다. 이 경우는 커넥터의 역할과 유사하다. |
| 제약사항 | • 컴포넌트는 커넥터에만 결합된다. 다른 컴포넌트에 직접 결합될 수 없다. <br> • 커넥터는 컴포넌트에만 결합된다. 다른 커넥터에 직접 결합될 수 없다. <br> • 결합은 호환되는 포트와 역할 사이에서만 이루어진다. <br> • 인터페이스 위임은 두 호환된 포트(또는 두 호환된 역할) 사이에서만 정의된다. <br> • 커넥터는 분리돼 나타날 수 없다. 커넥터는 컴포넌트에 결합돼야만 한다. |
| 사용 | • 시스템이 작동하는 방법을 보여준다. <br> • 런타임 요소의 구조와 행위를 명시함으로써 개발을 가이드한다. <br> • 성능, 가용성과 같은 런타임 시스템 품질 속성에 대한 근거를 말해준다. |

## 3.2.1 요소

C&C 뷰의 요소는 컴포넌트와 커넥터다. 시스템의 C&C 뷰에서 각 요소는 런타임 실행 현상$^{runtime\ manifestation}$으로, 실행 리소스를 소비하고 해당 시스템의 실행 행위에 일조한다. C&C 뷰의 결합$^{attachment}$ 관계는 (각각의 포트와 역할을 통해서) 컴포넌트와 커넥터를 연결시켜, 런타임 시스템 구성을 표현하는 그래프를 형성한다.

### 컴포넌트

컴포넌트$^{component}$는 런타임에 존재하는 기본적인 연산 요소와 데이터 저장소를 표현한다. C&C 뷰에서 각 컴포넌트는 이름을 갖는다. 이름은 컴포넌트가 의도하는 기능을 나타내야 한다. 또한 이름으로 그래픽 요소와 해당 컴포넌트의 지원 문서에 연결할 수 있어야 한다.

    컴포넌트는 포트$^{port}$라고 하는 인터페이스를 갖는다. 인터페이스는 컴포넌트와 환경의 잠재적인 상호작용의 특정한 위치를 정의한다. 보통 포트는 명확한 타입을 가지며, 상호작용 위치에서 발생할 수 있는

컴포넌트는 시스템 안에서 실행 되는 중요한 연산 요소와 데이 터 저장소다.

포트는 컴포넌트의 인터페이스 다. 포트는 컴포넌트와 환경의 상호작용점을 정의한다.

행위의 종류를 정의한다. 컴포넌트는 같은 타입의 여러 포트를 가질 수 있다. 이러한 점에서 포트는 복제될 수 없는 모듈의 인터페이스와 다르다. 예를 들어, 필터는 여러 입력 스트림을 처리할 수 있는 같은 타입의 여러 입력 포트를 가질 수 있다. 또는 서버는 클라이언트 상호작용을 위한 여러 요청 포트를 가질 수 있다. 그림 3.1에서 데이터베이스는 두 가지 접근 타입을 제공하는 두 개의 포트를 갖는다.

포트에 복제를 나타내는 숫자 또는 숫자의 범위로 주석을 달 수 있다. 예를 들어 [3]으로 주석이 달린 포트는 해당 포트가 3개 복제될 수 있다는 것을 나타낸다. [0...10]으로 주석이 달린 포트는 해당 포트의 0에서부터 10까지의 인스턴스가 있다는 것을 의미한다. 이러한 형식은 컴포넌트 타입을 정의하거나, 컴포넌트의 인스턴스를 특정한 숫자로 연결시키거나, 상호작용의 새로운 위치를 동적으로 생성하는 컴포넌트에 유용하다.

컴포넌트의 포트는 다이어그램에 보여주고, 다이어그램의 지원 문서에 정의함으로써 명확하게 문서화해야 한다.

C&C 뷰의 컴포넌트는 복잡한 서브 시스템을 표현할 수 있으며, 컴포넌트 자체는 C&C 서브 아키텍처subarchitecture로 서술될 수 있다. 이 서브 구조가 너무 복잡하지 않으면 그래픽적으로 원 위치에 표현해, 해당 컴포넌트를 정의하는 컴포넌트 안에 중첩된 것으로 나타낼 수 있다. 그러나 대개의 경우에는 별도로 문서화한다. 컴포넌트의 서브 아키텍처는 컴포넌트를 나타내는 다이어그램과는 다른 스타일로 표현될 수 있다.

컴포넌트가 이러한 서브 아키텍처를 가질 때 또한 '내부'와 '외부' 포트 사이의 관계를 문서화해야 한다. 나중에서 설명하겠지만 이러한 관계는 인터페이스 위임 관계를 사용해 표현한다.

## 커넥터

커넥터connector는 C&C 뷰의 다른 종류의 요소다. 커넥터의 간단한 예로는 서비스 호출, 비동기 메시지 큐, 이벤트 멀티캐스트, 비동기 순서 보존 데이터 스트림을 표현하는 파이프 등이 있다. 그러나 앞에서 언급한

비형식적 표기법을 사용해 다이어그램에 있는 같은 타입의 여러 포트를 나타내기 위해서 각각을 별도로 그리거나, 또는 하나의 포트에 (예를 들어 [5]와 같은) 대괄호 숫자를 포트 이름 다음에 붙여서 복제 정도를 표시할 수 있다. UML은 유사한 방식을 제공한다.

포트를 정의하는 데 사용할 수 있는 정보의 타입에 대한 좀 더 자세한 설명에 대해서는 7장을 참조한다.

6.1절에는 계층적인 관계와 정제를 문서화하는 가이드라인에 관해 자세히 설명한다.

3.2.3절에서는 인터페이스 위임 관계를 사용해 서브 구조를 문서화하는 방법에 대해 자세히 설명한다.

커넥터는 두 개 이상의 컴포넌트 사이의 런타임 상호작용 경로다.

바와 같이 보통 커넥터는 좀 더 복잡한 상호작용 형태를 표현한다. 여기에는 데이터베이스 서버와 클라이언트 사이의 트랜잭션 중심 커뮤니케이션 채널과 서비스 사용자와 공급자 컬렉션 사이의 상호작용을 중재하는 ESB$^{Enterprise Service Bus}$가 포함된다.

커넥터는 역할$^{role}$을 갖는다. 역할은 인터페이스로, 커넥터가 상호작용을 수행하기 위해 컴포넌트에 의해 사용되는 방식을 정의한다. 예를 들어 클라이언트–서버 커넥터는 서비스–호출$^{invokes-services}$과 서비스–공급$^{provides-services}$ 역할을 맡는다. 파이프$^{pipe}$도 쓰기$^{writer}$와 읽기$^{reader}$ 역할을 할 수 있다. 컴포넌트 포트와 마찬가지로 커넥터 역할도 복제될 수 있다는 점에서 모듈 인터페이스와 다르며, 얼마나 많은 컴포넌트가 상호작용에 관련될 수 있는가를 나타낸다. 출판–구독$^{publish-subscribe}$ 커넥터는 출판자$^{publisher}$와 구독자$^{subscriber}$ 역할의 여러 인스턴스를 가질 수 있다.

역할은 일반적으로 상호작용할 때 참여자가 기대하는 바를 정의할 수 있다. 예를 들어 서비스–호출 역할은 서비스 호출자가 서비스를 요청하기 전에 연결을 초기화할 것을 요구한다. 커넥터로 표현된 상호작용의 의미론은 보통 어떤 이벤트의 패턴 또는 행위가 커넥터상에 발생할 수 있는지를 규정하는 프로토콜 명세로 문서화된다.

복잡한 커넥터는 컴포넌트와 유사하지만 이번에는 이들 커넥터의 아키텍처적인 서브 구조를 서술하는 컴포넌트와 커넥터의 컬렉션으로 분할될 수 있다. 예를 들어, 그림 3.1의 장애조치 클라이언트–서버 커넥터의 분할은 아마도 클라이언트 요청을 버퍼링하고, 서버가 언제 실패했는지를 결정하고, 요청을 다시 라우팅하는 작업을 담당하는 컴포넌트를 포함할 것이다.

역할은 커넥터의 인터페이스다. 역할은 커넥터의 상호작용점을 정의하며, 컴포넌트가 상호작용하는 커넥터를 사용하는 방법을 나타낸다.

프로토콜 명세나 이벤트의 패턴은 8장에서 설명하는 행위 표기법을 사용해 서술될 수 있다.

정제는 6.1절에서 설명한다.

---

**조언**

### 커넥터

- 커넥터가 이진$^{binary}$일 필요는 없다. 즉, 정확히 두 개의 역할을 가질 필요가 없다. 예를 들어, 출판–구독 커넥터는 임의적인 숫자의 출판자와 구독자 역할을 가질 수 있다. 커

넥터가 궁극적으로 프로시저 호출과 같은 이진 커넥터를 사용해 구현된다면 C&C 뷰에 n-차수의 커넥터 표현을 채택하는 것이 유용할 수 있다.

- 컴포넌트의 최우선 목적이 컴포넌트 집합 사이의 상호작용을 중재하는 것이라면 그것을 커넥터로 표현하는 것을 검토한다. 이러한 컴포넌트는 보통 커뮤니케이션 인프라스트럭처의 일부로서 모델링하는 것이 좋다.

- 커넥터는 상호작용의 복잡한 형식을 표현할 수 있다 – 그리고 일반적으로는 표현해야 한다. 의미론적으로는 단순한 프로시저 호출과 같이 보이는 것이(예를 들어, SOAP이 제공하는 것과 같이) 타임아웃과 에러 처리, 데이터 마샬링, 그리고 서비스 공급자의 위치 검색의 런타임 프로토콜을 포함하는 분산된 설정 안에서 수행될 때 복잡할 수 있다.

- 커넥터는 상호작용 프로토콜을 구체화한다. 두 개 이상의 컴포넌트가 상호작용할 때 상호작용 순서와 제어 위치, 그리고 에러 조건과 타임아웃 처리에 관한 관례에 따라야만 한다. 상호작용 프로토콜은 문서화돼야 한다.

**C&C 뷰를 문서화할 때**

- 뷰에서 어떤 아키텍처 스타일이 사용되는지 명확하게 한다. 스타일에 관한 자세한 정보를 안내하는 적절한 스타일 가이드를 독자가 참조하게 한다.

- 뷰에 도입한 추가적인 컴포넌트나 커넥터 타입 특수화를 문서화한다.

보통 같은 다이어그램에 타입과 인스턴스를 섞어서 표현하는 것은 좋지 않다.

### 3.2.2 컴포넌트-커넥터 타입과 인스턴스

C&C 뷰에 표현되는 컴포넌트와 커넥터는 컴포넌트-커넥터 타입의 인스턴스다. 타입은 컴포넌트나 커넥터를 불완전하게 정의한다. 보통 타입 정의는 컴포넌트가 1에서 5 포트를 가질 수 있다는 것을 나타내기 위해 [1..5]처럼 기수성 표시자를 사용하는 것과 같은 선택의 집합을 표현한다.

인스턴스는 타입이 생성하는 선택을 바인딩함으로써 정의를 완료한 결과다. 각 인스턴스는 행위, 인터페이스, (있다면) 서브 구조, 속성, 위치적인 제약사항이란 점에서 자신의 타입을 준수해야 한다. 이러한 준수 요구의 결과로 어떤 타입의 모든 인스턴스는 어느 정도 동일하다. 예를 들어 타입은 허용되는 행위 집합을 정의할 수 있다. 인스턴스는 아마도 인스턴스 매개변수를 통해서 이 집합을 제한할 수 있지만, 인스턴스는 행위를 추가할 수는 없다.

C&C 뷰의 기본 프리젠테이션은 인스턴스만 표현한다. 어떤 컴포넌트나 커넥터 타입도 뷰의 기본 프리젠테이션에는 나타나지 않아야 한

다. 일반적으로 같은 다이어그램에 타입과 인스턴스를 섞어 놓는 것은 경솔한 짓이다. 편리해보일 수는 있지만("나는 방금 다른 인스턴스 사이의 관계를 명확하게 하기 위해 약간의 상속성 정보를 추가할 것이다."), 혼란만 가져올 가능성이 더 많다.

타입은 스타일 지침에서 찾을 수 있다. 그러나 스타일 지침에 제시된 타입 정의는 이 책의 것을 포함해, 너무 일반적이어서 구현을 충분히 제약하거나 유용한 분석을 지원할 수 없다. 그들을 먼저 특수화하지 않고 있는 그대로 인스턴스를 생성시키는 것은 의미가 없을 것이다. 이와 같은 타입 정의는 스타일의 요소들의 핵심을 정의한다. 예를 들어, 클라이언트-서버 스타일의 스타일 지침은 커넥터 타입을 요청/응답 커넥터로 정의하고, 이들 인터페이스가 어떻게 다른가(예를 들어, 클라이언트가 서버에게 요청하고, 그다음 서버는 클라이언트에게 응답한다)를 명시한다. 그러나 이러한 추상적인 타입은 컴포넌트에 대한 어떤 애플리케이션에 특정한 의미론(예를 들어, 서버가 웹 페이지를 제공하는지, 또는 은행 거래를 처리하는지)을 제공하지 않는다.

타입은 은행 시스템에서 ATM으로부터의 요청을 받는 컨트롤러 서블릿이나, 항공전자제어 시스템에서 사용되는 센서 컴포넌트 타입과 같이 도메인에 특정한 방식으로 좀 더 일반적인 타입을 특수화할 수 있다. 또는 ASP.NET 컴포넌트나 자바 서블릿, EJB, MySQL 데이터베이스, 데이터베이스 커넥터와 같이 기술에 특정할 것일 수도 있다. 자바에서 추상적인 클래스와 같이 이들은 보통 아직도 너무 일반적이어서 구현을 주도하거나 유용한 분석을 지원할 수 없다.

아키텍트는 해당 타입의 애플리케이션에 특정한 특수화specialization를 정의해, 해당 타입이 더 많은 정보를 포함해 뷰를 채우는 인스턴스들이 구현되고 분석될 수 있도록 해야 할 필요가 있다. 이것을 애플리케이션 특정 타입application-specific type이라고 한다. 뷰의 지원 문서에 이들 타입을 문서화한다. 애플리케이션 특정 타입은 (요청이 처리되는 방법을 보여주는 것과 같은) 상세한 행위 명세나 (요청 타입의 특정한 집합으로 '요청'의 일반적인 개념을 정제하는 것과 같은) 정제된 인터페이스와 같은 애플리

스타일이 다른 스타일에 일관성을 갖는다면(즉, 위반하지 않는다면) 특수화며, 요소 타입과 관계 타입, 그리고 위치적인 제한에 더 많은 제약사항을 추가한다.

뷰의 지원 문서의 뷰 요소 카탈로그에 소개한 애플리케이션 특정 타입을 문서화한다. 요소 카탈로그는 10.1절에서 설명한다.

스타일의 타입으로부터 애플리케이션 특정 타입과 인스턴스로의 흐름은 6.1.3절에서 설명하는 설계의 스펙트럼(spectrum of design)을 구성한다.

C&C와 모듈 뷰 사이의 매핑은 3.5절에서 좀 더 자세하게 설명된다.

케이션 특정한 의미론을 제공한다. 또한 타입 정의는 인터페이스 타입(컴포넌트에 대해서는 포트, 커넥터에 대해서는 역할)의 인스턴스가 가질 수 있는 타입의 숫자를 특징지어야 한다.

컴포넌트-커넥터 타입은 스타일 지침에 소개된 것이든, 또는 애플리케이션 특정한 특수화로서 소개된 것이든 공통적인 행위, 인터페이스, 서브 구조, 구현 요소와의 관계 등을 갖는 요소를 식별하는 것이 유용하다. 타입 정의에서 이러한 정보를 지역화하는 것(함축된 타입의 각 인스턴스 사이에 복제하는 것과는 반대로)은 이해성을 증진시키며 전체 문서화를 단순하게 한다.

많은 경우에 있어서 컴포넌트-커넥터 타입을 사용하면 컴포넌트 타입(그리고 확장해 모든 인스턴스)과 모듈 뷰의 구현에 편리하게 매핑할 수 있다. 예를 들어, C&C 뷰에서 이름-검색 서버의 집합은 NameLookupServer 타입(클라이언트-서버 스타일의 서버 타입의 특수화)의 인스턴스로 정의된다면, 이와 같은 서버의 모든 인스턴스의 행위를 구현하는 대응하는 모듈을 찾을 수 있게 된다. 일부 모듈과 NameLookupServer 타입 사이의 매핑은 NameLookupServer의 모든 인스턴스가 해당 모듈에 대응된다는 것을 나타낼 것이다.

---

**조언**

### 컴포넌트-커넥터 타입

- 한 뷰의 여러 컴포넌트 또는 커넥터가 같은 형식과 행위(스타일에 명시된 것을 넘어서)를 공유할 때 이들에 대해 공통적인 애플리케이션 특정 타입을 정의한다.
- 모든 컴포넌트를 다루는 애플리케이션 특정 타입을 정의한다. 이것은 독자에게 때로는 타입 정의를 찾고 때로는 인스턴스 정보를 찾는 것보다는 모든 컴포넌트-커넥터 세부 사항을 찾아볼 수 있는 단일 위치를 제공한다.
- 컴포넌트 타입 또는 커넥터 타입의 정의는 일반적인 연산 특징과 각 인스턴스의 형식을 설명해야 한다.
- 애플리케이션 특정 타입은 이들 인스턴스로 구축된 아키텍처가 정확하게 구현되고 유용하게 분석될 수 있도록 충분한 정보를 제공해야 한다.

- 특정한 C&C 뷰에서 인스턴스화된 컴포넌트-커넥터 타입은 이들을 열거하고 정의하는 적절한 스타일 지침을 참조해, 또는 아키텍처 일부로서 정의된 애플리케이션 특정 타입의 카탈로그를 통해서 설명해야 한다.
- 컴포넌트 또는 커넥터 타입의 정의는 타입의 인스턴스가 가질 수 있는 인터페이스(컴포넌트에 대해서는 포트, 커넥터에 대해서는 역할)의 수와 타입을 특징지어야 한다.
- C&C 뷰의 기본 프리젠테이션은 컴포넌트-커넥터 인스턴스만 나타낸다. 어떤 컴포넌트 타입도 뷰의 기본 프리젠테이션에는 나타나지 말아야 한다.
- 뷰 사이를 매핑할 때 모듈을 C&C 타입(인스턴스가 아님)에 매핑한다.

### 3.2.3 관계

C&C 뷰의 기본적인 관계는 결합[attachment]이다. 결합은 어떤 커넥터가 어떤 컴포넌트에게 결합되는가를 나타낸다. 따라서 시스템을 컴포넌트와 커넥터의 그래프로 정의한다. 결합은 컴포넌트의 포트와 커넥터의 역할을 연결(부착)함으로써 표시된다. 유효한 결합은 포트와 역할이 스타일이 정의하는 의미론적 제약사항 안에서 서로 호환되는 것이다. 예를 들어 호출-반환[call-return] 아키텍처에서 모든 '호출' 포트가 일부 호출-반환 커넥터에 연결돼 있는지 확인해야 한다. 더 깊은 의미론적 수준에서 포트의 프로토콜이 연결된 역할이 기대하는 행위와 일관성을 갖는지 확인해야 한다.

**조언**

컴포넌트를 커넥터에 결합할 때 다음과 같은 지침을 사용한다.

- 다이어그램에서 단순히 컴포넌트의 포트를 연결함으로써 결합을 표현할 수 있다. 이 경우에, 또는 컨텍스트상으로 어떤 역할이 결합되는지 명확한 어떤 경우에서든, 다이어그램에 명확하게 역할을 표현할 필요는 없다.
- 커넥터를 컴포넌트의 포트에 결합한다. 직접 컴포넌트에 결합하지 않는다.
- 어떤 포트를 어떤 역할에 결합해야 유효한지 명확하지 않다면 다이어그램의 주석에,

또는 뷰의 근거 영역에 정당성을 제공한다.

- 기수성 요소([5] 또는 [0..10]과 같은)로 주석이 달린 포트 사이에 커넥터를 결합하는 것은 모호성의 커다란 원인이 된다. 예를 들어 기수성 22인 포트에 기수성 3인 포트를 연결하는 것은 어떤 의미일까? 같은 기수성(1보다 큼)을 가진 두 포트를 연결한다면 한 컴포넌트의 어떤 포트가 다른 컴포넌트의 어떤 포트에 연결될까? 이 표기법을 사용한다면 의미하는 바를 설명해야 한다.

다른 타입의 두 포트 사이에 인터페이스 위임을 수립하는 것이 가능하다. 또한 여러 내부 포트를 하나의 외부 포트에 연결하는 것도 가능하다. 이들 두 경우에 이러한 위임이 무엇을 의미하는지, 왜 유효한지를 해당 뷰의 요소 카탈로그에 설명해야 한다.

두 번째 종류의 관계는 인터페이스 위임interface delegation이다. 컴포넌트나 커넥터가 서브 아키텍처를 가질 때 해당 컴포넌트나 커넥터의 내부 구조와 외부 인터페이스 사이의 관계를 문서화하는 것이 중요하다. 관계는 인터페이스 위임 관계로 문서화할 수 있다. 이러한 관계는 (컴포넌트에 대해서) 내부 포트를 외부 포트, 또는 (커넥터에 대해서) 내부 역할을 외부 역할에 매핑한다. 일부 표기법은 이들 관계를 특징짓는 특정한 그래픽 요소를 제공한다. 그림 3.2는 UML 표기법에서 인터페이스 위임의 예를 보여준다. UML '위임 커넥터delegate connector'는 인터페이스 위임을 표현하는 데 사용할 수 있다.

**그림 3.2**
카탈로그라는 컴포넌트의 서브 아키텍처를 보여주는 UML 컴포넌트 다이어그램. UML 위임 커넥터는 카달로그의 포트와 내부 컴포넌트의 포트를 연관시킨다

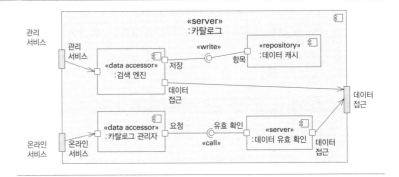

### 3.2.4 속성

C&C 뷰의 요소(컴포넌트 또는 커넥터)는 다양한 속성을 갖는다. 모든 요소는 이름과 타입을 갖는다. 추가적인 속성은 컴포넌트 또는 커넥터 타입에 따라 다르다. 속성은 컴포넌트와 커넥터의 구현과 설정을 가이드하는 데 필요하지만, 또한 아키텍트는 특정한 C&C뷰에 대한 의도된 분석을 지원하는 속성에 대한 값을 정의해야 한다. 예를 들어 뷰가 성능 분석에 사용된다면, 지연 시간과 큐 용량, 스레드 우선순위가 필요할 것이다. 다음은 일반적인 속성과 사용의 예다.

UML을 사용해 C&C 뷰를 서술하는 것은 3.4.3절과 부록 A에서 다룬다.

- 신뢰성reliability: 해당 컴포넌트나 커넥터가 실패할 가능성은 무엇인가? 이 속성은 전반적인 시스템 가용성을 결정하는 데 사용될 수 있다.
- 성능performance: 컴포넌트가 어떤 부하 조건 하에서 어떤 종류의 응답 시간을 제공할 것인가? 해당 커넥터에 어떤 종류의 대역폭, 성능 지연, 불안전성, 트랜잭션 크기, 처리량을 기대하는가? 이 속성은 시스템의 응답 시간, 처리량, 버퍼링 필요성과 같은 시스템 범위의 속성을 결정하기 위해 다른 속성과 함께 사용될 수 있다.
- 리소스 요구resource requirement: 컴포넌트 또는 커넥터에 필요한 처리 및 저장소 필요성은 무엇인가? 이 속성은 제안된 하드웨어 설정이 적당한지를 결정하는 데 사용될 수 있다.
- 기능성functionality: 요소가 수행하는 기능은 무엇인가? 이 속성은 시스템에 수행된 전반적인 컴퓨팅에 대한 근거로 사용될 수 있다.
- 보안security: 컴포넌트 또는 커넥터가 암호화, 감사 트레일, 인증과 같은 보안 기능을 강화하거나 제공하는가? 이 속성은 시스템의 보안 취약점을 결정하는 데 사용될 수 있다.
- 동시성concurrency: 이 컴포넌트가 별도의 프로세스나 스레드에서 실행되는가? 이 속성은 동시성 컴포넌트의 성능을 분석하고 시뮬레이션하며, 가능한 교착 상태를 식별하는 것을 도와줄 수 있다.
- 변경용이성modifiability: 메시징 구조가 발전하는 데이터 교환을 제공하는 구조를 지원하는가? 컴포넌트가 새로운 메시지를 처리할 수

있도록 적응할 수 있는가? 이 속성은 컴포넌트의 기능을 확장하기 위해 정의될 수 있다.

티어는 4.6.2절에서 정의하고 설명한다.

- 티어$^{tier}$: 티어 토폴로지에서 컴포넌트가 어느 티어에 놓여지는가? 이 속성은 빌드 및 배포 절차를 구축하고 각 티어의 플랫폼 요구를 정의하는 것을 도와준다.

또한 포트와 역할은 이들과 관련된 속성을 가질 수 있다. 예를 들어, 최대 지속 가능한 요청율은 서버 포트에 지정될 수 있다.

---

**조언**

그림 3.3은 하지 말아야 할 것의 예로, 잘못 문서화된 C&C 뷰 다이어그램의 예를 보여준다.

**그림 3.3**
잘못 문서화된 C&C 뷰 다이어그램. 용례가 없다. 컴포넌트로서 인터페이스(API가 인터페이스와 공통적인 의미를 갖는 것으로 가정한다)를 표현한다. 같은 타입의 컴포넌트에 대해 다른 그림을 사용한다. 다른 타입의 컴포넌트와 커넥터에 대해 같은 그림을 사용한다. 구축되는 시스템과 컨텍스트를 혼동한다. 화살표의 사용에 대해 설명하지 않았다. 그리고 컴포넌트는 포트를 갖지 않는다

---

**관점**

## 복잡한 커넥터가 필요할까?

이 책에서 우리는 커넥터를 런타임 중심적인 뷰를 문서화하는 데 일등급 설계 요소로 다루고 있다. 커넥터는 복잡한 추상화를 표현할 수 있다. 이들은 타입과 인터페이스 또는 역할을 갖는다. 그리고 상세한 의미론적 문서화가 필요하다. 그러나 복잡한 커넥터에 대해 중재하는 컴포넌트를 사용할 수는 없을까? 예를 들어 그림 3.4에서 복잡한 커넥터인 커넥터 1은 컴포넌트인 컴포넌트 1과 두 개 (아마도) 더 단순한 커넥터로 대체됐다. 예를 들어

커넥터 1은 컴포넌트 사이에 버퍼링된 데이터 흐름을 구현하는 파이프일 수도 있다. 반면에 컴포넌트 1은 버퍼고, 커넥터 1A와 커넥터 1B는 버퍼에 데이터를 읽고 쓰는 단순한 프로시저 호출일 수도 있다.

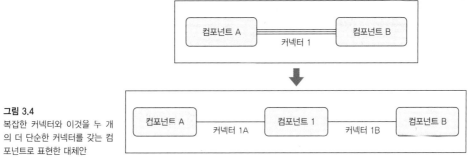

**그림 3.4**
복잡한 커넥터와 이것을 두 개의 더 단순한 커넥터를 갖는 컴포넌트로 표현한 대체안

다시 말해 복잡한 커넥터가 필요할까? 대답은 '그렇다'다. 왜 그럴까?

먼저, 복잡한 커넥터는 하나의 중재하는 컴포넌트로 거의 실현될 수 없다. 대부분의 커넥터 메커니즘이 커뮤니케이션을 수행하는 런타임 인프라스트럭처를 포함하지만, 관련되는 것이 그것만은 아니다. 이와 함께 커넥터 구현에는 초기화와 최종화 코드가 필요하다. 여기에는 특정한 종류의 라이브러리를 사용하는 것과 같은 커넥터를 사용하는 컴포넌트에서 특별한 처리, 레지스트리 항목과 같은 전역 운영체제 설정 등이 포함된다.

둘째로, 복잡한 커넥터 추상화의 사용은 종종 분석을 지원한다. 예를 들어 커넥터가 프로시저 호출이나 다른 메커니즘이 아니라 파이프라면 데이터 흐름 시스템에 대한 추론이 크게 향상된다. 데이터 흐름 그래프의 행위를 분석하는 잘 이해되는 계산을 사용할 수 있기 때문이다. 이와 함께 복잡한 커넥터를 허용하는 것은 이들의 의미론에 대해 말할 수 있는 하나의 집을 제공하는 것과 같다. 예를 들어 그림 3.4에서 복잡한 커넥터에 상호작용 프로토콜에 하나의 설명을 덧붙일 수 있었다. 반대로 아래에 있는 모델은 무엇이 진행되는지 설명하기 위해서 두 개의 커넥터와 하나의 컴포넌트에 대한 설명을 결합시켜야 한다.

세 번째로, 복잡한 커넥터를 사용하는 것은 아키텍트의 설계 의도를 전달하는 것을 도와준다. 컴포넌트가 복잡한 커넥터를 표현하는 데 사용될 때 보통 다이어그램의 어떤 컴포넌트가 애플리케이션 특정한 연산에 필수적이며, 어떤 것이 중재하는 커뮤니케이션 인프라스트럭처의 일부인지 더 이상 명확하지 않게 된다.

네 번째로, 복잡한 커넥터 추상화는 아키텍처 모델에서의 혼란을 크게 감소시켜준다.

그림 3.4의 두 다이어그램 중에서 아래에 있는 것이 이해하기 쉽다고 아무도 주장하지 않을 것이다. 이것을 여러 번 더 복잡한 다이어그램에 확대시켜보면, 커넥터를 사용해 상호작용의 세부사항을 캡슐함으로써 명확성이 분명해진다.

— D.G

## 3.3 C&C 뷰 사용

각 컴포넌트(또는 컴포넌트 타입)에 대해 상세한 행위 문서를 제공하는 것이 좋다. 이들 각 모델은 컴포넌트의 가능한 행위를 문서화한다. C&C 뷰에 토폴로지 정보를 결합할 때 단순히 하나의 컴포넌트 안에서가 아니라 시스템 전체에서 가능한 행위를 추적할 수 있다.

컴포넌트-커넥터 뷰는 일반적으로 개발자와 다른 이해당사자에게 시스템이 작동되는 방법을 보여주는 데 사용된다. C&C 뷰는 (관련 행위 문서와 함께) 런타임 요소의 구조와 행위를 명시한다. 특별히 이들 뷰는 다음과 같은 질문에 대답할 수 있게 한다.

- 시스템의 주요 실행 컴포넌트는 무엇이고, 이들이 어떻게 상호작용하는가?
- 주요 공유 데이터 저장소는 무엇인가?
- 시스템의 어떤 부분이 복제될 수 있고, 몇 번이나 할 수 있는가?
- 시스템이 실행될 때 데이터가 어떻게 흘러가는가?
- 시스템의 어떤 부분이 병렬로 실행되는가?
- 시스템이 실행될 때 시스템의 구조가 어떻게 변경될 수 있는가?

또한 컴포넌트-커넥터 뷰는 성능과 가용성과 같은 런타임 시스템 품질 속성에 대한 근거를 설명하는 데 사용된다. 특별히 개별 요소와 이들의 상호작용 속성의 예측 또는 측정을 고려해볼 때 잘 문서화된 뷰는 실행 지연, 신뢰성과 같은 전반적인 시스템 속성을 아키텍트가 예측할 수 있도록 한다. 예를 들어, 시스템이 실시간 스케줄링 요구를 충족시킬 수 있는지 여부를 결정하기 위해서는 보통 (다른 것들 중에서) 각 프로세스 컴포넌트의 실행 시간을 알아야 할 필요가 있다. 이와 같은 타이밍 행위는 요소의 속성으로 표현될 것이다. 마찬가지로 각 요소와 커뮤니케이션 채널의 신뢰성을 문서화하는 것은 전체 시스템의 신뢰성을 산정하거나 계산할 때 아키텍트를 지원한다. 몇 가지 경우에서 형식적이며 분석적인 모델과 도구로 이와 같은 분석을 지원한다. 다른 경우에서는 대략적인 과거의 경험을 분별력 있게 사용함으로써 달성될 수 있다.

---

**관점**

### 커넥터 추상화 선택

특별한 C&C 스타일을 사용할 때 C&C 뷰를 문서화할 때 사용하는 커넥터의 타입이 이미 규정돼 있다. 그러나 아키텍트가 자유롭게 사용할 커넥터의 종류와 문서에 표현하는 방법을 결정할 수 있는 경우도 있다. 보통 이러한 선택은 얼마나 구현 구조를 노출시킬 것인가와 관련된다. 한쪽에서 커넥터는 단일 추상화로 복잡합 상호작용을 캡슐화하는 데 사용될 수 있다. 다른 쪽에서는 상호작용의 복잡한 형식은 그것을 구현하는 컴포넌트와 커넥터의 집합으로 표현될 수 있다.

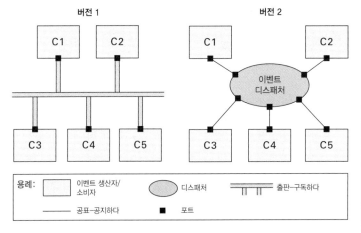

출판–구독 스타일은 4.4.1절에서 설명한다.

**그림 3.5**
출판–구독 시스템의 두 가지 버전. 버전1에서 모든 커뮤니케이션은 이벤트 버스에서 발생한다. 버전 2에서 커뮤니케이션은 디스패처 컴포넌트의 도움으로 발생한다

예로서 그림 3.5와 같이 출판-구독 시스템을 문서화하는 두 가지 방법을 생각할 수 있다. 첫 번째 버전은 5개의 컴포넌트가 이벤트 버스를 통해서 상호작용을 하며, 각 출판된 이벤트는 해당

이벤트의 모두 구독자에게 전달되는 것을 보장하는 상호작용을 기술한다. 두 번째 버전은 같은 5개의 컴포넌트가 프로시저 호출을 통해 다른 컴포넌트에게 이벤트를 분배하는 작업을 담당하는 중앙집중적인 디스패처 컴포넌트의 도움으로 커뮤니케이션하는 것을 보여준다.

첫 번째 접근 방법을 사용할 때 여러 가지 이점이 있다.

- 뷰에 요소가 거의 없기 때문에 설명을 단순화시킨다.
- 상호작용에 사용되는 아키텍처 부분(커넥터)과 시스템의 연산 기능을 제공하는 데 사용되는 부분(컴포넌트)을 명확하게 구분한다.
- 이벤트 기반 상호작용의 효과를 나타내는 데 다양한 구현을 사용할 수 있게 한다. 예를 들어, 단일 디스패처 대신에 여러 개가 있을 수 있으며, 또는 각 컴포넌트가 요청한 리스너에게 이벤트를 전송하는 것을 담당할 수 있다.

정제는 6.1절에서 설명한다.

- 여러 뷰로 분할해 자연스럽게 문서화할 수 있는 방법을 제공하며, 각 뷰에서 특정한 구현을 이벤트 버스 커넥터의 정제로서 자신의 뷰에 표현할 수 있다.

반면 두 번째 접근 방법도 몇 가지 이점이 있다.

- 이벤트 발표를 수행하는 데 어떤 종류의 메커니즘이 사용되는지 명확하게 나타낼 수 있다.
- 지연, 순서 보장 등과 같이 특정한 대스패치 매커니즘에 대한 지식을 필요로 하는 런타임 속성에 관한 추론을 더 잘 지원할 수 있다.
- 선택한 표기법이 허용하는 것에 맞출 수 있다. 예를 들어 UML은 풍부한 커넥터를 표현하는 방법을 제공하지 않기 때문에 우리는 두 번째 접근 방법을 채택해야만 했다.

따라서 커넥터 추상화의 선택은 취향과 분석의 필요성, 그리고 아키텍처가 문서화될 때 아키텍트에게 알려진 구현 세부사항 정도에 달려 있다. 그러나 실제로 보통 문서화는 그들이 표현하는 상위 수준의 상호작용 추상화를 정의하는 대신, 저수준의 커뮤니케이션 메커니즘과 추가적인 컴포넌트를 사용해 너무 상세한 것을 넣으려고 하는 쪽에서 헤매게 된다.

   — D.G.

## 3.4 C&C 뷰 표기법

### 3.4.1 비형식적 표기법

항상 그렇지만 C&C 뷰를 표현하기 위해 상자와 선 그리기를 사용할 수 있다. 그림 3.1은 (다이어그램의 표기법 용례에 설명된) 비형식적 표기법을 사용한 C&C 다이어그램의 예다. 비형식적 표기법이 전달할 수 있는 의미론을 제한하지만, 다음과 같은 몇 가지 간단한 가이드라인은 서술을 좀 더 엄격하고 깊이 있게 할 수 있다. 최우선 가이드라인은 단순하다. 각 컴포넌트 타입과 각 커넥터 타입을 별도의 시각적인 형식(심볼)에 할당하고, 용례에 각 타입의 목록을 제시한다.

   그러나 단순히 타입의 이름을 붙이는 것을 넘어서 그들의 의미가 명시돼야 한다. 예를 들어, 그림 3.1은 출판-구독 타입의 커넥터를 보여준다. 그러나 다이어그램은 커넥터의 용량, 전송할 수 있는 데이터 타입, 절달이 보장되는지 여부, 또는 다른 많은 중요한 고려사항에 대해서는 나타내지 않는다. 이들 세부사항은 타입이 정의되는 스타일 지침에, 또는 C&C 뷰의 요소 카탈로그에 속성으로 문서화될 수 있다.

   커넥터에 대해서는 특별히 주의해야 한다. 대부분의 기존 아키텍처 문서에서 모호성의 공통적인 근원이 커넥터 특별히, 시각적인 기호로 화살표를 사용하는 것의 의미다. 화살표의 방향이 의미하는 것을 명확하게 알려주어야 한다.

요소 카탈로그는 뷰에 나타나는 아키텍처 요소를 문서화한다. 이들에 대해서는 10.1절에서 설명한다.

프롤로그의 관점 '화살표의 의미'를 참조한다.

ADL을 선택해야 한다면 다음과 같은 기준을 고려한다. 어느 정도 표준화돼 있는가? 어떤 분석 또는 코드 생성을 지원하는가? 특정한 스타일만 표현하는가? 그렇다면 그 스타일이 아키텍처에 필요한 것인가? 여러분이 필요한 모든 아키텍처 뷰를 표현할 수 있게 하는가? 확장할 수 있는가? 도구가 얼마나 강건한가? 상업적으로 지원하는가? 여러분이 상호작용할 수 있는 크고 활동적인 사용자 커뮤니티가 있는가?

### 3.4.2 형식적 표기법

모두는 아니지만 대부분의 아키텍처 기술 언어<sup>ADL, Architecture Description Language</sup>는 컴포넌트-커넥터 타입과 컴포넌트-커넥터 그래프의 토폴로지에 대한 제약사항, 그리고 그래프의 요소와 관련될 수 있는 속성을 서술하는 데 사용될 수 있다. 그다음에 도구는 타입과 제약시항, 속성의 의미를 참조함으로써 아키텍처 서술을 프로세스할 수 있다. 예를 어떤 ADL 연관 도구는 프로세스의 집합이 CPU의 리소스가 주어지면 자신의 처리 기한을 충족할 수 있도록 스케줄링될 수 있는지 여부를 알려줄 수 있다.

### 3.4.3 준형식적 표기법

이번 절에서는 컴포넌트와 커넥터를 표현하는 데 사용할 수 있는 몇 가지 기본적인 UML 모델링 요소를 소개한다. 부록 A에서는 UML을 사용해 아키텍처의 다른 측면을 표현하는 방법에 대해 좀 더 깊이 있게 설명한다.

### UML 컴포넌트

UML 컴포넌트는 C&C 컴포넌트와 의미론이 일치한다. 이들이 인터페이스와 속성, 행위 서술과 같은 중요한 정보의 직관적인 문서화를 허용하기 때문이다. 또한 UML 컴포넌트 컴포넌트 타입과 컴포넌트 인스턴스를 구별하며, 이것은 뷰에 특정한 컴포넌트 타입을 정의할 때 유용하다.

3.2.2절에서는 컴포넌트와 커넥터의 타입과 인스턴스에 대해 설명한다.

뷰에 표현되는 C&C 컴포넌트가 인스턴스이기 때문에 그림 3.6과 같이 UML 컴포넌트 인스턴스를 사용해 표현해야만 한다. UML 컴포넌트 타입과 인스턴스 사이의 시각적인 차이점은 이름 규칙에서 찾을 수 있다. 콜론(:)이 붙지 않은 이름은 타입이다. 콜론이 붙은 이름은 인스턴스로, 인스턴스 이름은 콜론 왼쪽에 온다. 그림 3.6의 계정 데이터베이스와 같이 이름이 없는 인스턴스는 이름이 콜론으로 시작한다.

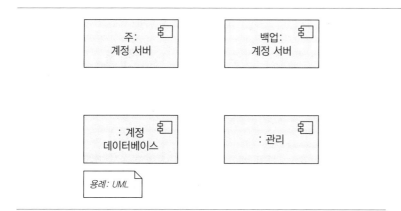

**그림 3.6**
원래 그림 3.1에서 제시됐던 C&C 뷰의 일부의 UML 표현. 이 일부분은 4개의 컴포넌트만 UML로 표현하는 방법을 보여준다. 주와 백업은 같은 컴포넌트 타입(계정 서버)의 인스턴스다

여러분이 작성하는 스타일 지침이나 뷰의 특정 타입인 경우에는 뷰의 요소 카탈로그 안에 UML 다이어그램의 컴포넌트 타입을 정의할 수 있다. 컴포넌트 타입의 모든 인스턴스에 공통적인 속성을 명세해야 한다. 뷰 특정 타입을 생성한다면 그림 3.7과 같이 타입 정의에 스테레오타입을 지정하는 것과 같이 스타일 지침에 정의된 타입에 타입 정의를 연결시켜야 한다.

아키텍처 뷰의 요소 카탈로그는 해당 뷰의 요소에 관한 정보를 제공한다. 요소 카탈로그는 10.1절에서 설명한다.

**그림 3.7**
C&C 컴포넌트 타입의 UML 표현. 계정 서버 컴포넌트 타입은 클라이언트-서버 스타일의 서버 컴포넌트 타입의 특수화다 (4.3.1절을 참조한다)

UML 포트는 C&C 포트와 의미가 일치한다. 보통 컴포넌트 타입에만 할 수 있지만, 그림 3.8의 왼쪽에서와 같이 UML 포트에 다수성을 장식으로 붙일 수 있다. 그림 3.8의 오른쪽에서 볼 수 있는 것처럼, 일반적으로 컴포넌트 인스턴스의 포트 숫자는 특정한 숫자로 묶인다. 동적으로 포트의 집합을 생성하고 관리하는 컴포넌트는 인스턴스 서술에 다수성 서술자를 갖고 있어야 한다.

**그림 3.8**
C&C 컴포넌트 타입(왼쪽)과 컴포넌트 인스턴스(오른쪽)에 UML 포트 표현. 계정 데이터베이스 컴포넌트 타입은 두 타입의 포트, 즉 서버와 관리(컴포넌트의 경계에 상자로 표현된 것)를 갖는다. 서버 포트는 다수성으로 정의되며, 이것은 포트의 여러 인스턴스가 어떤 대응되는 컴포넌트 인스턴스에 허용된다는 것을 의미한다

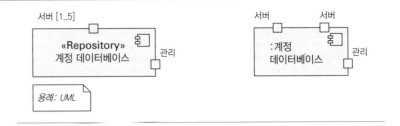

UML은 포트에 결합된 제공 인터페이스<sup>provided interface</sup>와 요구 인터페이스<sup>required interface</sup>를 보여주는 막대사탕과 소켓 표기법을 제공한다. 각 포트는 제공 및 요구 인터페이스의 임의적인 개수를 가질 수 있다. 그림 3.9는 그림 3.8과 같은 컴포넌트를 보여주지만, 이제 계정 데이터베이스 타입의 각 포트는 하나의 제공 인터페이스(막대사탕)를 포함하며, 메소드나 속성과 같은 추가적인 정보를 제공함으로써 UML로 더 정교하게 표현될 수 있다. 오른쪽의 계정 데이터베이스 인스턴스는 정확하게 두 개의 서버 포트를 가지며, 인터페이스는 생략돼 있다.

**그림 3.9**
계정 데이터베이스의 각 포트는 이제 하나의 제공 인터페이스(막대사탕)를 포함하며, 메소드나 속성과 같은 추가적인 정보를 제공함으로써 UML로 더 정교하게 표현될 수 있다. 오른쪽의 계정 데이터베이스 인스턴스는 정확하게 두 개의 서버 포트를 가지며, 인터페이스는 생략돼 있다

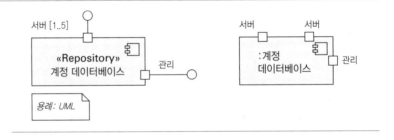

UML의 막대사탕/소켓 표기법은 주의해서 사용하지 않으면 혼동될 수 있다. 커넥터 상호작용 스타일이 호출-반환의 형식이라면 막대사탕과 소켓은 각각 제공되고 요구되는 호출에 대응된다. 클라이언트-서버 커넥터에서 단일 포트는 동시에 어떤 것을 제공하고 요구할 수 있으며, 이 경우에 막대사탕과 소켓으로 같은 포트를 장식한다. 그러나 '제공'하고 '요구'하는 것이 다른 직관성을 갖는 경우에는 이 표기법을 사용하지 않는 것이 좋다. 예를 들어 파이프-필터 시스템에서 필터 인터페이스가 '제공'하는 것과 '요구'하는 것은 무엇인가? 이 경우에 포트 그 자체를 문서화한다.

적절한 곳에서도 (인스턴스를 보여주는) C&C 뷰에서 막대사탕과 소켓을 일반적으로 생략하며, 컴포넌트 타입 정의에만 사용한다. 종종 다 갖추어진 인터페이스 상세가 컴포넌트 타입 정의로 제공되며, C&C 기본 프리젠테이션에는 포트만 나타난다. 이것은 인스턴스의 정확한 인터페이스 정의를 놓치지 않고서도 시각적인 혼란을 줄일 수 있다.

10장에서 설명하는 것처럼 기본 프리젠테이션은 (일반적으로) 아키텍처 뷰의 그래픽 부분이다.

### UML 커넥터

C&C 커넥터가 C&C 컴포넌트와 같이 의미론적으로 풍부하지만 UML 커넥터와 같지는 않다. UML 커넥터는 서브 구조와 특성, 행위 설명을 갖지 않는다. 이것은 C&C 커넥터를 좀 더 어렵게 표현하는 방법을 선택할 수 있게 하지만, UML 커넥터가 항상 풍부한 것은 아니다.

여러분은 '단순한' C&C 커넥터는 UML 커넥터(선)를 사용해 표현해야 한다. 일반적으로 많이 사용되는 C&C 커넥터는 함수 호출이나 데이터 읽기 오퍼레이션과 같은 잘 알려져 있고 애플리케이션 독립적인 의미론과 구현을 갖는다. 제공해야 할 정보가 커넥터 타입 뿐이라면 UML 커넥터가 적당하다. 호출-반환 커넥터call-return connector는 UML 어셈블리 커넥터assembly connector로 표현될 수 있으며, 컴포넌트의 요구 인터페이스(소켓)를 다른 컴포넌트의 제공 인터페이스(막대사탕)를 연결한다. 여러분은 스테레오 타입을 사용해 커넥트의 타입을 나타낼 수 있다. 프리젠테이션에 있는 모든 커넥터가 같은 타입이라면 시각적인 혼란을 감소시키기 위해 각 커넥터에 명시적으로 하는 것보다는 주석으로 한 번만 표시할 수 있다. 결합은 컴포넌트의 포트에 커넥터의 엔드포인트를 연결함으로써 표현한다. 그림 3.10은 이들 엔드포인트의 일부를 보여준다.

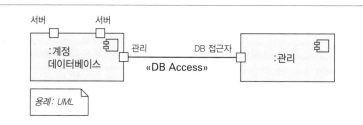

**그림 3.10**
두 컴포넌트 사이의 단순한 C&C 커넥터의 UML 표현. 커넥터의 타입은 스테레오 타입(이 경우에는 《DB Access》)으로 주석을 단다

커넥터 역할$^{role}$은 UML 커넥터로는 명확하게 표현할 수 없다. UML 커넥터 요소에는 인터페이스를 포함할 수 없기 때문이다(반면에 UML 포트에는 인터페이스가 허용된다). 가장 근접한 방법은 커넥터 끝에 라벨을 붙이는 것이다. 그리고 이 라벨을 사용해 다른 곳에 문서화돼야만 하는 역할 서술을 식별한다.

또한 속성-값 쌍과 같이 간단한 서술 정보만 제공하면 된다면 태그값$^{tagged\ value}$ 또는 주석을 사용해 UML 커넥터에 결합한다.

여러분은 UML 컴포넌트를 사용하거나, 또는 선으로 표현되는 UML 커넥터에 태그로 주석을 달거나 복잡한 커넥터의 의미를 설명하는 보조 문서로 '풍부한' C&C 커넥터를 표현해야 한다.

그림 3.11은 UML 커넥터를 사용해 C&C 커넥터를 표현하는 예를 보여준다. 이 접근 방법에서 역할은 UML 포트로 표현돼 있다. 결합$^{attachment}$ 관계는 컴포넌트의 UML 포트와 UML 커넥터를 사용하는 커넥터를 결합함으로써 표현한다. C&C 컴포넌트와 동일한 그래픽 관례를 사용하는 것이 이상적인 것은 아니지만, 때로는 UML에서 필요하다.

**그림 3.11**
3개의 컴포넌트를 연결하는 데 사용된 '풍부한' C&C 커넥터의 UML 표현. 출판-구독 커넥터는 UML 컴포넌트를 사용해 표현돼 있다. 이것의 역할은 UML 포트를 사용해 표현된다. C&C 포트와 역할 사이의 결합은 각 UML 포트 사이의 UML 커넥터를 사용해 표현돼 있다

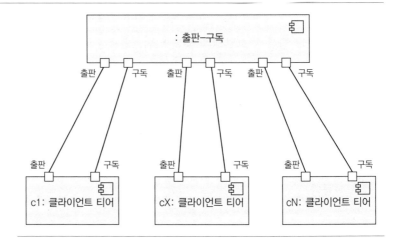

이 장의 관점 '복잡한 커넥터가 필요한가?'를 참조한다.

때로는 복잡한 커넥터를 설명하는 태그가 붙은 (아마도 스테레오 타입을 갖는) 직선을 사용하는 것이 더 낫다. 예를 들어, 10개의 클라이언트가 있고, 각 클라이언트가 같은 중요한 비동기적인 프로토콜상에서 서

버와 커뮤니케이션한다고 하자. 10개의 추가적인 컴포넌트를 도입하
면 상당히 혼란을 가져올 것이다. 이 경우에는 적어도 스테레오 타입을
갖는 직선 커넥터가 명확하다.

## UML C&C 기본 프리젠테이션

그림 3.11의 C&C 기본 프리젠테이션은 4장에서 설명하는 클라이언
트-서버와 출판-구독, 공유 데이터 스타일을 결합시킨 결합 뷰의 예다.
그림 3.12와 3.13은 같은 정보를 UML로 표현하는 방법을 보여준다.

　　그림 3.12는 뷰에 특정한 컴포넌트-커넥터 서브 타입을 정의한다.
각 타입은 UML 스테레오 타입을 사용해 3개의 인용된 스타일 지침 중
하나에 정의된 대응되는 컴포넌트나 커넥터 타입을 식별한다. 다수성이
일부 포트에 결합돼, 여러 연결이 허용되는 곳을 표시하며 연결 개수의
한계를 설정한다. 이 정보는 뷰의 요소 카탈로그에 있어야 한다.

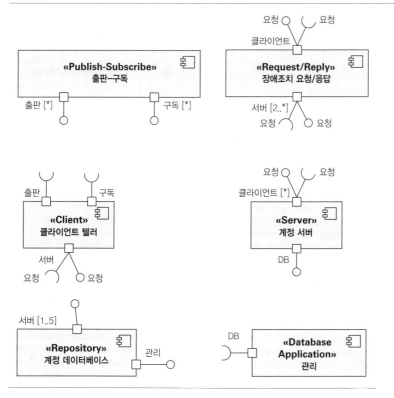

**그림 3.12**
UML로 표현한 그림 3.11의 컴
포넌트-커넥터 타입. 각 타입은
스테레오 타입을 사용해 뷰 특
정한 서브 타입을 스타일 지침
에 정의된 타입을 연결한다

그림 3.13은 UML을 사용해 표현한 뷰의 기본 프리젠테이션을 보여준다. 출판-구독 커넥터와 마찬가지로 장애조치 요청/응답 커넥터도 UML 컴포넌트를 사용해 표현됐다. 이것은 장애조치 의미론의 세부사항을 형식적으로 문서화할 수 있도록 하며, n차수 커넥터의 표현을 단순하게 한다.

**그림 3.13**
UML로 표현한 그림 3.11의 기본 프리젠테이션

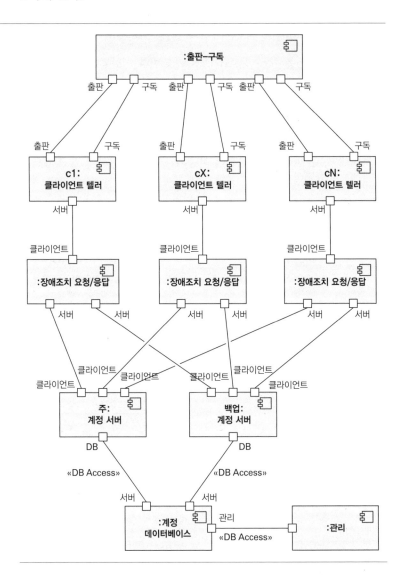

UML로 기본적인 C&C 개념을 표현하는 것과 관련해 제시된 조언과 함께, 그림 3.11로부터 함축된 가변성을 표현한 방법을 결정해야만 한다. 이 그림은 클라이언트 텔러 컴포넌트의 가변적인 개수에 대한 직관성을 제공하며, 어떤 컴포넌트도 어느 시점에서는 계정 서버 컴포넌트의 하나 또는 양쪽 모두와 연결될 수 있다는 것을 나타낸다.

UML과 같은 준형식적인 표기법을 사용하는 것은 비형식적인 버전에서보다는 좀 더 정교하게 의미를 전달할 수 있게 된다. UML 인스턴스 다이어그램을 사용하면 컴포넌트의 가변적인 개수를 표현하는 것이 쉽지 않다. 우리는 클라이언트 텔러 컴포넌트에 c1, cX, cN을 사용해 클라이언트의 임의적인 개수(1..N)를 표현하는 이름 규약을 사용했다. 이것이 표준 UML 규약은 아니기 때문에 그 의미를 뷰에 문서화해야만 한다.

UML은 직관적인 방식으로 C&C 컴포넌트를 문서화할 수 있는 많은 적당한 모델링 요소를 포함하지만 시각적으로는 지루하다. 비형식적인 C&C 표기법이 컴포넌트마다 다른 도형을 사용해 중요한 구분을 강조하지만, 모든 UML 컴포넌트 타입은 그래픽적으로는 같은 사각형 상자를 사용해 표현한다. UML은 이론적으로는 이러한 시각적 맞춤화를 허용하지만, 도구들이 이 기능을 잘 지원하지 않는다. 마찬가지로, 커넥터의 타입을 예를 들어 서로 다른 선으로 표현하는 규약을 주석으로 표현함으로써 빨리 구별할 수 없다. 그 대신, 독자는 선 위에 또는 상자 안에 텍스트로 구별해야 하며, 또한 이것은 시각적인 혼란을 가져올 가능성이 있다.

---

**조언**

## C&C용 UML

- C&C 컴포넌트와 포트 모델링에 UML 컴포넌트와 포트를 사용한다.
- UML에서 꼭 해야 하지 않더라도 항상 컴포넌트의 포트를 명확하게 보여준다.

- 컴포넌트나 커넥터 인스턴스의 타입이 스타일 지침에 정의돼 있다면 뷰에 《stereotype》을 사용해 표시한다. 해당 타입의 뷰의 특정하다면 인스턴스 이름 안에 콜론 다음에 이름이 표시되게 한다.
- 간단한 C&C 커넥터는 직선 UML 커넥터 또는 (호출-반환 커넥터라면) UML 어셈블리 커넥터(막대사탕/소켓 쌍)로 표현한다.
- 복잡한 C&C 커넥터는 아마도 서브 구조를 갖는 UML 컴포넌트로 또는 커넥터의 의미를 설명하는 태그로 주석 처리된 직선 UML 커넥터로 표현한다.
- 호출-반환 커넥터에만 UML의 막대사탕/소켓 커넥터를 사용한다. 다른 경우에는 사용하지 않는다.
- 컴포넌트에 직접 커넥터를 결합하지 않는다. 컴포넌트의 특정한 포트에 커넥터를 결합한다.

관점

### 데이터 흐름과 제어 흐름 모델

오랫동안 소프트웨어 시스템을 문서화하는 데 두 가지 표현(아주 오랫동안, 실로 오늘날 우리가 낡았다고 간주하는 것)이 데이터 흐름data flow과 제어 흐름control flow 모델이다. 이들 모델은 실행되는 동안에 데이터와 제어가 시스템에 어떻게 흘러가는지를 보여준다. 구조적 분석structured analysis에서 데이터 흐름 다이어그램data flow diagram을 기억하는가? 이 다이어그램이 데이터 흐름 모델의 표기법의 예며, 아마도 가장 잘 알려진 예다. 부모 세대로 거슬러 올라가면 흐름 차트flow chart가 제어 흐름 모델의 표기법이다. 한때 소프트웨어 문서화의 보편적인 형식이었지만, 둘 다 잘 사용되지 않는다. 그러나 아직도 실무에서는 발견할 수 있다. 많은 소프트웨어 엔지니어들이 예를 들어, 데이터 흐름 다이어그램이 아키텍처의 C&C 뷰와 유사하다고 훈련을 받았고, "어떤 차이가 있지요?"라고 묻는다.

많다. 먼저, 프로그램에서의 노드가 아키텍처 요소(예를 들어, 프로그램 부분)가 아니라면 다이어그램은 간단하게 아키텍처적이지 않다. 그러나 표현된 요소가 아키텍처 요소라면 어떤가? 그러면 아키텍처 다이어그램이라고 말할 수는 있지만, 아직도 완전한 아키텍처 뷰는 아니다. C&C 뷰에는 포트와 커넥터 프로토콜이 명시된 기능이 풍부한 커넥터, 행위 및 인터페이스 문서, 가변성 메커니즘, 그리고 설계 근거가 표현돼야 한다.

데이터 흐름 모델과 제어 흐름 모델 둘 다 대응되는 C&C 뷰의 파생물로서 볼 수 있다. 여러분은 컴포넌트 사이의 어떤 방향으로 데이터가 흘러가는지를 결정하기 위해 커넥터 프로토콜을 검토하고, 그다음에 데이터 흐름을 나타내는 간단한 하나 또는 두 개의 화살촉을 가진 화살표로 데이터를 이동시키는 C&C 커넥터를 대체하고 데이터를 이동시키지 않는 C&C 커넥터를 제거함으로써 C&C 뷰로부터 데이터 흐름 모델을 파생시킬 수 있다. 비슷한 접근 방법으로 제어 흐름 모델을 파생시킬 수 있다.

그러나 어떻게 해야 할까? 무엇보다도 먼저, 커넥터를 화살표로 대체하는 것이 말한 것처럼 쉽지 않다. 단순한 커넥터라도 관련된 어려움에 대한 논의에 대해서는 P.5절의 관점 '화살표의 의미'를 참조한다. 이제 커넥터가 예외 처리, 타임아웃, 콜백, 또는 다중 단계 협상 프로토콜을 포함하는 복잡한 커넥터를 화살표로 대체하는 것을 상상해보자.

두 번째로, 가장 간단한 아키텍처를 제외하고는 거의, 파생된 모델을 포함하지만 완전한 C&C 뷰 대응이 아닌 아키텍처 문서를 만들기를 원하지 않을 것이다. 그렇다 하더라도 데이터 흐름 모델 또는 제어 모델은 논의를 단순하게 하고 특정한 속성에 집중하기 위해 뷰의 일정한 관점만 강조하지만, 이들 속성은 완전한 뷰에서 강조될 수 있다. 그리고 이들을 별도로 유지하는 것은

흐름 차트는 가장 완전히 지나치게 사용된 프로그램 문서화의 일부다. ... 상세히 묘사된 흐름 차트 ... 는 초보자가 알고리즘을 생각하기 시작할 때만 적당한 쓸데없이 성가신 것이다.

– 프레드 브룩스, 『맨먼스 미신: 소프트웨어 공학에 관한 에세이』(인사이트, 2015)

프롤로그의 관점 '화살표의 의미'를 참조한다.

유지할 문서를 많게 한다. 도구가 뷰와 파생된 모델을 서로 일관성을 갖도록 유지하게 할 가능성이 없기 때문이다. 이들이 변경될 때 수작업으로 해야 한다.

세 번째로, 데이터 흐름이나 제어 흐름 모델을 사용해 수행하기를 원하는 대부분의 분석에서 이들 모델이 던져버리는 완전한 C&C 뷰에서 정보가 필요할 것이다. 예를 들어 제어 흐름 다이어그램은 컴포넌트들의 연합체 안에서 버그를 추적할 때 유용하다. 그러나 이들 컴포넌트가 상호작용하는 방법을 나타내는 프로토콜 명세도 그렇다.

데이터 흐름과 제어 흐름 모델은 이들 노드가 아키텍처 요소인 경우에만 아키텍처적이다. 그러나 이들 노드가 아키텍처 요소라고 하더라도 기껏해야 완전한 아키텍처 뷰의 그림자일 뿐이다. 이들을 생성하고 유지하는 데 투자하기 전에 주의깊게 생각해야 한다.

– D.G.와 P.C.

## 3.5   다른 뷰와의 관계

컴포넌트-커넥터 뷰는 기본적인 방식에서 다른 모듈 뷰와 다르다. 특별히 C&C 뷰의 요소는 런타임 실체의 인스턴스를 표현하는 반면에, 모듈 뷰의 요소는 구현 실체를 표현한다. 예를 들어 10개의 동일한 클라이언트가 하나의 서버에 연결돼 있는 시스템을 생각해보자. 모두 11개의 컴포넌트와 10개의 커넥터가 있다. 그러나 (뷰 사이의 가장 단순한 매핑을 가정한다면) 정확하게 2개의 모듈만 있을 뿐이다.

중요한 고려사항은 시스템의 C&C와 모듈 뷰를 연관시키는 방법이다. 보통 시스템의 C&C 뷰와 모듈 뷰 사이의 관계는 복잡하다.

- 같은 코드 모듈을 C&C 뷰의 여러 요소가 실행할 수 있다.
- C&C 뷰의 단일 컴포넌트가 여러 모듈에서 정의된 코드를 실행할 수 있다.

- C&C 컴포넌트는 환경과의 많은 상호작용의 위치를 가질 수 있으며, 이들 각각은 같은 모듈 인터페이스로 정의된다.
- 모든 모듈이 반드시 모든 모듈 뷰에 나타날 필요가 없기 때문에, C&C 뷰에 있는 컴포넌트가 특정한 모듈 뷰에 있는 어떤 모듈과도 전혀 매핑되지 않을 수도 있다.

그림 3.14는 같은 시스템의 모듈 뷰와 C&C 뷰를 모두 보여준다.

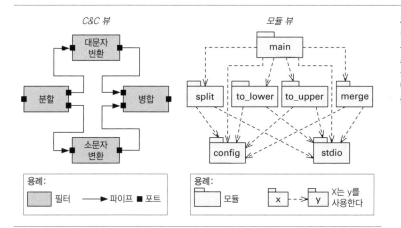

**그림 3.14**
같은 시스템의 컴포넌트–커넥터 뷰와 모듈 뷰. 이 시스템은 문자 스트림을 입력으로 받아들여서 원래와 동일하지만 대소문자가 변경된 새로운 문자 스트림을 산출하는 간단한 시스템이다

- 모듈 뷰는 C 프로그래밍 언어를 사용하는 전형적인 구현을 표현한다. 이 뷰에서 모듈 사이의 관계는 2장에서 설명한 '사용하다'이다. main 모듈은 시작하면 4개의 모듈(to_upper, to_lower, split, merge)을 사용해 작업을 수행한다. main 모듈은 config 설정 모듈을 사용해 한 곳으로부터의 입력을 다른 곳으로 어떻게 전달할지를 결정한다. to_upper, to_lower, split, merge는 표준 I/O 라이브러리(stdio)를 사용해 커뮤니케이션을 수행한다. 코드 관점에서 이들 작업자 모듈은 서로의 서비스를 직접 사용하지 않지만, 그보다는 I/O 라이브러리를 통해 수행한다.
- C&C 뷰는 파이프–필터 스타일에서 설명하는 같은 시스템을 보여준다. 각 컴포넌트는 문자 스트림을 전송하는 필터다. 컴포넌트 사이의 커뮤니케이션 경로는 명확하며, 런타임 동안에 파이프 커넥터

파이프–필터 스타일은 4.2.1절에서 설명한다.

가 컴포넌트 사이에 데이터 스트림의 커뮤니케이션을 중재할 것이라는 것을 나타낸다.

시스템의 모듈 뷰의 요소와 C&C 뷰의 요소 사이의 대응은 하나 이상의 뷰에 적용되는 문서화의 부분으로서 문서화돼야 한다. 뷰 사이의 이러한 매핑은 10.2절에서 설명한다.

이들 두 뷰 사이의 매핑은 표 3.2에 예시돼 있다. 어떤 모듈이 어떤 C&C 요소의 구현에 기여하는지를 보여준다. 여러분이 볼 수 있는 바와 같이 각 뷰의 많은 요소에 대해 다대다 관계가 있다.

**표 3.2** 그림 3.14의 모듈과 C&C 뷰 사이의 매핑

| C&C 뷰 | 모듈 뷰 |
| --- | --- |
| 시스템 전체 | main |
| 분할 | split, config, stdio |
| 소문자 변환 | to_lower, config, stdio |
| 대문자 변환 | to_upper, config, stdio |
| 병합 | merge, config, stdio |
| 각 파이프 | Stdio |

그러나 많은 상황에서 모듈과 C&C 뷰는 좀 더 직접적인 관계를 갖는다. 실제로 이들 두 종류의 뷰 사이의 자연적인 대응성을 갖는 시스템은 보통 훨씬 더 쉽게 이해하고, 유지하며 확장할 수 있다. 두 가지 예는 다음과 같다.

- 각 컴포넌트는 클래스와 같은 구현 모듈과 관련될 수 있는 타입을 갖는다. 이 경우에 일반적으로 컴포넌트 타입의 이름은 대응되는 모듈과 같도록 해 간단하게 두 뷰가 연관성을 갖도록 한다.
- 각 모듈은 관련된 하나의 런타임 컴포넌트를 가지며, 커넥터는 프로시저 호출$^{calls\ procedure}$ 커넥터로 제한된다. 이것은 각 클래스가 하나의 인스턴스를 갖는 객체지향을 구현하는 경우가 해당된다.

배포 뷰는 5.2절에서 설명한다.

C&C 뷰와 모듈 뷰 사이의 관계와 함께, 보통 C&C 뷰와 배포 뷰 사이의 밀접한 대응 관계도 있다. C&C 뷰는 런타임 요소를 포함하기 때문에 이들 요소를 할당 뷰를 사용해 이들이 실행되는 물리적인 플랫폼과 커뮤니케이션 채널로 연관시키는 것이 유용하다.

## 3.6 요약 체크리스트

- 컴포넌트-커넥터 뷰는 프로세스, 객체, 클라이언트, 서버, 데이터 저장소와 같은 런타임 존재를 가진 요소로 구성된 구조를 서술한다. 이와 함께 C&C 뷰는 통신 연결과 프로토콜, 정보 흐름, 공유 저장소 접근과 같은 상호작용의 경로를 요소로서 포함한다.
- 컴포넌트-커넥터 뷰는 타입이 아니라 인스턴스를 보여준다. 스타일 특정 타입은 스타일 지침에 정의한다. 애플리케이션 특정 타입은 뷰 문서에 서술한다.
- 컴포넌트를 포트라고 하는 인터페이스를 갖는다.
- 커넥터는 역할이라고 하는 인터페이스를 갖는다.
- 커넥터는 이진일 필요는 없다. 두 개 이상의 역할을 가질 수 있다.
- 컴포넌트 기본 목적이 컴포넌트 집합 사이의 상호작용을 중재하는 것이라면, 그 대신에 커넥터로 표현하는 것을 검토한다.
- 커넥터는 복잡한 상호작용 형식을 표현할 수 있으며, 보통 그렇게 한다. 의미론적으로 단순한 프로시저 호출과 같이 보이는 것이 타임아웃과 에러 처리, 그리고 서비스 공급자의 위치 검색의 런타임 프로토콜을 포함하는 분산된 설정 안에서 수행될 때 복잡할 수 있다.
- 적절한 스타일 지침을 참조함으로써 어떤 스타일을 사용하고 있는지 명확하게 한다.
- 도움이 되는 곳에 뷰에 특정한 컴포넌트-커넥터 타입을 대응되는 C&C 스타일에서 정의된 타입의 특수화로서 정의한다. 이들은 유사한 컴포넌트 사이의 의미론적 관계를 나타내고, 이들 기능을 구현하는 모듈 타입 사이의 대응을 수립하는 데 도움을 준다.
- 항상 컴포넌트의 포트를 명확하게 보여준다. 항상 커넥터를 직접 컴포넌트가 아니라 컴포넌트의 포트에 결합한다.
- 데이터 흐름과 제어 흐름 모델은 C&C 뷰의 투영으로서 생각할 수 있지만, 이들이 뷰는 아니다. 이러한 모델을 생성할 때 의미론적 기준에 관해 명확하게 한다. 데이터 흐름과 제어 흐름 화살표는 기껏해야 커넥터와 유사한 것일 뿐이며, 커넥터가 좀 더 완전하게 컴포

넌트의 상호작용을 정의한다.

- 보통 C&C 뷰의 컴포넌트와 모듈 뷰의 각각의 구현 단위 사이에 매핑을 이해하는 것이 중요하다. 일반적으로 다대다 매핑이 이루어진다.

- 비형식적인 상자와 선 그림에서부터 완전히 형식적인 분석할 수 있는 서술에 이르기 까지 형식화의 스텍트럼을 사용해 C&C 스타일을 문서화할 수 있다. UML은 C&C 스타일을 표현하는 준형식적 표기법의 예다.

## 3.7   생각해볼 문제

1. C&C 뷰는 시스템이 실행되는 모습을 보여준다고 한다. 그렇다면 시스템이 실행되는 모습이란 무엇을 의미할까? 이것이 시스템이 실행되는 스냅샷 또는 실행 추적, 모든 가능한 추적의 결합, 또는 몇 가지 조합, 또는 다른 어떤 것을 보여준다는 것을 의미할까?

2. 이미 언급했듯이 컴포넌트는 여러 가지 중복된 의미를 갖는다. C&C 뷰의 컴포넌트와 (a) UML의 컴포넌트와 (b) 컴포넌트 기반 소프트웨이 공학 커뮤니티에서 말하는 컴쏘넌트와의 관계를 설명한다.

3. ESB[enterprise service bus], CORBA, 또는 COM과 같은 커뮤니케이션 프레임워크는 컴포넌트 사이의 커넥터로서, 또는 자신의 서브 구조를 갖는 컴포넌트로 볼 수 있다. 어떤 것이 적절한가? 그리고 왜인가?

4. 그림 3.15는 전자상거래 상점에 대한 개요 아키텍처 다이어그램을 보여준다. 여러분이 신입 사원이라서 조직이 사용하는 기호에 대한 지식이 없거나, 또는 아마도 예전에 작성했지만 지금 다시 되돌아가 검토해야 하는 상황이라고 가정하자. 이 다이어그램을 논의해보자. 여러분이 잘못됐다고 생각하는 부분을 나열하고, 그 의미를 이해하기 위해 필요한 질문(그리고 다이어그램만으로는 알아낼 수 없는 것)을 나열한다.

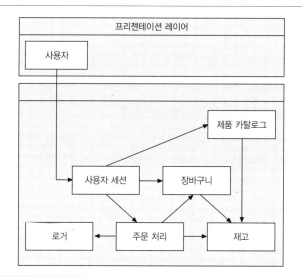

**그림 3.15**
개요 아키텍처 다이어그램. 잘
못된 곳은 어디인가? 다이어그
램으로는 알아낼 수 없는 질문
은 무엇인가?

5. 그림 3.15를 논의한 후에 여러분이 빠졌다고 생각하는 정보를 나열
하고, 다이어그램을 보완해 일관성 있도록 만들어 본다. 다이어그램
이 코드 기반 실체나 런타임 실체, 또는 둘 다를 서술하겠다고 결정
했는가? 레이어라고 하는 상자가 사실상 레이어인가 아니면 다른
어떤 것인가? 화살표가 의미하는 것은 무엇인가?

## 3.8  더 읽을거리

두 개의 컴포넌트를 커넥터로 서로 끼워 맞출 수 있다고 생각했지만,
컴포넌트가 올바른 프로토콜을 구현하지 않았거나, 또는 그렇지 않으
면 해당 커넥터의 예상과 잘 맞지 않았다는 것을 발견하기만 했다는
많은 아키텍트의 이야기를 알고 있다. 이것은 매칭이 분명하지 않을
때 정상성을 작성하라고 우리가 규정한 이유다. 요소가 맞지 않는 경
우에 신중하게 처리하는 방법에 대해서는 갈란과 앨런[Allen], 오커불름
[Ockerbloom](1995)의 논문을 참조한다.

아키텍처를 단순히 컴포넌트의 조합으로 다루고 싶은 유혹을 받겠
지만, 커넥터를 최고 등급의 아키텍처 상태로 끌어올려서 얻을 수 있는
커다란 개념적인 이점이 있다. 메리 셔(1996b)는 유차한 논쟁으로 이것

을 강조한다. 쇼와 갈란(1996)은 최고 등급의 실체로서 커넥터의 의미
론적 기반을 마련했다.

컴포넌트와 커넥터 뷰는 성능, 신뢰성, 보안, 개인성과 같은 품질의
형식적인 분석의 기반을 제공할 수 있다. 갈란과 스키멜Schmerl(2006)은
이러한 분석의 광범위한 개요를 제공한다.

많은 아키텍처 서술 언어가 1990년대에 생성됐다. 메드비도빅과
테일러(1997)는 이들을 간단히 살펴보고 그 세대의 멤버를 비교했다.
오늘날에는 몇 개만 언급할 가치가 있다. Acme는 초기 세대의 언어
(www.cs.cmu.edu/~acme [Acme 2009])다. AADL은 그 세대로부터 한
세대 직계 자손이다. 부록 C에는 AADL의 아키텍처 중심적인 개요를
제공하며, aadl.info 웹사이트에서는 전체 내용을 제공한다. 야후! 파
이프Yahoo! Pipes도 아주 스타일 특정한 것이지만 ADL로 간주될 수 있다.
pipes.yahoo.com/pipes(Yahoo! 2010)와 4장의 야후! 파이프 예제를
참조한다.

# 몇 가지 컴포넌트 –커넥터 스타일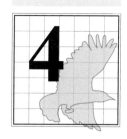

## 4.1 C&C 스타일 개요

컴포넌트–커넥터$^{C\&C, \text{ component-and-connector}}$ 스타일은 컴포넌트–커넥터 타입의 특정한 집합을 소개하며 이들 타입의 요소가 결합될 수 있는 방법에 관한 규칙을 명세한다. 이와 함께 C&C 뷰가 시스템의 런타임 관점을 잡아내기 때문에, C&C 스타일은 일반적으로 데이터와 제어가 이 스타일로 설계된 시스템에 어떻게 흘러가는가를 규정한 컴퓨팅 모델과 관련된다.

C&C 스타일은 대개 시스템의 런타임 구조의 본질에 따라 선택된다. 예를 들어, 시스템이 레거시 데이터베이스에 접근할 필요가 있다면 공유 데이터 스타일에 기반을 둘 가능성이 많다. 또는 시스템이 데이터 스트림 변환을 수행한다면 데이터 흐름 스타일이 선택될 가능성이 높다.

또한 문서화의 사용 의도에 따라 스타일이 선택될 것이다. 예를 들어 높은 성능이 중요한 속성이면, 성능 분석이 가능한 스타일이 선택돼, 시스템 품질을 평가하는 데 영향을 미치는 트레이드오프를 수행할 수 있도록 할 것이다.

많은 C&C 스타일이 있다. 이들 스타일의 영역을 이해하기 위해서 일반적으로 사용되는 C&C 스타일의 몇 가지 광범위한 카테고리를 설명하면서 시작하겠다. 그리고 그다음에 각 카테고리에서 좀 더 상세한 하나 이상의 예제 스타일을 살펴본다.

C&C 스타일의 영역은 아주 크다. 예를 들어, C&C 스타일은 그들이 지원하는 커넥터의 타입에 따라서 아주 달라질 수 있다. (출판-구독과

4.9절에서 십여 개의 C&C 스타일에 관한 참조 문서를 제공한다.

같은) 비동기 이벤트 브로드캐스트에 기반을 둔 스타일은 동기적 서비스 호출을 기반으로 하는 것과 아주 다르다. 마찬가지로 스타일은 그것이 허용하거나 요구하는 컴포넌트의 타입에 따라서 다를 수 있다. 예를 들어서 일부 스타일은 데이터베이스 컴포넌트의 존재를 필요로 한다. 다른 스타일은 런타임에 컴포넌트가 다른 것을 찾을 수 있는 레지스트리 컴포넌트를 요구할 수도 있다. 컴포넌트가 티어에 할당되는지 여부와 같은 토폴로지 제약사항에 따라서 스타일이 달라질 수도 있다. 또한 도메인 특수성 수준에 따라서 달라질 수도 있다. 예를 들어 자동 통제 시스템을 지원하는 스타일은 실시간 조율을 위한 특정한 프로토콜을 표현하는 커넥터를 포함할 가능성이 많다. 해결하는 애플리케이션 도메인의 본질에 따라 유사하게 모호한 (또는 그렇게 모호하지는 않은) 방식으로 다른 십여 가지 클라이언트-서버 스타일이 있다. 예를 들어, 몇몇 클라이언트-서버 스타일은 서비스 요청의 늦은 바인딩late binding을 허용해, 요청의 수신자가 동적으로 결정될 수 있다. 다른 것은 시스템이 구축되고 배포될 때 결정되는 정적인 설정을 강조한다.

C&C 스타일 영역에서 몇 가지 개념적인 질서를 부여하는 하나의 방법은 해당 컴퓨팅 모델에 의해 우선적으로 구별되는 스타일의 여러 개의 광범위한 카테고리를 검토하는 것이다. 이 장에서는 이러한 네가지 카테고리로 예제를 검토하기로 한다.

6.1.4절에서는 일반적인 스타일에서 도메인 특정한 스타일과 제품 라인까지 스타일을 점진적으로 특수화하는 방법을 설명한다.

- 호출-반환call-return 스타일: 다른 컴포넌트가 제공하는 기능을 동기적으로 호출해 컴포넌트가 상호작용하는 스타일
- 데이터 흐름data flow 스타일: 시스템에서 데이터의 흐름에 의해 연산이 주도되는 스타일
- 이벤트 기반event-based 스타일: 비동기적 이벤트나 메시지를 통해서 컴포넌트가 상호작용하는 스타일
- 레파지토리repository 스타일: 지속적인 공유 데이터의 대규모 컬렉션을 통해서 컴포넌트가 상호작용하는 스타일

이와 함께 티어 토폴로지 부과, 그리고 동시성의 추론을 허용하는 확장과 같은 여러 가지 횡단 스타일 이슈에 대해서도 고려한다.

그림 4.1은 전체 영역의 일부분에 대한 개괄적인 뷰를 제공한다. 이 그림은 일종의 C&C 뷰 특수화 계층도로서 해석될 수 있다. 가장 상위에는 가장 일반적이고 제약이 없는 C&C 뷰 형식이 있다. 즉, 위치와 행위, 요소 속성에 제약이 없는 일반적인 컴포넌트와 커넥터를 사용하는 것이다. 그 아래에는 주로 해당 컴퓨팅 모델로 구별되는 일반적인 C&C 스타일 카테고리가 있다. 그 아래는 이들 일반적인 스타일의 특수화가 있다. SOA^Service-Oriented Architecture 스타일의 경우에서처럼 특정한 스타일이 하나 이상의 일반적인 카테고리를 특수화할 수 있다는 점에 주목한다.

4.6.1절에서는C&C 스타일에 동시성을 추가하는 방식의 프로세스 통신을 설명한다. 4.6.2절에서는 C&C 아키텍처에 일반적인 티어의 개념에 대해 설명한다.

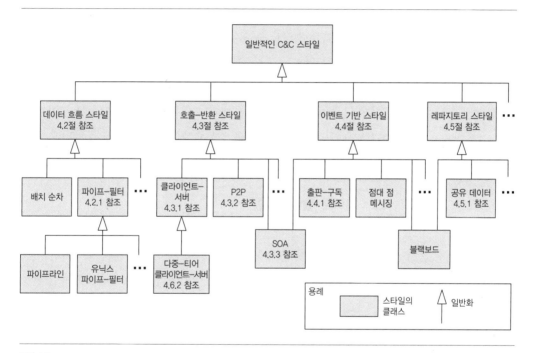

**그림 4.1**
C&C 스타일 영역의 부분 표현

당연히 이것은 C&C 스타일 영역의 일부분을 표현한 것이다. 다른 일반적인 카테고리가 있으며, 이들 카테고리의 특수화된 스타일이 많이 있다. 추가적으로 대부분의 실제 시스템에서 보통 카테고리에 걸쳐 있는 여러 스타일이 함께 사용될 수 있다. 예를 들어 기업 IT 애플리케이

6.6절에서 하나 이상의 스타일을 결합하는 뷰를 문서화하는 방법에 대해 설명한다.

션은 클라이언트-서버와 공유 데이터 스타일의 결합이 주로 사용된다.

## 4.2 데이터 흐름 스타일

데이터 흐름 스타일<sup>data flow style</sup>은 데이터 변형자<sup>data transformer</sup>와 커넥터로서 역할을 하는 컴포넌트가 한 컴포넌트의 출력으로부터 다른 컴포넌트의 입력으로 데이터를 전송하는 컴퓨팅 모델을 구체화한다. 데이터 흐름 스타일의 각 컴포넌트 타입은 일련의 입력 포트와 출력 포트를 갖는다. 입력 포트에서는 데이터를 소비하고, 출력 포트에 변형된 데이터를 쓴다.

실제로는 다양한 데이터 흐름 스타일이 있다. 컴퓨팅 초기에 일반적인 데이터 흐름 스타일 중 하나는 '배치 순차<sup>batch sequential</sup>'였다. 이 스타일에서 각 컴포넌트는 모든 데이터를 변형시켜 다음 컴포넌트가 그 결과를 소비할 수 있게 한다. 나중에 컴포넌트가 동시에 실행돼 데이터가 점증적으로 처리되도록 하는 데이터 흐름 스타일의 형식이 고안됐다. 오늘날 데이터 흐름 스타일은 스트림 처리가 발생하는 도메인에 일반적이며, 전체 연산은 변형 단계의 집합으로 분할될 수 있다.

### 4.2.1 파이프-필터 스타일

#### 개요

파이프-필터 스타일<sup>pipe-and-filter style</sup>에서 상호작용 패턴은 데이터 스트림의 연속적인 변형이다. 데이터가 필터의 입력 포트에 도착하면 변형된 다음에 출력 포트를 거쳐 파이프를 통해서 다음 필터로 전달된다. 단일 포트가 여러 포트로부터 데이터를 소비하거나 여러 포트에 데이터를 산출할 수 있다. 이러한 시스템의 현대적인 사례로는 시그널 프로세싱 시스템과 유닉스 파이프를 사용해 구축된 시스템, 아파치<sup>Apache</sup> 웹 서버의 요청 처리 아키텍처, 검색 엔진용 맵리듀스 패러다임, RSS 피드 처리용 야후! 파이프, 그리고 실험 데이터의 방대한 스트림을 처리하고 분석해야 하는 많은 과학 계산 시스템이 있다.

## 요소, 관계, 속성

표 4.1에 요약돼 있는 파이프-필터 스타일의 기본적인 형식은 하나의
컴포넌트 타입(필터$^{filter}$)과 하나의 커넥터 타입(파이프$^{pipe}$)을 제공한다.
필터는 하나 이상의 파이프로부터 받은 데이터를 변형해 그 결과를 하
나 이상의 파이프를 통해서 전송한다. 일반적으로 파이프는 동시에 점
증적으로 실행된다. 파이프는 한 필터의 출력 포트로부터 데이터 스트
림을 다른 필터의 입력 포트로 전달하는 커넥터다. 파이프는 단방향 도
관과 같이 순서를 보존하고, 필터가 생성한 데이터를 전송하는 버퍼를
갖는 커뮤니케이션 채널을 제공하는 행위를 한다. 순수한 파이프-필터
스타일에서 필터는 파이프를 통해서만 상호작용한다.

**표 4.1** 파이프-필터 스타일 요약

| 요소 | • 필터(filter): 입력 포트에서 읽은 데이터를 변형해 출력 포트에 쓰는 컴포넌트. 일반적으로 필터는 동시에 점증적으로 실행된다. 속성은 처리율, 입/출력 데이터 형식, 필터가 수행하는 변형이다.<br>• 파이프(pipe): 필터의 출력 포트로부터 데이터를 다른 필터의 입력 포트로 전달하는 커넥터. 파이프는 단일 데이터-입력과 단일 데이터-출력 역할을 가지며, 데이터 항목의 순서를 보존하고 전달되는 데이터를 변경시키지 않는다. 속성은 버퍼 크기, 상호작용 프로토콜, 파이프로 전달되는 데이터 형식이다. |
|---|---|
| 관계 | 결합(attachment) 관계는 필터 출력 포트와 파이프의 데이터-입력(data-in) 역할, 그리고 필터의 출력 포트와 파이프의 데이터-출력(data-out) 역할을 연관시킨다. |
| 컴퓨팅 모델 | 데이터는 필터가 수행하는 일련의 변형을 통해 시스템의 외부 입력으로부터 외부 출력으로 변형된다. |
| 제약사항 | • 파이프는 필터 출력 포트와 필터 입력 포트를 연결한다.<br>• 연결된 필터는 연결 파이프를 따라 전송되는 데이터 타입에 동의해야 한다.<br>• 스타일의 특수화는 컴포넌트의 연관를 파이프라인(pipeline)이라고 하는 비순환 그래프나 순차적 순서로 제한할 수 있다.<br>• 다른 특수화는 컴포넌트가 stdin, stdout, stderr과 같은 특정한 이름을 갖는 포트를 가질 수 있도록 할 수 있다. |
| 사용 | • 필터의 독립성으로 재사용성 향상<br>• 데이터 처리의 병렬화로 처리량 향상<br>• 전반적인 행위의 근거를 단순화함 |

파이프는 커뮤니케이션 동안에 데이터를 버퍼링하기 때문에 필터는 비동기적으로 동시적으로 행위를 할 수 있다. 게다가 필터는 상류$^{upstream}$ 또는 하류$^{downstream}$ 필터의 정체성을 알 필요가 없다. 이러한 이유로 파이프-필터 시스템은 전체 연산이 필터 연산의 기능적인 조합으로 처리될 수 있는 좋은 형식적인 속성을 갖고 있어서 아키텍트가 부분 행위의 단순한 조합으로 종단 행위를 추론할 수 있도록 한다.

---

**조언**

파이프를 문서화하는 일반적인 속성은 다음과 같다.

- 파이프 용량(즉, 버퍼 크기)
- 데이터의 끝을 알려주는 신호
- 버퍼가 가득 찬 파이에 쓸 때 또는 비어 있는 파이프로부터 읽을 때 발생하는 블로킹 형식

필터 속성은 다음과 같다.

- 각 필터가 별도의 프로세스인지 여부
- 각 필터가 수행하는 데이터 스트림 변형

---

### 파이프-필터 스타일 사용

일반적으로 파이프-필터 스타일을 준수하는 시스템은 데이터 변형 시스템으로, 전체 처리가 독립적인 단계의 집합으로 나뉘어지며, 각 단계는 입력 데이터의 점증적인 변형을 담당한다. 각 단계가 수행하는 처리의 독립성으로 재사용성, 병렬화, 그리고 전체 행위에 관한 단순화된 추론이 가능하다.

보통 이러한 시스템은 시그널 프로세싱 애플리케이션의 앞단을 구성한다. 이들 시스템은 일반적으로 초기 필터의 집합에서 센서 데이터를 수신한다. 이들 각 필터는 데이터를 압축하고 초기 필터링을 수행한다. '하류' 필터는 데이터를 더 축소시키고 다른 센서로부터 도출된 데이터를 합성한다. 일반적으로 최종 필터는 그 데이터를 애플리케이션에

전송해 예를 들어, 모델링이나 시각적인 도구에 입력으로 제공한다.

파이프–필터 시스템과 관련된 분석에는 필터 그래프가 제공한 집계 변형을 도출하는 것과 시스템 성능, 즉 입출력 스트림 지연 시간, 파이프 버퍼 요구, 산출량에 대한 추론을 포함한다.

### 다른 스타일 및 모델과의 관계

시스템의 파이프–필터 뷰는 데이터 흐름 모델과 동일하지 않다. 파이프–필터 스타일에서 컴포넌트 사이의 선은 특정한 연산적인 의미를 갖는 커넥터를 표현한다. 즉, 하나의 필터로부터 다른 필터로 데이터 스트림을 전송한다. 데이터 흐름 모델에서 선은 컴포넌트 사이에 데이디의 커뮤니케이션을 나타내는 관계를 표현한다. 데이터 흐름 모델에서 흐름은 연산적인 의미를 그다지 갖지 않는다. 단순히 하나의 요소로부터 다음 요소로 데이터가 흘러간다는 것을 나타낸다.

데이터 흐름 모델은 3장의 관점 '데이터 흐름과 제어 흐름 모델' 에서 설명한다.

이러한 흐름은 프로시저 호출이나 출판자와 구독자 사이의 이벤트 라우팅, 또는 파이프를 통해 전송되는 데이터와 같은 커넥터로서 실행될 수도 있다. 이들 뷰가 혼동될 수 있는 이유는 파이프–필터 스타일의 데이터 흐름 모델이 원래의 파이프–필터 뷰와 거의 동일하게 보이기 때문이다.

데이터 흐름 스타일은 종종 다른 스타일과 결합돼 특별한 서브 시스템을 특징짓는 데 사용된다. 이러한 좋은 예가 아파치 웹 서버의 필터 처리 체인이다.

### 파이프–필터 스타일 사례: 야후! 파이프

"웹을 다시 연결하라"는 야후! 파이프의 모토다. 야후! 파이프는 웹 사용자가 간단한 기능들을 빨리 그리고 쉽게 웹으로부터 콘텐츠를 조합하고 조작하는 파이프–필터 애플리케이션으로 결합할 수 있도록 한다.

야후! 파이프의 기본은 인터넷상의 사이트로부터 사용할 수 있는 많은 RSS 피드다. 이들 데이터 스트림은 사용자가 구축하는 애플리케이션과 스트림에 있는 데이터를 결합하고 조작해 유용한 결과를 형성하는 애플리케이션의 입력을 형성한다. 데이터 스트림의 범용적인 필터링과 조작을 수행하는 많은 빌딩 블록이 라이브러리 함수와 같이 합성 환경 그 자체에서 사용할 수 있다. 예를 들어, 재정적인 뉴스 사이트에서 RSS 스트림을 받아서 필터링해 여러분이 소유하고 있는 주식에 관련된 뉴스 항목만 나타낼 수 있다. 또는 스포츠 사이트에서 RSS 스트림을 가져다가 여러분이 좋아하는 팀이나 선수에 관한 뉴스를 볼 수도 있다.

**그림 4.2**

해당 위치 근처에 있는 아파트를 찾는 야후! 파이프 애플리케이션(야후! 파이프 편집기의 표기법을 사용해 보여줌). 파이프-필터 흐름은 7개의 '모듈'을 통해 위에서 아래로 좌측을 따라 흘러간다(각각은 우리의 파이프-필터 스타일이 필터라고 부르는 것을 표현한다). 이것은 하나의 출력 포트를 다음 입력 포트에 연결하는 두꺼운 실선(파이프)으로 표시돼 있다. 다른 모듈은 간선 컴포넌트에 입력을 공급한다. 이것은 더 얇고 구멍이 있는 선으로 표시된다.

Fetch Feed 컴포넌트는 아파트 찾기 검색으로부터 RSS 출력을 사용한다. 이것은 오른쪽에 있는 도움 모듈에 의해 검색 사이트 URL과 검색 매개변수를 공급받는다. Location Extractor와 Filter 컴포넌트는 아파트 찾기 검색으로부터 고품질(잘 형식화된) 주소를 추출한다. 이 스트림은 Yahoo! Local에게 공급돼, 해당 위치 근처에서 (도움 모듈이 제공한) 해당 유형의 업무를 찾는다(For Each 컴포넌트는 입력 스트림에 있는 모든 항목의 내부에 있는 것을 보여주는 기능을 제공한다). 두 번째 Filter는 검색 용어에서 최소한 거리에 있지 않은 목록을 제공한다. Sort 컴포넌트는 거리를 내림차순으로 스트림을 정렬해 Pipe Output 컴포넌트를 통해 표현한다

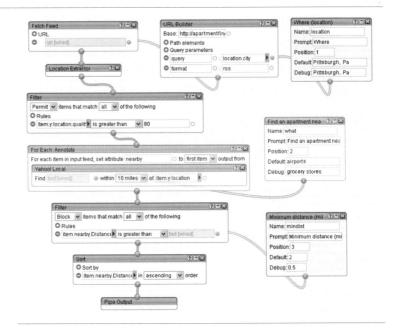

야후! 파이프는 이 책과는 아주 다른 용어를 사용한다. 완전한 애플리케이션을 파이프라고 하며, 빌딩 블록을 모듈이라고 한다. 필터는 해당 비교 기준을 기반으로 스트림으로부터 값을 삭제하는 특별한 종류의 모듈이다.

그림 4.2는 극장과 같은 주어진 업무 유형 근처에 있는 임대 아파트를 찾는 애플리케이션을 보여준다. 이것은 야후! 파이프의 웹사이트에 있는 학습 예제 중 하나를 기반으로 한다.

## 4.3  호출–반환 스타일

호출–반환 스타일call-return style은 컴포넌트가 다른 컴포넌트가 호출할
수 있는 서비스 집합을 제공하는 컴퓨팅 모델을 구체화한다.[1] 서비스를
호출하는 컴포넌트는 서비스가 완료될 때까지 중단된다(또는 막힌다).
따라서 호출–반환은 프로그래밍 언어의 프로시저 호출procedure call의 아
키텍처적인 비유다. 커넥터는 요청자로부터의 서비스 요청을 공급자에
게 전달하고 어떤 결과든 반환하는 일을 담당한다.

호출–반환 스타일은 다양한 방식으로 서로 구별된다. 일부 변형은
커넥터의 행위라는 관점에서 다르다. 예를 들어, 일반 호출–반환 스타
일의 커넥터는 (서비스 공급자를 사용할 수 없을 때와 같이) 에러 처리를
지원할 수 있다. 다른 차이점은 토폴로지에 제약사항과 관련된다. 어떤
호출–반환 아키텍처는 티어로 구성된다. 컴포넌트의 집합을 요청하는
것과 서비스를 제공하는 것의 구별된 집합으로 분할한다.

호출–반환 스타일의 예로는 클라이언트–서버, 피어–투–피어P2P, peer
to peer, RESTrepresentational state transfer 스타일이 있다.

티어로 컴포넌트 구성하는 것과
다중 티어 아키텍처에 대해서는
4.6.2절에서 설명한다.

위키백과는 en.wikipedia.org/
wiki/REST(Wikipedia 2010b)
에서 REST 아키텍처 스타일에
대한 자세한 설명을 제공한다.

### 4.3.1 클라이언트–서버 스타일

#### 개요

호출–반환 스타일과 마찬가지로 클라이언트–서버client-server 스타일 컴
포넌트도 다른 컴포넌트에게 서비스를 요청함으로써 상호작용한다. 요
청자를 클라이언트client라고 하며, 서비스 공급자를 서버server라고 한다.
서버는 하나 이상의 포트를 통해 서비스 집합을 제공한다. 어떤 컴포넌
트는 클라이언트와 서버로서의 역할을 모두 할 수 있다. 하나의 중앙
서버와 여러 분산이 있을 수 있다. 클라이언트–서버 스타일 시스템의
전형적인 예는 다음과 같다.

- 로컬 네트워크에서 실행되는 정보 시스템으로, 클라이언트는 (비주
  얼 베이직과 같은) GUI 애플리케이션이고, 서버는 (오라클과 같은) 데
  이터베이스 관리 시스템이다.

---

1  여기에서 서비스(service)란 용어는 호출–반환 커넥터를 통해 호출될 수 있는 일반적인 오퍼레이션이
   나 함수를 말한다. 서비스지향 아키텍처에서의 서비스가 아니다.

● 웹 기반 애플리케이션으로 클라이언트는 웹 브라우저상에서 실행
되며, 서버는 (톰캣<sup>Tomcat</sup>과 같이) 웹 서버에서 실행되는 컴포넌트다.

### 요소, 관계, 속성

표 4.2에서 요약된 클라이언트-서버 스타일에서 컴포넌트 타입은 클라
이언트와 서버다. 클라이언트-서버 스타일의 기본 커넥터 타입은 서비
스를 호출하는 데 사용되는 요청/응답<sup>request/response</sup> 커넥터다. 하나 이
상의 서비스가 같은 커넥터상에서 요청될 수 있을 때 프로토콜 명세는
보통 해당 커넥터상에서 호출할 수 있는 서비스 사이의 순서 관계를 문
서화한다. 서버는 제공하는 서비스를 서술하는 포트를 갖는다. 클라이
언트는 요청하는 서비스를 서술하는 포트를 갖는다. 서버는 다시 다른
서버에게 서비스를 요청함으로써 클라이언트로서 행위를 한다. 서비
스-요청 및 서비스-응답 포트를 모두 갖고 있는 컴포넌트는 동시에 클
라이언트와 서버로서 모두 기능을 할 수 있다.

상호작용 프로토콜은 시퀀스 다
이어그램과 상태 다이어그램과
같은 표기법을 사용해 서술될
수 있다. 이들 다이어그램에 대
해서는 8장에서 다룬다.

**표 4.2** 클라이언트-서버 스타일 요약

| 요소 | ● 클라이언트: 서버 컴포넌트의 서비스를 호출하는 컴포넌트<br>● 서버: 클라이언트 컴포넌트에게 서비스를 제공하는 컴포넌트. 속성은 아키텍트의 관심사에 따라 다르지만 서버 포트의 특성(클라이언트를 얼마나 연결할 수 있는 가 등)과 성능 특징(서비스 호출의 최대 비율 등)에 대한 정보를 포함한다.<br>● 요청/응답 커넥터: 클라이언트가 서버에 있는 서비스를 호출하는 데 사용된다. 요청/응답 커넥터는 요청과 응답 두 가지 역할을 갖는다. 속성은 지역 호출인지 원격 호출인지, 데이터가 암호화되는지 여부를 포함할 수 있다. |
|---|---|
| 관계 | 결합(attachment) 관계는 클라이언트의 서비스-요청 포트와 커넥터의 요청 역할, 그리고 서버의 서비스-응답 포트와 커넥터의 응답 역할을 연관시킨다. |
| 컴퓨팅 모델 | 클라이언트는 필요할 때 서버로부터 서비스를 요청하고 요청 결과를 기다림으로써 상호작용을 시작한다. |
| 제약사항 | ● 클라이언트는 요청/응답 커넥터를 통해 서버와 연결된다.<br>● 서버 컴포넌트는 다른 서버의 클라이언트가 될 수 있다.<br>● 특수화가 다음 제약사항을 부과할 수 있다.<br>　– 해당 포트의 결합 수<br>　– 서버 사이의 허용되는 관계<br>● 컴포넌트는 티어에 배열될 수 있다. |

이어짐

| 사용 | <ul><li>공통 서비스를 추출함으로써 변경용이성과 재사용성을 증진시킨다.</li><li>서버 복제가 발생하는 경우 확장성과 가용성을 증진시킨다.</li><li>의존성(dependability), 보안, 처리량을 분석한다.</li></ul> |
|---|---|

순수한 클라이언트–서버 시스템의 컴퓨팅 흐름은 클라이언트가 서버의 서비스를 호출함으로써 상호작용을 시작하는 비대칭적이다.

따라서 클라이언트 호출하는 서비스의 정체성을 알고 있어야 하며, 클라이언트는 모든 상호작용을 시작한다. 반면에 서버는 서비스 요청 이전에는 클라이언트의 정체를 알지 못하며, 시작한 클라이언트의 요정에 반응해야만 한나.

서비스 호출은 동기적이다. 서비스 요청자는 요청된 서비스가 행위를 완료하고 아마도 반환 결과를 제공할 때까지 기다리거나 막힌다. 클라이언트–서버 스타일의 변형은 다른 커넥터 타입을 도입할 수 있다. 예를 들어, 어떤 클라이언트–서버 스타일에서 서버는 클라이언트에 일정한 행위를 시작하도록 허용될 수 있다. 이것은 클라이언트에게 통지 프로시저$^{notification\ procedure}$나 콜백$^{callback}$을 등록하게 해, 특정한 시점에 서버를 호출하도록 함으로써 수행될 수 있다. 다른 시스템에서는 요청/응답 커넥터상에서의 서비스 호출이 클라이언트–서버 상호작용 집합의 시작과 끝을 구분하는 '세션$^{session}$'에 의해 묶여질 수 있다.

## 클라이언트–서버 스타일 사용

클라이언트–서버 스타일은 사용하는 서비스로부터 클라이언트 애플리케이션을 분리하는 시스템 뷰를 표현한다. 이 스타일은 공통 서비스를 분리해냄으로써 시스템의 이해와 재사용성을 지원한다. 클라이언트가 몇 개이든 서버에 접근할 수 있기 때문에 비교적 쉽게 새로운 클라이언트를 시스템에 추가할 수 있다. 유사하게 서버는 확장성 또는 가용성을 지원하기 위해 복제될 수 있다.

> **조언**
>
> 컴포넌트를 문서화하기 위한 유용한 속성에는 해당 서버와 상호 작용할 수 있는 클라이언트 개수에 대한 한계뿐만 아니라, 새로운 클라이언트와 서버가 동적으로 도입될 수 있는지 여부를 포함한다. 커넥터 속성은 요청/응답 프로토콜을 처리한다. 에러가 어떻게 처리되는가? 클라이언트-서버 상호작용이 어떻게 시작되고 종료되는가? 세션이 있는가? 서버가 어떻게 위치하는가? 있다면 어떤 종류의 미들웨어를 사용하는가?
>
> 클라이언트-서버 시스템 분석은 다음 사항을 포함한다.
>
> - 의존성$^{dependability}$: 예를 들어, 서비스 실패로부터 시스템이 복구되는지 여부를 이해하기 위해
> - 보안$^{security}$: 예를 들어, 서버가 제공하는 정보가 적절한 권한을 갖는 클라이언트로 제한되는지 여부를 결정하기 위해
> - 성능$^{performance}$: 예를 들어, 시스템의 서버가 예상한 서비스 요청의 크기와 비율을 유지할 수 있는지 여부를 결정하기 위해

### 다른 스타일과의 관계

많은 C&C 스타일과 마찬가지로, 클라이언트-서버 스타일은 서비스와 데이터의 생산자를 해당 서비스와 데이터의 소비자로부터 분리한다. P2P와 같은 다른 스타일은 라운드-트립$^{round-trip}$ 커뮤니케이션 형식을 포함한다. 그러나 이들 스타일은 클라이언트-서버 스타일에서 발견할 수 있는 클라이언트와 서버 사이에 비대칭 관계를 갖지 않는다.

클라이언트와 서버는 주로 그룹화돼 다중 티어 계층도를 형성하는 분산 환경 안의 다른 머신에 배포된다.

### 클라이언트-서버 스타일 사례

월드 와이드 웹은 그 핵심이 클라이언트-서버 시스템인 가장 유명한 시스템의 예다. 하이퍼텍스트 기반 시스템으로, 클라이언트(웹 브라우

저)가 인터넷을 통해서 분산된 서버로부터 정보에 접근할 수 있게 한
다. 클라이언트는 HTTP^HyperText Transfer Protocol^를 사용해 웹 서버가 제공
하는 HTML^HyperText Markup Language^로 작성된 정보에 접근한다. HTTP는
요청/응답 호출 형식이다. HTTP는 상태없는^stateless^ 프로토콜이다. 즉,
각 요청에 대해 서버가 응답한 후에는 클라이언트와 서버 사이의 연결
이 종료된다.

다른 예로 그림 4.3은 비형식적인 표기법을 사용해 1990년대 초에
개발된 ATM 은행 시스템의 클라이언트–서버 뷰를 서술한다. 그 당시
에 클라이언트–서버 아키텍처는 메인프레임 기반 시스템의 현재적인
대안이었다(J2EE와 .NET 애플리케이션 서버는 없었으며, 다중 티어도 아직
스타일로서 서술되지 않았다).

이 아키텍처에는 3가지 타입의 컴포넌트가 있다.

- FTX 서버 데몬은 FTX^fault-tolerant UNIX^ 서버의 백그라운드에서 실행
  되는 프로세스다. 각 데몬은 하나 이상의 미리 정의된 TCP 포트를
  사용하는 소켓 포트를 생성하고, 이 포트를 통해 클라이언트 컴포
  넌트로부터의 요청을 받는다.

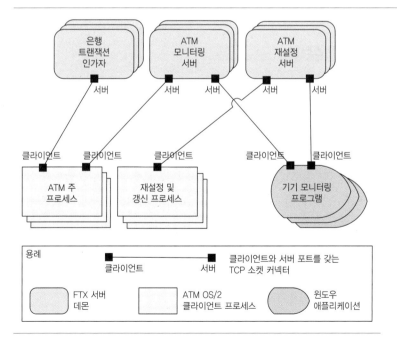

**그림 4.3**
ATM 은행 시스템의 클라이언트–서버 아키텍처. ATM 주 프로세스는 (예금, 인출과 같은) 사용자 오퍼레이션에 반응해 은행 트랜잭션 인가자에게 요청한다. 또한 ATM 모니터링 서버에 메시지를 보내 ATM의 전반적인 상태(장치, 센서 및 공급자)에 대한 정보를 알려준다. 재설정 및 갱신 프로세스 컴포넌트는 ATM 재설정 서버에게 요청해 해당 특정한 ATM에 대해 재설정 명령이 내려졌는지를 찾아낸다. 은행 직원은 기기 모니터링 프로그램을 사용해 ATM 재설정(예를 들어, 메뉴 옵션 허용 또는 비허용)과 데이터 갱신을 제기한다. 또한 기기 모니터링 프로그램은 ATM 모니터링 서버에게 정기적인 요청을 해 해당 기기가 모니터링해야 하는 ATM의 범위의 상태를 가져온다

- ATM OS/2 클라이언트 프로세스는 IBM OS/2 운영체제상의 ATM 에서 실행되는 동시 프로세스다. 다이어그램으로부터는 알 수 없지 만, 각 ATM은 ATM 주 프로세스의 하나의 인스턴스와 재설정 및 갱신 프로세스의 하나의 인스턴스가 실행된다.
- 또한 윈도우 애플리케이션 컴포넌트도 클라이언트 컴포넌트다. 볼 랜드$^{Borland}$ OWS API를 사용해 개발된 윈도우 3.x GUI 프로그램이 다. 각 인스턴스는 워크스테이션으로부터 ATM의 그룹을 모니터링 하기 위해 운영자가 사용한다.

이 시스템이 개발될 때 TCP 소켓 커넥터가 클라이언트-서버와 분산 애플리케이션에 가장 많이 사용됐다. 오늘날에는 HTTP가 훨씬 더 일 반적이다. TCP 소켓 커넥터에서 사용되는 프로토콜에서 클라이언트는 IP 주소와 포트 번호로 식별된 서버에 연결을 연다. 다음에 클라이언트 는 막히지 않는 요청을 보내고, 그 후에 UI에 "기다리세요…" 메시지를 사용자에게 표시한다. 다음에 클라이언트는 오퍼레이션을 호출해 서버 로부터 응답을 받는다. 클라이언트와 서버 모두 메시지 송수신은 별도 의 단계다. 따라서 커넥터 구현은 타임아웃과 커뮤니케이션 에러뿐만 아니라 요청과 응답 메시지의 상관을 처리해야 한다.

### 4.3.2 P2P 스타일

#### 개요

P2P, 아키텍처 스타일은 산 업 생산과 커뮤니티 지식, 정치 적 운동, 자산 소유, 그리고 자 본주의의 경제적 대안에 대한 새로운 모델로 고취되고 있다. en.wikipedia.org/wiki/Peer- to-peer_(meme)을 참조한다.

P2P 스타일에서는 컴포넌트는 피어$^{peer}$와 서비스를 교환함으로써 직접 상호작용한다. P2P 커뮤니케이션은 클라이언트-서버 스타일에서 발견 할 수 있는 비대칭이 없는 요청/응답 상호작용의 일종이다. 즉, 이론적 으로는 어떤 컴포넌트도 서비스를 요청함으로써 다른 컴포넌트와 상호 작용할 수 있다. 각 피어 컴포넌트는 유사한 서비스를 제공하고 소비하 며, 때로는 모든 피어가 같은 컴포넌트 타입의 인스턴스다. P2P 시스템 에서 커넥터는 두 개 이상의 P2P 컴포넌트 사이에 존재하는 상호적인 커뮤니케이션을 반영하는 복잡한 양방향 상호작용 프로토콜을 포함할 수도 있다.

P2P 시스템의 예로는 비트토렌트<sup>BitTorrent</sup>와 이동키<sup>eDonkey</sup>와 같은 파일 공유 네트워크, 스카이프<sup>Skype</sup>와 같은 인스턴트 메시징과 VoIP 애플리케이션, 그리고 데스크톱 그리드 컴퓨팅 시스템이 있다.

### 요소, 관계, 속성

표 4.3은 P2P 스타일을 요약한다. 이 스타일의 컴포넌트 타입은 피어로, 일반적으로 네트워크 노드에서 실행하는 독립적인 프로그램이다. 기본 커넥터 타입은 호출-반환 커넥터다. 클라이언트-서버 스타일과 달리 어느 쪽에서든 상호작용을 시작할 수 있다. 각 피어 컴포넌트는 클라이언트와 서버가 모두 될 수 있다. 피어는 다른 피어에서 요청하는 서비스와 자신이 제공하는 서비스를 서술하는 인터페이스를 갖는다. P2P 시스템의 컴퓨팅 흐름은 대칭적이다. 먼저 피어가 P2P 네트워크에 연결하고, 서로 서비스를 요청해 피어와 협력함으로써 자신의 연산을 달성하는 행위를 시작한다.

**표 4.3** P2P 스타일 요약

| 요소 | • 피어 컴포넌트<br>• 호출-반환(call-return) 커넥터: 피어 네트워크와 연결, 다른 피어 검색, 다른 피어로부터 서비스 호출에 사용된다. |
|---|---|
| 관계 | 결합(attachement) 관계는 피어와 호출-반환 커넥터를 연관시킨다. |
| 컴퓨팅 모델 | 서로 서비스를 요청하는 피어의 협력으로 컴퓨팅이 이루어진다. |
| 속성 | 다른 C&C 뷰와 동일함. 상호작용 프로토콜과 성능 지향 속성이 강조된다. 결합은 런타임에 변경될 수 있다. |
| 제약사항 | • 포트나 역할에 허용되는 결합의 수를 부여하는 제약을 둘 수 있다.<br>• 특별한 피어 컴포넌트는 라우팅, 인덱싱 및 피어 검색 기능을 제공할 수 있다.<br>• 특수화는 컴포넌트가 다른 컴포넌트에 관해 알 수 있는 가시성 제약을 부과할 수 있다 . |
| 사용 | • 향상된 가용성 제공한다.<br>• 향상된 확장성 제공한다.<br>• 파일 공유, 인스턴트 메시징, 데스크톱 그리드 컴퓨팅과 같은 고분산 시스템을 가능하게 한다. |

보통 다른 피어 검색은 하나의 피어로부터 다른 피어로 제한된 숫자만큼의 건너뛰기<sup>hop</sup>로 전파된다. P2P 아키텍처는 (울트라 피어, 울트라 노드, 또는 슈퍼 노드라고 하는) 특별한 피어 노드를 가질 수 있다. 이 노드는 기능을 인덱싱하거나 라우팅해 일반적인 피어 검색이 많은 피어에게 도달하도록 한다.

P2P 스타일의 사용에 대한 제약사항은 해당 피어에 연결될 수 있는 피어의 개수를 제한하거나 어떤 피어가 어떤 다른 피어를 알고 있는지에 관한 제약사항을 부과하는 것이다.

### P2P 사용

피어는 그들 자신 사이에 직접 상호작용하며, 현재 작업에 필요한 역할에 따라 서비스 호출자와 서비스 공급자의 역할을 모두 수행한다. 이러한 분할은 고도로 분산된 플랫폼에 시스템을 배포하는 데 유연성을 제공한다. 어떤 중요한 영향도 미치지 않고 P2P 네트워크에 피어를 추가하고 삭제할 수 있기 때문에, 전체 시스템의 확장성을 향상시킬 수 있다.

일반적으로 여러 티어는 같은 데이터에 접근할 수 있게 하는 것과 같은 중복된 기능을 갖는다. 따라서 클라이언트로 행위를 하는 피어는 서버로 행위를 하는 여러 피어와 합력해 특정한 작업을 완료할 수 있다. 이들 여러 피어 중 하나가 사용할 수 없게 돼도 다른 것이 작업을 완료할 수 있도록 서비스를 제공할 수 있다. 그 결과로 전체 가용성이 향상된다. 서버로서 행위를 하는 어떤 특정한 피어 컴포넌트에 대한 부하는 감소되며, 더 많은 서버 용량과 그것을 지원하기 위한 인프라스트럭처를 요구하는 책임은 분산될 것이다. 이것은 데이터를 갱신하기 위한 다른 커뮤니케이션의 필요성과 중앙 서버 저장소에 대한 필요성을 감소시키겠지만, 지역적으로 데이터를 저장하는 희생을 감수해야 한다.

P2P 컴퓨팅은 보통 파일 공유와 인스턴트 메시징, 데스크톱 그리드 컴퓨팅과 같은 분산 컴퓨팅 애플리케이션에서 사용된다. 적절하게 배포하기만 하면 컴퓨팅 강도가 높은 작업을 컴퓨터 네트워크로 분산시키고, 클라이언트가 지역 자산을 활용하게 함으로써 애플리케이션의

CPU와 디스크 리소스를 효율적으로 사용할 수 있다. 참여하는 피어 사이에서 직접 그 결과를 공유할 수 있다.

## 다른 스타일과의 관계

계층도가 없다는 것은 P2P 시스템이 클라이언트-서버 시스템보다는 더 일반적인 토폴로지를 갖는다는 것을 의미한다.

## P2P 스타일 사례

그누텔라는 양방향 파일 전송을 지원하는 P2P 네트워크다. 시스템의 토폴로지는 런타임에 피어 컴포넌트가 네트워크에 연결하고 끊어질 때 변경된다. 피어 컴포넌트는 인터넷에 연결된 그누텔라 클라이언트 프로그램의 실행본이다. 시작할 때 이 프로그램은 몇 개의 다른 피어와 연결을 맺는다. 이들 피어의 웹 주소는 지역 캐시에 유지된다.

그누텔라 프로토콜은 피어가 다른 피어에 연결해 파일을 검색하는 요청/응답 메시지를 지원한다. 피어는 IP 주소로 식별되며, 그누텔라 프로토콜은 할당된 UDP와 TCP 포트로 통해 전달된다. 검색을 수행하기 위해서 그누텔라 피어는 연결된 모든 피어로부터 정보를 요청하고, 피어는 관심 있는 정보로 응답한다. 또한 연결된 피어는 이들 피어에게 미리 정의된 '건너뛰기' 횟수까지 연속적으로 요청을 보낸다. 검색 요청에 긍정적인 결과를 갖는 모든 피어는 요청자에게 직접 응답한다. 요청자는 요청과 함께 전달된 IP 주소와 포트로 알 수 있다. 그다음 요청자는 원하는 파일을 갖고 있는 피어와 직접 연결을 맺고 (그누텔라 네트워크 외부의) HTTP를 사용해 데이터 전송을 시작한다.

그누텔라의 이후 버전은 리프 피어leaf peer와 울트라 피어ultrapeer를 구분한다. 울트라 피어는 가장 빠른 인터넷 연결을 갖는 컴퓨터상에서 실행한다. 리프 피어는 보통 울트라 피어의 소수(가령 3개)와 연결되고, 울트라 피어는 많은 다른 울트라 피어와 리프 피어에 연결된다. 울트라 피어는 검색 요청을 라우팅하고, 이들에 연결된 모든 리프 피어에 응답하는 일을 담당한다.

그림 4.4는 비형식적인 C&C 표기법을 사용해 그누텔라 네트워크의

행위 문서화는 8장에서 설명
한다.

P2P 뷰의 일부를 보여준다. 간단하게 하기 위해 단지 두 개의 리프 피어와 4개의 울트라 피어만 식별됐다. 각 식별된 리프 피어는 다른 피어로부터 직접 파일을 업로드하고 다운로드한다.

**그림 4.4**
비형식적인 표기법을 사용한 그누텔라 네트워크의 C&C 다이어그램

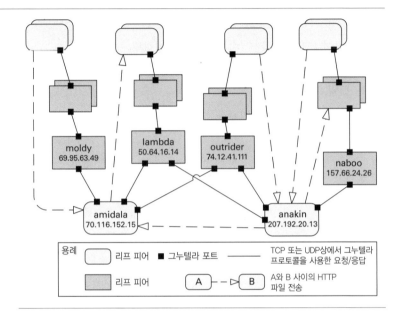

### 4.3.3 서비스지향 아키텍처 스타일

**개요**

서비스지향 아키텍처<sup>SOA, Service-Oriented Architecture</sup>는 서비스를 제공하고 소비하는 분산 컴포넌트의 컬렉션으로 구성된다. SOA에서 서비스 공급자<sup>service provider</sup> 컴포넌트와 서비스 소비자<sup>service consumer</sup> 컴포넌트는 다른 구현 언어와 플랫폼을 사용할 수 있다. 서비스는 주로 단독적이다. 서비스 공급자와 서비스 소비자는 주로 독립적으로 배포되고, 다른 시스템 또는 다른 조직에도 속할 수 있다.

**요소, 관계, 속성**

표 4.4는 SOA 스타일을 요약한다. 이 스타일의 기본 컴포넌트 타입은 서비스 공급자와 서비스 소비자로, 웹 브라우저에서 실행하는 자바스

크립트에서부터 메인프레임에서 실행하는 CICS 트랜잭션에 이르기까
지 다른 형태를 취할 수 있다.

**표 4.4** 서비스지향 아키텍처 스타일 요약

| 요소 | • 서비스 공급자: 출판된 인터페이스를 통해서 하나 이상의 서비스를 제공한다. 속성은 (EJB나 ASP. NET과 같은) 구현 기술에 따라 다르지만 성능, 권한 제약사항, 가용성, 비용이 포함된다. 경우에 따라서 속성은 SLA(Service-Level Agreement)로 명시된다. |
|---|---|
| | • 서비스 소비자: 직접 또는 중개자를 통해서 서비스를 호출한다. |
| | • ESB: 서비스 공급자와 소비자 사이에 메시지를 라우팅하고 변경할 수 있는 중개자 요소다. |
| | • 서비스 레지스트리: 공급자가 서비스를 등록하고, 소비자가 런타임에 서비스를 질의하고 발견하는 데 사용된다. |
| | • 오케스트레이션 서버: 비즈니스 작업 흐름을 정의한 스크립트를 기반으로 서비스 소비자와 공급자 사이의 상호작용을 조정한다. |
| | • SOAP 커넥터: 일반적으로 HTTP상에서 웹 서비스 사이의 동기 커뮤니케이션을 위한 SOAP 프로토콜을 사용한다. SOAP을 사용하는 컴포넌트의 포트는 WSDL에서 기술된다. |
| | • REST 커넥터: HTTP 프로토콜의 기본적인 요청/응답 오퍼레이션에 의존한다. |
| | • 메시징 커넥터: 점대점(P2P) 또는 출판-구독 비동기 메시지 교환을 제공하기 위해 메시징 시스템을 사용한다. |
| **관계** | 각 커넥터에 사용할 수 있는 다른 종류의 포트의 결합(attachement) |
| **컴퓨팅 모델** | 네트워크상에서 서비스를 제공하고 소비하는 협력하는 컴포넌트의 집합에 의해 컴퓨팅이 수행된다. |
| **제약사항** | • 서비스 소비자는 서비스 공급자와 연결된다. ESB, 레지스트리, BPEL 서버와 같은 중개 컴포넌트가 사용될 수도 있다. |
| | • ESB는 허브-앤-스포크(hub-and-spoke) 토폴로지로 이끈다. |
| | • 서비스 공급자는 또한 서비스 소비자가 될 수도 있다. |
| | • 특정한 SOA 패턴은 추가적인 제약사항을 부과한다. |
| **사용** | • 다른 플랫폼 또는 인터넷상에서 실행되는 분산 컴포넌트의 상호운영성을 허용한다. |
| | • 레거시 시스템을 통합한다. |
| | • 동적 재설정을 허용한다. |

여러분이 개발하는 서비스 공급자와 소비자 컴포넌트와 함께, SOA 애
플리케이션은 중개자로서 역할을 하며, 인프라스트럭처 서비스를 제공
하는 특별한 컴포넌트를 사용할 수 있다.

• 서비스 호출은 ESB^Enterprise Service Bus에 의해 중개될 수 있다. ESB는
서비스 소비자와 서비스 공급자 사이에 메시지를 라우팅한다. 이와
함께 ESB는 하나의 프로토콜이나 기술에서 다른 것으로 메시지를
변환하고, 다양한 데이터 변형(예를 들어, 형식, 내용, 분할, 병합)을 수

서비스지향 시스템의 아키텍처
에 ESB를 포함시키면 상호운영
성, 보안, 변경용이성을 향상시
킨다.

행하며, 보안 검사를 수행하고, 트랜잭션을 관리한다. ESB가 있다면 아키텍처는 허브-앤-스포크$^{hub\text{-}and\text{-}spoke}$ 설계가 다르게 돼 상호운영성과 보안성, 변경용이성이 향상된다. ESB가 없다면 서비스 공급자와 소비자는 서로 직접적인 점대점 방식으로 커뮤니케이션한다.

- 서비스 공급자의 위치 투명성$^{location\ transparency}$을 향상시키기 위해 SOA 아키텍처에 서비스 레지스트리$^{service\ registry}$를 사용할 수 있다. 레지스트리는 서비스를 등록하게 하고, 런타임에 질의할 수 있게 하는 컴포넌트다. 이것은 서비스 공급자의 위치를 소비자에게 투명하게 해, 같은 서비스의 여러 버전이 사용될 수 있게 함으로써 변경용이성을 향상시킨다.

- 오케스트레이션 서버$^{orchestration\ server}$(또는 오케스트레이션 엔진)는 특정한 이벤트(예를 들어, 도착한 주문 요청)가 발생할 때 스크립트를 실행하는 특별하는 컴포넌트다. SOA 시스템에서 다양한 서비스 소비자와 공급자 사이의 상호작용을 편성한다. 분산 컴포넌트나 시스템과의 상호작용을 포함하는 잘 정의된 업무 흐름을 갖는 애플리케이션은 오케스트레이션 서버를 사용함으로써 변경용이성과 상호운영성, 신뢰성이 향상된다. 많은 오케스트레이션 서버는 BPEL$^{business\ process\ execution\ language}$ 표준을 지원한다.

SOA에서 사용되는 기본적인 커넥터 타입은 다음과 같다.

SOAP, REST, JMS, MSMQ, SMTP와 같이, SOA 아키텍처에서 컴포넌트 사이의 커뮤니케이션에 대해 여러 가지 가능성이 있다. C&C 다이어그램에 라벨이나 다른 화살표 타입을 사용함으로써 각 컴포넌트 상호작용에 사용되는 어떤 프로토콜이나 기술이 사용되는지를 표현하도록 한다.

- 호출-반환 커넥터: 가장 일반적인 두 개의 커넥터는 SOAP과 REST다.
  - SOAP은 웹 서비스기술의 표준 커뮤니케이션 프로토콜이다. 서비스 소비자와 공급자는 일반적으로 HTTP상에서 요청/응답 XML 메시지를 교환함으로써 상호작용한다.
  - REST 커넥터를 사용할 때 서비스 소비자는 동기적인 HTTP 요청을 전송한다. 이들 요청은 4가지 기본적인 HTTP 명령(POST, GET, PUT, DELETE)을 사용해 서비스 공급자가 리소스(데이터 조각)를 생성하고, 추출하고, 갱신하고, 삭제하도록 한다. 리소스는 XML, JSON 또는 유사한 언어/표기법으로 잘 정의된 표현을 갖는다.

- 비동기적 메시징: 컴포넌트는 일반적으로 IBM WebSphere, 마이 크로소프트 MSMQ, 또는 아파치 ActiveMQ와 같은 메시징 시스템을 통해서 비동기적인 메시지를 교환한다. 메시징 커넥터는 점대점 또는 출판–구독일 수 있다. 일반적으로 메시징 커뮤니케이션은 커다란 신뢰성과 확장성을 제공한다.

컴포넌트는 다른 컴포넌트에게 요청하는 서비스와 제공하는 서비스를 서술하는 인터페이스를 갖는다. 컴포넌트는 서로 서비스를 요청해 피어와 협력함으로써 컴퓨팅을 달성하는 행위를 시작한다.

실제로 SOA 환경은 레거시 프로토콜과 (SMTP와 같은) 다른 커뮤니케이션 대체와 함께 앞에서 설명한 3가지 커넥터를 혼합해 사용한다.

## 서비스지향 아키텍처 사용

SOA의 주요 이점과 요인은 상호운영성이다. 서비스 공급자와 서비스 소비자가 다른 플랫폼 안에서 실행될 수 있기 때문에 서비스지향 아키텍처는 다른 시스템과 레거시 시스템을 통합한다. 또한 서비스지향 아키텍처는 인터넷상에서 사용할 수 있는 외부 서비스와 상호작용하는 데 필요한 요소를 제공한다. 또한 레지스트리나 ESB와 같은 특별한 SOA 컴포넌트는 동적 재설정을 허용해 시스템을 중단시키지 않고도 컴포넌트의 버전을 바꾸거나 추가할 필요가 있을 때 유용하다.

## 서비스지향 아키텍처 사례

그림 4.5는 wiki.sei.cmu.edu/sad에서 이 책과 함께 제공되는 예제 소프트웨어 아키텍처 문서에서 가져온 것이다. Adventure Builder 시스템(Adventure Builder 2010)의 SOA 뷰를 보여준다. 이 시스템은 SOAP 웹 서비스를 통해서 여러 다른 외부 서비스 공급자와 상호작용한다. 외부 공급자는 메인프레임 시스템 또는 자바 시스템, .NET 시스템이 될 수 있다. SOAP 커넥터가 필요한 상호운영성을 제공하기 때문에 이들 외부 컴포넌트의 본질은 투명하다.

**그림 4.5**
Adventure Builder 시스템의
SOA 뷰 다이어그램. OPC(Order
Processing Center) 컴포넌트는
내외부 서비스 소비자와 공급자와
의 상호작용을 조율한다

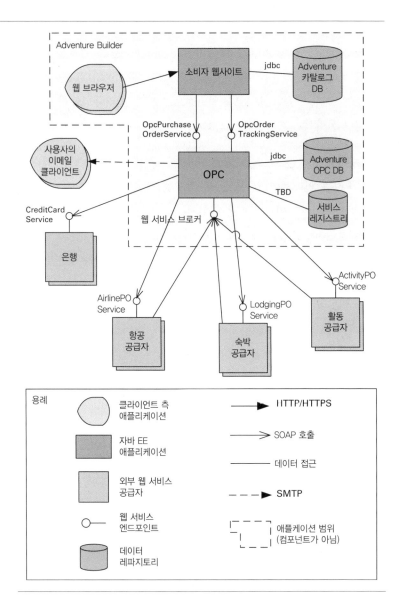

## 4.4　이벤트 기반 스타일

이벤트 기반 스타일<sup>event-based style</sup>은 컴포넌트가 비동기적인 메시지를
통해서 커뮤니케이션하도록 한다. 이러한 시스템은 보통 느슨하게 결
합된 컴포넌트의 연합으로 구성되며, 이벤트를 통해서 다른 컴포넌트

에 있는 행위를 유발시킨다.

다양한 이벤트 스타일이 있다. 일부 이벤트 스타일에서 커넥터는 점 대점으로, 호출-반환과 유사한 방식으로 메시지를 전송하지만, 좀 더 동시성을 허용한다. 이벤트를 수신자가 처리하는 동안 이벤트 송신자가 막히지 않기 때문이다. 다른 이벤트 스타일에서는 커넥터가 다중 대상multi-party으로, 여러 컴포넌트에 이벤트가 전송될 수 있다. 보통 이런 시스템을 출판-구독 시스템이라고 하며, 이벤트 발표자는 수신자에 의해 구독되는 이벤트를 출판한다.

## 4.4.1 출판-구독 스타일

### 개요

표 4.5에서 요약된 출판-구독 스타일publish-subscribe style에서 컴포넌트는 발표된 이벤트event를 통해서 상호작용한다. 컴포넌트는 이벤트 집합을 구독할 수 있다. 각 출판된 이벤트가 해당 이벤트의 모든 구독자subscriber에게 전달되도록 하는 것은 출판-구독 런타임 인프라스트럭처가 담당한다. 따라서 이 스타일에서 커넥터의 주 형태는 이벤트 버스event bus의 일종이다. 컴포넌트는 이벤트를 출판함으로써 버스에 이벤트를 싣는다. 그러면 커넥터는 해당 이벤트에 관심이 있다고 등록한 컴포넌트에게 해당 이벤트를 전달한다.

**표 4.5** 출판-구독 스타일 요약

| 요소 | • 적어도 하나의 출판 또는 구독 포트를 갖는 C&C 컴포넌트. 속성은 다양하지만 어느 이벤트를 출판 또는 구독하는 이벤트와 출판을 차단하는 조건을 포함해야 한다.<br>• 출판-구독 커넥터: 이벤트를 출판하고 구독하기를 원하는 컴포넌트가 발표(announce)하고 듣기(listen) 역할을 갖는다. |
|---|---|
| 관계 | 결합(attachement) 관계는 컴포넌트와 출판-구독 커넥터를 연관시킨다. |
| 컴퓨팅 모델 | 컴포넌트는 이벤트를 구독한다. 이벤트가 컴포넌트에 의해 출판될 때 커넥터는 해당 이벤트를 모든 구독자에게 가져다 준다. |
| 제약사항 | 모든 컴포넌트는 버스(즉, 커넥터)나 컴포넌트로 볼 수 있는 이벤트 분배자에게 연결된다. 출판 포트는 발표 역할에 결합하고, 구독 포트는 듣기 역할에 결합된다. 어떤 컴포넌트가 어떤 이벤트를 들을 수 있는지, 컴포넌트가 자신의 이벤트를 들을 수 있는지, 얼마나 많은 출판-구독 커넥터가 시스템에 존재할 수 있는지를 제한할 수 있다.<br>컴포넌트는 출판자와 구독자 타입의 포트를 모두 가짐으로써 출판자와 구독자가 둘 다 될 수 있다. |

이어짐

| 사용 | • 알려지지 않은 수신자에게 이벤트를 보내고, 이벤트 생산자와 이벤트 소비자를 분리한다. |
|---|---|
| | • GUI 프레임워크, 메일링 목록, 게시판, 소셜 네트워크용 핵심 기능을 제공한다. |

출판-구독 스타일의 컴퓨팅 모델은 독립적인 프로세스나 객체의 시스템으로서 최대한 생각할 수 있으며, 이들은 환경이 생성한 이벤트에 반응하며, 다시 이벤트 발표의 부작용으로 다른 컴포넌트의 반응을 야기시킬 수 있다.

출판-구독 스타일을 고용한 시스템의 예는 다음과 같다.

- 그래픽 사용자 인터페이스에서 사용자의 저수준 입력 행위는 적절한 입력 핸들러에 라우팅되는 이벤트로서 취급될 수 있다.
- MVC^Model-View-Controller 패턴을 기반으로 하는 애플리케이션에서 모델 객체의 상태가 변경될 때 뷰 컴포넌트에게 통지된다.
- 확장할 수 있는 프로그래밍 환경에서 도구는 이벤트를 통해 조율된다.
- 메일링 목록에서 구독자 집합은 특정한 주제에 관심이 있다고 등록할 수 있다.
- 소셜 네트워크에서 어떤 사람의 웹사이트에 변경이 발생할 때 '친구'에게 통지된다.

### 요소, 관계, 속성

출판-구독 스타일은 여러 가지 형식을 취할 수 있다. 암시적 호출^implicit invocation이라고 하는 하나의 일반적인 형식에서 컴포넌트는 절차적 인터페이스^procedural interface를 가지며, 컴포넌트는 프로시저 중 하나를 각 구독된 이벤트 타입과 연관시킴으로써 이벤트를 등록한다. 이벤트가 발표되면 구독된 컴포넌트의 연관된 프로시저가 보통은 런타임 인프라스트럭처가 결정하는 순서대로 호출된다. 비주얼 베이직과 같은 그래픽 사용자 인터페이스 프레임워크는 보통 암시적 호출에 의해 주도된다. 사용자 코드 단편은 마우스 클릭과 같은 미리 정의된 이벤트와 연관된다.

다른 출판-구도 형식에서 단순히 적절한 컴포넌트에 이벤트가 라우팅된다. 이벤트를 어떻게 처리할지를 해결하는 것이 컴포넌트가 할 일이다. 이러한 시스템은 개별적인 컴포넌트에게 이벤트 스트림을 관리하는 부담을 더 많이 주지만, 또한 암시적 호출 시스템보다는 더 많은 이기종 컴포넌트의 혼합을 허용한다.

어떤 출판-구독 시스템에서 시스템이 이벤트를 완전히 완전히 처리할 때까지 이벤트 발표자는 차단될 수 있다. 예를 들어 어떤 사용자 인터페이스 프레임워크는 그려야 하는 데이터가 변경될 때 모든 뷰가 갱신되는 것을 요구할 수도 있다. 이것은 모든 구독하는 뷰에게 통지될 때까지 '데이터 변경' 이벤트를 발표하는 컴포넌트를 강제로 차단시킴으로써 수행된다.

---

**조언**

컴포넌트를 문서화하는 유용한 속성은 다음과 같다.

- 컴포넌트가 어떤 이벤트를 발표하거나 구독하는가
- 발표자가 차단되는 조건
- 컴포넌트가 자신의 구독을 동적으로 변경할 수 있는지 여부
- 새로운 이벤트 타입이 동적으로 생성될 수 있는지, 또는 이벤트 어휘가 빌드 시 또는 배포 시에 고정되는지 여부
- 새로운 출판자를 동적으로 시스템에 추가할 수 있는지 여부

커넥터 속성은 보통 이벤트 발송event dispatch 메커니즘의 의미론을 서술한다.

- 하나의 이벤트를 처리하는 동안에 구독자가 새로운 이벤트를 쌓아놓을 수 있는가?
- 커넥터가 동기적인가 비동기적인가?
- 이벤트가 우선순위를 갖고 있는가?
- 임시적인 또는 일시적인 순서가 강화되는가?
- 이벤트 전달을 신뢰할 수 있는가?
- 각 이벤트의 의미론은 무엇인가?

커넥터가 출판-구독 컴포넌트를 동시에 시작하고 종료하는 것과 같이 다른 분산 컴포넌트 관리를 지원하는가?

### 출판-구독 스타일 사용

출판-구독 스타일은 이벤트와 메시지를 알지 못하는 수신자들에게 전송하는 데 사용한다. 이벤트 수신자들은 이벤트 생산자를 알지 못하기 때문에 생산자의 정확성이 이들 수신자에 의존할 수 없다. 따라서 생산자를 수정하지 않고도 새로운 수신자를 추가할 수 있게 된다.

출판-구독 스타일은 보통 사용자 인터페이스를 애플리케이션에서 분리하는 데 사용된다. 또한 소프트웨어 개발 환경에서 도구를 통합하는 데도 사용될 수 있다. 도구는 다른 도구의 호출을 유발시키는 이벤트를 발표함으로써 상호작용한다. 다른 애플리케이션으로는 게시판, 소셜 네트워크, 메시지 목록과 같은 시스템이 포함된다. 이들 시스템에서 사용자들이 관심 있어 하는 내용이 수정될 때 동적으로 변경하는 사용자 집합에게 통지된다.

### 다른 스타일과의 관계

출판-구독 스타일은 블랙보드 레파지토리 스타일$^{blackboard\ repository\ style}$과 유사하다. 이들 두 스타일에서 어떤 컴포넌트의 변경에 의해서 자동으로 컴포넌트가 트리거되기 때문이다. 그러나 블랙보드 시스템에서 그러한 이벤트를 발생시키는 유일한 컴포넌트는 데이터베이스다. 출판-구독 시스템에서는 어떤 컴포넌트든 이벤트를 발생시킬 수 있다.

컴포넌트가 서비스 호출로 동기적이거나, 이벤트를 발표해 비동기적으로 상호작용하는 시스템에서 암시적 호출은 보통 호출-반환과 결합된다. 예를 들어, 많은 서비스지향 아키텍처와 (CORBA와 자바 EE와 같은) 분산 객체 시스템은 동기적 및 비동기적 커뮤니케이션을 둘 다 지원한다. 다른 객체지향 시스템에서 MVC 패턴이나 옵저버$^{Observer}$ 패턴을 사용해 비동기적 상호작용을 달성하기 위해 동기적인 프로시저 호출이 사용될 수 있다.

### 출판-구독 스타일 사례

그림 4.6은 SEI ArchE 도구의 출판-구독 뷰다. 이 아키텍처에는 3개의 다른 출판-구독 상호작용이 있다.

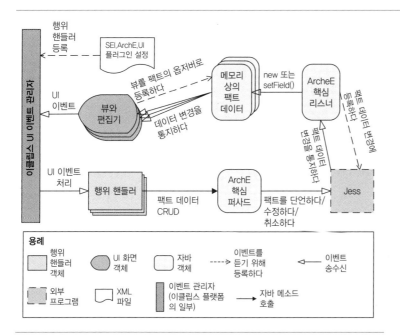

그림 4.6
SEI ArchE 도구의 출판-구독
뷰 다이어그램

1. 이클립스 UI 이벤트 관리자는 (버튼 클릭과 같은) 사용자 인터페이스 이벤트용 이벤트 버스로서 행위를 한다. 이벤트 관리자가 SEI. Arche.UI 플러그인 설정을 읽을 때 구독 정보(즉, 시스템에 적절한 UI 이벤트는 무엇인가, 그리고 이들을 처리하는 컴포넌트는 무엇인가)가 로드 시에 정의된다. 이후부터 뷰나 편집기를 작업하는 사용자가 발생시킨 UI 이벤트는 암시적 호출을 통해 해당 이벤트를 구독하는 행위 핸들러 객체로 발송된다.

2. ArchE에서 처리된 데이터는 Jess라고 하는 규칙 엔진을 사용해 저장된다. 데이터 요소는 팩트fact라고 한다. 사용자 행위가 팩트를 생성, 갱신 또는 삭제할 때, 해당 행위는 각각 팩트를 생성, 갱신 또는 삭제하는 이벤트를 Jess에게 전송한다. Jess가 해당 이벤트를 처리할 때 다른 많은 팩트에 변경이 트리거될 수 있다. 또한 Jess는 팩트의 변경을 발표하는 이벤트 버스로서 행위를 한다. ArchE 아키텍처에서 모든 데이터변경을 구독하는 하나의 컴포넌트, 즉 ArchE 핵심 리스너가 있다.

2.3.6절과 6.6.4절에 ArchE 도구에 대한 좀 더 많은 정보가 있다.

옵저버(Observer) 디자인 패턴은 감마 외 책(1995)에서 설명한다.

3. ArchE는 규칙 엔진 안에 저장된 팩트 데이터 요소의 복사본을 메모리에 보유한다. 이들 복사본이 옵저버 자바 객체다. 이들 요소를 표시하는 사용자 이터페이스 화면(즉, 뷰)은 팩트 데이터 객체의 옵저버다. 메모리에 있는 팩트가 생성되거나 갱신될 때 뷰에게 통지된다.

## 4.5   레파지토리 스타일

레파지토리 뷰는 레파지토리repository라는 하나 이상의 컴포넌트를 포함한다. 레파지토리는 일반적으로 많은 지속성 데이터의 컬렉션을 보유한다. 다른 컴포넌트는 레파지토리에서 데이터를 읽고 쓴다. 많은 경우에서 레파지토리에 접근은 데이터 추출과 조작을 위한 호출-반환 인터페이스를 제공하는 데이터베이스 관리 시스템DBMS, DataBase Management System이라는 소프트웨어가 중재한다. MySQL이 DBMS의 예다. 또한 일반적으로 DBMS는 원소적 트랜잭션, 보안, 동시성 제어, 데이터 무결성과 같은 많은 데이터 관리 서비스를 제공한다. DBMS가 사용되는 C&C 아키텍처에서 보통 레파지토리 컴포넌트는 DBMS 프로그램과 데이터 레파지토리의 조합을 표현한다.

데이터 접근자data accessor가 레파지토리와의 상호작용 시작을 담당하는 레파지토리 시스템은 공유 데이터 스타일을 따른다고 한다. 다른 레파지토리 시스템에서 일정한 미리 정의된 방식으로 데이터가 변경될 때 레파지토리가 다른 컴포넌트에 통지하는 책임을 가질 수도 있다. 이들 시스템은 블랙보드blackboard 스타일을 따른다. 많은 데이터베이스 관리 시스템은 데이터가 추가되고 삭제 또는 변경될 때 활성화되는 트리거 메커니즘을 지원한다. 이 기능을 블랙보드 스타일을 사용하는 애플리케이션을 생성하는 데 사용할 수 있다. 그러나 애플리케이션이 레파지토리에 있는 데이터를 추출하고 변경하는 데 DBMS를 사용하지만 트리거를 사용하지 않는다면 순수한 공유 데이터 스타일을 따르는 것이 된다.

### 4.5.1 공유 데이터 스타일

**개요**

공유 데이터 스타일$^{shared\text{-}data\ style}$에서 상호작용 패턴은 지속성 데이터를 교환함으로써 지배된다. 데이터는 여러 접근자와 적어도 하나의 지속성 데이터를 보유하기 위한 공유 데이터 저장소를 갖는다.

데이터베이스 관리 시스템과 지식 기반 시스템이 이 스타일의 예다.

**요소, 관계, 속성**

공유 데이터 스타일은 하나 이상의 공유 데이터 저장소로 구성돼 다른 컴포넌트가 읽고 쓸 수 있는 데이터를 저장한다. 공유 데이터 스타일은 표 4.6에 요약돼 있다. 컴포넌트 타입에는 공유 데이터 저장소$^{shared\text{-}data}$ $^{store}$와 데이터 접근자$^{data\ accessor}$가 있다. 커넥터 타입은 데이터 읽기와 쓰기$^{data\ reading\ and\ writing}$다. 공유 데이터 스타일과 관련된 일반적인 컴퓨팅 모델은 데이터 접근자가 데이터 저장소의 데이터를 필요로 하는 오퍼레이션을 수행하고, 하나의 이상의 데이터 저장소에 그 결과를 쓰는 것이다. 해당 데이터는 다음 데이터 접근자가 볼 수 있고 처리할 수 있다. 순수한 공유 데이터 시스템에서 데이터 접근자는 하나 이상의 공유 데이터 저장소를 통해서만 상호작용한다. 그러나 실제로 공유 데이터 시스템은 또한 데이터 접근자 사이의 직접적인 상호작용이 허용된다. 공유 데이터 시스템의 데이터 저장소 컴포넌트는 데이터에 공유된 접근을 제공하며, 데이터 지속성$^{data\ persistence}$을 지원하며, 트랜잭션 관리를 통한 데이터의 동시 접근을 관리하고, 장애 감내$^{fault\ tolerance}$를 제공하며, 접근 통제를 지원하고, 데이터 값의 분산 및 캐싱을 처리한다.

**표 4.6** 공유 데이터 스타일 요약

| 요소 | • 레파지토리 컴포넌트: 속성에는 저장되는 데이터 타입, 데이터 성능 지향 속성, 데이터 분산, 허용되는 접근자 수를 포함한다. <br> • 데이터 접근자 컴포넌트 <br> • 데이터 읽기 및 쓰기 커넥터: 중요한 속성은 커넥터가 트랜잭션적인지 여부다. |
|---|---|
| 관계 | 결합(attatchment) 관계는 어떤 데이터 접근자가 어떤 데이터 레파지토리와 연결되는지를 결정한다. <div align="right">이어짐</div> |

| 컴퓨팅 모델 | 데이터 접근자 사이의 커뮤니케이션은 공유 데이터 저장소에 의해 중개된다. 통제는 데이터 접근자나 데이터 저장소에 의해 시작될 수 있다. 데이터는 데이터 저장소에 의해 지속성을 갖는다. |
|---|---|
| 제약사항 | 데이터 접근자는 데이터 저장소와 상호작용한다. |
| 사용 | • 여러 컴포넌트가 지속성 데이터에 접근할 수 있다.<br>• 데이터 생산자와 데이터 소비자를 분리함으로써 향상된 변경용이성을 제공한다. |

공유 데이터 스타일의 특수화는 저장되는 데이터의 본질에 따라 달라진다. 기존 접근 방법으로는 관계형, 객체 구조, 레이어 및 계층적인 구조가 있다.

## 공유 데이터 스타일 사용

공유 데이터 스타일은 다양한 데이터 항목이 여러 접근자와 지속성을 가질 때 유용하다. 이 스타일을 사용할 때 데이터의 생산자를 데이터 소비자로부터 분리할 수 있다. 따라서 이 스타일은 생산자는 소비자를 직접 알지 못하기 때문에 변경용이성을 지원한다.

> **조언**
>
> 데이터 저장소를 문서화하는 유용한 속성은 다음과 같다.
>
> - 데이터 저장소에 동시 연결 개수 제한
> - 새로운 접근자가 런타임에 추가될 수 있는지 여부
> - 접근 통제 강화 정책
> - 같은 데이터 요소에 동시 접근이 허용되는지 여부, 그리고 그렇다면 사용되는 어떤 타입의 동기화 메커니즘
> - 어떤 타입의 데이터를 수정하는지, 그리고 그렇다면 누가 접근하고 언제 변경되는지, 그리고 어떤 인터페이스를 통해서 이루어지는지와 같은 관리 관심사
> - 분산 설정에서 데이터 복제
> - 데이터 년도
> - 레피지토리 시스템이 질의 기반과 트리거 모드의 상호작용을

> 둘 다 지원한다면, 예를 들어 다른 커넥터 타입을 사용해 어떤
> 형식의 상호작용을 의도하는지 명확하게 문서화하는 것이 중
> 요하다.

이 스타일과 관련된 분석은 보통 성능, 보안, 프라이버시, 가용성, 확장성, 그리고 예를 들어 기존 레파지토리와 데이터와의 호환성과 같은 품질에 집중한다. 특별히, 시스템이 하나 이상의 데이터 저장소를 갖고 있을 때, 핵심 아키텍처 관심사는 데이터와 연산을 데이터에 매핑하는 것이다. 여러 저장소를 사용하는 경우가 발생하는 것은 데이터가 자연적으로 또는 역사적으로 분리될 수 있는 저장소에 분할되기 때문이다. 다른 경우에서 데이터는 여러 저장소에 복제돼 다중화를 통해서 성능 및 가용성을 향상시킬 수 있다. 이러한 선택은 앞에서 언급한 품질에 커다란 영향을 줄 수 있다.

### 다른 스타일과의 관계

이 스타일은 클라이언트–서버 스타일, 특별히 다중 티어 클라이언트–서버와 공통적인 면을 갖는다. 이 스타일을 사용하는 정보 관리 애플리케이션에서 레파지토리는 보통 관계형 데이터베이스로, 클라이언트–서버 상호작용을 사용해 관계형 질의와 갱신을 제공한다. 관계형 데이터베이스의 클라이언트(즉, 접근자)는 DBMS에 지정된 네트워크 포트와 프로토콜을 사용해 DBMS에 연결된다. 클라이언트 컴포넌트로 구축된 브릿지 모듈<sup>bridge module</sup> 또는 DBMS 드라이버<sup>driver</sup>는 데이터베이스 오퍼레이션을 제공한다.

공유 데이터 스타일은 데이터 모델 스타일과 밀접하게 관련돼 있다. 시스템의 공유 데이터 뷰는 데이터 레파지토리와 이들의 접근자를 표현하지만, 데이터 모델은 데이터 엔티티와 관계라는 관점에서 레파지토리 안에서 데이터가 구조화되는 방법을 보여준다.

데이터 모델 스타일은 2.6절에서 설명한다.

다른 C&C 스타일과 유사하게, 또한 공유 데이터 스타일은 배포 스타일과 관련된다. 공유 레파지토리를 갖는 시스템이 하나 이상의 전용

서버 머신이 레파지토리를 호스팅하는 분산 애플리케이션인 경우는 아주 흔하다. 시스템의 배포 뷰는 레파지토리와 다른 컴포넌트가 하드웨어 노드에 할당되는 것을 보여준다.

### 공유 데이터 스타일 사례

그림 4.7은 기업 접근 관리 시스템의 공유 데이터 뷰 다이어그램을 보여준다. 3가지 타입의 접근자 컴포넌트가 있다. 윈도우 애플리케이션, 웹 애플리케이션, 그리고 'UI 없는' 프로그램(즉, 백그라운드에서 실행되고 사용자 인터페이스를 제공하지 않는 프로그램이나 스크립트)이다.

**그림 4.7**
기업 접근 관리 시스템의 공유 데이터 다이어그램. 중앙집중화 보안 영역은 사용자 계정, 비밀번호, 사용자 그룹, 역할, 권한 및 관련된 정보를 위한 레파지토리다. 사용자 ID와 비밀번호는 그림의 좌측 상단에 있는 외부 레파지토리와 동기화된다. 기업 직원의 계정은 HR 데이터베이스의 상태에 변경에 타라 생성/비활성화되고 권한이 부여/취소된다

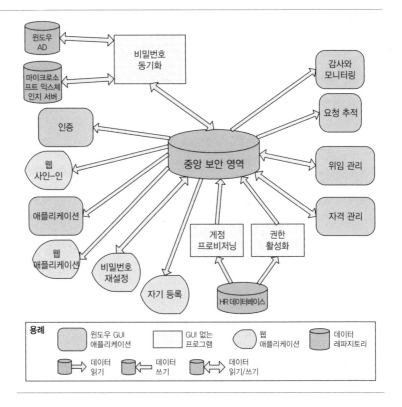

## 4.6  C&C 스타일 횡단 관심사

유사한 방식으로 여러 C&C 스타일에 관련된 여러 가지 관심사가 있

다. 이들을 횡단 관심사로 취급하는 것이 유용하다. 이들을 문서화하기 위한 요구가 모든 스타일에 유사하기 때문이다. 이러한 이슈 중 하나는 동시성<sup>concurrency</sup>, 즉 시스템의 어떤 컴포넌트가 동시적인 스레드나 프로세스로 실행하는지를 표현하는 것이다. 다른 횡단 관심사는 티어의 사용이다. 즉, 컴포넌트를 계층적인 그룹화로 묶고 비연속적인 그룹에 있는 컴포넌트 사이의 커뮤니케이션 경로를 제한하는 것이다. 다른 하나는 동적 재설정이다. 어떤 컴포넌트가 런타임에 생성되고 소멸되는 가를 나타낸다.

이들을 포함한 경우에서 횡단 관심사는 스타일 요소 타입의 인스턴스가 횡단 관심사를 해결하는 방법을 명확하게 하기 위해 부가적인 의미론적 세부사항으로 요소 타입을 확장함으로써 문서화될 수 있다. 이 부가적인 세부사항을 추가함으로써 원래 스타일의 특수화된 변형을 효과적으로 생성할 수 있다. 이러한 확장이 일반적으로 컴포넌트와 커넥터, 이들의 속성, 그리고 시스템 토폴로지에 새로운 제약사항을 도입할 것이기 때문이다.

### 4.6.1 프로세스-커뮤니케이션

프로세스가 서로 커뮤니케이션하는 것은 대부분의 대규모 시스템에서 일반적이며, 모든 분산 시스템에서는 필수적이다. 각 컴포넌트가 독립적인 프로세스로 실행할 수 있다는 것을 규정함으로써 C&C 스타일의 프로세스-커뮤니케이션<sup>communicating-process</sup> 변형을 만들어낼 수 있다. 예를 들어, 클라이언트-서버 스타일에서 클라이언트와 서버는 대개 독립적인 프로세스다. 마찬가지로 파이프-필터 시스템의 프로세스-커뮤니케이션 변형은 각 필터가 분리된 프로세스로서 실행되는 것을 요구한다. 프로세스-커뮤니케이션 스타일<sup>communicating-processes style</sup>의 커넥터는 그 구현이 프로세스-커뮤니케이션을 지원하는 것이 필요하겠지만 변경할 필요는 없다.

(서브 구조를 갖는 컴포넌트에 대한) 이러한 계획의 일반적인 변형은 상위 수준 컴포넌트가 별도의 프로세스로 실행되지만, 내부 컴포넌트가 자신의 부모 프로세스 안에서 실행될 수 있도록 하는 것을 요구하는 것

프로세스-커뮤니케이션 스타일은 컴포넌트가 독립적인 프로세스로서 실행할 수 있는 C&C 스타일이다.

이다. 다른 변형은 동시성 단위$^{concurrency\ unit}$로서 프로세스 대신에 스레드를 사용한다. 스레드와 프로세스를 혼합한 변형도 있다.

프로세스-커뮤니케이션 스타일에 대해 문서화해야만 하는 부가적인 사항이 있다. 여기에는 다음 사항이 포함된다.

- 프로세스나 스레드의 집합을 시작하고, 중단하며, 동기화하는 메커니즘
- 동시성 단위의 실행이 다른 동시 단위에 의해 선취되는지 여부를 나타내는 동시성 단위의 선제성$^{preemptability}$
- 스케줄링에 영향을 주는 프로세스의 우선순위
- 기간과 마감시간과 같은 타이밍 매개변수
- 감시 타이머$^{watchdog\ timer}$와 스케줄러와 같이 동시성을 모니터링하고 통제하기 위한 부가적인 컴포넌트
- 공유 리소스, 잠금 메커니즘, 그리고 교착상태 방지 또는 탐지 기법의 사용

프로세스-커뮤니케이션은 (1) 시스템에서 어떤 부분이 병렬로 운영될 수 있는지, (2) 컴포넌트를 프로세스 안에 묶는 것, (3) 시스템 안에서의 제어 스레드를 이해하기 위해 사용된다. 따라서 이 스타일 변형은 성능과 신뢰성을 분석하는 데 사용되며, 소프트웨어를 별도의 프로세서에 배포하는 방법에 영향을 미치게 된다. 액티비티 다이어그램$^{activity}$ $^{diagram}$과 시퀀스 다이어그램$^{sequence\ diagram}$과 같은 행위 표기법이 동시에 실행되는 요소 사이의 상호작용을 이해하는 데 특별히 유용하다.

배포 스타일은 5.2절에서 설명한다. 8장에서는 행위 문서화에 대해 설명한다.

### 4.6.2 티어

많은 시스템의 실행 구조는 컴포넌트의 논리적인 그룹의 집합으로 구성된다. 각 그룹화를 티어$^{tier}$라고 부른다. 컴포넌트의 타입, 같은 실행 환경 공유 또는 다른 런타임 목적을 갖는 것과 같은 다양한 기준을 기반으로 컴포넌트를 티어로 그룹화할 수 있다.

어떤 C&C 스타일에든 티어의 사용을 적용시킬 수 있다. 그러나 실제로는 보통 클라이언트-서버 스타일의 컨텍스트에서 사용된다. 티어

는 어떤 컴포넌트가 다른 컴포넌트와 커뮤니케이션을 할 수 있는지를 제약하는 토폴로지적인 제약사항을 야기시킨다. 다시 말하면, 같은 티어나 이웃한 티어에 있는 컴포넌트 사이에서만 커넥터가 존재할 수 있다. 많은 자바 EE와 마이크로소프트 .NET 애플리케이션에서 볼 수 있다는 다중 티어 스타일<sup>multi-tier style</sup>은 클라이언트–서버 스타일에서 파생된 티어의 구성 예다.

티어는 시스템 분할 메커니즘이다. 보통 클라이언트–서버 시스템에 적용되며, 시스템의 다양한 부분(티어)(사용자 인터페이스, 데이터베이스, 업무 애플리케이션 로직 등)이 다른 플랫폼에서 실행된다.

이와 함께 티어는 이웃한 티어 사이에 발생할 수 있는 커뮤니케이션의 종류를 제약할 수 있다. 예를 들어 어떤 티어 스타일은 단 방향의 호출–반환 커뮤니케이션을 요구하지만, 다른 스타일에서는 이벤트 기반통지를 요구할 수도 있다.

티어는 컴포넌트가 아니다. 컴포넌트의 논리적인 그룹이다.

기존의 C&C 다이어그램 위에 티어 경계를 겹쳐서 그래픽적으로 티어를 표현할 수있다. 대신에 또는 이와 함께 각 컴포넌트가 어떤 티어에 속하는지를 나타내기 위해서 속성을 각 컴포넌트에 연관시켜 티어를 문서화할 수 있다.

### 다중 티어 시스템 사례

그림 4.8은 비형식적인 표기법을 사용해 소비자 웹사이트 자바 EE 애

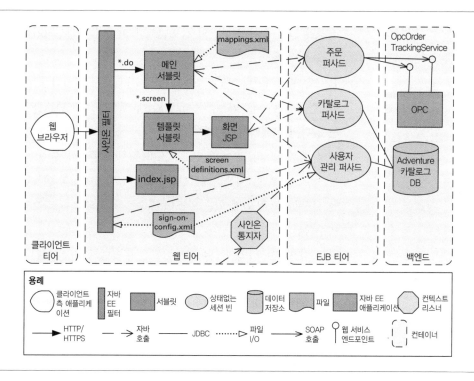

**그림 4.8**

소비자 웹사이트 자바 EE 애플리케이션을 서술한 다중 티어 뷰 다이어그램으로, Adventure Builder 시스템의 일부다

티어를 레이어와 혼동하지 말라! 레이어링은 모듈 스타일이고, 티어는 C&C 스타일이다. 다시 말해 레이어는 구현 단위의 그룹화이며, 티어는 런타임 요소의 그룹화다.

플리케이션의 다중 티어 아키텍처를 표현한다. 이 애플리케이션은 Adventure Builder 시스템(Adventure Builder 2010)의 일부다. 많은 컴포넌트-커넥터 타입이 지원하는 플랫폼이며 이 경우는 자바 EE에 특성화됐다.

### 4.6.3 동적 생성과 소멸

많은 C&C 스타일은 시스템이 실행되고 있는 동안에 컴포넌트와 커넥터가 생성되거나 소멸될 수 있도록 한다. 예를 들어, 클라이언트-서버 시스템에서 클라이언트 요청 수가 증가하면 새로운 서버 인스턴스가 생성될 수 있다. P2P 시스템에서 새로운 컴포넌트는 P2P 네트워크 안에서 피어에 연결함으로써 시스템에 동적으로 결합할 수 있다. 어떤 스타일도 원칙상으로는 요소의 동적인 생성과 소멸을 지원할 수 있기 때문에, 이것은 또 다른 횡단 관심사가 된다.

아키텍처의 동적인 면을 문서화하기 위해서는 다음 사항을 포함한 여러 가지 정보를 추가해야 한다.

6.4.3절에서는 동적인 시스템의 문서화에 대해 설명한다.

- 스타일 안에서 어떤 타입의 컴포넌트나 커넥터가 생성되거나 소멸될 수 있는가

- 요소를 생성하거나 관리, 소멸하는 데 사용되는 메커니즘. 예를 들어, 컴포넌트 '팩토리factory'는 런타임에 새로운 컴포넌트를 생성하는 일반적인 메커니즘이다.

- 해당 컴포넌트의 몇 개의 인스턴스가 동시에 존재할 수 있는가. 예를 들어, 일부 웹 애플리케이션은 웹 서버 컴포넌트의 인스턴스 풀을 사용한다. 풀 안에 있는 인스턴스 수는 최소와 최대 값으로 매개변수화된다.

- 다른 컴포넌트 타입의 라이프사이클은 무엇인가. 어떤 조건 하에서 새로운 인스턴스가 생성되고, 활성화, 비활성화, 제거되는가. 예를 들어, 어떤 스타일은 새로운 컴포넌트가 추가되기 전에 시스템의 전체 또는 일부가 안정적인 '정지한' 상태가 되는 것을 요구한다.

## 4.7 요약 체크리스트

- 컴포넌트–커넥터 스타일은 컴포넌트–커넥터 타입의 특정한 집합을 도입하고, 이들 타입의 요소가 결합되는 방법에 관한 규칙을 명세함으로써 C&C 뷰를 특수화한다. C&C 스타일은 일반적으로 이 스타일의 시스템을 통해서 실행, 데이터, 그리고 제어가 흘러가는 방법을 규정한 컴퓨팅 모델과 관련된다.
- 컴포넌트–커넥터 스타일은 해당 컴퓨팅 모델을 기반으로 몇 개의 일반적인 카테고리로 그룹화될 수 있다. 이들 각 카테고리는 특정한 C&C 스타일의 다양성을 포함하며, 이들 중 몇 개를 이 장에서 살펴보았다.
- 파이프–필터 시스템에서 필터는 데이터 입력을 연속적으로 처리하고, 파이프를 통해 다음 필터에게 출력을 보인다.
- 클라이언트–서버 시스템에서 클라이언트 컴포넌트는 서버 컴포넌트에게 서비스를 동기적으로 요청한다.
- P2P 솔루션에서 같은 컴포넌트의 여러 인스턴스가 서로 협력해 동기적인 요청/응답 메시지를 교환함으로써 원하는 목표를 달성한다.
- 서비스지향 아키텍처는 서비스 공급자와 서비스 소비자로서 행위를 하고 고도로 상호운영할 수 있는 분산 컴포넌트를 포함한다. ESB, 서비스 레지스트리, BPEL 서버와 같은 중개자가 사용될 수 있다.
- 출판–구독 시스템에서 출판자는 출판–구독 커넥터에게 이벤트를 전송하고, 출판–구독 커넥터는 해당 이벤트를 받겠다고 등록한 모든 구독자에게 이벤트를 전달한다.
- 공유 데이터 스타일은 접근자라고 하는 독립적인 컴포넌트가 공유 데이터 레파지토리에 접근해 읽기 및 쓰기를 한다.
- 많은 C&C 뷰는 동시적인 프로세스 또는 스레드로서 실행되는 프로세스–커뮤니케이션을 포함한다. 이 경우에 이들 프로세스나 스레드의 스케줄링과 선제적 방법, 그리고 공유 리소스에 접근을 동기화하는 방법을 문서화하는 것이 중요하다.

- 컴포넌트-커넥터 아키텍처는 컴포넌트의 논리적인 그룹화인 티어로 구조화될 수 있다. 자바 EE와 마이크로소프트 .NET 애플리케이션에서 볼 수 있는 다중 티어 스타일은 클라이언트-서버 스타일의 특수화다.

## 4.8  생각해볼 문제

1. P2P, 클라이언트-서버, 그리고 다른 호출-반환 스타일 모두가 데이터나 서비스의 생산자와 소비자 사이의 상호작용을 포함한다. 만약 아키텍트가 이들 스타일 중 하나를 사용할 때 조심하지 않는다면 한 방향으로 흘러가는 요청과 다른 방향으로 흘러가는 응답만 보는 C&C 뷰를 만들어낼 것이다. 아키텍트가 이들 사이를 구별할 수 있는 수단은 무엇인가?

2. 출판-구독의 어떤 형태는 런타임 등록을 포함하고, 어떤 것은 사전 런타임 등록만을 허용한다. 이들 각 경우를 어떻게 표현할 것인가?

3. 사용자기 파일을 다운로드하기 위해 웹 브라우저를 실행했다. 그전에 브라우저는 해당 파일의 타입을 처리하는 플러그인을 가져온다. C&C 뷰에 이러한 시나리오를 어떻게 모델링할까?

4. 시스템의 보안 관점을 강조하는 C&C 뷰를 보여주기를 원한다면 컴포넌트와 어떤 종류의 속성을 연관시켜야 할까? 커넥터에는?

5. 3티어 시스템의 중간 계층이 데이터 레파지토리라고 하자. 이 시스템은 공유 데이터 시스템인가? 3티어 시스템인가? 클라이언트-서버 시스템인가? 모두 다 인가? 아니면 아무 것도 아닌가? 여러분의 대답을 주장해본다.

6. 레이어와 티어가 다른 이유를 알아보기 위해 여러분이 익숙한 시스템의 레이어 뷰를 스케치해보고, 그다음에 같은 시스템의 다중 티어 클라이언트-서버 뷰를 스케치한다.

## 4.9 더 읽을거리

C&C 스타일을 무엇이라고 하고 또는 어떻게 그룹화할 것인가에 관한 보편적으로 일치된 의견은 없다. 카탈로그를 만드는 사람에게만 이것이 중요한 문제처럼 보이겠지만 문서화에도 중요하다. 예를 들어 여러분의 시스템을 P2P 스타일로 선택했다고 하자. 이론적으로는 어느 정도 문서화 의무에서 자유로워야 한다. 자세한 것은 스타일 카탈로그에 강조할 수 있어야 하기 때문이다. 그러나 스타일 정의에 대한 권위 있는 자료를 찾기는 힘들다. 저자들마다 같은 스타일을 조금씩 다른 컴포닌트-기넥터 타입과 속성으로 설명하기 때문이다. 그러나 사용할 만한 좋은 스타일 카탈로그는 많이 있다. 특정한 스타일에 대해 좀 더 많은 것을 알고 싶은 독자는 쇼와 갈란(1996)의 책과 5권의 『 패턴 지향 소프트웨어 아키텍처』(지앤선, 2008)(부쉬만 외 1996, 슈미트 외 2000, 키르허와 제인[Jain] 2004, 부쉬만과 헨리, 슈미트 2007a와 2007b)를 찾아볼 수 있다. 위키백과에서도 스타일에 관한 좋은 자료가 많이 있다.

SEI 보고서인 'Evaluating a Service-Oriented Architecture'(비앙코[Bianco]와 코테르만스키[Kotermanski], 멀슨[Merson] 2007)는 SOA에서 사용할 수 있는 많은 다른 컴포넌트와 커넥터 타입을 설명하며, 다른 설계 대안이 솔루션의 품질 속성에 어떻게 영향을 미치는지 논의한다. 다양한 이벤트 기반 스타일에 대한 포괄적인 설명은 『기업 통합 패턴』(에이콘, 2014)(호프[Hohpe]와 울프f 2003)에서 볼 수 있다. 블랙보드 스타일과 시스템 설계에서의 역사에 대한 훌륭한 설명으로는 니[Nii](1986)가 쓴 논문이 있다. 블랙보드 스타일을 사용한 처음 시스템은 Hearsay II라고 하는 음성 이해 시스템이었다. 좀 더 현대적인 변형은 린다[Linda] 프로그래밍 언어(가르렌텔[Gerlernter] 1985)와 JavaSpaces 기술(프리만[Freeman]과 허퍼[Hupfer], 아놀드[Arnold], 1999)로 실증된 것처럼 '터플 공간[tuple space]'에서 제공된다. HLA[High Level Architecture]는 분산 시뮬레이션의 통합 프레임워크(IEEE 15161.1 2000)로서 출판-구독 메커니즘을 사용한다.

# 할당 뷰와 몇 가지 할당 스타일

이번 장에서는 할당 뷰에 대한 간단한 개요를 설명한 후에 할당 뷰와 스타일의 다음 관점을 살펴본다.

- 배포 스타일
- 설치 스타일
- 작업 배정 스타일
- 기타 할당 스타일

## 5.1  개요

소프트웨어 아키텍처 안에 있는 소프트웨어 요소는 소프트웨어가 개발되고 배포되고 실행되는 환경 안에 있는 비소프트웨어 요소와 상호작용한다. 컴퓨팅 및 커뮤니케이션 하드웨어, 파일 관리 시스템, 개발 팀은 모두 소프트웨어 아키텍처와 상호작용을 한다. 이 때문에 (프롤로그에 있는 소프트웨어 아키텍처 정의로부터) '시스템을 추론하는 데 필요한 구조의 집합'은 소프트웨어와 비소프트웨어 요소 사이의 관계를 보여주는 구조를 포함한다. 소프트웨어 아키텍처와 하드웨어 사이의 매핑을 통해서 시스템의 성능이 분석될 수 있다. 소프트웨어 아키텍처와 파일 구조 사이의 매핑을 통해서 개발된 시스템을 관리할 수 있게 된다. 소프트웨어 아키텍처와 팀 구조 사이의 매핑을 통해서 프로젝트 관리 행위가 진행된다.

 이들 구조는 뷰와 그 너머 접근 방법에서 일등석을 차지하며, 이 장에서는 이들을 표현하는 뷰와 스타일에 대해 집중하기로 한다. 할당 뷰

할당 뷰를 소프트웨어 아키텍처 뷰와 다른 종류의 아키텍처(예를 들어, 하드웨어 아키텍처나 조직 아키텍처) 뷰를 결합한 것으로 생각할 수 있다. 6.6절에서 분리되는 뷰를 결합하는 기법과 왜 그렇게 해야 하는지에 대해서 살펴본다.

allocation view는 (모듈 뷰나 컴포넌트-커넥터$^{C\&C}$ 뷰의) 소프트웨어 요소와 소프트웨어 환경의 비소프트웨어 요소 사이의 매핑을 표현한다.

우리는 소프트웨어 아키텍처와 환경 사이의 매핑에 대한 가장 일반적인 형식을 검토하면서 시작한다. 다음에는 그림 5.1에서와 같은 3가지 일반적인 할당 스타일을 식별한다.

**그림 5.1**
세 가지 할당 스타일은 배포(소프트웨어 아키텍처와 컴퓨팅 플랫폼의 하드웨어 매핑)와 설치(소프트웨어 아키텍처와 제품 환경에서의 파일 시스템 매핑), 그리고 작업 배정(소프트웨어 아키텍처와 개발 조직에서의 팀 매핑)이다

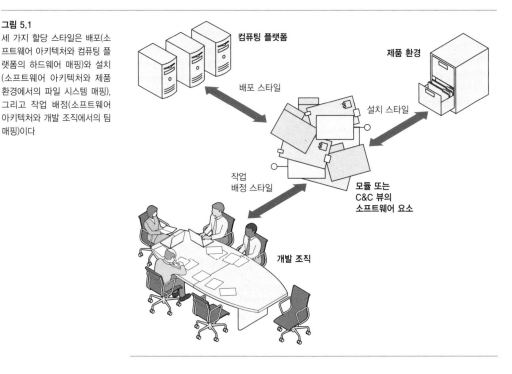

할당 스타일에는 이들만 있는 것이 아니다. 다른 많은 것들도 가능하며 유용하다. 예제는 5.5절과 이 장의 관점 '조율 뷰'에 있다.

- 배포 스타일$^{deployment\ style}$은 소프트웨어 컴포넌트와 커넥터와 소프트웨어가 실행되는 컴퓨팅 플랫폼의 하드웨어 사이의 매핑을 서술한다.
- 설치 스타일$^{install\ style}$은 소프트웨어의 컴포넌트와 제품 환경의 파일 시스템의 구조와 매핑을 서술한다.
- 작업 배정 스타일$^{work\ assignment\ style}$은 소프트웨어 모듈과 이들 모듈을 개발하는 작업을 하는 사람, 팀 또는 조직 작업 단위와 매핑을 서술한다.

표 5.1은 할당 스타일<sup>allocation style</sup>의 특징을 요약한다. 할당 스타일의 요소는 소프트웨어 요소<sup>software element</sup>와 환경적인 요소<sup>environmental element</sup> 다. 환경적인 요소는 프로세서, 디스크 팜<sup>disk farm</sup>, 파일 또는 폴더, 또는 개발자 그룹이다. 소프트웨어 요소는 모듈이나 C&C 스타일에서 온다.

**표 5.1** 할당 뷰의 특징 요약

| | |
|---|---|
| **개요** | 할당 스타일은 소프트웨어 아키텍처와 환경 사이의 매핑을 서술한다. |
| **요소** | 소프트웨어 요소와 환경 요소. 소프트웨어 요소는 환경에 요구되는 속성을 갖는다. 환경 요소는 소프트웨어에게 제공된 속성을 갖는다. |
| **관계** | 할당되다(allocated to): 소프트웨어 요소가 환경 요소에 매핑(할당)된다. 속성은 특별한 뷰에 의존한다. |
| **제약사항** | 뷰에 따라 다양하다. |

할당 뷰의 관계는 할당되다<sup>allocated to</sup>다. 일반적으로 할당 뷰는 소프트웨어 요소로부터 환경 요소로 매핑되지만, 또한 그 반대로의 매핑도 마찬가지로 가능하다. 하나의 소프트웨어 요소가 여러 환경 요소에 할당될 수 있으며, 여러 소프트웨어 요소가 하나의 환경 요소에 할당될 수도 있다. 이들 할당이 시간이 지나면서 개발 동안 또는 시스템 실행 동안에 변경되면 해당 할당과 관련해 아키텍처가 동적이라고 한다.

할당 뷰에서 소프트웨어 요소와 환경 요소는 속성을 갖는다. 할당 뷰에 포함시켜야 하는 특정한 속성은 항상 그렇듯 해당 뷰의 목적에 의존할 것이다. 할당 뷰의 일반적인 목표는 소프트웨어 요소에 필요한<sup>required</sup> 속성과 환경 요소가 제공하는<sup>provide</sup> 속성을 비교해 할당이 성공적인지 아닌지를 결정하는 것이다. 예를 들어 컴포넌트의 필요한 응답 시간을 보장하기 위해 충분히 빠른 프로세싱 파워를 제공하는 프로세스상에서 실행해야만 한다(할당돼야 한다). 여기서 '충분히 빠르다'는 것은 IEEE 754 단정도 부동소수점 곱하기가 50나노초 안에 실행돼야 한다는 요구로 정의될 수도 있다. 또 다른 예로는 컴퓨팅 플랫폼이 가상 메모리의 10KByte 이상을 사용하는 작업을 허용하지 않을 수도 있다. 이 경우에 검토 중인 소프트웨어 요소의 실행 모델이 필요한 가상 메모리 사용을 결정하기 위해 사용될 수 있다.

할당 스타일의 특정한 사용과 표기법은 스타일을 특정하며, 각 절에서 다룬다.

## 5.2  배포 스타일

### 5.2.1 개요

배포 스타일<sup>deployment style</sup>에서 C&C 스타일의 소프트웨어 요소가 소프트웨어가 실행되는 컴퓨팅 플랫폼의 하드웨어에 할당된다. 유효한 할당은 소프트웨어 요소가 표현하는 요구가 하드웨어 요소의 특징에 의해 충족된다는 것을 보장한다.

### 5.2.2 요소, 관계, 속성

표 5.2는 배포 스타일을 요약한다. 배포 스타일의 환경 요소는 데이터를 저장하고 전송하거나 연산하는 물리적인 단위에 대응하는 실체다. 물리적인 단위에는 프로세싱 노드(CPU), 통신 채널, 메모리 저장소, 데이터 저장소가 있다.

**표 5.2** 배포 스타일 요약

| | |
|---|---|
| **개요** | 배포 스타일은 소프트웨어 아키텍처의 컴포넌트와 커넥터를 컴퓨팅 플랫폼의 하드웨어에 매핑을 서술한다. |
| **요소** | • 소프트웨어 요소: C&C 뷰의 요소. 문서화할 속성은 프로세싱, 메모리, 용량 요구 및 장애 감내와 같은 하드웨에 요구되는 중요한 특징을 포함한다.<br>• 환경 요소: 컴퓨팅 플랫폼의 하드웨어. 프로세서, 메모리 ,디스크. (라우터, 대역폭, 방화벽, 브릿지와 같은) 네트워크 등. 환경 요소의 유용한 속성은 할당 결정에 영향을 미치는 중요한 하드웨어 관점이다. |
| **관계** | • 할당되다(allocated-to): 실행하는 동안 소프트웨어 요소가 놓여지는 물리적인 단위. 속성은 할당이 실행 시간에 변경되는지 여부다.<br>• 이주하다(migrates-to), 복제-이주하다(copy-migrates-to), 실행-이주하다(execution-migrates-to): 할당이 동적인 경우. 속성은 이주를 야기시키는 트리거다. |
| **제약사항** | 할당 토폴로지는 제한이 없다. 그러나 소프트웨어 요구 속성은 하드웨어 제공 속성에 의해 충족돼야 한다. |

일반적인 형식에서 배포 스타일이 토폴로지 형식 제약을 부과하지 않지만, 배포 스타일의 특수화(서브 타입)은 그럴 수도 있다. 예제는 5.5절에 있다.

일반적으로 이 스타일의 소프트웨어 요소는 C&C 뷰에서 문서화되는 요소다. 배포 뷰에서 표현될 때 소프트웨어 요소는 컴퓨터에서 실행된다고 가정한다. 따라서 이 스타일의 소프트웨어 요소는 (프로세스, 스레드, 포트 또는 공유 메모리와 같은) 컴퓨팅 플랫폼의 런타임 실체에 대응된다.

배포 뷰에 표현되는 일반적인 관계는 특별한 할당되다$^{allocated-to}$ 형식으로, 어떤 순간에 어떤 물리적인 단위에 소프트웨어 요소가 놓이는가를 보여준다. 관계는 동적일 수 있다. 즉, 시스템이 실행될 때 할당이 변할 수 있다. 이 경우에 다음과 같은 추가적인 관계가 표현될 수 있다.

- 이주하다$^{migrates-to}$: 하나의 프로세서상의 소프트웨어 요소로부터 다른 프로세서상의 같은 소프트웨어 요소로의 관계. 이 관계는 하나의 소프트웨어 요소가 프로세서로부터 다른 프로세서로 이동할 수 있지만, 동시에 두 프로세서상에 있지 않은 것을 나타낸다.
- 복제–이주하다$^{copy-migrates-to}$: 이 관계는 이주하다 관계와 유사하지만, 소프트웨어 요소가 자신의 복제본을 새로운 프로세서에 전송하고, 원래의 프로세싱 요소상에 복제본을 유지한다.
- 실행–이주하다$^{execution-migrates-to}$: 앞의 두 관계와 유사히게 이 관계는 프로세서로부터 다른 프로세서로 실행이 이동한다는 것을 나타낸다. 그러나 코드 구역은 변경되지 않는다. 하나의 프로세스의 복사본이 하나 이상의 프로세서에 존재하지만, 특정한 시간에는 하나만 활성화된다. 활성화된 프로세스가 변경될 때 프로세스의 실행은 '이주한다'.

6.4.3절에서는 동적론(dynamism)과 동적인 아키텍처를 문서화하는 방법을 설명한다.

또한 아키텍처에 내장된 가변점을 실행함으로써 수작업 재설정의 결과를 가져올 때 할당이 시간이 지나감에 따라 변하는 것이 가능하다.

가변점을 문서화하는 것에 대해서는 6.4절에서 설명한다.

요소의 중요한 속성은 소프트웨어를 물리적인 단위에 할당하는 데 영향을 미치는 중요한 하드웨어 특징이다. 물리적인 단위가 소프트웨어 요소 요구를 어떻게 만족시키는지는 양쪽 속성으로 결정된다. 예를 들어, 소프트웨어 요소가 최소한의 저장 영역을 요구한다면, 적어도 해당 용량을 갖는 어떤 환경 요소도 유효한 할당 후보가 될 수 있다.

게다가, 배포 뷰를 통해서 수행되는 분석 유형은 요소가 소유해야 하는 특정한 속성을 결정한다. 예를 들어, 메모리 용량 분석이 필요하다면 소프트웨어 요소의 필수 속성은 메모리 소비 양상을 서술해야 하며, 적절한 환경 요소 속성은 다양한 하드웨어 실체의 메모리 능력을 그려야만 한다.

다음은 물리적인 단위에 적절한 몇 가지 환경 요소 속성이다.

- CPU 속성: (프로세서 클럭 속도, 프로세서의 개수, 메모리 용량, 버스 속도, 캐시 크기, 명령 실행 속도와 같은) 다양한 프로세싱 요소에 적절한 속성
- 메모리 속성: (메모리 크기와 속도 특징과 같은) 메모리 저장소에 적절한 속성
- 디스크 또는 다른 저장소 단위 용량: 디스크 단위 즉, 개별 디스크 드라이브, 디스크 팜$^{disk\ farm}$, RAID$^{Redundant\ Arrays\ of\ Independent\ Disk}$의 저장 용량과 접근 속도
- 대역폭: 통신 채널의 데이터 전송 능력
- 장애 감내$^{fault\ tolerance}$: 여러 하드웨어 단위가 같은 기능을 수행할 수 있으며, 이들 단위는 장애조치$^{failover}$ 통제 메커니즘을 갖는다.

소프트웨어 요소에 적절한 속성은 다음과 같다.

- 리소스 소비: 예를 들어, 연산은 항상 또는 대부분, 또는 정상(에러 없는) 환경 등일 때 32,123 명령을 처리한다.
- 충족해야 하는 리소스 요구와 제약사항: 예를 들어, 소프트웨어 요소를 실행하는 데 0.1초 이상 걸리지 않아야 한다.
- 중대한 안전성$^{safety\ critical}$: 예를 들어 소프트웨어 요소가 항상 실행돼야 한다면 이것은 참이 될 것이다.

다음 속성은 할당에 적절하다.

- 이주 트리거$^{migration\ trigger}$: 시스템이 실행될 때 할당이 변경될 수 있다면, 이 속성은 하나의 프로세싱 요소에서 다른 요소로 소프트웨어 요소의 이주를 발생시키는 것을 명시한다.

### 5.2.3 배포 스타일 사용

배포 뷰는 성능과 가용성, 신뢰성, 보안을 분석하는 데 유용하다. 테스터는 이 뷰를 사용해 런타임 의존성을 이해하며, 통합자는 통합과 통합 테스팅 계획을 세운다. 또한 배포 뷰는 하드웨어 구입 옵션으로 평가할 때 비용 산정을 지원하는 데 사용된다.

성능은 하드웨어에 소프트웨어 할당을 변경함으로써 조정될 수 있다. 최적화 또는 향상된 할당 결정이 프로세서에 대한 병목현상을 제거하는 것이나, 작업을 좀 더 균일하게 분산시키는 것(예를 들어, 시스템에 고르게 프로세서를 활용하는 것)이 될 수 있다. 보통 성능 향상은 서로 자주 또는 높은 대역폭 커뮤니케이션이 필요한 배포 단위를 병렬로 배치함으로써 달성될 수 있다. 다른 프로세싱 요소상에 있는 배포할 수 있는 단위 사이의 통신 채널을 따라 발생하는 커뮤니케이션의 볼륨과 빈도가 시스템의 성능 엔지니어링에 주로 사용된다. 할당을 최적화하더라도 요구가 충족될 수 없다면 아키텍트는 추가적인 하드웨어를 사용하거나, 하드웨어 요소를 좀 더 강력한 버전으로 교체할 수 있다.

가용성과 신뢰성은 프로세싱 요소나 통신 채널이 잘못되거나 실패하는 경우에 시스템의 행위에 직접적으로 영향을 받는다. 프로세서나 채널이 경고 없이 실패한다면, 소프트웨어 컴포넌트의 복사본은 별도의 프로세서에 놓여질 수 있다. 실패 이전에 경고가 발생한다면 컴포넌트는 실패가 긴급할 때 런타임 시에 이주될 수 있다. 모든 프로세싱 요소가 모든 배포할 수 있는 단위의 복사본을 호스트하기에 충분한 메모리를 갖고 있다면 런타임 시에 이주할 필요는 없다. 실패가 발생할 때 더 이상 사용되지 않는 배포할 수 있는 단위의 복사본은 활성화가 되지만, 코드의 이주는 발생하지 않는다.

보안과 공격 저항은 하드웨어의 설정과 소프트웨어 할당에 영향을 받는다. 노출을 제한하기 위해 각 호스트에 사용할 수 있는 서비스를 제한한다. 민감한 영역에 접근을 제한하도록 방화벽과 라우터, 브릿지 보호가 사용될 수 있다. 물리적인 공격에 프로세서의 노출을 제한하기 위해 물리적인 보안 측정이 사용될 수 있다.

배포 뷰를 시스템의 전체 소프트웨어 아키텍처로서 취급하는 것은 부정확하게 사용하는 것이다. 이 스타일의 분리된 단일 뷰는 소프트웨어 아키텍처의 완전한 서술이 아니다. 이 것은 모든 스타일에도 적용되지만, 할상 스타일은 특별히 의심스럽다. 아키텍트가 소프트 웨어 아키텍처를 보여달라고 요청을 받게 되면 때로는 사용되는 모든 속성 및 프로토콜 과 함께 컴퓨터 네트워크와 이들 컴퓨터상에서 실행되는 소프트웨어 컴포넌트를 보여주 는 인상적인 다이어그램을 제시한다. 이들 다이어그램은 작업을 구조화하고 소프트웨어 를 이해하는 데 도움을 주는 중요한 역할로 채워지지만, 소프트웨어 아키텍처를 완전하게 표현하지는 않는다.

모듈과 하드웨어 단위 사이의 관계를 강제로 맺으려고 하지 말라. 예를 들어, 레이어 시 스템의 각 레이어를 강제로 자신의 프로세서에 두려고 하는 것은 대개는 잘못된 설계다 (레이어는 티어가 아니라는 점을 기억하기 바란다).

현대 소프트웨어 아키텍처는 배포 결정을 투명하게 해, 따라서 변경 할 수 있게 하는 방법을 찾고 있다. 예를 들어, 목표는 같은 프로세서에 있든 다른 프로세서에 있든 정확하게 같은 방식으로 프로세스-커뮤니 케이션을 수행하는 것이다. 배포가 변경되더라도 코드는 그럴 필요가 없다. 따라서 할당 뷰가 품질 속성을 분석하고 달성하는 것을 도와주는 데 중요하지만, 소프트웨어 구현자가 배포에 관해 너무 많은 가정을 하 지 않게 하도록 주의해야 한다.

### 5.2.4 배포 스타일 표기법

#### 비형식적 표기법

비형식적인 그래픽 표기법은 소프트웨어와 환경 요소를 표현하기 위 해 상자와 원, 선, 화살표 등을 포함한다. 많은 경우에서 특별한 기호와 아이콘이 환경 요소를 표현하기 위해 사용된다. 기호는 대개 문제의 하 드웨어 장치 그림이다. 이와 함께 보통 음영, 색상, 경계선 유형, 채우 기 패턴이 요소의 타입을 나타내는 데 사용된다. 소프트웨어 요소는 할

당되는 하드웨어 내부나 옆에 목록을 붙여서 할당되다[allocated-to] 관계를
보여줄 수 있다. 배포 구조가 간단하다면 소프트웨어 단위와 각각이 실
행하는 하드웨어 요소 목록을 갖는 테이블이 적당할 수도 있다. 그림
5.2는 비형식적 표기법을 사용한 배포 뷰 기본 프리젠테이션을 보여
준다.

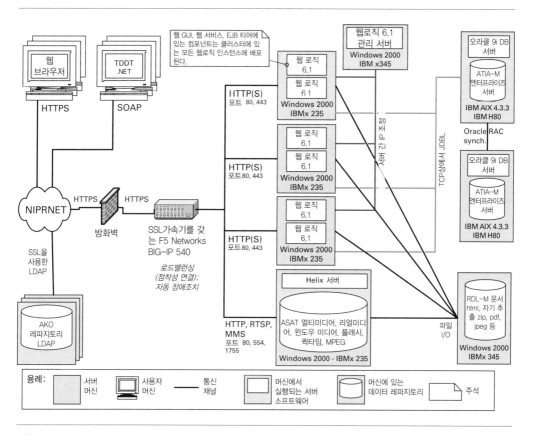

**그림 5.2**

비형식적 표기법을 사용한 배포 뷰의 예. 이 예는 미 국방성 ATIA-M(Training Information Architecture-Migrated) 시스템에서 가져온 것으
로, 다른 종류의 하드웨어에 구별된 기호를 사용한다. 연결하는 선은 컴포넌트가 서로 커뮤니케이션하도록 하는 물리적인 통신 채널이다. 기
호 위에 컴포넌트 이름을 덧씌워서 컴포넌트 할당을 보여준다. 커넥터 할당은 채널 옆에 이름을 작성해 통신 프로토콜을 표시한다. ATIA는 자
바 EE(Java Platform Enterprise Edition) 애플리케이션으로 수백 개의 컴포넌트(대부분 서블릿과 EJB(enterprise java beans)임)로 구성된다.
ATIA 아키텍처는 웹 GUI 티어와 웹 서비스 티어, EJB 티어로 구성된 클라이언트-서버 다중 티어 뷰를 갖는다. 이들 티어 안에 있는 모든 컴포
넌트는 주석에 표시된 것처럼 웹로직(WebLogic)에 배포된다. NIPRNET은 국방성이 소유한 인터넷과 같은 네트워크다

## 형식적 표기법

SysML과 AADL은 각각 부록 B와 C에서 설명한다.

AADL$^{Architecture\ Analysis\ and\ Design\ Language}$과 SysML은 배포 뷰를 서술하는 형식적인 표기법을 제공하는 아키텍처 서술 언어의 예다. AADL은 하드웨어를 표현하고, 소프트웨어를 프로세서, 메모리, 연결과 같은 하드웨어 요소에 연결하는 어휘를 제공한다. 언어는 성능, 신뢰성, 안전성, 보안 요구의 분석을 지원한다. SysML에서 UML 블록 다이어그램의 수정된 버전을 사용해 그래픽 표현을 지원한다. 이와 함께 배포와 다른 할당 형식을 표현하는 테이블 폼을 제공한다.

### UML

UML에서 배포 다이어그램$^{deployment\ diagram}$은 커뮤니케이션 연관으로 연결된 노드의 그래프다. 노드$^{node}$는 프로세싱 단위에 대응하며, 보통 메모리와 프로세싱 능력을 갖는다. 노드는 컴포넌트 인스턴스를 포함해 컴포넌트가 노드 안에 있다는 것을 표현한다. 컴포넌트는 의존성$^{dependency}$ 화살표로 서로 연결될 수 있다. UML 배포 다이어그램에서 컴포넌트가 객체를 포함해, 객체가 이들 컴포넌트의 일부분이라는 것을 의미한다. 다른 노드로 컴포넌트의 이주$^{migration}$(또는 다른 컴포넌트로 객체의 이주)는 《becomes》 의존성 스테레오 타입으로 타나낸다. 노드는 3차원 상자와 같은 기호로 표현되며, 선택적으로 이름를 내부에 표현할 수 있다. 노드는 통신 경로를 나타내는 연관$^{association}$ 관계로 연결된다. 경신 경로의 정확한 성격은 연관에 스테레오 타입(예를 들어, 《10-T Ethernet》, 《RS-232》)으로 나타낼 수 있다. 속성은 속성 이름-값 쌍(예를 들어, 프로세서 속도=300 mHz, 메모리=128 MB)으로 표현된다. 배포 명세는 동시성 모드(예를 들어, 스레드, 프로세스, 없음)와 같은 컴포넌트의 배포를 가이드하는 매개변수를 명시한다.

그림 5.3은 배포 뷰의 UML 표기법 예를 보여준다.

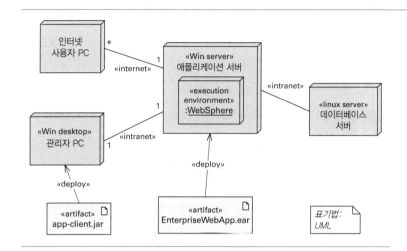

**그림 5.3**
UML 배포 뷰로, 자바 EE 시스템을 지원하는 하드웨어 플랫폼을 보여준다. 《deploy》 의존성은 아티팩트(artifact)가 어떤 노드에 배포되는지를 보여준다. 《execution environment》는 특정 타입의 컴포넌트를 실행하는 환경을 제공하는 노드다. 어떤 컴포넌트가 특정한 노드에 배포되는지를 알기 위해서는 각 아티팩트 안에는 어떤 컴포넌트가 있는지를 보여주는 설치 뷰를 살펴볼 필요가 있다

### 5.2.5 다른 스타일과의 관계

배포 스타일은 컴퓨팅 플랫폼의 하드웨어에 할당되는 소프트웨어 요소를 제공하는 C&C 스타일과 관련된다. 또한 하드웨어 노드에 배포되는 파일의 내용을 보여주는 설치 스타일과도 밀접하게 관련된다.

## 5.3  설치 스타일

### 5.3.1 개요

설치 스타일install style은 C&C 스타일의 컴포넌트를 제품 환경production environment의 파일 관리 시스템에 할당한다. 일단 소프트웨어 시스템이 구현되면 그 결과로 산출되는 파일이 (데스크톱 컴퓨터나 애플리케이션 서버가 실행되는 서버 머신과 같은) 대상 제품 플랫폼에 설치될 수 있도록 패키징돼야 한다. 이들 파일에는 라이브러리, 실행 파일, 데이터 파일, 로그 파일, 형상 및 버전 관리 파일, 라이선스 파일, 도움말 파일, 배포 스크립터, 스크립트, 정적 콘텐츠(예를 들어, HTML 파일과 이미지)가 포함된다. 대규모 소프트웨어 시스템에서 제품 환경에 설치되는 파일의 수는 수천 개에 이를 수 있다. 시스템 빌드 및 패키지 프로세스의 무결성을 통제하고 유지하고, 또한 배포자와 운영자가 필요할 때 파일의

위치를 찾고 조작하는 것을 도와주기 위해 이들 파일이 구성될 필요가 있다. 형상 관리 기법, 빌드 도구와 설치 도구는 보통 이러한 작업을 할 수 있게 도와준다. 그러나 아키텍처 서술은 설치된 시스템이 파일과 폴더 구조로 어떻게 구성되는가를 보여주며, 소프트웨어 요소가 해당 구조에 어떻게 매핑되는지를 서술하는 것은 개발자와 배포자, 운영자를 시원하는 데 중요하다.

설치 스타일은 어떤 특정한 파일이 사용돼야 하며, 시스템의 다른 버전을 생산하기 위해 이들이 어떻게 설정하고 패키지돼야 하는가를 서술하는 것을 도와준다. 동시에 여러 버전을 동시에 유지하는 것은 여러 시스템에서의 일반적인 작업이다. 같은 시스템의 다른 버전은 다음과 같은 특징이 있다.

- 국제화를 지원한다.
- 다른 가격(예를 들어, 무료 버전과 상업용 버전)을 제공한다.
- 다른 클라이언트에 대한 맞춤화를 수용한다.
- 분산 시스템에서 아직도 이전 버전의 메시지 요청을 전송하도록 클라이언트를 지원한다.

다중 버전을 관리하는 것은 배포용으로 패키징된 아티팩트뿐만 아니라, (소스 파일과 같은) 구현 아티팩트도 포함한다. 5.5절에 설명한 구현 뷰는 개발 환경에서의 파일과 폴더의 구조를 서술한다. 구현과 설치 뷰를 함께 사용해 통제된 버전의 모든 소프트웨어 아티팩트를 포함하는 구조를 서술할 수 있다.

일단 구현이 형상 관리 도구와 빌드 스크립트는 다른 버전에 대한 적합한 형상 항목을 선택하고 구성하며 패키징하는 과정을 자동화할 수 있도록 도와준다. 그러나 이러한 아마도 아주 복잡한 파일과 폴더 구조를 서술하는 아키텍처는 초기에 설치 뷰에 표현해야 한다.

### 5.3.2 요소, 관계, 속성

표 5.3은 설치 스타일의 기본적인 특징을 요약한다. 설치 뷰의 환경 요소는 형상 항목configuration item, 즉 파일 시스템의 파일과 폴더로 트리 구조로 구성된다. 소프트웨어 요소는 프로세스와 스레드, 서블릿, 또는 데이터 저장소와 같은 C&C 컴포넌트다.

**표 5.3** 설치 스타일 요약

| | |
|---|---|
| **개요** | 설치 스타일은 소프트웨어 아키텍처의 컴포넌트와 제품 환경의 파일 시스템과 매핑을 기술한다. |
| **요소** | • 소프트웨어 요소: C&C 컴포넌트. 필수 속성은 자바 또는 데이터베이스 지원 또는 특정 파일 시스템 허가와 같은 제품 환경의 요구사항을 포함한다.<br>• 환경 요소: 파일 또는 폴더와 같은 형상 항목. 제공 속성은 제품 환경이 제공하는 특징의 표시를 포함한다. |
| **관계** | • 할당되다(allocated-to): 컴포넌트가 형상 항목에 할당된다.<br>• 포함(containment): 하나의 형상 항목이 다른 항목에 포함된다. |
| **제약사항** | 포함되다(is-contained-in) 관계를 따라서 파일과 폴더는 트리 구조로 구성된다. |

설치 스타일의 두 가지 관계는 다음과 같다.

- 할당되다$^{\text{allocated-to}}$: 컴포넌트와 형상 항목 사이의 관계. 이 관계는 컴포넌트를 파일 시스템에 해당 컴포넌트를 저장하는 파일과 폴더에 연결한다.
- 포함$^{\text{containment}}$: 파일 시스템의 폴더는 다른 폴더 및 파일을 포함한다. 마찬가지로 (zip 파일과 같은) 파일은 다른 파일과 폴더를 포함할 수 있다. 또한 어떤 파일 또는 폴더는 예를 들어, 여러 설치 버전을 위해 여러 파일 또는 폴더를 포함할 수 있다.

배포 스타일에서처럼 설치 스타일의 소프트웨어와 환경 요소의 중요한 속성은 형상 항목에 소프트웨어의 할당에 영향을 주는 것이다. 예를 들어, 형상 관리 시스템이 이력과 분기를 처리하는 방법은 형상 항목의 속성이다. 사용할 자바 런타임 환경의 특정한 버전은 소프트웨어 컴포넌트의 필수 속성$^{\text{required property}}$일 수 있다. 설치 뷰는 가변점의 확장 사용을 위해 설계될 수도 있다. 설치 요구가 다른 플랫폼에서 다를 수도 있기 때문이다.

6.4절은 가변점이 무엇이고 어떻게 문서화하는지 설명한다.

### 5.3.3 설치 스타일 사용

설치된 소프트웨어의 파일과 폴더의 구성을 이해하는 것은 개발자, 배포자, 운영자가 다음 작업을 수행하는 데 도움을 줄 수 있다.

- 빌드-배포 프로시저를 생성한다.
- 설치된 시스템을 구성하는 여러 파일과 폴더를 탐색해 (로그 파일이나 설정 파일과 같은) 주목해야 할 특정한 파일의 위치를 찾아낼 수 있다.
- 소프트웨어 제품 라인의 특정한 버전을 패키징할 파일을 선택하고 설정한다.
- 같은 시스템의 여러 설치된 버전의 파일의 업데이트하고 설정한다.
- 제품에서 문제를 야기시키는 누락 또는 손상된 파일의 목적과 내용을 식별한다.
- '자동 업데이트' 기능을 설계하고 구현한다.

　설치 스타일의 소프트웨어 요소의 필수 속성은 제품 환경에서 구입 옵션의 분석을 지원하는 데 사용될 수 있다.

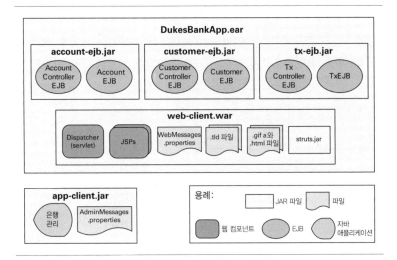

**그림 5.4**
듀크의 은행 자바 EE 애플리케이션의 비형식적 설치 뷰. 일반적으로 자바 애플리케이션은 JAR(Java archive) 파일로 배포된다. zip 파일과 같이 JAR 파일은 다른 파일을 포함할 수 있다. EJB JAR 파일은 EJB 클래스와 EJB에 필요한 다른 파일을 포함한다. WAR(Web archive) 파일은 웹 컴포넌트(서블릿과 JSP)를 포함한다. 또한 아주 일반적으로 HTML, JPEG 그리고 '정적인 콘텐츠'용으로 웹 페이지에서 사용되는 다른 파일을 포함한다. EAR(Enterprise archive) 파일은 0개 이상의 JAR와 0개 이상의 WAR 파일의 패키징이다. 모든 서버 측 컴포넌트는 DukesBankApp.ear 안에 있으며, 애플리케이션 서버에 배포된다. 또한 다이어그램에서는 클라이언트 측 BankAdmin 애플리케이션이 app-client.jar 안에 배포되며, 관리자 머신에 배포된다

### 5.3.4 설치 스타일 표기법

설치 뷰의 표기법은 컴포넌트, 파일, 폴더 그리고 이들 사이의 매핑을 보여주어야 한다. 또한 파일과 폴더의 트리 구조 구성도 보여줄 수 있다. UML은 설치를 뷰를 보여주는 여러 가지 내장 기능을 제공한다. 여기에는 파일(형상 항목)을 나타내는 ⟨⟨artifact⟩⟩ 스테레오 타입과 포함 관계를 나타내는 ⟨⟨manifest⟩⟩ 아티팩트를 포함한다.

듀크(Duke)의 은행은 썬(Sun)의 온라인 자바 튜토리얼에서 사용하는 예제 애플케이션이다.

　그림 5.4는 비형식적 표기법을 사용해 듀크의 은행 애플리케이션의 설치 뷰 다이어그램을 보여준다. 그림 5.5는 같은 다이어그램을 UML로 표현한 것이다.

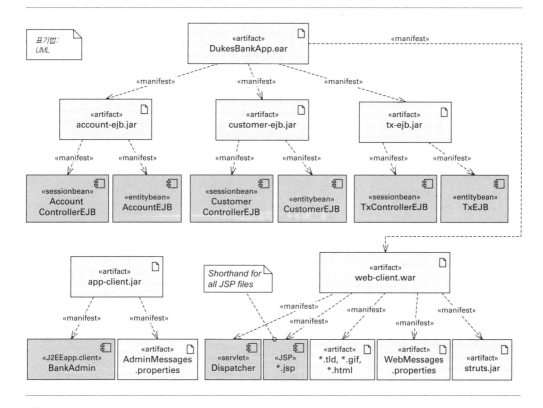

**그림 5.5**
UML로 표현된 그림 5.4의 설치 뷰. ⟨⟨artifact⟩⟩ 스테레오 타입은 어떤 종류의 파일이든 표현한다. ⟨⟨manifest⟩⟩ 스테레오 타입은 해당 컴포넌트, 클래스 또는 다른 아티팩트가 해당 아티팩트 안에 있다는 것을 나타낸다

### 5.3.5 다른 스타일과의 관계

설치 스타일은 할당할 소프트웨어 요소를 서술하는 C&C 스타일과 가장 밀접하게 관련된다. 또한 배포 스타일도 설치 뷰의 파일이 배포되는 하드웨어 요소를 보여주기 때문에 밀접하게 관련된다.

## 5.4   작업 배정 스타일

### 5.4.1 개요

작업 배정 스타일<sup>work assignment style</sup>은 모듈 스타일의 모듈을 시스템의 실현을 담당하는 그룹 또는 개인에게 할당한다. 이 스타일은 모듈을 구현하고 통합하는 책임을 적절한 개발 팀에게 정의한다. 일반적으로 이 스타일은 활동을 리소스에 연결해 각 모듈이 개인 또는 팀에 배정됐다는 것을 확인하는 데 사용된다. 개발 프로세스와 함께 사용돼 아키텍처는 실제 배정을 결정한다.

일반적인 관리 도구는 작업 분할 구조<sup>WBS, Work Breakdown Structure</sup>다. 이 도구는 프로젝트를 정의하고, 프로젝트의 개별 작업 요소를 프로젝트의 전체 작업 영역을 구성하고 정의하는 데 도움을 주는 방식으로 그룹화한다. 소프트웨어 WBS는 부분으로 구축되는 시스템의 분할, 즉 모듈 스타일의 모듈을 기반으로 한다.

작업 배정이 소프트웨어 아키텍처가 사람의 그룹에 매핑되는 것을 표현하기 때문에 중요한 할당 스타일이다. 팀(그리고 따라서 작업 배정)은 단순히 최종 시스템에서 실행되는 코드를 작성하는 것만 관련되는 것은 아니다. 사람이 수행해야만 하는 더 많은 작업이 있다. 형상 관리, 테스팅, 가능한 상업용 기성 제품의 평가, 계속되는 제품 유지 등이 그것이다.

어떤 구현 작업을 할 필요가 없이 모듈을 완전히 상업용 제품으로 구입한다고 하더라도, 누군가는 그것을 조달하고, 테스트하며, 어떻게 작동하는지 이해하는 일을 담당해야 하며, 누군가는 통합과 시스템 테스팅 동안에 그것에 대해 '말해'야만 한다. 이것을 담당한 팀이 마치 '자급식' 모듈을 구현할 책임이 있는 것처럼, 작업 배정 뷰에 있어야 한다.

게다가 소프트웨어의 구축을 지원하기 위해 작성된 소프트웨어(도구, 환경, 테스트 하네스 등)와 담당 팀은 작업 배정 뷰의 일등석에 있어야 한다.

### 5.4.2 요소, 관계, 속성

이 스타일의 요소는 소프트웨어 모듈과 개발 조직의 사람의 그룹이다.

이 스타일에서 할당되다$^{allocated-to}$ 관계는 소프트웨어 요소로부터 조직 단위로 매핑한다.

잘 형성된 작업 배정 관계는 완료성$^{completeness}$(모든 작업의 책임이 할당되다)의 속성을 갖고 있으며, 중복되지 않는다(어떤 작업도 두 위치에 배정되지 않는다). 소프트웨어 요소의 속성은 필요한 기술 집합의 서술을 포함할 수도 있다. 반면에 사람 요소의 속성은 제공된 기술 집합을 포함할 수도 있다.

표 5.4는 작업 배정 스타일의 특징을 요약한다.

**표 5.4** 작업 배정 스타일의 요약

| 개요 | 작업 배정 스타일은 소프트웨어 아키텍처와 개발 조직의 팀과 매핑을 기술한다. |
|---|---|
| 요소 | • 소프트웨어 요소: 모듈. 속성은 필요한 기술 집합과 필요한 가용 용량(노력, 시간)을 포함한다.<br>• 환경 요소: 조직 단위(예: 개인, 팀, 부서, 부 계약 등). 속성은 제공되는 기술 집합, 가용 인력과 시간 단위의 용량을 포함한다. |
| 관계 | 할당되다(allocated-to): 소프트웨어 요소가 단위 조직에 할당된다. |
| 제약사항 | 일반적으로 할당은 제한이 없다. 실제로는 하나의 모듈이 하나의 조직 단위에 할당되도록 제한한다. |

### 5.4.3 작업 배정 스타일 사용

작업 배정 스타일은 작동하는 시스템을 형성하기 위해 존재해야만 하는 소프트웨어의 주요 단위, 그리고 소프트웨어가 개발되는 도구와 환경(그리고 이들의 환경 요소에 할)뿐만 아니라 누가 이들을 만들 것인지를 보여준다. 작업 배정 스타일은 팀 리소스 할당과 빌드 책임 배정(예를 들어 새로운 팀원에게) 프로젝트 구조 설명을 도와준다. 작업 할당 스타일은 각 팀에게 선언서를 줄 수 있다.

이 스타일은 작업 분할 구조의 기반이 되며, 예산과 일정 산정의 기반이 된다.

### 5.4.4 작업 배정 스타일 표기법

작업 배정 뷰를 보여주는 특별한 표기법은 없다. 비형식적 표기법 중에서 소프트웨어 요소와 담당 팀을 보여주는 테이블이면 보통 충분하다.

테이블 방식의 주석은 아주 단순하고 명확한 작업 배정 뷰의 서술 형식이다. 아키텍트는 팀을 선택할 필요는 없다, 그보다는 관리에게 정보를 제공하면 된다. 나중에 실제 팀 배정이 추가될 수 있다.

그림 5.6은 ECS라고 하는 NASA 시스템의 작업 배정 뷰의 기본 프리젠테이션을 보여준다. ECS의 분할 뷰에서 가장 상위 수준의 모듈을 세그먼트라고 한다. 이들은 서브 시스템이라고 하는 단위로 분할된다.

**그림 5.6**
테이블 형식의 작업 배정 뷰. 왼쪽의 두 열은 시스템의 모듈 분할 구조를 반영한다

| ECS 요소 (모듈) | | |
|---|---|---|
| **조직 단위** | **세그먼트** | **서브 시스템** |
| 과학 데이터 처리 세그먼트(SDPS, Science Data Processing Segment) | 클라이언트 | 과학팀 |
| | 상호운영성 | 주계약팀 1 |
| | 수집 | 주계약팀 2 |
| | 데이터 관리 | 데이터팀 |
| | 데이터 처리 | 데이터팀 |
| | 데이터 서버 | 데이터팀 |
| | 계획 | 궤도장치팀 |
| 비행 조종 세그먼트 (FOS, Flight Operations Segment) | 계획 및 일정 | 궤도장치팀 |
| | 데이터 관리 | 데이터베이스팀 |
| | 사용자 인터페이스 | 사용자 인터페이스팀 |
| ... | ... | ... |

### 5.4.5 다른 스타일과의 관계

작업 배정 스타일은 분할 스타일과 강하게 관련된다. 분할 스타일이 할당 매핑의 가장 일반적인 기반이 되기 때문이다. 작업 배정 뷰는 개발 도구, 테스트 도구, 형상 관리 시스템 등에 대응한 모듈을 추가함으로써 모듈 분할을 확장할 수 있으며, 이들 도구의 조달과 상시 운영 또한 개인 또는 팀에 할당돼야 한다.

분할 스타일은 2.1절에서 설명한다.

작업 배정 뷰는 보통 다른 뷰와 결합된다. 예를 들어, 팀 작업 배정은 분할 뷰에서 모듈이 될 수 있고, 레이어 뷰에서 레이어가 될 수 있으며, n티어 아키텍처에서 티어와 관련된 소프트웨어, 또는 다중 프로세스 시스템에서 태스크$^{task}$나 프로세스와 관련된 소프트웨어일 수도 있다. 여러분은 이들 뷰를 다양한 소프트웨어 요소에 각각 배정되는 팀 이름을 주석으로 처리함으로써 확장시킬 수 있다. 또는 소프트웨어 요소의 추가적인 속성으로서 배정을 문서화할 수도 있다.

뷰를 결합하는 것은 6.6절에서 설명한다.

작업 배정 뷰의 생성(별도로 관리되든, 또는 다른 것과 결합되든)은 아키텍트와 프로젝트 관리자가 작업을 관리할 수 있는 덩어리로 분할하는 가장 좋은 방식을 생각해낼 수 있게 한다. 또한 이러한 접근 방법은 개발 환경과 같이 배포되는 시스템의 일부가 아닌 모든 소프트웨어에 대한 책임을 배정할 필요성을 명확하게 하는 것을 도와준다. 작업 배정을 다른 뷰와 결합하는 것의 위험은 도구 빌딩과 관련된 작업 배정을 놓칠 수도 있다는 것이다. 많은 상황에서 보조적인 소프트웨어 도구는 실제 시스템의 일부가 아니며 다른 뷰에서도 나타나지 않는다.

관점

**작업 배정 뷰가 왜 아키텍처적인가?**

작업 배정 뷰는 소프트웨어 요소(모듈)를 환경 요소(개발 또는 획득 조직 단위)와 매핑한다. 각 시스템의 부분의 개발을 누가 담당하는가를 보여준다. 일부 사람들은 작업 배정 뷰를 아키텍처의 일부로서 설계하고 문서화할 것을 검토하라는 우리의 처방에 직면할 때 난처한 기색을 보인다. 그들은 "잠깐만"이라고 말한다. "작업을 사람들에게 배정하는 것은 아키텍트가 할 일이 아니지. 그건 프로젝트 관리자가 할 일이야." 이건 아주 공정한 질문이다.

4년전 쯤에 나는 방금 시작한 대규모 미 정부 국방 프로젝트의 일부에 참여했다. 대규모 상호작용 시스템의 시스템으로, 각 시스템은 복잡하고 몇몇 경우에서는 예측할 수 없었다. 정부는 이 프로젝트의 핵심 부분을 개발하고, 나머지 부분의 개발과 통합을 감독할 주요 계약자를 선택해야 할 필요가 있다고 결정했다. 그 후에 시스템의 다른 부분을 개발할 많은 다른 회사와의 참여 계약을 성사시킬 필요가 있었다.

이 프로젝트는 수천만 코드 행으로 구성되고, 금액이 수십억 달러에 이를 것으로 예측됐다. 계약, 특별히 규모가 있는 것은 경쟁적인 조달 프로세스를 거쳐야 하기 때문에 오랜 시간이 걸린다. 방대한 '제안 요청서'가 유포되고, 그 응답으로 방대한 입찰 제안을 촉진시켰으며, 그 결과로 방대한 공급원 선택 과정이 발생했다. 낙찰되지 못한 입찰자들이 제기한 항의가 없다고 하더라도 계약이 성사되고 작업을 시작하는 데만 몇 개월 또는 몇 년이 걸린다. 게다가 항의가 있다면 과정은 처음부터 다시 시작할 수 있다. 정부 획득은 유급으로 고용된 양측의 변호사 군단을 유지한다.

이 모든 것을 알고 있기 때문에 시스템 조달 정부 관리는 가능한 한 빨리 계약 작업을 수행하기 위한 실질적인 인센티브를 가졌다. 시간은 가고 있다. 이 시스템은 이미 계획된 서비스로부터 철수할 여러 사람을 대체할 것이다. 이 프로젝트의 계약은 일년이 넘도록 모든 사람의 주목을 받아왔다.

마침내 주 계약자와 주요 하청업체가 결정됐고, 커다란 안도의 한숨이 워싱턴 주위에서 감지됐다. "이제" 프로젝트 관리자가 말했다. "시스템을 설계할 아키텍트를 찾읍시다."

여기서 잘못된 것을 발견했는가? 작업 첫날에 아키텍트는 계약 관심사를 기반으로 한 사실상 분할에 직면했다. 이것이 아키텍트가 원하는 분할이 아니라고 말하는 것은 당연하다. 그리고 그것을 더 일찍 말할 수 있었다면 계약은 달라질 수 있었다. 아키텍트는 내재적인 공통성을 찾아내고, 배포될 것이라고 알고 있는 시스템의 여러 버전에 걸쳐 있는 가변성을 관리하는 데 관심을 가졌다. 또한 그는 서브 시스템에서 몇 가지 공통성을 끌어냈다. 특별히 그는 그들 모두가 공통적인 룩앤필[look and feel]이 필요하다는 것을 알고 있다. 그는 그것을 제공하는 아키텍처 요소를 생성했을 것이다. 그러나 이것을 다루는 계약상의 어떤 것도 없기 때문에 아키텍처 '지침'으로 아키텍처 요소를 작성하도록 축소됐으며, 바라는 것처럼 항상 열심히 그 지침을 따라는 주는 것은 아니었다. 우리는 소프트웨어 시스템의 모듈 분할 구조가 주로 변경용이성이 생성되는 곳이라고 알고 있다. 정부 계약 전문가는 도메인 전문가를 갖고 있거나, 도메인 분석을 수행해 저장소에서 변경될 가능성이 있는 것을 찾아서 그에 따라서 분할을 설계했다는 것이 의심스럽다.

이것을 포함한 예에서 작업 배정 뷰가 아키텍처에 중요한 기여를 한다는 것을 알 수 있다. 그리고 아직도 회의적인 점도 있다. 우리가 아키텍트에게 프로젝트 관리 결정을 하라고 하는 것은 아닐까? 이 예에서 프로젝트 관리자는 사실상 아키텍처 결정을 했다. 그리고 그 결과로 아마도 잘못된 아키텍처가 만들어졌다. 해결 방안은 분명하다. 아키텍트와 프로젝트 관리자는 이런 저런 문제에 함께 작업해야 한다. 실제로 아키텍트는 분할과 각 부분을 성공적으로 개발하기 위해서 필요한 기술 집합에 관해 관리자에게 보고할 수 있다. 아키텍트가 처음부터 참여했다면 모듈 분할이 확실하게 작업 배정을 주도했을 것이며, 다른 방향으로 가지 않았을 것이다. 작업 배정 뷰가 있다면, 아키텍처 문서에 준비하고 기다리는 모든 것은 아키텍트가 그 안에 채우는 것에 관한 대화에 자신의 프로젝트 관리자를 참여하게 할 수 있도록 도와준다.

– P.C.

## 5.5 기타 할당 스타일

지금까지 이번 장에서는 하드웨어, 파일 관리 시스템, 그리고 팀 구조 모두가 소프트웨어 아키텍처와 상호작용하는 것을 살펴보았다. 이들 각 소프트웨어로부터 소프트웨어 외부 구조로 할당을 표현하는 스타일을 살펴보았다. 다른 유용한 많은 다양한 매핑도 있다. 다음과 같은 몇 가지를 고려해볼 수 있다.

- 구현 스타일implementation style: 구현 스타일은 개발 환경이 파일과 폴더의 트리 구조로 구성되는 방법과 모듈 뷰의 모듈이 이 구조에 매핑되는 방법을 서술한다. 구현 스타일을 시스템에 적용할 때 구현 뷰의 결과는 파일과 폴더가 구현 단위, 즉 클래스, 프로그램, 스트립트, 테스트 케이스, 메이크 파일, 문서 파일, 그리고 시스템이 개발될 때 생성된 다른 아티팩트를 담아내기 위해 배열되는 방법을 보여준다. 구현 뷰는 개발자가 개발 아티팩트를 탐색해 위치를 찾아낼 수 있게 하며, 새로운 아티팩트를 적정한 장소에 둘 수 있도록

개발 조직이 여러 소프트웨어 시스템을 생성하고, 이들 모두가 개발 환경 안에서 같은 파일과 폴더 구조를 따르게 하기 원한다면, 이들 모든 소프트웨어 프로젝트의 참조로서 역할을 하는 구현 뷰를 문서화해야 한다.

도와준다. 또한 구현 뷰는 버전 통제와 형상 관리 정책의 구현을 도와준다. 구현 스타일은 설치 스타일과 비슷하지만, 제품 환경에서 파일과 폴더를 보여주는 대신에 개발 환경에서 파일과 폴더의 구성을 보여준다. 보통 (구현 환경을 관리하는) 개발 환경 도구의 스크린 샷이 구현 뷰의 다이어그램으로 아주 유용하며 충분하다.

- 데이터 저장소 스타일<sup>data store style</sup>: 데이터 저장소 스타일은 소프트웨어의 데이터 엔티티와 소프트웨어가 놓이는 데이터 서버의 하드웨어 사이의 매핑을 서술한다. 시스템에 데이터 저장소 스타일을 적용할 때 데이터 저장소의 결과는 데이터 모델 스타일에서 서술된 데이터를 포함하는 테이블이 서버에 어떻게 분산되는가를 보여준다. 어떤 서버에 저장 프로시저<sup>stored procedure</sup>가 할당되는가를 보여줄 수도 있다. 데이터베이스 또는 데이터베이스 복제의 지역적인 분산을 보여줄 수도 있다. 또한 데이터 웨어하우스를 호스팅하는 머신과 그들을 제공하는 데이터 저장소를 보여줄 수 있다. 이들을 포함한 다른 유사한 관계가 데이터 접근이 전반적인 시스템 성능에 어떤 영향을 미치는가 뿐만 아니라, 데이터 가용성, 물리적인 공격 또는 사이버 공격에 대한 데이터 탄력성<sup>resilience</sup>에 관한 관심사를 해결하는 데 중요하다. 데이터 저장소 스타일은 (C&C 컴포넌트 대신에) 하드웨어에 할당되는 데이터 엔티티를 보여주는 것을 제외하고는 배포 스타일과 유사하다.

데이터 모델 스타일은 2.6절에서 설명한다.

다른 할당 스타일도 가능하다. 시스템 요구와 이들을 만족하는 아키텍처의 소프트웨어 요구 사이를 매핑하는 요구-할당 스타일<sup>requirements-allocation style</sup>을 정의할 수 있다. 이것이 요구와 설계 사이의 매핑을 문서화는 하나의 방법이다. 그리고 여러 팀과 사이트에 퍼져 있는 프로젝트에 대해서는 조정 뷰<sup>coordination view</sup>가 아키텍처와 개발 조직을 연계시키는 중요한 도구가 될 수 있다.

10.3절에서는 요구로부터 소프트웨어 매핑을 잡아내는 방법을 설명한다.
이 장의 관점 '조정 뷰'를 참조한다.

또한 이 장에서 논의한 스타일의 유용한 특수화<sup>specialization</sup>도 있다. 예를 들어 다음과 같다.

- 배포 스타일 특수화: 배포 스타일이 표현될 때 내재적인 토폴로지 제약사항이 없지만, 특별히 유용한 특정한 배포 패턴을 찾을 수 있다. 마이크로소프트는 '티어 분산tiered distribution' 패턴을 출간했다. 이 패턴은 다중 티어 아키텍처의 특정한 컴포넌트를 그들이 실행하는 특별한 하드웨어에 할당하는 것을 규정한다. 이 패턴은 일반적인 배포 스타일을 특수화한다. 이 패턴을 시스템에 채택하고 문서화한다면 그 결과는 티어 분산 뷰가 될 것이다. 이와 유사하게 IBM의 WebSphere 핸드북은 몇 가지 '토폴로지'라고 하는 것과, 이와 함께 이들 사이에 선택하기 위한 품질 속성 기준을 설명한다. WebSphere 버전 6에는 11개의 (배포 뷰를 특수화한) 토폴로지가 있으며, 여기에는 단일 머신 토폴로지single machine topology(단독 서버 standalone server), 리버스 프록시 토폴로지reverse proxy topology, 수직 확장 토폴로지vertical scaling topology, 수평 확장 토폴로지horizontal scaling topology, 그리고 IP 스프레이어를 갖는 수평 확장 토폴로지horizontal scaling with sprayer topology가 있다.

- 작업 배정 스타일 특수화: 또한 자주 사용되는 팀 구조 패턴을 작업 배정 스타일의 특수화로 문서화할 수 있다. 올댕알린Urdangarin 외 2008에서 저자는 전 세계적으로 분산된 애자일 프로젝트 용 몇 가지 팀 조직 접근 방법을 설명한다. 각각은 특수화된 작업 배정 스타일을 구성한다.
    - 플랫폼 스타일platform style: 소프트웨어 제품 라인 개발에서 하나의 사이트는 제품 라인의 재사용할 수 있는 핵심 자산을 개발하는 작업을 하고, 다른 사이트는 핵심 자산을 사용하는 애플리케이션을 개발한다.
    - 역량 센터 스타일competence-center style: 기술 또는 도메인 전문가가 있는 사이트에 따라서 작업이 사이트에 할당된다. 예를 들어, 사용자 인터페이스 설계는 사용성 엔지니어링 전문가가 있는 사이트에서 수행된다.
    - 오픈소스 스타일open-source style: 많은 독립적인 기여자들이 기술 통합 전략에 따라 소프트웨어 제품을 개발한다. 독립적인 기여

스타일이 다른 스타일과 일관성을 갖는다면(즉, 위반하지 않는다면) 해당 스타일의 특수화이며, 요소 타입, 관계 타입에 좀 더 많은 제약사항 및 토폴로직인 제약을 추가한다.

MSDN 웹사이트 msdn. microsoft.com/en-us/library/ ms978694.aspx를 참조한다.

IBM Redbooks 웹사이트 www. redbooks.ibm.com/abstracts/ sg246446.html을 참조한다.

자들이 자신의 코드를 제품 라인에 통합할 때를 제외하고 중앙 집중화된 통제는 최소한으로 한다.

또한 기술적으로 작업 배정 스타일의 특수화로 적합하지 않은 두 가지 다른 조직 할당 계획을 식별할 수 있다. 이들은 조직 단위에 모듈이 아닌 어떤 것을 할당하기 때문이다.

- 프로세스 단계 스타일<sup>process-step style</sup>: 소프트웨어 개발 프로세스 단계에 따라 사이트에 작업이 할당된다. 예를 들어, 설계가 한 사이트에서 수행되고, 개발은 다른 사이트에서 수행되며, 또 다른 사이트에서는 테스팅을 수행한다.
- 릴리스 기반 스타일<sup>release-based style</sup>: 첫 번째 제품 릴리스는 한 사이트에서 개발되며, 두 번째 릴리스는 다른 사이트 등에서 개발된다. 보통 릴리스는 시장적시성 목표를 충족시키기 위해 충첩될 것이다. 예를 들어, 한 사이트가 다음 릴리스를 테스트하고 있는 동안, 다른 사이트는 이후 릴리스를 개발하고, 다른 사이트에서는 더 이후의 릴리스를 정의하고 설계하는 것이다.

---

**관점**

## 조정 뷰

짐 허브슬렙(Jim Herbsleb)과 함께

조정 뷰<sup>coordination view</sup>는 특별히 많은 팀과 사이트에 퍼져 있는 프로젝트에서 아키텍처와 개발 조직을 연계하는 중요한 도구가 될 수 있다.

조정 뷰의 동기는 조정 메커니즘으로서 의사소통의 한계로부터 연유한다. 콘웨이<sup>Conway</sup>(1968)는 수십년 전에 이것을 간파했다. "시스템을 설계하는 조직은 불가피하게 조직의 커뮤니케이션 구조의 복사본인 구조의 설계를 산출한다." 소규모 팀은 단순히 잦은 의사소통을 통해서 작업을 조정할 수 있다. 그러나 잠재적인 의사소통 경로의 수가 팀 멤버의 수의 제곱으로 증가하기 때문에 이 전략은 확장하지 않는다. 일반적인 해결 방안은 시스템을 제한되고 잘 명세된 상호작용를 갖는 부분으로 분할해, 한 부분에서 작업을 하는 개발자가 다른 부분에서 작업을 하는 개발자와 조정할 필요가 없도록 하게 하는 것이다. 소프트웨어 도메인에서 파나스(1972)는 코드를 모듈로 분할하는 기준에 관해 생각할 때 서브 프로그램으로서가 아니라 팀에 배정될 수 있는 '작업 항목'으로 생각해야만 한다는 것을 오래 전에 간파했다.

모듈화<sup>modularization</sup>는 개발 프로젝트가 작업을 조율하도록 하는 필수적인 전략이지만, 일반적으로 그것으로는 충분하지 않다. 모듈은 완전히 독립적이지 않다(결국, 그들은 단일 시스템을 형성하며, 따라서 어떤 방식으로든 상호작용해야 한다). 그리고 이러한 이유로, 팀을 조정할 필요성은 거의 완전히 제거되지 않는다. 일부 경우에는 최소한의 조정만 필요하지만, 다른 경우에서는 상당한 조정이 필요하다. 미리 배열된 계획과 인터페이스에 의해, 그리고 팀이 다른 팀의 행위를 예측할 수 있도록 공유된 작업 이력에 의해서 조정이 공유된 표현을 통해서 발생할 때 완전한 그림은 좀 더 복잡하다.

개발 작업을 조정할 필요성이 모듈에 따라 극적으로 달라질 수 있는 것처럼, 조정하는 능력은 프로젝트의 팀에 따라 극적으로 달라질 수 있다. 성공적인 프로젝트 조정의 핵심은 팀 사이에 요구되는 조정이 이들 팀이 조정하는 능력을 결코 초과하지 않는다는 것을 보장하는 것이다(카탈도<sup>Cataldo</sup> 외, 2006). 조정 뷰는 이러한 조건을 위반하지 않는다는 것을 보장하는 것을 도와주는 데 사용될 수 있다.

조정 뷰의 핵심은 모듈 사이의 관계에서 복잡성과 불확실성을 표현하는 것이다. 복잡성은 모듈과 인터페이스가 이해하고 정확하게 사용하기 어려울 것 같다는 것을 암시한다. 불확실성은 팀 사이에, 그리고 아키텍트와의 의사소통과 협상이 잠재적으로 어려운 상태에서 인터페이스가 작업되거나 모듈에 기능 할당이 결정됐다는 것을 의미한다. 복잡성과 불확실성을 별도로 표현하는 것이 중요하다. 이들 해결하는 수단이 일반적으로 아주 다르기 때문이다. 일반적으로 복잡성은 상세한 문서화로 해결되지만, 불확실성을 처리하는 데는 훨씬 덜 중요한 전술이다. 잦은 애자일 스타일의 의사소통은 보통 불확실성을 해결하는 데는 효과적인 방법이지만, 높은 수준의 복잡성을 다루는 데는 쉽게 당황하게 되고 비효율적이게 된다. 유용한 조정 뷰가 이 둘을 표현하는 것이 중요하다.

조정 뷰가 취할 수 있는 하나의 직접적인 형식은 모듈 사이의 관계와 프로젝트 팀의 조정 능력을 표현하는 매트릭스에서 도출된다. 모듈 관계는 (의존성 구조 매트릭스와 같이) 두 정방형 매트릭스로 표현되며, 모듈의 수만큼의 차원을 가지며, 각 항목은 도메인 〈0, 1, 2, 3〉에서 취하며, 두 모듈의 불확실성(UM) 또는 복잡성(CM) 관계를 표현한다. 0 값은 실질적인 방식으로 관계되지 않는다는 것을 나타내며, 1과 2, 3은 각각 낮음, 중간, 높음 수준의 모듈 상호작용에서의 복잡성 또는 불확실성을 나타낸다. 값은 예를 들어, 수석 아키텍트와 같은 전문가에 의해 다양한 방식으로 할당될 수 있다.

이들 매트릭스는 개발 팀의 짝의 적절한 조정 능력을 표현하는 정방형 매트릭스와 함께 사용될 수 있다. 의사소통 능력 매트릭스CCM, Communication Capacity Matrix는 두 팀이 의사소통에 기대될 수 있는 용이성과 편이성을 나타낸다. 이 예상은 일반 언어의 편의성와 문화적 유사성, 작업 시간의 중첩 정도, 유사한 의사소통 기술의 사용, 그리고 서로 또는 유사한 팀과 성공적으로 의사소통한 과거의 경험 등과 같은 요인에 의존한다. 문서화 능력 매트릭스DCM, Documentation Capacity Matrix는 두 팀이 적절한 문서화를 생성하고 공통적인 이해를 달성하는 것이 예상되는 용이성과 편이성을 나타낸다. 이러한 예상은 적절한 표기법의 경험(예를 들어, 두 팀이 UML을 선택했다면 사용한 경험을 갖고 있는지), API의 상세하고 정확한 문서를 생성하고 유지한 이력, 그리고 문서를 출판하고 읽

의존성 구조 매트릭스는 1.4.3 절에서 설명한다.

겠다는 드러난 의지와 같은 요인에 의해 결정된다. 두 매트릭스에 대해 값은 다시, 의사소통 또는 양 팀의 문서화 능력의 대략적인 수준을 나타내는 도메인 〈0, 1, 2, 3〉으로부터 취한다.

우리는 이제 4개의 정방형 매트릭스를 갖게 된다. 2개의 모듈의 차원 수(UM, CM)와 2개의 팀의 차원 수(CCM, DCM)다. 조정 필요성을 조정 능력과 비교하기 위해서 둘 다 팀 사이의 관계로서 표현할 필요가 있다. UM과 CM으로 몇 가지 추가적인 연산이 이것을 달성할 것이다. 필요한 것은 모듈당 팀의 이진 매트릭스 AM 형식으로 할당 뷰를 사용하는 것 뿐이다. 여기에서 항목의 1은 팀이 해당 모듈을 담당한다는 것을 나타낸다. 다음 곱셈은 각 양 팀이 불확실성(AMT는 AM의 이항이다)을 조정하는 것이 요구되는 기대치를 나타낸다.

$$AM \times UM \times AMT = CR_U$$

결과 CRU는 팀의 수 차원의 정방형 매트릭스다. 여기서 항목은 각 양팀이 불확실한 인터페이스 및 불확실한 기능 할당으로 상호작용하는 모듈을 작업을 하고 있는 정도를 나타내는 표시다. 이러한 표시는 아주 대략적이지만, CRU와 CCM 값의 비교는 얼마나 많은 의사소통이 필요한지(CRU가 비교적 큰 항목)와 의사소통 능력이 얼마나 작은지(CCM의 배교할 수 있는 셀에서 비교적 작은 항목)를 유용하게 나타내야 한다. 이러한 불일치는 어떻게 의사소통이 지원될 수 있는지, 또는 의사소통 문제를 비켜가기 위해서는 작업이 어떻게 재할당돼야 하는지에 관한 논의를 하게 해야 한다. AM을 CM으로, 그리고 CCM을 DCM으로 대체하는 유사한 연산으로 문서화를 통해서 팀을 조정해야 할 필요성과 그렇게 할 수 있는 능력을 비교할 수 있다.

작은 예를 들어보자. 모듈과 팀 차원의 매트릭스인 AM이 코드 모듈을 개발 팀에 할당하는 것을 나타낸다고 하자. 이것은 단순히 작업 할당 뷰다. UM은 불확실성 매트릭스로, 각 모듈의 쌍에

작업 배정 뷰는 5.4절에서 설명한다.

대해 모듈 사이의 인터페이스와 기능성 할당의 상대적인 불확실성 정도에 대한 수석 아키텍트의 판단을 표현한다. CRU는 각 양팀이 불확실성을 조정할 필요가 있다는 기대치를 나타낸다.

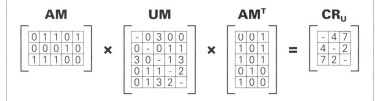

CRU는 이제 팀의 의사소통 능력, 즉 CCM과 비교할 수 있다. 또는 작업이 할당되는 방법을 계획하는 데 사용될 수 있다. 예를 들어 그들이 수행하는 작업 때문에 같은 위치에 있지 않으면 팀 1과 3이 아주 강력한 의사소통 능력이 필요하다고 하자. 이것은 모듈 1과 3뿐만 아니라 3과 5 사이의 상당한 불확실성 때문이다. 팀 2와 3은 비교적 불확실성을 풀어야 할 필요가 별로 없으며, 이것은 이들이 어디에선가 위치해 있으며, 어떤 특별한 의사소통 기술도 필요 없다는 것을 의미한다. 팀 1과 2는 중간 정도의 의사소통이 필요하며, 이것은 작업 시간이 중복되는 시간대에서 작업하고 있으며, 적절한 원격 화상 회의와 아마도 인스턴트 메시징 기술을 사용하고 있음을 추측할 수 있다. 이들의 동조가 깨지지 않는다는 것을 확인하도록 주의깊게 모니터링돼야 이들의 조정이 성공할 수 있다.

조정 뷰의 추가적인 경험으로 인해, 이처럼 단순한 구축으로도 충분할 때와 아키텍처 스타일이나 다른 핵심 속성으로 조율된 좀 더 뉘앙스를 갖는 계획을 추가할 때를 알 수 있다. 또한 우리는 필요성과 능력에 값을 부여하는 좀 더 체계적인 방법이 필요할 수 있다. 이러한 이슈는 진행되고 있는 연구(올댕알린 외 2008, 아브레틀리[Avritzer]와 카이[Cai], 파울리시[Paulish] 2008)의 주제다.

## 5.6 요약 체크리스트

- 할당 스타일은 소프트웨어 요소와 소프트웨어의 환경에 있는 요소를 매핑한다.
- 배포 뷰는 런타임 소프트웨어 요소를 소프트웨어가 실행하는 컴퓨팅 플랫폼의 하드웨어에 매핑을 서술한다.
- 설치 뷰는 제품 환경에 있는 파일과 폴더의 트리 구조, 그리고 소프트웨어 컴포넌트가 해당 구조에 배핑되는 방법을 서술한다.
- 작업 배정 뷰는 모듈을 해당 모듈을 개발하는 작업을 하는 사람 또는 그룹, 팀에 매핑을 서술한다.

## 5.7 생각해볼 문제

1. 여러분 조직의 IT 부서 네트워크 관리자가 생성한 네트워크 다이어그램을 고려해보자. 해당 다이어그램을 배포 뷰와 어떻게 비교할 것인가? 무엇이 누락됐는가?

2. 테스트 중인 모듈과 입력을 생성하고, 모듈을 실행하며, 결과를 기록하는 테스트 하네스를 매핑할 필요가 있다고 하자. 이 문제를 해결하는 할당 스타일을 스케치한다.

3. 하나의 프로젝트에서 짧은 식별자가 모든 모듈에 부여됐다. 모듈을 전체 이름은 식별자 앞에 콤마(.)로 분리된 부모 식별자가 붙는다. 프로젝트의 파일 구조는 짧은 메모로 정의하는데, 이 메모에는 프로젝트의 루트 디렉토리명 다음에, 모듈 전체의 이름에서 점(.)을 슬래시(/)로 바꿔서 경로명으로 디렉토리를 구성하고 각 모듈을 해당 디렉토리에 저장한다. 이 내용이 구현 뷰에 포함되는가? 그 이유와 아닌 이유는? 이런 체계의 장점과 단점은 무엇인가?

4. 매우 다양한 컴퓨팅 플랫폼과 설정에 여러분의 시스템을 배포해야 한다고 하자. 이것을 어떻게 표현할 것인가?

5. 이 장에서 이외에도 여러분이 할 수 있는 한 소프트웨어 환경에서 많은 다른 구조를 식별한다. 몇 가지를 선택하고 다음 사항을 질문한다. 어떤 소프트웨어 요소를 매핑할 것인가? 대응되는 뷰의 기본

프리젠테이션 예를 생성한다. 이 뷰가 유용한지, 해결해야 하는 관심사는 무엇인지를 다른 사람과 논의한다.

6. 많은 개발 도구와 통합 개발 환경이 쉽게 이해할 수 있고 파일과 폴더의 트리 구조를 탐색할 수 있는 개발 및 제품 환경의 뷰를 제공한다. 이들 도구가 아키텍처 문서에서 설치 뷰나 구현 뷰를 생성하는 데 필요한 것을 채워줄 수 있다고 생각하는가? 왜 그런가? 또는 왜 그렇지 않은가?

## 5.8  더 읽을거리

설치 스타일과 구현 스타일은 둘 다 소프트웨어 형상 관리[SCM, Software Configuration Management]의 광범위한 주제와 연계된다. SCM을 깊이 있게 다루는 것은 이 책의 범위를 넘어서지만, SCM의 문서와 Subversion, CVS, Perforce, ClearCase, Visual Sourcesafe와 같은 버전 통제 도구의 문서를 살펴봄으로써 주제를 조사하기 시작할 수 있다. Siemens Four View 모델은 코드 아키텍처 뷰[code architecture view]를 정의한다. 이 뷰는 시스템을 구현하는 소프트웨어가 소스, 중간 및 배포 컴포넌트와 관련된 빌드 및 설치 프로시저와 형상 관리에 관련된 결정으로 구성된다는 방법을 설명한다(호프미에스터와 노드, 소니, 2000).

1960년대에 콘웨이(1968)는 아키텍처 구조가 조직의 구조를 반영하는 법칙을 공식화했다. 그는 이 법칙을 그룹 내부 의사소통의 용이성에 기반을 두었다. 이 법칙은 결합성과 밀집성의 조직적인 명료성이다. 또한 소프트웨어 프로젝트의 아키텍처 기반 관리는 파울리시(2002)의 책에서 설명한다. 그는 정확한 시간과 예산 추정이 소프트웨어 아키텍처에 기반을 두는 것에 의존한다는 것을 밝혀냈다. 이것은 작업 배정 뷰가 역할을 하는 곳이다. 파울리시의 연구 결과는 강한 직관적인 기반을 갖는다. 시간과 예산 추정이 작업 할당 구조에 의존하며, 그다음에는 소프트웨어 아키텍처에 의존하기 때문이다. 최근에는 아브레틀리 와 그 밖의 사람들은 작업(예를 들어, 제품 구조, 프로세스 단계, 릴리스 기반, 컴퓨팅 플랫폼 구조, 역량 센터와 오픈소스)이 전 세계적으로 분산된 팀에

할당되는 많은 다른 조직적인 접근 방법이 있다는 것을 간파했다(아브
레틀리와 카이, 파울리시, 2008). 아브레틀리는 전 세계에 분산된 팀에 작
업을 배정하는 것을 명확하게 논의했다.

# 구조를 넘어서: 문서화 완료

Ⅰ부에서 유용한 아키텍처 스타일의 실질적인 레파토리를 제시했다. 아키텍트는 이들 스타일에서 선택하거나, 다른 스타일 카탈로그에서 스타일을 고르거나 새로운 스타일을 생성할 수 있다. 일단 스타일이 선택되면 이것을 기반으로 뷰를 설계하고 문서화할 필요가 있다. Ⅰ부의 각 장에서는 뷰를 구성하는 요소와 관계를 문서화하는 방법을 제시했다.

위대한 일은 충동적으로 이루어지는 것이 아니라, 작은 일들이 모여서 이루어진다.

– 빈센트 반 고흐(Vincent van Gogh)

그러나 뷰를 문서화하는 것은 단지 요소와 이들의 관계를 작성하는(또는 보통은 그리는) 것 그 이상이다. 요소는 인터페이스를 가지며, 이들을 문서화해 다른 요소를 개발하는 팀이 정확하게 이들과 상호작용할 수 있도록 한다. 요소는 행위를 가지며, 요소들이 연합해 집합적인 행위를 갖는다. 이들 행위는 문서화돼서 구현자가 자신이 코드를 작성하는 요소가 무엇을 해야 하는지를 알 수 있게 하며, 분석가가 아키텍처가 시스템의 행위 요구를 만족시키는지 여부를 알 수 있게 해야 한다. 아키텍트는 자신의 설계를 설명하는 방법(무엇이 그런 설계 결정을 하게 했는지)이 필요하다. 근거를 문서화하는 것은 중요하지만, 보통 아키텍트들이 잘 하지 않는 부분이다.

이들을 포함한 다른 종류의 정보가 아키텍처 문서에 중요한 부분이 된다. Ⅱ부에서는 이들에 대해서 살펴본다.

- 6장에서는 정보의 정제와 덩어리로 묶기, 컨텍스트 다이어그램, 결합된 뷰 생성과 문서화, 가변성과 역동성 문서화, 아키텍처 결정의 근거를 문서화하는 것과 같은 문서화 기법을 살펴본다.

- 7장에서는 아키텍처 요소의 인터페이스를 문서화하는 방법에 대해 설명한다. 인터페이스의 존재와 인터페이스의 구문(또는 시그니처), 그리고 인터페이스의 의미론을 문서화하는 방법을 제공한다.

- 8장에서는 아키텍트의 또 다른 필수 기법, 즉 개별 요소나 요소의 집합의 행위 문서화하는 방법에 대해서 살펴본다. 행위를 문서화하는 것은 정적인 구조를 문서화하는 것에 중요한 대조적인 요소다. 이 장에서는 요소와 요소의 그룹, 그리고 전체로서의 시스템의 행위를 표현하는 데 사용할 수 있는 기법과 표기법을 다루게 된다.

# 기초를 넘어서

이번 장에서는 뷰를 확장하거나 어떤 특별한 뷰의 카테고리에 특정하지 않은 문서화의 여러 면을 다루는 가이드라인을 포함한다.

6.1 정제: 정제는 정보를 사용할 수 있게 됐을 때 시간이 지나감에 따라 더 많은 정보를 나타내는 방법이다. 정제는 시간이 지나감에 따라 아키텍처를 개발하는 방법을 반영하며, 아키텍트가 다양한 독자를 위해서 다소 상세하게 정보를 표현할 수 있게 한다. 이 절에서는 두 가지 종류, 즉 분할 정제와 구현 정제를 살펴본다.

6.2 서술적 완결성: 아키텍처 문서가 진실을 말하는가, 아주 진실을 말하는가, 진실만을 말하는가? 그렇지 않은 좋은 이유가 있을 수도 있다.

6.3 컨텍스트 다이어그램 문서화: 컨텍스트 다이어그램은 뷰에 포함된 정보의 범위를 결정한다. 전체 시스템의 컨텍스트 다이어그램은 시스템 안에 있는 것과 없는 것을 정의한다. 따라서 아키텍트 작업의 한계를 설정한다. 이 절에서는 컨텍스트 다이어그램을 문서화하는 방법과 각 뷰에 컨텍스트를 맞춤화하는 방법을 설명한다.

6.4 가변점 문서화: 어떤 아키텍처는 유사하지만 아키텍처적으로 구별되는 시스템의 패밀리를 구축할 수 있도록 하는 내장된 가변점을 제공한다. 또 어떤 아키텍처는 동적이다. 이런 시스템에서 아키텍처는 실행되는 동안에 기본적인 구조를 변경하는 것을 서술한다.

6.5 아키텍처 결정 문서화: 아키텍처 결정을 왜 그런 방식으로 내렸는지는 이들 결정의 결과만큼이나 중요하다. 이 절에서는 설계의 근

거를 기록하는 방법을 설명한다.

6.6 뷰 결합: 엄격하게 분할된 뷰의 해당 집합을 규정하는 것은 고지식한 일이다. 하나의 결합된 뷰에 두 개 이상의 뷰를 결합하는 경우가 많으며 그 이유도 충분하다.

## 6.1 정제

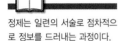

정제는 일련의 서술로 점차적으로 정보를 드러내는 과정이다.

아키텍트는 설계를 수행하고 관리할 수 있는 덩어리로 뷰에 정보를 표현하는 방법이 필요하다. 정제<sup></sup>refinement는 아키텍트가 분리된 이해할 수 있는 조작으로 정보를 표현할 수 있도록 한다. 정제는 기존의 표현을 (정보를 추가해) 정교하게 한다. 정제는 아키텍트가 다소 상세하게 정보를 수집하고 표현할 수 있도록 한다. 설계 초기 단계에서는 덜 상세한 것이 유용하며, 소개와 개요, 그리고 초기 개념화에도 좋다.

정제에는 중요한 두 가지 종류가 있다. 분할 정제와 구현 정제다.

### 6.1.1 분할 정제

분할 정제는 하나의 요소가 내부 구조를 드러내도록 상세하게 설명하는 정제다. 내부 구조의 각 요소는 순환적으로 정제될 수 있다.

분할 정제decomposition refinement는 하나의 요소가 내부 구조를 드러내도록 상세하게 설명하고, 순환적으로 해당 내부 구조의 각 요소를 정제한다. 이것을 텍스트 기반으로 비유하면 개요에 해당된다. (로마 숫자로 표시된) 대단위 절은 (대문자로 표시된) 중단위 절로 분할되고, 다시 (아라비아 숫자로 표시된) 소단위 절 등으로 분할된다.

뷰에 분할 정제를 사용할 때 해당 뷰에 본래에 있는 관계에 관련해 일관성을 유지할 의무가 있다. 예를 들어, 그림 6.1(a)의 관계가 데이터를 전송하다send-data-to라고 하자. 요소 B가 데이터를 수신하고 전송하는 것을 둘 다 나타내기 때문에, 그림 6.1(b)의 정제는 이 경우에는 B1을 통해서 어디에서 B로 데이터가 들어오고 어디로 나가는지를 보여줘야 한다.

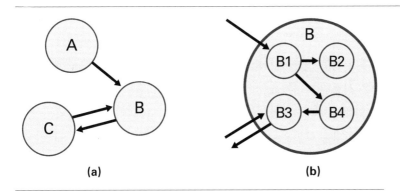

**그림 6.1**

(a) 세 개의 요소 A, B, C로 구성된 가성적인 시스템. 화살표는 데이터의 흐름을 나타낸다

(b) 요소 B가 정제돼 요소 B1, B2, B3, B4로 구성된다는 것을 보여준다. B는 두 개의 입력과 하나의 출력을 갖는다. B의 분할 정제는 이 의무를 충족해야 한다. 자식 B1과 B3는 입력을 받아들이고, B3는 출력을 만들어낸다

분할 정제는 컴포넌트와 패키지와 같이 요소를 표현하는 UML 구성체가 중첩을 지원한다면 UML을 사용해 직접적으로 표현할 수 있다. 정제된 요소 안에는 위임 커넥터를 사용해 외부 요소의 인터페이스와 내부 요소 사이의 연관을 보여준다. 그림 6.2는 이러한 예를 보여준다.

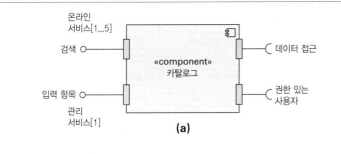

**그림 6.2**

UML 2.x로 표현된 분할 정제. (b)는 (a)의 분할 정제다

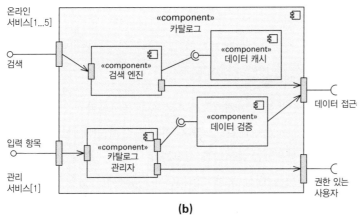

### 6.1.2 구현 정제

구현 정제는 요소와 관계의 일부 또는 전체를 다른 좀 더 구현에 특정한 요소와 관계로 대체되는 정제다.

구현 정제<sup>implementation refinement</sup>라고 하는 또 다른 종류의 정제는 요소와 관계의 일부 또는 전체를 보통은 다른 타입의 새로운 것으로 대체되는 같은 시스템(또는 시스템의 일부)을 보여준다. 분할 정제와는 달리, 범위는 확대되지 않고 고정된 채로 남아 있다. 구현 정제는 원래의 구성체가 실현되는 방법을 보여주는 정보를 드러낸다.

예를 들어, 그림 6.3과 같은 출판-구독 시스템의 두 뷰를 고려해보자. 하나의 뷰에서 컴포넌트는 단일 이벤트 버스에 연결된다. 정제된 뷰에서 버스는 이벤트 디스패처로 대체돼 이들의 이벤트 발표를 달성하기 위해 컴포넌트가 명확하게 호출한다.

**그림 6.3**
버전 2는 버전 1의 구현 정제로, 출판-구독 버스가 실제로 이벤트 디스패처로 실현되는 것을 보여준다

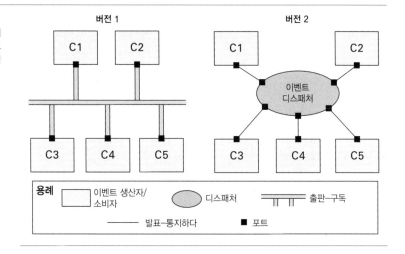

### 6.1.3 설계 스펙트럼

정제의 사용을 통해서 아키텍처는 아키텍처 문서화의 특수성(그리고 해당 아키텍처 설계)을 관리할 수 있다. 이것은 설계 단계, 설계에서 정확하게 정의해 상응하는 문서화를 생성해야 하는 리소스의 양, 해당 문서를 작성해야 하는 대상 독자, 그리고 시스템의 성숙도와 같은 다양한 요인에 따라 달라진다. 이 결과가 설계 스펙트럼이다.

스펙트럼의 왼쪽 끝에서 설계(그리고 문서화)는 폭넓고 매우 추상적

이며 정제되지 않는다. 설계 초기에 폭넓은 정보는 아키텍트가 갖고 있는 모든 것이다. 다행히 이들 초기 설계 단계의 문서화는 낭비되지 않는다. 종종 아키텍트는 광범위한 아키텍처 이해를 비기술적인 이해당사자, 즉 스폰서와 관리자, CIO^Chief Information Officer, 방문자, 기타 다른 사람들을 포함하는 독자들에게 전달해야 할 필요가 있다. 이러한 이해당사자들은 완전한 아키텍처 문서에 몰두하기를 원하지 않는다. 서술은 정확할 필요는 없으며, 독자들에게 깊은 이해를 주입시킬 의도를 갖지 않아도 된다. 때로는 그들이 말하고 있는 것을 프리젠테이션하는 사람이 알고 있다는 것을 주입시키기만 하면 된다.

물론, (개발자와 아키텍처의 특정 속성을 분석할 필요가 있는 사람과 같은) 다른 이해당사자는 전체 그림을 필요로 한다. 이들은 이키텍트가 좀 더 많은 정보를 수집하고 좀 더 많은 설계 결정을 할 때 발생하는 점진적인 정제를 통해서 세부사항과 상세한 설명이 추가된 후에 문서의 소비자가 된다.

설계가 스펙트럼을 따라서 오른쪽으로 이동하는 특정한 방법 중 하나가 스타일 특수화를 통해서다.

### 6.1.4 스타일 특수화

뷰의 스타일을 고를 때 선택의 중요한 차원 중 하나는 해당 스타일을 특수화하는 방법이다. 스타일을 더 많이 특수화하면 그 스타일을 사용하는 아키텍처 설계 영역은 더욱 더 제한된다. 해당 스타일의 영역 안에 있는 시스템의 등급을 제한하는 대신에 특수화는 다음 사항을 포함해 여러 가지 이점이 있다.

- 스타일과 관련된 제약사항이 포함되기 때문에 아키텍트에게 더 강력한 가이드 제공
- 컴퓨팅 모델과 스타일 특정한 속성과 같은 시스템의 의미론적인 속성을 활용함으로써 특수화된 분석을 활용하는 능력
- 해당 스타일에 있는 컴포넌트의 커뮤니케이션 및 공통 서비스를 지원하는 미들웨어와 같은 구현의 재사용

마케텍처(marketecture)는 ... 한 페이지로 된, 일반적으로 시스템의 구조와 상호작용의 비형식적인 서술이다. 이것은 중요한 컴포넌트와 이들 관계를 보여주며, 아키텍처에 구체화된 설계 철학을 그려놓은 몇 개의 잘 선택된 라벨과 텍스트 상자를 갖는다. 마케텍처는 설계, 빌드, 검토, 그리고 물론 영업 과정 동안에 이해당사자의 논의를 촉진시키는 훌륭한 수단이다. 더 깊은 분석의 시작점으로서 이해하고 설명하며 사용하는 것이 쉽다.

– 랜 고튼(Ian Gorton),
『Essential Software
Architecture』(2006, p.6)

나는 종종 4개의 다른 아키텍처 프리젠테이션이 필요하다는 것을 발견한다. 10분 프리젠테이션용 슬라이드, 1시간 프리젠테이션 슬라이드, 50페이지 문서, 그리고 최종적으로 전체 문서

– 필립 크루첸

그림 6.4는 컴포넌트-커넥터(C&C) 뷰에 대한 예를 보여준다. 오른
쪽으로 이동하면서 점차적으로 좀 더 특수하고 제약적이다. 스텍트럼
의 왼쪽 끝은 좀 더 일반적이고, 따라서 제약이 적은 스타일이다. 여기
서 C&C 스타일은 단지 일반적인 컴포넌트와 커넥터만 사용해 완전한
표현의 자유가 허용되지만 위에서 언급한 이점은 사용할 수 없다. 여
기에서 용어(호출-반환, 데이터 흐름, 이벤트 기반, 기타)는 컴포넌트-커넥
터 타입에 대한 제약사항을 부과하며, 특정한 컴퓨팅 모델을 지원하는
C&C 스타일의 일반적인 카테고리를 구성한다. 오른쪽으로 더 이동하
면 4장에서 설명한 예(클라이언트-서버, 파이프-필터, 출판-구독, 티어, 서
비스지향 등)와 같은 이들 스타일의 특수화가 있다.

**그림 6.4**
스타일 특수화

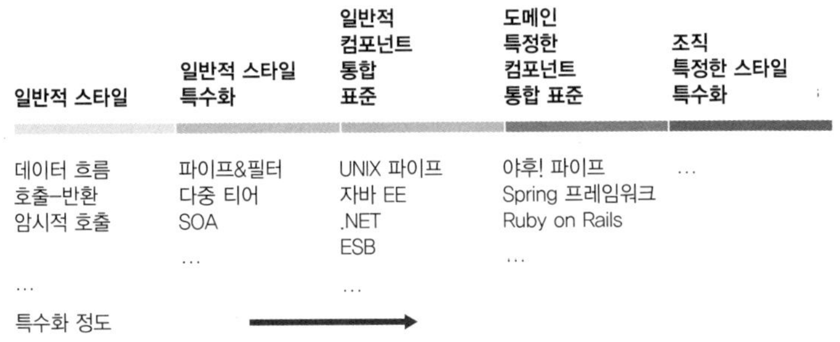

| 일반적 스타일 | 일반적 스타일 특수화 | 일반적 컴포넌트 통합 표준 | 도메인 특정한 컴포넌트 통합 표준 | 조직 특정한 스타일 특수화 |
|---|---|---|---|---|
| 데이터 흐름 호출-반환 암시적 호출 ... | 파이프&필터 다중 티어 SOA ... | UNIX 파이프 자바 EE .NET ESB ... | 야후! 파이프 Spring 프레임워크 Ruby on Rails ... | ... |

특수화 정도 →

더 오른쪽으로 가면 특정한 도메인에 더 강력하게 연루된 스타일이
있으며, 일반적으로 코드 재사용성에 대한 증가된 기반을 제공한다. 예
를 들어, 자바 EE 기반 스타일은 티어 시스템을 특수화해 서블릿, EJB,
컨테이너 컴포넌트와 같은 컴포넌트 타입을 도입하며, 분산, 원격 메소
드 호출, 트랜잭션 지원, 및 지속성에 대한 상당한 구현을 지원한다. 오
른쪽으로 한 걸음 더 가면 더 특수화된 스타일을 발견할 수 있다. 예를
들어, Spring 프레임워크는 제어의 역흐름inversion of control과 모델-뷰-
컨트롤러model-view-controller와 같은 패턴을 채택하고, Controller, View,
ViewResolver와 같은 요소 타입을 도입함으로써 자바 EE 애플리케이
션을 구현하는 특정한 방법을 정의한다. 더 오른쪽으로 가면 특정한 기
업 안에서 시스템의 필요성을 대상으로 한 제품 라인 아키텍처 스타일

을 볼 수 있다.

도메인 특정한 스타일의 선택은 주로 기업, 업무 부서, 또는 엔지니어링 도메인 안에서 아키텍처 패밀의 성숙도와 관련된다. 예를 들어, 클라이언트-서버 기반 정보 시스템 초기에는 클라이언트와 서버, 그리고 몇 가지 원격 호출 형식을 넘어서 아키텍처 지침과 재사용성은 거의 없었다. 이러한 시스템의 개발자는 소켓과 원격 프로시저 호출과 같은 비교적 기본적인 형식의 분산 커뮤니케이션의 지원에 의존해야만 했다. 이 분야가 성숙해짐에 따라서 .NET과 자바 EE와 같은 프레임워크도 성숙해졌으며, 인프라스트럭처의 더 큰 사용성과 공통 서비스 활용, 그리고 이들 프레임워크를 사용한 시스템 구축 지침이 활성화됐다.

## 6.2 서술적 완결성

정제와 관련해 서술적 완결성<sup>descriptive completeness</sup> 개념이 있다. 그림 6.5는 가상 시스템의 아키텍처 다이어그램을 보여준다. 요소 A가 어떤 방식으로든(다이어그램에서는 방법을 나타내지 않고 있음) B와 관련되고, B는 C와 관련되며, C는 B와 관련된다. 여러분이 이 다이어그램의 '고객'이라면 A와 C가 관련되는지 여부에 관해서 어떤 결론을 내릴 것인가?

서술적 완결성은 아키텍처 문서화의 속성이다. 문서화 범위에 있는 시스템의 모든 요소와 관계를 문서화했다면 문서화는 서술적 완결성을 갖는다.

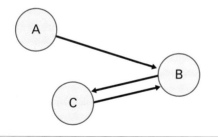

**그림 6.5**
요소 A가 B와 관련되고, B는 C와 관련되며, C는 B와 관련된다. A와 C 사이에는 어떤 관계가 있는가?

여러분은 다이어그램에 A와 C 사이에 화살표가 없기 때문에 A와 C가 관련되지 않는다고 말할 수 있다. 또는 이 다이어그램은 A와 C 사이의 어떤 관계도 나타내지 않지만, 이 정보가 다이어그램에 너무 자세하거나 샛길로 빠지는 것으로 고려될 수도 있다고 말할 수 있다. 이후 문서화에서 A와 C가 이 관계를 공유한다는 것이 드러날 수도 있다.

양쪽 대답이 모두 정확할 수 있다. 각각이 문서화의 다른 전략을 나타내기 때문이다. 첫 번째 전략은 뷰가 서술적 완결성으로 작성된다고 말하며, 두 번째는 아니라고 말한다.

요소에 대해서도 같은 질문을 할 수 있다. 그림 6.5에서 A와 B, C가 관련된 요소의 전부라는 가정을 할 수 있다. 그림이 서술적 완결성을 반영한다고 하면 맞다. 그렇지 않으면 틀리다. 이 뷰의 상세화 또는 확장에서 그림 6.6에서와 같이 다른 요소가 나타날 수 있기 때문이다.

**그림 6.6**
추가적인 요소 D를 보여주는 그림 6.5의 상세화

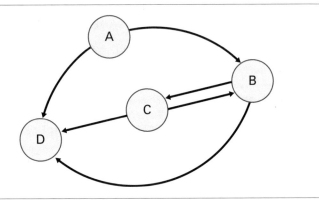

아키텍트는 왜 이 뷰에서 요소와 관계를 생략했을까? 몇 가지 합당한 이유가 있다.

- 설계 초기다. 솔루션의 부분인 모든 요소와 관계를 아직 알지 못한다. 또는 지금 당장에는 다이어그램을 완료할 시간이 없어서 가장 중요한 요소와 관계에 집중하고 있다.
- 뷰에 가장 중요한 부분을 보여주기를 원한다(그리고 별도로 좀 더 많은 설계를 보여주는 동반하는 정제를 만들 것이다). 아마도 이것은 개요다. 요소와 관계는 (에러 복구와 같은) 특별한 상황에서만 사용되며, 이들 특별한 경우를 다루기 위해 다이어그램을 복잡하게 만들고 싶지 않다. 또는 요소나 관계가 단순히 덜 중요해서 생략했다.
- 다이어그램에서 복잡한 사항을 감소시키고 싶다. 아마도 다이어그램에 있는 대부분 또는 모든 요소 사이에 같은 관계가 존재해, 다이어그램을 복잡하게 하는 것을 피하기 위해 그래픽보다는 텍스트에

(아마도 주석 상자에) 그것을 설명한다.

P.5절에서 우리는 주석을 설명하라고 권고했다. 서술적 완결성의 문제는 이것의 특별한 경우다. 단순히 여러분의 문서가 두 가지 전략 중 어느 것을 따르는지 명시할 필요가 있다.

---

**조언**

완료되지 않은 다이어그램을 생성한다면 독자에게 알려주기 위해 할 수 있는 몇 가지가 있다.

- 말줄임표(...)를 사용해 다이어그램에 보여주지 않은 다른 요소나 관계가 있다는 것을 나타낸다. 용례에서 말줄임표의 의미를 설명한다. 그림 6.7은 그 예다.
- 다이어그램에 주석 상자를 사용해 모든 요소나 관계가 노출되지 않았다는 것을 설명한다. 그림 6.8은 그 예를 보여준다.
- 다이어그램이 완료되지 않았을 수도 있으며 이후 정제에서 다른 요소나 관계가 있을 수 있다는 것을 알려주는 노트를 용례에 넣는다.

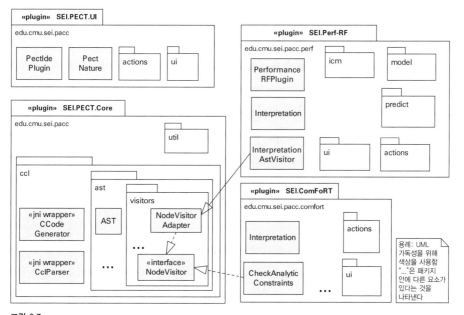

**그림 6.7**
말줄임표(...)로 표시된 완료되지 않은 모듈 분할 다이어그램. 서브 모듈이 보이고 "..." 가 없는 패키지는 모든 모듈이 표시된다고 가정할 수 있다

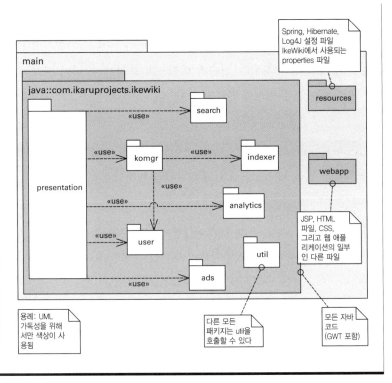

**그림 6.8**

util 패키지에 부착된 주석 상자에서 표시되는 것처럼 모든 사용 의존성을 보여주지 않는 모듈 사용 다이어그램. 다이어그램이 복잡해지는 것을 피하기 위해, 모든 다른 패키지에서 util로 〈〈use〉〉 의존성을 그리는 대신에 주석 상자를 사용했다

## 6.3  컨텍스트 다이어그램 문서화

컨텍스트 다이어그램은 시스템(또는 고려 중인 시스템의 일부)과 환경 사이의 경계를 정의하며, 상호작용하는 환경의 실체를 보여준다.

최상위 수준 컨텍스트 다이어그램은 범위가 전체 시스템인 컨텍스트 다이어그램이다.

컨텍스트 다이어그램context diagram의 목적은 뷰의 범위를 그리는 것이다. 대부분은 아니지만 실제로 많은 컨텍스트 다이어그램이 최상위 수준 컨텍스트 다이어그램TLCD, Top-Level Context Diagram이다. 또한 컨텍스트 다이어그램은 아키텍처 문서가 서브 시스템이나 단일 아키텍처 요소와 같은 시스템의 서브 집합을 설명할 때도 유용하다. 이들 작은 조각도 마찬가지로 컨텍스트를 가지며, 컨텍스트를 이해하는 것은 서브 시스템이나 요소를 이해하는 데 도움을 준다. 여기서 '컨텍스트context'란 시스템의 부분이 상호작용하는 환경을 의미한다.

환경에서의 실체는 사람이나 다른 컴퓨터 시스템, 또는 센서나 제어 장치와 같은 물리적인 객체일 수도 있다. 전체 시스템 서브 집합의 컨텍스트 다이어그램의 경우에(즉, 컨텍스트 다이어그램이 TLCD가 아닐 때)

환경의 실체는 서브 집합으로 같은 시스템에 속해 있는 다른 실제일 수
도 있다.

컨텍스트 다이어그램은 개발해야 하는 전체 솔루션의 일부가 무엇
인지를 명확하게 하기 때문에 유용하다. 때로는 조직은 더 큰 시스템의
일부인 시스템을 개발할 수 있으며, 컨텍스트 다이어그램(이 경우에는
TLCD)이 이러한 구조를 그려준다. 개발되는 시스템의 범위를 벗어나
는 프레임워크와 라이브러리, 외부 웹 서비스, 기성 제품, 같은 조직의
다른 시스템, 또는 다른 접점의 소프트웨어를 고려해야 할 필요가 있
다. 컨텍스트 다이어그램을 무엇이 시스템 범위가 무엇이 밖에 있는지
를 명확하게 해준다.

최상위 수준 컨텍스트 다이어그
램은 시스템과 아키텍처 서술의
좋은 첫 번째 소개다. 어느 방향
으로든 더 깊은 아키텍처 상세
로 들어갈 수 있는 출발점으로
서 역할을 할 수 있다.

### 6.3.1 뷰 용어를 사용한 컨텍스트 다이어그램 생성

아키텍처 문서는 다양한 많은 뷰로 구성되며, 각 뷰는 컨텍스트 다이어
그램을 포함한다는 것을 기억하기 바란다. 이들 각 컨텍스트 다이어그
램이 같을까? 아니다! 그것은 불필요한 반복이 될 것이다.

그 대신에 뷰의 용어(즉, 요소 타입과 관계 타입)를 사용해 컨텍스트 다
이어그램에 보여준다. 예를 들어, 다음과 같다.

문서화하고 있는 뷰의 용어를
사용해 개발하는 시스템의 컨텍
스트를 서술한다.

* 분할 뷰의 용어는 '모듈'과 '일부분이다'다. 때로는 더 큰 시스템의
  일부분인 시스템을 개발해야 하며, 컨텍스트 다이어그램을 이것을
  표현해야 한다. 그렇다면 개발하는 시스템과 더 큰 시스템 사이의
  관계는 분할 뷰의 컨텍스트 다이어그램에 표현한다. 개발하는 시스
  템은 더 큰 시스템에 중첩되도록 표현할 수 있다.

- 사용 뷰의 용어는 '모듈'과 '사용하다'다. 사용 뷰의 컨텍스트 다이어그램은 외부 실체가 사용하고, 개발하는 시스템이 사용하는 것을 보여준다.

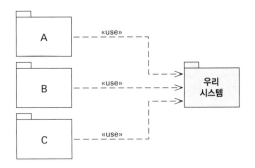

- 레이어 뷰의 용어는 '레이어'와 '사용-허용하다'다. 때로는 개발하는 시스템이 외부에서 제공되는 레이어 위에 있을 수 있다. 또는 개발하는 시스템이 다른 곳에서 개발되는 애플리케이션 소프트웨어가 사용할 수 있는 인프라스트럭처나 컴퓨팅 레이어일 수도 있다. 이 경우에 레이어 뷰의 컨텍스트 다이어그램은 다른 누군가의 레이어 위나 아래에 있을 레이어로 개발하는 시스템을 보여줄 것이다.

- C&C 뷰의 용어는 일반적으로 컴포넌트와 커넥터, 그리고 런타임 상호작용이다. C&C 뷰의 컨텍스트 다이어그램은 개발하는 시스템과 적절하게 특수화된 외부 실체 사이의 런타임 상호작용을 보여줄 것이다. 사실상, '전통적인' 컨텍스트 다이어그램은 C&C 뷰의 컨텍스트 다이어그램이다.

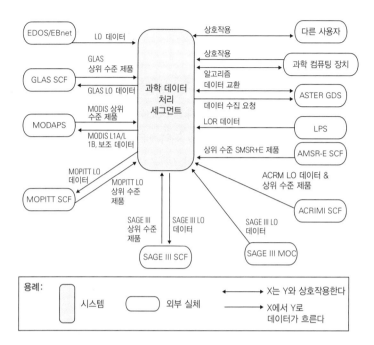

- 배포 뷰의 용어는 소프트웨어와 런타임 하드웨어 사이의 '할당되다' 관계다. 따라서 배포 뷰의 컨텍스트 다이어그램은 개발되는 시스템의 외부이면서, 또한 하드웨어에 할당되는 소프트웨어를 보여준다.

뷰와 컨텍스트 다이어그램을 문서화할 때 컨텍스트 다이어그램이 해당 뷰에 적용되지 않는다면(예를 들어, 레이어 뷰를 문서화하는 데 개발되는 시스템의 위 또는 아래에 외부 레이어가 없다면) 그때는 단순히 뷰의 컨텍스트 다이어그램에 '적용되지 않음'으로 표시한다.

특정한 뷰에 컨텍스트 다이어그램이 적용되지 않으면 '적용되지 않음'으로 표시한다.

## 6.3.2 컨텍스트 다이어그램 내용

컨텍스트 다이어그램은 다음 사항을 보여준다.

- 아키텍처가 문서화되는 시스템(또는 시스템의 일부)의 표현
- 외부 실체
- 시스템이 갖는 외부 실체와의 관계. 외부 실체는 서술되는 시스템에 대한 구별된 기호의 외부에 표현한다. 관계는 포함하는 뷰의 카테고리의 용어로 표현된다.

컨텍스트를 나타내는 시스템을 명확하게 표시하기 위해서 굵은 윤곽선이나 해시 인테리어와 같은 종류의 구별된 기호를 사용한다.

- 모든 그래픽 도형의 경우에서처럼 컨텍스트 다이어그램에서 사용되는 표기법을 설명하는 용례

순수한 컨텍스트 다이어그램은 시스템에 관한 아키텍처 세부사항을 노출하지 않는다(분해되지 않은 블록으로만 표현된다). 그러나 실제로 컨텍스트 다이어그램은 컨텍스트상에 놓여지는 시스템의 일부 내부 구조를 보여줄 수 있다. 컨텍스트 다이어그램은 상호작용 순서나 데이터 흐름과 같은 어떤 임시적인 정보를 보여주지 않는다. 데이터가 전송되고, 자극이 발생되며, 메시지가 전송되는 등의 조건을 보여주지 않는다.

### 6.3.3 컨텍스트 다이어그램과 다른 지원 문서화

컨텍스트 다이어그램은 뷰에 다른 지원 문서화에 대한 어느 정도의 의무를 부여한다.

요소 카탈로그는 10.1절에서 설명한다.

- 뷰 요소 카탈로그는 컨텍스트 다이어그램에 나타나는 외부 요소의 서술을 포함해야 한다. 외부 실체의 인터페이스가 문서화된 문서에 대한 참조를 제공해야 한다.
- 뷰의 근거 절은 경계가 왜 그곳에 있어야 하는지에 대한 이유를 설명해야 한다.
- 시스템이 컨텍스트 다이어그램에 나타나는 환경과 인터페이스를 갖는다면, 해당 인터페이스는 시스템의 아키텍처 요소 중 하나에 '할당'돼야 할 필요가 있다. 따라서 컨텍스트 다이어그램에 나타나는 시스템과 환경 사이의 모든 인터페이스는 기본 프리젠테이션에 보여주는 요소 중 하나에 나타나야 한다.

### 6.3.4 컨텍스트 다이어그램 표기법

**비형식적 표기법**

비형식적으로 컨텍스트 다이어그램은 원과 선, 또는 상자와 선 그림으로 구성된다. 중앙에 구별된 원이나 상자로 그려서 정의된 실체가 있고, 그 외부의 실체는 다양한 도형으로 그려지며, 적절하게 실체를 연결하는 관계를 나타내는 선이 그려진다.

컨텍스트 다이어그램을 주류로 만든 소프트웨어 설계 규율인 구조적 분석structured analysis은 우리가 C&C 타입 컨텍스트 다이어그램이라고 부르는 비형식적인 표기법을 사용한다. 시스템은 중앙에 구별된 기호로 표현되며, 외부 실체는 상자, 그리고 이들을 연결하는 선은 데이터 흐름과 런타임 상호작용을 나타낸다.

컨텍스트 다이어그램이 애플리케이션의 내부보다는 외부를 더 많이 알고 있는 사람들에게 시스템을 설명하는 데 주로 사용되기 때문에, 이런 다이어그램은 아주 정교하며, 환경에 있는 실체에 모든 종류의 개성적인 기호를 사용할 수 있다.

그림 6.9는 비형식적인 상자와 선 다이어그램을 사용해 생성된 컨텍스트 다이어그램을 보여준다. 다이어그램에 나타나는 관계는 데이터 흐름(런타임 관계)을 보여주기 때문에, 이것이 일종의 C&C 뷰 용 컨텍스트 다이어그램이라는 것을 알 수 있다.

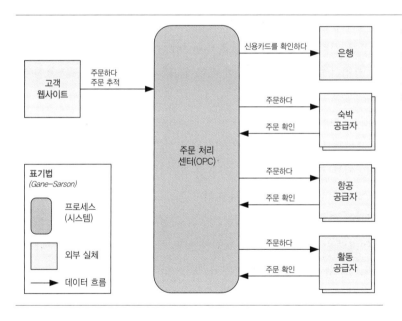

**그림 6.9**
비형식적인 표기법을 사용한 C&C 뷰 용 컨텍스트 다이어그램. 이 예는 Adventure Builder 시스템(Adventure Builder, 2010)에서 가져왔다

컨텍스트 다이어그램은 표로 쉽게 표현될 수 있다. 이것은 상호작용이 너무 많아 그래픽으로 쉽게 보여줄 수 없는 경우에 유용하다. 예를 들어, 그림 6.9의 데이터 흐름 컨텍스트 다이어그램을 나타내는 표는

다음 사항을 제공한다.

- (메시지 식별자와 같은) 환경 경계를 넘어서 전송되는 각 데이터 조각에 대한 식별자
- 설명
- 전송하는 요소
- 수신하는 요소
- 데이터 사전에서 찾을 수 있는 것과 같은, 관련 정보

일부 소프트웨어 개발 표준은 '인터페이스 요구 명세'와 같은 이름의 문서를 규정하며, 이 문서의 내용은 주로 시스템에 송수신되는 메시지를 설명하는 긴 표로 구성된다. 사실상 이들 문서가 컨텍스트 다이어그램이다.

## UML

UML은 컨텍스트 다이어그램에 대한 명확한 메커니즘을 갖고 있지 않다. 그러나 다양한 뷰에 적절한 다이어그램이 해당 뷰의 컨텍스트를 보여준다.

뷰의 컨텍스트 다이어그램이 문서화하는 뷰의 요소-타입/관계-타입 용어를 사용해 컨텍스트를 서술해야 한다는 원칙을 다시 생각할 때, 뷰의 기본 프리젠테이션에서 사용한 같은 UML 표기법이 해당 뷰의 컨텍스트 다이어그램에 사용될 수 있다.

예를 들어, 컴포넌트 다이어그램을 사용해 C&C 뷰의 컨텍스트 다이어그램을 보여줄 수 있다. 또는 중첩된 패키지로 분할 뷰의 컨텍스트 다이어그램을 보여줄 수도 있다. 또는 패키지와 ⟨⟨allowed to use⟩⟩ 의존성 화살표를 사용해 레이어 뷰의 컨텍스트 다이어그램을 보여줄 수 있다 등이다.

더 적은 정보를 제공하기는 하지만 UML로 컨텍스트를 보여주는 좀 더 일반적인 방법은 그림 6.10과 같이 유스케이스 다이어그램use case diagram과 클래스 다이어그램class diagram을 결합하는 것이다. 여기서 시스

템의 구별된 기호는 적절한 스테레오 타입을 갖는 클래스^class^이고, 환경 요소는 액터^actor^로 나타난다.

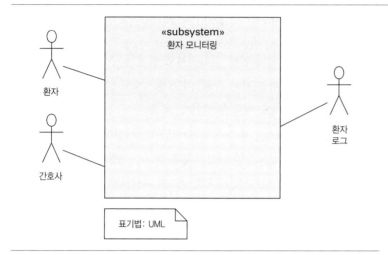

**그림 6.10**
UML 클래스 다이어그램을 사용한 시스템 컨텍스트 서술. 《subsystem》 스테레오 타입을 갖는 클래스는 컨텍스트를 보여주는 시스템을 나타낸다. 환자, 간호사, 환자 로그는 외부 실체다

## 6.4 가변점 문서화

### 6.4.1 가변점

가변점^variation point^은 유연성의 특정한 인스턴스가 내장돼 있는 아키텍처에서의 위치다. 유연성은 특정한 아키텍처 결정을 의도적으로 개방시키지만, 나중에 거의 항상 아키텍트가 아닌 다른 사람에 의해서 쉽게 연결될 수 있는 방식으로 달성한다. 아키텍트는 아키텍처에 가변점을 설계해 가변성, 즉 미리 정의된 방식으로 빠르게 변경할 수 있게 하는 가능성을 달성한다.

가변점은 특정한 종류의 유연성이 내장되는 아키텍처상의 위치다.

가변성은 미리 정의된 방식으로 빠르게 변경을 달성하는 기능이다.

아키텍처에 가변점을 제공하는 것은 다음과 같은 상황에서 바람직하다.

- 단일 시스템의 설계 프로세스 동안에 일부 결정이 아직 이루어지지 않았지만 옵션이 조사됐다.
- 단일 시스템의 아키텍처가 향후 예상되는 변경에 대비한다.
- 아키텍처가 쉽게 확장될 수 있는 기본적인 기능을 제공한다.

이 장의 용어 설명 '제품 라인
아키텍처'를 참조한다.

- 아키텍처가 시스템의 패밀리 또는 제품 라인용이며, 선택되는 옵션
은 구축되는 특정한 패밀리 멤버의 특성에 따라 달라진다.
- 아키텍처가 시스템의 참조 아키텍처<sup>reference architecture</sup>며, 참조 아키
텍처의 설정과 확장이 발생되는 명확한 위치를 포함한다.

가변점은 아키텍처의 어떤 위치에서도 발생할 수 있다. 이들은 요소
와 관계, 이들 요소와 관계의 속성, 이들 행위에도 영향을 미친다. 이들
은 뷰 사이의 관계에도 영향을 미친다. 예를 들어, 단순한 요소가 다른
요소와 같은 프로세서에서 실행될 수 있지만, 자신의 할당된 프로세서
에서 실행되는 좀 더 복잡한 변형이 필요할 수도 있다.

가변성 지침은 아키텍처 문서에
서 가변점이 아키텍처에 설계되
고 이들 실행하는 방법에 대해
설명하는 위치다.

가변점은 그들이 나타나는 위치, 즉 다이어그램, 요소 카탈로그, 행
위 서술, 인터페이스 서술 등에 문서화한다. 각 가변점의 영향과 파급
효과, 그리고 가변점이 제공하는 선택을 실행하는 방법도 가변성 지침
variability guide이라고 하는 한 장소에 완전하게 서술하는 것이 좋다.

가변점을 아키텍처 문서의 전체에 발생하는 곳마다 문서화하는 필
요할 때 설명을 사용할 수 있다는 이점을 갖는다. 그러나 어느 누구도
시스템에서 어떤 가변점이 있는가 하는 완전한 개요를 빨리 가질 수 없
다는 단점도 있다. 요소 카탈로그가 뷰에 있는 완전한 요소 레파지토리
로서의 역할을 하는 것처럼, 가변성 지침은 뷰의 모든 가변점을 목록화
하고 설명하게 될 것이다.

### 6.4.2 가변 메커니즘

가변 메커니즘은 적용될 때 새
로운 아키텍처 인스턴스로 귀착
되는 변경할 수 있도록 내장된
소프트웨어 메커니즘이다. 가변
메커니즘이 발생하는 위치는 가
변점으로 표시된다.

아키텍트는 제공되는 옵션 중 하나를 달성하기 위해 적용될 수 있는 가
변 메커니즘<sup>variation mechanism</sup>을 선택함으로써 가변점을 설계한다. 좀 더
중요한 아키텍처 가변 메커니즘 중 일부는 다음과 같다.

- 요소 대체<sup>element substitution</sup>: 모듈 또는 컴포넌트의 구현을 같은 인터
페이스를 따르는 (또는 실현하는) 다른 구현으로 대체하는 것. 이것은
시스템의 한 버전에게 하나의 방식으로 행위하는 기능을 제공하지
만, 두 번째 버전의 기능은 다른 방식으로 행위를 할 수 있게 한다.

- 컴포넌트 복제<sup>component replication</sup>: 같은 방식으로 더 큰 기능을 제공하는 컴포넌트의 여러 인스턴스를 생성하는 것. 예를 들어, 웹 기반 시스템은 웹 컴포넌트를 여러 머신에 배포하고, 각 머신에 여러 인스턴스의 설정을 할 수 있게 한다. 이와 같은 설정은 원하는 산출량과 가용성을 달성하기 위해 튜닝될 수 있다.

- 선택적 포함<sup>optional inclusion</sup>: 시스템의 몇 가지 버전에서 컴포넌트가 존재할 수 있지만, 다른 버전에서는 생략될 수도 있다. 이것은 시스템이 특정한 기능을 가질 수도 있고 아닐 수도 있도록 한다. 선택적 컴포넌트는 플러그인<sup>plugin</sup> 또는 애드온<sup>add-on</sup>이라고도 한다.

- 프레임워크<sup>framework</sup>: 프레임워크는 일반적인 기능성을 제공하는 공통적인 코드가 특정한 기능성을 제공하는 사용자 코드의 의해서 선택적으로 재정의<sup>override</sup>되거나 특수화<sup>specialize</sup>될 수 있는 추상화<sup>abstraction</sup>다.

- 매개변수화<sup>parameterization</sup>: 광범위한 범위의 구성체<sup>construct</sup>에 변형을 허용하는 것. 일반적인 예로는 파일 이름, URL, 사용자 신원, 하한 또는 상한 값을 들 수 있다.

- 요소 합성<sup>element composition</sup>: 새로운 요소를 기존 요소에 함께 조합하는 것(이것을 하는 도구를 때로는 구성자<sup>configurator</sup>라고 함)

- 템플릿<sup>template</sup>: 거의 그러나 아주 완전하지는 않은 일반적인 몸체<sup>body</sup>를 제공하는 것. 이후 설계자는 열린 부분에 필요한 것을 채워넣는다. 템플릿은 보통 코드지만, 아키텍처적인 것이 될 수도 있다. 예를 들어 채워넣어야 할 '비어 있는' 부분을 있는 아키텍처 다이어그램일 수 있다.

- 상속성<sup>inheritance</sup>: 일반 클래스와 인터페이스를 정의하는 것. (아마도 다른 공급업체에 의해) 인터페이스를 실현하는 특정한 서브 클래스 또는 클래스를 생성함으로써 다른 변형이 구현될 수 있다.

- 생성기<sup>generator</sup>: 생성기는 원하는 프로그램의 명세를 입력으로 받아서, 해당 명세를 충족시키는 프로그램을 출력하는 소프트웨어 프로그램이다.

프레임워크는 일반적인 기능성을 제공하는 공통적인 코드가 특정한 기능성을 제공하는 사용자 코드의 의해서 선택적으로 재정의(override)되거나 특수화(specialize)될 수 있는 추상화(abstraction)다.

## 제품 라인 아키텍처

제품 라인 아키텍처product-line architecture는 내장된 가변점을 갖는 대표적인 아키텍처다. 소프트웨어 제품 라인software product line은 '특정한 시장의 필요성 또는 미션을 충족시키는 공통적이며 관리되는 기능 집합을 공유하며 미리 규정된 방식으로 핵심 자산의 공통 집합으로부터 개발되는 소프트웨어 집약적인 시스템의 집합'이다.(클레멘츠와 노스럽Northrop, 2001) 제품 라인의 각 제품은 약간씩 다른 아키텍처를 가질 수 있다. 이들 아키텍처는 제품 라인 아키텍처의 인스턴스가 된다. 제품 라인 아키텍처는 의도적으로 남겨둔 결정을 갖는다. 제품에 대한 아키텍처(때로는 제품 아키텍처 또는 '인스턴스' 아키텍처라고도 함)는 제품 라인 아키텍트가 특정한 제품들 중 하나를 구축할 목적으로 넣어둔 가변 메커니즘을 제품 구축자가 적용할 때 형성된다.

예를 들어, 개인 소득세 소프트웨어의 제품 라인에서 일부 제품은 웹으로 가서 최근 계산 소프트웨어를 다운로드해 세금 코드에서 변경된 사항을 반영한다. 다른 것은 그렇지 않을 수도 있다. 어떤 제품은 안전한 로그인과 암호화를 제공해 더 높은 데이터 기밀성을 제공하고, 다른 것은 그렇지 않을 수도 있다 등이다. 제품 라인 설계자는 확장된 기능 목록을 처리하며, 개별 제품은 보통 지원하는 것과 하지 않는 기능으로 정의된다. 이들은 모두 함께 제품 패밀리는 목표 시장 부문을 모두 다룬다. 개별 제품은 특징과 가격으로 구별된다. 가령 테스팅 또는 배송을 위해서 이들 제품 중 하나, 구축하는 개발자는 원하는 제품을 도출하는 방식으로 가변 메커니즘을 적용한다. 예를 들어, 아키텍트가 가변 메커니즘으로 선택적 포함을 선택했다면 제품 구축자는 계산 다운로드 컴포넌트와 암호화 컴포넌트를 점검하고, 제품에 해당 기능이 포함돼 있다면 빌드에 이들 포함시킨다.

제품 라인 아키텍처를 설계하기 위해서 아키텍트는 제품 라인 범위에 많이 의존한다. 제품 라인의 범위는 제품 라인의 모든 제품은 공통점이 있으며, 서로를 다양하게 하는 특정한 방식을 갖는다는 것의 설명문이다. 가변 메커니즘을 선택하는 것은 가변 메커니즘의 구축 비용과 이들을 적용하는 비용 사이의 트레이드오프를 포함한다. 예를 들어, 여러분이 원하는 제품의 서술을 입력으로 받아들여서 (증명하고) 제품을 생성하는 생성기는 보통 구축 비용이 많이 들지만 적용하는 데는 비용이 적게 든다. 해당 접근 방법이 경제적인 상황과 그렇지 않은 상황이 있다.

### 6.4.3 역동성과 동적 아키텍처

가변점의 바인딩 시점이 런타임일 때 동적 아키텍처<sup>dynamic architecture</sup>라고 한다. 사용자 요구에 반응하거나, 특정한 품질 속성을 더 잘 달성할 수 있도록 하기 위해 런타임에 아키텍처가 변경된다. 웹사이트로 가서, 플러그인을 다운로드하고, 그다음에 이것을 사용해 새로운 미디어 유형을 처리하는 웹 브라우저는 동적 아키텍처를 갖는다. 이것의 런타임 아키텍처는 다운로드한 후에 이전보다 더 많은 컴포넌트로 구성된다. 복제를 포함해 컴포넌트와 커넥터를 생성(포함)하거나 삭제(제외)함으로써 아키텍처가 동적으로 변경될 수 있다. 예를 들어, 새로운 사용자가 환경에 들어와서 새로운 서비스를 원할 때, 이 서비스를 제공하는 컴포넌트가 생성돼야 할 것이다. 사용자가 환경을 떠날 때 컴포넌트는 삭제돼야 한다. 생성된 컴포넌트 또는 커넥터는 복제<sup>replica</sup>거나 싱글톤<sup>singleton</sup>일 수 있다. 어떤 경우든 아키텍트는 허용할 수 있는 복제의 개수와 생성되고 삭제되는 조건, 그리고 생성되는 커넥터나 컴포넌트를 문서화해야 한다.

아키텍처가 동적으로 변경되는 또 다른 방법은 리소스나 책임을 재할당하는 것이다. 더 좋은 성능을 제공하기 위해서 컴포넌트는 하나의 프로세서로부터 다른 프로세서로 이동할 수 있다. 컴포넌트 사이에 책임이 이동할 수도 있다. 실패 시에는 아마도 백업이 최우선 상태가 될 수도 있다.

다행히 동적 아키텍처를 문서화하는 것은 다른 종류의 가변점을 문서화하는 것과 크게 다르지 않다. 다만 바인딩 시점은 항상 런타임이다.

### 6.4.4 가변점 문서화

가변점은 두 가지 방법으로 문서화해야 한다. 첫 번째로 뷰 전체에 적절한 위치(기본 프리젠테이션, 요소 카탈로그, 컨텍스트 다이어그램 등)에 가변점이 있다는 것을 알려주는 주석이 있어야 한다. 둘째로, 뷰의 가변성 지침에 가변점이 설명돼야 한다.

다이어그램에서 가변점을 보여주기 위해서는 가변점으로 영향을 받

동적 아키텍처는 아키텍처 가변점이 런타임에 수행되는 것이다.

그래픽으로 가변점을 보여주는 것은 다이어그램을 복잡하게 하고 읽기 어렵게 만들 수 있다. 변형 사이의 의존성을 그래픽으로 보여주려고 한다면 특히 더 그렇다. 대신, (10.1절에서 설명하는) 가변성 지침의 항목을 가리키는 것으로 다이어그램에 주석을 추가할 수 있다.

는 영역에 주석을 붙일 수 있다. 적당한 식별자(예를 들어, VP12)를 갖는 주석으로 가변성 지침에서 가변점이 완전히 설명돼 있는 위치를 가리킬 수 있다.

가변성의 존재를 보여주는 다른 그래픽 접근법은 아키텍트가 선택한 가변 메커니즘에 의존적인 경향이 있다. 예를 들어, 다음과 같다.

- 요소 대체element substitution: UML '실현하다realize' 관계는 인터페이스가 여러 구현으로 실현될 수 있는 것을 보여줌으로써 이것을 표현한다. 그래픽적으로 그림 6.11과 같다.

**그림 6.11**
'실현하다' 관계로 표현된 요소 대체

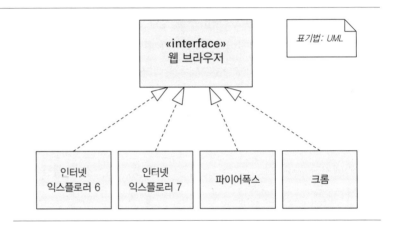

**그림 6.12**
그림자 상자를 사용한 컴포넌트 복제

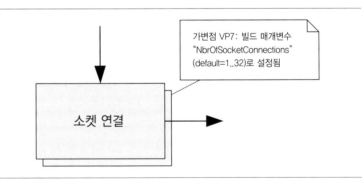

- 컴포넌트 복제component replication: 비형식적 그래픽 표기법에서 컴포넌트 복제는 거의 항상 그림자 상자로 표현하는 것으로 문서화된다. 거의 항상 복제의 가능한 범위와 실제로 연결될 때를 나타내는

것이 부족하다. 그림 6.12는 주석으로 이 정보를 포함하고 있다. 동일하게 가변성 지침을 참조하게 할 수 있다.

- 선택적 포함optional inclusion: 선택적 포함을 보여주기 위해서는 컴포넌트 복제에 주석을 사용할 수 있다. 단순하게 인스턴스 범위를 0 또는 1로 제한하면 된다.

- 요소 생성과 삭제creation and deletion of element: 8장에서 시스템이 실행될 때 요소가 생성되고 삭제되는 방법을 나타내는 데 사용할 수 있는 표기법을 설명한다. UML의 스퀀스 다이어그램sequence diagram이 그 예다. 객체 밑에 있는 타임 라인time line이 해당 객체가 존재한다는 것을 나타낸다.

- 요소 재할당reallocation resource: 객체 이주와 같은 리소스 할당 형식은 〈〈becomes〉〉 스테레오 타입을 갖는 UML 의존성으로 서술될 수 있다. 의존성 꼬리는 객체의 원래 위치에 있고, 머리는 이어지는 위치에 있다.

- 프레임워크framework: 확장점extension point은 문서화할 필요가 있다. 확장점은 부가적인 요소가 추가되거나 추상적인 요소가 구체적인 것으로 대체될 수 있는 프레임워크 안에서의 위치다. 각 확장점은 프레임워크가 제공하는 것과 확장에 필요로 하는 것의 인터페이스 서술로 문서화된다.

뷰의 가변성 지침은 뷰에 표현된 각 가변점에 대한 다음 정보를 포함해야 한다.

- 가변점 설명: 이 가변점으로 어떤 결정이 개방된 채로 남아 있는가? 설명은 아키텍처적이어야 한다(예를 들어, 특정한 컴포넌트가 교환될 수 있다). 그러나 또한 이해당사자에게 의미 있는 것이어야 한다(예를 들어, 다른 구현을 선택하는 것은 다른 특징 행위를 결과로 가져온다).

- 사용할 수 있는 옵션과 효과: 이 가변점을 실행하는 데 사용할 수 있는 선택 사항의 범위는 무엇인가? 각각에 대해 이해당사자에게 가시적인 효과는 무엇인가? 각 옵션의 아키텍처적인 효과는 무엇인가?

- 적용성 조건: 각 가변점은 관련된 조건이 있으며, 가변점이 적용될 수 있는 상태를 설명한다. 예를 들어, 자동차의 엔터테인먼트 시스템을 생성하기 위해 어떤 타입의 DVD 플레이어를 사용할 것인지를 결정하는 것은 시스템에 실제로 DVD 플레이어가 있다는 결정에 달려 있다.

- 옵션의 바인딩 시점: 가능한 바인딩 시점은 설계 시, 컴파일 시, 링크 시, 런타임 등이다. 만약 런타임이라면 더 많은 선택 사항이 가능하다. 시스템 시작 또는 재시작 시, 가변점이 포함된 컴포넌트가 시작할 때, 또는 실행 동안 다른 구별된 시간 동안 등이다.

- 옵션이 작동되는 방법: 가변점의 옵션을 선택하기 위해 해야 할 일을 서술한다. 예를 들어, 빌드 시 매개변수 설정이나 한 모듈의 구현을 다른 것으로 대체하는 것 등을 말한다. 이 절은 가변점이 제시한 선택을 하기 위한 단계별 '방법' 지침이다.

- 가변점 옵션 사이의 의존성: 때로는 하나의 가변점에 대해 옵션이 선택될 때, 다른 선택에 제약이 있게 된다. 예를 들어, 공급망 관리 시스템이 재고에 있는 항목의 이미지를 저장하고, (JPEG이나 PNG 같은) 이미지 형식은 가변점이라고 하자. 고객이 포켓 PC나 휴대 전화와 같은 휴대용 장치로 재고에 접근할 수 있다고 하자. 여러분의 시스템이 지원하는 장치 목록은 사용할 수 있는 이미지 형식으로 제약된다. 그 반대도 마찬가지다.

가변성 지침은 편리하게 표로 표현할 수 있다. 그림 6.13은 그 예를 보여준다.

| 가변점 | 영향을 받은 요소 또는 관계 | 변형 | 조건 | 바인딩 시점 |
|---|---|---|---|---|
| VP1: 이메일 메시지를 보내는 시스템이 사용하는 SMTP 서버의 호스트 이름 | emailer | 유효한 호스트 이름 | SMTP 호스트가 변할 때마다. 또한 개발과 테스트 환경 사이의 전환에 사용될 때 | 로드 시 |
| VP2: 사용하는 외부 저장소와 콘텐츠 전달 서비스 | filemanger | 웹 서비스 목록. 개발, 테스트 및 제품 환경에서 서비스가 사용될 수 있는지 여부는 다를 것이다. | 적어도 하나의 저장소 서비스가 설정돼야 한다. 새로운 서비스가 활성화되기 이전에 서비스와 커뮤니케이션을 처리하는 서브 모듈이 사용될 수 있어야 한다. | 로드 시 |
| VP3: 저장소와 콘텐츠 전달 웹 서비스의 접근 키 | filemanager | 각 (Scribd, S3, YouTube와 같은) 활성화된 저장소와 콘텐츠 전달 웹 서비스에 대해 (URL, 사용자 ID, 비밀번호와 같은) 접근 매개변수 집합이 있을 것이다. | 대응되는 서비스가 VP2에서 사용될 수 있는 경우에만 사용될 수 있다. | 런타임 |
| VP4: 성능 모니터링 스위치 | util, logging, aspects | 요청의 응답 시간이 모니터링되고 기록될 필요가 있다면 참이고, 그렇지 않으면 거짓이다. | SLA가 효력이 있거나 디버깅 목적이라면 참을 설정해야 한다. 거짓이라면 대응되는 서브 모듈과 아티팩트가 빌드에서 제외돼야 한다. | 빌드 시 |

**그림 6.13**
웹 애플리케이션의 가변점을 보여주는 가변성 지침의 일부. 이 가변성 지침은 모듈 사용 뷰 (표현되지 않음) 의 일부로, 영향을 받는 요소의 설명이 있다

## 6.5  아키텍처 결정 문서화

제프 타이리(Jeff Tyree)와 아트 애커만(Art Akerman)과 함께

### 6.5.1 아키텍처 결정 문서화 이유

복잡한 소프트웨어 아키텍처를 개발하는 과정은 수백 개의 크고 작은 결정을 하는 것을 포함한다. 이 결정들의 결과는 아키텍처를 문서화하는 뷰(요소와 관계, 속성을 갖는 구조와, 이들 요소의 인터페이스와 행위)에 반영돼야 하지만, 슬프게도 대부분의 경우에 이들을 결정은 무시된다. 그리고 이 경우에 근거$^{rationale}$, 특히 가장 중요한 결정 이면의 근거도 결정적으로 손실된다.

근거는 아키텍처 결정 이면에 있는 이유의 설명이다.

대부분의 결정은 복잡한 환경에서 이루어지며, 거의 항상 트레이드 오프를 포함한다. 환경과 트레이드오프는 아키텍처를 '상속받는' 사람 들에게는 완전히 드러나지 않는다. 일반적으로 비용과 일정에 비추어 봤을 때 이러한 결정이 합리적인 제약된 환경이 있다. 그러나 프로젝트 가 끝나고 원래의 시스템 설계자가 이미 다 가버린 후에 다시 되돌아보 면 결정적인 결성 사항에 대한 컨텍스트를 갖고 있지 않다. 이력도 없 다. 우리를 앞으로 안내해줄 아키텍트로부터의 지침도 없다. 우리가 할 수 있는 모든 것은 그저 (때로는 믿을 수 없다는 듯이) 머리를 흔들고, "왜 이렇게 생각했지?"라고 묻는 것 뿐이다. 근거는 우리에게 정확하게 그 것, 즉 그가 생각한 것을 말해준다.

뷰와 그 너머 접근 방법에서 아키텍처 결정을 문서화하는 것은 최고 상태를 유지하게 한다. 우리는 10장에서 소프트웨어 아키텍처 문서화 템플릿을 소개할 때 아키텍처 결정을 기록할 전용 장소가 있다는 것을 알게 될 것이다.

아키텍처 결정을 문서화하는 것은 시스템의 비즈니스 및 기술적인 목표와 명백하게 연계되는 결과를 가져온다. 이것이 우리가 이 책 전체 에서 강조하려고 하는 주제다. 문서화는 아키텍처가 끝난 후에 하는 것 이 아니다. 아키텍처를 문서화하는 것은 아키텍처를 설계하는 것을 도 와준다. 여러분이 내린 결정을 문서화하는 것은 그들을 정확하게 할 수 있도록 한다.

소프트웨어 아키텍트의 삶은 길 고 (그리고 때로는 고통스러운) 어둠 속에서 부분적으로 이루어 진 차선의 결정의 연속이다.

– 필립 크루첸

### 6.5.2 아키텍처 결정 문서화 템플릿

최소주의 접근 방법을 따라서 라이프사이클의 다양한 시점에서 해결할 필요가 있는 사항들만 해결되고 문서화돼야 한다. 예를 들어, 광범위한 영향을 미치는 결정은 문서화의 최우선 후보가 된다.

다음은 주요 아키텍처 결정에 대한 필수적인 정보를 담아내기 위한 템플릿이다.

이 책의 모든 템플릿과 마찬가 지로 시작점으로 템플릿을 사용 한다. 여러분의 조직과 이해당 사자, 그리고 여러분의 필요성 에 가장 적합하도록 행과 절을 추가하거나 제외할 수 있다.

1. 문제: 해결되는 아키텍처 설계 문제를 설명한다. 이것은 왜 이 문제 를 지금 해결해야 하는가에 관한 어떠한 질문도 남겨놓지 않아야 한다.

2. 결정: 선택된 솔루션을 명확하게 설명한다. 아키텍트가 취할 수 있는 의견 중 하나의 선택이다.

3. 상태: 보류, 결정, 또는 승인과 같은 결정 상태를 설명한다(이것은 결정의 구현 상태가 아니다).

4. 그룹: 포함하는 그룹에 이름을 붙인다. 그룹화는 기술적인 이해당사자는 그룹 이름으로 관심 부분을 걸러낼 수 있다. 통합, 프리젠테이션, 데이터 등과 같은 간단한 그룹 라벨은 결정의 집합을 구성할 수 있도록 한다. 예를 들어 결정을 검토하는 데이터 아키텍트는 데이터라고 분류된 결정에만 집중할 수 있다.

5. 가정: 결정이 이루어진 환경에서의 가정을 명확하게 설명한다. 이들은 비용, 일정, 기술 등이 될 수 있다. (수용된 기술 표준 목록이나 전사적 아키텍처, 또는 공통적으로 사용되는 패턴과 같은) 환경에서의 제약사항은 고려될 수 있는 대안들을 제한한다.

6. 대안: 고려되는 대안(즉, 옵션이나 의견) 목록을 제시한다. 대안을 충분히 상세하게 설명해 적절성을 판단할 수 있게 한다. 필요하면 외부 문서를 참조할 수 있다. 실행 가능한 의견만 여기에 기술돼야 한다. 완전한 목록이 필요하지는 않겠지만, 그렇지 않으면 최종 검토 시에 "이것은 생각해보았습니까?"라는 질문을 듣게 될 것이고, 이것은 신빙성이 손상되고 다른 아키텍처적인 질문으로 이끌어 갈 수 있다. 다른 사람이 지지하는 대안의 목록을 만드는 것도 이들의 의견을 들었다는 것을 알게 하는 데 도움이 된다. 마지막으로 대안의 목록을 작성하는 것은 아키텍트가 올바른 결정할 수 있도록 도와준다. 이들 대안이 고려되지 않았다면 대안 목록이 작성될 수 없기 때문이다.

7. 논거: 왜 그 의견이 선택됐는지를 개관한다. 이것은 아마도 결정 그 자체만큼 중요하다. 어떤 결정에 대한 논거는 구현 비용, 총 소유 비용, 시장 적시성, 그리고 필수 개발 리소스의 가용성과 같은 항목을 포함할 수 있다.

8. 영향: 결정의 영향을 설명한다. 예를 들어, 다음과 같다.

- 다른 결정을 할 필요성을 도입한다.

- 새로운 요구를 만든다.

- 환경에 추가적인 제약사항을 일으킨다.

- 범위 재협상을 요구한다.

- 고객과 일정의 재협성을 요구한다.

- 인력에 대해 추가적인 교육이 필요하다.

결정의 영향을 명확하게 이해하고 설명하는 것은 구입할 때 매우 효과적인 도구가 된다.

9. 관련 결정: 이 결정과 관련된 결정의 목록을 작성한다. 객체 모델과 같이 도표로 복잡한 관계를 보여주는 것처럼, 추적성 매트릭스 traceability matrix 또는 결정 트리decision tree가 유용하다. 이들 결정 사이의 유용한 관계는 인과성(어떤 결정이 다른 결정을 야기시키는가), 구조(더 높거나 낮은 수준에 있는 아키텍처 요소에 따라서 결정의 부모 또는 자식을 보여줌), 또는 일시성(결정이 다른 결정의 이전 또는 이후에 오는가)을 포함한다.

10. 관련 요구: 결정을 목표나 요구에 매핑시켜 책임을 보여준다. 각 아키텍처 결정은 각 주요 목표에 공헌에 따라서 평가된다. 그다음에 전체적인 아키텍처 평가의 일부로서 모든 결정에 목표가 어떻게 잘 충족되는지를 평가한다.

11. 영향을 받는 산출물: 이 결정에 영향을 받는 아키텍처 요소 및 관계의 목록을 작성한다. 또한 다른 설계 또는 범위 결정에 대한 영향을 목록화하고, 이들 결정이 서술된 문서를 가리킨다. 또한 예산과 일정과 같은 관리 산출물뿐만 아니라, 아키텍처와 관련 있는 외부 산출물도 포함될 수도 있다.

12. 비고: 결정 과정 동안에 논의됐던 노트와 문제점을 수집한다.

프로그램을 구축하는 전통적인 자세를 바꾸어보자. 우리 주 작업이 컴퓨터에게 무엇을 하라고 명령을 내리는 것이라고 생각하는 대신에, 그보다는 컴퓨터가 무엇을 하기를 원하는가를 사람에게 설명하는 데 집중하자.

– 도널드 크누스(Donald Knuth)

조언

## 아키텍처 결정 문서화 템플릿 사용하기

**가정**(템플릿 5번): 아키텍트는 자신이 설계를 만들어낼 때 했던 주요 가정을 문서화해야 한다. 보통 가정은 환경이나 필요성에 관한 것이다. 환경에 관한 가정은 아키텍트가 환경 안에서 사용할 수 있다고 가정한 것과 설계 중인 시스템이 사용할 수 있는 것을 문서화한다. 또한 환경 안에서 변하지 않는 것에 관해서도 가정한다. 예를 들어, 내비게이션 시스템 아키텍트는 지구의 지리적 및 자기극의 안정성을 가정할 수 있다. 마지막으로 환경에 관한 가정은 개발 환경에 속할 수 있다. 예를 들어 사용할 수 있는 도구 스윗 또는 개발 팀의 기술 수준 등이다. 필요에 관한 가정은 제공된 설계가 필요로 하는 것을 왜 충족시키는지를 설명한다. 예를 들어 내비게이션 시스템의 소프트웨어 인터페이스는 단일 지역적 참조 틀 안에 위치 정보를 제공한다면, 아키텍트는 그것으로 충분하며, 대안 참조 틀이 유용하지 않다는 것을 가정하는 것이다.

가정은 아키텍처의 유효성에서 중요한 역할을 할 수 있다. 아키텍트가 만들어내는 설계는 이들 가정의 기능이며, 이것을 명확하게 작성하면 설계를 검토해 찾아내는 것보다 이들의 정확성과 적절성을 검토하기가 명확하게 훨씬 더 쉽게 된다.

**대안**(6번): 필수적인 것이 아니라면 각 대안을 제안한 사람의 이름을 명확하게 등록하지 않는다. 설계 문제에 대한 최선의 대안을 찾는 것은 팀의 노력으로 보여야 한다. 해결 방안은 공동 소유권을 갖는다. 김 아무개의 해결 방안이 이 아무개의 것보다 더 좋다는 것은 중요하지 않다.

**논거**(7번): 분석 또는 공식 검토는 주로 근거에 대한 훌륭한 소재가 된다. 그들이 아키텍처를 주도하는 목표와 요구를 조명하고, 이들 제약사항과 이것을 만족시키는 아키텍처 결정 사이의 연결을 제공한다는 점에서 그렇다. 결정을 지원하기 위해 트레이드오프 연구가 수행되거나 결정의 확인하기 위해 분석이 수행된다면, 이들은 여기에서 편리하게 참조될 수 있다.

대안은 보통 적절한 목표나 결정 기준의 목록을 나열하고 각 대안이 이들을 어떻게 잘 해결하는지 보여주는 표를 사용해 문서화된다.

### 6.5.3 대안 문서화

보통 초기 및 주요 아키텍처적인 결정은 사용할 수 있는 대안들 사이에서 선택된다. 표는 각 대안의 찬반을 보여주고 빨리 대조한다. 표 6.1은 제시된 비즈니스 목표를 충족시키기 위해 재무 조직에서 사용할 수 있는 3개의 전략적 옵션을 비교하는 표의 예를 보여준다.

**표 6.1**  대화식 승인 처리의 구현을 위한 대안 분석

| ID | 관심사 | 대안 1<br>시스템 A 재 아키텍팅 | 대안 2<br>시스템 B 확장 | 대안 3<br>시스템 A 대체 |
|---|---|---|---|---|
| N1 | 대화식 신용 신청 승인 기능을 제공한다. | 예 | 예 | 예 |
| N2 | 6개월 안에 인도한다. | 예 | 예 | 아니오 |
| N3 | 향후 기능 향상에 대해 시장 출시를 단축시킨다. | 아니오 | 예 | 예 |
| N4 | 비용을 절감시킨다. | 아니오 | 예 | 아니오 |
| N5 | 위험을 감소시킨다. | 아니오 | 예 | 아니오 |
| N6 | 업무 운영을 혼란시키지 않는다. | 모름 | 모름 | 아니오 |
| N7 | 시스템 품질 | 아니오 | 예 | 모름 |
| N8 | 기존 인프라스트럭처 재사용, 구축 전 구입 | 예 | 예 | 아니오 |
| N9 | 증명된 기술 사용 | 예 | 예 | 아니오 |

### 6.5.4 어떤 결정을 문서화할 것인가?

마찬가지로 여러분이 할 수 있는 일들 중에서 신중하게 선택했다는 것을 제시할 수 없다면 여러분이 하고 있는 것을 알고 있다고 주장하기 어렵다.

– 데이크스트라(E. W. Dijkstra)
 (1972, p. 39–41)

아키텍처를 구성하는 수백 또는 수천 가지 설계 결정 중에서 어떤 것을 문서화해야 할까? 분명히 이들 모두는 아니다. 그것은 단순히 시간을 너무 많이 소비하는 일이며, 많은 결정에 그런 노력을 기울일 필요가 없다. 따라서 문서화를 보장하기에 충분히 중요한 결정이 어느 것인지를 어떻게 선택할까?

목표는 결정을 기록하는 데 소비되는 노력에 대해 긍정적인 투자 수익ROI, Return Of Investment을 받는 것이다. 즉, 나중에 하는 것보다 지금 하는 것이 더 비용이 적게 든다 판단된다면 아키텍처 결정을 문서화해야 한다.

담아낼 가치가 있는 아키텍처 결정을 식별하는 것을 도와주는 몇 가지 가이드라인이 있다.

- 시스템에 중요한 영향을 미친다. 예를 들어, 시스템의 비즈니스 목표 또는 하나 이상의 시스템 품질 속성(성능, 가용성, 변경용이성, 보안 등)에 커다란 영향을 미치는 것이다. 또는 다시 되돌리기 어려운 광범위하게 영향을 미치는 결정이거나, (비싼 제품을 구입하는 것과 같이) 상당히 많은 시간의 소비(또는 절약)하는 결정이라는 것을 의미한다.

- 설계 팀이 옵션을 평가하는 데 상당한 시간과 노력을 들인 후에 내린 결정이다. 예를 들어, 기술적인 실험을 수행하거나 프로토타입 또는 트레이드오프 연구를 구현한 후에 내린 결정이다. 또는 집중적인 그룹 분석을 수행하거나 사용자 기반으로 조사를 수행하거나 또는 몇 가지 종류의 사용자 포럼을 수립했을 수도 있다.

- 결정이 복잡하거나 혼란스럽다. 예를 들어 처음에는 그 결정이 이해되지 않지만, 좀 더 배경을 검토해보면 명확해질 수 있다. 또는 여러 경우에 "왜 그렇게 했지요?"라는 질문을 받거나, 새로운 팀 멤버에게는 해당 문제가 혼란스러울 수 있다.

- 일반적이지 않거나 예상되지 않은 결정은 문서화돼야 한다. 이들은 이러한 해결을 검토해보지 않은 사람들이 실수로 깨뜨릴 수 있기 때문이다.

보통 아키텍처 결정은 더 많은 문제를 만들어낸다. 이러한 문제를 영향으로 문서화해, 새로운 아키텍처 결정에 자동적으로 관심사가 되게 한다.

---

**관점**

**"이것을 하려면 많은 노력이 들겠지만, 함께 찾아보면 방법이 있습니다."**

우리는 수천 개의 결정을 작성하고 자신의 기술적인 추천과 근거를 방어하는 수없이 많은 검토 회의를 수행한 여러 아키텍트와 작업을 했다. 이러한 노력이 충분히 가시적인 결과를 만들어 냈을까? 이들이 투자한 상당히 많은 시간과 리소스를 정당화시켜줄까? 이들 아키텍트가 참조 아키텍처나 패턴, 표준을 개발하는 데 더 많은 시간을 소비하는 것이 더 낫지 않았을까? 이것에 대답하기는 어렵다. 그러나 한 가지 분명한 것이 있다. 아키텍처와 비즈니스 문제를 연계하는 데 엄격하게 집중하고 있다는 것을 보여줌으로써, 파트너와 고객을 '올바른' 해결 방안을 개발하는 길로 따라가게 함으로써, 그리고 그들의 선택의 영향을 명확하게 함으로써, 그들의 비즈니스와 IT 이해당사자가 더욱 강력한 관계를 아키텍트가 구축하는 것을 보았다. 이들 아키텍처 팀이 상아탑에서 살고 있다고 비난하기 어렵다. 이들의 작업은 이들 각자 회사의 전략과 개발, 운영과 잘 통합돼 있다. 이것에 대한 가치는 얼마일까?

때로 우리는 아키텍트로부터 결정을 문서화와 관련된 추가적인 작업에 관한 불평을 듣는다. 이 경우에 아주 사소한 영향을 미치거나 실행가능하지 않은 대안을 갖는 결정을 문서화함으로써 그들이 너무 멀리 갔다는 것을 발견하게 된다. 우리는 결정을 문서화하는 의도를 그들과 다시 반복하면, 담아낸 많은 결정이 별로 관계가 없다는 것을 발견한다. 논의를 끝낸 후에는 보통 아키텍트들이 훨씬 더 행복하게 회의실을 떠나곤 한다.

현대 기업은 특징적으로 수평적인 구조를 가지며, 불명확한 권한 라인을 갖는다. 이런 곳에는 현재 상황에 도전하고, 혁신하고 전력 질주하기 위해 사는 고도로 지적인 사람들이 모인다. 더 이상 직접 명령을 받는 사람이 아주 드물다. 그런 명령을 자발적으로 따르는 사람은 더 드물다. 이러한 환경에서 변화를 주도하는 단 하나의 방법은 매입buy-in을 획득하는 것이다. 아키텍처 결정과 근거는 이러한 목표를 달성하기 위한 필수적인 도구다. 물론, 가장 합리적인 논쟁조차도 개인과 조직의 문제, 관계, 신뢰 등과 같은 인간적인 요인을 고려하지 않는다면 소용없다. 그러나 강한 근거는 성공적인 대화를 위한 최소한의 요구다

   – A.A와 J.T.

### 6.5.5 아키텍처 결정 문서화 보상

프롤로그의 P.2.4절은 아키텍처 문서의 대가를 설명하는 공식을 보여준다.

아키텍처 결정의 문서화는 프롤로그에 제시한 아키텍처 문서화의 비용/편익 공식을 알려주는 것으로 볼 수 있다. 이 공식은 좋은 아키텍처 문서를 생성하는 것에 대한 보상이 그것을 만드는 데 드는 노력을 능가하는지를 결정할 수 있게 한다. 일반적인 아키텍처 문서화와 마찬가지

로, 아키텍처 결정을 문서화하는 것은 이해당사자가 좀 더 효과적으로 그리고 효율적으로 작업을 할 수 있게 하며, 알려진 기술적인 막다른 길에 시간을 낭비하는 것을 피할 수 있게 하며, 내재하는 설계 개념과 제약사항에 일관적인 방식으로 아키텍처를 유지하고 발전하게 하는 것을 도와준다. 이러한 절약이 아키텍트가 "이것이 내가 생각하는 것입니다."라고 말하는 데 소요되는 노력에 대한 보상이다.

또한 아키텍처가 만들어지고 있는 그대로 이 연계를 문서화하도록 아키텍트를 강제함으로써 아키텍처를 문서화하는 것은 아키텍처가 지배적인 비즈니스 및 기술적인 목표와 적절하게 연계된다는 것을 확인할 수 있도록 도와준다. 여기서 만약 문서화하지 않았다면 아키텍트가 실제로 어떤 '작업'을 했는지 알 수 없기 때문에, 아키텍처가 잘못 작업됐다는 것이 발견되면 해야 하는 재작업을 막아주어 절약할 수 있게 된다.

유지보수자와 미래의 아키텍트가 아키텍처 근거의 최우선 소비자이긴 하지만, 이들이 이해당사자만은 아니다. 개발자는 아키텍트의 추론을 읽고서 중요한 통찰력을 얻을 수 있다. 테스터는 아키텍트의 지시와 가정을 확인하기 위한 테스트를 설계할 수 있다. 고객은 문서화된 아키텍처 결정을 검토해 설계가 자신의 비즈니스 목표를 충족시켜 줄 것이라는 것을 확신을 가질 수 있게 된다. 이들을 포함한 이해당사자들은 근거를 읽고 자신의 관심사가 해결됐다는 확신을 가질 수 있다.

여러분이 기대할 수 있는 몇 가지 보상은 다음과 같다.

- 결정의 공식화: 최종 아키텍처 결정이 이루어지면 팀은 그 결과를 공식화해 이것이 적절하게 선택됐다는 것을 나머지 조직이 확신할 수 있도록 하는 것이 필요하다. 아키텍처 결정 템플릿은 결정을 논의하는 데 공통적인 언어를 제공한다. 검토자는 결정의 상태와 근거 및 영향을 쉽게 알 수 있다. 실제로 이것은 상자와 선 다이어그램을 검토하는 것보다 훨씬 강력하다. 따라서 논쟁적인 결정이 초기에 자주 공식화돼야 한다.
- 아키텍트의 외부 기억: 설계 결정의 동기와 배경을 잡아냄으로써 가장 많은 이득을 얻는 이해당사자는 아마도 아키텍트일 것이다.

개발 활동의 혼란 속에서 아키텍트는 자신이 취한 개념적인 경로 뿐만 아니라, 막다른 설계 경로를 반복하지 않는 방법을 기억할 수 있는 몇 가지 방법이 필요하다.

- 위험 전달: 주요 결정을 적절하게 문서화하지 않고서는 아키텍처의 영향을 이해하기 어렵다. 6.4.2절에서 제시된 것과 같은 구조를 사용해 기록한다면 결정은 단지 해결 방안 이상의 더 많은 것을 서술한다. 또한 필수적인 위험과 문제를 의사소통할 수 있다. 팀은 어디에 주목해야 하는지에 대한 정보를 갖는다.

- 과잉된 논의 저지: 문서화된 근거가 없다면 이해당사자는 이미 오래 전에 해결된 결정에 대해 같은 질문을 할 수 있다. 여전히 몇 가지 결정에 대해 의의를 제기할 수도 있지만, 좀 더 정보가 갖추어진 발판에서 그렇게 할 것이다.

- 적시 개발 지원: 각 결정은 하위 작업의 영향으로 인해 변경될 수도 있다는 전제해 별도로 전달될 수 있다. 이들 관계와 위험이 이해된다면 팀은 결정을 사용하기 시작할 수 있다. 이것은 완전히 결정되지 않은 상황에서도 개발을 진행할 수 있도록 한다.

- 의사소통 지원: 근거를 뷰 그래프view graph로 바꿈으로써, 관리나 비즈니스 이해당사자가 주요 아키텍처 결정과 이들의 영향을 이해할 수 있게 된다.

---

**관점**

## 아키텍처 문서화로부터 의사 결정으로서의 아키텍팅까지

릭 페런호스트(Rik Farenhorst)와 함께

이번 절에서 제시되는 것은 아키텍처를 작성하는 방법에 관한 결정 기반 사상적 유파를 반영한 것이다. 지금까지는 아키텍처를 생성하고, 보통 뷰의 집합으로 문서화하는 것이 보통이다. 수집된 근거는 기정 사실 뒤의 추론을 서술하려고 하는 사후 활동이었다.

그러나 아키텍처는 연속적인 결정의 결과로 볼 수 있으며, 각 결정은 컨텍스트와 필요성의 반응으로 합리적으로 이루어진 것이다. 그들은 "우리가 지금 해야 하는 중요한 결정

사항이 있습니다." "어떻게 할 것인지 작성해 봅시다."라고 말했다. 그리고 그들은 도구를 사용해 동시에 둘 다 잡아낸다.

많은 아키텍처 도구는 기본적으로 제공하는 메타 모델을 확장할 수 있게 한다. 애크만과 타이리(2005)는 이러한 도구에 로드될 수 있는 아키텍처 결정을 서술하는 메타 모델을 제공한다. 그림 6.14에서 볼 수 있는 것처럼, 메타 모델은 요구 또는 이해당사자 관심사와 이들 만족하는 아키텍처 결정, 그리고 이들 결정을 구체화하는 아키텍처 자산[architecture asset](시스템, 컴포넌트, 모듈, 인터페이스 등) 사이의 직접적인 연관을 정의한다. 아키텍처 자산은 일반적으로 아키텍처 도구의 기본 메타 모델의 일부며, 따라서 아키텍처 결정과 아키텍처 사이의 앵커 포인트[anchor point]를 제공한다.

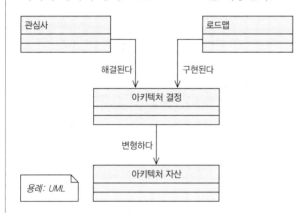

**그림 6.14**
애크만과 티어리의 메타 모델은 아키텍처 결정을 아키텍처 자산과 연관시킨다(Proceedings of the Fifth Working IEEE/IFIP Conference on Software Architecture[November 2005] 애크만과 티어리의 '온톨로지 기반 아키텍처의 위치(Position on Ontology-based Architecture)'에서 가져옴)

이들 메타 모델은 계속해서 각 노드를 상세히 설명한다. '결정' 노드는 6.5.2절에서 제시된 정보 항목들을 정의하기 위해 상세화된다. '관심사'는 필수 기능, 변경 사례, 품질 속성, 위험성 또는 비즈니스 필요성이 될 수 있다.

이제 결과와 뷰를 둘 다 하나의 아키텍처 모델 안에 포함하는 것이 간단해졌다. 선택된 해결 방안은 그것을 만들어낸 근거와 함께 담아낸다. 결정의 근거는 더 이상 2등급이 아니다. 왜와 무엇은 동전의 양면과 같다.

이러한 접근 방법은 '아키텍처 지식[architectural knowledge]' 연구 분야의 성장과 함께 한다. 이들은 이키텍처 설계 결정과 근거, 관련된 지식 개념(아라우호[Araujo]와 웨이스 2002)를 매핑시키는 데 집중한다. 여기서 설명한 접근 방법은 일상적인 실천으로 전환시킨 예다.

－ R.F

## 아키텍처 결정의 온톨로지

RUP$^{Rational\ Unified\ Process}$를 만들어내고 설명하는 책으로 유명한 필립 크루첸은 전 세계에서 가장 경험이 많고 사려 깊은 소프트웨어 아키텍트 중 한 명이다. 일부 아주 능력이 많은 아키텍트는 자신이 알고 있는 것을 결코 공유하지 않는다. 어떤 사람은 항상 공유하지만, 그것을 효과적으로 지원하는 경험이 없다. 오랫동안의 선도적인 경험으로부터 유용하고 통찰력 있게 말하고 책을 쓰는 아키텍트 그룹은 드물다고 생각하며, 이들 중 필립은 가장 선두에 있다. 현재 그의 관심사는 아키텍처 지식을 수집하고 공유하는 것이며, 이 결과 아키텍처 결정의 분류 체계(크루첸 2004, 크루첸과 라고$^{Lago}$, 반 빌렛$^{van\ Vilet}$ 2006)를 만들었으며, 표 6.2에 요약돼 있다.

표 6.2 크루첸의 아키텍처 결정 분류 체계

| 결정의 종류 | 설명 | 예 |
|---|---|---|
| 존재 결정<br>(온토크라세스<br>(ontocrises)) | 존재 결정은 일부 요소/산출물이 긍정적으로 나타날 것이라고 진술한다. 즉, 시스템의 설계 또는 구현에 존재할 것이다.<br>구조적 결정은 어떤 종류이든 아키텍처 요소를 생성한다.<br>행위적 결정은 요소의 상호작용 방법을 결정한다. | • 논리 뷰는 데이터 레이어, 업무 로직 레이어, 사용자 인터페이스 레이드 등 3레이어로 구성된다.<br>• 클래스 사이의 커뮤니케이션은 RMI(remote method invocation)를 사용한다. |
| 금지 또는<br>비존재 결정<br>(안티크리세스<br>(anticrises)) | 이것은 존재 결정의 반대로, 어떤 요소가 설계 또는 구현에 나타나지 않을 것이라고 진술한다. | • 시스템은 관계형 데이터베이스 시스템으로 MySQL을 사용하지 않는다.<br>• 시스템은 ASIEW 프로젝트에서 비행 관리 시스템을 재사용하지 않는다. |
| 속성 결정<br>(다이어크리세스<br>(diacrises)) | 속성 결정은 지속적이고 지배적인 시스템의 특징 또는 품질을 진술한다. 속성 결정은 시스템이 노출하지 않을 특징으로서 (긍정적으로 표현될 때) 설계 규칙이나 지침, 또는 (부정적으로 표현될 때) 설계 제약사항이 될 수 있다. | • 모든 도메인 관련 클래스는 레이어 #2에 정의된다.<br>• 구현에서 라이선스가 폐쇄된 재배포로 제한되는 오픈소스 컴포넌트를 사용하지 않는다. |
| 실행 결정<br>(페리크리세스<br>("pericrises)) | 이들은 설계 요소나 이들의 품질에 직접적으로 관련되지 않지만, 비즈니스 환경(재정적)에 의해 주도되며, 개발 프로세스(방법론적)와 사람(교육 및 훈련), 조직, 그리고 대부분 기술 및 도구 선택에 의해 주도된다. | • 프로세스 결정: 인터페이스(API)를 익스포트한 서브 시스템에서의 모든 변경은 변경 통제 위원회와 아키텍처 팀의 동의를 받아야 한다.<br>• 기술 결정: 시스템은 자바 EE를 사용해 개발해야 한다.<br>• 도구 결정: 시스템은 System Architect Workbench를 사용해 개발해야 한다. |

또한 필립은 아키텍처 결정을 서술하는 개요를 제안했다. 여기에는 6.5.2절에서 설명한 개요에는 포함되지 않은 몇 가지 항목을 서술한다. 유용하다고 생각하면 템플릿에 추가할 수 있다.

- 범위: 어떤 결정은 시간, 조직, 또는 설계 및 구현(이 사이드바 후반부의 재정의하다 관계를 참조한다)에서 제한된 영역을 가질 수 있다. 기본적으로 (범위가 문서화돼 있지 않다면) 결정은 보편적이다. 범위는 시스템의 일부나 라이프사이클 시간 틀, 또는 결정이 적용되는 조직의 일부로 정해질 수 있다.
- 저자, 작성일시, 이력: 결정을 한 사람과 결정이 이루어진 때. 이상적으로는 설계 결정의 변경 이력을 수집한다. 상태 변경 또는 과정이 중요하지만, 특별히 점증적 아키텍처 검토를 할 때는 형식이나 범위의 변경도 중요하다.
- 카테고리: 설계 결정은 하나 이상의 카테고리에 속할 수 있다. 카테고리 목록은 개방적이다. 카테고리는 질의에 유용하며, 특정한 관심사 또는 품질 속성에 관련된 설계 결정을 생성하거나 탐색할 때 유용하다.
- 비용: 어떤 설계 결정은 관련된 비용이 들며, 이것은 대안을 추론할 때 유용하다.
- 위험: 전통적으로 문서화는 노출(영향과 가능성 요인의 결합)되기 때문에 이것이 해당 결정과 관련된 위험이 된다. 보통 문제 도메인에서 불확실성 또는 솔루션 도메인의 새로움, 또는 프로세스와 조직에서 미지의 것에 관련된다. 프로젝트가 위험 관리 도구를 사용한다면 해당 도구에 이것은 적절한 위험으로 단순히 연결시켜야 한다.

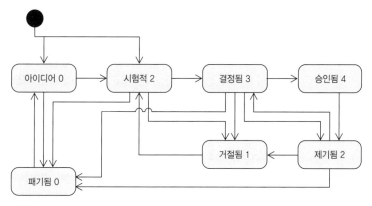

**그림 6.15**
크루첸의 아키텍처 설계 결정 상태 머신(크루첸 2009)

그림 6.15에서 볼 수 있는 바와 같이, 필립은 풍부한 결정 상태 개념을 정의한다.

- 아이디어idea: 단지 아이디어일 뿐이다. 브레인스토밍을 하고, 다른 시스템을 검토하는 등의 작업을 수행할 때 잊지 않기 위해서 수집한다. 아이디어가 아닌 다른 의사 결정을 제한할 수 없다.
- 시험적tentative: 아이디어를 받아들여 '만약에what-if' 시나리오를 실행하는 것을 허용한다.
- 결정됨decided: 아키텍트 또는 아키텍처 팀의 현재 위치. 다른 관련된 결정과 일관성이 있어야 한다.
- 승인됨approved: 검토 후에 또는 위원회(격식을 갖추지 않는 조직에서 결정되는 것과 크게 다르지 않음)에 의해
- 제기됨challenged: 지금은 위험한 이전에 승인되거나 결정된 결정. 격식을 갖추지 않고 승인됨으로 되돌아 갈 수 있지만, 또한 시험적 또는 거절됨으로 강등될 수도 있다.
- 거절됨rejected: 현재 시스템에서 수용되지 않는 결정. 그러나 이러한 결정도 시스템 근거의 일부로 유지해야 한다(다음 목록의 포함하다를 참조한다).
- 폐기됨obsolesced: 거절됨과 유사하지만, (예를 들어 다른 것을 더 선호하기 때문에) 결정이 명확하게 거절되지는 않았지만, (예를 들어 더 높은 수주의 재구조화의 결과로서) 단순히 '미결' 상태가 된다.

마지막으로, 필립Philppe은 결정이 서로 관련될 수 있는 방식을 작업했다.

- 제한하다constrain: '자바 EE를 사용해야 한다'는 결정은 'JBoss를 사용한다' 결정을 제한한다.
- 금하다forbid: 배제하다exclude와 동의어다.
- 활성화하다enable: '자바를 사용한다'는 결정은 '자바 EE를 사용한다'는 결정을 활성화한다.
- 포함하다subsume: '모든 시스템은 자바로 코드를 작성한다'는 'XYZ 서브 시스템은 자바로 코드를 작성한다'를 포함한다.
- 충돌하다conflict with: '.NET을 사용해야 한다'는 '자바 EE를 사용해야 한다'와 충돌한다.
- 재정의하다override: 'Comm 서브 시스템은 C++로 코드를 작성할 것이다'는 '전체 시스템은 자바로 개발된다'를 재정의한다.

- 구성하다<sup>comprise</sup>: 동의어는 만들어지다<sup>is made of</sup>와 분해하다<sup>decompose into</sup>다. '설계는 UNAS를 미들웨어로 사용할 것이다'는 '규칙: Ada 작업을 사용할 수 없다'와 '전달되는 메시지는 UNAS 메시징 서비스를 사용해야 한다'와 '에러 로깅은 UNAS 에러 로깅 서비스를 사용해야 한다' 등으로 분해된다.
- 묶이다<sup>is bound to</sup>: 결정 A가 결정 B를 제한하고, 결정 B는 결정 A를 제한한다.
- 관련되다<sup>is related to</sup>: 두 개의 설계 결정 사이의 일종의 관계가 있지만, 이전에 목록화된 종류가 아니며, 대부분 문서와 및 실례의 목적으로 유지된다.

따라서 아키텍처 결정 템플릿을 채우고 결정 영역이나 현재 상태 또는 관련된 결정을 차지하는 표의 행으로 가서 이 영역 안에서 필립의 카테고리를 참조할 수 있다.
— P.C.

## 6.6 뷰 결합

개별적인 뷰의 집합으로 아키텍처를 문서화하는 기본적인 원칙은 문서화 작업에 나누어서 정복한다는 이점을 가져온다. 그러나 뷰가 결정적으로 다르고 서로 관계가 없다면, 어느 누구도 전체로서 시스템을 이해할 수 없을 것이다.

아키텍처의 모든 뷰는 같은 아키텍처의 일부분이고 공통적인 목적으로 달성하기 위해 존재하기 때문에, 이들 중 많은 것들이 서로 강하게 연관된다. 뷰가 연관되는 방법을 관리하는 것은 아키텍트의 중요한 작업의 일부분이며, 이런 연관을 문서화하는 것은 뷰를 넘어 적용하는 문서화의 중요한 부분이다.

### 6.6.1 뷰 사이의 연관 타입

뷰는 다양한 방식으로 서로 연관된다.

다대일 관계(그림 6.16 참조)에서 하나의 뷰의 여러 요소가 다른 뷰의 하나의 요소와 연관된다. 구현 단위는 주로 런타임 컴포넌트와 연관된다. 연관은 어떤 모듈이 어떤 컴포넌트에 매핑되는지를 명확하게 해야 한다.

**그림 6.16**
다대일 관계. 하나의 뷰의 여러 요소가 다른 뷰의 하나의 요소와 연관된다. 구현 단위는 주로 런타임 컴포넌트와 연관된다. 여기서 볼 수 있는 것처럼, 분할 뷰의 두 개의 모듈은 프로세스–커뮤니케이션 뷰에서 보여주는 하나의 프로세스 안에서 실행되도록 설계됐다

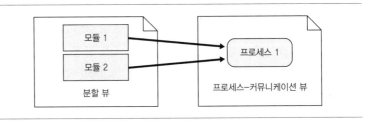

일대다 관계(그림 6.17)에서 한 뷰의 단 하나의 요소가 다른 뷰의 여러 요소에 연관된다. 예를 들어, 장바구니 모듈은 웹 스토어 애플리케이션의 티어 뷰에 있는 여러 컴포넌트와 매핑된다.

**그림 6.17**
일대다 매핑. 하나의 뷰의 단 하나의 요소가 다른 뷰의 여러 요소에 연관된다

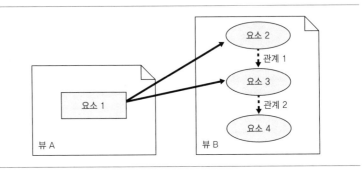

### 6.6.2 결합 뷰

결합 뷰는 두 개 이상의 다른 뷰에서 있는 요소와 관계를 포함하는 뷰다.

때로는 두 개의 뷰 사이에 강한 연관성을 보여주는 가장 편리한 방법은 단 하나의 결합 뷰$^{combined\ view}$로 통합하는 것이다. 결합 뷰는 명목상으로는 결합하는 뷰를 대체하기 때문에 아키텍처 문서에서 뷰의 개수를 줄여준다.

그림 6.16은 여러 모듈이 어떻게 하나의 프로세스에 매핑되는지를 보여준다. 그림 6.18은 이러한 매핑을 결합 뷰를 사용해 문서화되는 방법을 보여준다.

그림 6.17에서 한 뷰의 요소가 두 번째 뷰의 하나의 이상의 요소에 매핑되는 방법을 보여준다. 그림 6.19에서는 복합적인 뷰$^{hybrid\ view}$로서 이것을 표현하는 방법을 보여준다. 예를 들어 요소 2, 3, 4가 C&C 뷰의

컴포넌트고, 요소 1이 컴포넌트 안에서 데이터를 저장하고 가져오는 기
능으로 분할 뷰에 클래스로 설계됐다면, 요소 1을 요소 2와 3에 매핑하
는 것은 이들 요소를 '지속적인 컴포넌트'로 만든다. 결합 뷰는 너무 많은
매핑으로 이들을 중복시키려고 하지 않는다면 아주 유용할 수 있다.

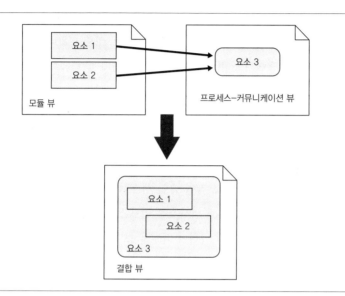

**그림 6.18**
하나의 뷰의 여러 요소는 다른 뷰의 하나의 요소에 매핑될 수 있다. 여기서 모듈 뷰의 요소 1과 요소 2는 프로세스-커뮤니케이션 뷰의 하나의 프로세스(요소 3)에서 실행되도록 설계됐다. 이 결과로 결합 뷰는 모듈 뷰와 프로세스-커뮤니케이션 뷰의 모든 3개의 요소와 이들 연관을 포함하는 것으로 보여준다

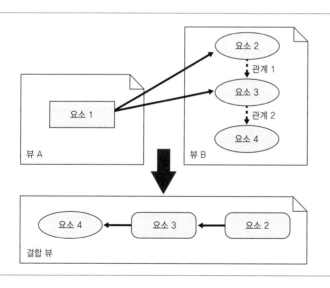

**그림 6.19**
이 예에서 뷰 A의 요소 1을 뷰 B의 요소 2와 3에 매핑하는 것을 새로운 뷰로 표현한다. 이렇게 하려면 뷰 스타일에서 새로운 요소 타입이 정의돼야 한다

결합 뷰를 생성하는 두 가지 방법이 있다.

오버레이는 두 개 이상의 뷰의 기본 프리젠테이션을 결합함으로써 결합된 기본 프리젠테이션의 문서화를 지원하는 뷰다.

- 두 개의 분리된 뷰 안에 있는 정보를 결합하는 오버레이<sup>overlay</sup>를 생성한다. 이것은 두 뷰 사이의 결합성이 밀접하다면 잘 작동한다. 즉, 하나의 뷰의 요소와 다른 뷰의 요소 사이의 밀접한 연관이 있다. 이 경우라면 결합된 뷰로 서술된 구조가 두 뷰를 별도로 보여주는 것보다 더 이해하기 쉬울 것이다. 예를 들어, 그림 6.20의 분할 및 사용 다이어그램의 오버레이를 보자. 오버레이에서 요소와 관계는 이들의 구성 스타일<sup>constituent style</sup>에서 정의된 타입을 유지한다.

합성 스타일은 두 개 이상의 기존 스타일을 결합한 것이다. 합성 스타일은 1부 개요의 I.2절의 스타일 지침 '스타일을 설명하기 위한 표준 구성'에서 설명한 것과 같이 스타일 지침을 사용해 문서화된다. 합성 스타일은 특정한 시스템에 적용될 때 뷰를 생성한다는 점에서 다른 스타일과 같다.

- 두 개의 기존 스타일을 결합하고 어떤 스타일이 결합되는지를 나타내고 새로운 또는 합성 요소와 관계 타입, 이들의 속성과 제약사항을 서술하는 스타일 지침을 생성해 합성 스타일<sup>hybrid style</sup>을 생성한다. 스타일이 중요하고, 작업 중인 시스템 또는 구축하게 될 다른 시스템에서 다양한 분석과 의사소통 컨텍스트에서 사용된다면 이것을 한다. 시스템에 적용된 합성 스타일을 보여주는 뷰는 결합 뷰다.

  합성 스타일에서 구성 스타일의 요소와 관계 타입은 새로운 속성을 갖는 새로운 타입으로 '혼합될' 수 있다. 따라서 합성 스타일은 결과로 생성되는 새로운 요소와 관계 타입의 정의를 필요로 한다. 예를 들어, 합성 스타일이 레이어 스타일과 프로세스-커뮤니케이션 스타일을 결합한다면 새로운 요소 타입을 레이어 프로세스가 될 수 있으며, 이 타입은 합성 스타일의 스타일 지침에 정의돼야 할 필요가 있다.

  유사하게 합성 스타일의 관계 타입은 구성 스타일의 관계 타입과 그들의 연관으로부터 도출된다. 구성 스타일의 모든 관계 타입이 유지될 필요는 없다.

합성 스타일을 생성한다면 1부의 개요의 I.2절에서 설명한 것과 같은 템플릿을 따라서 스타일 지침을 사용해 문서화한다.

같은 시스템 또는 조직에서 개발되는 여러 종류의 시스템에서 시스템이 반복적으로 사용되고, 많은 이해당사자가 그것에 익숙해야 할 필요가 있다면 합성 스타일을 생성하는 것이 좋다.

그러나 보통 단 하나의 단기적인 목적, 예를 들어 분석이나 의사소통을 위해서는 결합 뷰를 생성한다. 이들 단기 목적에 새로운 스타일에 필요한 문서를 생성하는 것은 부담스럽기 때문에 이 경우에는 오버레이가 더 적당하다.

따라서 이제 아키텍트는 다음과 같이 3가지 방법으로 단독 뷰 사이의 연관을 수립할 수 있다.

두 개의 뷰가 서로 연관될 수 있다면 복합 스타일이나 오버레이 또는 연관을 보여주는 문서의 별도 부분이든 해당 연관을 보여줘야 한다.

- 별도 뷰 사이의 매핑을 문서화한다. 뷰 너머 적용하는 문서의 일부로서 이것을 한다.
- 복합 스타일을 생성하고 이 스타일을 사용해 아키텍처 뷰를 만든다.
- 별도 뷰로부터 오버레이를 생성한다.

사실상, 때로는 잘 작동하는 4번째 방법이 있다. 한 뷰의 속성 목록을 두 번째 뷰로부터 중요한 정보를 명시하도록 하는 속성으로 확장시킨다. 예를 들어, 분할 뷰에 각 모듈에 대해 문서화하기 위한 속성으로 '조직 단위'와 '개발 폴더'를 추가할 수 있다. 이들 속성에 값을 채울 때 효과적으로 결합된 모듈 분할, 작업 배정, 그리고 구현 뷰를 갖게 된다. 또는 프로세스-커뮤니케이션 뷰에 '프로세서'와 '설치 파일'이란 이름을 갖는 속성을 추가할 수 있다. 그 결과로 결합된 프로세스-커뮤니케이션/배포/설치 뷰가 생성된다.

마지막으로 5장에 있는 것과 같은 할당 뷰를 일종의 결합 뷰로 생각할 수 있다. 이들 결합하는 뷰 중 하나는 소프트웨어 아키텍처의 뷰가 아니라 외부(런타임 하드웨어, 개발 환경, 또는 조직)의 뷰다.

### 6.6.3 뷰를 결합할 때

여러 뷰를 표현하고, 이들 각 뷰가 적은 수의 개념을 갖도록 하면 명확성의 이점을 갖는다. 반면에 소수의 뷰를 표현하고, 이들 각 뷰가 여러 개념을 처리하도록 하면 비용이 감소된다. 시스템에 사용되는 뷰의 집합은 이들 두 방식 사이의 트레이드오프 결과다.

연관이 명확하고 직접적이며, 결합 뷰가 아주 복잡하지 않으면, 그리고 결합 뷰의 소비자 그룹이 식별되고, 그 그룹이 구성하는 뷰를 사용하는 그룹과 같다면, 별도의 구성하는 뷰 대신에 결합 뷰를 채택하는 것이 합리적이다.

결합 뷰를 고려할 때 구성물constituent 사이의 연관이 명확하고 직접적이게 해야 한다. 그렇지 않으면 아마도 이들 뷰는 그 결과가 복잡하고 혼란스런 뷰이기 때문에 결합될 수 있는 좋은 후보는 아니다. 이 경우에 별도로 연관을 관리하는 것이 더 나을 수가 있다. 이들 별도로 뷰를 유지하지만 뷰를 연관시키는 표를 사용할 수 있다. 표는 구성물 사이의 복잡한 연관을 명확하고 완전하게 하는 공간을 제공한다.

연관이 강해도 개념이 너무 많다면 결합 뷰가 혼란스럽게 된다. 용례와 많은 관계가 모두 기본 프리젠테이션에 표현된다면 이해하기 어렵게 된다. 결합 뷰를 결정하기 전에 스케치를 해서 '엘리베이터 설명 elevator speech' 테스트를 해보는 것이 좋다. 즉, 십여 층을 올라가는 엘리베이터 안에서 뷰를 설명할 수 있는가?

다른 그룹의 작업자들은 다른 타입의 정보를 필요로 한다. 이해당사자의 필요에 반응하는 뷰를 선택해야 한다. 결합 뷰를 결정하기 전에 이 뷰에 대한 이해당사자 '시장'이 있는지를 확인한다.

도구 지원은 뷰의 선택과 숫자에 영향을 미친다. 여러 뷰를 유지하는 비용은 부분적으로 사용할 수 있는 도구의 정교한 기능에 달려 있다. 도구가 하나의 뷰를 변경할 때 다른 뷰에 변경 사항을 반영시킨다면 수작업으로 변경을 관리할 필요가 없어진다. 도구가 정교한 기능을 제공하면 할수록 더 많은 뷰를 지원할 수 있게 된다.

보통 다음 뷰들은 자연스럽게 결합된다.

- 다양한 C&C 뷰: C&C 뷰는 모두 다양한 타입의 컴포넌트와 커넥터 사이에 다양한 타입의 런타임 관계를 보여주기 때문에 잘 결합되는 경향이 있다. 다른 (분리된) C&C 뷰는 시스템의 다른 부분을 보여주거나, 다른 뷰에 있는 컴포넌트의 분할 정제를 보여주는 경향이 있다. 따라서 이들 뷰는 보통 쉽게 결합될 수 있다.

- 배포 뷰와 서비스지향 또는 프로세스-커뮤니케이션 뷰: 서비스지향 뷰는 서비스를 보여주고, 프로세스-커뮤니케이션 뷰는 프로세스를 보여준다. 이 두 경우에서 이들은 프로세서에 배포되는 컴포넌트다. 따라서 이들 뷰 요소 사이에는 연관성이 강하다.

- 배포 뷰와 설치 뷰: 결합 뷰는 설치 파일과 이들이 배포되는 하드웨어 요소가 무엇인지를 보여준다.

- 분할 뷰와 작업 배정, 구현, 사용, 또는 레이어 뷰: 분할 뷰는 작업 단위와 개발, 사용 단위를 형성한다. 그리고 이들은 레이어에 놓인다.

- 일반화와 관점: 두 뷰는 클래스와 객체, 그리고 이들 사이의 관계를 다룬다. 즉, 이들은 강한 연관성을 갖는 두 뷰다.

### 6.6.4 결합 뷰의 예

**분할, 사용 및 일반화**

그림 6.20은 SEI의 ArchE<sup>Architecture Expert</sup> 도구의 소프트웨어 아키텍처의 한 뷰의 기본 프리젠테이션이다. 이 도구는 아키텍트가 3가지 입력 유형, 즉 품질 속성 요구, 설계되는 시스템의 특징, 그리고 이미 있는 설계 조각을 기반으로 시스템의 아키텍처 설계를 생성할 수 있게 한다.

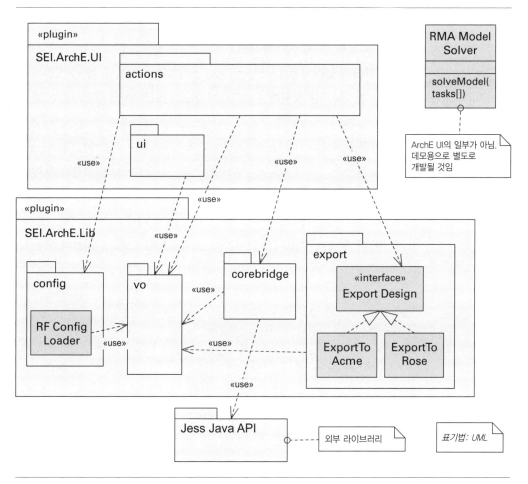

**그림 6.20**
ArchE의 분할–사용–일반화 결합 뷰

내부적으로 ArchE는 시스템의 책임과 이들 사이의 의존성의 표현을 구성한다. ArchE는 품질 속성 모델을 생성하고, 이들을 사용해 성능, 변경용이성, 및 다른 속성을 분석할 수 있는 프레임워크 플러그인을 추론할 수 있는 기능을 장착하고 있다. 입력(품질 속성 분석 및 ArchE가 대화식으로 제기한 질문을 아키텍트가 응답한 결과)을 기반으로 ArchE는 아키텍처 설계를 생성한다.

그림 6.20은 ArchE의 모듈 분할과 사용, 일반화를 보여주는 결합 뷰의 기본 프리젠테이션이다. ArchE는 Jess 규칙 엔진을 사용하는 이클립스 기반 도구다. 〈〈plugin〉〉 스테레오 타입은 포함된 모듈이 이클립스 플러그인으로 패키징된다는 것을 나타낸다.

### 티어 클라이언트–서버와 배포

티어의 사용은 4.6.2절에서 설명한다. 배포 스타일은 5.2절에서 설명한다.

4장에서 클라이언트–서버는 C&C 스타일로 설명했다. 각 티어 안에 있는 컴포넌트를 지원하는 하드웨어 인프라스트럭처에 할당하는 여러 대안이 있다. 네트워크 토폴로지와 소프트웨어의 배포 구조는 가용성과 산출량(머신의 복제 및 클러스터링에 의해 향상됨), 성능(다른 머신에 있는 컴포넌트는 상호작용을 하기 위해서는 원격 호출이 필요함)과 같은 여러 가지 품질 속성에 영향을 받는다.

그림 6.21과 6.22는 은행 애플리케이션의 다중 티어 클라이언트–서버 뷰와 배포 뷰를 각각 보여준다. 그림 6.23은 결합 뷰를 보여준다.

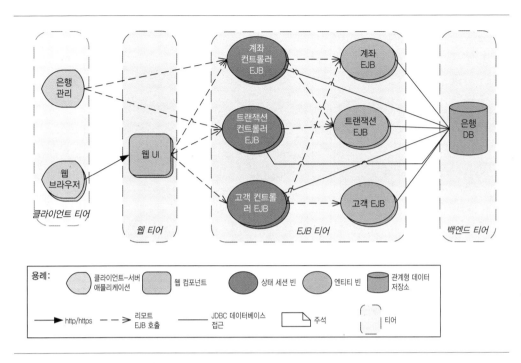

**그림 6.21**
듀크의 은행 애플리케이션 다중 티어 클라이언트–서버 뷰

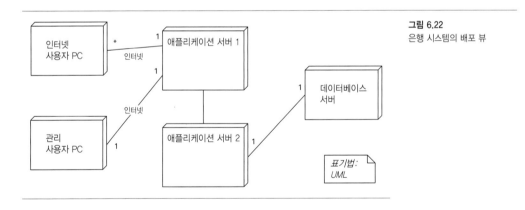

**그림 6.22**
은행 시스템의 배포 뷰

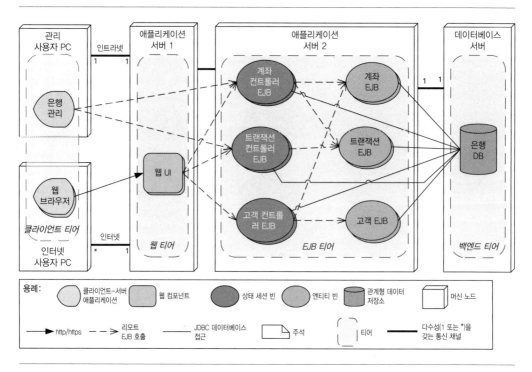

**그림 6.23**
결합된 다중 티어 클라이언트–서버 배포 뷰

## 6.7  요약 체크리스트

- 정제, 즉 좀 더 상세한 정보의 점진적인 노출은 덩어리로 나누는 메커니즘이다. 분할 정제는 내부 구조를 드러낸다. 구현 정제는 요소를 다른 요소로 대체해 실제 실현과 더 가까운 다른 요소 관계 타입을 보여준다.
- 문서화는 모든 요소와 관계를 보여줄 수도 있고 그렇지 않을 수도 있다. 일부 요소와 관계가 표현되지 않을 때 뷰 문서화는 모든 것을 표현하지 않았다는 것을 독자들에게 명확하게 해야 한다.
- 컨텍스트 다이어그램은 고려 중인 시스템과 시스템이 상호작용하는 외부 실체의 내부와 외부에 무엇이 있는지를 보여준다.
- 아키텍처 문서는 단 하나의 최상위 수준 컨텍스트 다이어그램을 갖

지 않는다. 그보다는 각 뷰에 하나씩 갖는다. 각 다이어그램은 해당 뷰의 용어로 환경과의 상호작용을 보여준다. 모두 무엇이 들어오고, 무엇이 나가는지를 보여준다.

- 어떤 요소와 관계가 가변 메커니즘으로 설계되는지, 그리고 이들 메커니즘이 어떻게 실행되는지를 서술함으로써 가변점을 문서화한다. 가변점이 발생하는 곳에 문서화한다. 그러나 가변성 지침에 이들을 설명한다.

- 뷰가 서로 어떻게 연관되는지를 보여주는 것은 아키텍처에 대한 유용한 통찰력을 산출한다. 이것을 하는 하나의 방법은 하나의 뷰에 있는 요소가 다른 뷰에 있는 요소와 어떻게 연관되는지를 표로 목록화하는 것이다. 다른 방법은 두 개 이상의 스타일을 결합한 복합 스타일로 뷰를 생성하는 것이다.

- 높은 대응성을 갖는 뷰는 매핑의 좋은 후보가 되며, 서로를 보완하는 뷰는 결합의 좋은 후보다.

## 6.8 생각해볼 문제

1. 사용자가 웹 브라우저에서 파일을 다운로드한다. 다운로드하기 전에 브라우저는 해당 파일의 타입을 처리하는 플러그인을 가져온다. 이것이 동적 아키텍처의 예인가? 이것을 어떻게 문서화할 것인가?

2. 레이어 시스템에서 레이어 사이의 커뮤니케이션이 이벤트 신호를 보냄으로써 수행된다고 하자. 이벤트 신호를 보내는 것이 레이어 스타일의 관심사인가? 아니라면 이 시스템을 어떻게 문서화할 것인가?

3. 클라이언트-서버 형식으로 여러 컴포넌트가 접근하는 중앙 데이터베이스를 갖는 공유 데이터 시스템을 고려해보자. 이 시스템의 두 스타일의 본질을 문서화하는 방법에는 무엇이 있는가? 어떤 선택을 할 것인가? 그 이유는?

4. 브릿징 요소는 두 개의 별도의 뷰에 나타날 수 있는 것이다. 두 뷰가 요소의 인터페이스와 행위를 문서화할 공간이 있을 것이다. 두 장소에 정보를 문서화하기를 원하지 않는다고 가정하면, 해당 정보

를 어디에 기록할지를 어떻게 결정할 것인가? 브릿징 요소가 하나의 스타일에서 하나의 역할과 다른 스타일에서 하나의 역할을 하는 커넥터라고 하자. 이 정보를 어디에 기록할 것인가?

5. 가상적인 시스템에 대한 최상위 수준 컨텍스트 다이어그램을 스케치한다. 이때 다음과 같은 뷰가 나타나도록 하며, 각각의 경우에 뷰가 해당 시스템에 적설하다고 가정한다. (a) 사용 (b) 레이어 (c) 서비스지향 (d) 클라이언트-서버 (e) 배포

## 6.9   더 읽을거리

문제 프레임problem frame에 관한 미카엘 잭슨의 책(잭슨, 2001)은 여러 문제 프레임을 결합하는 것에 관한 설명이 있다. 이 용어를 아키텍처 솔루션 영역solution space이라기보다는 문제 영역problem space이라는 용어로 바꿀 수 있지만, 많은 아이디어는 계속 이어진다.

강력한 연구 커뮤니티가 아키텍처 지식의 수집과 사용, 아키텍처 결정의 일반화에 관심을 갖는다. SHARKSharing and Reusing Architectural Knowledge 워크샵 시리즈는 좀 더 배울 수 있는 좋은 곳이다. 온라인 검색으로 현재 제공하고 있는 것과 과거의 결과를 알 수 있다(더 부르de Boer와 페런호스트, 2008). 아키텍처 지식을 수집하는 분야에서의 중요한 연구 프로젝트는 암스테르담의 VU 대학의 GRIFFIN 프로젝트(riffin.cs.vu.nl)다.

6.5절의 아키텍처 결정을 문서화하는 템플릿의 항목은 IBM의 'e_Business Reference Architecture Framework(퍼리Flurry와 비크네어Vicknair, 2001)' 문서를 기반으로 하며, 여기에서 아키텍처 결정은 주요 산출물로서 REMAP과 DRL 메타 모델(애크만과 티어리, 2005)에서 가져온 것이다. 또한 템플릿은 소프트웨어 아키텍처 설계의 온톨로지에 관한 크루첸의 작업(크루첸, 2009)을 활용했다. 또 다른 온톨로지는 고미야Komiya(1994)에 의해 제공됐다. 둘 다 살펴볼 가치가 있다.

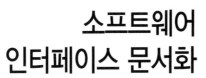

# 소프트웨어 인터페이스 문서화

이번 장에서는 인터페이스의 문서화에 관한 다음 사항을 살펴본다.

- 표준 구성
- 이해당사자
- 구문 정보 전달
- 의미론 정보 전달
- 인터페이스 문서화 사례

## 7.1 개요

지금까지 우리는 다양한 뷰를 사용해 아키텍처 요소와 관계를 문서화하는 것을 강조했다. 명시적이라기보다는 암시적으로, 물론 이들 모든 요소가 인터페이스를 가지며, 인터페이스를 통해서 서로 상호작용할 수 있다고 말했다. 인터페이스는 비할 데 없이 아키텍처적이다. 인터페이스 없이 분석이나 시스템 구축(아키텍처로 우리가 하기 원하는 행위)을 수행할 수 없기 때문이다. 그러므로 뷰를 문서화하는 중요한 부분은 그 뷰에 나타나는 요소의 인터페이스를 문서화하는 것을 포함한다.

인터페이스는 두 요소가 만나고 서로 상호작용 또는 의사소통하는 경계다.

　1장과 2장에서 논의한 것처럼, 모듈은 명확하게 인터페이스를 갖는다. 3장에서 우리가 말했던 것처럼, 컴포넌트도 인터페이스를 갖지만, 이것을 보통 포트라고 부른다. 이번 장에서 우리는 모듈 인터페이스와 컴포넌트 인터페이스를 구별하지 않는다. 이들을 문서화하는 방식은 같다.

인터페이스 문서는 다른 실체가 상호작용하거나 커뮤니케이션 하기 위해 요소에 관해 공개적으로 알게 하기 위해 아키텍트가 선택한 것의 명세다.

요소의 액터는 요소가 상호작용 하는 다른 요소, 사용자 또는 시스템이다.

요소의 인터페이스를 서술하는 것은 다른 요소가 이 요소를 사용할 때 의존할 수 있는 것에 관해 진술한다는 것을 의미한다. 인터페이스를 설계한다는 것은 어떤 서비스와 속성이 외부적으로 가시적이어야 하며, 어떤 것이 아니어야 하는지를 결정하는 것(그리고 인터페이스 문서로 문서화하는 것)을 의미한다. 외부적으로 가시적인 것은 요소가 그의 의무를 충족시킬 것이라는 것을 사용자에게 하는 계약과 약속이 된다. 반대로 이것은 계약을 위반하지 않는 요소의 모든 구현이 유효한 것이라는 것을 의미한다.

인터페이스의 리소스는 함수, 메소드, 데이터 스트림, 전역 변수, 메시지 엔드포인트, 이벤트 트리거, 또는 해당 인터페이스 안에서 접근할 수 있는 어떤 기능을 표현한다.

요소는 액터$^{actor}$에 의해 사용된다. 액터는 문서화된 시스템의 내, 외부에 있는 다른 요소로, 인터페이스를 통해서 요소와 상호작용한다. 이들 상호작용은 함수나 메소드 호출, 웹 서비스 요청, 원격 프로시저 호출, 데이터 스트림, 공유 메모리와 메시지 전달과 같은 다양한 형식을 취한다. 대부분은 제어 및 데이터의 전송을 포함한다. 이들 요소와의 상호작용점$^{point of interaction}$을 리소스$^{resource}$라고 한다. 따라서 인터페이스는 액터가 소비하기 위해 사용할 수 있는 하나 이상의 리소스로 구성된다. 따라서 해당 인터페이스를 제공하는 요소가 클래스라면, 일반적으로 리소스는 메소드가 된다.

상호작용은 기능성과 상태 변경을 넘어서 확장한다. 예를 들어, 요소 A가 요소 B를 호출한다면, B가 A로 제어를 되돌려주기 전에 걸린 시간은 B의 인터페이스의 일부가 된다. 이 시간이 A의 행위에 영향을 미치기 때문이다.

인터페이스에 관한 몇 가지 원칙을 수립해보자.

- 모든 요소는 인터페이스를 갖는다: 뷰에 서술된 모든 소프트웨어 요소는 자신의 환경과 상호작용한다. 아키텍트는 요소의 인터페이스의 어떤 면을 문서화해야 할 필요가 있을지를 결정한다.
- 요소의 인터페이스는 구현과 분리된다: 이 원칙은 같은 인터페이

스를 제공하는 요소의 (플랫폼 특정한 구현과 같은) 여러 구현을 원할 때 특히 유용하다.

- 요소는 여러 인터페이스를 가질 수 있다: 각 인터페이스는 관련된 논리적인 목적을 갖는 리소스의 분리된 컬렉션을 포함하거나, 요소가 채울 수 있는 역할을 표현한다. 그리고 각 컬렉션은 다른 타입의 액터에게 서비스를 제공한다. 여러 인터페이스는 관심의 분리를 제공한다. 특정한 액터는 제공되는 리소스의 서브 집합만 요구할 수도 있다. 요소가 여러 인터페이스를 제공한다면 이 리소스의 서브 집합은 인터페이스 중 하나에 의해 제공돼야 한다. 바꾸어 말하면, 요소의 공급자는 액터에게 읽기와 쓰기와 같은 다른 접근 권한을 제공해 리소스 충돌을 피하거나 보안 정책을 구현할 수 있게 하기를 원할 수도 있다.

또한 여러 인터페이스는 공개적으로 사용하거나 대규모 액터가 사용하는 요소의 발전을 지원할 수 있다. 요소의 인터페이스가 변경된다고 할지라도, 이전 버전을 사용하는 모든 것을 수정하는 것이 타당하지 않을 수도 있다. 따라서 이전 인터페이스를 유지하고 새로운 인터페이스를 추가함으로써 발전을 지원할 수 있다.

- 요소는 인터페이스를 제공할 뿐만 아니라 인터페이스를 필요로 한다: 요소는 리소스를 사용함으로써 또는 환경이 일정한 방식으로 행위한다고 가정함으로써 자신의 환경과 상호작용한다. 이러한 필수 리소스가 없다면 요소는 정확하게 기능을 수행할 수 없게 된다. 예를 들어, 요소가 인터넷 연결을 필요로 한다고 하자. 이 경우에 인터넷 연결이 돼 있는 경우에만 제공하는 일정할 리소스를 액터가 사용할 수 있다고 요소에 명시해야 한다. 그렇지 않으면 일부 에러 표시가 전달될 것이다.

이 장의 용어 설명 '제공 인터페이스 대 필수 인터페이스'를 참조한다.

- 여러 액터는 동시에 같은 인터페이스를 통해 요소와 상호작용할 수 있다: 일부 요소는 동기화와 다중 스레딩 문제로 인해 여러 동시 상호작용을 허용하지 않는다. 이들 제약은 특정한 인터페이스를 통해

서 동시에 상호작용할 수 있는 액터의 개수를 명시함으로써 명확하게 할 수 있다.

- 인터페이스는 일반화로 확장될 수 있다: 많은 경우에 여러분이 설계하고 있는 여러 인터페이스가 공통적인 리소스 집합을 포함할 것이다. 이들 리소스는 분리된 인터페이스에 놓여질 수 있으며, 일반화 관계를 사용해 자식 인터페이스가 공통 리로스를 포함(그리고 확장)한다는 것을 나타낸다. 여러 인터페이스에 의해 일반적으로 공유되는 리소스의 예에는 다음이 포함된다.

  - 초기화 오퍼레이션
  - 예외 조건의 집합. 예: 초기화 오퍼레이션 호출의 실패
  - 예외 처리의 표준 방식. 예: 이름을 갖는 예외 핸들러 호출
  - 의미론적 표준 명령. 예: 저장된 정보의 지속성

- 때로는 아키텍처에서 인터페이스 타입과 인터페이스 인스턴스를 구별하는 것이 유용하다: 일부 컴포넌트는 같은 인터페이스의 여러 인스턴스를 제공할 수 있다. 옵저버 디자인 패턴에서 옵저버인 컴포넌트를 예로 들어보자. 이 컴포넌트는 옵저버[observer] 대상 컴포넌트가 변경 통지를 보낼 때 호출되는 오퍼레이션을 갖는 인터페이스를 제공한다. 컴포넌트가 다른 옵저버 대상 컴포넌트의 옵저버라면, 옵저버 인터페이스 타입의 여러 인스턴스를 사용해 아키텍처에 그것을 표현하는 것이 유용할 수 있다.

---

### 용어 설명

### 제공 인터페이스 대 필수 인터페이스

아키텍처 요소는 하나 이상의 인터페이스를 통해서 다른 요소에게 서비스를 제공한다. 이러한 요소와 인터페이스의 개념은 소프트웨어 엔지니어링의 지속성인 근저 개념 중 하나다. 그러나 아키텍처 요소는 정확하게 기능을 하기 위해서는 다른 요소의 특정한 서비스를 필요로 할 수 있으며, 보통은 그렇다. 이러한 필요성을 수집하기 위해서 아키텍트는 필수 인터페이스[required interface]를

문서화할 수 있다.

아키텍처 요소가 필요로 하는 것에 관해 문서화할 필요가 있는 정보는 요소가 제공하는 것을 문서화해야만 하는 것과 동일하다. 리소스와 구문, 의미론, 에러 처리 행위, 품질 속성 특징, 그리고 이들이 제공하는 가변점이다. 간단히 말해서 조금 뒤에 제시되는 그림 7.5의 템플릿을 사용해, 요소가 제공하는 인터페이스와 요소가 요구하는 인터페이스를 (별도로) 문서화할 수 있다. 요소가 왜 그것이 필요한지에 대한 의사 결정 과정을 기록하기 위해 근거와 설계 문제에 관련된 항목도 채울 수 있다.

또 다른 요소가 여러분이 필요로 하는 리소스 만, 또는 적어도 이들을 성공적으로 사용할 수 있기 위해서 여러분이 필요한 것과 충분히 밀접한 리소스를 제공한다고 하자. 그때 여러분의 요소의 필수 인터페이스를 문서화해야 할까? 아마도 아닐 것이다. 그 대신, 다른 요소의 제공 인터페이스<sup>provided interface</sup>를 참조하고 꼭 집어서 "나는 이것이 필요합니다."라고 말하는 것을 선택할 수 있다.

그러나 여러분의 요소가 필요한 리소스를 어떤 다른 요소가 제공하지 않는다고 하자. 아마도 하나가 있지만, 이것의 설계자가 여러분과 함께 하지 못한다. 이 경우에 여러분은 요소의 필수 인터페이스를 문서화하는 것이 훨씬 더 합리적이다. 일단 인터페이스를 제공하는 요소가 설계됐다면, 필수 인터페이스 문서화는 새로운 요소의 제공 인터페이스 문서화가 될 수도 있다. 제공하는 요소가 존재하지만, 이 인터페이스가 시간이 지나면서 실직적으로 변경될 것이라고 생각하거나, 또는 요소 그 자체가 사용할 수 없게 될 것이라고 생각한다면, 필수 인터페이스를 문서화하는 것이 또한 합리적이다. 그다음에 이것은 다른 요소의 제공 인터페이스의 발전을 가이드하고 제약하거나, 또는 잠정적인 대체 요소를 구입하고 품질을 평가하는 데 사용될 수 있다. 또한 요소의 필수 인터페이스를 문서화하는 것은 요소의 재사용성을 훨씬 더 판

필수 인터페이스와 제공 인터페이스를 문서화할 때 같은 템플릿을 사용할 수 있다.

필수 인터페이스의 문서화는 일단 인터페이스를 제공하는 요소가 설계되거나 구현된다면 제공 인터페이스의 문서화가 될 수도 있다.

단하기 쉽게 한다. 여러분이 찾기를 기대하는 어떤 리소스가 새
로운 환경으로 이동될 수 있는지를 즉시 알 수 있기 때문이다.

　　모든 아키텍처 문서화와 같이 필수 인터페이스는 작업을 수행
하는 데 필요한 특수성 정도에 따라서 문서화될 수 있다. 여러분
은 일부 리소스를 스케치만 하고, 제공하는 요소의 설계사가 상
세한 부분을 채워줄 것으로 믿고 여러분의 요소를 적합하게 할
수 있다.

　　(예를 들어 UML의 소켓-막대사탕 표기법을 사용해) 필수 및 제공
인터페이스를 연결하는 것은 시스템을 빌드할 때 모든 요소가 정
확하게 작업하는 데 필요한 것이라는 확신을 줄 수 있다. UML에
서 소켓-막대사탕 쌍은 인터페이스가 '호환'된다는 것을 상징하
며, 적어도 제공 인터페이스가 요구 인터페이스에 명시된 오퍼레
이션과 시그널의 슈퍼 집합$^{superset}$을 지원한다는 것을 의미한다.
이것은 요청하는 요소가 제공자의 인터페이스에 있는 모든 리소
스 또는 단지 하나 또는 둘만 사용하는지 여부를 말해주지는 않
는다.

## 7.2　인터페이스 문서화

요소가 자신의 환경과 갖는 상호작용의 모든 면으로 인터페이스가 구
성되지만, 인터페이스에 무엇을 노출시킬지(즉, 인터페이스 문서에 무엇
을 문서화할지)를 결정하는 것은 좀 더 제한된다. 가능한 상호작용의 모
든 면을 작성하는 것은 비현실적이며 거의 결코 바람직하지 않다. 그보
다는 인터페이스의 사용자가 상호작용을 하기 위해서는 알아야 할 필
요가 있는 것만을 노출해야 한다. 다른 말로 말하면, 사람들이 요소에
관해 가정하기에 허용할 수 있고 적절한 정보를 선택해야 한다.

　　인터페이스 문서화는 다른 개발자가 다른 요소와 결합해 그것을 사
용하기 위해서 인터페이스에 대해 알아야 할 필요가 있는 것을 말해준

다. 개발자는 요소를 구현하는 방법에 관한 아키팩트지만, 인터페이스 문서에는 없는 요소 속성을 살펴볼 수도 있다는 점에 주목한다. 이들은 인터페이스 문서에 없기 때문에 변경될 가능성이 있으며, 개발자는 위험 부담을 감수하고 사용해야 한다.

또한 다른 사람들은 인터페이스에 대한 다른 종류의 정보를 알 필요가 있다는 것을 인식해야 한다. 따라서 다른 인터페이스의 이해당사자를 수용하기 위해 인터페이스 문서에 구별된 부분을 제공해야만 한다.

10.1절에서 뷰의 문서화 템플릿을 제공하며, 이 템플릿에는 요소 인터페이스를 문서화하기 위해 확보된 절이 있다.

인터페이스는 뷰의 일부로서 문서화된다. 어떤 인터페이스가 하나 이상의 뷰에 나타나면 인터페이스 문서화를 기록할 뷰를 하나 선택하고, 다른 뷰에는 그것을 참조하도록 한다. 또는 인터페이스 문서화를 별도로 패키징하고 모든 뷰가 그것을 가리키도록 할 수도 있다.

때로는 다른 뷰의 인터페이스가 직접 대응하지만 정확히 같지는 않을 수도 있다. 예를 들어, 모듈 뷰에 있는 모듈의 인터페이스는 보통 컴포넌트-커넥터[C&C] 뷰 안에 있는 컴포넌트의 인터페이스에 직접적으로 대응한다. 많은 경우에 있어서 모듈과 컴포넌트 인터페이스는 동일하며, 이들을 양쪽에서 문서화한 것은 불필요한 중복을 만들어낼 것이다. 이 경우에는 문서화가 좀 더 유용하고 다른 뷰가 참조할 수 있는 뷰에 인터페이스를 문서화해야 한다. 예를 들어, 리소스로서 프로시저 호출을 제공하는 프로그램적인 인터페이스는 구현자에게 가장 유용할 것이며, 이들은 아마도 모듈 뷰에서 문서화를 찾게 될 것이다. 반대로 비동기 메시징을 사용하는 시스템에서 메시지 엔드포인트에 대응하는 인터페이스는 런타임 상호작용과 큐 용량, 그리고 전체 산출량을 서술하는 C&C 뷰 안에 두는 것이 아마도 좀 더 적절할 듯하다.

모듈과 C&C 인터페이스가 서로를 매핑되지만 동일하지는 않은 경우도 있다. 예를 들어, 서비스지향 아키텍처[SOA] 시스템의 모듈 뷰는 5개의 다른 오퍼레이션을 갖는 인터페이스를 제공하는 자바 클래스를 보여줄 수 있다. 이들 오퍼레이션 중에서 2개는 같은 시스템의 C&C SOA 뷰에 표현되는 SOAP 웹 서비스의 인터페이스와 대응된다. 다른 3개의 오퍼레이션은 C&C SOA 뷰에 있는 다른 컴포넌트가 제공하는

REST 웹 서비스의 인터페이스에 대응된다. 각각의 두 웹 서비스 인터페이스는 모듈 인터페이스의 일부분에만 대응된다. 이와 함께 웹 서비스 인터페이스는 모듈 뷰에는 적절하지 않은 (가용성이나 응답 시간과 같은) 속성을 노출할 수도 있다. 모듈 구현 언어(Java)를 웹 서비스 인터페이스 언어(XML)로 번역해야 하기 때문에 리소스와 데이터 타입의 구문도 다르다. 이와 같은 경우에 여러분은 인터페이스를 별도로 문서화해야 하지만, 또한 이들 사이의 매핑도 기록해야 한다.

10.2.1절에서는 뷰 사이의 매핑을 분서화하는 방법을 설명하며, 다른 뷰의 인터페이스 사이를 매핑하는 방법도 포함한다.

**조언**

### 인터페이스 문서화 지침

- 요소가 구현되는 방법이 아니라, 자신의 환경과 상호작용하는 방법에 집중한다. 외부적으로 가시적인 영향을 미치는 것으로 문서화를 제한한다.

- 인터페이스 사용자가 알아야 할 필요가 있는 것만 노출시킨다. 문서에 정보를 포함시키는 것은 정보가 신뢰할 수 있고 안정적이라는 것을 암시적으로 가정하는 것이다. 정보가 노출되면 다른 요소는 이것에 의존할 수 있으며, 이것을 변경시키는 것은 좀 더 광범위한 영향을 미치게 된다.

이 장의 용어 설명 '시그니처, 인터페이스, API'를 참조한다.

- 누가 인터페이스 문서를 사용할 것인지, 이들이 어떤 타입의 정보를 필요로 하는지를 명심한다. 필요한 것 이상으로 문서화하지 말라. 예를 들어, 상업용으로 사용할 수 있는 API의 일부인 인터페이스에 필요한 것보다는, 같은 팀에 있는 다른 개발자만 사용하는 모듈의 인터페이스의 문서화는 아마도 덜 상세하게 해도 좋을 것이다. 이번 장에서는 '최대' 접근 방법, 즉 완전하게 문서화된 인터페이스를 제시한다. 인터페이스의 중요성에 따라서 정보의 양과 인터페이스 문서화에 소비하는 노력을 감소시켜야 한다.

- 어떤 인터페이스가 여러 뷰에 나타날 때 하나의 뷰 안에 문서

화하고 다른 뷰에서 참조하도록 하거나, 인터페이스를 별도로
문서화하고 모든 뷰가 이 인터페이스 문서화를 가리키도록
한다.

- 모듈의 인터페이스와 C&C 뷰의 동일한 대응은 문서화가 이
  해당사자에게 좀 더 유용한 뷰에만 광범위하게 문서화돼야
  한다. 다른 뷰의 인터페이스가 서로 매핑되지만 동일하지 않
  을 때는 이들을 별도롤 문서화하고, 이와 함께 매핑도 문서화
  해야 한다.

- 할 수 있는 한 특정하고 자세하게 하며, 다양한 집단이 다르게
  해석할 수 있는 인터페이스 문서화는 문제와 혼란을 야기시
  킬 가능성이 있다는 것을 기억한다.

인터페이스는 자신의 정체성을 가질 수도 있고 그렇지 않을 수도 있
다. 가장 간단한 상황에서 요소 A가 다른 요소가 제공하지 않는 단일
인터페이스를 제공한다. 이 인터페이스는 암시적으로 요소 A와 연관되
며, 이름은 필요하지 않다(이것은 A의 인터페이스다). A의 인터페이스를
문서화하는 것은 요소를 문서화하는 것의 일부다. 다른 상황에서 요소
는 두 개 이상의 다른 인터페이스를 제공한다. 이때는 아마도 예를 들
어 I1 또는 I2와 같은 인터페이스를 식별하고 이들을 별도로 문서화하
는 것이 바람직할 것이다. 또한 하나의 인터페이스를 두 개 이상의 요
소가 제공하는 상황도 있을 수 있다. 이 경우에 요소가 참조할 수 있도
록 인터페이스는 정체성을 가질 수 있으며, 인터페이스는 요소와는 독
립적으로 문서화돼야만 한다.

모든 아키텍처 문서화에서처럼, 인터페이스 문서화에 전달되는 정보
의 양은 인터페이스의 중요성과 문서화하게 갱신되는 설계 프로세스에
서의 단계에 따라서 다양하다.

- 설계 프로세스 초기에 인터페이스는 거의 명세되지 않을 수도 있
  다. 예를 들어, 주문 추적 모듈은 주문의 위치를 찾는 오퍼레이션을
  제공한다.

- 나중에 요소의 책임이 안정적일 때, 인터페이스 문서화는 좀 더 완전히 상세하게 된다. 예를 들어, 주문 추적 모듈은 locateOrder(orderId) 메소드를 의미론에 관한 일부 서술과 함께 제공한다.
- 이후 어느 시점에서는 메소드의 최종 구문, 즉 OrderBeanlocate OrderById(long orderId)로 인터페이스 문서화를 정제할 수 있다.

### 7.2.1 다이어그램에 인터페이스의 존재 보여주기

인터페이스의 존재는 아키텍처에서 사용할 수 있는 대부분의 표기법을 사용해 기본 프리젠테이션에 보여줄 수 있다. 그림 7.1은 비형식적 표기법을 사용한 예를 보여준다.

**그림 7.1**
인터페이스의 그래픽 표기법은 일반적으로 요소의 아이콘 경계에 기호를 보여준다. 인터페이스 기호를 연결하는 선은 연결된 요소 사이에 인터페이스가 존재하는 것을 나타낸다. 이와 같은 그래픽 표기법은 인터페이스의 정의가 아니라 존재만 보여준다. (a) 여러 인터페이스를 갖는 요소. 단일 인터페이스를 갖는 요소에 대해서는 보통 인터페이스 기호를 생략한다. (b) 하나의 인터페이스에 여러 액터가 있는 경우. 내부 클라이언트와 외부 클라이언트는 둘 다 같은 인터페이스를 통해서 트랜잭션 관리자와 상호작용한다. 이 인터페이스는 트랜잭션 관리자가 제공하며, 내부 클라이언트와 외부 클라이언트에 필요하다

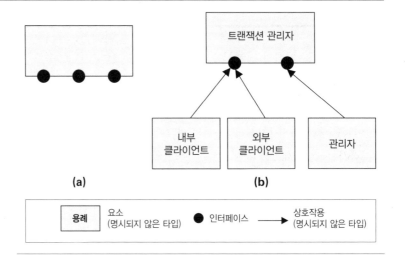

인터페이스에 명시적인 기호를 사용하지 않고도 존재를 암시할 수 있다. 요소 A에서 B로 가는 관계가 있으며, 관계 타입이 상호작용[1]과 관련돼 있다면, 이것은 요소 B의 인터페이스를 통해서 상호작용이 발생한다는 것을 의미한다.

그림 7.2는 UML로 인터페이스를 표현하는 방법을 보여준다. 제공

---

1  상호작용을 포함하지 않는 관계의 예로는 서브 클래스다(is a subclass of)와 분할(decomposition)이 있다.

인터페이스는 막대사탕으로 표현되고, 소켓 기호는 필수 인터페이스에 사용된다(그림 7.2(a)). 이것이 인터페이스의 존재를 보여주지만, 막대사탕 기호는 인터페이스 정의에 대해서는 거의 노출하지 않는다. UML 인터페이스는 클래스, 컴포넌트, 패키지에 연결될 수 있다.

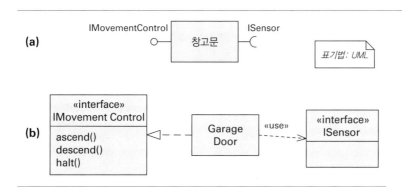

**그림 7.2**
UML은 막대사탕을 사용해 제공 인터페이스를 표현하며, 제공 인터페이스는 클래스와 컴포넌트, 패키지에 붙일 수 있다. 필수 인터페이스는 소켓 기호로 표현되며, 또한 클래스와 다른 타입의 요소에 붙일 수 있다. 또한 UML은 스테레오 타입을 갖는 클래스 기호로 인터페이스를 표현할 수 있다. 닫혀진 비어 있는 화살표를 갖는 점선은 요소가 인터페이스를 실현한다는 것을 보여준다. 클래스 기호의 오퍼레이션 부분은 인터페이스의 시그니처 정보, 즉 메소드 이름과 인수, 인수 타입 등을 보여줄 수 있다. 따라서 (a)에 있는 다이어그램은 이 그림의 (b)와 동일하다

때로는 연관된 요소를 함께든 아니든 인터페이스 그 자체를 표현할 수 있다. UML에서는 막대사탕 대신, 〈〈interface〉〉 스테레오 타입을 갖는 클래스 상자를 사용해 표현한다. 이러한 대안은 여러 요소가 같은 인터페이스를 구현할 때 특별히 유용하다. 또 다른 이점은 인터페이스의 리소스가 오퍼레이션 부분에 목록화될 수 있다는 것이다. 그림 7.2(b)는 클래스 창고문의 제공 및 필수 인터페이스를 두 개의 개별적인 상자로 보여준다.

---

**조언**

다음과 같은 경우에 기본 프리젠테이션에 인터페이스를 독립적인 상자로 표현한다.

- 기본 프리젠테이션에 사용할 수 있는 오퍼레이션을 보여주기를 원하는 경우
- 같은 인터페이스를 실현하는 여러 요소를 공급해야 하는 경우

---

명확하게 인터페이스를 표현하는 것이 결코 잘못된 것은 아니지만,

다이어그램의 시각적인 혼란을 증가시키지 않도록 유의한다.

다이어그램이 독립적인 인터페이스를 사용해 모듈을 보여줄 때 인터페이스를 구현하는 어떤 요소든 사용될 수 있다는 것을 나타낸다. 이것은 특별한 종류의 가변성을 표현하는 유용한 수단, 즉 그림 7.3에서처럼 실현하는 요소를 대체하는 능력이다.

**그림 7.3**
인터페이스를 실현하는 요소에서 분리해서 인터페이스를 보여줌으로써, 요소 구현의 상호교환성을 강조할 수 있다. OrderDao(그리고 보여주지 않는 다른 클래스)는 Connection 인터페이스로 표현되는 데이터베이스 연결을 구현하는 객체를 필요로 한다. 많은 요소가 이 인터페이스를 실현함으로써 상호교환할 수 있는 데이터베이스 연결 구현의 대안을 표현한다

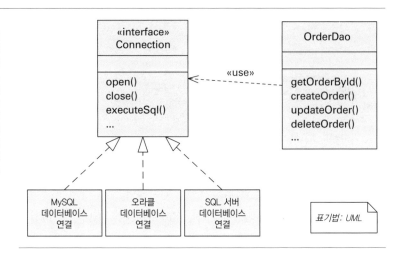

**조언**

## 다중 인터페이스

여러 인터페이스를 갖는 요소는 몇 가지 모호한 설계 문제와 중요한 문서화 문제를 야기시킨다. 요소가 하나 이상의 액터와 사용한다면, 대개 다이어그램에 명확하게 인터페이스를 보여주는 것이 가장 좋다. 그렇지 않다면 그림 7.4(a)와 같은 다이어그램은 모호할 수 있다. E가 하나의 인터페이스를 갖는가, 아니면 둘인가? 그림 7.4(b)나 (c)와 같이 인터페이스 기호를 보여주는 것은 모호성을 해결한다.

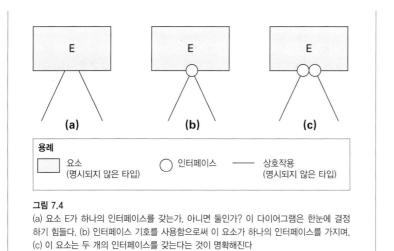

**그림 7.4**
(a) 요소 E가 하나의 인터페이스를 갖는가, 아니면 둘인가? 이 다이어그램은 한눈에 결정하기 힘들다. (b) 인터페이스 기호를 사용함으로써 이 요소가 하나의 인터페이스를 가지며, (c) 이 요소는 두 개의 인터페이스를 갖는다는 것이 명확해진다

## 7.3 인터페이스 문서화의 표준 구성

좋은 문서화의 가장 중요한 원리는 표준 구성을 사용하는 것을 규정한다는 것을 기억하라. 표준 구성은 인터페이스에 관해 지금 알고 있는 것을 채울 수 있도록 하며, 아직 알지 못하는 것은 TBD로 나타내게 함으로써 나머지 작업에 대한 할 일 목록을 제공한다. 이번 절은 인터페이스 문서화의 표준 구성(즉, 템플릿)을 제안한다(그림 7.5를 참조한다).

아키텍처 요소의 각 인터페이스를 문서화하는 데 표준 구성이 사용될 수 있다. 다음 절로 구성된다.

1. 인터페이스 명칭<sup>interface identity</sup>: 요소가 여러 인터페이스를 가질 때, 또는 여러 요소가 같은 인터페이스를 제공할 때 인터페이스에 이름을 붙였다. 그 외의 경우에는 인터페이스의 명칭은 관련된 요소의 식별자와 같다. C#과 자바와 같은 프로그래밍 언어나, COM과 같은 프레임워크는 이들 이름이 구현에 일관해 흐르도록 한다. 일부의 경우에는 단지 인터페이스에 이름을 붙이는 것만으로는 충분하지 않다. 인터페이스의 버전도 마찬가지로 명시돼야 한다. 예를 들어, 시간이 지나면서 발전하는 명명된 인터페이스를 갖는 프레임워

뷰를 문서화할 때 해당 뷰의 요소에 관해 문서화할 속성 목록을 결정하도록 한다. 문서가 지원하기를 원하는 분석을 도와줄 속성을 선택한다. 그다음에 뷰를 문서화할 때 선택한 속성의 값을 함께 문서화한다.

이 책의 모든 템플릿과 같이 여러분의 상황에 적합하지 않은 것을 제거하거나 여러분의 업무에 고유한 항목을 추가함으로써 이 절에 제시된 것을 수정하기를 원할 수도 있다. 여러분이 어떤 표준 구성을 사용하는가 하는 것보다 더 중요한 것은 실제로 하나를 사용하는 것이다.

크에서 지속성 인터페이스의 v1.2나 v3.0 중 어느 것을 의미하는지를 아는 것이 매우 중요할 수 있다.

2. 리소스<sup>resource</sup>: 인터페이스 문서의 중심에는 액터에게 제공하는 리소스이 집합이 있다. 리소스는 보통 (메소드와 프로시저, 함수와 같은) 오퍼레이션이지만, 좀 더 일반적인 인터페이스 개념으로는 데이터 스트림<sup>data stream</sup>, 공유 데이터<sup>shared data</sup>, 메시징 엔드포인트<sup>messaging end point</sup>와 같은 다른 것일 수도 있다.

그림 7.5
인터페이스 문서화 템플릿

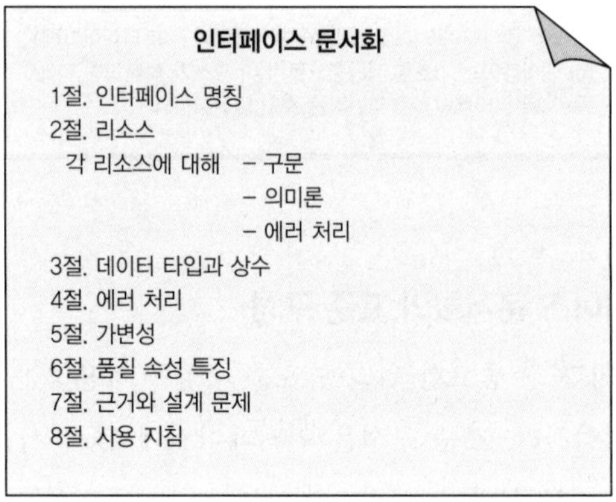

**인터페이스 문서화**

1절. 인터페이스 명칭
2절. 리소스
　각 리소스에 대해　– 구문
　　　　　　　　　　– 의미론
　　　　　　　　　　– 에러 처리
3절. 데이터 타입과 상수
4절. 에러 처리
5절. 가변성
6절. 품질 속성 특징
7절. 근거와 설계 문제
8절. 사용 지침

- 리소스 구문<sup>resource syntax</sup>: 리소스 시그니처로, 리소스를 사용하는 프로그램을 구문적으로 정확하게 작성하는 데 필요한 정보를 포함한다. 시그니처에는 리소스의 이름과, 그리고 필요하다면 인수의 이름과 데이터 타입, 반환값의 구조나 데이터 타입 등을 포함한다.

- 리소스 의미론<sup>resource semantics</sup>: 이 리소스를 사용하는 결과는 무엇인가? 이것을 호출하는 액터의 관점에서 리소스가 무엇을 하는가? 의미론은 다음을 포함한 다양한 외양을 갖는다.

ⅰ. 매개변수 값 할당과 반환 값 및 이들의 목적과 의미론. 값 할당은 반환 인수에 값을 설정하는 것과 같이 간단하거나, 데이터베이스 테이블을 갱신하는 것과 같이 광범위한 것일 수 있다.

ii. 리소스를 사용함으로써 요소의 외부적으로 가시적인 상태가 변경된다. 예를 들어, IConnection 인터페이스의 open() 리소스를 호출하면 연결 상태가 변경돼 데이터 교환을 시작할 수 있게 된다. 이들 변화가 지속적인가 일시적인가? 일시적이라면 기간 또는 종료 조건은 무엇인가?

iii. 리소스 사용의 결과로서 신호를 받을 이벤트나 전송될 메시지.

iv. 리소스 사용의 결과로서 다른 환경적인 요소에 미치는 부작용. 예를 들어, 리소스가 객체를 소멸시키도록 요청한다면, 향후 다른 리소스를 통해서 해당 객체에 접근하는 것은 아주 다른 결과(에러)를 만들어낼 것이다.

v. 사람이 관찰할 수 있는 결과. 예를 들어, 조종실의 화면을 켜는 프로그램을 호출한다면 아주 관찰할 수 있는 결과 즉, 화면이 켜지는 결과를 가져올 것이다.

vi. 사용 제한. 어떤 환경 하에서 리소스가 사용되는가? 아마도 데이터를 읽을 수 있기 전에 초기화돼야만 하거나, 또는 다른 메소드가 먼저 호출되지 않는다면 특정한 메소드가 호출될 수 없을 수도 있다. 아마도 어느 순간에 이 리소스를 통해서 상호작용할 수 있는 액터의 수에 제한이 있을 수도 있다. 아마도 오너십을 갖고 요소를 수정할 수 있는 하나의 액터가 있고, 다른 액터는 단지 읽기 접근만 할 수 있다는 제한이 있을 수도 있다. 아마도 리소스는 스레드 안정적이다. 즉, 여러 액터가 동시에 호출할 수 있다. 아마도 인증된 사용자가 특정한 그룹에 속하거나 특정한 접근 권한을 가질 때만 리소스가 호출될 수도 있다. 어떤 제한은 금지하는 것이 적다. 예를 들어 자바 인터페이스는 일정한 메소드를 사라지게 될[deprecated] 것으로 목록화해, 인터페이스의 향후 버전에서는 이들을 지원되지 않을 예정이므로 사용자가 사용하지 말아야 한다는 의미를 갖게 할 수 있다. 사용 제한은 때때로 제한이 위반된다면 발생하게 될 예외[exception]를 정의함으로써 문서화한다.

리소스 사용 제한과 리소스 의미론을 문서화하는 데 사전 조건과 사후 조건을 사용하는 것을 고려한다. 사전 조건은 상호작용이 허용되기전에 참이어야만 하는 것을 진술한다. 사후 조건은 상호작용의 결과로 어떤 상태로 변경되는지를 서술한다.

이 장의 용어 설명 '에러 처리'를 참조한다.

– 에러 처리[error handling]: 에러 조건과 리소스가 발생시킬 수 있는 예외를 서술한다.

---

**조언**

### 리소스 의미론 문서화 지침

- 사용자, 즉 리소스를 호출하는 액터, 시스템의 다른 요소, 또는 시스템 관찰자인 사람에게 가시적인 영향만을 작성한다. 사용자가 여러분이 말한 것을 어떻게 확인할 수 있는지를 스스로에게 질문한다. 여러분의 의미론이 확인될 수 없다면 여러분이 서술한 결과는 가시적이지 않으며, 여러분은 올바른 정보를 수집하지 않는 것이다.

- 다른 리소스가 영향을 받게 될 방법을 서술함으로써 리소스를 호출하는 의미론을 정의한다. 예를 들어 스택 객체에서 pop()이 x를 반환하고, getStaackSize()가 반환하는 값이 1이 증가됐다고 말함으로써 push(x)의 영향을 서술할 수 있다.

- 서술형으로 의미론을 서술한다면 할 수 있는 한 정확하게 한다. 모든 동사를 의심해 봐야 한다. 리소스의 의미론의 명세에 있는 모든 동사에 대해 정확하게 무엇을 의미하는지, 그리고 리소스의 사용자가 어떻게 확인할 수 있는지를 스스로에게 물어본다. 대개, 아마도와 같은 모호한 단어를 제거한다. 물리적인 세계에 어떤 것을 위치시키는 오퍼레이션에 대해서 영향을 기술하는 좌표계, 참조점, 관점 등을 확실하게 정의한다.

- 어떤 가정과 사전 조건, 매개변수에 묶인 값을 명확하게 진술한다. 설계자가 마음 속에 그리지 않은 방식대로 사용자가 리소스를 사용할 것이란 것을 예상하고, 한계가 무엇인가를 서술하도록 노력해야 한다.

- 의미를 명세하는 대신에 예제를 사용하는 것을 피한다. 사용 예는 인터페이스 문서화의 중요한 부분이며, 문서화에서 자신의 영역의 가치가 있지만, 사용자에게 조언으로 제시되는 것이지 리소스의 의미론의 정의문으로서 역할을 하는 것을 기대하지 말아야 한다. 엄격하게 말해서 예제는 예로든 하나의 경우에 대해서만 리소스의 의미론을 정의한다. 사용자는 예제로부터 의미론을 짐작할 수 있겠지만, 짐작을 기반으로 시스템을 구축해서는 안 된다.

- 의미론을 명세하는 대신에 구현을 제시하지 말아야 한다. 리소스의 영향을 서술하기 위해 코드를 사용하지 말라.

3. 데이터 타입<sup>data type</sup>과 상수<sup>constant</sup>: 때로 우리는 인터페이스 안에 있는 리소스에 전달하거나 반환할 데이터에 대해 (레코드, 구조체, 클래스, 열거형, 유니온과 같은) 새로운 데이터 타입을 생성할 필요가 있다. 이들 데이터 타입은 인터페이스 범위 안에 정의돼야 하며, 인터페이스 문서에 서술돼야 한다. 예를 들어, 항공 예약 시스템에서 IReservation 인터페이스는 ReservationRecord란 새로운 데이터 타입을 반환하는 makeReservation() 리소스를 제공할 수 있다. 인터페이스 문서에 서술된 이 새로운 데이터 타입은 항공편, 출발 일자와 시간, 좌석 배정, 등급, 요금 그리고 기타 데이터 요소를 포함할 수 있다. 데이터 타입이 다른 요소에 의해 정의된다면, 그 요소의 문서에 있는 정의를 참조하는 것으로 충분하다. 어떤 경우에든 그런 리소스를 사용해 요소를 작성하는 프로그래머는 (a) 해당 데이터 타입을 어떻게 선언하고, 변수에 값을 어떻게 할당하는지, (b) 데이터 타입의 멤버에 어떤 연산과 비교가 수행돼야 하는지, 그리고 (c) 적절한 곳에서 데이터 타입의 값을 다른 데이터 타입으로 변환하는 방법을 알아야 할 필요가 있다.

마찬가지로, 때로는 공통적으로 사용되는 값을 저장하고, 인터페이스를 좀 더 편리하게 프로그래밍할 수 있도록 하기 위해 인터페이스 안에 새로운 상수를 생성한다. 예를 들어, 자바 사운드 API의 Sequencer 인터페이스는 MIDI 장치에 재생 반복 횟수를 설정할 수 있는 setLoopCont(int count)란 오퍼레이션을 갖는다. 편리하게 하기 위해 이 인터페이스는 LOOP_CONTINUOUSLY라고 하는 상수를 정의해 이 오퍼레이션에 인수로 넘겨줄 수 있도록 한다.

4. 에러 처리<sup>error handling</sup>: 보통 모든 리소스 또는 많은 리소스에 공통적인 에러 처리 행위를 사용하기를 원한다. 이 경우에 2절에 각 리소스의 행위를 반복하는 대신에, 공통적인 에러 처리 행위를 이 절에 서술할 수 있다.

인터페이스 문서의 2절 또는 4절에 리소스의 에러 처리를 문서화하기 위해서는 다음과 같이 한다.

- 단지 몇 개의 리소스만 에러 처리를 갖는다면 2절에 서술한다.
- 대부분의 리소스가 공통적인 에러 처리 프로시저를 따른다면 4절에 서술한다.
- 대부분의 리소스가 공통적인 에러 처리 프로시저를 따르지만, 에러 코드와 같은 리소스 특정한 변형이 있다면 2절에 변형을 서술하고 에러 처리 프로시저는 4절에 서술한다.
- 전체 시스템에 공통적인 에러 처리 프로시저를 사용한다면 문서의 '뷰 너머' 부분(10.2절을 참조한다)의 근거 절에 프로시저를 서술한다. 에러 코드와 같은 리소스 특정한 정보는 리소스와 함께 문서화해야 할 필요가 있다.

10장에서는 아키텍처 문서의 아키텍처 뷰와 '뷰 너머' 부분을 문서화하기 위한 표준 구성을 제시한다. 이 문서에서 근거를 담을 수 있는 절이 있다.

에러 처리를 서술할 때 다른 종류의 에러가 있다는 것을 명심한다. 아키텍처 중심적인 예외 분류는 그림 7.6에 요약돼 있다. 요소의 인터페이스 컨텍스트상에서 예외 조건은 다음 중 하나다.

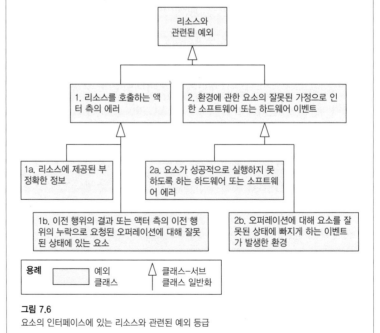

**그림 7.6**
요소의 인터페이스에 있는 리소스와 관련된 예외 등급

1. 리소스를 호출하는 액터 측의 에러

   a. 액터가 아마도 널$^{null}$이면 안 되는 매개변수에 널 값으로 메소드를 호출해 부정확하거나 잘못된 정보를 리소스에게 전달한다. 에러 조건을 리소스와 연관시키는 것은 신중하게 해야 한다.

   b. 요소가 요청된 리소스에 대해 잘못된 상태에 있다. 이전 행위의 결과 또는 액터 측의 이전 행위의 누락으로 요소가 부적절한 상태로 들어갔다. 후자의 예로는 요소의 초기화 메소드가 호출되기 전에 리소스를 호출하는 것이다.

2. 환경에 관한 요소의 잘못된 가정으로 인한 소프트웨어 또는 하드웨어 이벤트

   a. 요소가 성공적으로 실행하지 못하도록 하는 하드웨어 또는 소프트웨어 에러. 프로세서 실패, 반응하지 않은 네트워크, 메모리 할당 실패 등이 이런 종류의 에러 조건의 예다.

   b. 요소가 요청된 리소스에 대해 잘못된 상태에 있다. 요소의 부적절한 상태는 리소스를 요청한 액터의 통제 밖에 있는 요소의 환경에서 발생한 이벤트에 의해 제기된다. 예로서는 시스템의 사람 운영자가 오프라인으로 빼낸 센서에서 읽으려고 하거나 저장소 장치에 쓰려고 하는 것을 들 수 있다.

5. 가변성$^{variability}$: 인터페이스가 어떤 방식으로든 요소가 설정되도록 하는가? 이러한 설정 매개변수$^{configuration\ parameter}$와 인터페이스에서 상호작용의 의미론에 영향을 미치는 방법은 문서화돼야 한다. 가변성의 예는 쉽게 변경될 수 있는 능력(가시적인 데이터 구조체와 같은)을 포함한다. 각 설정 매개변수에 대해 이름을 부여하고 값의 범위를 제공한다. 그리고 실제 값이 바인딩되는 시점을 명시한다.

가변성은 6.4절에서 자세히 설명된다.

6. 품질 속성 특징$^{quality\ attribute\ characteristic}$: 인터페이스가 요소의 사용자에게 알려야 하는 성능이나 신뢰성과 같은 품질 속성 특징을 문서화할 필요가 있다. 이 정보는 인터페이스를 실현하는 요소의 구

현에 제약사항의 형식이 될 수 있다. 여러분이 집중하기로 선택하고 약속하는 품질은 컨텍스트에 따라 다를 것이다. SOA 애플리케이션에서 외부 서비스 사용자가 사용할 수 있는 서비스를 개발한다면 SLA$^{Service-Level\ Agreement}$가 필요할 것이다. SLA는 전체 서비스 또는 서비스 인터페이스의 특정한 오퍼레이션에 대한 품질 속성을 명세한다. 예를 들어, 특정한 오퍼레이션이 특정한 응답 시간과 가용성 수준, 그리고 동시 요청 수의 용어로 된 능력을 제공해야만 한다는 것을 명세할 수 있다.

7. 근거$^{rationale}$와 설계 문제$^{design\ issue}$: 대체로 아키텍처나 아키텍처 뷰의 근거와 마찬가지로, 요소의 인터페이스 설계의 이면에 있는 이유를 기록해야만 한다. 근거는 설계와 제약사항, 타협의 이면에 있는 동기와 고려했지만 채택되지 않은 설계 대안, 그리고 아키텍트가 향후 인터페이스를 변경하는 방법에 관한 어떤 통찰력을 설명해야 한다.

8. 사용 지침$^{usage\ guide}$: 2절은 리소스당 기반으로 구문과 의미론을 문서화한다. 이것은 때로는 필요한 것을 누락시킬 수 있다. 많은 경우에서 하나 이상의 인터페이스의 리소스에 대한 사용 프로토콜을 보여주는 예제로 이 정보를 보완하는 것이 유용하다. 보통 사용 지침에는 코드 조각이 포함되지만, 특별히 리소스 사용에 특정한 연속적인 단계가 필요할 때 시퀀스 다이어그램과 다른 행위 다이어그램도 좋은 선택이다. 인터페이스가 사용되는 가장 일반적인 방법의 몇 가지 명확하고 단순한 예제를 만들도록 해야 한다.

행위 문서화는 8장에서 설명한다.

---

## 에러 처리

인터페이스를 설계할 때 아키텍트는 자연스럽게 일반적인 경우, 즉 계획에 따라 모든 것이 잘 진행되는 경우에서 리소스가 작동하는 방법을 문서화하는 데 집중한다. 물론 실제 세계는 정상적인 것과 거리가 멀다. 그리고 잘 설계된 시스템은 예상치 못한 환경에 직면했을 때 적절한 행위를 취해야만 한다. 이해할 수 없는 매개변수로 리소스가 호출될 때 어떤 일이 발생하는가? 리소스가 메모리를 더 요구하지만 여분이 없어서 할당 요청이 실패한 경우에는 무슨 일이 발생하는가? 프로세스 교착 상태에 빠져서 리소스가 결코 반화되지 않을 때 무슨 일이 발생하는가? 소프트웨어가 센서에서 값을 읽도록 됐으나, 센서가 반응하지 않거나 엉뚱하게 반응할 때 어떤 일이 발생하는가?

프로그램이 곧장 종료하는 것은 결코 '적절한 행위'로서 인정될 수 없다. 좀 더 바람직한 대안은 상황에 따라서 다음과 같은 다양한 결합을 포함할 수 있다.

- 상태 지시자, 즉 리소스의 실행과 잘못됐다면 무엇이 잘못됐는지, 그 결과는 무엇인지에 대해 보고하는 정수 코드(또는 메시지도 가능)를 반환한다.
- 문제를 일으키는 조건이 일시적이라고 고려된다면 재시도한다. 프로그램은 무기한으로 재시도할 수도 있고, 상태 지시자를 반환하는 시점에 미리 설정된 회수까지 재시도할 수 있다.
- 부분적인 결과를 연산하거나 오퍼레이션의 성능 저하 모드로 들어간다.
- 아마도 디폴트 또는 대체 값 또는 대안 리소스를 사용해 문제를 수정하도록 시도한다.

이들 모두는 리소스가 바람직하지 않은 상황에서 취할 수 있는 합리적인 행위다. 리소스가 이들 행위를 수행하도록 설계됐다면, 리소스의 영향의 일부로서 단순히 문서화돼야 한다. 그러나 여러 경우에 있어서 다른 것이 적절하다. 사실상 리소스는 포기하고, 에러 조건이 존재해 작업을 포기한다고 보고할 수 있다. 이것은 구식 프로그램이 에러 메시지를 출력하고 종료하는 것과 같다. 오늘날에는 주로 예외를 던져서 실행을 계속하게 하고, 아마도 유용한 작업을 수행할 수 있게 한다. 현대 프로그래밍 언어는 예외를 던지고 핸들러를 할당하는 기능을 제공한다.

리소스가 제기한 문제를 수정하는 적당한 장소는 보통 리소스 자체가 아니라 그것을 호출한 액터다. 요소가 문제는 탐지하고, 액터는 그것을 처리한다. 액터는 자신의 예외를 던져서 궁극적으로 책임을 맡은 액터에게 통지될 때까지 호출 체인을 따라서 책임을 떠넘기면서 예외를 처리할 수도 있다.

### 7.4 인터페이스 문서화의 이해당사자

프롤로그에서 아키텍처에 대해 특별한 필요와 기대를 갖고 있는 이해당사자에 대해 이야기했다. 인터페이스 문서의 이해당사자자와 이들이 필요한 정보의 종류는 다음과 같다.

- 요소의 개발자: 요소가 제공하는 인터페이스의 가장 포괄적인 문서를 필요로 한다. 개발자는 자신이 코드에 실현할 인터페이스에 대한 어떤 주장도 살펴봐야 할 필요가 있다. 특별한 종류의 개발자는 유지보수자로, 요소와 인터페이스에 배정된 변경을 가한다.

- 요소의 테스터: 인터페이스가 제공하는 모든 리소스와 기능성에 관한 상세한 정보를 필요로 한다. 테스터는 인터페이스 서술에 구체화된 지식의 정도로만 테스트할 수 있다. 리소스가 필요한 행위가 명시되지 않는다면 테스터는 그것을 테스트하는 방법을 알지 못할 것이며, 요소는 자신의 작업을 실패할 수도 있다.

- 인터페이스를 사용하는 개발자: 인터페이스를 사용할 요소를 구현하기 위해서 인터페이스가 제공하는 리소스에 과한 상세한 정보를 필요로 한다. 특별한 경우가 통합자$^{integrator}$로서, 구성 요소를 시스템에 통합시키며 조합된 결과의 행위에 더 강한 관심을 갖는다. 소프트웨어 제품 라인 컨텍스트에서 이 이해당사자는 다른 제품을 구축하기 위해 요소 안에서 사용할 수 있는 가변성을 활용한다.

- 분석가: 필요한 정보는 수행되는 분석 유형에 달려 있다. 성능 분석가인 경우에는 예를 들어, 인터페이스 문서는 리소스가 요구하는 실행 시간과 같은 성능 모델을 제공할 수 있다.

- 새로운 시스템에서 재사용할 수 있는 자산을 찾는 아키텍트: 보통 기존 시스템으로부터 요소의 인터페이스를 분석함으로써 시작한다. 또한 아키텍트는 상업용 시장에서 구입할 작업을 수행할 수 있는 기성 요소를 찾을 수 있다. 요소가 후보인지 여부를 알기 위해 아키텍트는 인터페이스 리소스의 능력, 이들의 품질 속성, 그리고 요소가 제공하는 가변성에 관심을 갖는다.

- 프로젝트 관리자: 계획을 목족으로 인터페이스 문서를 사용할 가능
성이 많다. 프로젝트 관리자는 (기능 점수 분석과 같은) 메트릭스를
적용해 복잡성을 측정하고, 인터페이스를 실현하는 요소를 개발하
는 데 얼마나 걸리는지를 산정할 수 있다. 또한 프로젝트 관리자는
필요한 특별한 전문가를 배치할 수 있으며, 이것은 그들이 자격을
갖춘 인력에게 작업을 할당하는 데 도움을 주게 될 것이다.

## 7.5 구문 정보 전달

보통 아키텍트는 인터페이스의 오퍼레이션 구문을 명세할 때 자신이
익숙한 표기법 또는 대상 구현 기술 표기법을 사용한다. 일반적으로는
다음 예와 같은 C 구문을 사용한다.

```
Order getOrderById(long orderId)
```

대부분의 프로그래밍 언어는 오퍼레이션의 시그니처만 명세할 수
있는 내장된 방식을 제공한다. C 헤더(.h) 파일과 자바와 C# 언어의 인
터페이스가 그 예다. 또한 일부 기술에서는 인터페이스를 서술할 수 있
는 자신의 고유한 구문을 제공한다. OMG^Object Management Group IDL^Interface
Definition Language은 인터페이스의 구문 정보를 명세하기 위해 CORBA 기
술에서 사용된다. 웹 서비스 기술은 WSDL^Web Services Description Language을
제공한다. 그러나 WSDL은 XML 기반이기 때문에, 인터페이스 오퍼레
이션의 시그니처를 서술하는 데 적당하지 않다.

아키텍처 인터페이스 문서에서
보통 구현에서 사용되는 구문과
가까운 구문을 사용하는 것이
좋다. 그러나 요즘에는 많은 인
터페이스가 전체적으로 또는 부
분적으로 자동화 파싱과 처리에
적당하지만 사람이 알기 어려
울 수 있는 언어를 사용해 구현
된다. XML과 JSON(JavaScript
Object Notation)이 그 예다. 이
들 언어를 아키텍처 문서에서
사용하는 것은 피해야 한다.

## 7.6 의미론적인 정보 전달

자연 언어가 의미론적인 정보를 전달하는 데 가장 많이 사용되는 표기
법이다. 많은 경우에, 몇 개의 문장만으로도 인터페이스에 있는 오퍼레
이션이 무엇을 하며, 사용에 어떤 제약이 있는지를 서술하는 데 충분
하다. 어떤 경우에는 자연 언어만으로는 충분하지 않으며, 형식 언어나
표기법이 향후 통합 에러를 방지할 수 있다.

인터페이스에 있는 리소스의 구문을 표현하기 위한 비교적 간단하

7.7.1의 인터페이스 문서화의
예는 사전 조건과 사후 조건을
사용해 각 리소스의 의미론을
설명하는 것을 도와준다.

고 효과적인 방법은 사전 조건과 사후 조건을 작성하는 것이다. 이들은 자연 언어로 명세될 수 있지만, 때로는 불리안 대수$^{Boolean\ algebra}$(즉, 1차 로직$^{first\text{-}order\ logic}$)의 정확성을 향상시키는 데 사용될 수 있다.

8.5절은 시퀀스 다이어그램이나 상태 차트와 같은 행위 표기법을 설명한다.

또한 특정한 사용에 대한 요소의 반응을 서술하는 상호작용 시퀀스를 작성함으로써 추적도 의미론적인 정보를 전달하는 데 사용할 수 있다.

보통 의미론적인 정보는 한 요소 또는 하나 이상의 리소스의 행위를 포함한다. 이 경우에는 시퀀스 다이어그램과 상태 차트와 같은 행위 표기법을 사용할 수 있다.

## 7.7 인터페이스 문서화 사례

다음은 인터페이스 문서화의 두 가지 사례다.

### 7.7.1 Zip 컴포넌트 API

다음 인터페이스 문서화는 표준 zip 아카이브 기능을 제공하는 가상적인 윈도우 COM 컴포넌트다. 클라이언트 애플리케이션은 인터페이스를 호출해 zip 파일을 생성해 파일을 추가하고, zip 파일에서 파일을 추출하고, zip 파일 안에 있는 파일의 목록을 보고, zip 파일에서 파일을 삭제할 수 있다. 예제는 유사한 기능을 제공하는 Xzip(xstandard.com/en/documentation/xzip)과 같은 공개적으로 사용할 수 있는 컴포넌트를 활용한 것이다.

---

**용어 설명**

**시그니처, 인터페이스, API**

요소 상호작용을 논의할 때 사용하는 3가지 용어가 시그니처$^{signature}$와 API, 인터페이스다. 보통 이들 용어는 서로 바꾸어서 사용돼, 프로젝트에 불행한 결과를 초래하기도 한다. 우리는 이미 인터페이스를 두 요소가 만나거나 서로 커뮤니케이션하는 경계가 된다고 정의했다. 그리고 우리는 인터페이스 문서화가 이름을 붙이고 식별하며, 구문 정보를 문서화하고, 의미론 정보를 문서화하는 것으로 구성된다는 것을 살펴보았다.

시그니처는 인터페이스를 문서화하는 구문적인 부분을 처리한다. 인터페이스의 리소스가 호출할 수 있는 프로시저일 때, 프로시저의 이름과 매개변수를 정의하는 시그니처가 있다. 매개변수는 이들의 순서, 데이터 타입, 그리고 때로는 이들의 값이 프로시저에서 변경될 수 있는지 여부로 정의한다. 프로시저의 시그니처는 예를 들어 요소의 C나 C++ 헤더 파일에서 그것에 관해 찾을 수 있는 정보다.

API 또는 애플리케이션 프로그래밍 인터페이스<sup>application programming interface</sup>는 요소에 관한 인터페이스 정보를 전달하는 데 다양한 방식으로 사용하는 모호하게 정의된 용어다. 때로는 시그니처의 묶음을 조합해서 그것을 요소의 API라고 부르기도 한다. 때로는 프로그램의 영향 또는 행위에 관한 문자를 추가하고 그것을 API라고 한다. 요소의 API는 보통 요소를 사용하는 개발자에게 제공하기 위해 작성된다.

시그니처와 API는 유용하지만, 단지 일부분일 뿐이다. 예를 들어 시그니처는 보통은 단순히 코드의 다른 단위를 링크함으로써 다른 요소들이 인터페이스에 기대하는 것을 시그니처와 맞춰보는 방식으로 수행되는 자동화 빌드 검사를 하는 데 사용된다. 그러나 이것은 결국은 궁극적인 목적인 시스템이 성공적으로 작동할 것인지의 여부에 대해서는 아무것도 보장하지 않는다.

1999년 9월에 NASA는 화성 주위의 궤도에 들어가려고 할 때 1억2천5백만 달러짜리 탐사선을 잃어버렸다. 콜로라도에 있는 화성 기후 탐사선 팀과 캘리포니아에 있는 비행 항로 팀 사이의 데이터 전송에서 간파되지 않은 에러가 탐사선의 손실을 야기시켰다. 에러는 화성 궤도 안으로 탐사선을 조종하는 데 데이터의 의미론 불일치가 있었기 때문이었다. 한 팀은 영국식 단위를 사용하고, 다른 팀은 미터법 단위를 사용했다.

완벽한 인터페이스는 다양한 이해당사자를 위해 작성되며, 품질 속성을 포함한 각 리소스의 모든 영향을 명세한다. 시그니처와 저급 API는 시스템에서 요소가 신뢰할 수 있도록 작동하게 하는 데 충분하지는 않다. 지름길로 이들을 채택한 프로젝트는 요소를 통합하는 데 대가를 치루어야 할 것이다. 그러나 고객에게 시스템이 인도된 후에 더 많은 대가를 치룰 가능성이 많다.

### 인터페이스 문서화 사례

## 1. 인터페이스 명칭

DSAVandBzip: 표준 zip 파일로 압축, 추출, 내용 목록, 파일 삭제하는 기능을 제공한다.

## 2. 리소스

```
void Zip(string[] filesToZip, string zipFile,
        bool savePath, int compressionLevel)
```

지정된 파일과 폴더를 압축해 지정된 zip 파일에 추가한다. 파일을 읽을 때 파일 시스템 잠금을 파일에 하지 않는다. 대상 zip 파일이 없으면 생성한다.

매개변수:

- filesToZip: 압축될 파일 또는 폴더 이름의 배열. 항목이 폴더면 폴더 안에 있는 모든 파일과 폴더가 반복적으로 압축된다.
- zipFile: 압축된 내용을 포함하게 될 대상 zip 파일의 경로명
- savePath: 참이면 zip 파일에 있는 항목은 filesToZip에 명세된 폴더에 상대적인 원래 경로명을 따르며, 거짓이면 경로 정보는 제거될 것이다.
- compressionLevel: 1(최소 압축, 그러나 더 빠르게 압축하고 압축을 품)에서 4(최대 압축, 그러나 느림)까지의 값

사전 조건:

- filesToZip에 목록된 파일이 존재하며 잠겨지지 않다.
- zipFile에 명시된 위치에 폴더가 존재한다면 현재 사용자는 쓰기 허용되며, 디스크 영역이 충분하다.

사후 조건:

- 성공하면 zip 파일이 생성되고 닫힌다. 압축된 원래의 파일도 닫히고 그대로 남아 있다.

가능한 에러 코드: 201, 203, 206, 211, 215, 252, 300

```
void Zip(string[] filesToZip, string zipFile, bool
        savePath )
```

Zip()과 같으며 디폴트 compressionLevel을 사용한다. 5의 '가변성'을 참조한다.

```
void Unzip(string zipFile, string destFolder, bool overwrite)
```

　지정된 zip 파일 안에 있는 모든 항목을 추출하고 압축을 풀어서 지정된 대상 폴더에 저장한다. 압축된 파일이 상대 경로를 가지면 경로명을 대상 폴더에 덧붙인다. 대응된 서브 폴더가 대상에 존재하지 않으면 생성한다.

매개변수:

- `zipFile`: 압축된 내용을 저장하는 대상 zip 파일의 경로명
- `destFolder`: 압축된 파일이 추출될 폴더의 경로명
- `overwrite`: 참이면 대상 폴더 안에 있는 같은 이름으로 기존 파일과 폴더를 덮어쓴다.

사전 조건:

- 지정된 zip 파일은 유효하고 비어 있지 않다.
- 대상 폴더가 이미 존재하며, 현재 사용자는 쓰기 허용되며, 충분한 디스크 공간이 있다.

사후 조건:

- zip 파일이 닫히고 내용이 변경되지 않는다. 추출된 파일은 끝에 닫히고 압축되기 이전의 원래 파일의 정확한 내용을 포함한다.

가능한 에러 코드: 201, 206, 207, 252, 300

```
ZipItem[] GetItems(string zipFile)
```

　지정된 zip 파일의 내용의 목록을 구한다. zip 파일에 추가된 순서대로 `ZipItem` 객체의 배열을 반환한다. 각 zip 항목은 파일이나 폴더가 될 수 있다. 이 오퍼레이션은 파일의 압축을 풀지는 않는다.

매개변수:

- `zipFile`: 압축된 내용을 저장하는 대상 zip 파일의 경로명

사전 조건:

- 지정된 zip 파일이 유효하고 비어 있지 않다.

사후 조건:

- zip 파일이 닫히고 내용이 변경되지 않는다.

가능한 에러 코드: 201, 206, 207

**long ErrorCode**

　전역 읽기전용 변수로 마지막 오퍼레이션의 에러코드 또는 오퍼레이션이 성공적이라면 0을 포함한다. 좀 더 자세한 내용은 4의 에러 처리를 참조한다.

### 3. 데이터 타입과 상수

- struct ZipItem: zip 파일 내부의 항목(파일 또는 폴더)를 표현한다. 속성은 다음과 같다.
    - string Name: 파일 또는 폴더 이름
    - string Path: 압축된 항목의 경로명
    - DateTime Modified: 마지막 수정된 날짜/시간
    - long OriginalSize: 원래 파일의 바이트 크기
    - long CompressedSize: 압축된 파일의 바이트 크기
    - byte Type: 파일인지 폴더인지를 나타냄. FOLDER와 FILE 상수를 사용한다.
- const byte FOLDER = 1
- const byte FILE = 2

### 4. 에러 처리

실패하거나 일정한 사전 조건이 만족되지 않을 때 모든 오퍼레이션의 ErrorCode 전역 변수에 값을 지정한다. 가능한 에러 코드는 다음과 같다.

- 201 - zip 파일이 유효하지 않다.
- 203 - zip 파일을 생성할 수 없다.
- 206 - 메모리를 할당할 수 없다.
- 207 - zip 파일을 열 수 없다.
- 211 - 압축할 파일/폴더를 열 수 없다.
- 215 - zip 파일이 입력 파일과 같다.

- 252 - 스와핑할 파일을 생성할 수 없다.
- 254 - zip 파일을 수정할 때 알 수 없는 에러
- 300 - 디스크 찼거나 보호돼 있다.

### 5. 가변성

- 컴포넌트는 윈도우 서비스나 호출 애플리케이션의 로드하는 DLL로 배포될 수 있다.
- 윈도우 레지스트리 키는 로드 시에 컴포넌트가 사용할 수 있는 설정할 수 있는 속성에 사용된다.
  - 디폴트 압축 수준
  - 마지막 오퍼레이션의 결과로 로그 파일이 생성되는지 여부
  - 로그 파일의 위치

### 6. 품질 속성 특징

압축 수준은 성능과 디스 공간에 영향을 미칠 것이다. 수준이 높으면 압축 또는 압축을 푸는 오퍼레이션은 더 걸린다. 그러나 오퍼레이션은 압축된 파일이 더 작기 때문에 더 적은 디스크 공간을 필요할 것이다. 압축 수준 4에서 얻을 수 있는 일반적인 압축률은 WinZip이나 WinRAR와 같은 상업용 데이터 압축 도구를 사용해 얻는 비율과 유사하다.

zip 파일을 생성하거나 갱신하는 오퍼레이션은 임시 파일을 위한 디스크 공간이 필요하다. 공간의 양은 zip 파일의 크기보다 크지 않다.

파일을 압축하는 실행 시간은 파일 크기에 로그-선형$^{log-linear}$($n \log n$) 비례한다.

인터페이스의 오퍼레이션은 스레드 안전하며, 여러 동시 사용자가 호출할 수 있다.

### 7. 근거와 설계 문제

다른 압축 수준은 최대 압축률을 필요로 하는 사용자 대 그저 단순하고 빠른 압축 컴포넌트를 필요로 하는 사용자를 위한 유연성을 향상시키기 위해 사용된다.

### 8. 사용 지침

- 파일을 압축하기 위해 컴포넌트를 호출하는 예:

```
DllImport("DSAVandBzip.dll")
Public static extern void Zip(string[] filesToZip, string zipFile, bool
savePath, int compressionLevel);
```

```
string[] myFiles = new string[3];
myFiles[0] = "C:\SEI\DSA\Chapter2.doc";
myFiles[1] = "C:\temp\new.css";
myFiles[2] = "C:\SEI\DSA\TOC.docx ";
Zip(myFiles, "C:\SEI\DSA\test.zip", true, 4);
```

### 7.7.2 SOAP 웹 서비스 인터페이스

이 책의 온라인에서 제공하는 예제 소프트웨어 아키텍처 문서는 Adventure Builder 애플리케이션의 아키텍처 문서를 포함한다. wiki.sei.cmu.edu/sad를 참조한다. OPC 사용자 뷰는 SOAP 기반 웹 서비스 인터페이스인 `OpcPurchaseOrderService`와 `OpcOrderTrackingService` 인터페이스 문서화를 포함한다.

## 7.8  요약 체크리스트

- 모든 요소는 인터페이스를 갖는다.
- 인터페이스 문서화의 많은 표기법은 구문 정보만 보여준다. 의미론 정보를 함께 포함하도록 해야 한다.
- 요소는 제공 인터페이스와 필수 인터페이스를 가질 수 있다.
- 요소는 여러 인터페이스를 가지며, 각 인터페이스당 여러 액터를 가질 수 있다.
- 아키텍트는 인터페이스 문서에 넣을 정보를 사용성과 변경용이성 사이의 균형을 갖도록 신중하게 선택해야 한다. 인터페이스 문서에 사람들이 의존하려고 하는 정보를 넣는다. 사람들이 의존하지 않으려는 정보는 포함시키지 않는다.
- 그래픽 묘사에서 요소가 하나 이상의 인터페이스를 갖는다면 또는 상호작용이 발생하는 인터페이스의 존재를 강조하고 싶다면 명확하게 인터페이스를 보여준다.

- 인터페이스 문서의 이해당사자의 필요성을 해결한다고 확신하도록 그림 7.5에 제시된 템플릿을 따르거나 여러분 자신의 것을 만든다.

## 7.9 생각해볼 문제

1. 여러분이 많이 사용하는 웹 브라우저를 생각해보자. 얼마나 많은 인터페이스를 갖는가? 어떤 액터가 이들 인터페이스를 사용하는가?

2. 웹 브라우저의 인터페이스와 환경을 보여주는 그림을 스케치한다.

3. 질문1에 서술된 인터페이스 중 하나에 대해 브라우저가 탐지하거나 또는 여러분의 경험으로부터 탐지했어야 하지만 실패한 예외를 목록화한다.

4. 인터페이스와 연결 사이의 차이점은 무엇인가?

5. 인터페이스와 포트 사이의 차이점은 무엇인가?

6. (1장에서 설명한) 모듈 인터페이스와 (3장에서 설명한) 컴포넌트 인터페이스 사이의 차이점이 있는가?

7. 왜 UML은 인터페이스와 포트에 대해 다른 기호를 사용할까? 있다면 어떤 상황에서 UML 컴포넌트의 포트에 인터페이스를 결합시켜야 할까?

8. 공개적으로 사용할 수 있는 라이브러리에 대한 Javadoc(또는 doxygen) 문서화에서 인터페이스 서술을 살펴보고, 그림 7.5에 제시된 템플릿의 절에 필요한 정보와 대응되는 정보를 식별한다. 어떤 정보가 빠졌는가?

## 7.10 더 읽을거리

예외에 대한 훌륭한 기초 논문으로는 파나스와 우루제스<sup>Wueges</sup>(1976)의 것이 있다. 이 논문에서는 예외를 찾아내는 관심을 예외를 처리하는 관심으로부터 분리하는 토대를 마련한다.

조슈아 블로흐<sup>Joshua Bloch</sup>는 컨퍼런스에서 "좋은 API를 어떻게 설계하며, 왜 그것이 중요한가"라는 제목으로 좋은 내용을 전달했다. 여기에는 API의 설계와 문서화에 관한 실제적인 가이드라인을 포함한다(블로

흐, 2006).

메리 셔는 이해당사자의 부류가 너무 많고 그들이 원하는 정보의 범위가 너무 넓기 때문에 완전한 인터페이스 문서화를 할 수 없다는 것을 간파했다. 그리고 필요한 컴포넌트를 다른 곳에서 구할 수 있어서, 이들의 중요함을 잘 알지 못하는 세상에서 좋은 인터페이스 문서화는 좀 더 드물어졌다. 그러나 우리가 이러한 불완전한 지식으로 유용한 작업을 달성할 수 있고, 또 해야만 한다고 지적한다. 이것은 다양한 곳에서 가져온 컴포넌트에 대해 개별 정보 단위로 신뢰성 측정을 부여할 수 있기 때문이다. 그러한 단위를 '신뢰성credential'이라고 부르며, 그것을 알아낸 방법과 그것 안에 어떤 신뢰를 갖고 있는지와 같은 속성을 부여했다(쇼 1996a, 스카피디Scaffidi와 쇼Show 2007).

인터페이스는 일반적으로 서비스지향 솔루션과 SaaSsoftware as a service 모델을 따르는 애플리케이션에서 아주 중요하다. SaaS에서 소프트웨어 라이선스 비용을 지불하는 대신에, 고객은 인터페이스를 노출하고 웹을 통해 사용할 수 있는 소프트웨어를 사용하는 비용을 지불한다. 이러한 시나리오에서 서비스 수준 계약service-level agreement을 제공하는 것이 일반적이다. 보통 SLA에 표현되는 품질 속성, SLA 표기법, 그리고 서비스의 품질을 모니터링하는 메커니즘은 비앙코와 루이스Lewis, 멀슨(2008)의 논문에서 설명한다.

인터페이스를 두 개의 컴포넌트가 서로에 관해 서용되는 가정의 집합으로 보는 것은 파나스(1971)의 초기 논문으로 거슬러 올라가며, 아키텍처 불일치에 과한 최근 연구(갈란과 앨런, 오커불름, 1995)도 이 논문에 영향을 받았다.

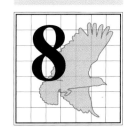

# 행위 문서화

조지 페어뱅크스(George Fairbanks)와 함께

아키텍처 행위의 관점을 문서화하는 것은 아키텍처를 개발하고 시스템을 유지보수하는 동안에 많은 이점을 제공한다. 이 정보는 시스템을 이해하는 데 사용될 수 있으며, 이해대상자가 아키텍처로 구축된 시스템이 많은 품질 관련된 목표를 어떻게 충족할 것인지 추론하는 데 도움을 줄 수 있다. 예를 들어, 행위 문서화는 잠재적인 교착 상태와 병목 현상을 식별할 수 있다. 이런 문서는 오퍼레이션에 관련된 단계와 상태를 개발자에게 명확하게 한다.

아키텍처를 문서화하는 것은 아키텍처 요소가 자신의 구조를 통해서 어떻게 상호작용하는지를 서술함으로써 구조적인 뷰를 보완하는 행위 문서화를 요구한다. 구조 다이어그램의 예로는 모듈, 컴포넌트-커넥터[C&C], 배포 다이어그램이 있다. 구조적인 관계는 모든 잠재적인 상호작용을 반영하는 시스템 뷰를 제공하며, 이들 상호작용 중 소수만이 시스템 실행 동안 어느 순간에 활성화될 것이다. 많은 표기법이 시스템 행위를 수집하는 데 사용될 수 있다.

이 장에서 우리는 행위의 어떤 면을 문서화할지를 추천하며, 그러한 행위 문서화가 왜 중요한지를 설명하고, 시스템 개발의 가장 초기 단계 동안에 이러한 문서화가 어떻게 사용되는지에 대한 예를 보여준다. 이와 함께 실무자가 시스템 행위를 문서화하는 데 사용할 수 있는 표기법, 방법론, 그리고 도구의 개요와 충고를 제공한다.

## 8.1   구조를 넘어서

아키텍처는 얼어붙은 음악이다.
– 요한 볼프강 폰 괴테(Johann Wolfgang von Goethe)

시스템 교착 상태의 잠재성과 원하는 시간 안에 작업을 완료하는 능력, 또는 최대 메모리 소비 같은 특징을 추론하는 것은 아키텍처 서술이 개별 요소의 특징과 함께 이들 사이의 상호작용 패턴과 같은 정보를 포함할 것을 요구한다. 행위 문서는 다음과 같은 사실을 나타내는 정보를 추가한다.

- 요소 사이의 상호작용 순서
- 동시성 기회
- 특정한 시간에서(예를 들어, '오전 8시에') 또는 기간 후에(예를 들어 '30ms마다')와 같은 상호작용의 시간 의존성
- 시스템 또는 시스템 일부의 가능한 상태
- (메모리, CPU, 데이터베이스 연결, 네트워크와 같은) 다른 시스템 리소스의 사용 패턴

UML의 시퀀스 다이어그램과 상태 다이어그램은 행위 정보를 수집을 지원하는 표기법의 예다.

## 8.2   행위 문서화 방법

문서화된 행위는 상호작용의 가능한 순서의 범위, 동시성 가능성, 그리고 시스템 요소 사이의 시간 기반 상호작용 의존성을 탐색하는 것을 지원한다. 이 절에서는 이 이점들을 획득하기 위해 수행해야 하는 단계를 추천한다.

이들은 시스템의 행위를 수집하는 데 필요한 세 가지 사항이 있다. (1) 문서화가 어떤 유형의 질문에 대답해야 하는지를 결정한다. (2) 다음 단계의 개발자들에게 어떤 행위 정보를 사용하게 하거나, 제약사항으로 진술될 수 있는지를 결정한다. 그리고 (3) 표기법을 선택한다.

### 8.2.1 1단계: 어떤 유형의 질문에 대답할지를 결정한다

어떤 유형의 행위를 모델링할지 결정하는 것은 설계하는 시스템의 유형과 개발 단계, 그리고 설계 노력의 집중에 달려 있다.

예를 들어, 은행 시스템을 고려해보자. 이런 시스템에서 우리는 신용, 예금, 수수료, 그리고 이체 오퍼레이션 로깅 등 이벤트의 순서에 집중한다. 행위는 트랜잭션이 원소적이며, 롤백 프로시저가 있어야 한다. 반대로 실시간 임베드 시스템에서 이벤트 순서와 함께 타이밍 속성에 관해 많은 것을 말할 필요가 있다.

개발 초기에는 입력 데이터가 출력으로 어떻게 변형되는가에 관한 상세한 사항이 아니라, 요소와 이들 상호작용 방법에 대해 말하기를 원할 것이다. 또한 요소 안에서 변형 행위에 대한 제약사항에 관해 말하는 것이 더 유용할 수도 있다. 이러한 행위가 시스템의 전반적인 행위에 영향을 미치기 때문이다. 개발 후기에는 상세한 것이 또한 고려돼야 한다.

최소한 행위의 자극과 한 요소에서 다른 요소로 정보의 이전을 모델링해야 한다. 이와 함께 이들 상호작용에 대한 순서 제약사항을 모델링하기를 원할 수도 있다. 행위가 발생해야 하는 순서와 조합은 정확한 행위가 이것에 의존한다면 문서화돼야 한다. 상호작용의 제약사항에 관한 좀 더 명시적인 정보를 가진 문서는 개발자에게 좀 더 서술적이며, 분석에 좀 더 정확하며, 따라서 결과적으로 의도된 행위를 드러내는 구현을 만들어낼 가능성이 많다.

집중의 중요성 예로서 탐험 로봇(또는 방랑자)을 생각해보자. 커뮤니케이션 서브 시스템 안에서 상호작용을 서술하는 시퀀스 다이어그램을 생성한다면, 전원 관리 서브 시스템과의 상호작용을 추상화(즉, 생략)할 수 있다. 다이어그램이 커뮤니케이션 서브 모듈과 관련된 상호작용만을 명확하게 할 필요가 있기 때문이다. 범위를 정의하는 것은 특별히 상태 기반 다이어그램에 중요하다. 첫 번째 질문은 "이 다이어그램이 무엇의 상태를 보여주는가?"다. 예를 들어, ATM 시스템에서 상태 차트는 사용자 화면과 현금 지급기, 통신 채널, 은행 계좌, 은행 카드, 카드 리더기 등의 상태를 서술할 수 있다. 이들 각 요소는 구별된 상태와 전이를 가지며, 이들은 관련될 수 있다(예를 들어, 카드 리더기가 사용자가 가져가기 잊어버린 카드를 보유하고 있다면 카드를 비활성화하는 이벤트를 발생시킬 수 있다). 상태 기반 다이어그램의 범위가 잘 정의되지 않았다면,

서로 너무 많은 상태를 갖는 결합된 요소를 모델링하는 것으로 끝나버
릴 수 있다.

### 8.2.2 2단계: 어떤 타입의 정보를 사용할지, 제약할지를 결정한다

#### 커뮤니케이션 타입

프롤로그의 관점 '화살표의 의
미'를 참고한다.

두 개의 상호 관련된 요소를 보여주는 구조적 다이어그램을 살펴보면
서 문서화의 사용자는 종종 "요소를 연결하는 선은 무엇을 의미하는
가? 데이터 흐름을 보여주는가, 또는 제어 흐름을 보여주는가?"를 질문
한다. 이것에 대한 대답은 다이어그램의 용례에 있어야 한다. 행위 다
이어그램은 다이어그램의 용례에 포함하는 것보다는 좀 더 상세하게
하나의 요소로부터 다른 요소로 정보의 이동과 행위의 자극 면을 서술
할 장소를 제공한다.

표 8.1은 다양한 타입의 커뮤니케이션의 일반적인 예를 보여준다.
이 표에서 우리는 3개의 다른 커뮤니케이션 타입의 중요한 특징을 식
별한다. 첫 번째 특징은 커뮤니케이션의 일반적인 목적이다. 일부의 경
우에서 주 목적은 데이터를 교환하는 것이다. 다른 경우에서 주 목적은
다른 요소를 자극해 작업이 완료됐다거나 서비스가 요청됐다는 신호를
보내는 것이다. 그러나 종종 요소가 데이터를 전달하기 위해 다른 요소
를 자극할 때, 또는 정보가 메시지나 이벤트의 매개변수로 전달될 때와
같이 이들 둘의 조합이 주제다.

**표 8.1** 커뮤니케이션 타입

|  | 동기적 | 비동기적 |
|---|---|---|
| **데이터** |  | 지역: 공유 메모리<br>원격: 데이터베이스 |
| **자극** | 지역: 프로시저 호출, 세마포어<br>원격: 매개변수 없는 RPC | 지역: 인터럽트, 시그널, 또는 매개변수 없는 이벤트<br>원격: 시그널, 매개변수 없는 이벤트 |
| **둘 다** | 지역: 프로시저 호출<br>원격: 매개변수 갖는 RPC | 지역: 메시지, 매개변수 갖는 이벤트<br>원격: 메시지, 매개변수 갖는 이벤트 |

두 번째 특징은 요소가 동기적 또는 비동기적 수단을 통해서 커뮤니케이션하는지 여부를 나타낸다. 원격 프로시저 호출[RPC, Remote Procedure Call]은 동기적 커뮤니케이션의 예다. 송신자가 수신자를 호출하고, 수신자가 반응할 때까지 중단된다. 메시징[messaging]은 비동기적 커뮤니케이션의 예다. 송신자는 메시지를 보내거나 이벤트를 발생시킬 때 수신자의 상태에 관심을 갖지 않는다. 메시지가 전송된 바로 후에 송신자는 실행을 계속하고, 응답을 기다리면서 중단되지 않는다. 사실상, 송신자와 수신자는 서로에 대해서 알지 못한다.

전화와 이메일을 예로 들어보자. 여러분이 누군가에게 전화를 걸면, 그 목적을 완전하게 달성하기 위해서는 그 사람이 전화 옆에 있어야만 한다. 이것이 동기적 커뮤니케이션이다. 여러분이 이메일 메시지를 보내고 아마도 응답에 관심을 갖지 않고 다른 일을 계속한다면, 이 커뮤니케이션은 비동기적이다. 동기적과 비동기적 커뮤니케이션 사이의 차이점은 트랜잭션의 행위에 영향을 준다. 비동기적 호출은 동시성을 도입하며, 느슨하게 연결된 요소에 좀 더 적당한다. 또한 구별은 변경용이성에도 영향을 준다. 비동기적 상호작용은 보통 더 복잡하며, 특별히 트랜잭션이 콜백을 필요로 해 콜백 엔드포인트[callback end point]와 원래 호출을 콜백 메시지[callback message]로 연관시키기 위한 메커니즘을 수립할 필요가 있을 때 더 그렇다.

커뮤니케이션 타입의 세 번째 특징은 호출이 (같은 컨테이너 또는 머신 안에 있는) 지역적[local]인지 원격[remote]인지 여부다. 원격이면 네트워크 오버헤드 때문에 성능은 더 나빠진다(원격 호출이 같은 머신 안에 있는 컴포넌트에 도달할지라도 네트워크 레이어의 스택을 통과하는 오버헤드를 갖는다). 원격 호출은 다소 신뢰할 수 없다. 호출 또는 응답이 전달되지 않을 수도 있고, 손상되거나 잘못된 순서로 도착할 수도 있다.

## 순서 제약 사항

동기적 커뮤니케이션인 경우에 A로부터 B로 양방향 커뮤니케이션이 있다는 것 이상을 말하기를 원할 것이다. 예를 들어, 원래 메시지의 목표가 원래 요청에 반응할 수 있기 전에 다른 요소의 지원을 사용하는 것인지 여부를 말해주길 원할 수도 있다.

요소가 입력에 반응하는 일정한 방식에 대해서 좀 더 명확하게 하기를 원할 수도 있다. 요소가 계산을 시작하기 전에 모든 입력 또는 입력의 일부를 필요로 하는지 여부를 언급하고 싶을 수도 있다. 또한 중간 결과물을 제공할 수 있는지, 아니면 최종 결과만 제공하는지를 말하고 싶을 수도 있다. 만약 어떤 요소의 행위가 활성화되기 전에 특정한 이벤트의 컬렉션이 발생해야 한다면, 그것을 명시해야만 하며, 마찬가지로 이벤트나 요소 상호작용이 유발되는 (순서와 같은) 환경이 명시돼야 한다. 상호작용에 대한 이들 제약사항 타입은 품질 속성뿐만 아니라 기능적인 정확성의 설계 분석에 유용하다.

### 시간 기반 자극

어떤 활동이 특정한 시간이나, 일정한 시간 간격으로 발생한다는 것을 명시해야 한다면 시간에 대한 개념이 문서화에 도입될 필요가 있다. 시간은 시점(즉, 달력 기반)이나 간격(즉, 타이머 기반)으로 명시될 수 있다. 간격은 실제 시간$^{wall\ time}$ 또는 작업 시간$^{task\ time}$ 중 어떤 것에든 기반을 둘 수 있다. 시점을 사용하는 예로서 어떤 특정한 행위가 주말 또는 휴일에 다르다는 것을 명시해야 할 수도 있다. 실제 시간을 사용하는 예로서, 5초마다 시스템이 얼마나 많은 사람이 로그인되는지 결정해야만 하는지를 명시할 수 있다. 작업 기반 간격의 예로서, 어떤 작업이 1분의 CPU 시간을 사용한 후 일시적으로 인터럽트될 수 있다는 것을 명시할 수 있다.

### 8.2.3 3단계: 표기법을 선택한다

시스템 행위의 문서화를 지원하는 어떤 언어도 상호작용의 시퀀스$^{sequence}$를 서술할 수 있는 구조물을 표함해야 한다. 시퀀스는 시간 순서기 때문에 시간 기반 의존성을 보여줄 수 있어야 한다. 상호작용과 유발되는 활동의 시퀀스가 특정한 자극이 도착한 후에 발생해야 하는 순서로 표시된다. 자극의 예는 시간의 경과와 이벤트의 도착이다. 활동의 예는 계산과 대기다. 시점으로서의 시간(예를 들어 오전 8:00)과 간격으로서의 시간(10초 동안 대기와 같은)을 보여주는 구조도 또한 정상적으로 제공된다. 행위의 문서화가 암시적으로 구조를 가리키고 구조를 사용할 때 뷰의 구조적 요소는 언어의 필수적인 부분이 된다. 따라서 대부분의 행위 문서화에서 다음과 같은 표현을 발견할 수 있다.

- 자극과 활동
- 상호작용 순서
- 행위가 매핑되는 관계를 갖는 구조적 요소

행위 문서화의 두 그룹이 있다. 행위 문서화를 지원하는 언어는 두 개의 대응되는 분류, 즉 추적<sup>trace</sup>과 포괄적 모델<sup>comprehensive model</sup> 중 하나에 해당한다.

- 문서화의 하나의 유형은 추적으로 시나리오 동안에 시스템의 구조적 요소를 통해서 어떤 일이 발생하는가를 잡아내는 것이다. 추적 <sup>trace</sup>은 특정한 자극에 대한 시스템의 반응을 서술하는 행위 또는 상호작용의 시퀀스다. 추적은 시스템의 완전한 행위 모델이 결코 아니다. 그러나 모든 추적을 명확하게 열거하면 비록 이것이 대부분의 시스템에서 별로 실현 가능성이 없긴 하지만 완전한 행위 모델이 생성될 수도 있다. 추적은 폭이 좁은 초점을 갖기 때문에 설계하고 의사소통하기 더 쉽다.

특정한 시나리오에서 시스템의 활동 순서를 서술하는 것이 목표라면 추적 중심적인 문서화를 사용한다.

- 보통 상태 기반의 다른 문서화의 유형은 구조적 요소 또는 요소의 집합의 완전한 행위를 보여준다. 초기 상태로부터 최종 상태까지의 모든 경로를 추론하는 것이 가능하기 때문에 이것을 포괄적 모델 <sup>comprehensive model</sup>이라고 한다. 포괄적 행위 모델은 대체와 반복의 문서화를 지원해 런타임 값에 따라서 시스템을 통한 다른 경로를 따라가는 기회를 제공한다. 이런 유형의 문서화로 어떤 가능한 자극의 도착에 대해 요소의 행위를 추론하는 것이 가능하다.

시뮬레이션을 수행하거나 정적 분석 기법을 적용하는 경우에서 처럼, 완전한 행위적 이해가 필요할 때는 문서화의 포괄적 모델 유형을 사용한다.

두 가지 접근 방법 사이의 차이점은 개별적인 요소를 기준으로 문서화에 초점을 두는 것이다. 일반적으로 추적의 범위는 특정한 시나리오에 관련된 모든 시스템 요소를 포함한다. 그러나 앞에서 설명한 것처럼, 어떤 해당 요소의 행위의 일부분만 특정한 추적에 나타난다. 이와는 반대로, 각 포괄적인 모델의 범위는 특정 요소 또는 요소의 그룹의 모든 행위에 초점을 둔다. 시스템 범위의 행위를 추론하기 위해서는 여러 포괄적인 모델을 나란히 살펴봐야 한다.

많은 언어와 표기법이 두 가지 유형의 행위 문서화에 사용될 수 있다. 이들은 순서가 어떻게 식별되는가, 타이밍 문서화를 얼마나 지원하는가, 어떤 유형의 커뮤니케이션을 쉽게 모델링할 수 있게 하는가 등과 같이 행위의 일정한 부분에 대한 강조점이 다르다.

## 8.3  행위 문서화 표기법

이어지는 절에서는 행위 명세의 추적 및 포괄적인 유형을 보여주는 여러 표기법의 개괄적인 개요를 제공한다. 이 논의의 목적은 특정한 표기법의 특징을 제공해 어떤 것을 사용할지를 결정하게 하기 위한 것이다. 이번 절에서 제공하는 다이어그램이 함께 사용돼 시스템의 이해를 지원하는 여러 가지 방식이 있다. 그림 8.1은 여러 표기법의 장점을 결합하는 합리적인 방법을 보여준다.

**그림 8.1**
다양한 유형의 행위 문서화를 함께 사용하기 (a) 유스케이스 다이어그램으로 기능적인 요구의 개요를 문서화함으로써 시작한다. (b) 그리고 각 유스케이스를 수행하는 데 대응되는 이벤트와 행위를 문서화하는 유스케이스 서술서를 생성한다. (c) 다음에는 각 유스케이스에 대해 시퀀스 다이어그램 또는 커뮤니케이션 다이어그램을 생성해 아키텍처 요소 사이의 메시지를 정의한다. (d) 마지막으로 상태 차트를 생성해 정교한 상태와 상태 전이를 갖는 요소의 행위 문서화를 보완한다

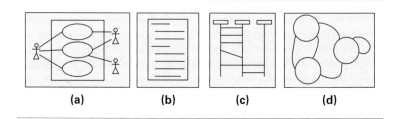

(a)　　　(b)　　　(c)　　　(d)

### 8.3.1 추적 표기법

추적trace은 시스템이 특정한 상태에 있을 때 특정한 자극에 대한 시스템의 반응을 서술하는 활동 또는 상호작용의 시퀀스다. 추적은 시스템의 구조적 요소 사이의 활동 또는 상호작용의 시퀀스를 서술한다. 포괄적인 행위 모델과 동일한 것을 생성하도록 모든 가능한 추적을 서술하는 것을 생각할 수는 있지만, 그렇게 하는 것이 추적 중심적인 문서화

의 의도는 아니다.

이 절에서는 추적을 문서화하는 4가지 표기법, 즉 유스케이스, 시퀀스 다이어그램, 커뮤니케이션 다이어그램, 그리고 액티비티 다이어그램에 대해서 설명한다. 커뮤니케이션 다이어그램은 UML 버전 2에서 도입됐으며, UML 버전 1의 콜라보레이션 다이어그램에 밀접하게 기반을 둔다. 다른 표기법도 사용할 수는 있지만, 대표적인 예로서 이들 4가지를 선택했다.

## 유스케이스

유스케이스<sup>use cases</sup>는 액터가 자신의 목표를 달성하기 위해 시스템을 사용하는 방법을 서술한다. 유스케이스 주로 시스템의 기능적인 요구를 표현하는 데 사용된다.

UML은 그림 8.2와 같은 유스케이스의 그래픽 표기법을 제공하지만, 유스케이스의 텍스트를 어떻게 작성해야 하는지 말해주지는 않는다. UML 유스케이스 다이어그램<sup>use case diagram</sup>은 액터와 시스템의 행위에 대한 개요로서 효과적으로 사용될 수 있지만, 텍스트로 된 유스케이스 서술을 만드는 데 대부분의 노력이 기울여져야 한다.

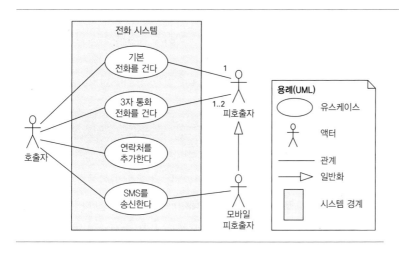

**그림 8.2**
UML 유스케이스 다이어그램은 시스템과 액터, 그리고 필수 행위에 대한 빠른 개요를 제공한다. 이 예제는 전화 시스템의 몇 가지 유스케이스를 보여준다

유스케이스 서술<sup>use case description</sup>은 텍스트로 이루어지면, 다음 사항을 포함해야 한다. 유스케이스 이름과 간단한 개요, 유스케이스를 시

작하는 액터actor 또는 액터들(주 액터primary actor), 유스케이스에 참가하
는 다른 액터(보조 액터secondary actor), 이벤트 흐름flow of events, 대안 흐름
alternative flow과 실패 흐름이다. 유스케이스 서술은 사전 조건, 사후 조건,
가정, 우선순위, 그리고 다른 정보로 향상시킬 수 있다. 유스케이스는
다른 유스케이스를 포함하거나 확장할 수 있다. 그림 8.3은 전화 시스
템에서 전화를 거는 유스케이스 서술의 예를 보여준다.

---

이름: 기본 전화를 건다.
개요: 두 전화 사이의 점대점 연결을 한다.
주 액터: 호출자
보조 액터: 피호출자
이벤트 흐름:
호출자가 휴대전화와 같은 단말기를 사용해 전화를 걸 때 유스케이스가 시작한다. 호출이 라우팅
돼야 하는 모든 단말기는 전화벨을 울린다. 단말기 중 하나가 전화를 받으면 다른 모든 전화벨은
중단하고 호출자의 단말기와 전화를 받은 단말기 사이에 연결이 이루어진다. 단말기 연결이 끊어
질 때(누군가 전화를 끊는다) 다른 단말기도 연결이 끊어진다. 이제 통화는 종료되고 유스케이스는
끝난다.
예외 흐름:
전화벨이 울리는 단말기에서 전화를 받기 전에 호출자가 연결을 끊거나 전화를 끊을 수 있다. 이런
일이 일어나면 전화벨이 울리는 모든 단말기는 전화벨이 중단되고 연결이 끊어지며, 유스케이스는
끝난다.

---

**그림 8.3**
전화 시스템에서 기본 전화를 걸다 유스케이스 서술의 예. 이 유스케이스는 주 이벤트 흐름과 하나의 예
외 흐름을 포함한다

유스케이스에서 모든 상호작용은 액터와 시스템 사이의 상호작용이
다. 시스템 안에서의 어떤 상호작용도 보여주지 않는다. 사람인 사용자
가 액터이지만, 또한 다른 컴퓨터 시스템도 액터로서의 역할을 할 수
있다.

### 시퀀스 다이어그램

UML 시퀀스 다이어그램sequence diagram은 구조적인 문서로부터 끌어온
요소의 인스턴스 사이의 상호작용 시퀀스를 보여준다. 문서화되는 시
나리오에 참여하는 인스턴스만 보여준다. 시퀀스 다이어그램은 2차원
적이다. 수직적으로는 시간을 나타내며, 수평적으로는 다양한 인스턴
스를 표현한다. 상호작용은 위에서 아래로 시간 순서에 따라 배열된다.
그림 8.4는 기본적인 UML 표기법을 예로 든 시퀀스 다이어그램의 예
다. 실제로 시퀀스 다이어그램에서 사용하는 표기법은 보통 더 간단하

다. 반환 메시지<sup>return message</sup>가 없을 수도 있으며, 실행 발생 바<sup>execution occurrence bar</sup>를 그리지 않을 수도 있으며, 모든 타입의 메시지에 대해 하나의 화살표 타입만 사용될 수도 있고, 메시지에 라벨이 없을 수도 있다.

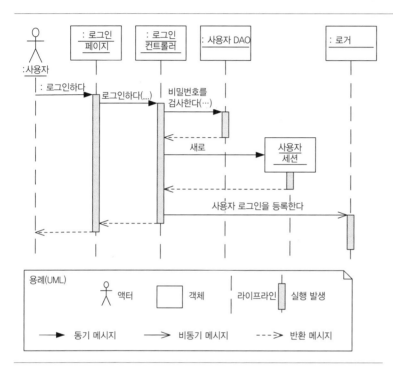

**그림 8.4**
UML 시퀀스 다이어그램의 간단한 예. 객체(즉, 요소 인스턴스)는 시간 축 사이에 수직 점선으로 그려지는 라이프라인(lifeline)을 갖는다. 보통 시퀀스는 가장 왼쪽에 있는 액터에서 시작한다. 인스턴스는 수직 화살표로 표현되는 메시지를 보냄으로써 상호작용한다. 메시지는 메소드나 함수 호출이 될 수 있으며, 큐를 통해 전송되는 이벤트나 다른 것일 수도 있다. 보통 메시지는 수신자 인스턴스의 인터페이스에 있는 리소스(오퍼레이션)에 매핑된다. 채워진 화살촉을 갖는 실선은 동기 메시지(synchronous message)를 표현하며, 비어 있는 화살촉은 비동기 메시지(asynchronous message)를 나타낸다. 점선 화살표는 반환 메시지다. 라이프라인을 따르는 실행 발생 바는 인스턴스가 처리되고 있거나 반환을 기다리면서 중단되고 있는 것을 나타낸다. 이 시퀀스 다이여그램은 명확하게 사용자 세션 객체의 생성을 보여주고 있기 때문에 생성이 발생하는 위치에 상자가 삽입된다

시퀀스 다이어그램은 동시성<sup>concurrency</sup>을 보여주는 것에 대해서는 명확하지 않다. 이것을 해야 한다면 액티비티 다이어그램을 대신에 사용하는 것이 좋다. 시퀀스 다이어그램의 인스턴스가 동시에 실행될 수도 있지만, 시퀀스 다이어그램이 '같은 시간'에 다른 인스턴스에게 메시지를 보내거나, 반대로 '같은 시간'에 여러 자극을 받는 인스턴스를 나타낼 때 순서에 대해서는 어떠한 가정도 할 수 없다.

그림 8.5는 좀 더 재미있는 시퀀스 다이어그램을 보여준다. 설계를 개발자와 의사소통할 수 있도록 도와주는 UML 2.0에 도입된 몇 가지 특징을 보여준다.

동기와 비동기 메시지를 혼합해서 사용한다면 UML 시퀀스 다이어그램 표기법에 다른 타입의 화살표를 사용해 이들 구별하고 동기적 호출에 반환 메시지를 추가한다.

- 명명된 프레임: 다이어그램 주위의 선택적인 프레임은 시퀀스 다이어그램의 이름을 포함한다. 예에서는 sdProcessOrder다.
- 참조: 기존 시퀀스 다이어그램은 다른 다이어그램에 참조될 수 있으며, 좌측 상단에 'ref'라는 라벨을 갖는 프레임을 사용한다. 예에서는 ProcessOrderRPCService가 DaoOrder와 상호작용한 바로 직후에 CreditCardValidation이란 참조된 시퀀스 다이어그램에 있는 모든 상호작용이 발생한다는 것을 나타낸다.
- 시간 제약: 예에서는 Customer와 GWTClientApp 사이의 상호작용이 1초와 5초 사이에 발생해야 한다는 것을 나타낸다.

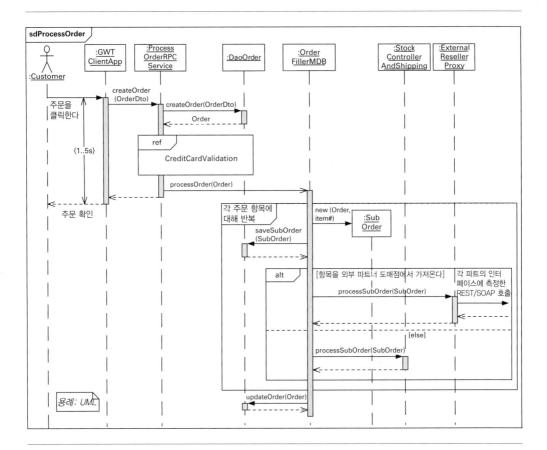

**그림 8.5**
웹 스토어에서 주문 처리를 하는 UML 시퀀스 다이어그램의 예. 이 예에서는 시간 제약, 다른 시퀀스 다이어그램 참조, 루프, 조건적인 대체 메시지와 같은 몇 가지 강력한 시퀀스 다이어그램 표기법을 보여준다

- 루프: 루프[loop] 프레임은 상호작용이 루프에서 반복된다는 것을 나타낸다. 좌측 상단의 라벨의 loop 키워드 다음의 표현식은 반복 횟수를 정의한다. 예에서 각 주문 항목에 대해 반복 프레임의 상호작용이 반복된다(이 다이어그램에서는 나타나지 않지만, 각 주문은 주문 항목의 컬렉션을 포함한다).

- 대체: 좌측 상단의 'alt' 라벨을 갖는 프레임은 (대괄호 안에 있는) 지정된 보호 조건[guard condition]이 참인 경우에만 실행되는 상호작용을 포함한다. alt 프레임은 세그먼트로 나뉠 수 있으며, 각 세그먼트는 보호 조건을 가질 수 있다. 예에서 alt 프레임은 두 개의 세그먼트를 가지며, 의미론적으로는 if-then-else 구조에 대응된다.

### 커뮤니케이션 다이어그램

다른 추적 표기법과 마찬가지로. UML 커뮤니케이션 다이어그램은 목적을 달성하는 데 필요한 요소 사이의 순서적인 상호작용을 보여준다. 시퀀스 다이어그램이 시간 축과 같은 메커니즘을 사용해 순서를 보여주는 반면에, 커뮤니케이션 다이어그램은 상호작용한 요소의 그래프를 보여주고, 각 상호작용의 순서를 나타내는 숫자로 주석을 단다. 시퀀스 다이어그램에서처럼 커뮤니케이션 다이어그램에서 보여주는 인스턴스는 동반하는 구조적 문서화에 서술된 요소의 인스턴스다. 커뮤니케이션 다이어그램은 아키텍처가 기능 요구를 충족시킬 수 있는지 확인하는 작업에 적합하다. 성능 분석을 수행할 때처럼 동시적인 행위의 이해가 중요하다면 이 다이어그램은 유용하지 않다.

또한 커뮤니케이션 다이어그램은 (그림 8.6에서처럼) 링크[link] 요소 사이의 관계를 보여준다. 링크는 이들 구조적 인스턴스 사이의 관계의 중요한 측면을 보여준다. 다른 커뮤니케이션 다이어그램에서 같은 인스턴스 사이의 링크가 같은 구조적 사이의 다른 관계의 측면을 보여줄 수 있다.

**그림 8.6**

전화 시스템에서 3차 통화를 하는 UML 커뮤니케이션 다이어그램. 상호작용은 순서 번호로 라벨이 붙은 인스턴스 사이의 선과 호출되는 리소스의 이름, 그리고 커뮤니케이션 방향을 나타내는 화살표로 표현된다. 순서 번호는 어떤 상호작용이 어떤 상호작용 뒤에 오는지를 보여준다. 중첩된 자극 및 병행성을 보여주기 위해 부 번호 붙이기(subnumbering)를 사용할 수 있다. 예를 들어 순서 번호 2.1a를 갖는 상호작용은 자극 번호 2를 받는 결과로서 전송된 첫 번째 자극이다. 끝에 붙은 a 문자는 다른 자극 2.1b가 병행으로 수행될 수 있다는 것을 의미한다. 이러한 번호 붙이기 체계는 순서와 병행을 보여주는 데 유용하지만, 다이어그램을 이해하기 어렵게 만들 수 있다

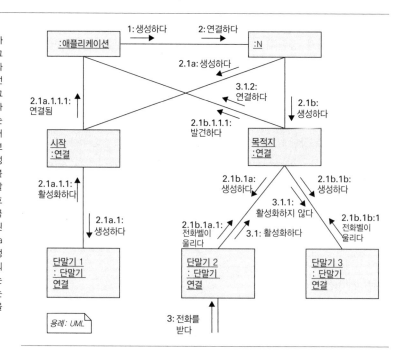

커뮤니케이션 다이어그램과 시퀀스 다이어그램은 본질적으로 같은 정보를 표현하며, 시간 순서와 요소 관계를 강조하는 방법에 따라 둘 중 하나를 선택할 수 있다. 시퀀스 다이어그램은 시간 순서를 명확하게 보여주어 어떤 상호작용이 어떤 순서로 나타나는지 손쉽게 알 수 있게 한다. 커뮤니케이션 다이어그램은 이들이 도출된 (클래스 다이어그램과 같은) 구조 다이어그램과 유사하게 할 수 있으며, 또한 요소들이 연결된 방법을 정적으로 쉽게 보여줄 수 있게 한다. 시퀀스 다이어그램은 요소 사이의 (사용 의존성과 같은) 정적인 연결을 명확하게 보여주지 않는다.

### 액티비티 다이어그램

UML 액티비티 다이어그램activity diagram은 흐름 차트flow chart와 유사하다. 모두 업무 프로세스business process를 (행위action라고 하는) 단계의 연속으로 보여주며, 이벤트를 보내고 받는 것을 보여줄 뿐만 아니라 조건 분기와 동시성을 표현하는 표기법을 포함한다. 행위 사이의 화살표는 제어 흐름flow of control을 나타낸다. 선택적으로 액티비티 다이어그램은 아

키텍처 요소나 행위를 수행하는 액터를 나타낼 수 있다. 이렇게 하는
한 가지 방법은 각 요소에 (스윔레인swim lane이라고도 하는) 활동 파티션
activity partition을 그리고 대응되는 파티션 안에 해당 요소가 수행하는 행
위를 위치시키는 것이다. 그림 8.7은 6개의 활동 파티션이 있는 액티비
티 다이어그램의 예를 보여준다.

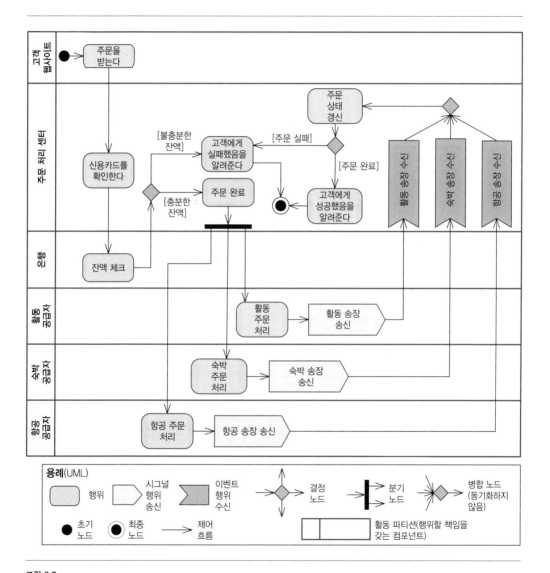

**그림 8.7**
Adventure Builder 시스템(Adventure Builder 2010)의 주문 처리 액티비티 다이어그램의 예. 왼쪽에 있는 요소는 상위 수준의 시스템의 서
비스지향 뷰의 컴포넌트다

액티비티 다이어그램의 또 다른 중요한 특징은 동시성을 표현하는 능력이다(흐름 화살표에 직교적인 두꺼운 바로 표현된). 분기 노드fork node는 두 개 또는 그 이상의 행위의 동시 흐름concurrent flow으로 흐름을 분할한다. 나중에 동시 흐름은 (또한 직교적인 바로 표현된) 결합 노드join node를 통해서 단 하나의 흐름으로 동기화될 수 있다. 결합 노드는 처리하기 전에 들어오는 흐름incoming flow이 완료되기를 기다린다. 다른 방법은 합병 노드merge node를 사용하는 것이다. 합병 노드는 여러 개의 들어오는 흐름을 갖는 마름모로 표현된다. 합병 노드는 들어오는 흐름을 동기화하지 않는다. 그 대신에 각 흐름이 완료할 때 다음 행위로 제어를 넘겨준다.

시퀀스와 커뮤니케이션 다이어그램과는 달리, 액티비티 다이어그램은 특정한 객체에 수행되는 실제 오퍼레이션을 보여주지 않는다. 액티비티 다이어그램은 특정한 작업 흐름에서 단계를 폭넓게 설명하는 데 아주 유용하다. (마름모 기호로 표현되는) 조건 분기는 하나의 다이어그램으로 여러 추적을 표현할 수 있게 하지만, 모든 가능한 추적 또는 시스템 또는 시스템의 일부에 대한 완료된 행위를 보여주는 것이 액티비티 다이어그램의 원래 의도는 아니다.

### 다른 추적 기반 표기법

유스케이스와 시퀀스 다이어그램, 커뮤니케이션 다이어그램, 액티비티 다이어그램은 추적을 표현하는 데 가장 많이 볼 수 있는 표기법이다. 그러나 특별한 목적을 갖는 다른 표기법도 있다.

● 메시지 시퀀스 차트message sequence chart는 인스턴스 사이의 커뮤니케이션의 서술을 포함하는 메시지 지향적인 표현이다. 단순한 메시지 시퀀스 차트는 시퀀스 다이어그램처럼 보이지만, 좀 더 명확한 정의와 좀 더 정확한 표기법을 갖는다. 메시지 시퀀스 차트는 상호작용하는 시스템, 특별히 통신 스위칭 시스템 사이의 통신 행위의 개요 명세에 주로 사용된다. 메시지 시퀀스 차트는 보통 포괄적인 행위 표기법인 명세와 서술 언어SDL, Specification and Description Language와 함

께 사용된다. 메시지 시퀀스 차트가 시스템과 프로세스와 같은 요
소 사이의 메시지 교환을 표현하는 데 초점을 맞춘다면, SDL은 요
소에서 발생하거나 발생해야 하는 것을 문서화하는 데 초점을 맞춘
다. 이런 관점에서 메시지 시퀀스 차트와 SDL 다이어그램은 상호
보완적이다.

- UML 타이밍 다이어그램timing diagram은 시간 행에 따라 하나 이상의
  객체의 상태 변경을 보여준다. 또한 두 개 이상의 객체가 있으면 타
  이밍 다이어그램은 UML 시퀀스 다이어그램과 유사하게 이들 사
  이의 메시지를 표시할 수 있다. 타이밍 다이어그램은 시간이 왼쪽
  에서 오른쪽으로 진행된다는 점에서 디지털 시그널 다이어그램
  digital signal diagram과 닮아 있지만, 이벤트와 메시지 교환 사이에 시간
  제약사항을 표현하는 풍부한 어휘를 갖고 있다.

- 업무 프로세스 실행 언어BPEL, Business Process Execution Language는 웹 서
  비스 사이의 상호작용을 구성하는 작업 흐름의 생성을 지원하는 언
  어다. BPEL은 실행할 수 있는 XML 기반 언어며, 따라서 아키텍처
  설계에 적당하지 않다. 그러나 보통 BPEL 도구 환경은 시스템을 통
  해서 제어와 데이터 흐름을 서술하는 행위적인 다이어그램을 생성
  하는 데 사용할 수 있는 그래픽 표기법(예를 들어, 업무 프로세스 모델
  링 표기법BPMN, Business Process Modeling Notation)을 제공한다.

## 8.3.2 포괄적인 모델 표기법

포괄적인 모델comprehensive model은 구조적 요소의 완전한 행위를 보여준
다. 이 유형의 문서가 제시되면 초기 상태에서 최종 상태까지 모든 가
능한 경로를 추론할 수 있다. 상태 머신 형식주의는 아키텍처 요소의
행위를 표현하는 데 좋은 후보가 된다. 각 상태는 해당 상태로 이끌어
갈 수 있는 모든 가능한 이력의 추상화이기 때문이다. 상태 머신 언어
는 상호작용 및 내부와 환경적인 자극에 대한 반응에 대한 제약사항으
로 시스템 요소의 구조적인 서술을 보완할 수 있게 한다.

이번 절에서는 UML 상태 머신 다이어그램state machine diagram을 설명

한다. 다른 언어도 사용할 수 있지만, 시스템 이해당사자에게 전달하기를 원하는 본질을 표현하는 형식으로 행위를 서술할 수 있기 때문에 상태 머신 다이어그램을 선택했다. 또한 상태 머신은 컴퓨터 과학의 많은 규율(컴파일러로부터 데이터 모델링까지)에서 사용될 수 있다. 그리고 UML의 일부이기 때문에 모델링과 드로잉 도구에서 쉽게 사용할 수 있다. 또한 상태 머신 다이어그램은 시스템을 설계하고 시뮬레이션하며 분석할 수 있는 개발 도구에서 사용할 수 있으며, 때로는 코드를 생성하기도 한다.

### UML 상태 머신 다이어그램

UML 상태 머신 다이어그램은 데이비드 아렐David Harel이 반응형 시스템reactive system을 모델링하기 위해 개발한 상태 차트 그래픽 형식주의를 기반으로 한다. 이들은 특정한 입력이 주어지면 시스템의 행위를 추적할 수 있게 한다. UML 상태 머신 다이어그램은 상자로서 표현되는 상태와 화살표로 표현되는 상태 사이의 전이를 보여준다. 상태 머신 다이어그램은 관심 있는 또는 복잡한 상태를 갖는 아키텍처 요소를 모델링할 수 있게 한다. 그림 8.8은 자동차 크루즈 컨트롤 시스템의 상태를 보여주는 간단한 예다.

**그림 8.8**
자동차 크루즈 컨트롤 시스템의 UML 상태 머신 다이어그램. 전이는 운전자가 버튼을 누르거나 크루즈 컨트롤 시스템에 영향을 주는 운전 행위에 대응된다

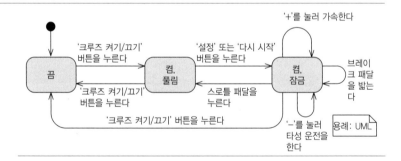

상태 머신 다이어그램에서 각 전이transition는 전이를 야기시키는 이벤트로 라벨을 붙인다. 선택적으로 전이에는 대괄호 안에 보호 조건을 지정할 수 있다. 전이에 해당하는 이벤트가 발생될 때 보호 조건이 평

가되고 그 당시의 보호 조건이 참인 경우에만 전이가 허용된다. 또한 전이는 슬래시(/)로 표현되는 행위$^{action}$ 또는 효과$^{effect}$라고 결과를 가질 수 있다. 행위가 표기될 때, 전이가 발생하면 슬래시 다음의 행위가 실행될 것이라는 것을 나타낸다. 또한 상태는 시작$^{entry}$과 종료$^{exit}$ 행위를 명시할 수 있다.

또한 UML 상태 다이어그램은 상태의 중첩을 지원한다. 외부 상태를 컴포지트 상태$^{composite\ state}$라고 한다. 내부 상태는 서브 상태$^{substate}$라고 한다. 컴포지트 상태는 새로운 상태 다이어그램의 범위를 정의하며, 서브 상태는 유한 상태 머신$^{finite\ state\ machine}$에서와 같이 전이와 연관된다. 컴포지트 상태에 들어올 때 컴포지트 상태의 초기 상태가 된다. 컴포지트 상태 수준에서 표현되는 어떤 행위(어떤 특정한 서브 상태가 아닌 컴포지트 상태 경계로부터의 전이로 표현되는 행위)도 모든 서브 상태에 적용된다. 이 기법의 좋은 사용 예는 공통적인 에러 처리나 종료 행위를 나타내는 것이다. 그림 8.9는 이러한 예를 보여준다. '주문 완료하기' 컴포지트 상태(우측 상단)로부터의 '사용자 주문 취소' 전이는 어떤 서브 상태에서도 전이가 발생할 수 있다는 것을 표현한다.

UML 상태 머신에서 동시성은 컴포지트 상태를 영역$^{region}$으로 분할함으로써 표현된다. 각 동시적인 영역은 서브 상태를 묶은 하나의 상태 머신을 포함한다. 영역은 점선으로 분리된 것을 표현한다. 그림 8.9에서 상태 머신은 3개의 동시적인 영역을 보여준다. 모든 영역이 자신의 최종 상태에 도달할 때 컴포지트 상태로부터 '모든 예약 확인' 전이가 트리거된다. 이 전이는 '고객 이메일' 행위를 실행시킨다. 이 대신에 시스템은 요청 중 어느 것이라도 충족되지 않거나, 앞에서 언급한 바와 같이 사용자가 주문을 취소하면 시스템은 컴포지트 상태를 떠날 수 있다. UML의 상태 머신 다이어그램 표기법은 여기에서 설명하지 않은 선택, 타이밍, 히스토리 수단과 같은 많은 다른 기능을 포함한다.

상태 머신 다이어그램에서 상자는 상태다. 이들은 컴포넌트나 모듈이 아니다. 화살표는 전이다. 이들은 커넥터가 아니다. 상태 머신 다이어그램은 전체 시스템이나 컴포넌트, 컴포넌트의 컬렉션, 객체의 속성의 상태를 모델링할 수 있다. 상태 머신 다이어그램을 생성하기 전에 무엇을 모델링할지를 명확하게 해야 한다.

정의에 의하면 상태 다이어그램은 모든 상태와 상태로부터의 모든 전이를 보여준다. 예를 들어 ATM이 '핀 입력' 상태에 있을 때 사용자가 걸어나갈 수 있는 전이를 보여주어야 한다. 그렇지 않으면 개발자는 타임아웃을 구현하지 않을 수도 있다.

상태 다이어그램이 어떤 상태를 표현할지를 결정한다. 너무 광범위한 범위를 선택하는 것은 너무 커서 이해하고 분석하기 힘든 다이어그램을 만들어낼 수 있다.

초기 상태를 표시하는 것을 잊지 말아야 한다. 그리고 최종 상태가 있어야 할지 여부를 결정해야 한다.

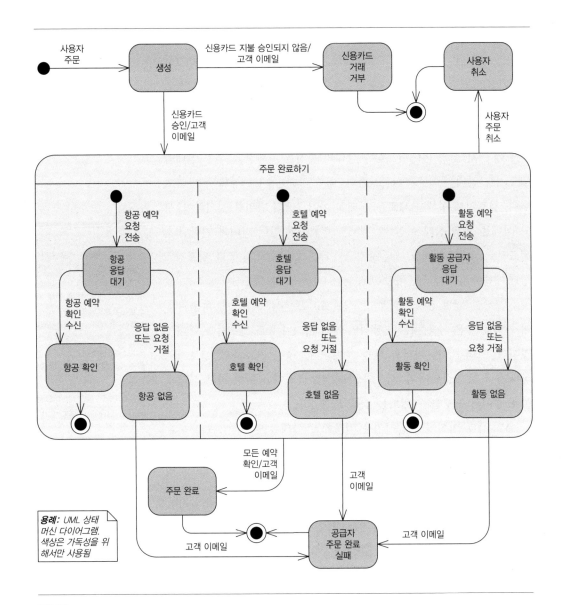

**그림 8.9**
Adventure Builder 시스템(Adventure Builder 2010)에서의 주문 상태를 보여주는 UML 상태 머신 다이어그램. 일단 신용카드가 승인되면 주문은 '주문 완료하기' 컴포지트 상태로 이동한다. 세 영역은 주문을 완료하는 동시적이며 독립적인 서브 상태를 표현한다

**다른 포괄적인 표기법**

Z(제드)와 CSP, FSP와 같은 형식적인 언어는 안전 필수적인 시스템과 같은 중요한 요구를 갖는 틈새 도메인에서 인기 있다. 이들은 명제 논리predicate logic와 집합 이론set theory을 기반으로 하는 수학 언어mathematical language다. 이들 언어는 정교한 행위 모델을 생성하는 데 사용될 수 있으며, 타입 검사, 모델 검사, 증명과 같은 활발한 분석을 허용한다. 그러나 많은 기호 집합을 포함하고 있으며, 명제 논리 관점에서 표현식이 작성되기 때문에 일부 설계자에게는 사용하기 어렵다.

다양한 틈새 영역에서 사용되는 다른 표기법들도 있다. 부록 C에서 설명하는 아키텍처 분석 및 설계 언어AADL, Architecutre Analysis and Design Language는 런타임 행위를 추론하는 데 사용될 수 있다. 명세 및 서술 언어SDL, Specification and Description Language는 통신 분야에서 사용된다. 코알라Koala는 아키텍처 서술 언어로 제품 라인 아키텍처를 염두에 두고 설계됐다. 컴포넌트 선택에서 가변성과 합성 바인딩 시점의 다양성을 지원한다.

## 8.4 행위 문서화 위치

아키텍트는 특정한 방식으로 자극될 때 요소가 행위하는 방법을 보여주거나 요소들이 서로 반응하는 방법을 보여주기 위해 행위를 문서화한다. 아키텍처 문서화 패키지에서 행위를 보여주는 위치는 무엇을 보여주느냐에 따라 다르다. 예를 들어 아키텍처 뷰에서는 다음과 같다.

- 행위는 요소 카탈로그에 자신의 섹션이 있다. 복잡한 트랜잭션에서 시퀀스 다이어그램을 사용해 요청을 처리하기 위해 요소가 상호작용하는 방법을 서술할 수 있다.

- 행위는 요소의 인터페이스 문서화의 일부가 될 수 있다. 요소의 인터페이스에 대한 리소스의 의미론은 요소의 리소스를 사용하는 결과로서 발생하는 외부에 가시적인 행위를 포함할 수 있다. 또는 인터페이스 문서의 사용 지침 섹션에 행위 서술이 특별한 사용 패턴, 즉 사용된 리소스의 특별한 순서의 효과를 설명하는 데 사용될 수 있다.

인터페이스 문서화는 7장에서 설명한다.

근거 문서화는 6.5절에서 설명한다.

- 행위는 분석의 결과를 포함하는 근거 섹션에 위치할 수 있다. 행위 서술은 보통 분석의 기반이 되며, 시스템의 정확성 또는 다른 품질 속성을 분석하는 데 사용되는 행위가 여기에 기록될 수 있다.

뷰를 넘어서 적용하는 문서화에서 아키텍처가 요구를 만족시키는 이유에 대한 근거는 아키텍트의 정당화의 일부로서 행위 문서화를 포함할 수 있다.

## 8.5   행위 문서화 이유

행위 문서화는 개발과 유지보수 활동에서 이해당사자 사이의 의사소통에 가장 많이 사용된다. 또한 시스템 분석에도 사용될 수 있다. 여러분이 수행하는 분석의 유형과 시스템의 품질 속성을 검토하는 정도는 개발하는 시스템의 타입에 달려 있다.

### 8.5.1 개발 행위 주도

행위 문서화는 시스템 개발 행위 동안에 이해당사자 사이의 의사소통 수단으로서의 아키텍처의 역할에서 중요한 부분을 담당한다. 아마도 모든 아키텍트가 회의하는 동안에 화이트보드에 시퀀스 다이어그램(또는 몇 가지 유사하게 표현할 수 있는 다이어그램)을 그려서 컴포넌트가 무엇을 위해 존재하며, 이들 컴포넌트 사이에 어떤 상호작용이 일어나는지에 대한 생각을 구체적으로 설명한다고 말하는 것이 맞을 것이다. 이 다이어그램들은 관련된 근거와 함께, 아키텍처 문서화의 일부로서 수집돼야 한다. 아키텍처를 설계하는 과정은 아키텍트가 시스템 요소의 내부 행위에 대한 이해를 개발할 수 있도록 하며, 시스템이 그 목적을 달성할 수 있을 것이라는 자신감을 향상시켜준다.

여러 모듈이 관련돼 있는 특정한 트랜잭션에서의 버그를 찾는 데 오랜 시간을 소비하고 있다면 적절한 단계를 보여주는 시퀀스 다이어그램을 생성하도록 한다. 다이어그램은 전체 트랜잭션을 이해하는 것을 도와주며, 에러가 있는 상호작용을 노출시켜줄 수도 있다. 이 조언은 특별히 동시성 문제로 버그를 쉽게 다시 생성할 수 없을 때 유용하다.

아키텍팅 과정에서 시스템 분할은 서브 요소의 집합을 식별하고, 부모 요소의 필수 행위를 지원하는 방식으로 구조와 서브 요소 사이의 상호작용을 모두 정의한다. 많은 경우에서 행위 문서화는 분할이 적절한지 여부를 알기 위해 서브 요소의 상호작용과 이들의 책임에 대해 추론할 수 있도록 생성된다.

시퀀스 다이어그램과 같은 추적 중심적인 다이어그램은 이미 이루어진 구현을 기반으로 생성될 수도 있다. 이런 경우에 다이어그램은 병목점과 메모리 누수, 그리고 다른 결함들을 찾아내며, 성능 향상과 리팩토링의 기회를 식별하는 것을 도와준다.

## 8.5.2 분석

행위 문서화는 소프트웨어 시스템의 완료성과 정확성, 품질 속성을 추론할 수 있게 한다. 아키텍처 뷰의 구조가 식별되고 요소 사이의 상호작용이 국한된다면, 제안된 시스템이 계획된 대로 자신의 작업을 수행할 수 있을 것인지 여부를 살펴보아야 할 필요가 있다. 이것은 아키텍처의 완료성과 정확성을 모두 추론할 수 있는 기회가 된다. 시스템 기능성의 범위와 관련된 품질 속성을 지원하는 아키텍처의 능력을 추론하는 것을 도와주기 위해 시스템의 행위를 시뮬레이션할 수 있다. 행위 문서화는 시뮬레이션에 입력으로 역할을 하는 모델로서 구축될 수 있다.

행위 모델에서 행위 분석을 수행하는 데 필요한 정보의 양은 결과에 필요로 하는 확실성과 정확성 수준에 따라서 크게 다르다. 따라서 일반적으로 아키텍처 분석 기법의 일정한 유형을 적용하는 것과 관련된 비용/편익을 결정하는 데 몇몇 유형의 트레이드오프를 비교하는 것이 좋다. 어떤 시스템에서는 요구 기반 시나리오의 집합을 식별하고 시뮬레이션하는 것이 좋다. 안전이 중요한 시스템을 개발한다면 모델 검사와 같은 좀 더 비용이 많은 형식적인 분석 기법을 적용해 안전에 관련된 실패로 이끌 수 있는 가능한 설계 단점을 식별하는 것이 바람직하다.

시스템 행위를 문서화하는 것은 개발 프로세스 초기에 시스템의 품질 속성을 탐구하는 것을 지원한다. 아키텍처 기반으로 예측하는 데 사용할 수 있는 몇몇 기법과 도구를 사용할 수 있거나 개발 중이며, 시스템의 생산은 성능, 신뢰성, 안정성과 같은 품질 속성과 관련된 특정한 측정을 드러낼 것이다.

아키텍처 기반 시뮬레이션은 특정한 조건 하에서 일정한 결과를 기대하는 시스템의 특정한 사용을 기반으로 한다는 점에서 구현을 테스트하는 것과 유사하다. 일반적으로 개발자는 시스템 요구를 기반으로 시나리오의 집합을 식별한다. 이들 시나리오는 활동의 자극과 시스템이 실행되는 환경에 관한 가정을 식별하고 예상되는 결과를 서술한다는 점에서 테스트 케이스와 유사하다. 이들 시나리오는 관련된 시스템 요소와 이들 상호작용의 제약사항을 지원하는 문서화된 시스템 모델에 대해 실행된다. '아키텍처 실행'의 결과는 예상된 행위와 비교해 검토된다.

시뮬레이션의 특별한 케이스 집합을 살펴보지만, 아키텍처를 분석하기 위한 시스템 범위의 기법, 즉 변경 영향, 교착 상태, 안정성, 일정성과 같은 것을 위한 분석 기법은 전체 시스템을 평가한다. 이들 기법은 적절한 분석을 수행하기 위해서 시스템과 구성 요소의 행위에 대한 정보를 필요로 한다. 요소 사이와 요소 안에서의 의존성은 잠재적인 실행 경로를 식별하는 데 사용되며 성능과 같은 품질 속성을 평가하는 데 필요하며, 사용하다 관계의 체인을 식별해 변경용이성을 평가하는 데 필요하다.

## 8.6   요약 체크리스트

- 행위를 문서화하는 것은 요소와 이들 사이의 시간 관련 특징을 갖는 관계에 의미론적 세부사항을 추가한다. 행위 모델은 요소 사이의 상호작용 순서와 동시성 기회, 그리고 특정한 시간 또는 기간 후와 같은 상호작용의 시간 의존성을 나타내는 정보를 추가함으로써 구조 모델을 보완한다.

- 요소 사이의 상호작용 제약사항은 문서화돼야 한다. 행위 또는 상호작용에 대한 순서 제약사항도 문서화한다. 시스템이 시간에 의존한다면 클럭을 문서화한다.

- 대부분의 행위 언어는 자극과 활동, 상호작용의 순서, 그리고 구조적 요소의 표현을 포함한다.

- 추적 중심적인 모델은 특정한 상태에 있을 때 특정한 자극에 대한 시스템의 반응을 서술하는 활동 또는 상호작용의 순서로 구성된다. 구조적 요소와 이들의 상호작용이라는 관점에서 서술된 시스템에

서 활동의 추적을 문서화한다. 유스케이스, 시퀀스 다이어그램, 커뮤니케이션 다이어그램, 액티비티 다이어그램이 추적 기반 모델링 언어다.

- 보통 상태를 기반으로 하는 포괄적인 모델은 구조적 요소 또는 요소의 집합의 완전한 행위를 보여준다. UML 상태 머신 다이어그램은 포괄적인 행위 모델링 언어다.

- 행위는 뷰의 요소 카탈로그와 인터페이스 문서에 문서화되며, 분석 결과를 포함하는 설계 배경 섹션에 포함될 수도 있다.


## 8.7 생각해볼 문제

1. 탐색, 검색, 전원 켜기/끄기, 사전설정 주파수 단추와 함께, 손으로 돌릴 수 있는 주파수 조절기와 음량 조절기, 그리고 디지털 주파수 표시기가 있는 자동차 라디오를 생각해보자. (a) 이 장에서 제시한 행위를 서술하는 데 사용된 언어와 표기법 중에서 어떤 것이 이 라디오의 행위를 서술하는 데 가장 적합한가? 왜 그런가? (b) 이전 질문에서 선택한 언어 중 하나를 사용해 자동차 라디오의 행위를 스케치해본다.

2. 운전자가 사전 주파수 단추를 누르고 있으면서 주파수 조절기를 돌릴 때, 화면이 꺼지는 것과 같은 예기치 않은 행위를 자동차 라디오가 노출시키지 않기를 원한다고 하자. 이러한 경우에 도움이 되는 어떤 언어를 사용하기를 원하는가? 왜 그런가?

3. 언제 추적 모델을 사용하거나 포괄적인 모델을 사용해 행위를 문서화할 것인지를 선택할 것인가? 각각에 대해 여러분이 얻을 수 있는 가치는 무엇인가? 그리고 어떤 노력이 필요한가?

4. 다음과 같은 이해당사자 각각에 대해 ATM기의 상태 차트를 그린다. (a) 계좌에 돈을 입금하거나 인출하기를 원하는 고객 (b) 은행 영역을 넘어서 기계의 사용을 추적하기를 원하는 은행 실무진 (c) 어떤 이유로든 작동불능 상태가 될 때 기계를 보수하러 파견된 서비스 기술자 (d) 기계의 금고가 열리거나 경사 알람이 꺼지고, 기계

가 은행과의 커뮤니케이션을 중단할 때 적절한 행위를 취하는 것이 직업인 보안 요원. 4개의 상태 차트 사이의 차이점을 논의한다. 이들 결합해 기계의 단 하나의 전체 상태 차트를 생성하기를 원한다면 어떻게 할 것인가?

5. 아키텍처를 문서화하기 위해서는 서로 일관적인 다양한 뷰를 그리게 된다. 행위 모델이 다른 컴포넌트로 메시지를 보내는 컴포넌트를 보여준다면, 이들 사이에는 커넥터가 있어야 하지만 커넥터는 행위 다이어그램에 나타나지 않는다. 여러분이 생각할 수 있는 뷰 사이의 다른 일관성 검사가 있는가? 대답할 때 모듈, C&C, 할당 등 각 카테고리의 뷰를 고려한다.

6. 그림 8.10은 행위 다이어그램인가? 왜 그런가? 왜 그렇지 않은가?

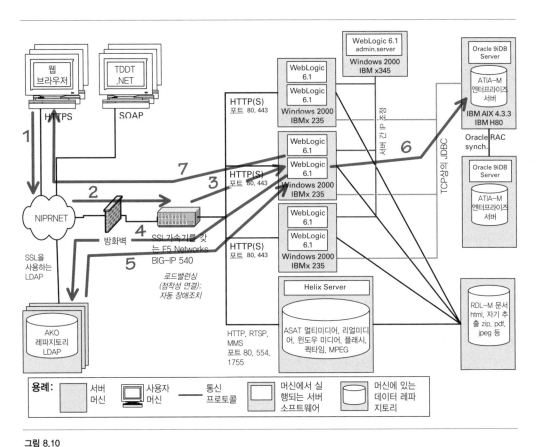

**그림 8.10**
네트워크 다이어그램의 상단에 그려진 여러 화살표는 커뮤니케이션하는 요소 관점에서 특정한 사용자 트랜잭션을 처리하는 단계의 순서를 보여준다

## 8.8 더 읽을거리

행위 서술의 풍부한 정보는 OMG가 공개적으로 제공하는 UML 정의에서 찾을 수 있다. uml.org에서 UML 명세서를 구할 수 있으며, 여기에는 시퀀스와 커뮤니케이션 다이어그램의 정의와 서술, 예제와 함께, 예제 유스케이스와 상태 머신 다이어그램도 있다. 또한 UML과 사용법을 자세히 설명한 여러 책도 여러 권 있다. 추천할 만한 2권의 기념비적인 책인 부치와 럼버그, 제이콥슨(2005)의 『THE UML USER GUIDE: UML 실전 활용 테크닉(한글 2판)』(케이엔피IT, 2010)과 여러분의 시간을 80% 정도 사용하는 UML 중 20%에 집중해 설명한 마틴 파울러(2003)의 『UML DISTILLED』(홍릉과학출판, 2005)가 있다.

상태 차트에 대한 참조할 만한 좋은 책은 아렐과 폴리티[Politi](1998)의 『Modeling Reactive Systems with Statecharts: The Statemate Approach』다.

BPEL 명세는 oasis-open.org/committees/wsbpel에서 찾을 수 있다. BPMN에 대한 OMG의 홈페이지는 bpmn.org다.

특히 SDL 다이어그램과 결합되는 메시지 시퀀스 차트는 통신 산업에서 주로 사용된다. ITU[International Telecommunication Union]의 웹사이트인 itu.int에는 메시지 시퀀스 차트와 SDL을 이해하고 사용하는 데 필요한 참조 문서를 제공한다. 추가적인 정보와 이벤트, 도구, 논문은 SDL 포럼의 웹사이트 sdl-forum.org에서 찾을 수 있다.

유스케이스에 관한 책은 많다. 전체 유스케이스에 대한 논의를 시작한 책은 이바르 제이콥슨의 『Object-Oriented Software Engineering: A Use Case Driven Approach』(1992)다. 이 책은 유스케이스의 원래 의미와 기저의 개념을 이해하는 시작점이 된다. 알리스테어 코번[Alistair Cockburn]의 『Writing Effective Use Case』(인사이트, 2011)는 함정을 피하는 법, 유스케이스 컬렉션의 구조화 및 유스케이스를 목표 수준으로 조직화하는 방법에 대한 실제적인 가이드를 제공한다.

Z 언어는 원래 1970년대 말 옥스퍼드 대학에서 개발한 것으로, 그 이후로 여러 그룹으로 확장됐다. 명세를 생성하고 분석하는 도구는 다양한 그룹에서 개발됐으며 인터넷상에서 자유롭게 사용할 수 있다. formalmethods.wikia.com/wiki/Z_archive 웹사이트에서 많은 정보와 링크 자료가 있다. 스파이비[J. M. Spivey]의 『The Z Notation: A Reference Manual』(1988)은 https://spivey.oriel.ox.ac.uk/corner/Z_Reference_Manual에서 온라인으로 볼 수 있다. 표준 기능 집합에 대한 좋은 참조를 제공한다.

AADL은 SAE[the Society of Automotive Engineers]가 출판한 표준이다. SAE AADL 팀은 aadl.info에 웹사이트를 계속 업데이트하고 있다. AADL의 개요과 관련된 도구는 파일러[Feiler]와 글러시[Gluch], 후닥[Hudak](2006)의 책에 있는 기술 주석에서 찾을 수 있으며, 이 책의 부록 C에서도 찾을 수 있다.

# 아키텍처 문서화 구축  III부

I부와 II부에서는 아키텍처 문서화에 나타나야 하는 정보의 종류에 대해 다루었다. I부에서는 스타일과 함께 아키텍트가 뷰를 엔지니어링하는 데 사용할 수 있는 요소와 관계 타입을 다루었다. II부에서는 요소와 관계를 넘어 문서화돼야 할 다른 중요한 정보를 다루었다.

III부에서는 아키텍처 문서화 자체에 필요한 것을 직접 다룬다. 정확하게 어떻게 아키텍트가 아키텍처 문서에 어떤 뷰를 넣어야 하는지를 결정해야 하는가? 아키텍처 문서가 어떻게 구성되고, 배열되며 섹션을 나누고 포장해야 하는가? 어떻게 품질을 검토하고 이해당사자가 사용하기에 적당하게 만들 것인가?

이들과 함께 다른 주제들을 III부에서 다룬다.

- 9장에서는 문서화 스윗에 포함될 뷰의 집합을 선택하는 방법에 상세한 지침을 제공하며, 뷰의 집합의 예를 알아보고 어떤 뷰를 사용할지를 결정하는 방법의 예로서 2개의 간단한 예를 제시한다.
- 10장에서는 뷰를 문서화하고, 하나 이상의 뷰에 적용하는 정보를 문서화하는 방법에 대한 템플릿과 상세한 지침을 규정한다.
- 11장에서는 아키텍처 문서를 검토하는 단계별 접근 방법을 제시한다. 접근 방법은 적절한 이해당사자를 참여시키고, 문서가 이들의 특정한 필요와 관심사를 만족하도록 하는 방향으로 질문을 하는 것에 초점을 맞춘다.

# 뷰 선택

**9**

우리가 살펴본 바와 같이 시스템의 아키텍처를 설계하는 대부분은 보통 아키텍처 스타일이라는 용어로 서술되는 것처럼 소프트웨어 구조를 선택하고 설계하는 것으로 구성된다. 예를 들어, 시스템에 서비스지향 스타일을 선택한다는 것은 서비스지향 구조를 두고 거기에 서비스와 이들의 상호 연결을 채운다는 것을 의미한다. 해당 구조와 요소의 인터페이스와 행위를 작성할 정도까지 아키텍처의 뷰를 생성했다. 뷰가 구조의 표현이기 때문이다.

다시 말하면 설계 결정을 만들 때 문서화하는 것(우리가 강력하게 추천하는 것)은 뷰를 산출하며, 뷰가 아키텍처 문서의 핵심이 된다. 이들 뷰는 공개적으로 릴리스할 준비가 돼 있는 완성된 제품이라기보다는 스케치다. 이것은 시간을 낭비하지 않고 문제가 있다고 판명된 설계 결정을 뒷받침하며 다시 생각할 수 있는 자유를 가져다 준다(어떤 경우에는 문자 그대로 스케치일 수도 있다. 그 예로서 그림 11.8을 참조하기 바란다).

그다음, 아키텍처 문서를 릴리스할 준비가 돼 있을 즈음에 아주 잘 작업이 된 아키텍처 뷰의 컬렉션을 갖고 있을 것이다. 어떤 시점에서 여러분은 완료하기 위해 어떤 것을 해야 할지, 얼마나 상세하게 해야 할지, 그리고 릴리스에 어떤 것을 포함시켜야 할지를 결정할 필요가 있다. 또한 어떤 뷰가 다른 뷰와 유용하게 결합될 수 있는지, 그래서 문서 안에 전체 뷰의 숫자를 감소시키면서도 뷰 사이의 중요한 관계를 나타낼 수 있는지를 결정할 필요가 있을 것이다.

시는 사고의 함축이다. 머리 속에 떠오르는 수많은 생각을 몇 줄의 글 안에 담아내면 아름답고 호소력 있는 시가 된다.

– 양전닝(Chen Ning Yang), 1957년 노벨 물리학상 수상자(모이어스 1989, p. 313에서 인용함)

결합 뷰는 복합 스타일을 정의함으로써, 또는 오버레이를 만들어서 생성할 수 있다. 이들에 대해서는 6.6절에서 설명한다.

그리고 그것이 이 장의 주제인 아키텍트가 문서화 패키지 안에 포함해야 할 뷰를 결정하는 방법이다.

여러분이 어떤 상황에서 그것을 생성하기를 원하는지 결정할 수 있도록 우리는 각 문서화 유형의 이점을 설명하려고 노력했다. 어떤 시점에 어느 정도로 상세하게 어떤 뷰를 생성할 것인지를 이해하는 것은 프로젝트의 구체적인 상황에서만 도달할 수 있다. 다음 사항을 알 수 있다면 개발 프로젝트를 성공하게 하기 위해 여러분은 어떤 뷰가 필요하고 언제 그것을 생성하며, 어느 정도로 상세하게 포함시킬 것인지를 결정할 수 있다.

여러분이 아키텍처 문서 패키지의 특별한 부분을 생성할 여유를 가질 수 없다면 적어도 장기적인 비용이 단기적으로 절감된다는 것을 확실히 이해해야 한다. 비용과 편익을 산정하는 방법에 대해서는 프롤로그의 P.2.4절의 공식을 사용한다.

- 어떤 기술을 갖고 있는 사람을 활용할 수 있는가
- 어떤 표준을 준수해야 하는가
- 예산이 어느 정도인가
- 중요한 이해당사자에게 어떤 정보가 필요한가

이번 장에서는 이들을 결정하는 것에 관한 사항을 다룬다. 일단 전체 문서화 패키지가 수집되거나, 또는 과정을 따라가면서 적절한 마일스톤에서 그것을 사용할 사람들에 의해 품질과 적합성, 목적의 부합성이 검토돼야 한다.

11장에서는 이해당사자에 의한 아키텍처 문서 검토를 다룬다.

## 9.1  이해당사자와 문서화 필요성

적절한 뷰 집합을 선택하기 위해서는 소프트웨어 아키텍처 문서화에 의존하는 이해당사자를 식별해야 한다. 또한 각 이해당사자의 정보 필요성을 이해해야 한다.

모든 좋은 아키텍처적인 가치는 인간 가치다. 그렇지 않으면 중요하지 않다.

– 프랭크 로이드 라이트

이해당사자의 집합은 조직과 프로젝트에 따라 다양할 것이다. 이 절에서 이해당사자의 목록은 시사점을 주지만, 완료하고자 함은 아니다. 아키텍트로서 여러분의 주요 의무 중 하나는 여러분의 프로젝트에서 이해당사자가 누구인지를 이해하는 것이다. 마찬가지로 각 이해당사자에 대해 우리가 제시하는 문서화 필요성은 일반적인 것이며 결정적인 것은 아니다. 따라서 다음 논의를 시작점으로 간주하고 여러분의 프로젝트와 이해당사자의 필요성에 따라서 이들을 채택하면 된다.

**프로젝트 관리자**

프로젝트 관리자는 일정과 리소스 배정, 그리고 아마도 업무상 이유로 시스템의 일부분을 릴리스하는 부수적인 계획에 대해 관심을 갖는다. 일정을 생성하기 위해서는 프로젝트 관리자가 구현할 모듈에 대한 정보가 필요하며, 이와 함께 책임의 목록과 같은 복잡성에 관한 몇 가지 정보도 필요하다. 또한, 구현에서 일정한 순서를 제안할 수 있는 다른 모듈에 존재하는 의존성도 필요하다. 이 사람은 어떤 요소의 설계의 상세한 특성이나 이들 작업이 완료됐는지 여부를 아는 것을 넘어선 정확한 인터페이스에는 관심이 없다. 그러나 관리자는 시스템의 전체 목적과 제약사항에 대해서는 관심이 있다. 다른 시스템과의 상호작용은 관리자가 수립해야만 하는 조직 대 조직 인터페이스를 제안할 수도 있다. 그리고 하드웨어 환경은 관리자가 조달해야만 하는 것일 것이다. 프로젝트 관리자는 작업 배정 뷰를 생성하거나 생성하는 것을 도와줄 것이며, 이 경우에 이것을 하기 위해서는 분할 뷰가 필요할 것이다.

그림 9.1에서 볼 수 있는 바와 같이 프로젝트 관리자는 다음 사항에 관심을 갖는다.

- 모듈 뷰: 분할과 사용 및 레이어
- 할당 뷰: 배포 및 작업 배정
- 기타: 상호작용하는 시스템과 시스템 개요 및 목적을 보여주는 상위 수준의 컨텍스트 다이어그램

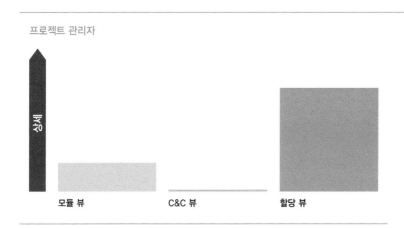

프로젝트 관리자

모듈 뷰　　　　C&C 뷰　　　　할당 뷰

**그림 9.1**
프로젝트 관리자는 보통 작업을 배정하며, 따라서 소프트웨어의 몇몇 개요 정보가 필요하다

## 개발 팀 멤버

아키텍처가 진격 명령을 내리는 대상인 개발 팀 멤버는 자신의 작업을 수행하는 방법에 대한 제약사항이 부여된다. 때때로 개발자는 상업용 기성 제품과 같이 자신이 구현하지 않은 요소 책임이 부여되기도 한다. 그럼에도 불구하고 그 제품이 광고한 대로 수행하는지 확인하고 필요할 때 맞출 수 있기 위해서는 누군가는 해당 요소에 대한 책임을 가져야 한다. 이 사람은 다음과 같은 정보를 알기를 원할 것이다.

- 시스템 뒤에 있는 일반적인 아이디어. 이 정보는 아키텍처라기보다는 요구 영역에 있지만, 상위 수준의 컨텍스트 다이어그램 또는 시스템 개요가 이 정보를 잘 제공할 수 있다.
- 개발자에게 배정된 요소, 즉 구현해야 하는 기능
- 처리해야 하는 데이터 모델을 포함해 배정된 요소의 세부사항
- 배정된 부분이 인터페이스하는 요소와 이들 인터페이스가 무엇인지에 대한 사항
- 개발자가 활용할 수 있는 코드 자산
- 충족해야만 하는 품질 속성, 레거시 시스템 인터페이스, 예산과 같은 제약사항

그림 9.2에서 볼 수 있는 것처럼 개발자는 다음 사항을 보기를 원한다.

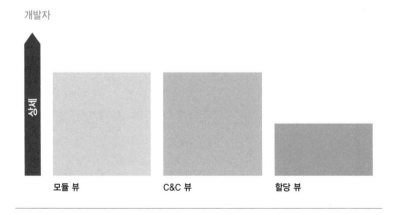

**그림 9.2**
개발자는 소프트웨어 자체에 주로 관심을 가지며, 따라서 상세한 모듈과 C&C 뷰를 생성하며, 할당 뷰에 어느 정도 관심을 갖는다

- 모듈 뷰: 할당, 사용 및 레이어, 그리고 일반화
- C&C 뷰: 개발자에게 배정된 컴포넌트와 상호작용해야 하는 컴포넌트를 보여주는 다양한 뷰
- 할당 뷰: 배포, 구현 및 설치
- 기타: 시스템 개요, 개발자에게 할당 모듈을 포함하는 컨텍스트 다이어그램, 개발자의 요소의 인터페이스 문서와 이들이 상호작용해야 하는 요소의 인터페이스 문서, 필수 가변성을 구현하는 가변성 지침, 그리고 근거와 제약사항

### 테스터와 통합 담당자

테스터와 통합 담당자는 함께 맞추어야만 하는 조각의 정확한 블랙박스 행위를 아키텍처가 명시하는 대상이 되는 이해당사자다. 요소의 단위 테스터는 행위 명세에 대한 강조와 함께 해당 요소의 개발자와 같은 정보를 보기를 원할 것이다. 블랙박스 테스터는 요소의 인터페이스 문서를 살펴볼 필요가 있을 것이다. 통합 담당자와 시스템 테스터는 인터페이스의 컬렉션과 행위 명세, 그리고 사용 뷰를 살펴보고 점증적인 서브 집합으로 작업할 수 있어야 한다.

그림 9.3에서와 같이 테스트와 통합 담당자는 다음 사항을 살펴보기를 원할 것이다.

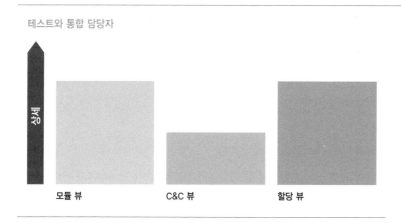

테스트와 통합 담당자

상관

| 모듈 뷰 | C&C 뷰 | 할당 뷰 |

**그림 9.3**
테스터와 통합 담당자는 컨텍스트와 인터페이스 정보와 함께, 소프트웨어 실행되는 곳과 점증적인 부분을 구축하는 방법에 대한 정보가 필요하다

- 모듈 뷰: 분할, 사용, 데이터 모델
- C&C 뷰: 모두
- 할당 뷰: 모듈을 구축할 자산이 있는 곳을 찾기 위한 배포, 설치 및 구현
- 기타: 테스트되거나 통합되는 모듈을 보여주는 컨텍스트 다이어그램, 인터페이스 문서와 모듈의 행위 명세, 그리고 이들이 상호작용하는 요소의 인터페이스 문서

### 다른 시스템 설계자

이 시스템이 상호작용해야 하는 다른 시스템의 설계자도 이해당사자다. 이 사람들을 위해 아키텍처는 제공 및 필수 오퍼레이션 집합과 함께 이들 오퍼레이션의 프로토콜을 정의한다. 그림 9.4에서와 같이 이들 이해당사자는 다음 사항을 보기를 원할 것이다.

**그림 9.4**
다른 시스템의 설계자는 인터페이스 문서와 중요한 시스템 행위에 관심을 갖는다

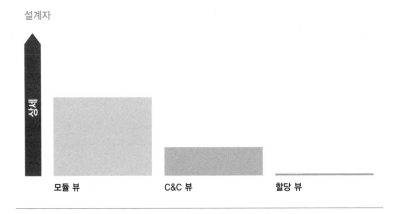

- 모듈 및 C&C 뷰에서 찾을 수 있는 자신의 시스템이 상호작용해야 하는 요소의 인터페이스 문서
- 자신의 시스템이 상호작용할 시스템의 데이터 모델
- 상호작용을 보여주는 다양한 뷰의 상위 수준 컨텍스트 다이어그램

### 유지보수자

유지보수자는 아키텍처를 유지보수 행위의 시작점으로 사용해, 미래의

변경이 영향을 미치게 될 영역을 드러낸다. 유지보수자는 개발자와 같은 정보를 보기를 원할 것이다. 따라서 이들 둘은 같은 제약사항 안에서 변경을 해야 한다. 그러나 유지보수자는 분할 뷰를 살펴보고 변경이 수행될 필요가 있는 위치를 찾아낼 것이며, 아마도 사용 뷰를 사용해 변경의 영향을 완전히 조사하기 위해 영향 분석을 구축하기를 원할 것이다. 또한 유지보수자는 아키텍트의 원래 생각의 이점을 제공하는 설계 근거를 파악해 이미 폐기된 설계 대안을 살펴봄으로써 시간을 절약하기를 원할 수도 있다.

그림 9.5에서와 같이 유지보수자는 특별히 다음 사항을 강조하면서 시스템의 개발자에게 언급했던 뷰를 보기를 원할 것이다.

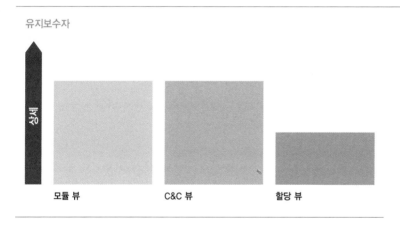

유지보수자

상세

모듈 뷰　　C&C 뷰　　할당 뷰

**그림 9.5**
유지보수자는 개발자와 같은 정보를 필요하지만, 설계 근거와 가변성을 더 많이 강조한다

- 모듈 뷰: 분할, 레이어, 데이터 모델
- C&C 뷰: 모두
- 할당 뷰: 배포, 구현, 설치
- 기타: 근거와 제약

### 애플리케이션 빌더

소프트웨어 제품 라인에서 애플리케이션 빌더application builder는 사전에 계획된 내장 가변성 메커니즘에 따라 핵심 자산을 맞춤식으로 하며, 특별한 목적을 갖는 코드든 추가해 제품 라인의 새로운 멤버를 만들어낸다. 애플리케이션 빌더는 맞춤식이 원활하게 하기 위해 다양한 요소의

소프트웨어 제품 라인은 특별한 시장 분야의 특정한 필요성 또는 사명을 충족시키는 공통적이며 관리되는 기능 집합을 공유하며, 미리 규정된 방식으로 재사용할 수 있는 핵심 자산의 공통적인 집합으로 개발되는 소프트웨어 집약적인 시스템의 집합이다(클레멘츠와 노스롭, 2001)

가변성 지침을 볼 필요가 있다. 그 후에 애플리케이션 빌더는 주로 통합 담당자가 하는 것과 동일한 정보를 볼 필요가 있을 것이다.

그림 9.6에서와 같이 제품 라인 애플리케이션 빌더는 통합 담당자에 언급했던 뷰와 함께 다음을 보기를 원할 것이다.

**그림 9.6**
애플리케이션 빌더는 새로운 제품을 구축하기 위해 어떤 애플리케이션을 만들어야 할지 이해할 필요가 있다

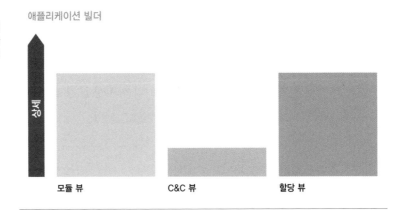

- 모듈 및 C&C 뷰에서 제시된 것과 같은 가변성 지침

**고객**

고객은 특별히 발주된 프로젝트의 개발에 돈을 지불하는 이해당사자다. 고객은 비용과 진행 상황에 관심이 있으며, 아키텍처와 결과 시스템이 품질 및 기능적인 요구를 충족시킬 것인지를 확신하기를 바란다. 또한 고객은 시스템이 실행될 환경을 지원할 것이며, 시스템이 그 환경에 있는 다른 시스템과 상호작용할 것이라는 것을 알기를 원할 것이다.

그림 9.7에서 볼 수 있는 바와 같이 고객은 다음 사항을 보기를 원할 것이다.

- C&C 뷰: 분석 결과는 특정한 관심사에 관한 것이다.
- 할당 뷰: 확실히 개발 조직의 기밀 정보를 유지하도록 필터링된 작업 배정 뷰, 그리고 배포 뷰
- 기타: 하나 이상의 C&C 뷰에 있는 상위 수준의 컨텍스트 다이어그램

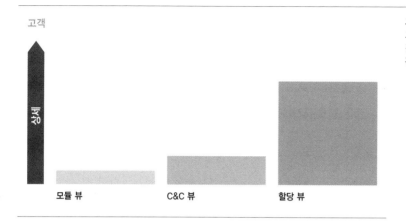

**그림 9.7**
고객은 소프트웨어가 원하는 환경에서 작동하는 방법에 주로 관심을 갖는다

## 최종 사용자

최종 사용자는 아키텍처를 볼 필요가 없으며, 결국에는 주로 이들에게 제시되지 않는다. 그러나 보통 아키텍처를 검토함으로써 시스템에 관한 유용한 통찰력, 즉 무엇을 하며, 효과적으로 사용할 수 있는 방법을 알 수 있게 된다. 최종 사용자 또는 사용자 대표가 아키텍처를 검토한다면 배포할 때까지 만약이라도 놓칠 수 있는 설계 결함을 찾아낼 수도 있다.

이러한 목적으로 그림 9.8에서 볼 수 있는 바와 같이 최종 사용자는 다음과 같은 사항에 관심을 갖는다.

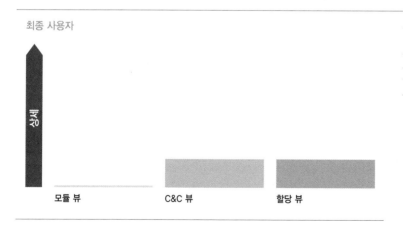

**그림 9.8**
최종 사용자는 소프트웨어 개요와 플랫폼에서 실행되는 방법, 그리고 다른 소프트웨어와 상호작용하는 방법을 알아야 할 필요가 있다

- C&C 뷰: 입력이 출력으로 변형되는 방법을 보기 위해 제어의 흐름과 데이터의 변형을 강조한 뷰와 성능 또는 신뢰성과 같은 관심 성능을 다루는 분석 결과
- 할당 뷰: 사용자가 상호작용하는 플랫폼에 기능이 어떻게 할당되는지를 이해하기 위한 배포 뷰

### 분석가

분석가는 시스템의 품질 목표를 달성하기 위한 시스템의 능력에 관심을 갖는다. 아키텍처는 아키텍처 평가 방법론의 사료로서의 역할을 하며, 보안과 성능, 사용성, 가용성, 변경용이성과 같은 품질 속성을 평가하는 데 필요한 정보를 포함해야 한다. 예를 들어, 성능 엔지니어에 대해서는 비율단조식 실시간 스케줄 가능성 분석, 모의 실험, 모의 실험 생성기, 정리 생성기, 정리 증명기, 모델 검증기와 같은 분석 도구를 사용할 때 필요한 모델을 아키텍처가 제공한다. 이들 도구는 리소스 소비, 스케줄링 정책, 의존성 등에 대한 정보를 필요로 한다.

일반적인 분석과 함께, 아키텍처는 다음과 같은 품질 속성이나 다른 품질 속성에 대해 평가될 수 있으며, 각 품질 속성은 일정한 문서가 있다는 것을 전제로 하고 있다.

- 성능: 성능을 분석하기 위해서 성능 엔지니어는 소요 시간 계산 모델을 구축한다. 이와 함께 성능 모델링을 지원하기 위해 프로세스-커뮤니케이션 뷰를 제공하는 것을 고려한다. 이와 함께 성능 엔지니어는 배포 뷰, 행위 문서, 그리고 실행을 추적할 수 있도록 도와주는 이들 C&C 뷰를 보기를 원할 것이다.
- 정확성: 수치 연산과 복잡한 물리적인 과정의 시뮬레이션, 실세계에서 발생하는 행위가 좌우되는 결과를 생성하는 임베디드 등을 포함하는 많은 애플리케이션에서 연산된 결과의 정확성은 중요한 품질이다. 정확성을 분석하려면 보통 데이터의 흐름과 변형을 보여주는 C&C 뷰가 유용하다. 입력이 출력이 되는 과정의 경로를 보여주기 때문이며, 수치 연산의 정확성을 떨어뜨릴 수 있는 부분을 식별

하는 데 유용하다.

- **변경용이성**: 예상되는 변경의 영향을 가늠하는 데는 사용 뷰와 분할 뷰가 아주 유용하다. 이들 뷰는 의존성을 보여주며, 영향 분석에 도움을 줄 것이다. 그러나 제안된 변경의 런타임 효과에 대해 추론하기 위해서는 이 뿐만 아니라 변경이 교착 상태를 도입하지 않는다는 것을 확신하기 위해 프로세스-커뮤니케이션 뷰와 같은 C&C 뷰가 필요하다.

- **보안**: 배포 뷰는 컨텍스트 다이어그램에서 마찬가지로 외부 연결을 보여주는 데 사용된다. 데이터 흐름과 보안 통제를 보여주는 C&C 뷰는 어디서 정보가 가고 노출되는가를 추적하는 데 사용된다. 분할 뷰는 인증과 무결성 관심사가 어디에서 처리되는지를 찾는 데 사용된다. 서비스 거부 공격이 일어나면 성능의 손실이 발생한다. 따라서 보안 분석가는 성능 분석가와 같은 정보를 보기를 원할 것이다.

- **가용성**: C&C 프로세스-커뮤니케이션 뷰는 동기화와 데이터 일관성 문제뿐만 아니라 교착 상태 분석에 도움이 된다. 이와 함께 C&C 뷰는 다중화와 장애 조치, 기타 가용성 메커니즘이 필요할 때 제대로 동작하는 방법을 보여준다. 배포 뷰는 실패와 백업이 가능한 지점을 보여주는 데 사용된다. 모듈에 대한 신뢰성 지수는 모듈 뷰의 속성으로 정의될 수도 있으며, 혼합해 추가된다.

- **사용편의성**: 분할 뷰는 사용자에게 나타나는 시스템 상태 정보의 분석을 할 수 있게 할 것이다. 또한 데이터 재사용성의 결정으로 도와주며, 잘라내기-붙여넣기와 취소와 같은 사용성에 관련된 오퍼레이션에 대한 책임을 배정하는 등의 일을 할 수 있게 한다. C&C 프로세스-커뮤니케이션 뷰는 최소 가능성, 실패 복구 등의 분석을 가능하게 할 것이다.

그림 9.9에서처럼 분석가는 다음 사항에 관심을 가질 것이다.

**그림 9.9**
분석가는 모든 뷰의 정보가 필
요하다. 특정한 분석에 따라서
다른 중요한 상세 정보가 필요
할 수도 있다

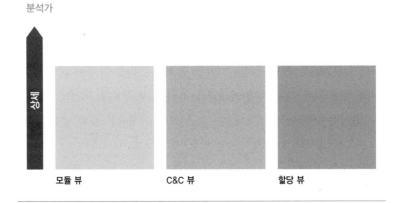

- 모듈 뷰: 다양한 뷰
- C&C 뷰: 다양하지만, 특별히 프로세스를 보여주는 뷰
- 할당 뷰: 배포

### 인프라스트럭처 지원 인력

인프라스트럭처 지원 인력은 시스템의 개발과 구축 및 제품 환경을 지원하는 인프라스트럭처를 설정하고 유지보수한다. 여러분은 인프라스트럭처에 접근할 수 있는 부분에 관한 문서를 제공할 필요가 있다. 이들 부분은 보통 분할, C&C, 설치 및 구현 뷰에 나타나는 요소들이다. 가변성 지침은 소프트웨어 구성 관리 환경을 설정하도록 도와주는 데 특별히 유용하다. 그림 9.10에서와 같이 인프라스트럭처 지원 인력은 다음 사항을 보기를 원할 것이다.

- 모듈 뷰: 분할 및 사용
- C&C 뷰: 인프라스트럭처상에서 실행되는 것을 보기 위한 다양한 뷰
- 할당 뷰: 소프트웨어(인프라스트럭처 포함)가 실행될 곳을 보기 위한 배포 및 설치, 구현
- 기타: 가변성 지침

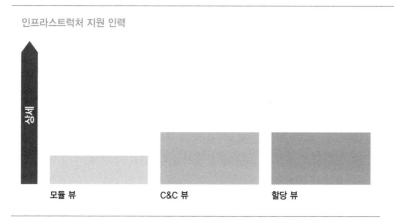

**그림 9.10**
인프라스럭처 지원 인력은 도구 지원을 제공하는 데 생성된 소프트웨어 산출물을 이해할 필요가 있다

## 새로운 이해당사자

새로운 이해당사자는 그림 9.11과 같이 개요와 배경, 폭넓은 정보, 즉 상위 수준의 컨텍스트 다이어그램, 아키텍처 제약사항, 전체 근거, 최상위 수준의 뷰를 보기를 원할 것이다. 시스템을 처음으로 접한 사람들은 보통 시스템에 좀 더 익숙한 사람의 상대자로서 같은 종류의 정보를 보기를 원하겠지만, 새로운 사람은 조금은 덜 상세한 정보를 보기를 원할 것이다.

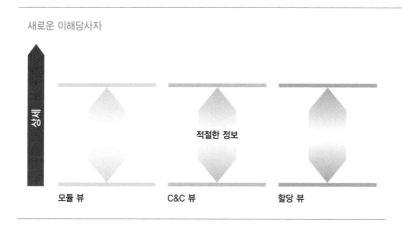

**그림 9.11**
새로운 이해당사자는 상대자와 같은 정보를 갖는 것이 필요하다

### 후임 아키텍트

후임 아키텍트는 아키텍처 문서의 가장 열렬한 독자로, 모든 것에서 수익 계층이다. 현재 아키텍트가 모범적인 문서를 생성하고 승진해 자리를 떠나게 되면, 후임자는 주요 설계 결정 사항들이 무엇이었는지, 왜 그렇게 결정하게 됐는지를 알고 싶을 것이다. 그림 9.12와 같이 후임 아키텍트는 모든 것에 관심을 두지만, 특히 포괄적이고 솔직하게 작성된 근거와 설계 정보를 접근하고 싶어할 것이다.

**그림 9.12**
후임 아키텍트는 모든 아키텍처 문서에 커다란 관심을 갖는다

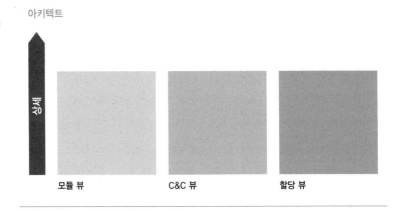

표 9.1은 이 절에서 제시된 이해당사자의 문서화 필요성을 요약한다.

표 9.1 문서화 필요성 요약

| | 모듈 뷰 | | | | | C&C 뷰 | 할당 뷰 | | | | 다른 문서 | | | | | |
|---|---|---|---|---|---|---|---|---|---|---|---|---|---|---|---|---|
| | 분할 | 사용 | 일반화 | 레이어 | 데이터 모델 | 다양한 뷰 | 배포 | 구현 | 설치 | 작업 배정 | 인터페이스 문서 | 컨텍스트 다이어그램 | 뷰 매핑 | 가변성 지침 | 분석 결과 | 근거와 제약사항 |
| 프로젝트 관리자 | s | s | | s | | | d | | | d | | o | | | | s |
| 개발 팀 멤버 | d | d | d | d | d | d | s | s | d | | d | d | d | d | | s |
| 테스터와 통합 담당자 | d | d | d | d | d | s | s | s | s | | d | d | s | d | | s |
| 다른 시스템 설계자 | | | | | s | | | | | | d | o | | | | |
| 유지보수자 | d | d | d | d | d | d | s | s | | | d | d | d | d | | d |
| 제품 라인 애플리케이션 빌더 | d | d | s | o | s | s | s | s | s | | s | d | s | d | | s |
| 고객 | | | | | | | o | | | o | o | | | | s | |
| 최종 사용자 | | | | | s | s | s | | o | | | | | | s | |
| 분석가 | d | d | s | d | d | s | d | | s | | d | d | | s | d | s |
| 인프라스트럭처 지원 인력 | s | s | | | s | s | d | d | o | | | | | s | | |
| 새로운 이해당사자 | x | x | x | x | x | x | x | x | x | x | x | x | x | x | x | x |
| 현재 및 후임 아키텍트 | d | d | d | d | d | d | d | s | d | s | d | d | d | d | d | d |

용례: d = 상세 정보, s = 일부 정보, o = 개요 정보, x = 아무거나

## 9.2  뷰 선택 방법

이 절에서는 3단계의 뷰를 선택하는 방법을 제시한다.

최소한 아키텍처 문서에는 적어도 하나의 모듈 뷰와 적어도 하나의 C&C 뷰, 그리고 적용하는 하나의 할당 뷰가 있어야 한다.

- **1단계. 이해당사자/뷰 표를 만든다.** 이 단계에서는 표 9.1과 같이 시작할 때 프로젝트용 표를 만든다.

  행에는 프로젝트의 소프트웨어 아키텍처 문서화의 이해당사자를 열거한다. 여러분의 프로젝트에서 이해당사자는 표 9.1과 다를 수도 있다. 그러나 할 수 있는 한 포괄적이도록 한다. 열에는 시스템에 적용한 뷰를 열거한다. 프롤로그에서 설명한 바와 같이, (분할, 사용, 작업 배정과 같은) 일부 뷰는 모든 시스템에 적용되지만, 어떤 뷰(다양한 C&C 뷰, 레이어 뷰)는 대응되는 스타일에 따라서 설계된 시스템에만 적용된다. 즉, 시스템이 레이어인 경우에만 레이어 뷰를 만들 수 있으며, 클라이언트-서버 스타일인 경우에만 클라이언트-서버

아키텍처 문서화를 제공할 필요가 있는 이해당사자가 누구인지를 결정한다. 그들이 어떤 유형의 문서화를 어느 정도 상세하게 필요로 하는지를 이해한다. 이 정보를 사용해 어떤 뷰가 필요하고 이들을 뷰 패키지에 구조화해 이해당사자를 지원할 것인지를 결정한다.

뷰를 만들 수 있다. 열에는 지금까지 설계 작업의 결과로서 이미 갖고 있는 뷰나 뷰 스케치를 포함하도록 해야 한다.

일단 행과 열이 정의됐다면, 이해당사자가 뷰에서 어느 정도의 정보를 요구하는지 설명하도록 각 셀을 채운다. 여기에는 없음, 개요만, 중간 상세, 또는 아주 상세 등을 지정할 수 있다. 2단계로 들어가는 후보 뷰 목록은 일부 이해당사자가 수혜를 받는 뷰들로 구성된다.

---

관점

## 이해당사자에게 듣기

각 이해당사자의 특정한 필요성을 간파한다는 것은 아키텍트에게 많은 것을 요구한다. 따라서 이해당사자 또는 이들 역할을 대변할 수 있는 사람들과 의사소통하려고 하는 것은 아주 좋은 생각이다. 이들과 대화해 산출하려고 하는 문서화가 이들을 어떻게 가장 잘 도와줄 수 있는지를 찾아내야 한다. 아키텍처 평가 실무자들은 거의 한결같이 평가 활동의 가장 큰 보장 중의 하나가 아키텍처의 이해당사자들을 회의 탁자로 불러 모아서 이들이 상호작용하는 것을 관찰하고 이들 사이에 일치된 의견을 구축하는 것이라고 말한다. 아키텍트가 이런 식으로 이해당사자들과 팀을 만들 기회를 잡기는 쉬운 일이 아니다. 하지만 노련한 아키텍트는 아키텍처의 성공 여부가 이해당자사가 누구인지 인식하고, 그들의 관심 사항을 어떻게 만족시키는지에 달렸다는 사실을 알고 있다. 이것은 아키텍처 문서에도 똑같이 적용된다.

아키텍처 문서화 노력을 시작하기 전에 이해당사자와 접촉할 계획을 세운다. 최소한 통성명이라도 해두는 것이 좋다. 문서의 규모가 큰 대규모 프로젝트에서는 반나절이나 하루 정도를 워크샵에 쏟는다고 하더라도 이 목적을 위해서라면 충분한 가치가 있다. 프로젝트에서 중요한 역할을 하는 이해당사자의 대표를 최소한 한 명 이상 초대한다. 이해당사자마다 자신에게 할당된 업무를 완료하는 데 필요한 정보가 무엇인지를 설명하는 것으로 워크샵을 시작한다. 서기는 각 이해당사자의 답변을 플립 차트에 기록해 모두가 볼 수 있게 한다. 다음에는 문서화 계획을 제시한다. 여기에는 선택한 뷰의 집합과 지원 문서화, 그리고 보완하기로 계획한 교차 뷰 정보cross-view information가 포함된다. 이해당사자는 여러분이 제시한 뷰가 무엇인지를 반드시 이해하고 있지 않을 수도 있다. 특정한 뷰를 표현하는 방법과 어떤 종류의 정보를 보여줄 것인가를 나타내는 몇 가지 예제를 제시한다. 마지막으로 요청했지만 누락된 정보가 있거나 계획됐지만 필요하지 않은 문서가 있는지를 상호 검토한다. 여러분이 제대로 된 워크샵을 개최하든, 이해당사자에게 비공식적으로 말하든 그 결과는 문서화 작업을 진행하는 데 많은 도움이 될 뿐만 아니라, 아키텍처와 문서화의 역할에 대한 각 사람의 편에서 더 명확하게 이해하는 데 아주 유용하다.

이해당사자가 필요한 정보가 아키텍트가 만들려고 계획한 정보와 항상 잘 연계되는 것은 아니다. 이것은 이해당사자에게 필요한 것을 물어보는 것이 중요한 이유다. 또한 여러분은 답변을 들어야 한다.

우리는 아키텍처 평가 동안에 제기됐던 몇 가지 문제를 수정하려고 아키텍처 팀과 워크샵을 개최한 적이 있다. 평가에서는 우리가 생각하기에 아주 잘 문서화된 아키텍처라는 것이 밝혀졌다. 그러나 후속 워크샵 동안에 프로젝트 관리자는 계속해서 같은 문제를 제기했다. "신뢰할 수 있는 프로젝트 계획을 만드는 데 필요한 데이터를 주세요. 우리가 인도 약속을 지킬 수만 있다면 프로젝트가 얼마나 걸리는지는 중요하지 않습니다."

매번 수석 아키텍트는 같은 대답을 했다. "당신이 필요한 정보는 아키텍처 문서에 있습니다." 이 문서는 기술적으로는 맞지만 특별히 도움이 되는 것은 아니었다. 프로젝트 관리자가 필요한 것은 모듈의 책임 목록을 포함하는 사용 뷰였다. 아키텍트는 (UML 도구에서 출력된 것으로) 그것을 제공했지만, 관리자는 만족하지 않았다. "문서에서는 내가 필요한 정보가 없습니다." 그는 말했다. "나는 이들 기호가 무엇을 의미하는지 모르겠습니다. 그리고 나는 문서를 살펴볼 시간이 없어요." 그에게 필요한 문서는 UML 모델에서 모듈의 노력/의존성 정보를 추출해 일반 텍스트로 바꾸어 별도로 패키징한 것이었다.

유감스럽게도 약 1년 후에 그 프로젝트는 취소됐다. 고객은 약속한 것을 인도한다는 회사의 능력을 신뢰하지 않았다.

다른 경우에 아키텍처는 크루첸의 4+1 뷰 집합을 사용해 문서화됐다. 시스템은 전형적인 3티어 클라이언트-서버 아키텍처로, 중간 티어는 플러그인으로 애플리케이션을 정의한 프레임워크였다. 여러분은 그것을 잘 알고 있기 때문에 뷰를 직접 이해할 수 있다. 그러나 고객은 인도된 후에 자신들이 시스템의 유지보수를 담당해야 한다는 것을 알고 있었다. 그는 항상 같은 것을 요구했다. "특정한 웹 페이지의 내용을 변경하고 싶을 때 무엇을 어디서 바꿔야 하는지를 알려주세요." 그는 명확하게 마음 속에 '페이지-중심적인 뷰'를 갖고 있다. 아주 합리적인 4+1 접근 방법을 사용해 문서화된 뷰라고 할지라도 이러한 필요를 충족시켜주지 못했다. 아마도 그는 어떤 플러그인이나 플러그인의 일부가 웹 페이지를 생성하는 데 공헌하는가를 보여주는 뷰를 보기를 원했을 것이다.

이해당사자의 말을 들을 때 마음을 열어야 한다. 그들은 자신이 필요한 것을 말해줄 것이다. 많은 경우에 있어서 여러분이 제공하려고 계획한 것이 아닐 수도 있다. 그러나 (이들두 경우에서처럼) 그들이 필요한 것은 이미 여러분이 갖고 있는 정보로부터 쉽게 생성될 수 있는 것이다. 그리고 이것이 성공과 실패 사이의 차이를 만들어낸다.

－ F.B와 P.C.

6.6절에서 뷰를 결합하는 방법과 어떤 뷰가 결합하기 쉽고 유용한지를 설명한다.

• **2단계. 뷰를 결합한다.** 1단계로부터 생성된 후보 뷰 목록은 비현실적으로 많은 수의 뷰를 산출해낼 가능성이 많다. 이 단계는 목록을 관리할 수 있는 크기로 좁혀줄 것이다.

개요만 필요로 하거나 아주 소수의 이해당사자에게만 유용한 뷰를 표에서 찾는다. 더 많은 수요가 있는 다른 뷰로 대체해도 이해당사자가 동일하게 만족하는지를 살펴본다.

뷰를 결합할 때 뷰를 생성하고 유지하는 것과 관련된 비용을 고려하는 것이 유용하다. 비용에는 적어도 두 가지가 있다. 첫 번째는 뷰를 생성하는 비용이고, 두 번째는 뷰를 유지하고 다른 뷰와 일관성을 갖도록 하는 비용이다.

분할 뷰는 초기에 릴리스하면 특별히 도움이 되는 뷰다. 보통 상위 수준의 분할은 설계하기 쉬우며, 이 정보를 사용해 프로젝트 관리자는 개발 팀을 구축하며, 교육 일정을 수립하고, 요구를 충족하는 모듈을 찾아서 상업용 시장 또는 레거시 레파지토리를 뒤지는 일을 시작한다. 그리고 예산과 일정을 생성하는 작업을 시작한다.

• **3단계. 우선순위와 단계를 결정한다.** 2단계 후에는 이해당사자 커뮤니티에게 제공할 필요가 있는 최소한의 뷰 집합을 갖게 된다. 이 시점에서 무엇을 먼저 할지 결정할 필요가 있다. 결정하는 방법은 프로젝트에 특정한 세부사항에 따라 다르지만, 다음 사항을 고려한다.

– 모든 이해당사자의 모든 정보 필요성을 완전히 만족시킬 필요는 없다. 요청된 정보의 80퍼센트 정도를 제공할 수 있다면 성공적이다. 그리고 이해당사자가 자신의 작업을 하는 데 '아주 충분'할 수 있다. 정보의 서브 집합이 충분한지 이해당사자와 검토한다. 일반적으로 이들은 완전한 문서화를 얻는 것보다는 제 시간 안

에 예산에 맞추어 인도되는 제품을 더 선호한다.

- 하나의 뷰를 완전히 끝내고 다른 뷰를 시작할 필요는 없다. 사람들은 개요 수준의 정보를 갖고 진행할 수 있기 때문에 폭 우선 접근 방법이 최선일 때가 많다.

- 일부 이해당사자의 관심이 다른 사람들보다 우선할 수 있다. 프로젝트 관리자 또는 제휴 관계에 있는 회사의 경영진은 초기에 자주 관심과 정보를 요구한다.

- 아키텍처가 아직 목적에 적합한지 검증되거나 평가되지 않았다면 이들 행위가 필요한 문서에 높은 우선순위를 부여할 수 있다.

- 근거 문서화 작업을 '시간 날 때 하는 일'로 미루어두고 싶은 유혹을 떨쳐낸다. 근거는 머리 속에 남아 있을 때 기록해두는 것이 가장 좋다.

개요 또는 더 상세한 문서화를 일정한 이해당사자에게 제공할 수 있게 하는 메커니즘으로서 (10.1.3절에서 설명하는) 뷰 패킷을 사용한다.

## 9.3 사례

이번 절에서는 이전 절에서 설명한 프로젝트에 뷰의 집합을 선택하는 절차를 적용하는 사례를 제공한다.

ECS는 관찰 위성으로부터 엄청단 양의 데이터를 수집하고, 저장하고, 분류하고, 처리하고, 사용할 수 있게 하기 위한 시스템이다. 어떤 기준으로든 ECS는 아주 대규모 프로젝트다. 수백 명의 많은 사람들이 설계와 개발, 배포, 유지, 사용에 참여하고 있다. 여기에서는 ECS 소프트웨어 아키텍처에 3단계의 뷰 선택 접근 방법을 어떻게 적용했는지 살펴보자.

### 1단계. 후보 뷰 목록을 산출한다

ECS 아키텍처의 이해당사자는 현재/후임 아키텍트, 개발자, 테스터, 통합 담당자로 일반적이다. 그러나 ECS의 크기 및 복잡도와 함께, 계약업체의 팀에 개발 작업을 할당하는 정부 시스템이라는 사실은 프로젝트를 복잡하게 만드는 요인이 된다. 이 경우에 프로젝트 관리자는 한 사람이 아니라 여러 사람이 된다. 정부 측의 한 사람과 각 계약업체 마다 한 사람씩 프로젝트 관리자가 있게 된다. 각 계약업체 조직에는 개발할 시스템의 부분이 할당돼 있으며, 따라서 자신의 개발자와 테스트 팀이 구성된다. ECS는 상용COTS, commercial off-the-shelf 컴포넌트에 대한 의존도가 높아서, COTS 컴포넌트 후보를 선택하고, 이들의 품질을 검토해 최종 컴포넌트를 선택하고 시스템에 통합시키는 책임을 맡은 사람이 중요한 역할을 하게 된다. 우리는 이러한 이해당사자를 COTS 엔지니어라고 한다.

ECS의 중요한 품질 속성은 성능으로 시작한다. 시스템은 위성에서 밀려들어오는 데이터를 안정된 속도로 받아들여야 한다. 데이터가 밀려들어오기 전에 받아들인 원본 데이터를 좀 더 상세하고 복잡한 '데이터 산출물'로 처리하는 작업도 매일 이루어져야 한다. 마지막으로 데이터와 데이터 분석에 대한 관련된 과학계의 요청을 제때에 처리할 수 있어야 한다. 데이터 무결성, 보안 가용성이 중요한 품질 속성 목록에 포함되며, 이들 품질 속성에 관련된 분석가가 중요한 아키텍처 이해당사자가 된다.

ECS는 대규모 투자가 이루어지고 세간의 이목을 집중시킨 화제의 프로젝트다. 비용을 지불하는 관계 당국은 최소한 개요 수준의 아키텍처를 요구했는데, 자신들이 지불한 비용이 올바르게 사용되고 있는지 확인하고자 함이다. 끝으로 지구 기후 변화를 측정하고 예측하는 데 ECS 시스템을 사용하는 과학계에서도 시스템의 기능에 대한 기대치를 올바르게 설정하려는 목적으로 시스템이 어떤 식으로 작동하는지 알고 싶어 했다.

4장에서 설명한 컴포넌트-커넥터 뷰 중에서 적어도 5개와 2장에서 설명한 모듈 뷰 중에서 4개가 ECS에 적용됐다. 기본적으로는 공유 데이터 시스템이다. 컴포넌트는 클라이언트-서버와 P2P 방식으로 상호작용한다. 이들 컴포넌트 중 많은 것이 통신 프로세스다. 그리고 시스템은 실제로 파이프와 필터를 사용해 구축되지 않았지만, 일부 이해당사자에게 개요를 제공하는 데는 파이-필터 스타일이 아주 유용하다(개요 이상의 좀 더 상세한 정보는 다른 뷰에 들어가며, 파이프-필터 뷰의 구현 정제가 된다).

표 9.2는 ECS 아키텍처 문서화의 이해당사자와 이들 각각에 유용한 뷰를 보여준다. 이 시점에서는 후보 뷰 목록에는 12개의 뷰가 포함된다.

## 2단계. 뷰를 결합한다

보통 C&C 뷰는 결합하기 좋은 후보를 제공한다. ECS의 경우에 클라이언트-서버 또는 P2P 방식으로 상호작용하는 다른 컴포넌트와 커넥터로 공유 데이터 뷰를 확장해 이들 세 가지 뷰를 하나의 뷰로 합칠 수 있다. 프로세스-커뮤니케이션 뷰의 프로세스는 이 결합된 뷰 안에서 직접적으로 컴포넌트에 매핑될 뿐만 아니라, 그 안에 포개질 수 있다. 파이프-필터 뷰는 폐기될 수 있다. 결합된 C&C 뷰에 위성에서 과학자에게 보내는 데이터 파이프라인을 보여주는 몇 가지 핵심적인 행위 추적을 추가하면 덜 상세한 정보를 원하는 이해당사자에게 같은 수준의 직관적인 개요를 제공할 수 있게 될 것이다.

마찬가지로, 일부 모듈 뷰도 결합될 수 있다. 사용$^{uses}$ 정보를 분할 뷰의 속성으로 기록해 분할 뷰와 사용 뷰를 결합시킬 수 있다.

마찬가지로 작업 배정 뷰와 구현 뷰를 분할 뷰와 결합하는 것도 쉬울 수 있다. 그러나 이 프로젝트는 규모가 크고, 여러 다른 개발 조직이 관련돼 있기 때문에 작업 배정 뷰를 분리시켰다. 또한 이 뷰는 모듈의 세부사항을 볼 필요가 없는 관리자와 비용 담장자의 핵심 관심사 중 하나였다. 마찬가지로, 모듈 분할에 관심을 갖고 있는 많은 이해당사자는 개발 환경에 있는 파일에 모듈이 어떻게 할당되는지에 대해서는 관심이 없기 때문에 구현 뷰도 별도로 분리시켰다.

이 단계 후에 다음과 같은 뷰가 남게 된다.

- 3개의 모듈 뷰: 분할/사용, 레이어, 일반화
- 하나의 C&C 뷰: 공유 데이터/클라이언트-서버/P2P/프로세스-커뮤니케이션
- 3개의 할당 뷰: 배포, 구현, 작업 배정

우리는 12개의 후보 뷰로 2단계를 시작했지만, 너무 많아서 효율적으로 유지할 수 없었다. 그리고 지금은 7개가 됐다.

**표 9.2** ECS 이해당사자별 유용한 아키텍처 문서

| 이해당사자 | 모듈 뷰 | | | | C&C 뷰 | | | | | 할당 뷰 | | |
|---|---|---|---|---|---|---|---|---|---|---|---|---|
| | 분할 | 일반화 | 사용 | 레이어 | 파이프-필터 | 공유 데이터 | 클라이언트-서버 | P2P | 프로세스간 커뮤니케이션 | 배포 | 구현 | 작업 배정 |
| 현재/후임 아키텍트 | d | d | d | d | s | d | d | d | d | d | s | s |
| 정부 프로젝트 관리자 | d | o | o | s | o | s | o | o | o | s | | d |
| 계약업체 프로젝트 관리자 | s | o | s | s | o | s | s | s | o | d | s | d |
| 개발 팀 멤버 | d | d | d | d | o | d | d | d | d | s | s | d |
| 테스터와 통합 담당자 | s | s | d | s | o | d | d | d | s | s | d | |
| 유지보수자 | d | d | d | d | o | d | d | d | d | s | s | s |
| COTS 엔지니어 | d | s | | d | | d | d | d | d | s | | d |
| 성능 분석가 | d | s | d | s | | d | d | d | d | d | | |
| 데이터 무결성 분석가 | s | s | s | d | o | d | d | d | d | d | | |
| 보안 분석가 | d | s | d | d | o | s | d | d | d | d | o | o |
| 가용성 분석가 | d | s | d | d | | | | s | s | d | | o |
| 비용 담당 | o | | | | | o | o | | | o | | |
| 과학 커뮤니티 사용자 | o | | | | | o | o | | | o | | |

용례: d = 상세 정보, s = 일부 정보, o = 개요 정보

### 3단계. 우선순위를 결정한다

프로젝트를 진행하려면 계약을 해야 하고, 계약을 하려면 커다란 단위의 분할coarse-grained decomposition이 이루어져야 한다. 이러한 필요성을 충족시키기 위해서는 더 높은 수준의 분할 뷰와 작업 배정 뷰를 만들어내는 것이 가장 높은 우선순위를 차지하게 된다.

ECS에서 아키텍처의 레이어는 아주 큼직한 단위에서 이루어지기 때문에 빨리 서술될 수 있다. 마찬가지로 일반화 뷰도 주로 3개의 큼직한 단위의 주요 서브 시스템 중 하나에서만 발생하므로 빨리 서술될 수 있다. 이들 두 뷰는 다음 우선순위를 갖는다.

결합된 C&C 뷰와 배포 뷰가 다음 우선순위를 가지며, 모듈 뷰에서 어렴풋하게 표현됐던 런타임 상호작용의 세부사항을 다루게 된다. 이것은 성능 분석을 시작할 수 있게 한다.

마지막으로 구현 뷰는 각 계약업체의 내부 개발 노력과 관련이 있으

므로 전체적인 시스템의 관점에서는 가장 낮은 우선순위를 갖는다.

결과적으로 4개의 '완결된' 뷰(배포, 작업 배정, 결합된 C&C 뷰, 배포 뷰)와 커다란 단위 또는 연기될 수 있는 3개의 사소한 뷰가 도출되었다.

---

**관점**

### 아키텍처를 도입하지 않는 방법

존 클라인(John Klein)과 함께

몇 년 전에 나는 대규모 소프트웨어 제품 개발 회사의 비즈니스 사업부 수석 아키텍트였다. 나의 상관인 비즈니스 사업부 엔지니어링 부사장이 어떤 봄날에 내게로 와서 우리 회사의 포트폴리오에 있는 모든 현제 제품에 적용될 수 있는 하나의 단일화된 아키텍처를 정의해 달라고 요청했다. 그리고 또한 향후 필요성도 가장 잘 추측할 수 있게 해 달라고 했다. 아키텍처와 조직 사이의 관계를 인식하고 있었기 때문에, 그는 300명의 소프트웨어 엔지니어링 팀을 재조직하는 기반으로서 이 새로운 아키텍처를 사용하고 싶어 했다. 그리고 늦여름에 예정돼 있는 엔지니어링 관리 회의에서 이 재조직안을 발표하고 싶어 했다. 따라서 5명으로 구성된 나의 아키텍트 팀은 우리의 부사장이 조직을 구축할 수 있도록 충분한 시스템 아키텍처를 정의할 수 있는 시간은 단지 90일 뿐이었다.

이해당사자의 분석 후에 몇 가지 뷰를 만들어내기로 결정했다. 이들 뷰 중에 3가지는 이 책의 다른 곳에서 설명한 것이다.

- 분할 뷰(우리 회사에서 이전에 '정보 감추기 모듈 지침'이라고 했던 것)
- 사용 뷰
- C&C 프로세스-커뮤니케이션 뷰

이들과 함께, 다음을 생성하기로 결정했다.

- 기술 뷰: 모듈을 구현 기술(프로그래밍 언어와 미들웨어)에 매핑하는 할당 뷰의 한 타입이다.
- 설계 모델: 제품 구성과 맞춤식 데이터에 대한 정보 모델이다.
- 통합 뷰: 우리 제품의 외부 인터페이스를 정의한다.
- 예제 모음: 아키텍처를 사용해 제품을 생성하는 방법을 보여주는 '뷰 너머 정보'다.

또한 우리의 문서화 계획에는 '아키텍처 서술 개요'도 포함됐다. 여기에는 이해당사자 분석과 각 뷰에 대한 서술, 그리고 다른 이해당사자가 문서를 이동할 수 있도록 도와주는 로드맵 집합이 포함돼 있다.

우리는 정보 감추기 모듈 지침에 집중해 시작했다. 우리는 아키텍처를 기반으로 조직을 재구성하려는 필요를 충족시키고 싶어했다. 정보 감추기 분할은 개발 조직의 구조에 대한 자연스런 기반을 제공했다. 또한 우리가 소프트웨어 제품 라인 아키텍처를 개발하고 있다는 것을 인식했으며, 아키텍처가 지원하는 가변점을 캡슐화하는 데 정보 감추기 분할을 구조화하는 일이 가치가 있다는 것을 알았다.

우리는 90일 동안의 일정의 대부분을 상세한 분할 뷰로 표현할 수밖에 없는 모듈 지침을 작업하는 데 소비했다. 또한 아키텍처 서술 개요를 완료했으며, 우리는 여기에서 아키텍처를 문화하는 비전을 명확하게 보여주었다고 생각했다. 마지막으로 '마케텍처 marketecture' 다이어그램의 집합을 생성해 경영진에게 아키텍처를 설명하는 데 사용하기로 했다.

마감일이 다가왔을 때 팀은 우리 노력에 대한 자부심으로 가득 차 있었다. 우리는 재조직을 주도하는 데 필요한 충분한 아키텍처를 개발하는 목표를 달성했다고 생각했다. 그 외에도 우리가 단지 90일 안에 전체 아키텍처를 생성할 것이라고는 정말로 아무도 기대하지 않았던 것이다! 우리는 충분히 해냈다고 생각했다.

그러나 우리가 틀렸다!

발표일에 우리는 전체 소프트웨어 엔지니어링 팀과의 '전체' 컨퍼런스 동안에 아키텍처 서술 개요와 모듈 지침을 발표했다. 일부 정중한 질문도 있었지만, 팀 멤버 사이에 많은 혼란이 있다는 것을 느꼈다. 우리 조직은 아키텍처 중심적인 실천을 그다지 많이 접해보지 않았다. 일부 사람들은 아키텍처의 다중 뷰를 이해하고 있었지만, 대부분의 사람은 그렇지 못했다. 또한 아키텍처 문서화의 서브 집합을 점증적으로 릴리스한다고 생각하는 것도 낯선 것이었다. 마지막으로 우리가 릴리스한 첫 번째 뷰는 정보 감추기 구조를 보여주었지만, 사람들은 이해하고 사용하기 어렵다고 생각했다.

돌이켜보면, 나는 분할 뷰가 단순히 우리 제품 라인의 모든 제품에 대한 잘 구조화된 '부품 목록'이라는 것을 깨달았다. 물론 사람들은 혼란스러워했다. 우리는 어떤 부품이 어떤 제품에 들어가는지 보여주지 않았으며, 최종적으로 구축되는 시스템의 어떤 것도 그림으로 제공하지 않았다. 우리는 개발 팀을 혼란스럽게 해, 대부분의 개발 멤버가 모듈 지침을 '아키텍처 문서'라고 생각하게 만들었다. 이것을 통해 우리가 배운 것은 다음과 같다.

대부분의 경우에 아키텍처 문서의 첫 릴리스는 완전하지 않고 전체가 아닐 것이다. "표준 개요로 문서화를 시작한다."와 같은 이 책에서의 추천 사항은 여러분과 이해당사자가 비전과 최종 문서 구조를 이해하는 데 도움이 될 것이다. 그러나 문서를 처음 릴리스할 때 사람들은 여러분이 완료한 것을 읽고 그들을 이해하려고 할 것이다.

아키텍처 설계와 문서화가 일관성 있는 서브 집합을 이해당사자에게 전달되도록 단계를 기획해야 한다. 각 서브 집합도 내부적으로 일관성이 있으며 완전하도록 만들고, 이해할 수 있는 아키텍처의 부분을 이해당사자에게 제시해야 한다. 특별히 초기 릴리스에 몇 가지 C&C 뷰를 포함시켜서 시스템이 런타임 시에 작동하는 방법을 이해당사자가 이해할 수 있게 한다. 이렇게 해야 설계 시의 구조를 보여주는 모듈 뷰와 비교해 시스템을 추론할 수 있게 하는 좀 더 자연스런 관점이 된다.

우리가 각 뷰를 순차적으로 전달하려고 했던 접근 방식보다는 각 단계에서 여러 뷰의 서브 집합을 포함시키는 것이 좋다. 이해당사자에게 시스템의 서브 집합, 즉 '부품 목록'(모듈 뷰), 조합 설명서(할당 뷰와 '뷰 너머'), 그리고 실행하는 시스템의 그림(C&C 뷰)의 완전한 명세를 제공한다. 이것은 아키텍처 문서화의 각 점증적 릴리스를 완전히 이해할 수 있게 한다.

이들을 하지 못한 실패의 결과는 우리의 신뢰성에 커다란 손상을 입혔고, 이해당사자는 흥미를 잃어버렸을 수도 있으며, 궁극적으로 우리가 그랬던 것처럼 여러분의 프로젝트는 실패할 수도 있다.

## 9.4  요약 체크리스트

- 중요한 이해당사자가 누군지, 예산은 얼마인지, 일정은 어떤지, 보유한 기술은 무엇인지에 따라 뷰에 대한 선택이 달라진다.
- 모듈 뷰, 컴포넌트-커넥터 뷰, 할당 뷰의 3가지 다른 타입의 뷰마다 적어도 하나씩 선택한다.
- 몇 가지 뷰를 결합해 생성하는 뷰의 수를 줄이고, 일관성을 유지하며, 아키텍처 문서에 유지해야 한다.

● 중요한 프로젝트 필요성을 초기에 지원하도록 뷰의 릴리스 우선순
위를 결정하고 단계를 정한다.

## 9.5   생각해볼 문제

1. 여러분의 회사가 다른 회사를 인수했다고 하자. 이제 여러분은 인
수한 회사의 유사한 시스템을 여러분 회사의 시스템과 통합하는 과
제를 맡았다. 여러분은 다른 시스템의 아키텍처의 어떤 뷰를 보고
싶은가? 왜 그런가? 두 시스템에 같은 뷰를 요청하겠는가?

2. 어떤 아키텍트가 '보안 뷰' 또는 '보안 아키텍처'의 문서라는 말을
사용하고 있다. 이것이 의미하는 바가 무엇이라고 생각하는가? 이
것이 무엇으로 구성돼 있을까?

3. 아키텍처 문서화 패키지 안에 특정한 뷰를 포함하거나 제외하는 데
어떻게 비용/편익 논의를 할 것인가? 여러분의 주장을 뒷받침하는
데 필요한 데이터를 동원할 수 있다면, 어떤 데이터를 원하는가?

## 9.6   더 읽을거리

2001년 쯤에 노키아에서 애자일 환경에서 높은 품질의 문서화를 생성
하는 Rapid7 접근 방법을 개발했다. Rapid7의 중심적인 접근 방법은
프로젝트의 문서 전달 마일스톤마다 이해당사자를 워크샵에 소집하는
것이다. 워크샵에서는 이해당사자가 실제로 사용할 문서의 개요를 생
성한다. 좀 더 자세한 정보는 카일마코스키[Kylmakoski](2003)의 논문을 참
조한다.

호프미에스터와 노드, 소니(2000)가 쓴 책의 주제는 소프트웨
어 시스템을 엔지니어링하고 문서화하는 데 분리된(이들의 경우에는
4개) 뷰를 함께 사용하는 것이다. 이들은 단순히 뷰를 선택하는 이론을
제시했을 뿐만 아니라, 이에 대한 훌륭한 이론적 기반을 제공했다. 개
발 중인 시스템에 대한 기대 수요를 기반으로 이해당사자에게 정보를
제공하고, 아키텍트에게는 엔지니어링 활용점을 제공한다.

# 문서 패키지 구축

이제 여러분은 완전한 문서 패키지를 구축하는 데 필요한 모든 것을 갖고 있다. 뷰를 구축할 수 있는 스타일 목록과 문서화할 가장 유용한 뷰를 선택하는 방법, 그리고 구조를 넘어 아키텍처 정보, 즉 컨텍스트와 다이어그램, 가변성, 인터페이스, 행위를 문서화하는 방법에 관한 통찰력을 갖게 됐다. 이번 장에서는 이들을 함께 묶는 방법을 보여줄 것이다.

먼저, 아키텍처 문서화의 기본적인 원칙으로 다시 돌아가보자.

아키텍처를 문서화하는 것은 적절한 뷰를 문서화한 다음, 하나 이상의 뷰에 적용되는 문서를 추가하는 일이다.

프롤로그에 제시된 좋은 문서화를 위한 규칙 4는 문서의 표준 구성을 사용하도록 권장한다. 이들 두 가지 기반을 결합해 이번 장에서는 아키텍처 뷰와 함께 뷰를 넘어서는 정보를 문서화하기 위한 표준 문서 구성을 제공한다.

## 10.1  뷰 문서화

그림 10.1은 뷰를 문서화하는 데 사용할 수 있는 템플릿을 보여준다.

그림 10.1
뷰 템플릿

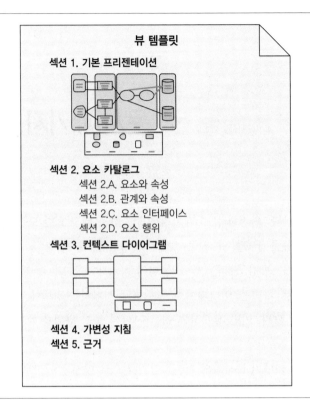

### 10.1.1 뷰 문서화 표준 구성

어떤 뷰든 상관없이 뷰 문서는 이들 요소로 구성된 표준 구성에 넣을 수 있다.

### 섹션 1. 기본 프리젠테이션

기본 프리젠테이션primary presentation은 뷰의 요소와 관계를 보여준다. 먼저 기본 프리젠테이션은 시스템에 대해 전달하고 싶은 정보를 포함해야 한다. 해당 뷰의 어휘로 기본적인 요소와 관계는 확실히 포함해야 하지만, 일부 상황에서는 이들 모두를 포함하지 않을 수도 있다. 예를 들어, 정상적인 운영 동안에 수행하게 되는 요소와 관계는 보여주기를 원하지만, 에러 처리나 예외 처리는 지원 문서에 따로 분류하기를 원할

> 그리기는 부품 사이의 복잡한 관계를 사람들이 알 수 있게 한다.
> – 크리스토퍼 알렉산더
>   (Christopher Alexander)

수도 있다. 기본 프리젠테이션에 어떤 정보를 포함하느냐는 사용하는 표기법과 다양한 종류의 정보를 간편하게 묘사하는 방법에 달려 있다. 더 풍부한 표기법은 더 풍부한 기본 프리젠테이션을 만들게 할 것이다.

기본 프리젠테이션은 거의 대부분 그래픽이다. 간단한 그리기 도구를 사용해 비형식적인 표기법으로 그린 다이어그램이거나, 여러분이 사용하는 설계나 모델링 도구에서 임포트된 준형식적 또는 형식적 표기법으로 된 다이어그램이 될 수도 있다. 2장과 4장, 5장 예제 뷰의 다이어그램을 나타내는 그림은 모두 기본 프리젠테이션에 표현할 수 있는 다이어그램이다. 기본 프리젠테이션이 그래픽이면 표기법을 설명하는 용례를 반드시 포함시켜야 한다. 용례를 빠뜨리는 것은 실제 문서에서 볼 수 있는 가장 일반적인 실수다.

기본 프리젠테이션이 그래픽이면 표기법을 설명하는 용례를 반드시 포함시켜야 한다.

때때로 기본 프리젠테이션이 표나 목록과 같은 텍스트일 수도 있다. 텍스트가 일정한 스타일 규칙에 따라 표현된다면 이들 규칙은 그래픽 표기법 용례와 유사하게 참조로 언급하거나 포함시켜야 한다. 기본 프리젠테이션이 텍스트이든 그래픽이든 상관없이 이것의 역할은 뷰에서 가장 중요한 정보를 간결하게 요약해서 제시하는 것이다.

텍스트 형식의 기본 프리젠테이션의 예는 2.1.6절의 그림 2.4에 있다.

기본 프리젠테이션은 하나 이상의 다이어그램으로 특징을 표현한다. 예를 들어, 두 개의 분리된 서브 시스템을 갖는 시스템이 있다고 하자. 이들 각 서브 시스템은 파이프-필터 스타일로 구축돼 있다. 이 시스템의 파이프-필터 뷰는 기본 프리젠테이션에 두 개의 다이어그램을 갖게 된다. 각 다이어그램은 두 서브 시스템 중 하나에 있는 파이프-필터를 보여주게 된다.

기본 프리젠테이션이 뷰를 문서화하는 시작점일 뿐이란 것을 상기시켜주기 위해 우리는 뷰의 그래픽 부분을 아키텍처 밑그림$^{architecture}$ $^{cartoon}$이라고 부른다. 우리는 미술에서의 정의를 사용했다. 밑그림은 최종 작업의 예비 스케치로, 대부분의 주목을 받게 되겠지만 그림이 완전한 묘사가 아니라 단지 스케치일 뿐이라는 것을 우리에게 상기시켜준다.

아키텍처 밑그림은 지원 문서가 없는 뷰의 기본 프리젠테이션의 그래픽 부분이다.

> **조언**
>
> 뷰 템플릿의 기반으로 이 절에서 설명한 구성을 사용하겠다. 필요하다면 여러분 조직의 표준과 현재 진행 중인 프로젝트의 특별한 필요에 의해 적절하게 수정할 수 있다. 여러분이 필요 없다고 생각한 섹션을 없앨 때는 조심해야 한다. 템플릿에 섹션이 있으면 시스템에 걸쳐 있는 문제를 생각하도록 자극하게 된다. 반면에 섹션이 생략되면 그 문제를 잊게 만들어 아마도 시스템을 손상시킬 수도 있다. 각 섹션에 대해 해당 섹션의 내용에 대한 간결한 설명을 포함한다.
>
> 뷰를 문서화하는 데 어떤 구성을 선택하든 독자에게 설명해야 한다. 뷰와 그 너머 템플릿의 섹션 2에 두면 된다. 10.2절을 참조한다.
>
> 예를 들어 가변성 메커니즘이 없거나 기본 프리젠테이션에 제시된 것 외에는 다른 관계가 없는 경우처럼, 일부 항목이 비어 있을 때조차도 이들 섹션을 '없음' 또는 '적용하지 않음'으로 표시하고 포함해야 한다. 이들을 생략하지 말라. 그렇지 않으면 독자들은 그것을 빠뜨린 것이 아닌가 하고 생각할 수 있다.

## 섹션 2. 요소 카탈로그

요소 카탈로그element catalog는 적어도 기본 프리젠테이션에 나타난 요소를 상세화한다. 예를 들어 다이어그램이 A와 B, C 요소를 보여준다면 요소 카탈로그는 A와 B, C가 무엇인지를 설명할 필요가 있다. 이와 함께 이 뷰에 적절한 요소나 관계가 기본 프리젠테이션에서 생략됐다면 카탈로그에서 이들을 소개하고 설명해야 한다. 카탈로그에는 다음과 같은 특정한 부분이 포함된다.

a. 요소와 속성: 이 부분에는 뷰에 있는 각 요소의 이름을 지정하고 이 요소의 속성 목록을 제시한다. 1부에서 소개한 각 스타일은 해당 뷰와 관련된 제안된 속성 집합의 목록을 갖는다. 예를 들어, 분할 뷰의 요소는 '책임성'(시스템에서 각 모듈의 역할에 대한 설명)을 가지며,

프로세스-커뮤니케이션 뷰의 요소는 다른 것들 중에서 타이밍 매
개변수를 속성으로 가질 수 있다. 속성이 선택된 뷰에 일반적인 것
이든 아키텍트가 새로운 것을 도입한 것이든, 여기에 문서화하고
속성 값이 제시돼야 한다.

b. 관계와 속성: 각 뷰는 해당 뷰에 있는 요소 사이에 표현된 특정한 관
계 타입을 갖는다. 대부분 이들 관계는 기본 프리젠테이션에서 제시
된다. 그러나 만약 기본 프리젠테이션이 모든 관계를 보여주지 않거
나 기본 프리젠테이션에 표현된 것에 예외가 있다면 여기에 이 정보
를 기록해야 한다. 그렇지 않으면 이 섹션은 비어 있게 될 것이다.

c. 요소 인터페이스: 요소 인터페이스를 문서화한다.

d. 요소 행위: 일부 요소는 환경과 복잡한 상호작용을 한다. 이해하거나
분석하기 위해서 요소 행위를 명시하는 것은 아키텍트의 의무다.

## 섹션 3. 컨텍스트 다이어그램

컨텍스트 다이어그램<sup>context diagram</sup>은 뷰에 표현된 시스템 또는 부분과
환경과의 연관 관계를 보여준다.

## 섹션 4. 가변성 지침

가변성 지침<sup>variability guide</sup>은 이 뷰에서 아키텍처의 일부분인 가변점을 사
용하는 방법을 보여준다.

## 섹션 5. 근거

근거<sup>rationale</sup>는 왜 뷰에 반영되게 됐는지를 설명한다. 이 섹션의 목적은
왜 설계가 이렇게 됐는지 설명하며, 그것이 바람직하다는 확신 있는 주
장을 제공하는 것이다. 이 뷰에서 사용된 패턴의 선택은 여기에서 패턴
이 해결해야 하는 아키텍처 문제와 다른 것보다 이것을 선택한 이유를
설명함으로써 정당화시켜야 한다.

섹션 2에서 5까지를 지원 문서화<sup>supporting documentation</sup>라고 하며, 기본
프리젠테이션의 정보를 설명하고 상세화한다.

인터페이스 문서화는 7장에서
설명한다.

행위 문서화는 8장에서 설명
한다.

컨텍스트 다이어그램은 6.3절
에서 설명한다.

가변성 지침을 사용해 아키텍
처 가변점을 문서화하는 것은
6.4.4절에서 설명한다.

근거를 문서화하는 것은 6.5절
에서 설명한다.

## 컨텍스트 다이어그램에서 컨텍스트 뷰까지

닉 로잔스키와 오언 우즈와 함께

때로는 단지 다른 곳에서 정의된 컨텍스트 다이어그램에 대한 참조일 뿐일지라도 우리는 생성하는 어떤 아키텍처 서술에든지 시스템 컨텍스트 다이어그램을 포함시킨다. 우리의 경험으로는 좋은 컨텍스트 다이어그램은 효과적인 아키텍처 문서의 필수적인 부분이다. 뷰와 그 너머 접근 방법은 이러한 기본적인 좋은 실천을 모든 뷰에 다른 종류의 컨텍스트 다이어그램을 제공하도록 확장한다.

그러나 우리가 쓴 소프트웨어 시스템 아키텍처(2005)를 출판하러 보낸 지 얼마되지 않아서, 우리는 컨텍스트 다이어그램을 생성할 때 아키텍처 뷰를 생성할 때와 같은 종류의 질문을 한다는 것을 깨달았다.

- 컨텍스트 다이어그램에 관심을 갖는 이해당사자가 누구인가?
- 이들의 관심사는 무엇인가?
- 이들 관심사가 아키텍처에 의해 해결되는 방법을 보여주는 방식으로 시스템의 컨텍스트를 어떻게 문서화할 수 있는가?

우리는 이들 질문과 대답이 하나 이상의 컨텍스트 다이어그램에서 암시적으로 대답하는 것보다는 완전히 고려할 만한 가치가 있을 정도로 충분히 중요하다는 것을 깨달았다. 따라서 우리는 관점$^{viewpoint}$ 집합에 시스템 컨텍스트 관점$^{system\ context\ viewpoint}$이라고 하는 추가적인 관점을 추가할 필요가 있다고 결론을 내렸다.

시스템 컨텍스트 뷰$^{system\ context\ view}$를 사용하는 것은 시스템이 주요 관심사를 어떻게 해결하는지 설명할 기회를 제공한다. 그리고 범위를 확정해야 의사 결정 과정을 시작할 수 있게 된다. 또한 주요 시스템 범위의 원칙과 제약사항, 위험을 초기 단계에 식별할 수 있도록 한다.

어떤 종류든 컨텍스트 다이어그램의 목적은 어떤 것이 시스템의 범위 안과 밖에 있는지 그리고 시스템이 환경과 어떻게 관련돼 있는지를 정의하는 것이다. 이론상 이러한 모든 것은 개발이 시작되기 전에 명확하게 이해되고 작성돼야 한다. 그러나 실제로는 그렇지 못하다. 개발 동안에 범위는 자주 변하고, 이들 변화는 컨텍스트 다이어그램에 반영돼야 한다. 범위가 다른 곳에 문서화되지 않을 수도 있다. 또는 있다고 하더라도 모호하거나 일관적이지 못하다. 더욱 나쁜 것은 '암시적인' 시스템의 범위의 서로 다른 여러 버전이 있는 것으로, 이것은 재앙으로 이끌어간다. 그리고 환경은 결코 고정되거나 이해되지 않을 수도 있다.

시스템 컨텍스트 관점은 이러한 실제를 해결하기 위해 설계됐다. 그리고 마찬가지로 컨텍스트 뷰는 보통 아키텍트가 생성해야 하는 첫 번째 결과물 중 하나다.

9장에서 설명한 것처럼 뷰를 선택할 때 대답해야 하는 첫 번째 질문은 "이해당사자가 누구인가?"이다. 시스템 컨텍스트 뷰에서 이것에 대한 대답은 다소 불편한다. '모두 다'이다. 분명히 인수자(후원자)와 사용자는 범위에 관심을 갖는다. 이것이 인도되는 시스템과 제공하게 될 기능의 한계를 정의하기 때문이다. 개발자는 시스템이 무엇으로 구성되는지, 그리고 특별히 어떤 외부 시스템과 조직과 상호작용할 필요가 있는지를 알 필요가 있다.

또한 다른 많은 이해당사자도 시스템 컨텍스트 뷰에서 해결될 관심사를 갖고 있다. 예를 들어 운영 인력은 이 시스템이 상호작용하는 다른 시스템을 이해해야 모니터링과 지원을 하기 위해 필요한 프로세스와 도구를 계획할 수 있게 된다. 테스터는 들어오고 나가는 데이터 흐름을 이해해 통합과 생산 전 테스팅에 대해 생각할 수 있다. 그리고 이 시스템과 상호작용하는 다른 시스템의 이해당사자는 자신의 인터페이스를 변경하거나 자신의 시스템의 확장성, 가용성, 응답 시간을 향상시킬 수 있게 된다.

이러한 관심사를 충족시키기 위해서 시스템 컨텍스트 뷰는 다음 사항을 문서화해야 한다.

- 시스템의 주요 책임
- 외부 실체의 식별과 주요 책임
- 주 외부 상호의존성. 여기에는 예상 외부 상호작용과 외부 연결의 본질, 그리고 상위 수준의 외부 인터페이스 정의가 포함된다.

시스템 컨텍스트 뷰 안에서 컨텍스트는 단 하나의 (또는 때로는 여러) 컨텍스트 모델 context model로 모델링되며, 컨텍스트 모델은 이번 장에서 설명하는 전통적인 컨텍스트 다이어그램과 비슷하다. 이들은 시스템과 외부 실체, 그리고 이들 사이의 연결의 예를 보여준다. 시스템은 보통 내부적인 상세를 노출시키지 않는 '블랙박스'로 표현된다. 이들은 초기 단계에서는 알려지지 않은 것일 수도 있다. 모델은 외부 시스템과 인터페이스의 논리적 또는 물리적 세부사항을 주석으로 포함할 수 있다. 이와 함께 보통 보충 정보supplementary information도 생성된다. 이것은 범위 안과 밖에 있는 주요 기능적인 특성이나 주요 정보 흐름의 서술, 또는 몇 가지 주요 상호작용 시나리오의 서술의 목록을 포함할 수 있다.

이해당사자와 이들의 관심사가 광범위하기 때문에, 시스템, 인터페이스, 하드웨어와 소프트웨어, 조직 경계, 제약사항 등 가능한 한 많은 정보로 컨텍스트 뷰 모델에 부담을 주게되는 유혹에 빠지게 된다. 그러나 이것은 좋은 아키텍처 문서화로 알고 있는 것에 역행하는 것이며, 이것이 뷰의 개념이 첫 번째로 소개돼야 하는 이유가 된다. 균형 있고 일관적인 초점의 수준을 가지며, 주요 의존성과 상호 연결성을 분명히 나타내며, 간결함과 정확성 사이에 올바른 균형을 갖는 컨텍스트 뷰를 만들기 위해서 노력해야 한다. 이것은 결코 쉽지 않지만, 여러 모델 즉, 여러 컨텍스트 다이어그램을 사용해 다른 종류의 컨텍스트 정보를 표현함으로써 단일 모델의 부하를 피할 수 있다.

시스템 컨텍스트 뷰는 개발 초기 단계에 여러 해결되지 않은 질문이 남아 있을 때 생성된다. 또한 상당한 양의 정치적인 포지셔닝과 책략, 범위와 요구, 실행 계획의 복잡한 거래가 있을 수 있다. 효과적으로 사용된다면 광범위한 이해당사자 커뮤니티에게 의미있는 방식으로 아키텍처 결정과 계획을 의사소통하는 데 아주 귀중한 방식이며, 아키텍처와 설계, 구축에 견고한 기반을 제공한다.

---

### 모든 뷰가 출판된 스타일이나 패턴에서 오는 것은 아니다

지금까지 우리는 시스템에 적용되는 출판 스타일이나 패턴 외에는 아무 것도 없는 것처럼 뷰에 대해서 설명했다. 스타일이나 패턴에 정의된 요소와 관계 타입을 가져와서 많은 인스턴스를 만든 다음, 패턴이나 스타일의 제약사항을 따라서 이들을 함께 묶었다. 그리고 여러분은 지금까지 그렇게 했다.

그리고 그것은 제대로 작동한다. 매우 유용한 아키텍처 뷰는 바로 그것(또는 6.6절에서 살펴본 바와 같이 정확하게 그것의 조합)이었다. 레이어와 서비스지향, 클라이언트-서버, P2P와 같은 뷰들과 다른 많은 것들이 실세계 아키텍처 문서에서 발견되며, 이들은 정확하게 출판된 참조의 대응되는 스타일이나 패턴에서 도출된다.

그러나 모든 뷰가 이와 같은 형식적인 특권을 누리는 것이 아니다. 먼저 실제 아키텍트는 보통 자신의 필요에 맞추어 '표준' 또는 출판된 스타일과 패턴의 특수화를 만든다. 예를 들어, 출판된 패턴 안에 호출된 것 외에도 클라이언트–서버에 특별한 프로토콜이나 레이어 콜백, 또는 서비스 상호작용을 부과할 수 있다. 둘째로, 실제 아키텍트는 공통 요소 타입을 사용해 필요에 맞추어 아주 최소한의 아키텍처 메커니즘을 사용해 이를 묶을 수 있다. 예를 들어 시스템의 장애 조치 정책을 보여주는 뷰는 하트비트 모니터에 단순한 호출 커넥터에 의해 연결된 컴포넌트를 '기본' 및 '부차'로 지정해 보여줄 수 있다. 비록 이것이 출판된 스타일이 아니라고 하더라도 말이다.

이 경우에 문서화 의무는 무엇인가? 우리는 정확하게 필요한 것(그리고 특수화된 것)을 새로운 스타일이나 패턴을 정의한 다음에 그것을 인용할 수 있다. 그러나 우리가 만든 특수화를 출판된 형식으로 서술하거나 (새로운 스타일에서 작업하기를 원한다면) 제자리에 요소 타입과 관계 타입을 정의하는 것이 좀 더 편리하다. 이렇게 하기 좋은 장소는 특별한 형식이 나타나는 뷰의 요소 카탈로그다. 기본 프리젠테이션의 다이어그램은 (주석을 통해서든 용례 안에 새로운 그래픽 요소를 소개함으로써) 어떤 요소나 관계가 특수화한 것이라는 사실을 명확하게 해야 한다. 그리고 근거 섹션에 여러분의 선택을 설명해야만 한다.

## 10.1.2 뷰 표준 구성의 유용한 변형

이전 절에서 제시한 뷰를 문서화하는 표준 구성은 대부분의 경우에 적합하다. 그러나 다른 것에 더 적합한 몇 가지 유용한 변형이 있다. 여기에는 다음과 같은 것을 포함한다.

### 변형 1. 뷰를 뷰 패킷으로 분할한다

대규모 소프트웨어 시스템의 뷰는 임의적으로 내포nesting 깊이 수준을 가진 수백 또는 수천 요소를 포함할 수 있다. 단일 프리젠테이션에 이들 요소와 이들 요소 사이의 관계를 함께 보여주는 것은 해독할 수 없는 정보 대폭풍의 결과를 가져온다. 또한 많은 이해당사자는 전체 뷰에 관심이 없다. 단지 자신에게 필요한 일부에만 관심이 있다. 또는 많은 상세한 사항이 생략된 개요 그림에만 관심이 있다. 일부 조직에서는 하청업체에게 보여주기 원하지 않는 뷰의 일부분에 접근 통제를 부여하기를 원할 수도 있다.

뷰 패킷은 예를 들어 시스템의 작은 부분을 구현하는 데 배정된 개발자나 개요에 관심이 있는 고객과 같은 개별적인 이해당사자에게 보여주는 가장 작은 뷰 문서화의 단위다.

뷰의 정보를 더 작은 '조각'으로 표현하는 방법이 필요하다면 뷰를 뷰 패킷<sup>view packet</sup>으로 분할한다. 각 뷰 패킷은 아주 상세한 정도로 시스템의 단편을 보여줄 수 있다. 그다음에 뷰의 문서화는 뷰 패킷의 집합으로 구성할 수 있다.

뷰 패킷은 아키텍트가 설계 스펙트럼을 통한 여행의 일부분으로서 생성될 때 정제를 수행하고 기록할 수 있도록 하는 아주 좋은 방식이다.

뷰에 사용하는 같은 표준 구성을 뷰 패킷에도 사용할 수 있다. 단지 다음 사항을 기억하기만 하면 된다.

정제와 설계 스펙트럼은 6장에서 설명한다. 뷰 패킷을 사용해 점점 더 세부적인 아키텍처 결정을 기록하는 예는 '뷰 패킷을 사용해 아키텍처 단계 기록하기' 박스를 참조한다.

- 기본 프리젠테이션은 전체 뷰가 아니라 이 뷰 패킷에서 보여주는 뷰의 일부분을 구성하는 요소와 관계를 보여준다.
- 지원 문서(요소 카탈로그, 컨텍스트 다이어그램, 가변성 지침, 근거)는 모두 기본 프리젠테이션에 제시되는 아키텍처의 부분만 설명한다. 컨텍스트 다이어그램의 '환경'은 아키텍처를 문서화하는 전체 시스템에 내부적인 다른 요소일 수도 있다.

분할 정제는 6.1.1절에서 설명한다.

- 뷰 패킷 사이를 독자가 이동하기 쉽도록 뷰 패킷의 이웃하거나 자식 뷰 패킷뿐만 아니라, 부모 뷰 패킷을 가리키는 것을 추가한다 ('자식' 뷰 패킷은 '부모' 뷰 패킷 안에 있는 하나 이상의 요소의 분할 정제<sup>decomposition refinement</sup>를 보여주는 것이다).

뷰를 뷰 패킷으로 나눈다면 어떤 뷰 패킷이 제공되며, 각 뷰 패킷이 시스템의 어떤 부분을 보여주는지를 서두에 설명한다. 한 가지 방법은 포함된 각 뷰 패킷의 컨텍스트 다이어그램과 이 다이어그램 사이의 부모/자식 연결을 보여주어 독자가 자신이 보고싶은 뷰 패킷으로 이동하고 식별할 수 있게 하는 것이다.

**조언**

## 뷰 패킷을 사용해 아키텍처 단계 기록하기

이 책을 통해 우리는 아키텍처 문서화가 단지 아키텍처 설계의 필요한 재고가 아니라, 설계 과정 자체의 중요한 공헌자라는 것을 강조했다. 뷰 패킷은 아키텍처 설계와 문서화가 어울려 갈 수 있도록 함으로써 아키텍처 결정을 저장하는 아주 좋은 도구가 된다.

우리는 속성 주도 설계ADD, attributed-driven design의 버전 2를 사용해 이 개념의 예를 보여주려고 한다. ADD는 반복적으로 시스템의 일부분을 선택하고 해당 부분의 아키텍처적으로 중요한 요구를 만족시키는 적절한 아키텍처 스타일과 패턴, 전술을 선택하는 단계별 아키텍처 설계 방법론이다. 각 ADD 반복의 결과는 자신의 뷰 패킷에 기록될 수 있다.

ADD가 순차적인 단계별 방법론이기 때문에, 또한 여러분은 설계의 연대기(어떤 결정이 다른 어떤 결정의 앞과 뒤에 오는가)를 기록할 수 있다. 이것은 설계 결정을 변경할 필요가 있을 때 아주 유용하다. 문제가 되는 것 다음에 어떤 설계 결정을 했는가를 보고 이들도 같이 변경해야 하는지를 쉽게 결정할 수 있다.

다음은 ADD의 간략한 단계[1]와 각 단계를 수행할 때 뷰 패킷에 기록해야 하는 것을 함께 설명한다.

| ADD 방법론 단계 | 뷰 패킷에 기록할 정보 |
|---|---|
| 1단계: 충분한 요구 정보가 있는지 확인한다. | 없음 |
| 2단계: 설계 시스템의 요소를 선택한다(ADD 첫 번째 반복에서 이 요소는 아마도 전체 시스템이 될 수도 있다). | 새로운 비어 있는 뷰 템플릿으로 시작한다. 근거 섹션에 시스템에서 이 요소를 선택한 이유를 설명한다. 관련된 뷰 패킷 섹션에서 이 요소의 부모(있다면)와 연대적인 선행자(있다면)를 가리킨다. 외부 실제와 상호작용에 관해 알고 있는 것을 기반으로 요소에 대한 컨텍스트 다이어그램을 생성한다. |

이어짐

---

1 『(개정3판)소프트웨어 아키텍처 이론과 실제』에서 ADD는 5단계로 구성된다. 이 책의 원서 출간 시점에서는 아직 개정 3판이 출간되기 이전이므로, 2판의 ADD 단계를 기반으로 설명하고 있다. - 옮긴이

초기에 당장 사용되지 않은 형식으로 모든 정보를 기록하려고 하지 말라. ADD는 4단계에서 백업 후 다시 시도 옵션을 포함한다(아마도 여러분이 3개 이전 반복에서 선택한 설계 개념이 현재 반복에서 처리하고 있는 요구를 충족시키는 의도치 않게 배제했을 수도 있다. 여러분은 백업해두었다가 다시 시도해야 한다). 따라서 정보를 아름답게 만들려고 시간을 낭비하지 말라. 대신에 이해할 수 있게 한다.여러분이 자신감을 갖는 아키텍처가 될 때 그것을 빛나게 할 수 있다.

| ADD 방법론 단계 | 뷰 패킷에 기록할 정보 |
|---|---|
| 3단계: 후보 아키텍처 요인을 식별한다. | 근거 섹션에 요인을 기록한다. |
| 4단계: 아키텍처 요인을 충족시키는 설계 개념을 선택한다. | 설계 개념(일반적으로 전술로 확장된 아키텍처 패턴이나 스타일)을 근거 섹션에 서술하고, 왜 그것을 선택했는지를 설명한다. |
| 5단계: 아키텍처 요소의 인스턴스화 하고 책임을 할당한다. | 기본 프리젠테이션에 인스턴스화를 표현한다. 인스턴스화된 요소와 관계, 그리고 요소 행위를 요소 카탈로그에 서술한다. |
| 6단계: 인스턴스화된 요소의 인터페이스를 정의한다. | 요소 카탈로그에 예비 인터페이스 정의를 기록한다. |
| 7단계: 인스턴스화된 요소에 대한 요구를 확인하고 정제하며, 이들을 제약사항으로 만든다. | 없음. 이들 인스턴스화된 요소 중 하나에 설계를 집중할 때 요구와 제약사항은 향후 반복의 단계3에서 기록하게될 요인의 집합을 산출할 것이다. |
| 8단계: 분할하고자 하는 시스템의 다음 요소에 대해 2단계에서 7단계까지 반복한다. | 없음. 방법론능 모든 요구와 제약사항이 아키텍처 요소에 할당될 때(그리고 충족될 때) 끝난다. |

　　뷰 패킷을 사용해 설계 결정을 기록하는 것이 아키텍처 설계 동안에 어떤 뷰를 사용할 것인가 하는 질문을 어떻게 피하게 하는지에 주목한다. 아키텍처 패턴과 스타일을 선택하면 뷰를 선택하게 된다. 만약 시스템(또는 시스템의 일부)을 설계할 때 서비스지향 스타일을 선택한다면, 인스턴스를 잡아내기 위해서 서비스지향 뷰를 문서화할 것이다. 레이어 스타일을 선택한다면 인스턴스를 잡아내기 위해서 레이어 뷰를 문서화할 것이다. 나중에 뷰의 컬렉션을 나타내는 뷰 패킷의 컬렉션을 가질 때 9장의 뷰 선택 접근 방법을 사용해 합리적인 컬렉션으로 이들을 조합할 수 있다.

## 변형 2. C&C 뷰의 기본 프리젠테이션에 표현되는 전체 아키텍처의 행위를 문서화하는 섹션을 추가한다

C&C 뷰의 기본 프리젠테이션은 아키텍처 요소(컴포넌트와 커넥터)의 그룹과 이들의 런타임 상호작용을 보여준다. 요소 카탈로그는 이들 요

소의 행위를 포함한다. 그러나 여러분은 거의 분명하게 어디엔가 전체로서 그룹의 행위를 문서화하기를 원할 것이다. 어디에 할까? 대안은 다음과 같다.

- 뷰의 요소 카탈로그의 행위 섹션: 이 섹션은 기본적으로 개별적인 요소의 행위를 수집하기 위한 것이다. 여러분은 마지막에 특별한 항목을 추가해 함께 작동하는 모든 것의 행위를 수집할 수 있다.
- 뷰의 표준 구성의 새로운 섹션: 아키텍트는 보통 구조와 해당 구조의 행위를 서로 나란히 보여주어, 둘 다에게 동등한 상태를 부여한다. 행위를 별도의 섹션에 할당하면 이렇게 하기 더 쉽다.
- 뷰 패킷을 사용한다면 템플릿을 변경할 필요가 없다: 뷰 패킷에 보여주는 컴포넌트와 커넥터의 그룹은 부모 뷰 패킷에 나타나는 단일 컴포넌트나 커넥터의 특수화일 수 있다. 이 경우에 행위는 부모 뷰 패킷의 요소 카탈로그에 문서화될 것이다.

### 변형 3. 기본 프리젠테이션과 컨텍스트 다이어그램을 결합한다

필수적인 것을 추려내면 컨텍스트 다이어그램은 상호작용하거나 관련된 외부 요소와 함께 서술되는 시스템을 보여준다. 그림 10.2에서처럼 시스템은 뚜렷한 경계를 가지며 내부 구조가 없는 단일 엔티티monolithic entity, 즉 블랙박스로 표현된다.

기본 프리젠테이션과 컨텍스트를 결합한다면 시스템 경계를 나타내도록 한다. 분명한 구별된 경계를 나타내는 기호를 사용하고 용례에 그 기호를 설명하든가, 어떤 요소가 시스템에 외부인지를 명확하게 나타내도록 한다.

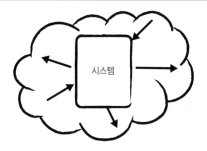

**그림 10.2**
순수한 컨텍스트 다이어그램은 내부 구조를 보여주지 않는 시스템과 환경 안에서의 엔티티와의 관계를 보여준다

내부 구조를 보여주는 것은 기본 프리젠테이션의 일이다. 이것은 많은 경우에 관심의 유용한 분리를 표현하지만, 때로는 외부 실제를 포함한다면 기본 프리젠테이션이 좀 더 표현적이 될 수 있다. 특별히 C&C

뷰에서 기본 프리젠테이션을 컨텍스트 다이어그램과 결합하면 화살표
가 시작하고 끝나는 곳을 볼 수 있게 해, 시스템 내부와 외부 사이에 연
결되는 어떤 것도 간과되지 않게 한다.

　기본 프리젠테이션에 외부 실체를 보여주는 것이 일반적이지만, 아
키텍트는 보통 보여주고 있는 요소의 어떤 것이 외부라는 사실을 나타
내는 것을 귀찮아 하지 않는다. 그림 10.3은 기본 프리젠테이션과 컨텍
스트 다이어그램의 밑그림 예다.

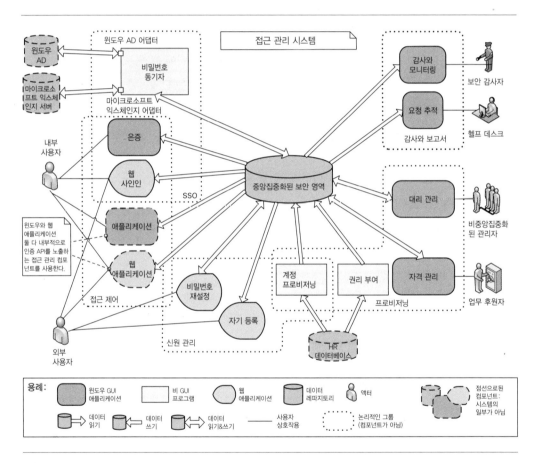

**그림 10.3**
결합된 컨텍스트 다이어그램과 기본 프리젠테이션. 여기에서 외부 실체는 용례에 식별된 기호로 표시된다

## 변형 4. 여러 부분으로 구성된 기본 프리젠테이션이 포함된 뷰

뷰 패킷의 핵심은 거의 아무도 관심이 없는 방대한(그리고 아주 복잡한) 단일 다이어그램을 표현하지 않도록 하는 것임을 상기하도록 한다. 어떤 이유로 뷰를 뷰 패킷으로 분할함으로써 이해당사자가 이해할 수 없게 된다면 기본 프리젠테이션에 일련의 다이어그램(뷰 패킷이 포함된 다이어그램)을 사용해 전체 뷰를 문서화할 수 있다. 그다음 섹션 2에서 5까지의 지원 문서는 전체로서 이들 다이어그램을 설명할 것이다. 이 옵션을 선택한다면 다이어그램이 서로 어떻게 관련되는지, 그리고 이들 사이에 어떻게 이동하는지를 설명해야 할 것이다.

### 10.1.3 뷰 또는 뷰 패킷에 불필요한 반복 피하기

뷰 또는 뷰 패킷 템플릿을 있는 그대로 사용하면 하나 이상의 장소에서 정보가 반복되는 결과를 가져올 수 있으며, 이것은 P.5절에서 불필요한 반복을 피하라는 우리의 권고를 위반하는 일이 된다. 다음과 같은 경우가 포함된다.

모듈 또는 컴포넌트가 하나 이상의 뷰에서 나타난다. 예를 들어 같은 모듈이 분할, 사용, 일반화 뷰에서 나타날 수 있다. 이것이 나타나는 모든 뷰의 요소 카탈로그에 정의와 속성, 인터페이스 그리고 행위를 제시하는 것보다는 다음과 같은 작업을 할 수 있다.

- 이 정보를 표현하기에 가장 적절한 뷰를 선택하고, 다른 뷰의 요소 카탈로그에서는 단순히 이것을 참조하게 한다.
- 잠재적으로 중복되는 정보는 별도로 패키징해 모든 뷰가 이것을 참조하게 하거나 자동적으로 이것을 통합하게 한다.
- 온라인 문서의 경우에 모든 뷰의 요소 카탈로그를 정보에 링크시킨다.

분할 정제는 6.1.1절에서 설명한다.

자식 뷰 카탈로그의 컨텍스트 다이어그램이 부모의 기본 프리젠테이션과 비슷하게 보인다. 어떤 뷰 패킷이 내부 서브 구조를 갖지 않는 요소를 보여주지만, 해당 요소의 분할 정제를 보여주는, 즉 내부 서브 구조를 보여주는 다른 뷰 패킷을 생성했다고 하자. 그러면 두 번째 뷰 패킷의 컨텍스트 다이어그램은 첫 번째의 기본 프리젠테이션과 상당히 유사하게 보일 것이다. 이 경우에는 컨텍스트 다이어그램이 첫 번째 뷰 패킷의 기본 프리젠테이션을 가리키도록 한다.

로잔스키와 우즈는 이와 같은 정보를 '공통 설계 모델(common design model)'이라고 한다.

전역 정책이 여러 요소에 적용된다. 아키텍트는 보통 "모든 컴포넌트는 모든 트랜잭션이 시작하고 끝난 후에 사람이 읽을 수 있는 메시지를 로그에 작성해야 한다"와 같이 어떤 한 뷰의 모든 요소에 적용되는 결정을 내린다. 이와 같은 정보를 문서화하기 위해 다음 사항을 수행할 수 있다.

- 영향을 받는 요소를 보여주는 뷰에 주석을 추가한다.
- 요소 카탈로그 시작에 항목을 추가한다.
- 행위 문서화에 항목을 추가한다.
- 뷰 너머 문서화의 아키텍처 배경 섹션에 전역 정책을 설명한다 (10.2절을 참조한다).

뷰 패킷을 사용한다면 다음 두 장소에 전역 정책을 문서화할 수 있다.

- 뷰의 뷰 패킷 목록이 있는 곳과 같은 위치에, 공통성을 '추려내서' 한 장소에 둠으로써 반복을 피하는 방식과 같이 모든 뷰 패킷에 공통적인 정보를 둘 수 있다.
- 가장 큰 범위의 가장 작은 깊이를 갖는 뷰 패킷에, 그다음에는 모든 다른 뷰 패킷은 공통적인 정보를 '상속'할 수 있다.

## 10.2   뷰 너머 문서화

> **인용**
>
> 지도를 만들 때는 초안 하나를 잡는 데도 몇 달, 심지어 몇 년이 걸릴 수 있다. 지도에는 사람들이 인식하는 대륙, 대양, 산, 호수, 강, 정치적인 경계선과 같은 것들만 있는 것이 아니다. 거기에는 카투쉐(지도의 제목이나 지도 제작사의 이름 같은 정보를 찍어놓은 장식 부분), 축적, 방위 표시, 풍향, 배, 바다괴물, 중요 인물, 성서에

등장하는 인물, 고대의 기이한 생명체, 위험한 식인 생물체, 육감
적인 반라 동물, 고대의 수수께끼, 식물, 동물, 무지개, 회오리 바
람, 스핑크스, 바다 마녀, 아기 천사, 의전 표시, 띠 장식, 두루마리
장식, 과일 재배지 등의 장식도 존재한다.

— 마일즈 하베리(Miles Harvery), 『The Island of Lost Maps: A True Story of
  Cartographic Crime』(2000, p.98)

여러 가지 면에서 아키텍처와 시스템의 관계는 세계 지도와 세계와
의 관계와 같다. 지금까지 우리는 시스템의 다양한 아키텍처 뷰를 잡아
내는 데 집중했다. 마일즈 하베리의 말을 빌리면, 이들은 우리가 그리
는 지도에서 '대륙, 대양, 산, 호수, 강, 정치적인 경계선'에 해당한다. 그
러나 이제 우리는 뷰 문서화를 보완하는 것에 시선을 돌려서, 하나 이
상의 뷰 또는 전체로서 문서화 패키지에 적용되는 정보를 잡아내기로
한다. 뷰 너머 문서화$^{documentation\ beyond\ views}$는 지도의 장식에 해당한다.
이것이 이야기를 완성하고, 이것이 없으면 작업이 어딘가 부적절하게
보이게 된다.

### 10.2.1 뷰 너머 정보 문서화의 표준 구성

뷰 너머 문서화는 다음과 같이 2개 부분으로 구분된다.

1. 아키텍처 문서 개요: 문서의 레이아웃과 구성 방법을 알려주어 아
   키텍처 이해당사자가 자신이 필요한 정보를 효율적이고 신뢰할 수
   있도록 찾을 수 있게 한다.
2. 아키텍처에 관한 정보: 여기에서 뷰 그 자체 이외의 수집돼야 할 것
   이 남아 있는 정보는 시스템의 목적에 관해 독자가 기반을 두어야
   하는 개요, 그리고 뷰가 서로 연관되는 방법, 시스템 범위의 설계 접
   근 방법 개요와 근거, 요소 목록과 이들 있는 곳, 그리고 전체 아키
   텍처의 용어집과 약어 목록이다.

그림 10.4는 뷰 너머 문서화를 위한 템플릿을 요약한다.

그림 10.4
뷰 너머 문서화 요약

뷰 너머 문서화 템플릿

아키텍처
문서 정보
{
섹션 1. 문서화 로드맵
섹션 2. 뷰 문서화 방법

아키텍처
정보
{
섹션 3. 시스템 개요
섹션 4. 뷰 매핑
섹션 5. 근거
섹션 6. 디렉토리 – 인덱스, 용어집, 약어 목록

**그림 10.4**
뷰 너머 문서화 요약

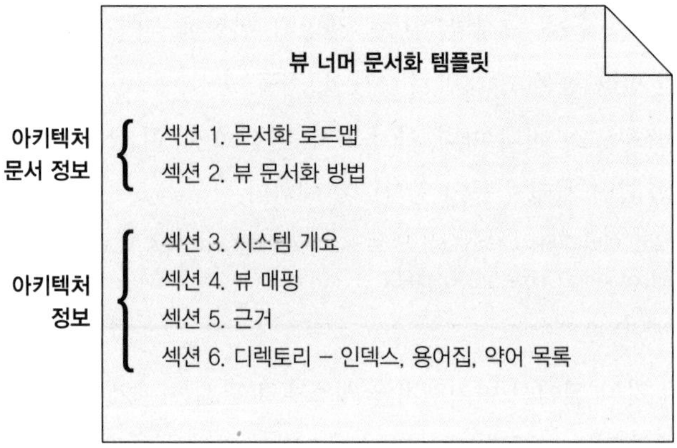

## 문서 관리 정보

문제를 제기한 조직과 현재 버전 번호, 이슈 제기 일자 및 상태, 변경 이력, 그리고 문서에 변경 요청을 제출하는 절차를 제시한다. 보통 이들은 앞붙임[2]에 넣는다. 형상 관리 도구는 많은 이러한 정보를 제공할 수 있다.

## 섹션 1. 문서화 로드맵

"여기서 어디로 가야하는지 말해줄래요?"

"어디로 가고 싶은지에 달려 있지요." 캣이 말했다.

"어디든 상관없어요." 앨리스가 말했다.

"그럼 어느 길로 가야 하는지는 중요하지 않네요." 캣이 말했다.

– 루이스 캐럴(Lewis Carroll), 『이상한 나라의 앨리스』

문서화 로드맵documentation roadmap은 독자에게 문서에 어떤 정보가 있는지, 어디에서 찾을 수 있는지를 알려준다. 로드맵은 다음과 같은 절로 구성된다.

1. 범위와 요약: 문서의 목적을 설명하고 다루고 있는 것과 (도움이 된다고 생각한다면) 다루지 않는 것을 간략하게 요약한다. 다른 문서와의 관계(하위 설계 문서 또는 상위 시스템 엔지니어링 문서와 같은)를 설명한다.

2. 문서 구성 방법: 이 문서에서 발견할 수 있는 정보를 간단히 요약한다. 이것은 제목과 페이지 번호가 매겨지지 않는 표이지만, 각 항목에 대한 요약을 제공한다. 특정한 정보를 찾아보려는 독자에게 일

---

2 앞붙임(front matter)이란 본문을 제외한 속표지, 머리말, 차례 등을 말한다. – 옮긴이

괄 정보를 제공한다.

3. 뷰 개요: 로드맵의 가장 중요한 부분으로 아키텍트가 이 패키지에 포함시킨 뷰를 설명한다. 각 뷰에 대해, 맵은 다음과 같은 정보를 제공한다.

　i. 뷰 이름과 사용한 패턴

　ii. 뷰의 요소 타입, 관계 타입, 속성 타입 설명. 이것은 독자에게 이 뷰에서 표현된 정보의 종류를 이해할 수 있게 한다.

　iii. 뷰를 구축하는 데 사용된 언어, 모델링 기법, 뷰를 구축하는 데 사용된 분석 방법 설명

4. 이해당사자가 문서를 사용하는 방법: 로드맵 다음에는 이 뷰가 어떤 이해당사자와 관심사를 해결하는지 설명하는 부분이 나온다. 이것은 간편하게 표로 표현될 수 있다. 이 항목은 다양한 이해당사자가 자신의 관심사를 해결하기 위해 문서를 어떻게 사용하는지를 설명한다. "유지보수자는 제안된 변경 요청으로 변경될 소프트웨어 단위를 알고 싶어 한다. 유지보수자는 할당 뷰를 참조해 각 모듈의 책임을 이해함으로써 변경될 모듈을 식별할 수 있다. 다음에 유지보수자는 사용 뷰를 참조해 어떤 모듈이 영향을 받는 모듈을 사용하는지(그리고 또한 변경돼야 하는지)를 알 수 있다."와 같이 간단한 사용 시나리오를 포함한다.

ISO/IEC 42010-2007 표준을 준수하기 위해 적어도 사용자, 개발자, 유지보수자의 관심사를 검토해야 한다.

## 섹션 2. 뷰 문서화 방법

뷰를 문서화하기 위해 사용한 표준 구성(이번 장에서 설명한 것이든, 여러분 자신의 것이든)을 설명한다. 독자에게 이 뷰에서 어떻게 정보를 찾을 수 있는지 설명한다.

　여러분의 조직이 뷰 템플릿을 표준화했다면 단순히 해당 표준을 참조할 수 있다. 그런 템플릿이 없다면 10.1.2절에서와 같은 텍스트가 아키텍처 문서의 이 섹션에 나타나야 한다.

## 섹션 3. 시스템 개요

시스템 기능과 사용자, 중요한 컨텍스트 또는 제약사항을 간단한 산문

형식으로 설명한다. 목적은 독자에게 시스템의 일관적인 마음 속에 그리고 있는 모델을 제공하는 것이다.

시스템 개요는 엄격하게 말해서 아키텍처의 일부분은 아니다. 즉, 설계된 해결 방안의 일부는 아니다. 그러나 아키텍처를 이해하는 데 필수적이다. 적절한 시스템 개요가 전체 프로젝트 문서에서와 같이 다른 곳에 있다면 그것을 참조로 포함시킬 수 있다.

### 섹션 4. 뷰 매핑

아키텍처의 모든 뷰는 같은 시스템을 서술하기 때문에 어떤 두 뷰에는 공통적인 것이 많이 있을 수 있다. 독자가 뷰 사이의 연관을 이해할 수 있도록 해 아키텍처가 단일화된 개념적인 전체로서 작동하는 방법에 대한 통찰력을 얻을 수 있게 한다. 뷰 사이의 매핑을 제공해 관계를 명확하게 하는 것은 이해를 증가시키는 핵심이다.

아키텍처의 뷰에 걸쳐 있는 요소 사이의 연관는 일반적으로 다대다 many-to-many다. 예를 들어 각 모델은 여러 런타임 요소와 매핑될 수 있으며, 각 런타임 요소는 여러 모듈과 매핑될 수 있다. 때로는 런타임에 임포트되거나 빌드 또는 로드 시에 포함될 때와 같이, 시스템의 런타임 요소가 코드 요소로서 전혀 존재하지 않을 수도 있다. 때로는 레이어와 같은 모듈이 런타임에 나타나지 않는다. 일반적으로 하나의 뷰에 있는 요소의 부분은 다른 뷰에 있는 요소의 부분에 대응된다.

뷰 사이의 매핑을 문서화하는 세 가지 방법이 있다.

1. 독자에게 두 뷰를 보고 각각에서 요소 사이의 연관을 보는 방법을 알 수 있게 하는 규칙을 진술한다. 보통 이름을 붙이는 관례는 매핑하기 편리한 규칙을 제공한다. 가장 간단한 규칙은 같은 이름을 갖는 요소가 다른 모듈 뷰 또는 두 개의 다른 C&C 뷰에 나타난다면 그것은 같은 요소라는 것이다.

2. 뷰-대-뷰 view-to-view 연관을 그림 10.5에서 듀크 은행 예제에서 가져온 것과 같이 표로 표현한다. 편리하게 참조할 수 있는 순서로 첫 번째 뷰의 요소를 나열한다. 표 자체는 표현하는 관계, 즉 두 뷰의

듀크 은행은 썬의 온라인 자바 튜토리얼에서 사용된 예제 애플리케이션이다. java.sun.com/ j2ee/tutorial/1_3-fcs/doc/ Ebank.html을 참조한다.

요소 사이에 어떤 대응 관계가 있는지에 대한 설명으로 주석을 달 거나 소개해야 한다. 예를 들어 컴포넌트-커넥터 뷰로부터 모듈 뷰로 매핑에 대해 '구현되다is implemented by', 모듈 뷰로부터 컴포넌트-커넥터 뷰로 매핑에 대해서는 '구현하다implement', 그리고 분할 뷰로부터 레이어 뷰로 매핑에 대해서는 '포함되다included in' 등을 포함할 수 있다.

| C&C 뷰 X의 요소 | 모듈 뷰 Y의 요소 |
|---|---|
| BankAdmin | com.sun.ebank.appclient<br>com.sun.ebank.util<br>com.sun.ebak.ejb의 스텁 |
| 웹 브라우저 | – |
| WebUI | web<br>com.sun.ebank.web<br>com.sun.ebank.web<br>com.sun.ebank.ejb의 스텁 |
| AccountControllerEJB | com.sun.ebank.ojb<br>com.sun.ebank.util |
| AccountEJB | com.sun.ebank.ojb<br>com.sun.ebank.util |
| ... | ... |

**그림 10.5**
뷰 사이의 매핑 단편

3. 매핑을 그래픽으로 보여줄 수 있다. 예는 그림 10.6과 같다.

어느 뷰에 명시적인 매핑을 제공해야 하는가? (이름 관례를 사용하는 매핑은 암시적이다.) 경험상 다음으로 시작한다.

할당 뷰(5장에서 설명함)도 매핑을 보여준다. 이들은 시스템 환경에 있는 소프트웨어 구조와 비소프트웨어 구조 사이를 매핑한다.

- 분할 뷰와 모든 C&C 뷰 사이의 매핑을 제공한다.
- 모듈 뷰와 컴포넌트-커넥터 뷰 사이의 적어도 하나의 매핑을 확인한다.
- 하나 이상의 모듈 뷰를 사용한다면 이들을 서로 매핑시킨다.

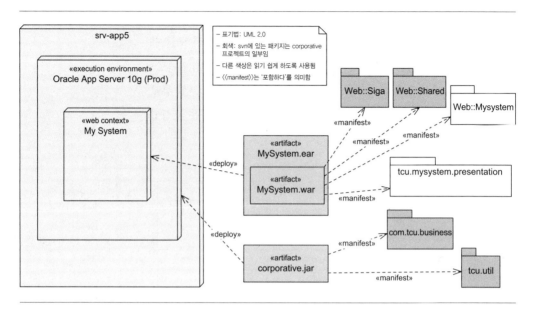

**그림 10.6**
뷰 사이의 그래픽 매핑. 가장 오른쪽에는 분할 뷰에서 모듈에 대응하는 UML 패키지가 있다. 《manifest》 관계는 배포를 위해 모듈로 묶은 다른 JAR 파일(UML 아티팩트) 내부를 보여준다. 《deploy》 관계는 JAR 파일(MySystem.ear와 MySystem.war, corporative.jar)이 생산 플랫폼에 배포되는 방법을 보여준다. 왼쪽에 있는 플랫폼 요소는 UML 노드로 표현되며, 아키텍처의 배포 뷰에서 가져온 것이다

## 섹션 5. 근거

6.5절의 지침을 사용해 주요 아키텍처 결정을 잡아낸다.

이 섹션은 하나 이상의 뷰에 적용된 아키텍처 결정을 문서화한다. 가장 좋은 후보로는 배경 또는 조직 제약사항, 시스템 전체의 결정을 이끄는 주요 요구가 포함된다. 기본적인 아키텍처 패턴 또는 스타일의 사용 결정도 여기에 서술된다.

## 섹션 6. 디렉토리

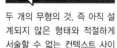

두 개의 무형의 것, 즉 아직 설계되지 않은 형태와 적절하게 서술할 수 없는 컨텍스트 사이의 어떤 종류의 조화를 찾는다.

– 크리스토퍼 알렉산더

디렉토리는 독자가 빨리 좀 더 많은 정보를 찾을 수 있는 참조 자료 집합이다. 여기에는 다음 사항이 포함된다.

● 인덱스: 아키텍처 문서의 어느 곳에든 나타나는 요소와 관계, 속성의 인덱스를 포함한다. 또한 인덱스는 용어가 사용된 페이지와 처음 정의한 페이지를 구별해야 한다. 이렇게 하는 편리한 방법은 용어가 정의된 페이지 번호를 굵게 표현하는 것이다(온라인 검색은 이러한 필요성을 줄여줄 수 있다).

- 용어집: 용어집은 특별한 의미를 갖는 아키텍처 문서에서 사용되는 용어를 정의한다. 보통 시스템 범위의 용어집이 있게 마련이다. 이것이 있고 충분하다면 참조로 포함시킬 수 있다.
- 약어 목록: 아키텍처 문서에서 사용하는 중요한 약어를 정의한다. 다시 프로젝트는 보통 시스템 범위의 약어 목록이 있다면 이것을 참조로 포함시킬 수 있다.
- 참조 자료: 아키텍처 문서 전체에 인용되는 참조 자료를 넣어두는 장소다.

이해당사자가 필수적으로 알지 못하는 용어 또는 이해당사자 사이에 의미가 같지 않은 용어를 용어집에 포함시킨다.

### 10.2.2 뷰 너머 문서화 표준 구성의 유용한 변형

#### 변형 1. 아키텍처를 사용하는 방법을 문서화한다

아키텍처의 '사용 사례<sup>use case</sup>', 즉 애플리케이션을 구축하기 위해 아키텍처를 사용하는 방법을 문서화하기 원할 수 있다. 이것은 특별히 아키텍처가 제품 라인 아키텍처일 경우에 유용하다. 사람들은 보통 예제를 내면화해 배운다. 따라서 몇 개의 예제를 제시하는 것이 좋다. 작은 것부터 시작한다. "안녕하세요" 애플리케이션과 동일한 것을 구축하는 방법을 제시한 다음, 작업을 쌓아올라간다. 비디오나 팟캐스트와 같은 시청각 자료가 사용 사례를 보여주는 데 유용할 수 있다.

6장의 용어 설명 '제품 라인 아키텍처'를 참조한다.

#### 변형 2. 주요 설계 결정 방법을 문서화한다

보통 아키텍처는 지배적인 모티프<sup>motif</sup>나 설계 접근 방법을 갖고 있으며, 좋은 아키텍처는 거의 항상 그렇게 한다. 이들 접근 방법은 보통 잘 알려진 아키텍처 스타일이나 패널의 형식을 취하지만, 다른 지배적인 모티프도 마찬가지로 가능하다. 예를 들어, 아키텍처가 새로운 함수를 구현하는 요소는 모두 자신의 인터페이스를 갖도록 프로그램을 작성하거나, 데이터를 공유하거나, 또는 특정한 방식으로 에러를 처리하라고 지시할 수 있다.

시청각 자료를 사용해 아키텍처를 문서화하는 생각은 『Software Arkitektur』라는 (독일어) 책의 공동 저자인 마르커스 보르텔(Markus Voelter)에서 왔다. 그는 OOPSLA 2007 컨퍼런스 동안에 인터뷰를 했다. 인터뷰는 http://www.infoq.com/interviews/MarkusVoelteraboutSoftwareArchitectureDocumentation에서 볼 수 있다.

> **인용**
>
> 아키텍처 패턴은 소프트웨어 아키텍처를 문서화하는 수단이다. 이들은 소프트웨어 시스템을 설계할 때 마음 속에 있는 비전을 서술할 수 있다. 다른 사람이 원래의 아키텍처를 확장하거나 수정하거나 시스템의 코드를 수정할 때 이 비전을 위반하지 않도록 한다. 예를 들어 시스템이 MVC 패턴을 따라 구조화됐다는 것을 안다면, 또한 새로운 기능으로 확장하는 방법을 알 수 있게 된다. 즉, 사용자 입력과 정보 표시에서 핵심 기능을 분리한다.
>
> – 부쉬만 등(1996, p.6~7)

### 변형 3. 전체 아키텍처의 단일 요소 카탈로그를 만든다

같은 요소가 하나 이상의 뷰에 나타날 수 있기 때문에 요소 카탈로그 항목이 중복될 위험성이 있다. 하나의 옵션은 모든 요소 카탈로그를 전체 아키텍처에 대해 하나로 통합하는 것이다. 이 '슈퍼 카탈로그supercatalog'는 '뷰 너머 문서화' 부분에 속할 것이다. 하나 이상의 뷰에 공통된 정보를 포함하기 때문이다.

이 옵션을 사용할 때 주의해야 한다. 별도의 뷰에 요소를 기술하는 것은 각 뷰 안에 아키텍처에서 요소가 수행하는 특정한 역할을 강화하는 경향이 있으며, 이것은 유용하다. 예를 들어, (분할 뷰에 있는) 모듈은 보통 어떤 종류의 변경을 캡슐화하는가라는 관점에서 설명하지만, (사용 뷰에 있는) 같은 모듈은 그것이 사용하는 것과 점증적 개발에서 수행하는 역할이라는 관점에서 설명한다. 같은 요소가 일부 C&C 뷰에 있는 컴포넌트로서 나타나면 다른 요소와의 상호작용과 런타임 품질 속성이란 관점에서 설명될 것이다. 단지 어떤 요소를 단일 요소 카탈로그 항목에 제공하는 것은 그 요소가 나타나는 각 뷰에 공헌하는 것을 간과할 위험이 크다.

**변경 4. 공개적인 질문을 기록하는 섹션을 추가한다**

이것은 초기 개발 동안에 특별히 유용하다. 아키텍처에게 '할 일' 목록을 제공하며, 아키텍처에서 아직 알려지지 않은 주요 사항(그리고 따라서 불안정의 가능한 영역)을 이해당사자에게 보고한다.

## 10.3  요구 매핑 문서화

많은 프로젝트에서 아키텍처가 요구를 충족시키는 방법을 보여주는 것은 문서화의 중요한 부분이다. 이것은 다음 사항을 보여줌으로써 아키텍처를 확인할 수 있게 한다.

- 어떤 요구도 놓치지 않았다.
- 어떤 요구도 반대되지 않았다.
- 모든 아키텍처 결정이 적어도 하나의 요구 또는 아키텍트의 재량 안에서 합법적으로 전제된다(모든 아키텍처 결정이 진술된 요구를 충족시키는 것은 아니다).

상세한 요구 매핑은 보통 프로젝트 라이프사이클 동안에 아주 자주 변경된다. 갱신을 쉽게 하고 질의와 검색이 실행될 수 있도록 정적인 문서보다는 데이터베이스 매핑을 저장하는 것을 고려한다.

검증을 쉽게 하기 위해 아키텍트는 아키텍처 결정과 요구 사이의 매핑을 기록한다. 특정한 요구에 관심이 있는 사람은 누구든지 아키텍처의 어디에서 처리되는지를 빨리 발견할 수 있어야 한다.

매핑은 요구 자체와 마찬가지로 상세화될 수 있다. 일반적으로 형식적인 요구 문서를 갖는 프로젝트는 상세한 매핑을 갖는다. 반면에 비형식적이거나 흘러가는 요구를 갖는 프로젝트(특별히 애자일 프로젝트)는 덜 상세한 매핑을 갖게 될 것이다. 매핑은 그림 10.7과 같은 표에 편리하게 기록된다.

다음과 같은 방법 중 하나를 사용해 요구 매핑을 문서화할 수 있다.

1. 문서의 한 장소, 즉 뷰 너무 문서의 새로운 섹션에 매핑을 넣는다. 이 옵션은 비형식적 또는 흘러가는 요구를 갖는 프로젝트나 각 요구에 세밀한 근거를 요구하지 않는 프로젝트에 좋다. 한 장소에 정보를 넣는 것은 갱신하기 쉽고 검증하기 편리하며, 단지 몇 명의 이해당사자에게만 짧은 시간 동안에 필요한 정보로 문서를 어지럽

히지 않아도 된다. 이 옵션은 대부분 요구 참조를 아키텍처 요소나 결정, 아키텍처 문서의 섹션에 매핑시키는 표 형식을 취한다. 그림 10.7이 그 예다.

2. 아키텍처 문서 전체에 매핑을 분산시킨다. 각 뷰에 별도의 섹션을 추가할 수 있다. 또는 요구를 반영하는 태그나 장식으로 아키텍처의 모든 위치(모든 기본 프리젠테이션, 요소 카탈로그, 컨텍스트 다이어그램 또는 가변성 메커니즘)에 올려놓을 수 있다. 아키텍트는 아키텍처 결정이 이루어지는 같은 장소와 같은 시간에 해결된 요구를 기록할 수 있다. 또한 문서가 장식을 넣다 뺏다 할 수 있는 전자적인

| 유스케이스 | UI 화면 | 아키텍처 솔루션과 노트 |
|---|---|---|
| UC1<br>프로젝트<br>생성 | 신규 ArchE<br>프로젝트 대화상자<br>이동 뷰 | 프로젝트는 이클립스 안에 내재된 추상화이며, 이동 뷰도 그렇다. '창고문 시스템'이 하나의 프로젝트일 수 있다.<br>각 프로젝트에서 Jess 규칙 엔진(ArchE 핵심)의 완전히 독립적인 인스턴스가 생성된다(그림 d를 참조한다). 해당 프로젝트의 모든 데이터는 Persisted fact base.txt에 저장된다(그림 d). 프로젝트당 하나의 파일이 있다. 또한 익스포트된 설계(그림 d에서 .xml 파일은 프로젝트당 하나다.<br>특정한 행위 핸들러를 활성화시키는 메뉴 옵션에 의해 프로젝트를 생성하는 사용자 명령이 있을 것이다. 이 행위 핸들러는 그림 e에 있는 대화상자 중 하나인 신규 ArchE 프로젝트 대화상자를 연다. |
| UC2 CRUD<br>시나리오 | 시나리오 테이블 뷰<br>사나리오 –<br>정적 필터 대화상자<br>시나리오 대화상자<br>시나리오 책임 매핑<br>테이블 뷰 | 시나리오 테이블 뷰는 그림 e에 있는 뷰와 편집기 중 하나다. 사용자가 옵션을 선택해 시나리오를 생성할 때, 특정한 행위 핸들러(그림 e를 참조한다)가 활성화된다. 이것은 그림 e에 있는 대화상자 중 하나인 시나리오 대화상자를 연다. 행위 핸들러는 궁극적으로 'ArchE 코어 퍼사드'를 호출해 코어를 갱신한다. 섹션 G에 있는 'ArchE 코어 퍼사드' 컴포넌트에 대해 서술된 단계 순서가 발생한다. |
| UC8 설계<br>익스포트 | 주 메뉴 옵션:<br>파일 | 설계 익스포트<br>다른 이름으로 저장<br>대화상자 | 이 사용자 명령을 처리하는 행위 핸들러(그림 e)가 있다. 이것은 다른 이름으로 저장 대화상자를 사용해 파일명을 요청한다. 그다음에 '설계 익스포트'(그림 e)를 호출해 '익스포트된 설계' 파일을 생성한다. 외부 설계 도구가 수작업으로 활성화된다. |
| 일반(특정<br>유스케이스<br>에 한정되지<br>않음) | 사용자에게 질문<br>대화상자<br>질문 테이블 뷰 | 질문 뷰의 질문은 코어의 'QA_' 사실에 대응된다. 사용자가 항목을 이중 클릭할 때 사용자 명령(그림 e)을 처리하는 행위 핸들러가 있다. 이것은 그림 e에 있는 대화상자 중 하나인 '사용자에게 질문' 대화상자를 연다. 질문에 대답하는 것은 행위 핸들러가 코어에 있는 사실을 저장하게 한다. |

**그림 10.7**
이 그림은 ArchE 시스템의 기능 요구(여기에서는 유스케이스)와 아키텍처 사이의 매핑의 단편을 보여준다. ArchE는 GUI 데스크톱 애플리케이션이기 때문에 대부분의 유스케이스가 하나 이상의 UI 화면(두 번째 열)에 매핑된다. 세 번째 열은 각 유스케이스가 아키텍처에서 처리되는 방법을 서술한다. 설명에서 언급된 그림은 참조된 요소가 정의된 뷰의 기본 프리젠테이션이다(ArchE 도구에 대한 좀 더 많은 정보는 2.3.6절과 6.6.4절을 참조한다)

형식으로 돼 있고, (더 바람직한 것은) 자동적으로 추출하고 수집하고 인덱싱을 해 한 장소에서 모든 것을 요약을 생성할 수 있다면 당연히 편리하다.

3. 자신의 뷰 안에 요구 매핑을 넣는다. 이 옵션은 '요구 관점' 사이드바에서 설명한다. 이러한 뷰가 스타일 모음 어디에 있을까?

 - 요구를 조직과 개발, 또는 실행 구조와 같은 실제 소프트웨어 환경 안에 있는 구조로 간주할 수 있다. 따라서 요구 매핑을 새로운 타입의 할당 뷰로 간주하고, 할당 뷰로서 문서화할 수 있다.

 - 요구를 설계한 아키텍처 요소를 횡단하는 관심의 집합으로서 간주할 수 있다. 따라서 요구 매핑을 새로운 타입의 관점 뷰로 간주할 수 있다. 이 옵션은 여러 아키텍처 결정과 요소에 매핑되는 상세한 요구를 갖는 프로젝트에 좋다.

---

**조언**

## 요구 관점

피터 일리스(Peter Eeles)와 함께

이 장에서 개관한 요구 매핑을 정의하는 방법 외에도 아키텍처에 영향을 미치는 요구를 아키텍처 서술architecture description이란 관점에서 좀 더 고급스럽게 처리하는 여러 가지 선례들이 있다. 예를 들어, 크루첸의 아키텍처의 '4+1 뷰'가 있다. 여기에서 시나리오란 '어떤 의미에서는 가장 중요한 요구의 추상화'다(크루첸 1995). 『The Process of Software Architecting』(일리스와 크리프스Cripps, 2009)에서 저자들은 좀 더 포괄적인 요구 관점requirement viewpoint을 도입함으로써 이 생각을 발전시켰다. 이 관점을 기반으로 하는 요구 뷰requirement view는 아키텍처 형식을 갖추어서 요구를 서술하고, 기능적인 요구와 품질 속성 요구, 제약사항을 포함할 수 있다.

그러나 요구 뷰의 가치는 아키텍처적으로 중요하다고 생각하는 요구의 서브 집합의 식별에만 국한되지 않는다. 전체로서의 아키텍처 서술은 아키텍처가 이들 요구를 해결하는 방법을 명

4+1 접근 방법에 대해서는 E.2절에서 설명한다.

ISO 42010에서는 관점을 아키텍처 뷰와 관련된 아키텍처 모델을 구축, 해석, 사용하는 관례를 수립하는 작업 산출물로 정의한다(ISO/IEC 42010:2007). ISO 42010은 E.1절에서 설명한다.

이러한 추적성이 수집돼야 하는 하나의 장소는 문서화의 근거 섹션이다. 근거 문서화는 6.5절에서 설명한다.

확하게 정의해야 한다. 이러한 아키텍처로부터 요구로의 추적성 traceability은 아키텍트가 자신의 결정을 정당화할 필요가 있을 때, 또는 아키텍트가 스스로 자신의 결정에 대한 근거를 상기시켜야 할 필요가 있을 때 아키텍처 검토 동안에 특별히 유용하다.

요구 뷰에 수집한 아키텍처적으로 중요한 요구는 현재 시스템을 개발할 책임이 있는 프로젝트 안에서 정의돼 있을 수도 있으며, 또는 (전사적 아키텍처나 필수적인 법령을 정의하는 산업 단체와 같이) 프로젝트 외부에서 올 수도 있다. 솔루션 아키텍처solution architecture는 그림 10.8에서와 같이 두 요구 집합에서 도출된다. 여기에서 가장 바깥쪽의 원은 프로젝트 외부에서 정의한 요구를 나타내며, 내부 원은 현재 프로젝트(그리고 프로젝트 밖에서 정의 요구와 연계되는) 요구를 나타내며, 가운데는 이들 두 요구 집합에 의해 형성되는 솔루션 아키텍처를 나타낸다.

**그림 10.8**
요구 뷰의 요소(일리스와 크리프스, 2009)

프로젝트 안에 정의된 요소는 이해당사자 필요성과 시스템 특징, 시스템과 외부 실체 사이의 인터페이스, 기능적인 요구, 용어집, 품질 속성 요구, 솔루셔에 대한 제약사항을 포함할 수 있다. 프로젝트 외부에 정의됐지만 또한 아키텍처에 영향을 미치는 요소는 업무 도메인과 업무 프로세스, 업무 규칙, (구매 또는 빌드와 같은) 시스템이 생성되는 방식을 알려주고 가이드하는 원칙 그리고 현재 IT 환경을 구성하고 개발 중인 시스템에 의해 사용되거나 제약하는 기존 요소에 대한 설명을 포함할 수 있다. 이들 요소는 요구 뷰에 수집해 문서화해야 하는 내용을 구성한다.

### 요구 매핑: 이미 갖고 있을 수 있음

아키텍처와 요구 사이의 매핑이 중요한 사용성을 갖지만, 수년 동안 관찰해온 바로는 계약적으로 요구하지 않으면 결코 만들어지지 않았다. 아키텍처 초기 단계 동안에 너무 많은 것이 유입되고, 매핑의 일관성을 유지하는 것은 현실적이지 않았다. 끝으로 가면 아키텍처가 좀 더 안정적일 때 더 아무도 이상 매핑할 수 있는 시간이 없었다. 실무자는 무엇을 해야 할까?

아키텍팅 과정의 기존 산출물이 요구와 아키텍처 사이의 매핑을 정의하는 데 사용될 수 있다. 품질 속성에 대한 요구와 기능성에 대한 요구를 구별해서 생각해보자. 품질 속성 요구는 아키텍처의 주 요인이다. 아키텍처 문서화는 대부분 아키텍처가 품질 속성 요구를 어떻게 지원하는가를 서술하는 것으로 생각한다. 따라서 필요한 정보는 거기에 있지만, 어떤 구조와 행위가 어떤 품질 속성 요구에 적용되는지를 쉽게 보여주는 방식으로 구성될 필요가 있을 뿐이다. 각 품질 속성 요구에 일종의 컨테이너를 부착할 수 있다. 어떤 도구를 사용하느냐에 따라 컨테이너는 지원 다이어그램(행위 또는 구조)이나 아키텍처 문서의 다른 적절한 섹션에 링크를 포함할 수 있다.

기능적인 요구는 어떤가? 보통 아키텍처 문서는 아키텍처가 적어도 '필수적인' 요구를 지원하는 방법에 대한 서술을 포함하지 않는다면 완료되지 않은 것으로 간주된다. 여기에

서 필수적이란 시스템의 최우선 목적인 요구를 의미한다. 따라서 예를 들어, 시스템이 통
신 시스템이라면 필수적인 기능적인 요구 중 하나는 연결을 수립하는 것일 수도 있다. 센
서 시스템의 필수적인 기능적인 요구는 데이터를 수집해 최종 사용자나 다른 시스템이 사
용할 수 있도록 하는 것이다. 보통 대규모 시스템에서조차 아주 많은 필수적인 요구를 갖
지 않는다. 많은 경우에서 아키텍트는 이들 필수적인 기능 요구를 유스케이스로 문서회할
것이다. 이들에게 시퀀스 다이어그램이나 컬레보레이션 다이어그램과 같은 몇 가지 행위
적인 서술을 부착해, 할당된 책임을 갖는 아키텍처 요소가 필요한 기능을 제공하기 위해
서로 어떻게 상호작용하는가를 서술하게 할 수 있다.

## 10.4   아키텍처 문서 패키징

### 10.4.1 패키징 체계

이 장에서 설명한 템플릿을 사용해 다양한 방식으로 구조화된 아키텍
처 문서를 생성할 수 있다. 어떤 옵션을 선택하느냐는 시스템의 크기와
이해당사자를 위해 패키징하는 방법, 그리고 조직의 표준과 실천에 따
라 다르다.

#### 단일 전체 패키지

단일 아키텍처 문서를 산출하는 순서는 다음과 같다.

1. 문서 관리 정보
2. 문서화 로드맵
3. 뷰 문서화 방법
4. 시스템 개요
5. 뷰
6. 뷰 사이의 매핑
7. 근거
8. 디렉토리

### 개별 문서 생성

단일 문서가 너무 다루기 어렵다면 좀 더 관리할 수 있는 단위로 문서를 분할하는 여러 가지 방법이 있다. 하나의 방법은 뷰가 자신의 문서를 갖도록 쪼개는 것이다. 그렇게 한다면 이들을 '뷰 문서화 방법' 섹션에 넣는 것이 좋다. 두 문서는 문서 관리 정보를 가져야 한다.

다른 배열도 가능하다. 가령 모든 뷰를 자신의 문서 안에 넣거나, 카테고리(모듈, C&C, 할당)로 뷰를 그룹화하거나 요구 매핑을 자신의 문서 안에 쪼개는 것이다. 또한 아키텍처 선(예를 들어 서브 시스템 당 문서)을 따라 문서를 나누고 싶을 수도 있다. 이해당사자에게 가장 잘 맞는 것을 찾아내기 위해서 이들에게 물어보는 것이 좋다.

### 뷰당 문서 패키지 생성

뷰는 시스템에 적용되는 요소 타입과 관계 타입의 집합의 표현이다. 뷰를 뷰 패킷으로 분할한다면 해당 뷰 안에 있는 모든 뷰 패킷은 같은 타입을 공유하게 된다. 이것이 항상 이해당사자에게 제공하는 가장 편리한 문서 패키지는 아니다. 이해당사자는 보통 예를 들어, 전체 시스템의 수박 겉핥기식 개요나 특정한 서브 시스템이나 레이어에 관한 전체적인 (즉, 다중 뷰) 통찰력과 상세에 관심을 갖는다.

이와 같은 이해당사자를 지원하기 위해 다른 뷰의 뷰 패킷을 포함하는 하나의 정보 패키지를 만들 수 있다. 예를 들어, 다양한 뷰로부터 상위 수준의 뷰 패킷을 보여줌으로써 아키텍처의 광범위한 개요를 제공하는 패키지를 조합할 수 있다. 이것 다음에는 뷰에 걸쳐 있는 아키텍처의 더 깊은 수준을 보여주는 뷰 패킷이 올 수 있다. 이와 같은 문서의 문서화 로드맵은 뷰 패킷을 통해 이동하는 방법을 독자에게 알려주어야만 한다.

## 아키텍처 개요 프리젠테이션 구축

어느 시점이 되면 모든 아키텍트는 슬라이드로 보완되는 아키텍처 개요를 말로 설명해야만 한다. 일단 구축되면 프리젠테이션은 관리자와 개발자, 후원자, 평가자, 고객, 심지어 방문자에게 아키텍처를 소개하는 데 사용할 수 있다. 이러한 프리젠테이션에는 무엇을 포함시켜야 할까? 목적은 청중이 문제를 이해하고 선택된 해결 방안을 보고, 이들이 선택된 이유를 이해하고, 아키텍처가 작업에 적합한 것이라는 확신을 갖도록 하는 것이다.

20에서 35장의 슬라이드를 포함하는 5개의 부분으로 구성된 1시간짜리 개요는 다음과 같다.

1. 문제 진술: 2-3페이지. 시스템이 해결하고자 하는 문제를 진술한다. 주요 아키텍처 요구와 이들과 관련된 측정할 수 있는 정량적 기준, 그리고 이들을 충족하는 기존의 표준/모델/접근 방법을 나열한다. 미리 정해진 운영체제, 하드웨어 또는 미들웨어와 같은 기술적인 제약사항도 진술한다.

2. 아키텍처 전략: 2페이지. 주요 아키텍처 과제를 설명한다. 아키텍처 접근 방법, 스타일, 패턴 또는 사용된 메커니즘과 이들이 어떤 품질 속성을 해결하는지와 접근 방법이 이들 품질 속성을 어떻게 해결하는지를 포함해 설명한다.

3. 시스템 컨텍스트: 1-2페이지. 시스템의 경계와 상호작용해야 하는 다른 시스템을 명확하게 보여주는 하나 또는 두 개의 전체 시스템 컨텍스트 다이어그램을 포함한다.

4. 아키텍처 뷰: 12-18페이지. 프리젠테이션의 중추 역할을 하는 뷰를 선택해 보여준다. 각 뷰에 상위 수준(즉, 시스템 범위)의 기본 프리젠테이션과 상세 정도에 따라서 조금 더 정제된 기본 프리젠테이션도 포함한다. 당연히 각 뷰에는 표기법 용례가 포함돼야 한다.

개요 프리젠테이션은 밑그림이 지원 문서를 첨부할 필요가 없는 경우지만, 질문에 대답을 하기 위해 준비할 수도 있다.

기본 프리젠테이션을 보여주는 각 슬라이드에 (a) 제시된 아키텍처가 기능을 지원하고 해당 뷰에 있는 시스템의 품질을 달성하는 방법과 (b) 해당 설계를 선택한 근거를 설명하는 두어 장 정도의 보조 슬라이드를 만든다. 밑그림의 일부에 주석을 넣거나 색을 칠해서 어느 요소가 서드파티에서 제공되는지, 요소의 개발 상태나 요소에 내재된 위험 정도, 또는 인도 일정이나 요소의 다른 마일스톤을 프로그램적인 정보를 보여줄 수 있다. 프리젠테이션에 모든 뷰를 포함할 필요는 없지만, 적어도 하나의 모듈 뷰와 적어도 하나의 C&C 뷰, 그리고 적어도 하나의 할당 뷰는 포함시켜야 한다.

직접적으로 서로 매핑되는 뷰가 있다면 슬라이드에 포함시킨다. 이것은 전체 그림을 이해하는 데 아주 유용할 것이다.

5. 아키텍처 작동 방법: 3-10페이지. 가장 중요한 유스케이스 중에서 3개 정도를 추적한다. 가능하다면 각 유스케이스가 소비하는 런타임 리소스를 포함시킨다. 예를 들어 시퀀스 다이어그램이나 상태 차트 다이어그램의 형식으로 행위 문서에서 추적을 추출할 수 있어야 한다.

가장 중요한 변경 시나리오 중에서 3개 정도를 추적해 아키텍처의 확장 능력을 보여준다. 가능하다면 변경된 요소와 커넥터, 또는 인터페이스 관점에서 변경 영향(예상 변경의 크기/난이도)을 설명한다.

각 항목의 중요성에 따라 동시성, 장애 복구, 에러 전파, 또는 주요 종단 데이터 흐름과 같은 것을 보여주는 시나리오를 추적하는 것을 고려한다. 다시 이 정보를 행위 문서에서 추출할 수 있어야 한다.

질문에 대한 답변을 하거나 토론을 원활하게 하려는 목적으로 다음과 같은 슬라이드를 준비해 둘 수는 있지만 프리젠테이션에는 포함시키지 않는다.

- 문서의 이해당사자 집합과 각각의 관심사와 필요한 정보의 개요(2-3페이지)
- 용어집(1-2페이지)

제목 슬라이드로 전체 패키지를 시작해 개요 슬라이드로 청중에게 프리젠테이션의 개요를 따라오게 하며, '추가 정보' 슬라이드로 마무리하면 작업이 끝난다.

좋은 프리젠테이션은 여러 가지로 아키텍트에 도움이 된다. 비디오로 기록해두면 아키텍트가 새로운 직원이나 낮은 등급의 방문자에게 아키텍트가 일일이 설명하는 수고로부터 자유로워질 수 있다. 후진 설계자에 넘겨주어 기술적인 지도자 위치에 오르도록 지도하는 수단으로서 활용할 수 있다. 그리고 조직 전체에 아키텍처의 일관성 있는 비전을 수립해 모든 아키텍트의 삶을 더 쉽게 할 수 있다.

### 10.4.2 온라인 문서, 하이퍼텍스트, 위키

요즘에는 웹 기반의 문서가 일반적이 되고 있다. 문서를 하이퍼링크로 연결하면 이들 사이에 수비게 이동할 수 있을 뿐만 아니라, 관련된 문서와 정의, 카탈로그, 외부 참조에 즉시 접근할 수 있게 된다. 또한 하이퍼링크는 문서의 여러 복사본을 유지해야 하는 것과 관련된 모든 문제로부터 해방시켜준다. 하나를 복사해 그 안에 포함된 정보가 필요할 때마다 그것에 연결시킨다(좋은 문서화의 두 번째 규칙, 즉 불필요한 반복을 피한다를 기억하기 바란다).

웹 기반 문서화 도구를 사용하면 연결된 웹 페이지로 문서를 구조화할 수 있다. 텍스트 편집 도구로 작성된 문서와 비교하면, 일반적으로 웹 기반 문서는 더 깊은 구조를 갖는 (한 화면에 맞추어 만든) 짧은 페이지로 구성된다. 보통 한 페이지는 전반적인 정보를 제공하고, 좀 더 세부적인 정보로 연결되는 링크를 갖는다. 잘 만들게 되면 웹 기반 문서가 단지 개요 정보만 필요한 사람들에게는 사용하기 더 쉽다. 정보를 찾는 것은 검색 엔진을 사용할 수 없다면 단일 파일, 텍스트 기반 문서에서보다는 다중 페이지, 웹 기반 문서에서 더 어려울 수 있다.

웹 기반 환경에서 공유된 문서는 이해당사자 사이의 협업을 증진시키고 불필요한 반복을 피할 수 있게 한다.

쉽게 사용할 수 있는 도구를 사용하면 많은 이해당사자가 기여할 수 있는 공유된 문서를 만드는 것이 가능하다. 호스팅 조직은 다양한 이해당사자에게 어떤 허가권을 줄지 결정해야 한다. 사용되는 도구는 허가 정책을 지원해야 한다. 아키텍처 문서의 경우에 모든 이해당사자가 의견을 달고 아키텍처에 명확한 정보를 추가할 수 있기를 원할 수 있다. 그러나 아키텍트만 아키텍처를 변경할 수 있게 하거나 적어도 아키텍트에게 '최종 승인' 메커니즘을 제공하는 것이 바람직하다.

공유된 문서 환경에서 모든 사용자는 기여하는 것이 허용되며(그리고 권장된다), 작업 부하는 분산된다. 이것은 일반적으로 아주 긍정적으로 볼 수 있는 효과다. 저자(문서를 생성하고 유지하는 사람)와 독자(문서를 읽기만 하는 사람)의 개념은 사라진다. 독자는 좀 더 힘을 갖는 것처럼 느끼게 되고, 따라서 문서에서 더 큰 주도권을 갖게 된다. 특별한 종류의 공유된 문서가 위키wiki다. 위키는 기여하거나 내용을 수정하기 위해서 어떤 사람이라도 접근할 수 있게 설계된 웹 페이지의 집합이다.

**용어 설명**

### 위키

위키wiki는 웹 브라우저를 사용해 자유롭게 웹 페이지 내용을 생성하고 편집할 수 있게 하는 웹사이트다. 위키는 형상 관리 도구와 함께 편집 도구를 사용하는 대안을 제공한다. 그러나 위키는 모델링이나 그리기 도구의 대안은 아니다.

　웹 브라우저를 사용할 수 있으며, 웹 기반 폼을 채울 수 있는 모든 사람은 위키 페이지의 내용을 보고 편집할 수 있다. 위키는 하이퍼링크를 지원하며 새로운 페이지와 페이지 사이의 링크를 생성하는 간단한 텍스트 구문을 '즉석에서' 제공한다. 환상적인 형식화를 하려는 욕망을 누를 수만 있다면 위키는 빠르게 배우고, 사용하기 쉽고 직관적인 편집 환경이다. 초보 사용자도 모든 다른 사용자에게 즉시 사용할 수 있는 아주 멋진 웹 페이지를 만들 수 있다. 또한 위키는 콘텐츠의 재구성을 허용한다. 페이지를 재배열할 수 있고, 다른 순서로 기존 콘텐츠를 보여주도록 새로운 페이지를 생성할 수 있다. 페이지를 누군가 변경할 때 모든 사람은 변경된 것을 볼 수 있다.

위키는 단순한 마크업 언어를 사용해 기여하거나 내용을 수정하기 위해서 어떤 사람이라도 접근할 수 있게 설계된 웹 페이지의 컬렉션이다.

**조언**

위키를 소프트웨어 아키텍처의 레파지토리로 사용하려고 한다면 몇 가지 실제적인 고려사항과 지침이 도움이 될 것이다. 위키 기반의 아키텍처 문서의 구성과 일상적인 사용에 대한 추천 목록은 다음과 같다.

- 첫 번째 단계는 새로운 위키를 생성하거나 기존 위치에 아키텍처 문서 페이지를 정의하는 것이다. 위키 페이지의 특정한 구조를 자동적으로 강화하게 하는 것이 가능하다. 그러나 이 장에서 설명한 것과 같은 관례로 강화된 표준 구조를 따르는 것이 좋다. 아키텍처 문서의 초기 페이지를 주요 주제에 연결

된 링크 목록으로 생성한다.

- 아키텍처 뷰마다 하나의 위키 페이지와 해당 페이지의 템플릿을 생성한다. 뷰에 이름을 부여하는 관례에 따라 링크를 생성할 때 이름(뷰와 위키 페이지는 같은 이름을 공유해야 한다)을 기억하기 쉽게 한다.

- 뷰 사이의 매핑마다 하나의 위키 페이지를 생성해 각 매핑이 독립적으로 편집될 수 있게 한다.

- 비지오Visio나 파워포인트와 같은 그리기 도구를 사용한다면 다이어그램마다 하나의 파일 또는 아키텍처 뷰마다 하나의 파일을 생성한다. 파일명을 뷰 이름으로 시작하고, 공백문자는 표준 문자로 대체한다.

- 위키는 워드Word의 변경 내용 추적과 같은 편집 기능을 제공하지 않는다. 위키 옵션은 의논 페이지에 코멘트를 추가하는 것이다. 위키 페이지를 검토할 때 효과적인 대안은 다음과 같은 과정이다.

  1. 위키 페이지를 빈 워드 문서에 복사한다.
  2. 변경 내용 추적 옵션을 활성화시킨다.
  3. 워드 문서를 편집하고 필요할 때 코멘트를 추가한다.
  4. 워드 문서를 위키 페이지의 저자에게 전송하면, 검토한 편집과 커멘트를 기반으로 위키 페이지를 변경할 수 있다.

참조로 설명을 포함하는 과정을 트랜스크루전(transclusion)이라고 한다.

- 아키텍처의 요소가 하나의 이상의 뷰에 나타나는 것이 아주 보편적이다. 별도의 페이지의 해당 요소의 서술을 생성하고, 해당 요소를 포함하는 모든 페이지의 요소 카탈로그 안에 참조로 그것을 포함시킨다.

- 이미 워드로 생성한 문서가 있고 위키로 마이그레이션하고 싶을 때 사용할 수 있는 매크로와 스크립트가 있다. 웹에서 'Word2Wiki' 또는 'WordToWiki'를 검색한다.

### 10.4.3 형상 관리

문서화에 관한 책 중에서 문서를 완전하고 최신 상태로 유지하는 것의 중요성을 강조하지 않은 것이 있을까? 좋은 문서화의 여섯 번째 규칙을 상기해본다. "문서를 현재로 유지하지만, 너무 현재일 필요는 없다." 아키텍처 문서의 집합을 열고 그것이 시스템의 가장 최근 버전임을 나타내는지를 살펴보는 것보다 나쁜 일은 없다.

문서에는 날짜와 버전을 적어야 한다. 누군가 여러 그림을 살펴본다면 그림이 시스템의 같은 버전에서 가져온 것임을 한눈에 알 수 있어야 한다.

여러분은 아마도 프로젝트와 관련된 코드를 추적하는 관점에서 소프트웨어 형상 관리 시스템을 생각할 것이다. 그러나 여러분이 생성하는 문서를 역시 소프트웨어로 생각하고 그것으로부터 도출된 코드와 같이 주의깊게 취급하기를 권한다.

사실상, 문서와 코드의 버전은 서로 참조돼야 한다. 코드를 볼 때 그것이 참조하는 것이 아키텍처의 어떤 버전인지를 쉽게 알 수 있어야 한다.

### 10.4.4 릴리스 전략 따르기

여러분의 프로젝트의 개발 계획은 아키텍처 문서를 포함해 중요한 문서를 현재 상태로 유지하도록 프로세슬 명시해야 한다. 아키텍트는 주요 프로젝트 마일스톤을 지원하기 위해 문서의 릴리스를 제출하도록 계획을 세워야 한다. 이것은 일반적으로 마일스톤 훨씬 이전에 개발자가 아키텍처를 작업할 시간을 주는 것을 의미한다.

프로젝트는 리듬, 즉 궁극적으로 완전한 릴리스로 이끌어 가는 점증적 마일스톤의 북소리를 따라간다. 그리고 그다음에는 유지보수와 지속으로 들어간다. 라이프사이클의 초기에 북소리는 시스템이 릴리스되고 시장에 출시된 후보다는 훨씬 더 빠르다. 아키텍처 문서가 다음 북소리를 지원하도록 릴리스를 계획해야 한다. 예를 들어, 각 반복^iteration이나 스프린트^sprint, 또는 증분 릴리스^incremental release 끝에 개정된 문서를 개발 팀에게 제공하는 것이다.

### 표현도 역시 중요하다

이 책에서 우리는 무엇을 문서화할 것인지에 초점을 맞추었다. 문서가 어떻게 보여야 하는지에 대해서는 많은 시간을 소비하지 않았다. 그러나 형식이 중요하지 않기 때문은 아니다. 최선으로 설계된 알고리즘이 코딩 동안에 세부사항에 충분히 주의를 기울이지 못해서 느리게 실행되는 것처럼, 최선으로 설계된 문서가 예를 들어, 글쓰기 형식, 글꼴, 시각적인 강조의 타입과 일관성, 그리고 정보의 분할과 같은 표현 세부사항에 충분히 주의를 기울이지 못해서 읽기 어렵게 만들 수 있다.

우리가 이들 문제를 생략한 것은 중요하지 않아서가 아니라, 표현 세부사항이 우리의 전문 분야가 아니라서 그렇다. 대학에서는 기술적인 의사소통, 정보 설계, 그리고 자료의 표현과 관련된 다른 분야에 석사 학위를 수여한다. 우리는 소프트웨어 엔지니어와 아키텍트가 되기에 바빠서 표현 문제에 교육을 받은 일이 없다. 그러나 전문가는 아니지만 나는 이제 자유롭게 몇 가지 경험을 제공할 수 있게 됐다.

- 문서의 형식 가이드를 채택한다. 가이드는 글꼴과 번호 체계, 약자에 관련된 관례, 그림 캡션, 그리고 다른 세부사항과 같은 상세한 것을 지정해야 한다. 또한 가이드는 바로 다음에 논의하는 시각적인 관례를 사용하는 방법을 설명해야 한다.
- 강조할 때 시각적으로 구별된 형식을 사용한다. 워드프로세서는 강조와 관련된 많은 기법을 제공한다. 단어를 굵은체, 기울임체, 크게, 밑줄 문자로 표현할 수 있다. 이들 형식을 사용해 어떤 단어를 다른 것보다 더 중요하게 만들 수 있다.
- 일관적으로 시각적인 형식을 사용한다. 하나의 목적으로 하나의 시각적인 스타일을 사용한다. 그리고 목적을 섞어서 사용하지 않는다. 즉, 단어를 처음 사용할 때는 기울임체로, 중요한 생각은 굵은체로 표현할 수 있다. 그러나 두 가지 목적으로 같은 스타일을 사용하지 말아야 하며, 스타일을 혼합해서도 안 된다.
- 지나치게 시각적이지 않아야 한다. 보통 시각적인 강조에 여러 형식을 결합하지 않고 한 형식만 사용하는 것으로도 충분하다. 굵은체가 굵은체 빨간색 기울임체보다 여러분을 사로잡지 못하는가? 아마도 아닐 것이다.
- 다른 시각적인 배경으로 다른 타입의 아이디어를 구분한다. 이 책에서 우리는 책의 본문에 주요 논의의 흐름을 넣고, 부수적인 정보는 사이드바로 제공하려고 했다. 또한 사

이드바를 시작적으로 구분해, 여러분이 읽고 있는 것이 주요 논의의 흐름인지, 부수적인 흐름인지 한눈에 알 수 있게 했다.

표현과 관련된 주요 개념은 일관성과 단순성이다.

- 같은 시각적인 언어를 사용해 같은 생각을 전달한다: 일관성
- 사용자가 시각적인 것에 압도되지 않도록 한다. 여러분은 컴퓨터 시스템을 문서화하는 것이지 대화식 소설을 쓰고 있는 것이 아니다: 단순성을 목표로 함

아키텍처 문서의 목적은 이 책에서 계속 강조한 것처럼, 시스템의 지본적인 개념을 독자와 명확하게 의사소통하는 것이다. 단순하고 일관적인 시각적 스타일 규칙을 사용하는 것이 이 목적을 달성하는 데 중요한 관점이다.

&ndash; L.B.

---

**관점**

### 도구 요구

아키텍처 문서를 갖는 이점이 문서를 생성하는 비용을 능가할 필요가 있다. 그러지 않으면 만들 필요가 없다. 이 책 전체에서 우리는 이 점을 힘주어 강조했지만, 지금까지 비용에 대해서는 그다지 주의를 기울이지 못했다. 문서화의 비용을 낮추면 낮출수록 문서를 생성하기 위해 더 많은 활동을 할 가치가 있다.

문서화의 비용은 기본적으로 인력 비용이지만, 비용은 생성 과정에서 사람을 지원하는 적절한 도구의 존재와 강하게 관련성을 갖는다.

문서화 과정을 지원하는 이상적인 도구는 어떤 것일까? 그런 도구가 존재했다면 문서를 생성하는 비용은 오늘날보다 훨씬 낮아졌을 것이다. 이 사이드바는 문서를 생성하는 인력 비용을 감소시키는 도구에 대해 논의할 것이다.

이상적인 문서화 도구의 두 가지 기본적인 요구는 다음과 같다.

1. 도구는 버튼을 누를 때 설계 또는 다른 프로젝트 활동의 결과로서 이미 도구에 있는 정보로부터 문서를 생성해야만 한다. 문서에 필요한 어떤 정보도 추가될 필요가 없어야 한다.

2. 시스템이 발전함에 따라 동시에 문서화도 발전한다.

도구에서 버튼을 누를 때 문서를 생성하는 요구는 도구가 다른 다양한 입자성의 각 뷰에 관한 정보를 가져야 하며, 또한 뷰 너머 정보를 가져야 한다. 뷰 사이를 연결할 수 있게 하기 위해서는 도구가 복잡한 연관 기능을 가져야 한다. 즉, 도구에 두 실체가 있을 때 아키텍트는 버튼 한두 개를 누르거나 끓어놓는 정도로 적절한 주석으로 이들 함께 연결시킬 수 있다.

필요한 사용자 행위의 수를 제한하는 것은 도구의 사용자가 연결할 수 있을 때의 측면에서 문서화 도구가 아주 유연해야만 한다는 것을 의미한다. 다음에 이것은 어떤 특정한 프로세스가 부과되지 않아야 한다는 것을 의미한다. 그것은 길 잃은 생각이 또 다른 연결에 도착할 때 사용자가 한 행위의 중심에 있을 것이기 때문이다. 연결을 하고 원래의 행위로 돌아오는 것은 단지 하나 또는 두 개의 버튼을 누르는 것만을 요구해야 한다.

어떻게 도구가 아키텍처 문서의 특정한 부분을 도와줄 수 있을까? 다음은 몇 가지 예다.

- 근거: 문서화 템플릿의 한 부분은 특정한 결정에 대한 근거다. 근거가 자동화된 분석의 결과라면 문서화 도구를 분석 도구와 연결시키는 것은 필요한 정보를 사용할 수 있게 만들 것이다. 그렇지 않으면 근거는 수작업으로 입력되거나 다른 문서에서 연결돼야 한다.

- 요구 매핑: 문서화가 필요한 또 다른 정보의 집합은 요구 달성으로의 연결이다. 또한 요구 정보는 하나 또는 두 개의 단추를 눌러서 문서화 도구의 사용자가 사용할 수 있어야 한다.

- 요소와 속성: 도구 안에서 실체는 그들이 일부분인 뷰를 포함하는 속성의 컬렉션과 분석을 하는 데 필요한 속성을 가져야 한다. 실체의 계층도는 설계 스펙트럼에서 다른 점으로 설계를 볼 수 있도록 할 것이다. 좋은 이동과 검색 기능은 필수적이면 실체의 많은 다른 조직을 허용할 것이다.

시스템이 갱신될 때 문서도 갱신될 가능성이 높아진다. 문서를 갱신하는 것이 가능한 한 힘들지 않아야 한다. 아키텍처 문서가 시스템의 변경을 반영해 갱신될 필요가 있는지 여부를 결정하고, 아키텍처의 특정한 부분의 문서에 책임을 맡고 있는 사람에게 알려주는 데 작업 흐름 기법을 사용할 수 있다.

문서는 버튼을 누를 때 사용할 수 있어야 하고, 발전할 것이기 때문에 문서 도구는 뷰 패킷을 동적으로 구축할 필요가 있을 것이다. 다른 입자성을 갖는 다른 뷰는 정보의 다른 부분 집합을 사용할 수 있어야 한다. 정보는 컨텍스트에 연결과 관련된 정보로 스스로 포함해야 한다. 그러나 단지 필요한 정보만 영향을 미치도록 변경을 지역화하는 크기를 가져야 한다. 예를 들어, 모듈의 책임은 서브 모듈에 할당된 더 작은 책임으로 분할될 수 있다. 또한 실현되는 모듈에 연결될 수도 있지만 독립적인 실체로서 존재해야 한다. 따라서 이에 대한 설명의 변경은 가장 작은 영향을 미칠 것이다.

마지막으로 도구는 다중 사용자 접근과 편집을 지원해야 한다. 개발자는 아키텍처를 이해하기 위해 도구에 접근할 필요가 있다. 다른 사람들은 문서의 다른 부분을 수정할 책임을 가질 것이다. 일부 사람은 단순한 그리기 도구만 필요할 것이며, 따라서 도구는 그것을 제공하거나, 그러한 도구로부터 다이어그램을 소화하고 처리할 수 있어야 할 것이다. 개발은 점점 더 전 세계적이 되고 있으며, 따라서 도구는 세계 어디에서나 접근할 수 있도록 지원할 필요가 있다.

이제 분명하게 이상적인 문서화 도구는 통합된 설계와 프로젝트 관리, 요구, 분석 및 문서화 도구 중에서 단지 하나의 부분이 될 것이다. 이들은 문서의 일부 소비자가 충족시켜야 할 역할이기 때문이다. 시스템을 개발하는 동안에 발생하는 다른 기능과 통합을 필요하는 추가적인 역할이 있을 수도 있다.

여기에서 설명한 도구의 타입은 다양한 기존 도구나 프로토타입으로부터 생각을 끌어오기는 했지만 현재 존재하지 않는다. 우리는 여기에서 설명한 것이 그러한 도구를 도입을 가속화시키는 데 도움이 되기를 희망한다.

    — L.B.

## 10.5  요약 체크리스트

- 완전한 아키텍처 문서화 패키지는 뷰의 집합과 하나 이상의 뷰에 적용되는 정보의 문서로 구성된다.
- 이번 장에서 제시한 템플릿(필요하다면 맞춤식으로 해)이나 여러분 스스로 만든 것을 사용해 뷰와 뷰 너머 문서화를 문서화한다.

- 뷰는 기본 프리젠테이션과 요소 카탈로그, 컨텍스트 다이어그램, 가변성 지침, 근거로 구성된다. 기본 프리젠테이션 이후의 부분을 지원 문서라고 한다.
- 뷰 너머 문서화는 문서 관리 정보와 문서화 로드맵, 뷰 템플릿, 시스템 개요, 뷰 매핑, 근거, 디렉토리로 구성된다.
- 뷰 사이의 매핑은 하나의 뷰 요소가 다른 뷰 요소와 대응되는 방법을 보여주는 표를 사용해 문서화한다. 또한 매핑을 그래픽으로 보여줄 수 있다.
- 뷰 패킷은 단일 이해당사자에게 보여주기를 원하는 뷰의 일부분이다. 뷰 패킷은 시스템의 일부분을 보여주는 기본 프리젠테이션과 기본 프리젠테이션을 설명하는 지원 문서를 포함한다.
- 요구와 이해당사자의 필요성의 본질에 기반을 둔 요구에 매핑을 수집하는 체계를 선택한다.

## 10.6  더 읽을거리

위키를 사용해 아키텍처를 문서화하는 것에 관해 좀 더 읽기를 원한다면 펠릭스 바흐만Felix Bachmann와 파울로 멀슨Paulo Merson(2005)의 'Experience Using the Web-Based Tool Wiki for Architecture Documentation' 기술 문서를 참조한다. 또한 이 분야에서의 워크샵과 연구 결과를 보려면 'wikis for software engineering'을 검색하면 된다.

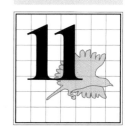

# 아키텍처 문서 검토

데이비드 에머리(David Emery)와 리치 힐리어드(Rich Hilliard)와 함께

**인용**

우상적인 미국 시인 에밀리 디킨슨Emily Dickinson은 자신의 작품을 날카롭게 검토해주기를 원했다. 다음은 1862년에 문학 친구에게 요청하는 내용이다(웍스Weeks와 플린트Flint, 1957).

히긴슨 씨, 내 시가 살아 있는지 말해주실 수 있나요?

멀어서 볼 수는 없으나 마음은 가까이 있습니다. 그리고 나는 물어볼 사람이 없어요.

잠깐 짬을 내서 말씀해줄 여유가 있다면 정말로 감사하겠습니다.

제가 실수를 했을지라도 제게 말씀해주시면 더 큰 영광이 되겠습니다.

제 시를 동봉합니다. 그리고 제발 진실을 말씀해주세요.

명예를 걸고 맹세했기에 내 청을 물리치지 않을 것을 요청할 필요도 없겠지요.

프롤로그에서 좋은 문서화의 7가지 규칙을 제시했다. 규칙은 다음과 같은 규정으로 끝을 맺는다.

목적에 적합한지 문서를 검토한다. 문서의 의도된 사용자만이 올바른 방식으로 표현된 올바른 정보가 포함돼 있는지를 알 수 있을 것이다. 이들을 나열한다. 문서가 릴리스되기 전에 이들 커뮤니티의 대표나 커뮤니티가 작성한 것을 검토하게 한다.

이번 장에서는 이것을 수행하는 절차를 설명한다. 이 책의 모든 규정과 마찬가지로 여러분의 조직과 프로젝트의 현실과 환경에 비추어 이점이 있다고 생각하는 만큼만 사용하면 된다. 예를 들어, Scrum 프로젝트는 보통 30일 스프린트마다 계획 세션으로 시작해서 평가로 끝날 때까지 (요구와 설계, 코드, 테스트 결과를 포함하는) 완전한 제품을 요구한다. 이 장에서 제시하는 질문 세트는 이 과정에서 문서 제품을 평가하기 위한 빠른 체크리스트로서의 역할을 한다.

명확하게 해야 할 것은 아키텍처를 평가하는 방법을 논의하려는 것이 아니라는 점이다. 이미 이것을 위한 여러 가지 기존의 방법론이 있다. 그보다 우리는 아키텍처 문서를 평가한다(우리의 목적은 아키텍처 평가 활동을 지원하는 것이다).

## 11.1   절차 단계

6개의 단계로 이루어진 절차다. 첫 번째 단계는 검토를 '왜, 언제, 누가' 하는가를 수립한다. 이후 단계에서는 '무엇'과 '어떻게'를 제공한다.

**1단계: 검토의 목적을 수립한다.** 아키텍처 문서<sup>AD, architecture document</sup> 검토는 AD가 식별된 이해당사자 집합의 특정한 목적에 적합한지를 수립한다. 그 목적을 진술하는 것은 검토 참가자를 집중시키고 검토 방향을 제시한다. 문서에 관한 질문은 마음 속에 갖고 있는 목적에 따라 다를 것이다. "아키텍처 문서를 왜 검토해야 하는가?" 사이드바에서는 AD가 검토돼야 하는 이유의 몇 가지 예를 제공한다.

이들 목적 중 하나 이상을 선택하거나 여러분 자신의 것을 만든다. 검토 목적은 특정한 이해당사자가 AD를 사용해 성공적으로 자신의 작업을 수행할 수 있는 방법을 설명하는 시나리오로 설명돼야 한다.

어떤 AD라도 하나 이상의 목적에 적합할 필요가 있을 것이다. 따라서 검토는 다방면에서 이루어진다. 대안은 더 작은 여러 검토를 하고, 각 검토는 단일한 목적을 갖는다.

'왜'를 아는 것이 '누가'를 식별하는 데 도움이 될 것이다. 목적을 수립하는 일부분으로서 검토에서 대표가 돼야 하는 AD의 이해당사자를 식별한다.

'왜'를 아는 것은 '언제'를 알려줄 것이다. 어떤 라이프사이클 프로세스를 사용하든 다양한 검토 목적은 특정한 프로젝트 단계나 마일스톤과 연계된다. 이것을 위해 표 11.1은 느슨하게 정의된 적용할 수 있는 프로젝트 단계와 각 단계의 일반적인 활동, 그리고 각 경우에 AD를 검토하기를 원하는 것의 집합을 보여준다. 물론, 여러분의 프로젝트에

서 사용하는 특정한 라이프사이클 모델은 다른 단계와 활동, 검토로 이
끌어 갈 것이다. 이런 목적을 위해서 검토가 끝난 후에 AD를 수정할 수
있는 충분한 여유 시간을 갖도록 검토를 수행해야 한다.

**표 11.1** 일반적인 라이프사이클 단계와 각 단계에 적절한 AD 검토

| 프로젝트 단계 | 일반적인 활동 | AD 검토 목적 |
|---|---|---|
| 개념 | • 이해당사자 필요성 식별<br>• 개념 탐색, 가능한 솔루션 제안<br>• 대안 아키텍처 분석<br>• 아키텍처 개념 준비(계약을 위한 입찰을 모집할 때와 같은)<br>• 계약 협상의 일부로서 승인자와 개발자 사이의 의사소통 | • 올바른 이해당사자와 관심사 수집<br>• 제안 지원 |
| 개발 | • 시스템 요구 정제<br>• 솔루션 서술 생성<br>• 시스템 구축<br>• 시스템 확인 및 검증 | • 표준 명세 준수 지원<br>• 평가 지원<br>• 개발 지원<br>• 생성 및 분석 도구에 입력 지원<br>• 구현 아키텍처 준수 판단 지원<br>• 프로젝트 계획 지원 |
| 활용 | • 사용자의 필요성을 만족시키는 시스템 운영 | • 운영 에러 추적 지원 |
| 지원 | • 지속적인 시스템 역량 제공 | • 아키텍처와 관련된 업무 발전 계획에 발맞춘 시스템 발전 지원 |

조언

## 아키텍처 문서를 왜 검토해야 하는가?

• 표준 명세 준수 목적으로 AD 검토: 이 유형의 검토는 AD가 부여된 표준 명세를 준수하는지를 발견하는 것을 목적으로 한다. AD 그 자체에 집중한다. 서술된 아키텍처는 강조되지 않는다. 예를 들어, AD가 ISO/IEC 42010:2007과 미국 국방성 아키텍처 프레임워크DoDAF, Department of Defense Architecture Framework, 오픈 그룹 아키텍처 프레임워크 TOGAF, The Open Group Architecture Framework, 미국 연방 전사적 프레임워크FEAF, Federal Enterprise Architecture Framework, 또는 다른 표준이나 지침, 개발 조직에 필수적인 템플릿을 준수할 것을 요구할 수도 있다. 준수 검토는 그렇게 하는지를 살펴볼 것이다.

- 의도한 목적에 아키텍처의 사용을 지원할 수 있는 능력을 위한 AD 검토: 이 유형의 검토는 아키텍처의 이해당사자가 AD를 사용해 자신의 작업을 처리할 수 있는지를 살펴보기 위해 수행된다. AD가 아키텍처를 얼마나 잘 서술하고 있는지에 중점을 둔다. AD의 이해용이성과 사용성이 중요한 검토 기준이다. 다음과 같은 예가 포함된다.
  - AD가 하류 소프트웨어 설계와 개발, 발전을 지원할 수 있는가? AD가 시스템의 개발, 생산, 현장, 운영 및 유지보수 조직 사이의 효과적인 의사소통을 가능하게 하는가? 여기에서 중요한 관심사는 전체 설계 개념(그리고 이들의 근거)뿐만 아니라 포괄성$^{comprehension}$과 완료성$^{completeness}$으로, 모든 그룹이 아키텍처의 같은 정신적인 모델을 갖도록 하는 것이다.
  - AD가 프로젝트 계획과 예산, 일정을 지원할 수 있는가? 여기서는 크기와 복잡성, 위험성, 재사용 기회, 그리고 특정한 전문가의 요구를 예측하는 능력에 중점을 둔다.
  - AD가 공통적인 특징 집합을 공유하고 공유 자산의 공통 집합으로부터 구축되는 시스템의 그룹의 개발을 지원하는가? 여기에서는 AD 안에서의 아키텍처 안에 구축된 공통성과 가변점, 가변 메커니즘 명세에 중점을 둔다.
  - AD가 취득 문서(제안 요청서와 작업 명령과 같은)의 준비를 지원할 수 있는가? AD가 계약 협상의 일부로서 승인자와 개발자 사이의 의사소통을 지원하는가? 여기에서 중요한 관심사는 포괄성으로, 모든 그룹이 아키텍처 계획과 아키텍처적으로 중요한 요구에 대해 같은 이해를 갖는 것이다.
- 아키텍처 평가나 분석을 지원하기 위한 적합성을 위한 AD 검토: 이 유형의 검토는 AD가 아키텍처를 조사하거나 분석함으로써 시스템을 품질을 예측할 수 있는 충분한 정보를 제공하는지 여부를 알기 위해서 수행된다. 다음과 같은 예가 포함된다.
  - AD가 SEI의 ATAM$^{Architecture\ Tradeoff\ Analysis\ Method}$과 같은 방법론을 사용하는 아키텍처 평가를 지원할 수 있는가? 여기에서 중요한 관심사는 타당성의 증거, 즉 아키텍처가 할당된 예산과 일정 안에 사실상 구축될 수 있는지 뿐만 아니라 아키텍처에 필요하고 제공하는 품질 속성에 주목하는 것이다.
  - AD가 대안 아키텍처의 분석을 지원할 수 있는가? AD는 아키텍처 그 자체를 평가하는 데 필요한 품질을 가져야 하지만, 또한 아키텍처가 조직을 미래로 데려가는 데 아주 적합한지 여부에 관한 깊이 있는 질적인 통찰력을 제공하는 충분한 근거를 포함해야 하며, 따라서 다른 후보와 비교할 수 있어야 한다.

**2단계: 검토 주제를 수립한다.** 이 단계는 산출물의 유형, 산출물의 버전, 출처, 그리고 검토를 수행하는 데 필요한 산출물의 완료도를 식별하는 것이 포함된다. 분명하게 AD는 사용할 수 있어야 한다. 1단계에서 제시된 목적을 사용해 필요한 산출물 컬렉션을 수립한 다음, 검토를 위해 이들을 수집한다. 예를 들어, AD가 표준이나 프레임워크의 준수하고 있는지를 검토하는 것이면, 표준/프레임워크의 규정된 요구가 사용될 수 있어야 한다. 모든 경우에서 모든 검토자가 같은 버전의 산출물로 작업하고 있는지를 확인해야 한다.

9장에서 다른 유형의 이해당사자가 얼마나 많은 다양한 유형의 정보를 필요로 하는지 설명한다.

**3단계: 질문 세트**<sup>question set</sup>**를 구축하거나 채택한다.** 이 단계는 AD를 검토할 때 적용하는 질문을 식별하는 것이 포함된다. 이미 검토 목적에 맞는 질문 세트를 갖고 있다면 (아마도 어느 정도 수정해서) 그것을 사용할 수 있다. 질문들을 질문 세트로 구성하는 것은 목적과 해결될 필요가 있는 관심사에 대한 맥락적인 정보뿐만 아니라, 결과를 구하고 해석하는 데 필요한 지침을 제공함으로써 재사용될 수 있도록 한다. 기존 질문 세트를 사용하기로 했다면 검토 목적에 맞도록 맞추어야 할 필요가 있다. 부적절한 질문은 생략할 수 있다. 일반적인 질문은 프로젝트의 기술(예를 들어, 데이터 지속성에 대한 참조는 오라클 데이터베이스 참조로 대체될 수 있다)에 따라 좀 더 특정하게 만들 수 있다. 여러분이 선택한 질문 세트는 특정한 접근 방법을 제시할 수 있으며, 질문은 적절하게 정형화될 필요가 있다. 예를 들어, 능동적 설계 검토 기법이나 이해당사자에게 제시되는 설문서나 체크리스트, 어떤 종류의 자동화 또는 측정 기반 분석, 또는 다른 접근 방법을 사용할 것인가?

질문 세트는 AD 검토를 위해 좁게 초점을 맞춘 목적을 집합적으로 해결하는 질문을 그룹화한다. 질문 그 자체 외에도, 질문 세트는 사용자가 질문 세트가 적절하며 효과적으로 사용할 수 있다는 것을 확인할 수 있는 정보를 포함한다. 이 정보에는 이름, 목적, 이해당사자와 관심사, 응답자, 예상 답변, 중요성, 충고 등이 포함된다.

**4단계: 검토 세부사항을 계획한다.** 계획은 검토 일자 결정과 함께 일정과 기본적인 검토 형식을 결정하는 것을 포함한다. 일정은 질문에 답변하는 데 필요한 가능한 한 많은 시간을 허용할 수도 있고, 또는 단지 제한된 시간만을 허용할 수도 있다. 시간이 제한되는 경우에는 질문의 우선순위를 결정해야 할 필요가 있다. 시간과 리소스는 검토의 형식과 '무게'에 영향을 줄 것이다. 결과가 어떻게 의사소통될 것인가도 결정될 필요가 있으며, 필요한 답변의 형식과 무게에 영향을 줄 수 있다.

능동적 설계 검토는 이 장의 용어 설명에서 설명한다.

또한 이 단계는 (단지 추상적인 이해당사자 역할이 아니라) 실제 검토 참가자를 식별하고 이들의 참여를 확보하는 것을 포함한다. 질문할 책임이 있는 검토자와 답변할 책임이 있는 이해당사자에게 초기에 질문을 배정하는 작업이 이 시기에 이루어질 수 있다. 검토가 수행될 때, 문서를 더 깊이 이해하고 검토자가 적용할 수 있는 영역으로 더 깊이 조사하게 될 때 초기 우선순위와 이해당사자 배정은 변경될 수 있다.

또 이 단계는 시간과 회의 장소, 모든 사람의 시간에 대한 지급, 미리 읽을 자료 제공 등과 같은 검토를 위한 보급을 처리하는 것이 포함된다.

**5단계: 검토를 수행한다.** 검토를 수행하는 것은 검토에 참여한 이해당사자에게 질문을 제시하고 답변을 수집하는 것을 포함한다. 선택된 특정한 접근 방법에 따라 개인적으로 객관적인 검토를 포함할 수 있다. 여기에서 또한 이해당사자는 검토자로서의 역할을 하며 스스로에게 질문을 한다. 또는 정밀 조사를 해 별도의 검토 팀이 이해당사자에게 질문을 제시한다. 정밀 조사는 전체 회의, 일련의 일대일 회의, 또는 중간 형식을 취할 수 있다. 결과가 수집된 후에 선택된 질문 세트가 정의한 대로 평가 고려사항과 기준이 적용된다. 검토자가 얼마간의 준비를 할 수 있지만, 모든 중요한 문제가 사전에 알려지는 것은 아니다. 이들 이슈는 검토 초기 부분에서 결정돼야 할 필요가 있으며, 검토자가 이들 영역에 더 깊이 들어갔을 때 사용되는 질문과 산출물에 영향을 미치게 될 것이다.

**6단계: 결과를 분석하고 요약한다.** 이 단계의 의도는 질문에 대한 답변을 수집한 다음에, 이해당사자와 관심에 대한 AD의 전체 영향의 질적인 결정을 내리는 것이다. 결과는 단순한 통과/실패가 아니라, AD의 특정한 부분에 특정한 문제에 관한 좀 더 미묘한 결론일 수도 있다.

## 능동적 설계 검토

능동적 설계 검토<sup>active design review</sup>에서 검토자는 단순히 산출물을 살펴보고 결함을 찾아내는 것이 아니라 자신이 검토하고 있는 산출물을 작업하는 데 적극적으로 참여한다. 능동적 설계 검토 기법을 만든 사람 중 하나인 데이비드 웨이스는 이것에 관해 다음과 같이 말했다.

1970년대 초에 시작해서 나는 산업계와 정부 등 다양한 분야에서 여러 설계 검토에 참여할 기회가 있었다. 나는 전문적인 소프트웨어 개발자와 엔지니어, 과학자를 포함하는 광범위한 다양한 소프트웨어 개발자가 검토를 수행하는 것을 볼 기회가 있었다. 모두가 공통적인 한 가지 일을 했다. 검토는 (보통 대규모) 회의나 일련의 회의로 수행되며, 설계자는 검토자에게 프리젠테이션을 하고 검토자는 소극적으로 조용히 있거나 적극적으로 질문을 하고 있었다. 설계 문서의 양과 품질, 인도 시간은 아주 다양했다. 검토자가 준비하는 시간도 아주 다양했다. 검토자의 참여도 다양했다(나는 검토자가 당황스런 질문을 하지 않도록 주의해야 하는 곳에서 소위 검토라는 것을 한 적이 있었다. 그리고 선임 관리자가 그렇게 하는 동안 검토자는 조용히 있는 것을 보았다. 나는 일단 설계 검토를 서둘러서 끝냈다. 날카로운 질문을 할 게 너무 많았기 때문이다). 전문가와 검토자 역할은 아주 다양했다. 그 결과로 검토의 품질도 아주 다양했다. 1980대 초에 파긴식 코드 인스펙션<sup>Fagin-style code inspection</sup>이 코드 검토의 이들 문제들을 개선하기 위해 도입됐다. 파긴 방식과는 독립적으로, 우리는 설계 검토의 같은 문제를 개선하기 위해 거의 같은 시간에 능동적 설계 검토를 개발했다.

능동적 설계 검토는 검토가 설계자에게 유용하게 되도록 설계됐다. 일반적인 검토 과정과는 반대로 설계자에게 검토자에게 묻는 질문에 의해 주도된다. 결과는 설계자가 자신의 설계가 설정된 목표를 달성하는지 여부를 테스트하는 방법을 알게 되는 것이다. 검토자가 설계를 열심히 생각하게 하기 위해서, 능동적 검토는 이들에게 질문을 하게 하는 것이 아니라, 질문에 답변을 하게 함으로써 적극적인 역할을 수행하도록 한다. 많은 질문을 함으로써 검토자가 설계의 사용자 역할을 하게 만들고, 때로는 그들이 설계(의 일부)를 구현하기 위해서 프로그램을 작성하는 방법에 대해서 생각하게 만든다. 능동적 검토에서 어떤 검토자도 수동적이거나 침묵하지 않는다.

우리는 다른 전문성을 갖는 검토자가 다른 질문 세트에 집중하게 해, 그들의 시간과 지식을 대부분 효율적으로 사용하게 한다. 설계자가 프리젠테이션을 하는 대규모 회의는 없다. 우리는 프로세스를 설명하는 초기 회의를 수행한 다음, 검토자에게 임무를 부여하고 자신의 임무를 완료하는 데 필요한 설계 문서를 제공한다.

설계 검토는 정직한 설계 문서 없이는 성공할 수 없다. 정보 이론에 의하면, 에러 수정에는 중복redundancy이 필요하다. 능동적 검토는 두 가지 방법으로 중복을 사용한다. 첫 번째로 설계자가 자신의 설계 문서를 구조화해, 일관성 검사를 목적으로 하는 중복을 포함할 것을 제안한다. 예를 들어 모듈 인터페이스 문서는 모듈의 사용자가 필요한 기능이 무엇인지에 관한 가정을 포함할 수 있다. 이러한 중복을 포함하는 것은 능동적 설계 검토에 필요한 것이 아니지만, 검토 질문을 확실히 더 쉽게 구축할 수 있게 한다.

둘째로, 우리는 특정한 영역에서 전문가를 검토자로 선택하고, 이들 영역에서 이들의 지식을 활용하는 질문을 포함시킨다. 예를 들어, 항공기 소프트웨어 설계는 소프트웨어에 의해 통제되거나 모니터링되는 장치에 관한 질문을 포함할 것이며, 항공기 장치 기술의 전문가가 답변하게 함으로써, 설계자가 이러한 장치의 현재와 미래 모두 특징에 관해 정확한 가정을 했다는 것을 보장하도록 했다. 그렇게 함으로써 검토자의 머리에 있는 지식과 설계를 생성하는 데 사용된 지식을 비교한다.

나는 능동적 설계 검토를 다양한 환경에서 사용했다. 적절한 질문 세트와 적절한 문서, 그리고 적절한 검토자로 많은 잘못된 가정과 비일관성, 생략과 설계에서의 다른 약점을 찾아내는 데 결코 실패하지 않았다. 설계자는 거의 항상 결과에 기뻐했다. 오랜 시간 동안, 따분한 회의에 참석하지 않아도 되는 검토자는 자신의 책상으로 가서 별다른 혼란 없이 일정대로 자신의 경험 영역에 집중할 수 있게 된 것에 기뻐했다. 내 가이드에 따라 능동적 검토를 수행한 한 개발자는 결과에 도취됐다. 자신이 작성한 질문에 대한 응답으로 설계의 잠재적 문제를 지적한 300개 이상의 답변을 얻었다. 이전에는 자신의 설계를 이토록 주의깊게 검토해준 사람이 아무도 없었다고 내게 말해주었다.

물론, 능동적 검토도 마찬가지로 몇 가지 어려움이 있다. 다른 검토 접근 방법과 마찬가지로, 여러분이 필요한 전문성을 갖고 필요한 시간을 할애해 줄 수 있는 검토자를 찾기 힘들다. 검토자가 독립적으로 자신의 일정에 따라 작업하기 때문에, 제 시간에 검토를 완료하도록 때로는 그들을 괴롭혀야만 한다. 일부 검토자는 개별적인 검토자가 개별적으로 배정된 것을 수행함으로써 놓칠 수도 있는 문제를 찾아내는 대규모 검토 회의에서는 발생하는 시너지가 있다고 느낀다. 아마도 가장 어려운 점은 가장 효과적인 검토를 위해 만든 중복을 포함하는 설계 문서를 생성하는 것이다. 아마도 두 번째로 어려운 점은 검토자가 적극적이도록 만드는 질문 세트를 만들어내는 일이다. 실제로 검토자를 게으르게 만들 수 있는 질문을 하도록 유혹을 받기 쉽다. 예를 들어, "이 가정이 유효한가요?"는 너무 쉽다. 이론적으로 더 좋은 것은 "이 가정의 유효성을 증명할 수 있는 예제 두 개나 반대 예제 하나를 주세요"다. 실제로는 적어도 하나의 예제를 제공해야 하지만, 두 개가 더 좋다는 제안을 함으로써 검토자에 대한 요구에 예상된 결과로 균형을 맞추어야 한다.

적극적인 검토는 아키텍트를 포함해 대부분의 설계자에게 표준 검토 프로세스보다는 좀 더 생소할 수 있다. 엔지니어와 프로젝트 관리자는 종종 개발 프로세스의 변화에 대해 보수적이기 때문에, 새로운 접근 방법을 받아들이지 않을 수도 있다. 그러나 적극적인 검토는 쉽게 설명하고 쉽게 시도한다. 기술은 쉽게 이전하며, 프로세스는 쉽게 표준화된다. 특별한 애플리케이션 전문성을 갖고 있는 조직은 한 설계 검토로부터의 많을 질문을 다른 검토에 재사용할 수 있다. 설계 문서를 구조화해 검토할 수 있는 내용을 갖는 것은 검토가 수행되기 전이라 할지라도 설계의 품질을 향상시킨다. 마지막으로 일반적인 역할을 바꾸는 것은 관련된 모든 사람(설계자는 더 이상 청중들 앞에 서서 자신의 설계를 설명하지 않아도 되며, 검토자는 청중들 앞에서 어리석은 질문을 할 걱정을 더 이상 하지 않아도 된다)이 스트레스를 덜 받게 되며, 검토에서 생산성을 크게 높여준다.

## 11.2   아키텍처 문서 검토를 위한 예제 질문 세트

물론 검토에서 질문을 제시하고 답변을 하는 것이 문제의 핵심이다. 이 절에서는 질문 세트(AD 검토를 목적으로 좁게 집중된 목적을 해결하는 질문의 그룹)를 구성하는 데 관련된 것을 설명한다. 질문 그 자체 외에도, 질문 세트는 다음과 같이 사용자가 질문 세트가 적절하고 효과적으로 사용할 수 있다고 확신하게 할 수 있는 정보를 포함해야 한다.

목적을 나타내는 간결한 문장을 보통 이름에 부여하는 것이 좋다. 예: '지원 문서 준비'

1. 질문 세트 이름: 재사용될 수 있는 산출물로서 질문 세트에 참조할 수 있은 이름을 부여한다.

2. 목적: 질문 세트가 어떤 검토 목적으로 해결하는가?

3. 이해당사자와 관심사: 이해당사자가 누구이며, 질문이 이들의 어떤

관심사를 해결하는가? 이해당사자와 관심사를 AD 검토에서 일등급 차원으로 만드는 것은 질문 세트의 목적을 효과적으로 정교하게 하며, 질문의 공식을 알려준다(아키텍처의 이해당사자 모두가 검토에 참여하기를 기대할 수는 없지만, 모든 중요한 이해당사자 역할이 표현돼야 한다).

4. 질문: 이 섹션은 질문 세트를 구성하는 질문을 포함한다. 각 질문에 대해 다음 정보를 제공한다.

   a. 응답자: 각 질문을 누구에게 제시할 것인가? 질문은 AD를 작성한 사람에게 전달될 것이다. 보통은 아키텍트가 된다. 질문은 AD가 설명하는 아키테처에 관한 질문에 답변하도록 사용함으로써 이해용이성을 검토하는 검토자에게 전달될 수도 있다. 예를 들어, AD가 프로젝트 계획(목적)을 지원해야 하고, ('프로젝트 계획' 질문 집합을 사용해) 이러한 것을 검토한다면, 응답자에는 프로젝트 계획에 관심이 있는 사람(기술 관리자)이 포함돼야 한다. AD가 개발을 지원하고 그것을 검토한다면, 응답자에는 핵심 개발자가 확실히 포함돼야 한다. AD 그 자체에 관한 질문은 AD를 살펴보거나 도구를 사용해 분석(예를 들어, 모든 상호 참조가 정의돼 있는지 확인하기 위해 자동적으로 검사하는 것)함으로써 답변할 수 있다.

   질문이 제시되는 사람은 질문이 설명하는 관심사를 갖고 있는 이해당사자와 같을 수도 있고, 그렇지 않을 수도 있다. 검토 참여자는 이해당사자의 대리자일 수도 있다.

   b. 예상 답변: 여러분이 찾고 있는 답변이 무엇인가? 또한 질문 세트는 검토자가 그들이 받은 답변을 기초로 AD를 평가할 수 있도록 도와주는 고려사항과 기준의 집합을 공식화하는 것을 포함할 것이다. 예를 들어, 검토자가 제시한 답변만 아니라, 검토자가 이들 답변을 생각해 내는 데 얼마나 어려웠는지 이해하기를 원할 수도 있다. 이해당사자가 "예, 좋아요." 또는 "아니요, 좋지 않습니다."를 대답한 이유에 대해 사용되는 기준을 이해하기를 원할 수도 있다.

   응답자는 자신의 답변에 편견을 갖지 않도록 예상 답변을 표시하지 않아야 한다.

    c. 중요성: 각 질문이 얼마나 중요한가? 어떤 질문에 대한 '나쁜' 답변은 해결될 때까지 프로젝트를 중단하게 만들 수 있다. 반면에 다른 질문에 대한 '나쁜' 답변은 단순히 시간이 지나가면서 찾을 수 있을 수도 있다. 질문은 이들의 중요성을 수립하는 데 도움이 되는 지침(아마도 가중치)을 함께 제공해야 한다.

5. 충고: 검토를 수행하는 방법과 시간에 관한 추가적인 유용한 정보를 제공한다. 이전 검토에서 질문 세트를 사용해 얻은 경험을 연관시킬 수 있다.

그림 11.1은 질문 세트를 구축할 때 사용될 수 있는 예제 템플릿을 제공한다.

| | |
|---|---|
| **1. 질문 세트 이름** | 그림 11.1 |
| **2. 목적** | 질문 세트 템플릿 |
| **3. 이해당사자와 관심사** | |
| **4a. 질문(응답자별로 구성)** | |
| **4b. 예상 답변** | |
| **4c. 중요성** | |
| **5. 충고** | |

다음은 특정한 AD 검토 목적을 위해 작성된 몇 가지 질문 세트의 예다(몇 가지 질문은 하나 이상의 질문 세트에 적용될 수 있다). 이들은 질문 세트가 사용되는 방식을 예로 들기 위해 다른 스타일로 작성됐다. 예를 들어, 적합한 이해당사자를 찾기 위한 예제 질문 세트는 능동적 설계 검토 스타일로 작성됐으며, 질문은 실제로 특정한 목적으로 AD를 사용하는 이해당사자에게로 향한다. 다른 예제 질문 세트는 인터뷰하는 사람이 이해당사자에게 질문하는 것처럼 작성됐다. 이들은 능동적 설계 검토 스타일이나 개별적인 객관적인 검토의 목적으로 개조될 수 있다. 예, 아니요로 답변할 수 있는 몇 가지 질문은 필터로서 사용되며, 답변이 예일 때 "어떻게 아는가?" 형식의 다음 질문을 하기에 적합하다.

### 11.2.1 적합한 이해당사자와 관심사를 찾기 위한 예제 질문 세트

아키텍처를 문서화하는 뷰와 그 너머 접근 방법은 이해당사자와 이들의 관심사를 명확하게 식별해 어떤 뷰를 AD 안에 포함시킬지를 결정한다. 또한 명확하게 이해당사자와 관심사를 식별하는 것은 ISO/IEC 42010:2007의 요구이기도 하다. 따라서 AD의 유용한 검토는 중요한 것이 설명될 수 있도록 이해당사자와 관심사를 선택했는지 조사하는 것이다. 이러한 검토는 아주 초기에, 이해당사자와 관심사가 문서화될 때, 그러나 AD의 나머지 부분이 생성되기 전에 유용하게 수행돼야 한다. 예제 질문 세트에 있는 질문은 능동적 설계 검토 기법을 사용해 구성된다.

이해당사자와 이들의 문서화 필요성에 대한 좀 더 많은 정보는 9.1절을 참조한다.

### 11.2.2 평가 지원을 위한 예제 질문 세트

아키텍처가 포괄적인 평가를 전제로 할 때 AD는 아키텍처를 검토자와 의사소통하는 수단이거나 적어도 아키텍트의 아키텍처 프리젠테이션

---

1. **질문 세트 이름:** 적합한 이해당사자와 관심사 수집

---

2. **목적**

   이 질문 세트의 목적은 아키텍트의 이해당사자와 관심사 목록의 적절성을 가능하고, 이해당사자가 자신의 이해와 관심사가 얼마나 잘 수집됐다고 생각하는가를 검토하는 것이다.

---

3. **이해당사자와 관심사**

   아키텍처에 실질적인 이해 관계가 있는 모든 사람이 관련돼야 하거나, 그들의 역할과 관심사가 표현돼야 한다.

---

4a. **질문**

   **응답자:** 모든 이해당사자
   1. 이해당사자의 역할을 진술한다. AD를 검토할 때 아키텍처에 속하는 자신이 갖는 관심사 집합을 나열한다.
   2. 이해당사자의 역할이 다루어진 것으로 나열된 ADD에서의 모든 위치를 찾아서 기록한다.
   3. 여러분의 관심사가 해결된 것으로 나열된 ADD에서의 모든 위치를 찾아서 기록한다.
   4. 이해당사자 역할이 해결된 것으로 나열된 곳에 사용된 (있다면) 프레임워크의 모든 위치를 찾아서 기록한다.
   5. 여러분의 관심사가 해결된 것으로 나열된 곳에 사용된 (있다면) 프레임워크의 모든 위치를 찾아서 기록한다.
   6. AD나 사용된 프레임워크 안에서 다루어진 것으로 나열되지 않거나 분명하지 않은 형식으로 나열된 여러분의 모든 관심사를 기록한다. 각각에 대해 생략하거나 잘못 이해함으로써 프로젝트 성공에 미치는 영향을 진술한다.
   7. 이해당사자로서 여러분의 각각의 관심사에 대해 AD에서 해결된 위치(목록이 아님)를 찾아서 기록한다. 관심사가 아키텍처에 의해 해결될 것이라고 믿는 또는 믿지 않은 이유를 설명한다.
   8. 관심사의 우선순위를 결정한 AD에서의 위치를 찾아서 기록한다. 그것에 동의하거나 하지 않는 이유를 설명한다.
   9. 여러분이 목록에 없다고 생각한 중요한 이해당사자와 AD에 표현되지 않은 이들의 관심사를 기록한다.
   10. 아키텍처가 누락된 이해당자의 관심사를 어떻게 만족시키고, AD의 어디에서 이러한 정보를 찾을 수 있는지를 진술한다.

**응답자:** 아키텍트

11. 사용하고 있는 (있다면) 프레임워크가 요구하는 일반적인 이해당사자와 관심사가 나열돼 있고 해결된 ADD에서의 위치를 보여준다.

12. 이해당사자와 이들의 관심의 목록을 생성하는 방법을 진술한다.

**4b. 예상 답변**

각 이해당사자는 AD에서 자신의 역할과 관심사가 나열되고 이들의 관심사가 해결된 AD에서 위치를 찾을 수 있어야 한다. 모든 적합한 이해당사자와 관심사가 다루어져야 한다. 누락된 것을 표시해야 한다. 모든 관심사는 적어도 한 명의 이해당사자와 연결돼야 한다. 아키텍트는 이해당사자와 이들의 관심사를 식별하는 과정이 적절하다고 확신하는 주장을 제공해야 한다.

만족스러운 답변을 만들어 내는 것과 함께, 또한 응답자는 질문에 답변하기 위해 AD를 사용하는 것이 쉬운지 어려운지를 표시해야 한다.

**4c. 중요성**

누락된 이해당사자 또는 누락된 관심사를 찾아내는 질문이 가장 중요하다.

**5. 충고**

이 질문 세트는 특별히 능동적 설계 검토에 적합하며, 전체 회의는 요구되지 않는다. 서로 다른 이해당사자의 역할과 관심사를 보여주는 각 검토자는 전화나 이메일로 자신의 관심사가 AD 안에서 해결된 것인지를 확인하고자 참여할 수 있다.

그러나 반대로 미국 국방 프로젝트에서 유사한 검토가 2일간의 전체 회의로 수행됐다. 첫 번째 날의 반나절은 ISO/IEC 42010:2007 용어와 접근 방법을 프리젠테이션하는 데 사용됐다. 검토가 오랜 시간이 걸린 것은 대형 프로젝트이기 때문이다. 약 30-40명이 참여했으며, 일부 이해당사자 커뮤니티는 간과되기도 했다.

작은 통신 교육 프로젝트에서는 같은 목적의 검토가 6명의 아키텍트와 6명의 이해당사자 등 12명이 6시간 걸렸다. 일정은 절차에 2-3시간 소요됐고, 관심사에 3시간이 소요됐다.

을 구체화한다. 따라서 아키텍처 평가가 이루어지기 전에 평가가 진행되는 데 필요한 정보를 포함하고 있는지 확인하기 위해 AD를 검토하는 것이 유용하다. 확장시켜서 이러한 검토는 아키텍처가 평가될 준비가 돼 있는지 여부를 결정한다.

## 11.2.3 개발을 지원하기 위한 예제 질문 세트

아키텍처는 순응하는 구현을 주도함으로써 가치를 갖는다. 즉, 개발자는 아키텍처의 명세와 제약사항을 따를 수 있다는 것이다. 개발을 지

**1. 질문 세트 이름:** 평가 지원

**2. 목적**

이 질문 세트의 목적은 아키텍처가 평가될 준비가 돼 있는지 여부를 결정하는 것이다. 이것은 평가 이해당사자가 자신의 작업을 수행하고 자시의 작업을 완료할 때를 아는 데 필요한 충분한 정보를 갖게 되는지를 확인할 수 있게 한다. 분석에 필요한 산출물에 중점을 둔다.

### 3. 이해당사자와 관심사

업무 관리자는 시스템이 지원해야 하는 업무 목표의 대변자다. 이들 목적은 고객이 시스템을 구축하기 원하는 것과 시스템을 구축하는 조직의 목표를 포함한다. 업무 관리자는 기술적인 해결방안이 업무 목표를 어떻게 지원하는지에 관심을 갖는다.

아키텍트는 AD가 분석을 하는 데 충분한 정보를 제공하는지, 그리고 평가를 지원하는 데 있어서 AD가 얼마나 유용한지에 관심을 갖는다. 아키텍트는 기술적인 고려사항과 난이도, 위험이란 관점에서 AD를 사용해 하나의 대안이 다른 것보다 더 나은지 여부를 결정하기를 원할 것이다.

아키텍처 평가를 수행하는 것을 준비하는 팀은 ADD가 무엇을 평가할 것이며, 분석하는 데 충분한 정보를 제공하는지 여부를 아는 것에 관심을 갖는다.

### 4a.  질문

**응답자:** 업무 관리자, 아키텍처 평가 팀

1. 시스템이 충족시켜야 하는 업무 목표가 명확하게 서술돼 있고 우선순위화돼 있는가?
2. 업무 목표가 요구를 결정하는 방법이 명확한가? 업무 목표와 요구 사이의 매핑이 있는가? 요구는 업무 중요성에 따라서 우선순위가 결정돼 있는가?
3. 업무 목표와 기술 해결 방안 사이에 추적성이 있는가? 즉, 업무 목표로부터 아키텍처적으로 중요한 요구(ASR)와 기술적인 결정과 연관된 위험성, 그리고 마지막으로 업무 목표를 달성하는 데 미치는 영향으로 이동할 수 있는가?
4. 아키텍처가 업무 목표를 지원하는지 여부를 결정하는 데 사용할 수 있는 기준은 무엇인가?
5. 시스템이 배포 존속 기간(시스템 폐기를 포함해)에 걸쳐 변경할 수 있는가?

**응답자:** 아키텍트, 아키텍처 평가 팀

6. 시스템(또는 서브 시스템)의 컨텍스트가 명확하게 정의돼 있는가?
7. 이해당사자와 이들의 관심사가 명확하게 정의돼 있는가?
8. 요구, 제약사항, 표준, 그리고 품질 보증 정책이 명확하게 정의돼 있는가?
9. 시스템이 만족시켜야 하는 ASR이 명확하게 서술돼 있으며 아키텍처의 영향에 따라 우선순위가 결정됐는가?
10. ASR이 명확하고 모호하지 않은가? '테스트할 수' 있는가? 우선순위가 결정돼 있는가?
11. 아키텍트가 ASR을 달성하기 위해 사용한 어느 기법이 명확한가? 고려했지만 선택되지 않은 대안이 문서화됐는가?
12. 아키텍처가 ASR이 아닌 다른 요구를 달성하는 방법이 명확한가?
13. AD가 주요 결정을 식별했는가? 그렇다면 어디에 있는가?
14. AD에 주요 결정의 근거가 포함돼 있는가? 그렇다면 어디에 있는가?
15. 시스템의 운영에 영향을 alclss 각 관심사에 소비되는 런타임 리소스를 설명할 수 있는가?
16. 변경된 설계 요소가 이끄는 이들 변경용이성 관심사에 대해 변경 영향(변경의 예상 크기/난이도)을 서술할 수 있는가?
17. 각 ASR을 분석하는 데 필요한 뷰를 결정할 수 있는가? AD가 ASR를 다루는 데 필요한 뷰를 제공하고 있는가?
18. 각 뷰 안에서 모델이 명확한가? 모델이 관점에 의해 잘 정의돼 있는가? 모델이 ASR을 해결하는가? 어떤 ASR이 이 뷰의 모델에 의해 (모델이 ASR이 만족됐는지를 결정하기에 충분한 정보를 제공하는 정도로) 해결되는가?

 관점, 모델, 일치성은 ISO/IEC 42010 표준에서의 개념으로 E.1절에서 설명한다.

19. 모든 ASR이 하나 또는 그 이상의 모델에서 해결되는가, 또는 모델 사이에 하나 또는 그 이상의 일치성이 있는가?
20. 아키텍트가 사전 분석을 수행했는가? 이들 결과(아키텍처 문제와 위험을 포함해)가 분명하게 서술됐는가? 어디에 있는가?

21. 업무 안에서 아키텍처가 어떻게 도입되고 퇴출되는가?
22. 모든 정보가 문서화됐다는 점에서 현재 문서가 완전한가? 그렇지 않다면, 아직도 작업이 필요한 것의 설명과 함께 아직 문서화되지 않은 것의 위치는 어디인가?
23. 평가 동안에 이해당사자의 관심사를 해결하기 위해 내린 결정을 보여줄 수 있는 자료로 이동할 수 있는가?

**응답자: 아키텍처 평가 팀**
24. AD에서 사용한 개념과 표기법이 분명하게 설명돼 있는가?(예를 들어, 용어집, 다이어그램 용례가 있는가?)
25. 평가의 범위와 목적이 명확하게 정의돼 있는가?
26. 평가될 시스템(또는 서브 시스템)의 컨텍스트가 명확하게 정의돼 있는가?
27. 평가될 이해당사자와 이들의 관심사가 명확하게 정의돼 있는가?
28. 각 뷰에 대해 내용을 평가할 방법을 이해하고 있는가?
29. 뷰 사이의 일치성에 대해 이들이 표현된 방법과 정확성과 완료성을 평가하는 방법을 이해하고 있는가?
20. 뷰가 의도한 분석을 지원하기 충분하게 완료돼 있는가? 아키텍트가 식별한 결함을 우회할 수 있는가?

**4b. 예상 답변**

업무 관리자와 아키텍트는 문서가 업무 목표로부터 아키텍처적으로 중요한 요구와 기술적인 결정 및 관련된 위험, 그리고 업무 목표를 달성하는 데 미치는 영향으로 이동할 수 있게 하는 중요한 분석 산출물을 수집했다고 확신 있는 주장을 제공해야 한다.

평가 팀은 평가의 목표와 범위를 명확하게 이해해야 한다. 이러한 이해는 어떤 AD 산출물이 필요하며 어느 정도로 필요한지를 결정할 것이다.

**4c. 중요성**

누락된 분석 산출물(예를 들어, 아키텍처적으로 중요한 요구, 아키텍처 결정)을 찾아내는 질문이 가장 중요하다.

분석을 수행할 때 비완료성과 모호성을 나타내는 질문도 중요하다.

**5. 충고**

평가의 범위에 따라서 '개발 지원을 위한 질문 세트'와 어느 정도 중첩될 수 있다. 분석은 '구축용이성(buildability)' 또는 '고객이 설명한 대로 시스템을 구축할 타당성(feasibility)'을 포함할 수 있다. 대안을 선택하기 위한 결정점과 근거를 식별하는 것이란 의미에서 좀 더 좁은 범위로 평가가 이루어진다면 중첩되는 것은 없다. 이 경우에 AD는 시스템을 구축하기 위한 청사진이라기보다는 대안을 보여주는 스케치로서 취급된다.

AD가 프레임워크와 관점을 사용한다면 프레임워크와 관점의 선택을 검토하기 위한 질문 세트가 생성돼 이 검토와 함께 사용될 수 있어야 한다. AD가 이들 개념을 명시적으로 사용하지 않는다면 일부 질문은 아직도 문서를 이해하기 위해서 사용될 수 있다.

업무 관리자와 아키텍트는 아키텍처 평가 팀과 질문에 대한 답변을 공유한다. 평가 팀은 별도로 결과를 검증하기 위해 다양한 상세 정도로 질문에 대답할 수 있다.

질문 세트는 평가의 범위와 목적(시스템, 이해당사자, ASR, 뷰, 그리고 결정의 어떤 조합으로든지)에 따라 맞추어 변경될 수 있다.

원하기 위한 검토의 목적은 개발 이해당사자가 자신의 작업을 수행하는 데 충분한 정보가 아키텍처에 있는지 여부를 결정하는 것이다. 밀접하게 연관된 작업은 시스템의 구현이 AD에 서술된 아키텍처를 실제로 준수하는지 여부를 결정하는 데 AD가 충분한지 여부를 결정하는 것이다. 여기에서는 후속 검토 또는 감사가 실제로 시스템의 (AD에서 기술된) 아키텍처 준수를 결정할 것이라는 기대하고, 구현된 시스템의 준수 점$^{conformance\ point}$을 식별하는 AD의 능력에 중점을 둔다.

### 11.2.4 ISO/IEC 42010 준수를 위한 예제 질문 세트

이 검토는 AD가 ISO/IEC 42010, 시스템과 소프트웨어 엔지니어링 – 아키텍처 서술$^{Systems\ and\ Software\ Engineering\ -\ Architecture\ Description}$의 요구를 준

---

1. **질문 세트 이름:** 개발 지원

2. **목적**

   이 질문 세트의 목적은 AD가 준수하는 구현을 '주도'할 수 있는 충분한 정보를 포함하고 있는지 여부를 결정하는 것이다. 이것은 개발 이해당사자가 자신의 작업을 하고, 그들의 작업이 완료됐다는 것을 알 수 있는 충분한 정보를 갖고 있는지 여부를 확인할 수 있게 한다. AD의 분석에는 덜 집중하며, 포괄성과 완료성에 좀 더 집중한다.

3. **이해당사자와 관심사**

   아키텍트는 자신의 AD가 개발자에게 전달할 준비가 됐는지에 관심을 갖는다.

   설계자와 구현자는 무엇을 구축할 것인가, 즉 아키텍처를 구현하기 위해 해야만 하는 것에 관심을 갖는다.

   소프트웨어 관리자는 필요한 개발 리소스(예산, 일정)를 산정 및 예측하는 데 관심을 갖는다.

   개발자는 언제 테스트에 들어갈지에 관심을 갖는다.

   테스터는 AD가 아키텍처 기반 테스팅을 할 수 있는 충분한 정보를 공급하는지, 그리고 언제 테스트를 끝내는지를 결정하는 데 관심을 갖는다.

   QA 이해당사자는 AD가 품질 보증을 할 수 있는 충분한 정보를 공급하는지, 그리고 언제 행해지는지에 관심을 갖는다. 특별한 유형의 QA 이해당사자는 '준수 검토자(conformance checker)'로, 구현이 아키텍처를 준수하는지 여부를 알 수 있는 방법에 관심을 갖는다.

   통합자는 AD가 통합을 계획하는 데 충분한 정보를 제공하는지에 관심을 갖는다.

   배포 담당자는 AD가 배포를 계획하는 데 충분한 정보를 제공하는지에 관심을 갖는다.

   고객과 프로그램 관리자는 AD가 개발자에게 사용될 수 있는지, 그리고 아키텍처가 기존 컴포넌트에 의해 어떻게 제약을 받는지에 대해 간접적으로 관심을 갖는다.

---

4a. **질문**

   **응답자:** 소프트웨어 관리자
   1. 구현 단위(구현돼야 할 요소)의 전체 집합을 식별할 수 있는가?
   2. 어떤 단위가 개발(그리고 통합과 테스트)을 필요로 하는지 결정할 수 있는가?
   3. 개발을 필요로 하는 각 단위에 대해 개발 리소스의 사용과 가변성, 위험 관점에서 예측할 수 있는가?
   4. 개발 단위 사이의 개발 의존성을 결정할 수 있는가?
   5. 단위 사이의 런타임 의존성을 식별할 수 있는가?
   6. 이 개발의 일정을 제시할 수 있는가?
   7. 아키텍처 프로토타입의 일정을 제시할 수 있는가?
   8. 충분한 개발 리소스를 갖고 있는지 여부를 말할 수 있는가?
   9. AD가 이해당사자(개발자, 통합자와 같은)를 과도하게 제약하는가?
   10. AD가 병렬 개발의 기획을 식별하는가? 병렬로 개발될 수 있는 단위를 식별할 수 있는가?

**응답자:** 설계자와 구현자(단위 테스터 포함)

11. 구현 단위 사이의 허용된 그리고 금지된 의존성을 식별할 수 있는가?
12. 단위나 이들의 집합에 대해 적용할 수 있는 아키텍처 제약과 규칙, 원칙, 스타일, 패턴 등을 식별할 수 있는가?
13. 구현 단위로부터 관련된 요구(형식적 요구, 파생된 요구, 품질, 성능 및 설계 제약사항)로 이동할 수 있는가?
14. 구현 단위의 집합에 대해 테스트 접근 방법을 결정할 수 있는가?
15. 에러 처리, 리소스 관리, 사람-컴퓨터 상호작용, 데이터 관리와 지속성, 변형과 가변성(예를 들어, 제품 라인이나 시간 경과에 따른 발전) 등에 대해 접근 방법을 결정할 수 있는가?
16. 변경 가능성이 있는 것과 이것이 설계에 영향을 주는 방법을 결정할 수 있는가?
17. 각 결정이 얼마나 견고한지 알 수 있는가?
18. 새로운 사이클에 들어가는 결과로서 무엇을 변경할 필요가 있는지를 알 수 있는가?
19. AD 준수가 어떻게 결정되는지를 알 수 있는가?
20. AD가 병렬 개발의 기획을 식별하는가? 병렬로 개발될 수 있는 단위를 식별할 수 있는가?

**응답자:** 통합자와 배포 담당자

21. 어떤 단위가 통합돼야 하는지 식별할 수 있는가?
22. 단위를 운영하는 데 필요한 리소스를 결정할 수 있는가?
23. 통합 테스트 의무를 결정할 수 있는가?
24. 단위 사이의 런타임(부하, 정교화 같은) 의존성을 식별할 수 있는가?
25. AD 준수가 어떻게 결정되는지 이해할 수 있는가?

**응답자:** 테스터(단위 테스팅이 아니라 아키텍처 기반 테스팅)

26. 어떤 단위가 비용 효율적으로 분리돼 테스트될 수 있는지 결정할 수 있는가?
27. 각 단위에 대해 테스트하기 위해 무엇이 필요한지(예를 들어, 데이터, 특별한 하드웨어, 다른 단위) 결정할 수 있는가?
28. 각 단위에 대해 무엇이 테스트 성공 기준을 구성하는지 결정할 수 있는가?
29. 시스템을 전체로서 테스트할 수 있는가?

**응답자:** QA 이해당사자

30. AD가 기준선인가?
31. AD에 변경 이력이 있는가?
32. AD가 주요 결정을 식별하는가?
33. AD가 주요 결정과 설계 근거를 잡아내는가
34. AD가 구현에 연기된 '열린 결정'을 분명하게 서술하는가?

35. 비일관성이 알려지고 문서화됐는가?
36. 각 뷰의 모델과 개발된/인도된 산출물 사이에 알려진 연관이 있는가? (예를 들어, 아키텍처에 '배포 뷰'가 있다면 시스템의 '패키지 목록'이 있는가?)
37. 뷰 안에 식별된 특별한 준수 점이 있는가? 이러한 각 점에 대해 어느 뷰와 모델이 이 정보를 수집하는지, 그리고 어느 산출물이 준수해야 하는지 아는가? 준수를 검사를 할 수 있는 문서화된 방법론(예를 들어, 인스펙션, 개발자 테스트, 형식적 품질 테스트)이 있는가?
38. 개발자가 작업을 하는 동안 어떤 질문이나 관심사, 문제를 제기하는가? 이들이 어떻게 AD에 수집되고/해결되는가? 이들 관심사에 반응해 AD가 어떻게 변경하는가?
39. 테스트 접근 방법과 산출물이 AD와 일관적인가?(형식적인 추적이나 비형식적 평가를 포함할 수 있는가? 이것은 특별히 뷰의 '유스케이스' 유형과 관련된다. 여기에서 테스터는 아키텍처가 해결해야 하는 알려진 유스케이스를 테스트한다.)
40. 준수를 수립하는 형식적인 프로세스가 있는가?
41. 이 프로세스를 AD 내용이 지원하는가?

**응답자:** 모든 이해당사자

42. AD 안에서 열린 또는 부분적으로 해결된, 해결되지 않은 문제를 식별할 수 있는가?

43. 어느 곳에서 자동화된 도구가 사용될지 식별할 수 있는가? AD가 도구가 처리할 수 있는 형식으로 올바른 콘텐츠를 갖고 있는가?

**4b. 예상 답변**

모든 경우에서 이해당사자는 문서화가 아키텍처를 구현할 수 있도록 하는 중요한 산출물을 수집하고 있음을 확신하는 논점을 제공해야 한다.

민족스러운 답변을 만들어 내는 것과 함께, 또한 응답자는 질문에 답변하기 위해 AD를 사용하는 것이 쉬운지 어려운지를 표시해야 한다.

**4c. 중요성**

비완료성과 모호성을 나타내는 질문이 가장 중요하다. 이 경우에 AD는 시스템을 구축하거나 구축된 시스템이 준수해야 하는 청사진으로 취급된다.

**5. 충고**

이 질문 세트는 평가가 '구축용이성' 또는 '고객이 설명한 대로 시스템을 구축할 타당성'을 포함할 수 있다는 점에서 아키텍처 평가 지원을 위한 AD를 검토하는 질문 세트와 중첩될 수 있다. 물론 이들은 여기에서 해결되는 개발자 관심사 중에 있다.

질문 세트의 서브 집합이 지원 계획을 위한 좀 더 특별한 검토에 사용될 수 있다.

수하는지 여부를 평가한다.

## 11.3  검토 구축과 수행 예제

이 절에서는 AD 검토를 구축하고 수행하는 예를 보여준다. 프로젝트의

---

**자세한 정보**

ISO/IEC 42010:2007은 ANSI/IEEE 1471-2000의 ISO 채택이며, 이전 표준과 동일하다. 이 책이 출판되는 시점에 ISO/IEC 42010과 ANSI/IEEE 1471의 합동 개정 작업이 진행 중이었다. 이 질문 세트의 질문은 ISO/IEC 42010 개정판의 예상되는 형식과 내용을 반영하며, 아키텍처 프레임워크와 모델 일치성과 같은 새로운 주제를 포함한다.

---

**1. 질문 세트 이름:** ISO/IEC 42010 준수를 위한 검토

**2. 목적**

이 질문 세트의 목적은 AD가 ISO/IEC 42010 국제 표준의 요구를 준수하는지 평가하기 위해 사용된다. 표준 준수는 AD를 인도물로서 또는 다른 검토에서 받아들이는 사전 조건일 수 있다.

### 3. 이해당사자와 관심사

아키텍트와 인수자, 그리고 아키텍처 분석가 모두 다음과 같은 관심사를 갖는다. AD가 표준의 모든 준수점을 충족하는가? 준수를 검증할 수 있는가?

### 4a. 질문

**응답자: 아키텍트**

1. AD가 적절한 관리 및 개요 데이터(문제 제기 일자, 버전 상태, 문제 제기 조직, 변경 이력, 요약, 범위, 컨텍스트, 용어집 및 참조)를 포함하고 있는가?
2. AD가 사용하는 조직이 요구하는 아키텍처 문서를 포함하는가?
3. 이 AD의 특정한 이해당사자는 누구인가? 아키텍트가 이들 이해당사자 부류, 즉 시스템 사용자, 시스템 인수자, 시스템 개발자, 시스템 유지보수자를 고려하고 있다는 증거가 있는가?
4. 이해당사자의 관심사가 수집됐는가? AD가 시스템의 목적을 고려한다는 증거가 있는가? 여기에는 이들 목적을 달성하는 아키텍처의 적절성, 시스템을 구축하고 배포하는 타당성, 라이프라이클 동안 이해당사자에 대한 시스템이 잠재적 위험성, 그리고 시스템의 유지보수성과 발전용이성이 포함된다.
5. 모든 이해당사자와 모든 관심사가 적어도 하나의 관점에서 다루어지는가?
6. 모든 관점이 식별되는가? AD에서 사용되는 각 관점에 대한 정의가 있는가? 각 관점 정의가 포함돼 있는가? 여기에는 관점 이름, 해당 관점에 의해 해결되는 이해당사자 식별, 그리고 관점에 의해 사용되는 모델의 타입이 포함된다. 각 모델 타입에 대해 표기법과 언어, 모델링 기법, 분석적 방법론을 포함하는 관례가 정의돼 있는가?
7. 관점이 외부 출처에서 가져온 것이라면 해당 출처가 완전히 정의되고 식별됐는가? 관점과 이해당사자의 관심사 사이에 관계가 있는가? 모델/모델링 기법이 식별됐는가? 관점이 분석 기법, 규칙 또는 제약사항을 포함하는가?
8. 각 관점에 대해 뷰가 있는가? 뷰가 해당 관점이 요구하는 모델을 정확하게 사용/구현하는가? 뷰가 검토 중인 시스템을 다루는가? 뷰–관점 관계가 일대일인가?
9. 각 뷰가 이 뷰를 사용하는 조직 그리고 하나 이상의 모델 이 정의한 식별자, 개요 정보, 형상 정보를 포함하는가?
10. 문서화된 뷰 사이에 알려진 불일치성이 있는가?
11. 대응 규칙이 있는가? 각 규칙에 대해 규칙을 만족하는 적어도 하나의 대응이 있는가?

12. AD가 기존 아키텍처 프레임워크를 인용하는가? AD에서 사용하는 프레임워크에 각 관점이 있는가? AD가 프레임워크의 모든 대응 규칙을 수집하는가?
13. AD가 다음과 같은 아키텍처 결정의 근거를 포함하는가?
    * 관점 및 모델/모델링 기법 선택
    * 대응 규칙
    * 각 뷰 안에 수집된 핵심 결정

**응답자: 인수자와 아키텍처 분석가**
14. 이해당사자와 관심사의 집합이 완전한가?
15. 관점 집합이 완전하며 최소한인가?
16. 대응 규칙의 집합(있다면)이 적절한가?
17. 뷰가 완전한가? 핵심 결정을 의사소통하는가?
18. 대응 집합이 완전한가?
19. 근거가 검토자와 아키텍처 분석가가 아키텍처를 이해하고 결정하는 것을 지원하는 데 충분한 정보를 수집하고 있는가?
20. 관점 집합 및 선택된 아키텍처 프레임워크가 계약상의 요구 및 제도적인 실천과 일치하는가?

### 4b. 예상 답변

긍정적인 답변이 예상된다. 또한 참가자가 자신의 긍정적인 답변을 정당화하기 위해 AD에서의 특정한 위치를 지적한다.

**4c. 중요성**

준수를 확인하는 목적으로 모든 ISO/IEC 42010 요구는 동일하게 중요하고 모두가 필수다(표준에서 맞춤식 선택은 하지 않는다).

**5. 충고**

여기에서 다른 형식적으로 결정된 속성보다는 '완전함'이 검토의 가치 판단이 될 것으로 예상된다. 이해당사자는 '완전함'을 평가하는 일부로서 컨텍스트(리소스 제약사항을 포함해)를 이해해야 할 필요가 있다. 일반적으로 '완전함'은 '우리가 그것을 개발하는 컨텍스트 안에서 이 시스템의 우리의 기대치를 충족시키기에 충분함'으로 해석돼야 한다. 이들 규칙은 아키텍치 서술이 구조에 있는 모두 사소한 것을 설명하는 것으로 요구되지 않아야 한다.

위에서 선택된 각 항목은 ISO/IEC 42010:2007에서 준수점에 직접적으로 매핑한다. 그러나 이 절에서의 용어는 ISO/IEC FCD 42010:2010에서 직접적으로 가져왔다.

---

AD가 아키텍처 평가를 지원하기에 충분한지 여부를 알기 위해 검토를 수행한다.

- **1단계: 검토의 목적을 수립한다.** 목적은 AD가 아키텍처의 형식적인 평가를 지원하는 데 충분히 완료됐으며 일관적인지 여부를 알기 위해 AD를 평가하는 것이다. 선택된 아키텍처 평가 방법론은 ATAM<sup>Architecture Tradeoff Analysis Method</sup>으로, 훈련받은 평가팀이 품질 속성 요구와 업무 목표로 아키텍처 결정의 결과를 평가하기 위해 사용한다. 평가팀은 중요한 아키텍처 이해당사자뿐만 아니라 프로젝트의 아키텍트와 선임 설계자와 상호작용한다. AD 검토의 목적은 이들 분석 산출물(아키텍처 결정, 품질 속성, 업무 목표)이 잘 문서화돼 있는지를 확인하는 것이다.

  '왜'는 '누구'를 수립하며, 이 경우에 아키텍처 평가팀은 아키텍처 문서 검토팀이 된다.

  '왜'는 '언제'를 수립하며, 이 경우에 우리는 모든 사람이 평가 시작 회의에서 자신의 결과를 제시하는 시간에 검토를 수행한다. 이 회의는 ATAM의 표준 부분으로, 평가팀이 만나서 아키텍처를 논의하고, 팀의 역할에 동의하고, 계속할지 여부를 결정한다.

- **2단계: 검토 주제를 수립한다.** ATAM은 평가 활동을 시작하기 전에 아키텍처 문서뿐만 아니라 아키텍처 프리젠테이션을 제공할 것

을 고객에게 요구한다. 사실상 이들은 계속할지 여부를 결정하는 데 사용된다. 아키텍처가 충분히 성숙되지 않았다면 신뢰할 수 있게 평가될 수 없다. 이 경우에 고객은 프리젠테이션과 (이 경우에 '소프트웨어 설계 문서'라고 하는) 아키텍처 문서의 복사본을 평가 시작하기 한 달 전에 ATAM 팀 리더에게 제공한다.

- **3단계: 적절한 질문 세트를 구축하거나 채택한다.** ATAM 진행 여부 기준은 (1) 올바른 이해당사자와 관심사를 수집하고 (2) 평가를 지원(11.2 절을 참조한다)하기 위한 질문 세트를 선택하도록 한다. TOGAF와 같은 프레임워크가 사용된다면 프레임워크 선택과 관련된 관점의 선택을 검토하기 위한 질문 세트도 마찬가지로 포함돼야 한다. 우리는 업무 관리자나 아키텍트를 검토에 참여시키지 않았지만, 이들 각각으로부터 업무 요인과 아키텍처를 각각 서술하는 뷰그래프viewgraph 프리젠테이션을 갖고 있다.

- **4단계: 검토 세부사항을 계획한다.** 평가팀 리더는 검토팀 리더로서의 의무도 이중적으로 갖는다. 이것은 모든 팀 멤버가 적절한 산출물 즉, 아키텍처 문서화 프리젠테이션, 그리고 올바른 질문 세트를 갖고 있는지를 확인하는 것이 포함된다. 우리 평가팀은 지역적으로 분산돼 멤버들이 5개의 서로 다른 미국 도시에 있기 때문에, 멤버가 독립적으로 자신의 진도와 일정대로 작업하도록 검토 프로세스를 준비했다. 모든 사람은 시작 미팅에서 자신이 찾은 것을 보고하도록 요청받았다.

- **5단계: 검토를 수행한다.** 검토자는 이해당사자의 역할과 관심사 목록, 아키텍트가 목록을 만드는 데 사용한 기준, 그리고 아키텍처가 관심사를 만족시키는 방법이 문서화됐는지 AD를 검토했다. 각 검토자는 AD에 대해 질문을 적용해 답변을 기록했다. 이들은 시작 미팅 이전에 검토 리더에게 메일을 보내, 검토 결과의 감각을 얻고 AD의 적합성 여부를 사전에 판단할 수 있었다.

- **6단계: 결과를 분석하고 요약한다.** 각 평가팀 멤버는 팀 리더에게 답변을 제공했다. 각 사람은 질문 세트를 완료하는 데 1시간에서 4

시간이 걸렸다. 평가 리더는 답변을 검토하고 한 시간 이내에 AD가 질문 세트 관점에서는 완벽하지는 않지만 평가를 지원하는 데 충분하다는 팀 의견을 수렴할 수 있었다. 이러한 인상은 후속 화상 회의 동안에 확인됐다. 팀 리더는 AD가 평가를 충분히 지원할 수 있도록 개발됐다는 것에 만족하고 진행하기로 결정했다. 평가 그 자체 동안에 12개의 시나리오가 분석됐다. 각 경우에 아키텍트는 AD로부터 (뷰그래프 프리젠테이션 형식으로) 아키텍처 정보를 사용해, 각 시나리오에 대해 아키텍처가 어떻게 이들을 지원하는지 또는 하지 않는지를 설명할 수 있었다. 두 경우에 평가팀은 핵심 정보의 특정한 부분이 어디에 문서화됐는지 질문했고, 아키텍트는 AD에서 그 위치를 보여줄 수 있었다. 모든 경우에서 AD는 적절성에 대한 팀의 결론을 제시함으로써 분석을 지원했다.

## 11.4   요약 체크리스트

* 이해당사자가 이해하고 의도된 방식으로 사용될 수 있는 형식으로 효과적으로 아키텍처가 수집됐다는 것을 확인하기 위해 아키텍처 문서를 검토한다.
* 검토 목적을 기반으로 질문을 선택한다. AD가 검토돼야 하는 이유의 3가지 예는 몇 가지 표준 명세의 준수, 의도된 목적으로 아키텍처의 사용을 지원하기 위한 적합성, 그리고 아키텍처 평가나 분석을 지원하기 위한 적합성이다.
* 질문을 질문 세트로 구성해 결과를 얻고 해석하기 위한 지침뿐만 아니라, 목적과 해결될 필요가 있는 이해당사자의 관심사에 관한 배경적인 정보를 제공함으로써 재사용할 수 있게 한다.

## 11.5   생각해볼 문제

1. DoDAF나 TOGAF와 같은 아키텍처 프레임워크를 준수하기 위해 아키텍처 문서를 검토할 것을 요청받았다고 하자. 이 목적이 제시됐다면 이해당사자들 사이에 누구를 초대할 것이며, 라이프사이클에서 언제 검토를 수행할 것인가? 이 장에 있는 것에서 어떤 질문 또는 질문 세트(있다면)를 재사용할 것인가? 질문하고 싶은 추가적인 질문은 무엇인가?

2. 별도의 방법론으로서 또는 기존 방법론의 일부인 절차로서 AD 검토를 수행할 때의 장단점을 논의한다. 여러분이 마음 속에 갖고 있는 프로젝트에 대해 어느 방법을 선택할 것인가? 그리고 왜 선택했는가?

3. 아키텍처 문서를 검토하고자 하는 의도를 알고 있다면, 이것이 뷰를 선택하고 문서화 패키지를 구축하는 방법에 어떻게 영향을 미칠 것인가? 문서화 과정의 일부로서 검토를 포함시킬지 아니면, 문서화가 완료된 후에 별도의 검토 활동을 수행할 것인지 여부를 어떤 기준으로 결정할 것인가?

## 11.6 더 읽을거리

능동적 설계 검토(파나스와 웨이스 1985)는 가이드된 문서 기반 검토를 수행하기 위한 기법이다. 이 보고서에서 제공딘 예제 질문 세트는 능동적 설계 검토 접근 방법을 사용한다.

SEI ARID<sup>Active Reviews for Intermediate Designs</sup>(클레멘츠와 카즈만, 켈린<sup>Kelin</sup>, 2002)는 시나리오 기반의 이해당사자 중심적인 아키텍처 부분 검토를 수행하기 위한 방법론이다. 검토는 설계가 사용하게 될 소프트웨어 개발자에게 충분한지 여부에 중점을 둔다. ARID는 능동적 설계 검토와 ATAM을 기반으로 한다. ARID 방법론의 요소는 이 장에서 설명한 접근 방법과 연결선상에 있는 문서를 검토하는 방법론을 생성하기 위한 문서화에 중점을 둔다. 개발을 지원하기 위한 질문 세트가 특별히 적절하다. 능동적 설계 검토는 가장 순조로운 시작점이다. 예를 들어, 능동적 설계 검토는 다른 종류의 검토에 다른 종류의 검토자를 모집하는 것을 요구한다. 일례로 문서의 일관성과 완료성 및 템플릿 준수를 위한 검토에는 보통 지원 인력이 사용된다. 능동적 설계 검토는 자연스럽게 하나의 목적으로 검토하든 아니면 여러 가지 목적으로 검토하든 검토 목적의 스펙트럼에 대한 아이디어와 함께 진행한다.

ACSPP<sup>Architecture-Centric Software Project Planning</sup>(파울리시, 2002)는 (ARID와 같은) 또 다른 접근 방법으로 아키텍처 문서의 일부가 그것을 사용할 개발자에게 제공된다. 이 경우에 그들은 4시간에 걸쳐 그들이 개발하는 서브 시스템의 초기 설계를 스케치하고 개발하는 데 필요한 시간과 리소스를 문서화하는 매트릭스 시트를 채워줄 것을 요청받는다. 개발을 지원하는 질문 세트는 아키텍처를 이해하는 것과 관련된 노력의 해당 부분에 대해 적절할 것이다.

SARA 보고서(SARA 2002)는 소프트웨어 아키텍처를 평가하는 유용한 일반적인 모델을 제시하며, 이 주제에 관해 읽기 좋은 시작점이다. SEI의 ATAM과 같은 특정한 방법론은 SARA 모델의 특수한 경우로서 생각할 수 있다.

# 에필로그: 다른 접근 방법과 함께 뷰와 그 너머 사용

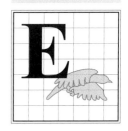

아키텍처란 단어는 라틴어를 거쳐 '건축 장인'을 의미하는 그리스어로 거슬러 올라간다. 고대는 단어를 만들어낼 뿐만 아니라, 가장 명확하고 가장 포괄적인 정의를 제공한다. 비트르비우스(Vitruvius)(고대 작가로 그의 『건축십서』는 현존하는 유일한 고대 건축 서적이다)에 의하면, 아키텍처는 '견고함과 유용성, 기쁨'의 결합이다. 다른 말로, 동시에 구조적이고, 실제적이고 시각적인 예술이다. 견고함이 없으면 위험하고, 유용성이 없으면 단지 커다란 규모의 조각에 불과하고, 아름다움이 없으면... 그것은 실용적인 구조물 그 이상이 아니다.

– 마빈 트라텐버그(Marvin Trachtenberg)와 이자벨 하이만(Isabelle Hyman), 『Architecture: From Prehistory to Post-Modernism/The Western Tradition』(1986, p.41)

이 책은 소프트웨어 아키텍처에 관한 효과적이고 유용한 문서를 만들 수 있도록 지침을 제시한다. 개념의 기본적인 집합(뷰와 스타일)과 구성 원칙(모듈 뷰, 컴포넌트-커넥터(C&C) 뷰, 할당 뷰)을 사용해 구조에서 시작해서 행위로, 다시 인터페이스로, 근거까지 광범위한 아키텍처 중심적인 정보를 문서화하는 방법을 보여주었다. 이 책은 완전한 문서화 핸드북으로서 탁월하다.

그러나 책은 진공 상태에서 존재하지 않는다. 다른 저자들은 스스로 또는 대규모 조직이나 표준 단체의 후원 아래, 특정한 뷰 집합 또는 다른 아키텍처 접근 방법을 규정했다. 이제 아키텍처 문서화에 대한 ISO 표준도 있다. 많은 사람들이 '전사적 아키텍처enterprise architecture'를 문서화하는 방법에 관한 책을 쓰고 있다. 이 책의 충고가 이들 다른 출처와 조화를 이루는지, 충돌하는지 분명하지 않을 수도 있다. 어떤 경우에서는 도대체 관계가 있는지조차도 분명하지 않다.

이 장의 목적은 다음과 같은 질문에 대답하는 것이다.

다음과 같은 소프트웨어 아키텍처 문서를 만들기 원한다면 뷰와 그 너머 접근 방법을 사용할 수 있는가?

1. 아키텍처 문서의 ISO 표준 준수
2. RUP$^{Rational Unified Proces}$ 4+1 문서화 접근 방법 사용
3. 로잔스키/우즈 관점 집합 사용
4. 애자일 개발 프로젝트 지원

이들 소프트웨어 지향적인 변형 외에도, 이번 장에서는 소프트웨어 아키텍처를 목적으로 하지 않지만 그럼에도 불구하고 때로는 그런 방식으로 서비스하도록 출판된 미국 DoDAF$^{Department of Defense Architecture Framework}$도 다룬다.

## E.1  ISO/IEC 42010, 이전의 ANSI/IEEE Std 1471-2000

리차드 힐리어드(Richard Hilliard)와 데이비드 에머리(David Emery)와 함께

ISO 42010과 아키텍처 서술과의 관계는 뷰와 그 너머 접근 방법과 아키텍처 문서와의 관계와 같다. 우리가 사용한 용어를 선택한 이유에 대해서는 프롤로그의 용어 설명 '명세, 표현, 서술, 문서화'를 참조한다. 이번 절에서는 ISO 용어를 사용한다.

### E.1.1 개요

ISO/IEC 42010(또는 줄여서 '아이소42010')은 ISO 표준, 시스템과 소프트웨어 엔지니어링 – 아키텍처 서술$^{Systems and software engineering - Architecture description}$이다. 이 표준의 첫 번째 판은 2007년에 출판됐다. IEEE 실무 그룹이 1995년에서 2000년 사이에 산업과 대학, 그리고 다른 표준 기반의 경험을 끌어모아 개발한 IEEE Std 1471-2000을 ISO가 급하게

채택한 것이었다. ISO 42010은 두 가지 주요 생각에 중점을 두고 있다. 아키텍처 서술의 개념적인 프레임워크와 어떤 ISO 42010 준수 아키텍처 서술에서도 발견돼야 하는 정보의 진술이다.[1]

뷰와 그 너머 접근 방법과 같이, ISO 42010에서 뷰[view]는 소프트웨어 아키텍처를 문서화하는 중심 역할을 맡는다. 시스템의 아키텍처 서술은 하나 이상의 뷰를 포함한다.

그림 E.1은 표준에서 아키텍처 서술의 핵심 개념을 설명한다.

ISO 42010은 뷰를 '아키텍처 관련된 관심사 관점에서 시스템을 표현한 작업 산물'로 정의한다.

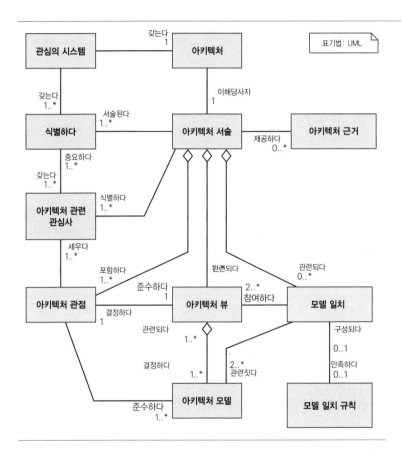

**그림 E.1**
ISO/IEC 42010:2007의 핵심 개념

---

1 이제 ISO는 IEEE 표준을 채택했기 때문에 두 조직이 ISO와 IEE 표준 모두 통합된 업데이터를 수행할 것이다. 이 절에서는 2009년 1월(ISO/IEC CD1 42010 2009)의 위원회 시안1(CD1, Committee Draft 1)에 반영된 표준을 설명한다. 이 시안의 자료는 실무 그룹에서 실질적인 기술 검토가 진행 중이지만, 이 장이 작성된 시점에서 공식적으로 투표되지는 않았다.

ISO 42010은 관심 시스템을 '개별 애플리케이션, 전통적인 의미에서의 시스템, 서브 시스템, 시스템의 시스템, 제품 라인, 제품 패밀리, 전체 엔터프라이즈, 그리고 다른 관심의 집합'을 망라하는 것으로 정의한다.

ISO 42010은 관점을 아키텍처 뷰와 관련된 아키텍처 모델의 구축과 해석, 사용을 위한 관례를 수립하는 작업 산물로 정의한다.

ISO 42010에서 아키텍처 서술$^{architecture\ description}$은 작업 산물$^{work\ product}$ – 관심 시스템$^{system\ of\ interest}$의 아키텍처를 문서화하는 (문서나 레파지토리일 수 있는) 구체적인 산출물이다. 관심의 시스템은 (다른 시스템과 사람 등을 포함하는) 어떤 환경 안에 존재하며, 이 환경은 관심의 시스템에 동기를 부여하고 제약하고 상호작용한다. ISO 42010은 아키텍처 서술이 다음 사항을 포함할 것을 요구한다.

- 아키텍처와 관심 시스템의 이해당사자 식별
- 이들 이해당사자의 아키텍처 관련 관심사의 식별
- 정의된 아키텍처 관점$^{viewpoint}$의 집합: 해당 관점의 집합이 모든 이해당사자의 관심사를 다룬다.
- 아키텍처 뷰의 집합: 각 관점에 대해 하나의 뷰가 있도록 한다.
- 뷰가 구성되는 아키텍처 모델의 집합
- 주요 결정을 기로하는 아키텍처 근거

ISO 42010은 다음과 같은 신념을 기반으로 한다.

1. 아키텍처는 추상화다. 표준은 아키텍처를 수집하는 데 사용된 작업 산물, 즉 아키텍처 서술을 다룬다.
2. 아키텍처 서술은 본질적으로 다중 뷰$^{multi-view}$다. 어떤 단일 뷰도 아키텍처를 수집하는 데 충분하지 않다. 아키텍처는 여러 가지 사명을 가지며, 여러 이해당사자와 아키텍트가 다루어야 하는 여러 아키텍처 관련 관심사를 갖기 때문이다.
3. 관점(아키텍처상의 시각$^{perspective}$)과 뷰(관심의 시스템에 대한 관점의 시각에서 특정한 아키텍처 서술로 수집된 것)를 구별하는 것이 좋다. 이러한 구별은 일련의 아키텍처 관련 관심사에 대한 관점을 정의한 기존 실천의 경험을 갖고 있는 단체에 의해 자극을 받았다(그러나 관점이란 용어는 이러한 개념을 위해 표준으로 도입했다).
4. 각 뷰에 대해 관점이 있어야 한다. 모든 지도에 범례가 있어야 하는 것처럼, 각 뷰는 해당 뷰에 사용된 관례를 설명하는 관점을 가져야 한다. 그림 E.2는 관점에 대한 하나의 가능한 템플릿의 예를 보여준다.

5. 아키텍처 서술은 이해당사자의 아키텍처 관련 관심사에 의해 주도 된다. 이들이 아키텍트가 다루어야 하는 문제를 반영하기 때문이다. 관점은 식별된 아키텍처 관련 관심사의 범위를 확실하게 하는 아키 텍처 서술에 사용하기 위해 선택된다.

| 관점 이름 | 관점 이름과 관점의 동의어 |
|---|---|
| 개요 | 관점의 추상적이거나 간단한 개요와 주요 기능 |
| 관심사 | 관점이 나타내는 아키텍처 관련 관심사 목록. 이것은 독자에게 중요한 정보다. 이 관점이 그들에게 유용하게 사용될 수 있는 지 여부를 결정할 수 있게 하기 때문이다. |
| 반 관심사 | 선택적. 관점이 적절하지 않은 문제의 종류를 문서화하는 것이 유용할 수 있다. |
| 일반적인 이해당사자 | 선택적. 이 관점을 사용할 준비된 일반적인 뷰 독자. 이 타입의 뷰의 일반적인 이해당사자는 누구인가? |
| 모델 타입 | 관점이 사용되는 각 모듈의 타입을 식별한다. |
| 모델 언어 | 사용된 각 타입의 모델에 대해, 언어나 표기법, 사용되는 모델링 기법을 서술한다. 각 모델 언어는 관점이 사용할 수 있는 주 요 모델링 리소스다. 모델 언어는 뷰를 구축하는 어휘를 제공한다. ISO/IEC 42010은 모델링 언어가 문서화되는 방법을 명 시하지 않는다. 기존 모델링 언어(SADT나 UML과 같은)나 기법(예를 들어, 큐잉 이론의 M/M/4 큐)을 참조함으로써, 언어가 어의 핵심 구조를 정의하기 위한 언어의 메타 모델을 정의함으로써, 사용자가 채워넣을 수 있는 템플릿을 통해서, 또는 이들 방법론의 조합을 통해서 가능하다. |
| 관점 메타 모델 | 선택적. 메타 모델은 개념적인 실체, 이들의 속성, 그리고 모델 타입의 어휘를 구성하는 관계를 제시한다. 온톨로지(실체-관 계 다이어그램, 클래스 다이어그램과 같은)를 표현하는 다른 방법이 있다. 어떤 메타 모델이든 다음 사항을 수집해야 한다.<br>• 실체. 이 타입의 모델에서 주요 요소의 종류는 무엇인가?<br>• 속성. 이 타입의 모델에서 실체가 어떤 속성을 소유하는가?<br>• 관계. 이 타입의 모델 안에 있는 실체 사이에 어떤 관계가 정의되는가?<br>• 제약사항. 이 타입의 모델 안에 있는 엔티티나 속성, 관계에 어떤 제약사항이 있는가?<br>엔티티, 속성, 관계와 제약사항은 모두 ISO/IEC 42010 관점에서 아키텍처 요소다. |
| 준수 표기법 | 이 타입의 모델에 사용되는 기존 표기법 또는 모델 언어를 식별한다. |
| 모델 일치성 규칙 | 관점은 모델 일치성 규칙을 명시할 수 있다. 각각은 여기에서 문서화될 수 있다. |
| 뷰 오퍼레이션 | 오퍼레이션은 뷰와 뷰 모델에 적용될 수 있는 메소드를 정의한다. 오퍼레이션은 다음 분류로 분할될 수 있다.<br>• 생성 메소드는 관점을 사용하는 뷰를 준비하는 수단이다. 이들은 방법론 지침(어떻게 시작하는가 다음에는 무엇을 할 것 인가)이나 작업 산물 지침(이 타입의 뷰의 템플릿), 경험, 스타일, 패턴, 또는 다른 이디엄의 형식일 수 있다.<br>• 해석 메소드는 독자와 시스템 이해당사자가 이해할 수 있는 수단을 제공한다.<br>• 분석 메소드는 이 뷰의 결과인 아키텍처를 검토하고, 추론하고, 변형하고, 예측하고, 적용하고 평가하는 데 사용된다.<br>• 구현 메소드는 이 뷰로부터 생성되는 정보를 사용해 시스템을 실현하거나 구축하는 방법을 수집한다. |
| 예제 | 선택적. 이 절은 독자에게 예제를 제공한다. |
| 비고 | 선택적. 관점의 추가적인 정보 사용자가 필요할 수 있다. |
| 출처 | 이 관점의 출처가 있다면 무엇인가? 이것은 저자, 이력, 문헌 참조, 이전 기술 등을 포함할 수 있다. |

**그림 E.2**
관점 템플릿

RUP(Rational Unified Process)
와 크루첸의 '4+1' 접근 방법은
E.2절에서 설명한다.

DoDAF는 E.5절에서 설명한다.

ISO 42010은 아키텍처 프레임
워크를 '특정한 도메인 또는 이
해당사자 커뮤니티 안에서 수립
된 아키텍처 서술의 관례와 공
통적인 실천'으로 정의한다.

ISO/IEC 42010:2007의 협력 개정의 목표 중 하나는 기존 ISO 아키텍처 노력, 특별히 GERAM(ISO 15704 2000)과 RM-ODP(ISO/IEC 10746-2 1996)를 연계시키는 것이다. 이들 표준의 사용과 크루첸의 '4+1' 접근 방법(크루첸 1995), 자크만$^{Zachman}$의 『Architecture Framework』(자크만, 1987)와 『DoD Architecture Framework』(DoDAF 2007)와 같은 기존 아키텍처 접근 방법은 많은(대부분은 아니지만) 실무 아키텍트가 아키텍처 프레임워크 안에서 운영하는 사실을 간과한다. 이들 각 접근 방법은 관점의 집합을 정의하는 것을 고려하고 있으며, 사실상 이러한 접근 방법의 존재는 뷰로부터 관점을 분리하는 동기가 된다.

또한 표준은 아키텍처 프레임워크$^{architecture\ framework}$를 생성하고 문서화하는 요구를 수립한다. 표준 관점에서 아키텍처 프레임워크는 이해당사자 집합과 관심사 집합, 그리고 이들 관심사를 다루는 관점을 명시한다.

### E.1.2 42010과 뷰와 그 너머

ISO 42010을 준수하는 아키텍처 문서를 생성하기 위해 뷰와 그 너머 접근 방법을 사용하고 싶다면 분명하게 그렇게 할 수 있다. 추가적으로 해야 하는 일은 관점의 집합을 선택하고 문서화하며, ISO 42010의 필수 정보 콘텐츠를 (낮은 정도로) 해결하는 것이다. 표 E.1은 ISO 42010 표준에 필요한 정보와 뷰와 그 너머가 각각을 해결하는 방법을 요약한다.

**표 E.1** ISO 42010 정보 요구와 해결 방법

| ISO 42010 정보 요구 | 뷰와 그 너머 위치 |
| --- | --- |
| 이해당사자와 프로젝트, 조직의 필요성에 적절한 정보 식별과 개요. 예를 들어, 요약, 컨텍스트, 용어집, 참조, 변경 이력 등 | 이 카테고리의 여러 항목은 좋은 기록 대상이 된다. 컨텍스트는 컨텍스트 다이어그램에서 해결된다. 다른 항목은 10장의 표준 구성에 규정된다. |
| 이해당사자와 관심사. 아키텍처적으로 적절한 이해당사자를 식별한다. 최소한 고객과 사용자, 운영자, 승인자, 공급자, 개발자, 유지보수자를 고려한다. 이들의 아키텍처 관련 관심사를 식별한다. 최소한 시스템 목적, 목적을 충족하는 아키텍처 적합성, 구축 타당성, 라이프사이클을 통한 잠재적 위험성, 유지보수성, 배포용이성, 발전성을 고려한다. | 10.2절의 문서화 로드맵은 이해당사자와 이들의 관심사(특별히 문서화 패키지를 사용하는 방법)에 관한 정보를 수집한다. ISO 42010 준수를 위해서 이해당사자와 관심사가 왼쪽 열에 열거된 것을 포함하게 한다. |

이어짐

| ISO 42010 정보 요구 | 뷰와 그 너머 위치 |
|---|---|
| 관점. 각 관점에 대해 다음 사항을 명세한다.<br>• 관점 이름<br>• 이 관점이 형성하는 (상위로 부터) 식별된 아키텍처 관련 관심사<br>• 이 관점이 사용하는 각 타입의 아키텍처 모델의 식별<br>• 각 모델의 타입에 대해, 언어, 표기법, 규칙, 제약사항, 모델링 기법, 뷰를 생성하고 해석하는 데 사용되는 분석 메소드 또는 오퍼레이션<br>• 관점의 선택 근거<br>• 완료성과 정확성 검토, 평가 기준, 경험 또는 지침과 같은 추가적인 정보 | 우리는 여러 가지 공통적으로 사용된 모듈, C&C, 할당 스타일을 정의한다. 각 스타일 지침은 스타일에 맞추어 시스템을 문서화하는 데 사용돼야 하는 개념(요소, 관계, 속성)을 정의한다. 여기에는 해당 스타일의 유용한 표기법과 모델링 기법이 포함된다. 또한 각 스타일 지침은 목적을 표기해, 스타일이 해결하는 관심사를 결정할 수 있게 한다.<br><br>스타일의 이러한 모든 정보는 암시적 관점 정의를 구성하지만, 표준에서는 문서 안에 직접적으로든 참조로든 명시적 집합을 포함할 것을 요구한다. 여러분은 10.2절의 '뷰 너머 문서화' 템플릿에 관점 정의 섹션을 추가해 쉽게 이러한 요구를 수용할 수 있다. 여기에 필요한 특정한 스타일 지침 정보를 재생성하거나 참조할 수 있다. |
| 뷰. 각 뷰는 다음 사항을 포함한다.<br>• 뷰 식별자<br>• 프로젝트나 조직이 요구하는 개요와 구성 정보<br>• 관점으로부터 전체 시스템을 다루는 하나 이상의 아키텍처 모델 | 10장에서 뷰에 문서화돼야 하는 정보를 설명한다. |
| 되도록 모든 뷰 사이의 일관성 분석이 수반되는 뷰 사이의 모든 비일관성의 기록 | 6장에서 뷰 사이의 관계를 문서화하는 기법을 설명하고, 다음에 이들 관계는 패키지의 '뷰 너머 문서화'에 기록된다. 자세한 사항은 10장에서 설명한다. |
| 되도록 고려된 대안과 선택 근거의 증명이 수반되는 주요 아키텍처 결정의 근거 | 각 뷰와 뷰 너머 문서화, 인터페이스 문서에 예약된 위치가 근거를 위해 제공된다. |

---

**조언**

ISO 42010에서 (예를 들어) '안전성 뷰' 또는 '보안 뷰'에 대해 이야기하는 것은 자연스럽다. 이들은 각각 다양한 이해당사자의 안전성과 보안 관심사를 해결하는 (관점을 따르는) 뷰다. 뷰와 그 너머 접근 방법에서 '서비스지향 뷰'나 '레이어 뷰'를 이야기하는 것이 더 자연스럽다. 뷰와 그 너머 접근 방법에서 가장 적절한 뷰나 가장 적용할 수 있는 뷰 안에서 가장 적용할 수 있는 뷰 패킷을 선택함으로써 또는 이들을 조합함으로써 필요에 따라 특정한 이해당사자 집합을 위한 문서의 패키지를 함께 넣을 수 있다. 대응하는 스타일 지침의 '목적' 섹션은 여러분이 선택하는 것을 도와준다. 여러분은 물리적으로 이들을 함께 패키징해 가령, 안전성이나 보안 문서 '뷰'를 만들어낼 수 있다.

ISO 42010이 요구하는 정보 콘텐츠를 만족시키기 위해서는 10장에서 설명한 템플릿을 사용한다.

## E.2   RUP/크루첸 4+1

RUP^Rational Unified Process는 크루첸의 4+1 접근 방법을 기반으로 소프트웨어 아키텍처를 문서화하는 5개 뷰 접근 방법을 도입한다.

1. 논리 뷰^logical view는 가장 중요한 설계 클래스를 포함한다.
2. 구현 뷰^implementation view는 구현을 위한 아키텍처 결정을 수집한다.
3. 프로세스 뷰^process view는 관련된 작업(프로세스와 스레드)을 문서화한다.
4. 배포 뷰^deployment view는 가장 일반적인 플랫폼 설정을 위한 다양한 물리적 노드를 문서화한다.
5. 유스케이스 뷰^use case view 또는 '1 더하기 뷰'는 유스케이스^use case와 아키텍처적으로 중요한 행위의 시나리오^scenario를 포함한다.

RUP는 유스케이스 뷰를 시스템의 의도된 기능과 환경을 문서화하는 유스케이스 모델^use case model의 아키텍처적으로 중요한 서브 집합의 표현으로 설명한다. 유스케이스 뷰는 고객과 개발자 사이의 계약으로서의 역할을 하며, 분석, 설계, 테스트 활동의 필수석인 입력을 대표한다. 또한 다른 뷰의 설계를 검토할 때도 사용된다. 각각의 다른 뷰가 유스케이스 뷰의 유스케이스를 어떻게 정확하게 지원하는지를 보여주는 것이 아키텍트의 책무다. 유스케이스 뷰를 지원하면 이 뷰가 서로 정확하고 일관적이라는 의미다.

### E.2.1 RUP/4+1과 뷰와 그 너머

뷰와 그 너머를 사용해 4+1 아키텍처를 문서화하고 싶다면 쉽게 그렇게 할 수 있다.

분할 스타일은 2.1절에서 다룬다. 사용 스타일은 2.2절에서 다룬다. 일반화 스타일은 2.3절에서 다룬다.

● RUP의 논리 뷰는 모듈이나 C&C 스타일을 사용해 문서화한다. 분할 스타일과 사용 스타일, 일반화 스타일을 합병해 서브 시스템과 클래스와 같은 요소를 사용함으로써 논리 뷰의 구조적 부분을 표현할 수 있다. 반면에, C&C 스타일은 컴포넌트와 포트를 사용해 런타임 관점을 표현할 수 있다(어느 것을 선택할지는 선택한 설계에 따라 다르다).

- 구현 뷰는 분할 스타일과 레이어 스타일, 사용 스타일, 일반화 스타일을 결합해 사용함으로써 표현될 수 있다. 구현 뷰는 구현 서브 시스템과 컴포넌트와 같은 구현 요소를 표현한다. RUP는 설계와 구현 모델을 구별해, 일반적인 설계 측면을 특정한 프로그래밍 언어의 사용이 도입되는 구현 측면과 구별한다. 설계 모델과 구현 모델 요소 사이의 관계를 서술하기 위해 매핑이 문서화돼야 한다. 구현 요소가 개발 동안에 파일 시스템에 저장되는 방법을 보여주기 위해 뷰와 그 너머 구현 뷰를 사용한다.

구현 스타일은 5.5절에서 다룬다.

- RUP 프로세스 뷰는 시스템의 프로세스 구성을 이해하기 위한 기초를 제공한다. 시스템을 프로세스와 스레드로 분할하는 것을 예시하며, 또한 프로세스 사이의 상호작용을 보여준다. 또한 프로세스 뷰는 클래스와 서브 시스템이 프로세스와 스레드로 매핑되는 것을 포함한다. 프로세스 뷰를 수용하기 위해서 C&C 프로세스-커뮤니케이션 스타일에 정의된 것(작업, 프로세스, 스레드)과 RPC나 브로드캐스트와 같은 통신 커넥터의 특정한 정제와 같은 컴포넌트를 사용하는 스타일을 정의한다. 프로세스와 서브 시스템과 클래스와 같은 요소 사이의 관계를 서술하기 위해 이들 사이의 매핑이 문서화돼야 한다.

C&C 프로세스-커뮤니케이션 스타일은 4.6.1절에서 설명한다.

- RUP 배포 뷰는 소프트웨어가 배포되고 실행하는 하나 이상의 물리적 네트워크(하드웨어) 설정을 서술한다. 또한 이 뷰는 프로세스와 스레드를 (RUP 프로세스 뷰에서) 물리적인 노드에 할당하는 것을 서술한다. 배포 스타일은 RUP 배포 뷰와 잘 맞아떨어진다. 또한 RUP 배포 뷰는 배포 단위를 노드에 배정할 수 있게 한다. 배포 단위는 빌드(실행할 수 있는) 문서와 설치 아티팩트로 구성된다. 이것은 판매 및 다운로드를 목적으로 하는 구현 요소의 패키징이다. 이것을 달성하기 위해 구현 요소(서브 시스템./클래스)와 이들이 배포 단위로 패키징되는 방법을 정의한다.

배포 스타일은 5.2절에서 설명한다.

마지막으로 유스케이스는 행위를 서술하는 수단이며, 행위는 각 뷰의 지원 문서의 일부다. 결과적으로 유스케이스를 시스템 또는 시스템

행위 문서화는 6장에서 다룬다.

아키텍처와 요구 매핑은 10.3
절에서 다룬다.

일부의 행위 문서로 문서화할 수 있다. 또한 유스케이스 뷰를 요구 매핑에 문서화할 수 있다.

표 E.2는 규정된 RUP 뷰와 이 책에서의 충고를 조정한다.

**표 E.2** 뷰와 그 너머와 RUP 연관

| 이 RUP 뷰를 달성하려면 | 이 뷰와 그 너머 접근 방법을 사용한다. |
| --- | --- |
| 유스케이스 뷰 | 어떤 뷰와 관련되든 뷰 너무 문서의 일부로서든 행위를 명세하기 위해 유스케이스를 채택한다. |
| 논리 뷰 | 구조적 측면의 일반화, 사용 및 분할과 런타임 측면의 C&C 스타일을 보여주는 모듈 스타일을 사용한다. |
| 구현 뷰 | 구현 요소를 포함하는 모듈 스타일을 사용한다. 구현 뷰를 사용해 개발 파일에 할당을 보여준다. |
| 프로세스 뷰 | 프로세스-커뮤니케이션 스타일과 같은 스타일을 사용한다. |
| 배포 뷰 | 할당 스타일의 하나인 배포 스타일을 사용한다. |

5개 뷰 외에 RUP는 인터페이스 문서와 근거 또는 총체 행위와 같은 다른 종류의 문서를 규정하지 않는다. 문서화 로드맵, 뷰 사이의 매핑, 뷰 템플릿, 또는 스타일 지침을 요구하지도 않는다. 그러나 분명하게 이들을 배제하지도 않는다. 따라서 이들을 추가하는 것을 잊지 않는다.

여러분은 프로젝트의 컨텍스트에서 중요한 추가적인 뷰를 자유롭게 고려할 수 있으며, 그렇게 해야만 한다. 여러분은 각 뷰의 기본 프리젠테이션을 10.2.1절에서 요구하는 지원 문서로 확장해야 하며, 10.2절에서 설명한 뷰 너머 적용되는 문서를 작성함으로써 패키지를 완료해야 한다. 그 결과, 패키지를 완료하는 데 필요한 지원 정보를 가진 RUP 준수 문서 집합이 될 것이다.

### E.3 로잔스키와 우즈 관점 집합 사용

닉 로잔스키와 오언 우즈와 함께

2005년에 이 장의 공동 저자인 닉 로잔스키와 오언 우즈는 소프트웨어 시스템 아키텍처의 설계와 문서화에 관한 아주 유용한 책(로잔스키와 우즈 2005)을 썼다. 이 책에서 소프트웨어 아키텍처를 문서화하는 데 사용되는 (ISO 42010 관점에서) 유용한 6개의 관점의 유용한 집합을 규정했다. 크루첸 4+1 집합의 확장을 기초로 하는 6개의 관점은 그림 E.3에서 볼 수 있다.

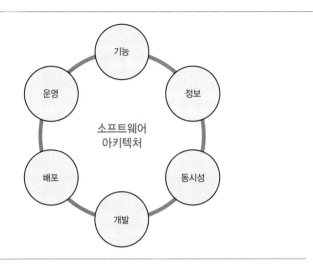

**그림 E.3**
로잔스키와 우즈 관점 집합(로잔스키와 우즈, 2005 p.213에서)

이들의 관점 집합에 명시된 뷰는 다음과 같다.

- 기능 뷰functional view는 시스템의 기능 요소와 이들의 책임, 인터페이스, 기본 상호작용을 문서화한다. 기능 뷰는 대부분의 아키텍처 문서에서 근간이 되며, 보통 이해당사자가 읽으려고 하는 첫 번째 문서다. 정보 구조와 동시성 구조, 배포 구조 등과 같은 다른 시스템 구조의 형태를 주도한다. 또한 변경용이성, 보안성, 런타임 성능과 같은 시스템 품질 속성에 상당한 영향을 미친다.

- 정보 뷰information view는 아키텍처가 정보를 저장하고, 조작하고, 관리하며, 분산시키는 방법을 문서화한다. 가상적으로 어떤 컴퓨터 시스템이든 궁극적인 목적은 어떤 형태로든 정보를 조작한다. 이 관점은 정적인 데이터 구조와 정보 흐름의 완전하지만 광범위한 뷰를 개발한다. 이 분석의 목적은 콘텐츠와 구조, 소유권, 지연, 참조, 데이터 마이그레이션에 관련된 중요한 질문에 대답하는 것이다.

- 동시성 뷰concurrency view는 시스템의 동시성 구조를 서술하고 기능 요소를 동시성 단위에 매핑해 동시에 실행할 수 있는 시스템의 부

분과 이것이 조율되고 통제되는 방법을 명확하게 식별하는 것이다. 이것은 시스템이 상호작용하는 프로세스와 스레드 구조와 이들의 오퍼레이션을 조율하는 데 사용하는 프로세스 간 통신 메커니즘을 보여주는 모델의 생성을 수반한다.

- 개발 뷰development view는 소프트웨어 개발 프로세스를 지원하는 아키텍처를 서술한다. 개발 뷰는 관심의 아키텍처 측면을 시스템으로 구축하고 테스트하며, 유지보수하고 향상시키는 것과 관련된 이해당사자와 의사소통한다.

- 배포 뷰deployment view는 시스템이 자신의 런타임 환경상에 갖고 있는 의존성을 수집하는 것을 포함해, 시스템이 배포될 환경을 서술한다. 이 뷰는 시스템이 필요한 하드웨어 환경과 각 요소의 기술적인 환경 요구, 그리고 소프트웨어 요소와 이것을 실행할 런타임 환경 사이의 매핑을 수집한다.

- 운영 뷰operational view는 시스템이 생산 환경에서 실행될 때 운영되고, 관리되며 지원되는 방법을 서술한다. 가장 간단한 시스템을 제외하고 시스템을 설치, 관리, 운영하는 것은 설계 시에 고려되고 계획돼야 하는 중요한 작업이다. 운영 뷰의 목적은 시스템 이해당사자의 운영 관심사를 해결할 수 있는 시스템 전반의 전략을 식별하고, 이를 해결하는 솔루션을 식별하는 것이다.

아키텍처 시각이란 '시스템의 여러 아키텍처 뷰에 걸쳐 고려할 필요가 있는 특정한 집합의 관련 품질 속성들을 나타내도록 하는 데 쓰이는 아키텍처 활동, 전술, 지침의 컬렉션'이다(로잔스키와 우즈 2005).

---

**용어 설명**

### 아키텍처 시각

아키텍처 시각architecture perspective은 관련 품질 속성 집합을 위한 일련의 활동과 전술, 지침이다. 예를 들어, 복원성resilience 시각은 가변성 요구와 일정을 확증하는 것, 개별 컴포넌트의 가용성을 추정하는 것, 그리고 전체 플랫폼 서비스 가용성을 도출하는 것과 같은 활동을 포함할 수 있다. 장애 감내 하드웨어 사용, 클러스터링과 로드밸런싱 사용, 그리고 솔루션 중복 로깅과 최신 데이터 회복과 같은 소프트웨어 가용성 솔루션 사용과 같은 높은 가용성을 달성하기 위한 전술을 포함할 수 있다. 시각은 ISO 42010 에 정의된 관점$^{viewpoint}$보다는 좀 더 제한적이다.

아키텍처 시각은 좋은 아키텍트가 당연히 하는 것, 즉 복원성 $^{resilience}$, 확장성$^{scalability}$, 보안$^{security}$ 또는 확장용이성$^{extensibility}$과 같 은 올바른 품질 속성 특성을 시스템이 노출하도록 하는 행위를 공식화한다.

이것은 일반적으로 여러 아키텍처 뷰에 걸쳐 시스템을 고려하 는 것을 요구한다. 예를 들어, 좋은 성능을 달성하는 것은 시스템 의 기능과 동시성 구조, 정보를 관리하고 접근하는 방법, 그리고 물리적인 하드웨어와 소프트웨어상에 어떻게 배포할지를 고려하 는 것을 요구한다.

시스템의 아키텍처를 설계하고 여러 뷰에 아키텍처를 문서화 하기 시작하면, 따라서 아키텍트는 이들 품질 속성에 대한 능력 을 평가하기 위해 시각을 뷰에 적용한다. 시각을 적용하는 것은 새로운 뷰를 만들어내는 것이 아니라, 오히려 이해당사자의 관심 사를 해결하도록 기존 뷰에 일련의 수정을 하게 된다.

이해당사자와 이들의 문서화 필 요성에 대한 좀 더 많은 정보는 9.1절을 참조한다.

시각을 적용하는 것은 아키텍트가 아키텍처에서의 약점이나 누락을 식별할 수 있게 하며, 향상이나 확장을 제시할 수 있게 한 다. 이것은 아키텍처에 통찰력(예를 들어, 어디가 실패 단일점인지를 잘 이해할 수 있게 하는 것)과 향상(중복 하드웨어나 소프트웨어 컴포 넌트를 추가해 재앙적인 실패와 같은 것을 감소시키는 것), 그리고 산 출물(서비스 가용성 모델과 같은 것을)로 이끌어준다.

로잔스키와 우즈의 접근 방법에 규정된 시각을 문서화하기 원 한다면 다음과 같이 문서를 보완하면 된다.

뷰 너머 문서화 템플릿에는 문서화 로드맵이 포함된다. 이 로 드맵을 아키텍처에 적용되는 시각의 서술로 보완한다. 이들 서술 은 시각 카탈로그에서 찾을 수 있으며, 로드맵 안에 직접 또는 참 조로 포함될 수 있다. 뷰 사이의 매핑과 관점과 뷰 사이 매핑을 보완한다. 자신의 관심사가 어떻게 충족됐는가를 이해하기를 원

뷰 너머 문서화 템플릿에 대해 서는 10.2절의 그림 10.4를 참 조한다.

뷰 템플릿에 대해서는 10.1절의 그림 10.1을 참조한다.

하는 이해당사자는 어떤 뷰가 관련돼 있는지 알기 위해 적용할 수 있는 시각을 찾아볼 수 있다.

뷰 패킷 템플릿은 좀 더 상세한 정보를 기록할 수 있는 곳이다. 근거 하에 시각을 적용한 결과인 설계 결정에 대한 설명을 수집한다. 그리고 다른 정보 하에 시각에 적극적인 관심사의 참조를 수집한다.

### E.3.1 로잔스키와 우즈 관점과 뷰와 그 너머

관점 정의 집합은 각 뷰에서 사용돼야 하는 표기법이나 모델링 접근 방법을 규정하지 않는다. 대신에 관점은 각 뷰에서 기대하는 모델의 타입과 각 뷰에서 수집해야 하는 정보를 정의하며, 각각에 대한 가능한 모델링 접근 방법을 제시한다. 따라서 이 관점 집합을 뷰와 그 너머 접근 방법에서 설명한 문서화 접근 방법과 함께 완벽하게 사용할 수 있다.

- 기능 뷰는 기능 요소의 집합과 요소가 제공하는 인터페이스, 요소 사이의 커넥터, 그리고 시스템의 요소가 상호작용하는 외부 실제로 구성되는 기능적인 구조 모델을 포함한다. 이와 같은 기능 뷰는 기능 요소와 이들의 인터페이스, 그리고 이를 연결시켜주는 커넥터를 모델링하는 컴포넌트와 포트를 사용해 C&C 스타일을 사용해 문서화될 수 있다.

- 정보 뷰는 시스템의 정보와 관련된 광범위한 다양한 모델을 포함할 수 있다. 여기에는 정적 데이터 구조 모델, 정보 흐름 모델, 정보 라이프라이클 모델, 데이터 오너십 모델이 포함된다. 여기에서 데이터 모델 뷰가 직접적으로 적용된다. 또한 데이터 흐름은 C&C나 모듈 스타일로 문서화될 수 있다.

데이터 모델 뷰는 2.6절에서 설명한다.

- 동시성 뷰는 아키텍처적으로 중요한 프로세스와 스레드 구조를 보여주는 시스템 수준의 동시성 모델과 복잡한 라이프사이클을 갖는 시스템 요소의 유효한 상태와 전이를 보여주는 상태 모델을 포함할 수 있다. 동시성 모델은 프로세스와 프로세스 그룹, 스레드, 프로세

스 간 통신 메커니즘을 포함할 수 있다. 상태 모델은 상태와 전이, 이벤트, 활동으로 구성된 잘 알고 있는 상태 머신을 포함한다. 동시성 모델은 C&C 프로세스-커뮤니케이션 스타일을 사용해 문서화될 수 있으며, 앞에서 행위를 문서화할 때 언급한 바와 같이 상태 모델은 상태 머신으로 자연스럽게 수집될 수 있다.

- 개발 뷰는 (구현 모듈의 구성 방법을 보여주는) 모듈 구조 모델<sup>module</sup> structure model과 (시스템 범위의 설계 관례를 서술하는) 공통 설계 모델 common design model, 그리고 (소스 코드가 구성되고 구축되는 방법을 설명한) 코드라인 모델<sup>codeline model</sup>을 포함할 수 있다. 이들 중에서, 모듈 구조 모델은 모듈 분할과 사용 또는 레이어 스타일을 사용해 아주 자연스럽게 수집될 수 있다. 반면에 할당 구현 스타일은 코드라인 모델을 표현하는 데 아주 유용하다. (초기화, 종료, 재시작, 메시지 로깅과 같은 기능을 다루는) 공통 설계 모델은 개발 환경에 속한다는 가정 하에 뷰 패킷 템플릿의 아키텍처 배경 섹션에 수집될 수 있다. 이들 가정은 개발자들에게 요소 구현에 걸쳐 공통성을 최대화한다는 설계 제약사항을 부여한다. 이들 제약사항은 테스트 형식으로 또는 좀 더 특정한 표기법(UML과 같은)을 사용하는 디자인 패턴 형식으로 기록될 수 있다.

- 배포 뷰는 시스템이 현장에 배포되는 방법을 보여주는 런타임 플랫폼 모델<sup>runtime platform model</sup>과 네트워킹 요구를 보여주는 네트워크 모델<sup>network model</sup>과 런타임 환경에 시스템이 갖는 요구를 보여주는 기술 의존성 모델<sup>technology dependency model</sup>을 포함할 수 있다. 여기에는 물론 런타임 플랫폼 모델과 네트워크 모델은 둘 다 할당 배포 스타일을 사용해 자연스럽게 문서화될 수 있다. 기술 의존성 모델은 단순히 배포 환경의 각 부분(즉, 필수 라이브러리, 미들웨어 등)의 기술적인 의존성을 기록한다. 이들은 (단순한 표로 표현되는) 사용 스타일을 사용해 수집될 수 있다.

- 마지막으로 운영 뷰는 시스템 설치, 시스템 마이그레이션 전략, 운영 형상 관리 접근 방법, 관리, 그리고 시스템 지원과 관련된 모델

을 포함할 수 있다. 이들 모델은 아키텍처에 영향을 미치는 운영 환경 요구를 수집한다. 다른 요구와 마찬가지로, 뷰 너머 문서화의 일부가 될 수 있다. 솔루션은 모니터링과 메시지 로깅에 대한 지침을 보여주는 하나 이상의 할당 설치 스타일, C&C 레파지토리 뷰 또는 사용 스타일과 같은 기존 뷰에 수집될 수 있다.

표 E.3은 이와 같은 사항을 요약한다.

데이터 모델 스타일은 2.6절에서 다룬다.

프로세스-커뮤니케이션 스타일은 4.6.1절에서 다룬다.

레이어 스타일은 2.4절에서 다룬다.

구현 스타일은 5.3절에서 다룬다.

가정의 문서화는 근거의 일부다. 5.2절을 참조한다.

배포 스타일은 5.2절에서 다룬다.

뷰 너머 문서화는 10.2절에서 다룬다.

**표 E.3** 뷰와 그 너머와 로잔스키와 우즈 관점 집합

| R&W 뷰를 달성하려면 | 이 접근 방법을 사용한다. |
| --- | --- |
| 기능 | 하나 이상의 C&C 스타일 |
| 정보 | 데이터 모델 스타일. 데이터 흐름은 C&C 스타일로 문서화될 수 있다. |
| 동시성 | C&C 프로세스-커뮤니케이션 스타일 |
| 개발 | 분할 또는 레이어 스타일(구조 모델 표현)<br>구현 스타일(코드라인 모델 표현)<br>가정의 문서화(공통 설계 모델 표현) |
| 배포 | 배포 스타일(런타임 플랫폼과 네트워크 모델)<br>사용 스타일(기술 의존성 모델) |
| 운영 | 설치 스타일. 운영 요구는 뷰 너머 문서화의 일부일 수 있으며, 솔루션은 뷰 중 어떤 것과도 연관될 수 있다. |

## E.4 애자일 개발 프로젝트에서 아키텍처 문서화

### E.4.1 개요

'애자일<sup>agile</sup>'이란 빠르고 유연한 개발을 강조하고, 프로젝트와 프로세스 인프라스트럭처 그 자체는 강조하지 않는 소프트웨어 개발 접근 방법을 말한다. 그림 E.4는 2001년 이래 운동의 필수 사항으로 사용된 애자일 소프트웨어 개발 '선언문'을 보여준다.

우리는 소프트웨어를 개발하고, 또 다른 사람의 개발을 도와주면서 소프트웨어 개발의 더 나은 방법들을 찾아가고 있다. 이 작업을 통해 우리는 다음을 가치 있게 여기게 됐다.

– 공정과 도구보다 개인과 상호작용을
– 포괄적인 문서보다 작동하는 소프트웨어를
– 계약 협상보다 고객과의 협력을
– 계획을 따르기보다 변화에 대응하기를

가치 있게 여긴다. 이 말은 왼쪽에 있는 것들도 가치가 있지만, 우리는 오른쪽에 있는 것들에 더 높은 가치를 둔다는 것이다.

**그림 E.4**
애자일 소프트웨어 개발 선언문
(Agile Alliance 2002a)

애자일 접근 방법이 적용된 여러 개의 다른 방법론이 있다. 여기에는 익스트림 프로그래밍XP, Extreme Programning(벡Beck과 안드레스Andres, 2004)와 스크럼Scrum(스웨버Schwaber, 2001), 피처 주도적 개발FDD, Feature-Driven Development(파머Palmer와 펠싱Felsing, 2002), 크리스탈 크리어Crystal Clear(코우번Cockburn, 2004)가 포함된다. 하나 이상의 애자일 방법론에 나타나는 실천은 다음을 포함한다.

- 사용자 스토리user story: 텍스트로 사람의 행위를 서술하는 기능적인 요구를 명세한다.
- 테스트 주도적 개발TDD, Test-Driven Development: 개발자는 테스트된 코드를 작성하는 것과 동시에 자동화된 테스트를 생성한다.
- 짧은 반복iteration: 개발 계획은 짧은 반복(수 주 이내)으로 구성된다. 스프린트sprint라고도 한다.
- 짝 프로그래밍pair programming: 개발자는 짝으로 작업한다. 여기에서 한 명은 코드를 입력하고, 다른 사람은 코드를 검토해 결함과 설계를 개선할 방법을 찾는다.
- 리팩토링refactoring: 구현 라이프라이클의 일부로서 외부적으로 가시적인 행위의 변경 없이 내부 구조와 유지보수성을 향상시키기 위해 코드를 리팩토링한다.

일부 사람들은 규율화된 개발을 피하기 위한 변명으로 애자일을 사용한다. 그림 E.5에서 딜버트<sup>Dilbert</sup> 삽화는 애자일 세계의 이러한 초기 시각을 표현한다.

**그림 E.5**
일부가 생각하는 애자일
(DILBERT: (c)Scott Adams/
United Feature Syndicate사
배포)

© Scott Adams/UFS사 배포

최근 조사에 따르면 애자일 팀이 전통적인 팀보다 더 모델을 구축하는 성향이 있다.

(Ambysoft 2008)

사실, 애자일 개발이 문서화하는 방식과 정반대의 방식은 아니다.

애자일이 프로젝트를 시작하는 날부터 코딩을 시작한다는 것은 오해다. 실제로는 첫 번째 반복<sup>iteration</sup>은 생산적인 코드를 전혀 작성하지 않고 지나간다. 이것은 팀이 설계 대안을 분류해내고 다른 프레임워크, 플랫폼 또는 기술로 기술적인 실험을 수행하기 때문이다.

애자일 프로젝트에서 설계와 모델링의 주 목적은 설계를 하지 않으려고 하는 것이 아니라, '대규모 사전 설계<sup>BDUF, Big Design Up Front</sup>'를 피하기 위해서다. 광범위한 아키텍처 전략은 사전에 수행되지만, 많은 다른 설계 결정은 필요할 때까지 연기된다. 이들은 해야 할 때마다 작성될 수 있다.

설계 결정이 이루어질 때 결과로서 문서를 저장할 장소로 표준 구성을 사용한다.

애자일 프로젝트에서 문서화된 설계 결정은 전통적인 프로젝트에서 문서화된 설계 결정보다 수도 적고 크기도 더 작은 경향이 있다(그러나 항상 그런 것은 아니다). 이것은 애자일 개발자가 설계 기술을 갖고 있으며, 애자일 개발자와 아키텍트가 코딩 기술을 갖고 있다고 생각하기 때문이다. 따라서 설계 결정의 의사소통은 더 짧고 더 집약적이다. 완전히 낯선 사람과는 반대로 가족에게 이야기를 해주는 것과 같다.

### E.4.2 애자일 개발과 뷰와 그 너머

뷰와 그 너머와 애자일 철학은 중심점에서 완전히 일치한다. 정보가 필요 없다면 문서화하지 않는다. 모든 문서는 대상 사용과 독자를 염두에 두어야만 하며, 두 가지 목적으로 수행하는 방식으로 만들어야 한다. 기술 문서의 기본적인 원칙 중 하나는 "독자를 위해 작성한다"다. 이 말은 문서를 읽는 사람과 그들이 어떻게 사용할지를 이해해야 한다는 것을 의미한다. 독자가 없으면 작성할 필요가 없다.

프롤로그의 P.5절에 좋은 문서화의 7가지 규칙이 제시돼 있다.

아키텍처 뷰 선택은 이 원칙을 적용한 예다. 뷰와 그 너머 접근 방법은 명시적으로 식별된 이해당사자 커뮤니티의 관심사를 해결하는 경우에만 뷰를 만들도록 규정한다.

뷰 선택은 9장에서 다룬다.

또 다른 중심적인 생각은 문서화는 완료될 때까지 다른 모든 진행을 중단하고 해야 하는 단일 활동이 아니라는 것이다. 9장에서 제시한 뷰 선택 방법은 그것을 지금 필요로 하는 이해당사자의 필요를 충족시키기 위한 우선순위화된 단계에서 문서를 생성하도록 규정한다.

코우번은 이런 방식으로 유사한 생각을 표현한다. "문서의 정확한 양은 정확하게 받는 사람이 다음 행위를 할 필요가 있는 정도이며, 이것을 넘어서서 모델을 완료하고 수정하고 지속하려는 어떤 노력도 돈 낭비다."(코우번, 2002) 여기서 받는 사람이 누구이고, 그들에게 필요한 행위가 무엇인가를 아는 것이 중요하다. 받는 사람이 시스템이 최초로 현장에 배포되고 개발팀이 해산하고 오랜 시간 후에 작업을 시작하는 유지보수자일 수도 있다는 것을 기억해야 한다.

그것을 염두에 두고 애자일 원칙을 사용해 뷰와 그 너머 기반의 아키텍처 문서를 만들도록 제안된 접근 방법은 다음과 같다.

1. 여러분의 설계 결정을 수집할 템플릿이나 표준 구성을 채택한다.
2. 강력하게 식별된 이해당사자 단체가 있다면 (그 경우에만) 뷰를 문서화할 계획을 세운다.
3. 뷰의 템플릿 섹션을 채우고, 뷰 너무 정보에 대해서는 (그리고 어떤 순서로든) 정보가 준비될 때 채운다. 그러나 후속적으로 누군가 작업을 하기 위해서 이 정보를 작성하기 더 쉬운 경우(또는 더 비용이 덜 들거나 성공할 것 같은 경우)에만 이것을 한다.

프롤로그의 P.2.4절에서 문서화의 경제성에 대한 공식을 참조한다.

실제로 이 세 단계 접근 방법은 뷰와 그 너머 접근 방법의 완전한 핵심이다. 템플릿을 갖고 있다. 필요할 때 채운다. 작성할 가치가 있을 때만 작성한다. 애자일 프로젝트에서 어떤 것도 하지 않는다는 지침이 강조되지만, 이것은 '단지 ~인 경우에만' 해당된다.

이 전략적인 지침 외에도 다음과 같은 충고를 사용할 수 있다.

위키를 사용해 아키텍처를 수집하는 것은 10.4.2절에서 설명한다.

- 코딩을 시작할 준비가 됐다고 느낄 때 설계를 멈춘다. 아키텍처 설계 문서 다음에 세부적인 설계 문서를 생성하는 것을 걱정하지 말라. 코드로 이동할 수 있게 할 수 있는 정도로만 설계 정보를 생성한다. 사용하고 변경하기 쉬운 형식(아마도 위키)으로 설계 정보를 수집한다. 다음 스프린트에서 필요하다면 해당 스프린트의 피처 목록을 구현하는 데 필요한 설계 결정을 수집하기 위해서 기존 설계를 확장시킬 수 있다.

- 템플릿의 모든 섹션을 채워넣으려고 하지 말라. 그리고 분명히 한 번에 모든 것을 하지 않는다. 우리는 아직도 풍부한 템플릿을 정의하고 사용할 것을 제안한다. 이것이 일부 상황에서 유용할 수 있기 때문이다. 그러나 여러분이 정보를 기록할 필요가 없는 (아마도 말로 전달할 수 있기 때문에) 섹션에 대해서는 항상 'N/A'를 작성할 수 있다.

프롤로그에 있는 좋은 문서화의 4번째 규칙은 섹션을 공란으로 두지말고 'N/A'나 'TBD'를 작성하는 것이 더 좋다고 말해준다. 또한 섹션 표제도 제거하지 말아야 한다. 그렇지 않으면 여러분의 문서는 템플릿이 아닌 다른 구조를 갖게 될 것이다.

10.1절에 있는 것과 같은 뷰 템플릿을 사용할 때 가장 단순한 것은 기본 프리젠테이션을 추가하고 나머지 다른 섹션은 'N/A'로 표시해 두는 것이다. 애자일 팀에서는 때로 화이트 보드 옆에서 간단한 논의로 모델링이 이루어진다. 여러분의 뷰의 기본 프리젠테이션에 화이트보드 사진만 있으면 된다. 요소(요소 카탈로그)와 근거 논의(아키텍처 배경), 사용되는 가변성 메커니즘(가변성 지침), 그리고 그밖의 더 상세한 정보는 팀에게(적어도 지금 당장은) 구두로 전달될 것이다. 나중에 요소와 컨텍스트 다이어그램, 특정한 설계 결정에 대한 근거 또는 그밖의 다른 것에 관한 정보를 기록하는 것이 유용하다고 판단되면 'N/A'를 대응되는 정보로 대체할 수 있다.

- 설계를 갱신할 가치가 없다면 폐기해버린다. 하나의 예로, 아키텍

처 문서의 일부가 되는 시퀀스 다이어그램을 생성했다고 하자. 구현에서 여러분은 시퀀스 다이어그램에 있는 것을 따라서 시작했다. 그러나 여러분은 그 트랜잭션을 구현할 더 좋은 방법이 있다는 것을 알았고, 그 결과로 시퀀스 다이어그램과 아주 다른 것으로 변경됐다. 원래 다이어그램은 초기 구현을 가이드함으로써 원래의 목적을 달성했다. 이제 여러분은 다이어그램으로 무엇을 할 것인가?

시퀀스 다이어그램은 행위를 문서화하는 데 사용될 수 있다. 시퀀스 다이어그램은 8.3.2절에서 다룬다.

- 그대로 내버려 둔다. 이것은 최악의 옵션이다. 이제 문서에는 구현과 다른 것이 있게 될 것이기 때문이다. 유효 기간이 지난 것을 발견하는 것보다 더 빨리 문서로부터 독자를 도망치게 만드는 것은 아무것도 없다. 그리고 이제 독자는 아키텍처 문서의 다른 부분도 신뢰하지 않게 된다.

- 다이어그램을 갱신한다. 그럴 시간이 있다면 이상적인 옵션이다. 갱신된 다이어그램은 구현의 해당 부분을 이해하는 데 필요한 유지보수자에게 도움을 준다.

- 다이어그램을 제거하거나 X 표시를 한다. 이것 옵션은 많은 프로젝트에서 실제적인 선택이다. 다이어그램이 유효하지 않다면 그것을 제거하거나 또는 유효하지 않거나 더 이상 권위를 갖지 않는다고 표시를 하는 것이 더 낫다(그림 E.6은 이러한 예를 보여준다). 따라서 이것이 문서의 독자들을 오도하지 않도록 한다. 애자일 프로젝트에서 코드와 코드 주석, 그리고 관련된 단위 테스트는 보통 지역적인(요소 특정한) 설계의 권위 있는 문서로서 사용된다.

• 대부분의 경우에 스케치만으로도 충분하다. 가장 최신의 풍부한 표기법을 사용해 가장 멋진 다이어그램을 만들려고 시간을 소비하지 말라. 단순한 다이어그램을 그리기만 하면 된다면 복잡한 모델링 도구에 비용을 소비하지 말라. 많은 애자일 프로젝트에서 특별히 소규모의 같은 위치에 있는 팀에서, 설계 다이어그램의 진짜 가치는 이들을 그려서 문제를 생각할 수 있게 만드는 것으로부터 온다. 일단 문제가 해결되면 문서는 정제될 수 있다. 많은 경우에 설계는 화이트보드나 종이에 하는 스케치로 표현된다. 그림 E.7은 그 예를

스케치가 개발 팀에게 성공적으로 설계를 전달한다면, 그것을 아키텍처 뷰의 기본 프리젠테이션에 사용할 수 있다.

보여준다.

**그림 E.6**
아키텍트는 이 다이어그램이 갱신되지 않았다고 판단했지만, 삭제하기를 원하지는 않았다. 따라서 다른 사람이 유효기간이 지난 정보를 사용하지 못하도록 다이어그램을 표시했다

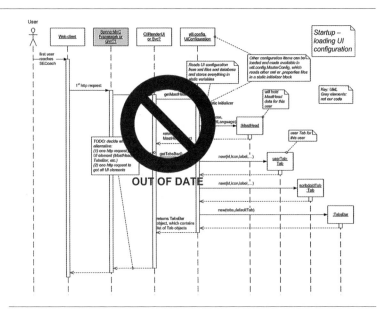

**그림 E.7**
화이트보드에 그린 C&C 뷰 스케치

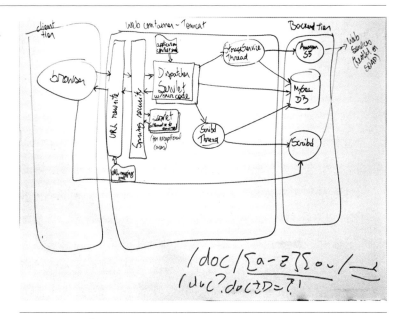

## E.5 미국 국방 아키텍처 프레임워크

돈 오코넬(Don O'Connell)과 함께

### E.5.1 DoDAF 개요

DoDAF는 미 국방성의 아키텍처를 문서화하는 방법에 관한 프레임워크 표준이다. DoD에 따르면 다음과 같다.

이 절에서 모든 인용된 자료와 그림은 DoDAF 2007에서 가져온 것이다(온라인 http://www.defense.gov/cio-nii/docs/DoDAF_Volume_I.pdf).[1]

영국 국방부도 MoDAF라는 유사한 프레임워크를 사용한다.

> DoDAF는 DoD, Joint 및 여러 나라에 경계에 걸쳐 있는 공통 분모를 기반으로 아키텍처를 개발하고 표현하면 이해하기 위한 지침과 규칙을 제공한다. 이것은 DoD가 아키텍처를 개발하는 방법에 대해 외부 이해당사자에게 통찰력을 제공한다. DoDAF는 아키텍처 문서가 프로그램과 사명 영역, 그리고 궁극적으로 기업에 비교되고 관계될 수 있도록 보장해, DoD 전체에 걸쳐 의사 결정 프로세스를 지원하는 분석을 위한 기반을 수립하는 것을 의도하고 있다.

> DoDAF는 아키텍처 서술의 광범위한 범위와 복잡성을 그래픽과 표, 또는 텍스트 수단을 통해서 시각화하고 이해하고, 융합하게 하기 위한 메커니즘으로서 행위를 하는 산출물 집합을 정의한다. 이들 산출물은 4개의 뷰(운영 뷰OV, operational view, 시스템과 서비스 뷰SV, systems and services view, 기술 표준 뷰TV, technical standards view, 그리고 전체 뷰AV, all-view)로 구성된다. 각 뷰는 아래에서 설명하는 일정한 아키텍처 관점을 그린다.

> OV는 운영 노드와 수행되는 작업 또는 활동, 그리고 DoD 사명을 달성하기 위해 교환돼야 하는 정보를 수집한다. 교환된 정보의 타입과 교환 주기를 표현한다. 작업과 활동은 정보 교환에 의해 지원되며, 정보 교화의 본질은…

> SV는 운영 활동을 위해 제공되거나 지원하는 시스템과 서비스, 상호 연결 기능을 수집한다. DoD 프로세스에는 전투, 업무, 인텔리전스, 인프라스트럭처 기능을 포함한다. SV 시스템 기능과 서비스 리소스와 컴포넌

---

1 DoDAF의 URL 주소는 http://dodcio.defense.gov/Library/DoDArchitectureFramework.aspx다. — 옮긴이

트 OV에 있는 아키텍처 산출물과 연결될 수 있다. 이들 시스템 기능과 서비스 리소스는 운영 활동을 지원하며, 운영 노드 사이의 정보 교환을 촉진시킨다.

TV는 시스템 부품과 요소의 배열, 상호작용, 상호의존성을 관장하는 규칙의 최소 집합이다. 이 뷰이 목적은 시스템이 명시된 운영 요구의 집합을 만족하게 만드는 것이다. TV는 엔지니어링 명세와 공통 적인 빌딩 블록이 수립되며, 제품 라인이 개발되는 기반이 되는 기술적인 시스템 구현 지침을 제공한다. 이것은 기술 표준과 구현 관례, 표준 옵션, 규칙 및 기준의 컬렉션을 포함하며, 해당 아키텍처의 시스템이나 서비스 요소를 관정하는 프로파일profile로 구성된다.

**그림 E.8**
전체 뷰는 시스템의 전체 컨텍스트를 서술한다. 운영 뷰는 주로 컨텍스트적이며, 운영 개념이며, 역량 다이어그램과 표다. 시스템과 서비스 뷰는 대체로 노드와 상호 연결성으로, 다양한 기능과 행위를 보여주는 수많은 제품을 갖는다. 기술 표준 뷰는 현재와 미래 기술 표준에 관한 것이다

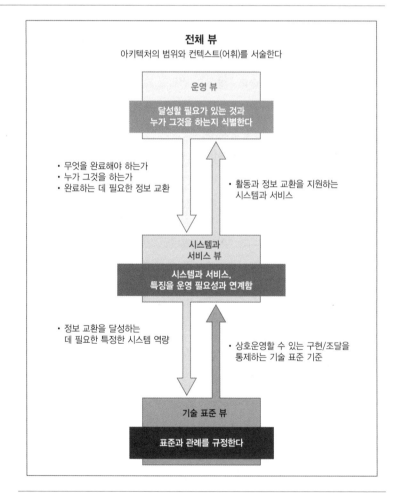

[AV는] 이들 3개의 뷰 모두에 관련되는 아키텍처의 중요한 측면을 수집한다. AV 산출물은 전체 아키텍처에 속하지만, 아키텍처의 별도의 뷰에 표현되지는 않는 정보를 제공한다. AV 산출물은 아키텍처의 범위와 컨텍스트를 설정한다. 범위는 아키텍처의 주제 영역과 시간 프레임을 포함한다. 아키텍처가 존재하는 환경은 아키텍처의 컨텍스트를 구성하는 상호관련된 조건을 구성한다. 이들 조건에는 정책, 전술, 기법과 프로시저, 적절한 목적한 비전문, 운영 개념CONOPS, concepts of operations, 시나리오, 그리고 환경 조건이 포함된다.

그림 E.8은 이들 뷰 사이의 관계를 보여준다.

### E.5.2 DoDAF와 소프트웨어 아키텍처

DoDAF가 어떤 종류의 아키텍처(소프트웨어? 시스템? 전사적?)를 수집하는 것을 의도하는가를 말해주지 않지만, 소프트웨어 아키텍처를 수집하는 것을 의도하지 않는다는 것은 아주 분명하다.

일반적으로 말해서 DoDAF 뷰는 다음과 같은 적절한 소프트웨어 아키텍처 정보를 제공한다.

1. 아키텍처의 컨텍스트와 범위
2. 시스템이 제공하는 주요 기능, 주요 사명 줄거리, 운영 노드와 이들의 사명 활동
3. 시스템 노드와 주요 데이터 흐름, 이들 노드를 연결하는 네트워크, 그리고 이들 시스템 노드에 기능 할당
4. 선택적으로 성능, 가변성, 정보 보증 및 상호운영성 행위
5. 주요 소프트웨어 컴포넌트와 배포되는 위치를 보여주는 배포 뷰
6. 서비스와 이들의 기능 및 제약사항

### E.5.3 DoDAF와 뷰와 그 너머

표 E.4는 DoDAF의 타입별로 배열된 모든 산출물을 보여준다. DoDAF는 특별히 소프트웨어 아키텍처에 적합하지는 않지만, 그럼에도 불구

하고 DoDAF 문서를 만들어야 할 필요가 있다면 가장 오른쪽의 열에서 그것을 기록할 수 있는 뷰와 그 너머 문서화의 위치를 알려준다.

표 E.4 DoDAF(v1.5) 산출물과 뷰와 그 너머 접근 방법이 이들 정보를 수집하는 데 사용되는 방법

| 뷰 | 프레임워크 산출물 | 프레임워크 산출물 이름 | 개요 | 뷰와 그 너머 대응 |
|---|---|---|---|---|
| 전체 뷰 | AV-1 | 개요와 요약 정보 | 범위, 목적, 예상 사용자, 표현된 환경, 분석 결과 | 이것은 뷰 너머 문서화의 문서화 로드맵과 시스템 개요에 해당한다. 또한 분석 결과는 주요 설계 결정 근거를 지원한다.<br><br>뷰 너머 문서화는 10.2절에서 다룬다.<br><br>근거 문서화는 6.5절에서 다룬다. |
| | AV-2 | 통합 사전 | 제품에서 사용된 모든 용어의 정의를 갖는 아키텍처 데이터 레파지토리 | 용어집 |
| 운영 뷰 | OV-1 | 상위 수준 운영 개념 그래프 | 운영 개념의 상위 수준 그래픽/텍스트 서술 | 이것은 뷰 너머 문서화의 시스템 개요의 일부분에 해당한다.<br><br>뷰 너머 문서화는 10.2절에서 다룬다. |
| | OV-2 | 운영 노드 연결 서술 | 운영 노드, 연결, 그리고 노드 사이이 정보 교환 필요성 라인 | 노드의 범위인 뷰 패킷의 컨텍스트 다이어그램<br><br>컨텍스트 다이어그램은 6.3절에서 다룬다. |
| | OV-3 | 운영 정보 교환 매트릭스 | 노드 사이에 교환되는 정보와 해당 교환의 적절한 특성 | 정보 교환을 보여주는 C&C 뷰 |
| | OV-4 | 조직 관계 차트 | 조직, 역할 또는 조직 사이의 다른 관계 | 작업 배정 뷰가 유사하다. 작업 배정 뷰에서 조직 사이의 관계를 보여주는 것은 배포 뷰에서 하드웨어 노드 사이에 관계를 보여주는 것과 유사하다.<br><br>작업 배정 뷰는 5.4절에서 다룬다.<br><br>배포 뷰는 5.2절에서 다룬다. |
| | OV-5 | 운영 활동 모델 | 활동과 입력, 출력 사이의 역량, 운영 활동, 관계. 오버레이로 비용, 실행 노드 또는 다른 관련 정보를 보여줄 수 있다. | |

이어짐

| 뷰 | 프레임워크 산출물 | 프레임워크 산출물 이름 | 개요 | 뷰와 그 너머 대응 |
|---|---|---|---|---|
| | OV-6a | 운영 규칙 모델 | 운영 활동을 서술하는 데 사용되는 3개의 산출물 중 하나 - 운영을 제한하는 업무 규칙을 식별한다. | 이들은 모두 필수 행위의 서술이며 아키텍처 구조가 아니다. 행위 문서화는 8장에서 설명한다. |
| | OV-6b | 운영 상태 전이 서술 | 운영 활동을 서술하는 데 사용되는 3개의 산출물 중 하나 - 이벤트에 대한 업무 프로세스 반응을 식별한다. | |
| | OV-6c | 운영 이벤트 추적 서술 | 운영 활동을 서술하는 데 사용되는 3개의 산출물 중 하나 - 시나리오 또는 이벤트 연속에서의 행위를 추적한다. | |
| | OV-7 | 논리 데이터 모델 | 시스템 데이터 요구와 운영 뷰의 구조적 업무 프로세스 규칙의 문서화 | |
| 시스템 및 서비스 뷰 | SV-1 | 시스템 인터페이스 서술, 서비스 인터페이스 서술 | 시스템 노드, 시스템, 시스템 항목, 서비스, 서비스 항목과 노드 내부와 사이에서의 상호 연결의 식별 | 시스템, 서비스와 상호 연결을 보여주는 C&C 뷰 |
| | SV-2 | 시스템 통신 서술, 서비스 통신 서술 | 시스템 노드, 시스템, 시스템 항목, 서비스, 서비스 항목과 이들의 관련된 통신 배포 | |
| | SV-3 | 시스템-시스템 매트릭스, 서비스-시스템 매트릭스, 서비스-서비스 매트릭스 | 해당 아키텍처에서 시스템과 서비스 사이의 관계. 관심 관계를 보여주도록 설계할 수 있다. 예: 시스템 타입 인터페이스, 계획 대. 기존 인터페이스 등 | 뷰 사이의 매핑, 명시적으로 시스템을 보여주는 C&C 뷰와 서비스를 보여주는 C&C 뷰 사이의 매핑 뷰 사이의 매핑 문서화는 10.2절에서 다룬다. |
| | SV-4a | 시스템 기능성 서술 | 시스템이 수행하는 기능과 시스템 기능 사이의 시스템 데이터 흐름 | 시스템과 서비스가 수행하는 기능이 분할 뷰에 문서화될 수 있다. 분할 뷰는 2.1절에서 다룬다. |
| | SV-4b | 시스템 기능성 서술 | 시스템이 수행하는 기능과 시스템 기능 사이의 시스템 데이터 흐름 | |
| | SV-5a | 운영 활동과 시스템 기능 추적성 매트릭스 | 시스템 기능과 운영 활동의 매핑 | 요구 매핑 요구 매핑은 10.3절에서 다룬다. |

이어짐

| 뷰 | 프레임워크 산출물 | 프레임워크 산출물 이름 | 개요 | 뷰와 그 너머 대응 |
|---|---|---|---|---|
| | SV-5b | 운영 활동과 시스템 기능 추적성 매트릭스 | 시스템과 역량 또는 운영 활동의 매핑 | |
| | SV-5c | 운영 활동과 시스템 기능 추적성 매트릭스 | 서비스와 운영 활동의 매핑 | |
| | SV-6 | 시스템 데이터 교환 매트릭스, 서비스 데이터 교환 매트릭스 | 시스템이나 서비스 사이에 교환되는 시스템 또는 서비스 데이터 요소의 세부사항과 해당 교환의 특성을 제공한다. | 시스템과 서비스, 그리고 이들 정보 교환 및 성능 특징을 보여주는 C&C 뷰 |
| | SV-7 | 시스템 성능 매개변수 매트릭스, 서비스 성능 매개변수 매트릭스 | 적절한 시간 프레임의 시스템과 서비스 뷰 요소의 성능 특징 | |
| | SV-8 | 시스템 발전 서술, 서비스 발전 서술 | 보다 효율저인 제품군에 시스템 또는 서비스의 제품군을 마이그레이션 하는 방향으로, 또는 미래의 구현으로 현재 시스템을 발전하는 방향으로 계획된 점진적 단계 | 발전을 준비하기 위한 아키텍처 결정을 지원하는 근거  근거 문서화는 6.5절에서 다룬다. |
| | SV-9 | 시스템 기술 예측, 서비스 기술 예측 | 해당 시간 프레임 안에서 예상되며, 미래 아키텍처 개발에 영향을 주는 새로운 기술과 소프트웨어/하드웨어 제품 | |
| | SV-10a | 시스템 규칙 모델, 서비스 규칙 모델 | 시스템과 서비스 기능을 서술하는 데 사용하는 3개의 산출물 중 하나 – 시스템 설계 또는 구현 측면으로 인한 시스템/서비스 기능성에 부과되는 제약사항을 식별한다. | 행위가 문서화되는 요소를 보여주는 C&C 뷰의 일부로서 행위 문서화  행위 문서화는 8장에서 다룬다. |
| | SV-10b | 시스템 상태 전이 서술, 서비스 상태 전이 서술 | 시스템과 서비스 기능을 서술하는 데 사용하는 3개의 산출물 중 하나 – 이벤트에 대한 시스템/서비스의 반응을 식별한다. | |
| | SV-10c | 시스템 이벤트 추적 서술, 서비스 이벤트 추적 서술 | 시스템과 서비스 기능을 서술하는 데 사용하는 3개의 산출물 중 하나 – 운영 뷰에 서술된 이벤트의 중요한 순서의 시스템/서비스 특정한 정제를 식별한다. | |

이어짐

| 뷰 | 프레임워크 산출물 | 프레임워크 산출물 이름 | 개요 | 뷰와 그 너머 대응 |
|---|---|---|---|---|
| | SV-11 | 물리적 스키마 | 논리적 데이터 모델 엔티티의 물리적 구현. 예: 메시지 형식, 파일 구조, 물리적 스키마 | 데이터 모델 뷰<br>데이터 모델 뷰는 2.6절에서 다룬다. |
| 기술 표준 뷰 | TV-1 | 기술 표준 프로파일 | 해당 아키텍처의 시스템과 서비스 뷰 요소에 적용되는 표준 목록 | 이들 표준은 우선적으로 아키텍처의 시스템 사이에 상호운영성을 해결하기 위한 것이다. 뷰와 그 너머를 사용할 때 적용되는 뷰 안에 표준을 나열할 수 있다. 요소 카탈로그의 '관계' 부분이 이것을 위한 적당한 장소다. |
| | TV-2 | 기술 표준 예측 | 새로운 표준과 시간 프레임 집합 안에서 현재 시스템과 서비스 뷰 요소에 미치는 잠재적 영향의 서술 | |

일반적으로 소프트웨어 아키텍처 문서화를 지원하는 데 DoDAF에서 누락된 부분은 다음과 같다.

1. 업무 환경과 비즈니스 요인
2. 품질 속성 형식의 아키텍처 요구와 고객 입력 및 이들 속성의 우선순위
3. 아키텍처 패턴과 전술 및 이들이 해결하는 요구
4. 빌드 시 관계와 의존성을 보여주는 모듈 뷰
5. SV 뷰는 아키텍처 설계의 기능 뷰를 보여준다. 누락된 부분은 다음과 같다.
   a. 인프라스트럭처(메시징, 시스템 관리, 실패 탐지 및 복구 등)
   b. 품질 속성 요구를 달성하기 위한 설계 패턴과 다른 접근 방법
   c. 배포의 동적인 특성
   d. OV-5 뷰는 운영 필요성과 기능의 매핑에 관한 것이다. 소프트웨어는 보통 이들 일대일 매핑으로 구축되지 않는다. 따라서 실제로는 매핑이 가능하지 않다. 이 매핑을 오해의 소지가 있다.
6. 상세한 소프트웨어 컴포넌트 인터페이스. DoDAF가 시스템의 시스템을 서술한다면 일반적으로 이들은 누락된다. 또한 DoDAF 뷰가

소프트웨어 아키텍트에 의해 구축되지 않는다면 일반적으로 누락된다.

7. 소프트웨어 컴포넌트의 프로세스와 스레딩을 보여주는 C&C 뷰. 스레드와 스레드 간 통신, 다중 프로세스, 그리고 보호된 데이터의 개념은 지원되지 않는다.

### E.5.4 소프트웨어 아키텍처 문서화에 DoDAF 사용 전략

DoDAF가 아키텍처에 주목하고 있음에도 불구하고 소프트웨어 아키텍처를 표현하는 데는 적합하지 않다. 소프트웨어 아키텍처를 지원하기 위해 뷰가 생성되는 것이 아니다. 따라서 당연하지만 그 일을 잘하지 못한다. DoDAF는 단순히 다른 언어, 즉 시스템과 시스템의 시스템 설계의 언어를 말한다. '시스템'의 개념을 '컴포넌트'의 소프트웨어 아키텍처 개념으로 대체함으로써 DoDAF를 억지로 사용할 수 있다. 그러나 그렇게 한다면 여러분의 모든 독자가 트릭상에 있다는 것을 확인해야 한다.

관대하게 말할 수 있는 것은 DoDAF가 소프트웨어 아키텍처에는 확실히 충분하지 않지만, 일부 DoDAF 제품은 소프트웨어 아키텍처를 표현하는 데 유용하다. 따라서 여기에 광범위한 전략이 있다.

- 정보 교환을 표현하는 사용 사례에 집중해 DoDAF 운영 아키텍처 뷰의 일부로서 시스템 수준 행위 문서를 포함한다. '운영 활동 순서와 타이밍 서술' 산출물에 이 문서를 포함한다.
- DoDAF 시스템 아키텍처 뷰의 일부로서 요소 수준 행위 문서화를 포함한다. '시스템 활동 순서와 타이밍 서술' 산출물에 이 문서를 포함한다.
- DoDAF 시스템 아키텍처 뷰의 일부로서 할당 뷰를 포함하고, '물리적인 리소스'를 문서화한다.

- DoDAF 기술 아키텍처 뷰의 일부로서 다양한 모듈과 C&C 뷰를 포함하고, '시스템 부분의 배열과 상호작용, 상호의존성을 관리하는 규칙'과 '준수하는 구현을 서술하는 기준'의 레파지토리로서 사용한다.

- 문서화의 뷰 너머 부분에 포함된 정보에 대해 DoDAF는 개요 및 요약 정보와 사전을 위한 위치를 제공한다. 문서화 로드맵과 뷰 템플릿, 시스템 개요 및 시스템 범위의 근거를 수집하는 데 전자를 사용한다. 후자는 뷰 사이의 매핑과 요소 디렉토리, 그리고 용어집의 위치가 될 수 있다.

소프트웨어 아키텍처에 유용한 특정한 DoDAF 산출물에는 다음 사항이 포함된다.

- SV-5는 4+1 형식의 논리 뷰의 시작 점이 될 수 있다.
- OV-2와 OV-3은 정보 교환을 다룬다.
- AV-1과 OV-1은 문맥상의 뷰을 제공하며, 소프트웨어에 유용하다.
- OV-7과 SV-11은 논리 데이터 모델과 데이터 모델의 구현을 보여준다.

## DoDAF 2.0

이 책이 출판될 때 DoDAF 2.0 버전이 막 릴리스됐다. DOD에 따르면 이 버전의 목적은 다음과 같다.

> 일관성 있는 의미론과 구조적 메타 모델을 통해 아키텍처를 계획하고, 개발하고, 관리하고, 유지보수하고, 통치하는 것에 관한 더 많은 지침을 포함한다. 이 버전은 더 광범위하게 다양한 의사결정자의 아키텍처의 사용을 용이하게 하는 '데이터-중심적인' 접근 방법에 더 많은 강조점을 두고, 향상된 전사적 결정에 대한 연합에 추가적인 정보를 포함할 것이다.

> DoDAF 1.5 정의 문서에서 가져온 그림 E.9는 DoDAF의 발전을 보여준다.

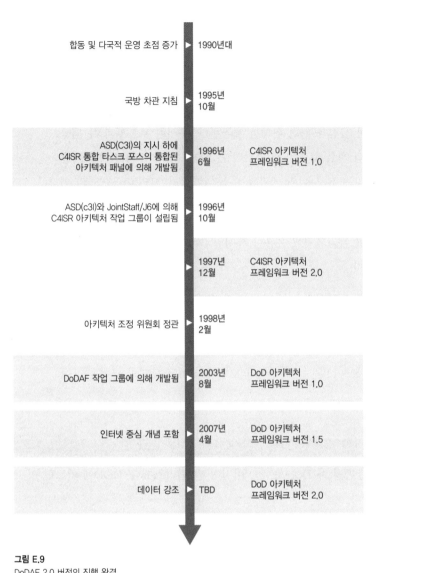

**그림 E.9**
DoDAF 2.0 버전의 진행 완결

## E.6  아키텍처 문서화가 끝나는 곳

이 책의 시작 부분에서 우리는 아키텍처가 어디서 끝나고 비아키텍처적인 설계가 시작하는지에 대한 질문을 살펴보았다. 이와 관련된 질문은 아키텍처 문서화가 어디에서 끝나고 다른 문서화 이슈가 시작하는지에 대한 것이다. 모든 부분에서 아키텍처가 존재한다. 보안 아키텍처, 전사적 아키텍처, 참조 아키텍처, 설치 아키텍처. 그리고 이 목록은 끝이 없다.

어떤 용어는 범위가 명확하다. 예를 들어 참조 아키텍처는 6장에서 문서화를 논의할 때 가변점이 등장한다. 참조 아키텍처의 본질은 시스템의 패밀리의 필요성을 맞춤식으로 할 수 있게 하는 것이다. 보안 아키텍처는 그 자체로 해결되지는 않지만, 1부에서 제시한 것처럼 보안 전문가가 하나 이상의 '보통의' 스타일에서 분석적인 사용 정보를 찾을 수 있도록 한다.

그러나 의심할 여지 없이 일부 저자들은 이 책의 범위 밖에 있는 시스템 문서화의 일분 측면을 아키텍처에 포함시킨다. 우리는 아키텍처가 섬이 아니며, 다른 중요한 시스템 개발 문서와 관련돼야 한다는 보헴[Boehm] 외(1999)의 말에 전적으로 동의한다. 그러나 뷰와 그 너머 접근 방법의 모든 구성과 템플릿, 지침은 소프트웨어 아키텍처를 수집하기 위해 생성된다. 이 책을 시작할 때 제시한 소프트웨어 아키텍처 정의를 인용하면 우리가 규정한 산출물은 '소프트웨어 요소, 이들 사이의 관계, 그리고 이들 둘의 속성을 구성하는 시스템을 추론하는 데 필요한 구조의 집합'을 수집할 수 있게 한다.

이 책에서의 지침이 주제 영역에서 떨어진 영역에 있는 아키텍처와 어떻게 관련되는가? 이들 '아키텍처'가 스타일과 뷰에 의해 수집된 아키텍처 구조에 의존하는 정도라면 이 책에서의 원칙이 유지된다. 그러나 예를 들어 시스템 설치 프로시저를 작성하는 것은 아키텍처적이 아니다. 그럼에도 불구하고, 좋은 문서화 원칙은 '주류' 아키텍처 영역을 넘어서 확장될 수 있다. 이해당사자의 개입, 문서화의 사용이 내용을 가이드하게 하는 것, 반복 통제, 표준 구성의 사용, 모호성을 피하는 것,

이런 것들과 다른 원칙들이 고품질 문서화 작업의 기초를 형성한다.

소프트웨어 엔지니어링의 다른 많은 주제들이 소프트웨어 아키텍처 문서화와 관련된다. 이들 중에서 으뜸은 소프트웨어 아키텍처의 일반적인 주제다. 여러분이 알아야 하지만 이 책의 범위 밖에 있는 다른 주제들은 아키텍처 기술 언어, 상업용 컴포넌트, 하이퍼텍스트 문서화, 그리고 형상 관리다.

## E.7 끝으로

실무자가 자신의 작업을 좀 더 효과적으로 할 수 있도록 도와주는 것이 이 책의 목표다. 우리는 아키텍트가 "이제 뭘 해야 합니까?"라는 질문에 대답하는 것을 도와주기를 원했다. 아키텍처를 의사소통하는 것은 아키텍처를 생성하는 것만큼 중요한 작업이다. 효과적인 의사소통이 없다면 아키텍처는 아무것도 아니기 때문이다.

아키텍처는 너무 복잡해서 한 번에 모두 의사소통될 수 없다. 우리의 3차원 세계에서 고차원의 객체의 전체를 보거나 이해할 수 없는 것과 같다. 복잡성을 나누어 정복하는 방식처럼, 뷰는 우리가 알고 있는 아주 가장 효과적인 방식이다. 스타일과 뷰는 특별하고 공유되는 어휘를 확립하고, 기술적 지식과 실천 방법을 한 시스템에서 다른 시스템으로 다시 사용할 수 있게 하며, 분석과 예측을 원활하도록 만든다. 뷰를 서로 연관시키고 이해당사자가 문서에 접근할 수 있도록 하면 현재 이해당사자와의 의사소통이 잘 진행되도록 만든다. 그리고 근거와 방식의 이유를 수집하면 미래의 의사소통 의무도 완성하게 된다.

그것이 문서화의 본질이다. 아키텍처가 필요한 현재와 미래의 이해당사자 커뮤니티에 대한 아키텍트의 의무를 인식하고 면제시키는 것이다. 우리는 고품질 제품으로 이끌며, 또한 모든 아키텍트가 수고하는 리소스가 제약되고 결코 시간이 충분하지 않은 환경에서 충분히 유용하도록 실제적이며 유연한 지침을 제공했기를 바란다.

그리고 그러한 조짐을 발견하기를 기대한다.

## E.8 더 읽을거리

인터넷에는 RUP, DoDAF, ISO 42010에 관한 많은 정보가 있다. RUP의 좋은 시작점은 필립 크루첸의 아키텍처의 4+1 접근 방법을 제안한 원래의 논문이다. 아직도 이 개념에 대한 좋은 개요를 제공한다(크루첸 1995).

애자일 모델링 프랙티스 웹사이트 http://agilemodeling.com/practices.html은 애자일 프랙티스에 관한 정보의 좋은 레파지토리다. 애자일 개발에 관한 다른 기반 작업은 다음과 같다.

- 애자일 동맹Agile Alliance이 만들어낸 리소스:
    - "애자일 소프트웨어 개발 선언문Manifesto for Agile Software Development" agilemanifesto.org(Agile Alliance 2002a)[2]
    - 애자일 동맹 웹사이트: agilealliance.org(애자일 동맹, 2002b)
    - "애자일 선언 이면의 원칙Principles Behind the Agile Manifesto" agilemanifesto.org/principles.html[3](애자일 동맹, 2002c)
- 켄트 벡Kent Beck과 신시아 안드레스Cynthia Andres의 책 『익스트림 프로그래밍』(인사이트, 2006)(벡과 안드레스, 2004)
- 엘리스테어 코우번Alistair Cockburn의 책:
    - 『Agile 소프트웨어 개발』(피어슨에듀케이션코리아, 2002)(코우번, 2002)
    - 『Crystal Methodologies』(코우번, 2001)
    - 『Crystal Clear: A Human-Powered Methodology for Small Teams』(코우번, 2004)
- 스테판 파머Stephen Palmer와 존 펠싱John Felsing의 책 『A Practical Guide to Feature-Driven Development』(파머Palmer와 펠싱Felsing, 2002)
- 켄 슈와버Ken Schwaber의 책 『스크럼: 팀의 생산성을 극대화시키는 애자일 방법론』(인사이트, 2008)(슈와버, 2001)

---

2 한글 번역본은 http://agilemanifesto.org/iso/ko/manifesto.html에 있다. – 옮긴이

3 한글 번역본은 http://agilemanifesto.org/iso/ko/principles.html에 있다. – 옮긴이

- 로잔스키와 우즈 관점 집합은 이들의 책 『소프트웨어 시스템 아키텍처(에이콘, 2015)』(로잔스키와 우즈, 2005)에 상세히 설명돼 있다.

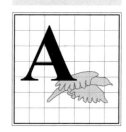

# UML

## A.1  개요

UML<sup>Unified Modeling Language</sup>은 소프트웨어 설계 모델링을 위한 표준 시각적인 언어다. 원래 UML은 객체지향 모델링을 위한 여러 가지 비슷하지만 다른 표기법을 병합하기 위해 생성됐으며, 모든 종류의 시스템에서 소프트웨어 설계를 표현하기 위한 사실상 표준이 될 정도로 성장했다. 이 부록의 목적은 UML이 소프트웨어 아키텍처 문서에 나타나는 다른 종류의 정보, 즉 모듈 뷰, 컴포넌트-커넥터(C&C) 뷰, 할당 뷰, 행위 문서화, 그리고 인터페이스를 서술하는 데 사용하는 방법을 보여주는 것이다.

부록은 아키텍처 문서에서 사용할 수 있거나 발견할 수 있는 UML 다이어그램과 기호를 빨리 참조할 목적으로 사용돼야 한다. UML 튜토리얼로 사용하는 것을 의도한 것이 아니다. 여러분의 클래스와 패키지, 의존성, 메시지와 같은 기본적인 UML 개념에 대해서 잘 알고 있다고 가정한다.

UML은 객체지향의 기원으로 거슬러 올라가는 많은 특징을 그대로 갖고 있지만, 객체지향 추상화가 항상 소프트웨어 아키텍처를 서술하기 위한 가장 최선의 도구인 것은 아니다. 예를 들어, UML은 레이어와 컨텍스트 다이어그램, 또는 풍부한 커넥터에 대한 개념이 없다. UML 2.0 개정판에 많은 변화가 포함됐으며, 이들 중 일부는 향상된 아키텍처 추상화의 필요성에 의해 자극을 받았다. 커넥터 및 포트와 같은 언어 요소가 몇 가지 문제를 해결하기 위해 도입됐다. 다른 요소들도 풍

다양한 UML 다이어그램의 깊이 있는 설명을 원한다면 2.9절에서 참조한 UML 책을 참조하기 바란다.

부해져서 적합성을 향상시켰다. 예를 들어, UML 컴포넌트는 이제 인터페이스와 행위적인 서술을 추가할 수 있는 능력과 같은 많은 특징을 클래스와 공유한다.

결과적으로 오늘날의 UML 2.x 버전은 이전 버전보다 아키텍처를 문서화하는 데 더 적합하게 됐지만, 아직도 UML과 아키텍처 추상화, C&C 뷰 사이에는 몇 가지 차이가 있다. 이 부록에서는 UML이 각 아키텍처 문서화 부분에 최선의 선택인 여부와는 관계없이, UML을 사용해 소프트웨어 아키텍처를 문서화하는 것을 가이드하는 것에 집중한다.

3.4.3절에서는 C&C 추상회를 표현하기 위해 UML 개념을 사용하는 것과 관련된 문제를 논의한다.

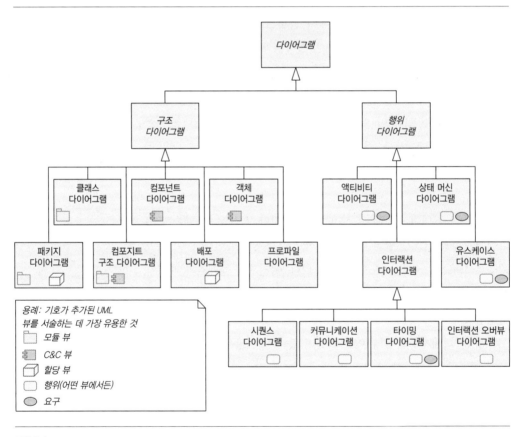

**그림 A.1**
UML 2.2 다이어그램 유형

UML은 14개의 다이어그램 타입을 제공하며, 구조 다이어그램 structure diagram과 행위 다이어그램behavior diagram 등 2가지로 분류된다. 그림 A.1은 UML 2.2 다이어그램 타입의 계층도를 보여준다. 각 구체적인 다이어그램 타입에서 작은 아이콘은 다이어그램이 표현하는 데 더 적합한 정보의 유형을 보여준다.

> **조언**
>
> 아마도 14개 타입의 다이어그램을 모두 사용해 소프트웨어 시스템을 문서화한 사람을 찾을 수 없을 것이다. 그렇게 하려고 하는 것이 목적이 아니다. 여러분이 지금 하고 있는 모델링 작업에 잘 맞는 서브 집합을 선택하면 된다. 여러분의 독자가 친근하고 올바른 의미를 표현하는 다이어그램을 사용하도록 한다. 잘 사용하지 않은 UML 기호를 사용함으로써 여러분의 UML 지식을 과시하려고 하지 말라. 그렇지 않으면 설계를 의사소통하는 데 실패하고 말 것이다.

UML 기호의 의미는 스테레오 타입stereotype을 사용해 더 특수화될 수 있다. 스테레오 타입은 기메guillemets(또한 '산형 괄호'라고도 함) 안에 나타나는 도메인 특정한domain-specific 또는 기술 특정한technology-specific 라벨로, 기존 UML 요소와 관계에 적용될 수 있다. 이 부록에서 다이어그램은 가능한 한 표준 UML 스테레오 타입을 사용한다. 그러나 여러 스테레오 타입이 스타일에 특정한 요소나 관계의 타입(《layer》와 같이)을 표현하기 위해 도입될 수 있다.

UML 표준 스테레오 타입은 UML 명세(버전 2.2)의 부록 C에 나열돼 있다. UML 표준은 OMG(Object Management Group)가 관리하며, 명세는 uml.org에서 다운로드할 수 있다.

## A.2 모듈 뷰 문서화

모듈 뷰는 구현 단위 또는 모듈이 요소인 아키텍처 구조를 보여준다. 모듈은 UML에서 패키지package나 클래스class, 또는 인터페이스interface로 표현돼야 한다. 다음 하위 절에서는 UML이 다른 모듈 스타일을 을 문서화하는 데 UML을 사용하는 방법과 각 스타일에서 모듈과 관계를 보여주는 데 가장 적절한 UML 기호가 무엇인지를 설명한다.

### A.2.1 분할 스타일

모듈 분할 스타일은 2.1절에서
설명한다.

1장에서 설명한 것처럼 모듈은 일반적으로 UML에서 패키지나 클래스
로 표현된다. UML에서 모듈을 서브 모듈로 분할하는 것은 중첩된 패
키지나 패키지 안에 있는 클래스나 인터페이스로 표현된다. 그림 A.2는
그 예를 보여준다.

**그림 A.2**
UML 패키지와 클래스는 분할
뷰에 사용된다

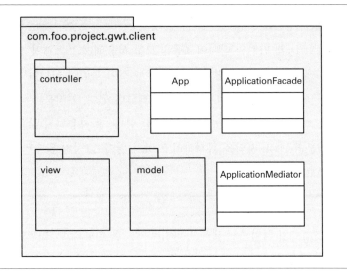

### A.2.2 사용 스타일

이 스타일은 모듈 사이의 사용 의존성$^{usage\ dependency}$을 서술한다. UML
에서 의존성은 의존성 화살표를 사용해 표현한다.

**그림 A.3**
UML 의존성은 모듈 사용 뷰에
서 사용된다

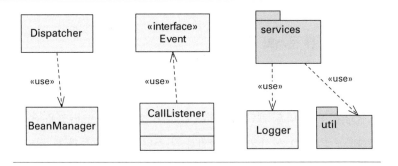

사용 뷰의 패키지나 클래스, 인터페이스 사이의 사용을 보여주기 위해서는 UML 사용 의존성(《use》)을 사용한다. 그림 A.3은 UML에서 사용하다$^{uses}$ 관계의 예를 보여준다.

사용 스타일은 2.2절에서 설명한다.

### A.2.3 일반화 스타일

일반화 뷰에서 모듈은 클래스와 인터페이스를 사용해 표현돼야 한다. 모듈 사이의 일반화(일종이다$^{is-a}$ 관계)는 UML에서 일반화$^{generalization}$(클래스 상속) 화살표를 사용해 표현한다. 일종이다$^{is-a}$ 관계의 다른 형태인 인터페이스 실현$^{interface\ realization}$은 인터페이스 실현 화살표를 사용해 표현한다. 그림 A.4는 그 예를 보여준다.

일반화 스타일은 2.3절에서 설명한다.

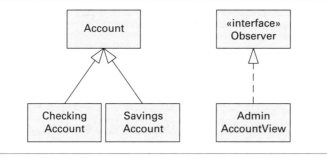

**그림 A.4**
UML 클래스 상속(왼쪽)은 일반화 뷰에 사용된다. UML 인터페이스 실현(오른쪽)도 일종이다 관계의 타입이다

### 4.2.4 레이어 스타일

UML은 레이어에 대한 내장된 표기법을 제공하지 않는다. 레이어는 모듈의 그룹이기 때문에 자연스런 대안은 《layer》 스테레오 타입을 갖는 패키지를 사용하는 것이다. 레이어 사이의 사용–허용하다$^{allowed-to-use}$ 관계는 스테레오 타입을 갖는 UML 의존성으로 표현돼야 한다. 그림 A.5는 그 예를 보여준다.

레이어 스타일은 2.4절에서 설명한다.

**그림 A.5**
스테레오 타입을 갖는 패키지가 UML의 레이어를 표현할 수 있다

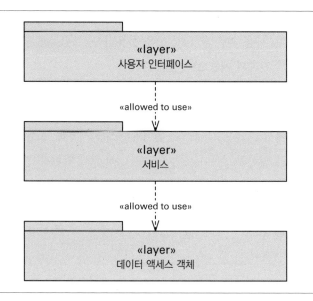

## A.2.5 관점 스타일

관점지향 소프트웨어 개발에서 횡단 관심사(국제화와 같은)를 나타내는 모듈을 관점$^{aspect}$이라고 한다. UML은 관점에 대한 내장된 표기법을 제공하지 않는다. 여러분은 《aspect》 스테레오 타입을 갖는 클래스를 사용해 관점을 표현해야 한다. 관점에서 클래스, 패키지 및 다른 관점으로의 횡단하다$^{crosscuts}$ 관계는 스테레오 타입을 갖는 의존성 화살표를 사용해 그래픽으로 표현할 수 있다. 그러나 횡단하다 관계가 보통은 너무 많기 때문에, 덜 복잡한 대안은 주석을 사용해 각 관점이 횡단하는 것을 정의하는 것이다. 그림 A.6은 그 예를 보여준다.

**그림 A.6**
관점은 UML에서 스테레오 타입을 갖는 클래스로 표현될 수 있다. 횡단하다 관계는 그래픽으로 표현하거나 (시각적인 복잡성을 줄이기 위해서) 주석으로 표현할 수 있다

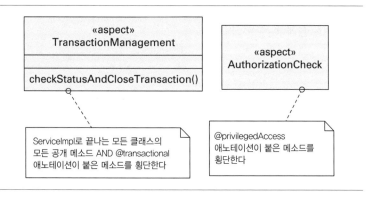

### A.2.6 데이터 모델 스타일

UML에서 클래스 다이어그램을 사용해 데이터 모델을 문서화해야 한다. 클래스는 표준 《entity》 스테레오 타입을 가져야 한다.

특별한 제약사항이 엔티티의 기본키[PK, primary key]를 구성하는 속성을 나타내는 데 사용될 수 있다. 그림 A.7은 그 예를 보여준다.

데이터 모델 스타일은 2.6절에서 설명한다.

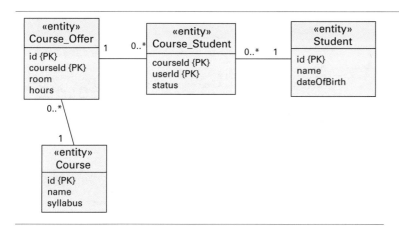

**그림 A.7**
UML 클래스와 연관 관계가 데이터 모델링에 사용될 수 있다

---

관점

**UML 클래스 다이어그램: 너무 많아도, 너무 적어도**

여러분은 2장에서 다룬 거의 모든 모듈 스타일에서 UML 클래스 다이어그램이 사용된 것을 눈치챘을 것이다. 그리고 단 하나의 클래스 다이어그램으로 여러분의 모든 모듈 뷰를 표현할 수 있다고 결론을 내렸을지도 모른다. 그리고 아마 그 이상일 수도 있다.

사실 그럴 수 있다. UML 클래스 다이어그램은 일반화와 의존성, 모듈 분할, 일반적인 엔티티-관계 정보, 관점 모듈, 그리고 인터페이스 실현을 보여줄 수 있는 참다운 의미론적인 잡탕이다. 그림 A.8은 클래스 다이어그램에서 일반적으로 볼 수 있는 요소와 관계의 기호를 모아놓은 것이다.

**그림 A.8**
모듈 뷰에 사용되는 UML 기호 요약

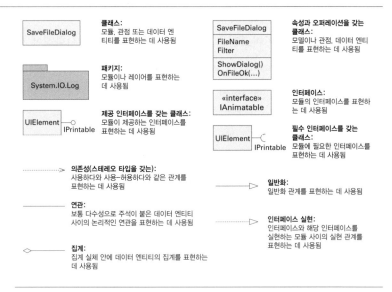

| | |
|---|---|
| **SaveFileDialog** | **클래스:** 모듈, 관점 또는 데이터 엔티티를 표현하는 데 사용됨 |
| **System.IO.Log** (패키지 기호) | **패키지:** 모듈이나 레이어를 표현하는 데 사용됨 |
| **UIElement** — IPrintable | **제공 인터페이스를 갖는 클래스:** 모듈이 제공하는 인터페이스를 표현하는 데 사용됨 |

**SaveFileDialog** / FileName / Filter / ShowDialog() / OnFileOk(...)
**속성과 오퍼레이션을 갖는 클래스:** 모델이나 관점, 데이터 엔티티를 표현하는 데 사용됨

«interface» **IAnimatable**
**인터페이스:** 모듈의 인터페이스를 표현하는 데 사용됨

**UIElement** — IPrintable
**필수 인터페이스를 갖는 클래스:** 모듈에 필요한 인터페이스를 표현하는 데 사용됨

- - - - - ▷ **의존성(스테레오 타입을 갖는):** 사용하다와 사용–허용하다와 같은 관계를 표현하는 데 사용됨

──── **연관:** 보통 다수성으로 주석이 붙은 데이터 엔티티 사이의 논리적인 연관을 표현하는 데 사용됨

◇──── **집계:** 집계 실체 안에 데이터 엔티티의 집계를 표현하는 데 사용됨

──────▷ **일반화:** 일반화 관계를 표현하는 데 사용됨

- - - - -▷ **인터페이스 실현:** 인터페이스와 해당 인터페이스를 실현하는 모듈 사이의 실현 관계를 표현하는 데 사용됨

---

좋다. 안 그런가? 클래스 다이어그램은 아키텍처 다이어그램의 로제타 스톤처럼 보인다. 그 밖에 다른 것이 필요할까?

글쎄. 많다. 먼저 하나의 다이어그램을 사용해 모든 가능한 정보를 표현하는 것은 뷰의 최우선 유용성을 훼손시킨다. 뷰는 시스템의 다양한 아키텍처 구조에 대한 다른 관점을 우리에게 보여준다. 그리고 아키텍처 다이어그램에서 가장 큰 혼란의 원천 중 하나가 계획되지 않고, 무작정 다양한 종류의 정보를 같은 다이어그램 안에 혼합해 놓는 것이다.

물론, 모든 뷰가 기본이거나 그 자체로 있을 필요는 없다. 아키텍처 문서에서 커다란 명확성과 통찰력의 원천은 소수의 뷰가 주의깊고 신중하게 선택돼 어우러져, 한 번에 다양한 종류의 정보와 중첩되고 상호작용하는 방법을 보여주는 것이다.

그러나 하나의 뷰 안에 모든 클래스 다이어그램의 관계를 사용함으로써 무엇이 만들어질까? 그 결과는 '상속하다/의존하다/사용하다/데이터 모델/실현하다/분할' 뷰이어서(여러분의 시스템이 아주 작지 않다면) 아마도 읽기 바쁘거나 이해하기 어려운 것이 될 수 있을 것이다. 그 대신에 모듈 뷰를 분리해서 모듈 스타일에 결

6.6절은 결합된 뷰를 선택하고 문서화하는 방법을 설명한다.

정된 클래스 다이어그램의 제한된 형식을 사용해 문서화하자. 두 뷰를 결합하는 것이 합리적인 경우에만 그렇게 한다.

클래스 다이어그램이 어떤 모듈 뷰 안에서 우리가 필요한 모든 것을 제공할 정도로 충분히 풍부한가? 아니다. 여러분의 아키텍처가 객체지향적이라면 가장 먼저 다음과 같은 용어로 생각하는 것이 자연스러운 일이다. '런타임에 상호작용하는 객체로서 인스턴스화된 클래스의 컬렉션' 여러분은 정말로 모듈 뷰를 그외 어떤 것으로 문서화할 필요가 있는지 의아하게 생각할 수 있다. 아마도 압박을 받은 때 아키텍처 이해당사자에게 제공할 수 있는 유일한 것이 UML 클래스 다이어그램의 집합이라고 생각할 수 있다. 그러나 더 필요하다.

먼저, 클래스 다이어그램으로 행위를 표현하는 것이 불가능하다. 여러분은 시퀀스 다이어그램이나 액티비티 다이어그램, 상태 머신 다이어그램, 또는 다른 행위 다이어그램이 필요할 것이다. 둘째로 클래스 다이어그램은 (풍부하기는 하지만) 기본적으로 클래스의 속성과 오퍼레이션, 그리고 코드 관계에 관한 것이다. 클래스 다이어그램은 임시적인 정보를 표현할 방법이 없으며, 설계 근거, 가변성, 데이터 흐름, 컨텍스트(모듈이 시스템에 외부인 것), 그리고 모듈 뷰에 기록돼야 할 다른 중요한 정보를 수집하는 데 적합하지 않다.

UML 클래스 다이어그램은 모듈 기반의 뷰를 위한 기초적인 표기법이다. 그러나 모든 좋은 도구와 마찬가지로 모든 작업에 사용할 수는 없다.

– D.G.와 P.M.

## A.3   컴포넌트-커넥터 뷰 문서화

C&C 컴포넌트는 객체 다이어그램 또는 컴포넌트 다이어그램에서 UML 컴포넌트 인스턴스를 사용해 표현돼야 한다. C&C 컴포넌트 타입은 컴포넌트 다이어그램에서 UML 컴포넌트를 사용해 표현돼야 한다. 컴포넌트 타입과 인스턴스는 같은 다이어그램 안에서 표현되지 않아야 한다.

컴포넌트 타입과 인스턴스는 UML에서 클래스와 객체를 구현하는 데 사용되는 같은 관례로 구별된다. 즉, 콜론(:)을 포함하지 않는 이름은 타입이고, 콜론을 포함하는 이름은 인스턴스다. 인스턴스 이름은 콜론 왼쪽에 오고, 타입 이름은 콜론 오른쪽에 온다. 익명의 인스턴스는 콜론 왼쪽에 인스턴스 이름을 포함하지 않으며, 일반적으로 해당 타입에 단 하나의 인스턴스만 있거나 인스턴스의 이름이 중요하지 않을 때 사용된다.

C&C 컴포넌트 포트는 UML 포트로 표현돼야 한다. UML 제공 인터페이스provided interface와 필수 인터페이스required interface는 포트에 결합시켜 추가적인 정보를 제공할 수 있다. 그러나 이것은 보통 컴포넌트 타입에 적용하며, 인스턴스에는 하지 않는다. 포트는 식별자를 가져야 하며, 다수성 지시자를 가질 수 있다.

모호성을 피하려면 컴포넌트의 상호작용 점을 명확히 표현하기 위해서 항상 UML 포트를 추가한다. 또한 이들 포트에 라벨을 붙여야 한다. 여러분이 다이어그램에서 포트를 표현하는 것이 필요 없다고 생각한다면(아마도 각 컴포넌트가 단 하나의 포트만 갖기 때문에), UML 포트를 생략하고 컴포넌트에 커넥터를 직접 결합하는 것이 좋다. 그러나 이러한 단순화는 조심해서 사용해야 한다. 다이어그램의 용례에 여러분의 관례를 문구로 언급하는 것이 좋다.

**그림 A.9**

UML 컴포넌트를 사용해 표현된 컴포넌트 타입과 인스턴스. 카탈로그 타입은 클라이언트-서버 스타일 서버의 서브 타입이다. UML 포트와 제공 및 필수 인터페이스를 사용해 포트를 문서화한다. 서비스 포트는 해당 포트의 얼마나 많은 인스턴스가 카탈로그 컴포넌트 타입의 어떤 인스턴스에 있을 수 있는지를 제약하는 다수성을 포함한다. lib1과 lib2는 카탈로그 컴포넌트 타입의 인스턴스다. 예를 들어 lib1은 온라인 서비스 포트의 두 개 인스턴스를 갖는다는 것을 명시함으로써 컴포넌트 포트의 명시적 문서화를 포함한다. lib2는 온라인 서비스의 인스턴스 수를 다른 곳에 문서화도록 남겨둠으로써 명시적으로 포트를 문서화하지 않는다

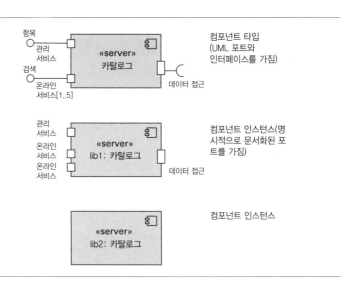

그림 A.9는 컴포넌트 타입과 인스턴스를 표현하는 예를 보여준다. 컴포넌트는 문서화되는 뷰에 사용되는 스타일 지침의 대응되는 컴포넌트 타입의 이름을 나타내기 위해 스테레오 타입을 가질 수 있다. 예를 들어 그림 A.9에서 카탈로그 컴포넌트 타입은 4장에서 클라이언트–서버 스타일에 정의된 서버 타입의 서브 타입이다.

C&C 커넥터는 주로 UML로 문서화하기를 원하는 정보의 양에 따라서, 또는 커넥터의 의미론을 전달하기를 원하는 정도에 따라서 UML에서 몇 가지 방법으로 표현될 수 있다. C&C 커넥터를 표현하는 최우선 옵션은 그림 A.10에서처럼 UML 커넥터와 UML 컴포넌트다.

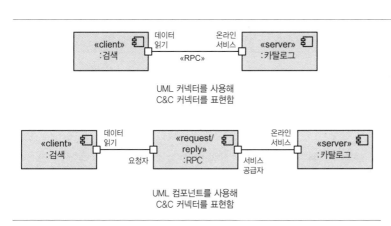

UML 커넥터를 사용해
C&C 커넥터를 표현함

UML 컴포넌트를 사용해
C&C 커넥터를 표현함

**그림 A.10**
UML 커넥터를 사용해 표현된 C&C 커넥터. 이 그림의 상단 부분에 C&C 커넥터가 《RPC》 스테레오 타입으로 식별되는 커넥터의 타입을 갖는 UML 커넥터를 사용해 표현된다. 하단 부분에는 같은 C&C 커넥터가 UML 컴포넌트를 사용해 표현된다. 이 경우에 C&C 커넥터의 타입은 익명의 인스턴스의 타입 이름(:RPC)으로 식별되며, 스타일 지침이 제공하는 《request/reply》 타입의 서브 타입이다. UML 컴포넌트 버전은 커넥터의 역할이 UML 포트를 사용해 명시적으로 표현되도록 한다

1. UML 커넥터는 장식이 없는 선이다. 커넥터의 타입은 그것을 식별하는 스테레오 타입을 추가함으로써 표시한다. 불행하게도 UML 커넥터는 UML을 사용해 문서화될 수 있는 것을 제한하는 서브 구조와 속성 또는 행위 서술을 가질 수 없다. 예를 들어, 형식 인터페이스(UML 인터페이스나 포트)가 추가될 수 없기 때문에 커넥터 역할이 표현될 수 없다. 이들 존재는 커넥터 끝에 라벨을 붙임으로써 표시할 수 있다. 아니면, 분명하게 커넥터 역할과 일치하는 명시적인 컴포넌트 포트에 결합할 때 이들 존재를 추론할 수 있다.

2. UML 커넥터와 달리 UML 컴포넌트는 서브 구조와 속성, 행위 서술을 가질 수 있어서 C&C 커넥터에 대해 그런 정보를 문서화할 필요

가 있을 때 좋은 선택이 된다. UML 포트는 컴포넌트 포트에 사용되는 것처럼, 커넥터 역할을 표현하는 데 사용된다.

특별한 상황에 유용할 수 있는 UML 커넥터 전략에 두 가지 변형이 있다. 이들 옵션은 그림 A.11에서 보여준다.

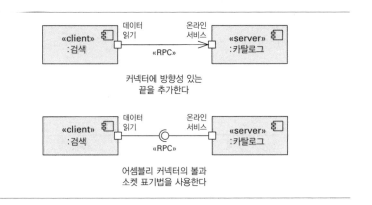

**그림 A.11**
C&C 커넥터를 표현하기 위해 UML 커넥터를 사용하는 두 가지 변형. 상단의 변형은 방향성 있는 끝(화살촉)을 사용해 일반적인 상호작용의 방향을 표현한다. 하단의 변형은 어셈블리 커넥터의 볼과 소켓 표기법을 사용해 컴포넌트 포트의 제공 인터페이스와 필수 인터페이스에 결합을 표현한다

프롤로그의 관점 '화살표의 의미'를 참조한다.

• 방향성 있는 끝(화살촉)이 UML 커넥터의 한쪽 끝에 보여져서 상호작용과 관련된 방향성을 식별할 수 있다. 문서화는 다양한 해석이 가능하기 때문에 이러한 화살촉의 의미를 식별해야 한다(예를 들어, 상호작용의 시작을 표현하는 것인가? 아니면 데이터가 지나가는 방향을 표현하는 것인가?). 이러한 옵션은 커넥터가 프로토콜과 같이 양방향성을 표현할 때는 덜 유용하다. 그러나 이러한 옵션을 사용할 수 있도록 항상 도구가 지원하는 것은 아니다(커넥터 도구 지원은 일반적으로 일관적이지 못하다). 대신에 이 옵션을 사용하기 위해서는 방향성 있는 끝을 추가할 때 UML 커넥터 대신에 UML 연관association을 사용해야 할 수도 있다.

• UML 어셈블리 커넥터assembly connector가 단순한 커넥터 대신에 사용될 수 있다. 어셈블리 커넥터는 볼과 소켓 표기법(제공 인터페이스와 필수 인터페이스 기호의 명확한 연결)을 사용해 그린다. 이 표현은 자연스럽게 단순한 제공 인터페이스와 필수 인터페이스 사이의 커넥터(단순한 호출-반환 커넥터와 같은)에 매핑된다. 이 옵션은 커넥터가

공급/필수 직관성이 일치하지 않을 때(예를 들어, 파이프-필터 아키텍처에서 필터의 입력 포트가 제공 인터페이스나 필수 인터페이스에 명확하게 매핑되지 않을 때) 또는 커넥터가 양방향성 상호작용을 표현할 때는 덜 유용하다.

UML 커넥터를 기반으로 하는 간단한 표현은 프로시저 호출이나 데이터 읽기 오퍼레이션과 같이 커넥터가 잘 알려진 의미론과 구현을 갖고 있을 때 좋은 옵션이 된다. 단순히 커넥터 타입을 식별하는 것보다 더 많은 것을 해야 할 필요가 있을 때 UML 컴포넌트 표현이 좋은 옵션이다. 이 옵션은 커넥터 역할과 행위, 서브 구조를 명확하게 표현할 수 있게 한다. 그러나 몇 가지 중요한 속성은 UML 컴포넌트를 사용하지 않고도 표현할 수 있다.

그림 A.12에서와 같이 태그 값<sup>tagged value</sup>이 특성 값을 UML 커넥터에 연관시킬 때 사용될 수 있다. 이 접근 방법을 사용하기 위해 커넥터 타입의 스테레오 타입을 생성하고 스테레오 타입과 관련된 특성을 정의한다. 이들 특성을 UML에서 태그 값이라고 하며, 주석 상자에 표현된다. 일부 UML 도구는 (《JMS》와 같은) 스테레오 타입을 생성하고 특성 이름과 데이터 타입(예를 들어, queuedID: Stirng; capacity: integer; persistent: Boolean)을 정의할 수 있게 한다. 그다음에 스테레오 타입이 사용될 때 마다 도구는 스테레오 타입을 갖는 요소나 관계를 선택하고 속성 상자에서 특성의 값을 입력할 수 있게 한다. 이 경우에 주석 상자는 다이어그램에 나타나지 않아도 된다.

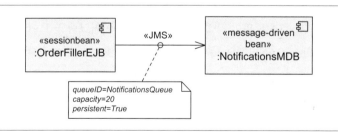

**그림 A.12**
C&C 커넥터는 태그 값과 함께 스테레오 타입을 갖는 UML 커넥터로 표현될 수 있다. 이 에에서 커넥터 《JMS》는 다른 종유의 메시지 큐의 정의를 허용하는 자바 메시징 서비스를 사용하는 것을 표현한다

UML 위임 커넥터로 표현된 관계를 인터페이스 위임이라고 하며 3.2.3절에서 설명한다. 중첩과 인터페이스 위임은 UML로 분할 정제를 표현하는 방법으로, 6.1.1.절에서 설명한다.

컴포넌트나 커넥터 서브 구조는 그림 A.13에서와 같이 UML에서 중첩된 UML 컴포넌트와 UML 위임 커넥터$^{delegation\ connector}$를 사용해 표현돼야 한다. 컴포넌트(또는 커넥터)의 서브 구조를 표현하는 UML 컴포넌트는 해당 UML 컴포넌트 안에 중첩된다. 외부 UML 컴포넌트의 포트는 UML 위임 커넥터를 사용해 내부 UML 컴포넌트의 대응되는 포트와 연관된다. UML 위임 커넥터는 열린 화살촉을 갖는 실선으로 표현된다. 둘 다 '제공하다'인 포트를 연관시킬 때 UML 위임 커넥터의 화살촉은 내부를 가르켜야 하며, 둘 다 '필요하다'인 포트를 연관시킬 때는 외부로 향해야 한다.

**그림 A.13**
UML 컴포넌트의 서브 구조. 위임 커넥터 화살표는 외부 포트와 내부 컴포넌트의 포트를 연관시킨다

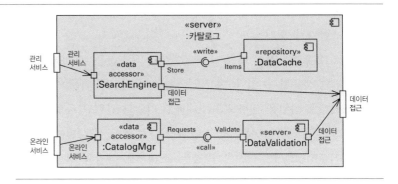

파이프–필터 스타일은 4.2.1절에서 설명한다.

UML로 특정한 C&C 뷰를 문서화할 때 스테레오 타입을 사용해 각 컴포넌트와 커넥터의 타입을 식별해, 뷰를 생성하는 데 사용되는 스타일 지침에 정의된 컴포넌트와 커넥터 타입의 명확한 관계를 보장해야 한다. 이들 타입의 애플리케이션 특정한 서브 타입이 정의됐다면 이들 타입은 (콜론 오른쪽에 나타나는) 인스턴스 이름에 식별돼야 한다. 예를 들어 그림 A.14은 파이프–필터 뷰의 UML 다이어그램을 보여준다. 필터는 〈〈filter〉〉 스테레오 타입을 갖는 UML 컴포넌트로 표현되며, 파이프는 〈〈pipe〉〉 스테레오 타입을 갖는 UML 커넥터로 표현된다. 이들 스테레오 타입은 각 인스턴스를 파이프–필터 스타일 지침의 타입과 연관시킨다. 각 필터는 XmlToObject나 Process Payment와 같은 필터의 애플리케이션 특정한 서브 타입으로 더 연관될 수 있다. 〈〈pipe〉〉 스테

레오 타입은 중요한 파이프 속성을 나타내는 4개의 태그 값을 정의한다.

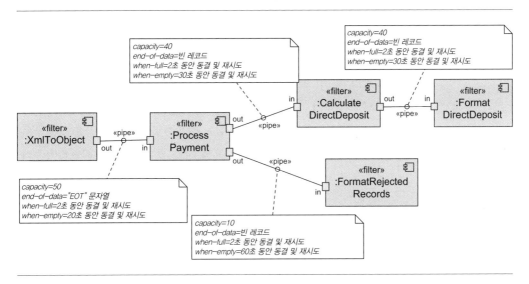

**그림 A.14**
파이프-필터 뷰의 UML 다이어그램. 필터는 스테레오 타입을 갖는 UML 컴포넌트로 표현되며, 파이프는 스테레오 타입을 갖는 UML 커넥터로 표현된다. 4개의 태그 값("capacity", "end-of-data", "when-full", "when-empty")은 각 파이프의 중요한 속성을 나타낸다

## A.4 할당 뷰 문서화

할당 뷰는 (모듈이나 C&C 뷰의) 소프트웨어 요소와 환경 요소 사이의 매핑을 표현한다. 환경 요소는 설계되는 시스템의 소프트웨어 요소와 연관되는 비소프트웨어 요소(하드웨어 노드와 같은)다. 이 절에서는 UML에서 환경 요소를 문서화하는 방법과 소프트웨어와 환경 요소 사이의 매핑에 대한 지침을 제공한다.

### A.4.1 배포 스타일

배포 뷰의 환경 요소는 프로세서와 메모리, 네트워크 요소와 같은 하드웨어 요소다. 이들 요소는 UML 노드로 UML 배포 다이어그램에 표현될 수 있다. 노드는 랩탑 컴퓨터, 서버 머신, 라우터 또는 모바일 장치와 같은 컴퓨팅 리소스이다. 그림 A.15는 노드의 예를 보여준다.

할당 뷰의 소프트웨어 요소를 문서화할 때 다른 뷰의 같은 요소를 표현하는 방법과 일관성 있게 UML 표현을 사용하도록 한다. 예를 들어, 사용 뷰에 클래스로 TransactionMgr 모듈을 문서화한다면 구현 뷰에 패키지로 TransactionMgr 모듈을 표현하지 않는다.

컴퓨팅 하드웨어와 통신 장비 및 다른 장치의 다른 카테고리를 식별하기 위해 그림 A.15와 같이 각 노드에 스테레오 타입을 추가해야 한다.

그림 A.15
UML 노드는 배포 뷰에 하드
웨어 요소를 표현하는 데 사
용된다

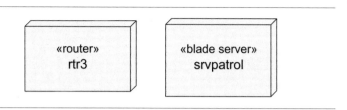

아키텍처의 배포 뷰를 문서화하기 위해서는 UML 배포 다이어그램의 소프트웨어 요소(C&C 뷰의 요소)를 하드웨어 요소를 나타내는 노드에 매핑한다. 그림 A.16에서와 같이 비표준 스테레오 타입을 갖는 의존성(《allocated to》와 같은)을 사용해 UML 컴포넌트 인스턴스를 노드에 연결할 수 있다.

그림 A.16
스테레오 타입을 갖는 의존성을
사용해 컴포넌트가 특정한 노
드에 할당(즉, 배포)된다는 것을
보여준다

많은 경우에 소프트웨어 시스템은 같은 하드웨어 노드에 많은 컴포넌트가 배포된다. 노드에 연결되는 이들 모든 UML 컴포넌트를 그리려고 하는 것은 UML 배포 다이어그램을 복잡하게 만들 수 있다. 이 경우에는 다이어그램 주석 안에, 뷰의 요소 카탈로그 안에, 노드와 컴포넌트를 매핑하는 표 안에 완전한 컴포넌트의 노드 할당을 문서화하도록 해야 한다.

컴포넌트 노드 할당을 표현하는 다른 방안은 컴포넌트를 파일(zip, 설치, 또는 jar 파일)에 패키징하는 것을 명시적으로 표현하는 것이다. 이 파일들은 UML 배포 다이어그램에 아티팩트[artifact]로 표현돼야 한다. UML 《artifact》는 일반적으로 스크립트나 실행 파일, 설정 파일, 번들 파일, 소스 파일, XML 파일, PDF 문서와 같은 파일을 나타내는 스테레오 타입을 갖는 클래스다. 표준 《manifest》 스테레오 타입을 갖는 의존성은 컴포넌트와 같은 해당 요소가 《artifact》 안에 구현된다는 것을 나타낸다. 즉, 아티팩트는 해당 요소의 구체적인 물리적인 표현을 포함한다. 또한 UML은 아티팩트가 노드에 배포(즉, 설치)된다는 것을 나타내기 위해 ≪deploy≫ 스테레오 타입을 갖는 의존성을 제공한다. 따라서 우리는 매개체로서 아티팩트를 사용해 컴포넌트가 노드에 할당된다는 것을 보여줄 수 있다. 그림 A.17은 UML 다이어그램에 해당 할당을 표현하는 3가지 동일한 방법을 보여준다. 이들 옵션 사이에 선택하는 기준은 사용하는 UML 도구에서의 그래픽 편의성과 지원을 포함한다.

그림 A.17에서와 같이 대안을 사용하는 것은 배포와 설치 스타일을 결합 뷰를 만들 수 있게 한다. 이것은 UML 배포 다이어그램이 일반적으로 설치 뷰에서 찾을 수 있는 몇 가지 정보를 포함하기 때문이다. 예를 들어, UML 배포 다이어그램의 배포 파일은 5.2절에서 설명한 배포 스타일의 요소가 아니라, 5.3절에서 설명한 설치 스타일의 요소다.

6.6절에서 결합된 뷰를 설명한다.

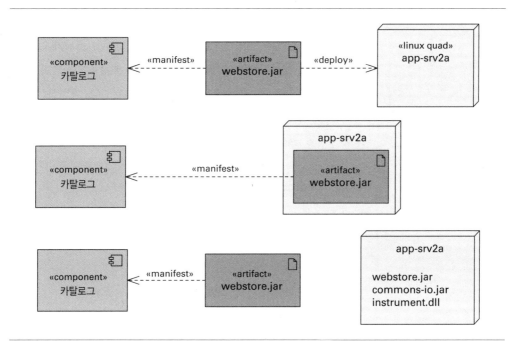

**그림 A.17**
아티팩트 안에 패키징되는 컴포넌트와 아티팩트가 배포되는 노드를 보여주는 3가지 UML 대안. 첫 번째 방법(상단)에서 ≪manifest≫ 관계는 컴포넌트가 아티팩트 안에 캡슐화되는 것을 보여주며 ≪deploy≫ 관계는 아티팩트가 어떤 노드에 배포되는가를 보여준다. 두 번째 방법(중간)에서 컴포넌트와 아티팩트의 연관은 ≪manifest≫를 통해서 표현되며, 아티팩트의 노드 할당은 중첩으로 표현된다. 세 번째 방법(하단)에서 아티팩트의 배포는 별도로 노드 안에 아티팩트 이름을 나열해 표현한다(이 표기법은 노드 안에 아티팩트가 중첩되는 것의 축약이지만, 일부 UML 도구에서는 지원하지 않는다)

5.2.4절의 그림 5.3은 UML 배포 다이어그램의 예다.

또한 배포 뷰는 보통 하드웨어 요소 사이의 통신 채널을 보여준다. UML 배포 다이어그램에서 노드는 그림 A.18에서처럼 통신 경로로 서로 연결된다. 이들 경로는 다른 종류의 통신 채널(인터넷, LAN, 무선, HTTP와 같은)을 구별하는 스테레오 타입을 가질 수 있다. 다수성은 통신 경로의 각 끝에 노드의 인스턴스 개수를 나타낸다.

## A.4.2 설치 및 구현 스타일

5장에서 설명한 설치 및 구현 스타일의 중심이 되는 환경 요소는 파일과 디렉토리다. 이들 요소는 UML 배포 다이어그램에서 볼 수 있는 UML 아티팩트로 표현될 수 있다. 설치 뷰에서 일반적으로 UML 아티팩트에 배핑되는 소프트웨어 요소는 C&C 뷰의 UML 컴포넌트일 것이다. 구현 뷰에서 일반적으로 소프트웨어 요소는 아키텍처의 모듈 뷰에 있는 모듈인 클래스나 패키지일 것이다.

해당 소프트웨어 요소가 UML 아티팩트에 매핑되는 것을 보여주기 위해 배포 스타일에서 설명한 것과 같은 〈〈manifest〉〉 스테레오 타입을 갖는 의존성을 사용한다. 이 〈〈manifest〉〉 관계는 아티팩트가 소프트웨어 요소의 구체적인 물리적 표현을 포함한다는 것을 표현한다.

설치 및 구현 스타일에 있는 파일과 디렉토리의 포함 관계가 아티팩트를 중첩함으로써 UML 아티팩트에 나타날 수 있다.

**그림 A.18**
UML 노드는 선택적으로 다수성을 보여줄 수 있는 통신 경로로 연결된다

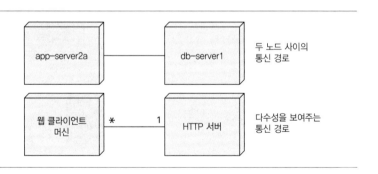

구현 뷰는 일반적으로 개발 환경의 파일과 폴더를 보여준다. 설치 뷰는 설치된 애플리케이션의 트리 구조를 부여준다. 자연적으로 UML 아티팩트는 파일 시스템의 폴더(디렉토리)가 아니라 파일을 표현한다. 다른 방법은 파일 시스템 디렉토리를 표현하기 위해 스테레오 타입을 생성해 표준 UML 아티팩트를 특수화하는 것이다. 그림 A.19는 파일에 일반 아티팩트를 사용하고, 폴더에 《〈dir artifacts〉》 스테레오 타입을 갖는 아티팩트를 사용한 설치 뷰의 예다.

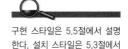

구현 스타일은 5.5절에서 설명한다. 설치 스타일은 5.3절에서 설명한다.

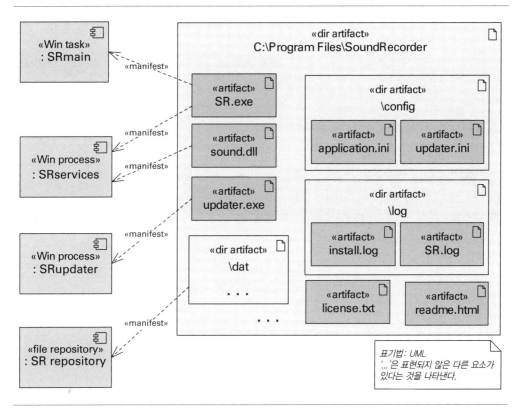

**그림 A.19**
설치 뷰를 표현한 UML 다이어그램의 간단한 예

### A.4.3 작업 배정 스타일

작업 배정 스타일에서 환경 요소는 사람이나 조직 단위다. 소프트웨어 요소는 모듈이다. UML은 작업 배정 정보를 보여주는 다이어그램 타입을 제공하지 않는다. 그러나 UML을 선택한다면 액터<sup>actor</sup>와 패키지를 사용하는 패키지 다이어그램으로 작업 배정 뷰를 표현해야 한다. 그림 A.20은 간단한 예를 보여준다. 패키지는 모듈 뷰의 모듈을 표현하고, 액터는 작업이 할당되는 조직 단위다. 스테레오 타입을 갖는 의존성은 배정되는 활동을 나타낸다.

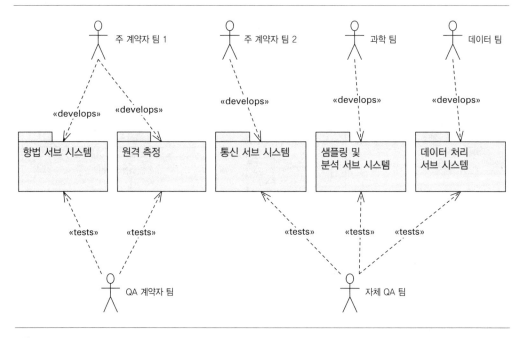

**그림 A.20**
UML 기호로 보여주는 작업 배정의 간단한 예

---

조언

## UML 모호성 함정 피하기

UML은 가장 광범위한 모델링 구조를 제공하며, 이들 중 많은 것이 광범위하게 해석할 수 있는 의미론을 갖고 있다. 이것은 정확하다고 하더라도 아키텍처 결정을 정확하게 표현하는 데 실패하거나 잘못된 개념을 함께 전달하는 UML 다이어그램을 생성하기 쉽게 만든다. 특별히 경계해야 할 4가지 경우가 있다.

- 과도한 클래스 다이어그램: 이 주제는 A.2.6절의 UML 클래스 다이어그램 '너무 많아도, 너무 적어도' 박스에서 별도로 다루었다.

- C&C 다이어그램에서 의존성 화살표 사용: 화살표를 갖는 커넥터를 표현하는 데 UML 의존성을 사용하는 것이 가능하다. 이것은 잘못된 생각이다! 의존성은 일반적으로 런타임 상호작용 관계를 표현하는 C&C 뷰가 아니라, 모듈 뷰에서 코드 요소 사이에 정적인 관계를 나타낸다. C&C 뷰에서 의존성 화살표는 뷰를 C&C 뷰와 모듈 뷰의 결합(의도하지 않은 것)과 같이 보이게 만들어서 혼란을 야기시킬 수 있다. 또한 의존하다depends on는 보통 C&C 뷰에서는 잘못된 개념이다. 아키텍트는 파이프-필터 뷰에서처럼 정보의 흐름을 보여주기 위해 방향성을 암시하고 싶을 때 이 화살표를 사용하는 경향이 있다. 그러나 이 스타일의 요점은 필터가 서로 독립적인 아키텍처를 생성하는 것이다. 의존하다는 파이프-필터 뷰에서 말하기(그리고 그리기)에는 정확하게 잘못된 것이다.

- 부주의한 관계 사용: 아키텍처의 모듈 뷰에서 UML 클래스로 표현된 모듈이 UML 연관으로 서로의 관계를 표현한 것을 볼 수 있다. X에서 Y로 방향성을 갖는 연관은 X와 Y가 어떤 방식으로든 상호작용하며, X 객체의 상태가 Y 객체의 하나 이상(다수성에 따라서)의 참조를 포함할 수 있다는 것을 의미한다. 그림 A.21은 연관을 가진 UML 클래스 다이어그램의 예를 보여준다. 때로는 아키텍트가 사용하다 관계를 나타내기 위해 연관을 (우리가 생각하기에 부적절하게) 사용하는 것을 볼 수 있다. 모듈 뷰에 있는 클래스를 연결할 때 연관을 사용하기 전에 단순히 연관이 사용 관계를 나타내는지 다시 한 번 생각해보길 바란다. 만약 그렇다면 그 대신 ⟨⟨use⟩⟩ 의존성을 사용해 표현한다. 그렇지 않으면 연관이 표현하는 것을 이해당사자에게 명확하게 설명해야 한다.

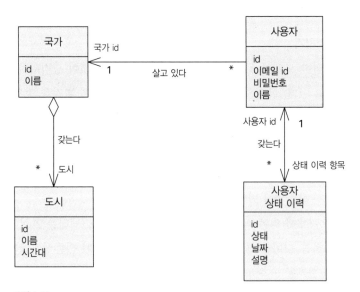

**그림 A.21**
클래스 사이의 UML 연관의 예. 기수성(다수성)은 연관 끝에 숫자 라벨(*는 '많다'를 의미한다)로
표시한다. 비어 있는 마름모는 논리적인 부분-전체 관계인 집계 연관(aggregation association)
을 나타낸다. 연관은 방향성 화살표의 방향으로 사용 의존성 관계를 의미할 수 있다

- 인스턴스 대신 타입 사용: 그림 A.22는 하드웨어 노드에 배포되는 컴포넌트 타입(카탈로그)을 보여준다. UML이 이것을 허용한다. 이는 어떤 의미일까? 타입의 모든 인스턴스가 노드에 배포되는 것일 수도 있고, 어떤 하나의 인스턴스 또는 하나의 특정한 인스턴스, 또는 다른 어떤 것일 수도 있다. 하나 이상의 인스턴스에 대해 간단하게 타입 이름을 사용할 수 있다. 이 옵션을 선택한다면 여러분이 의미하는 것을 다이어그램의 용례에 설명을 추가한다.

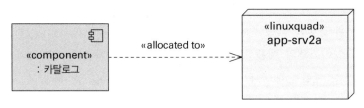

**그림 A.22**
노드에 컴포넌트 타입 할당

문서화의 모든 이해당사자를 위해서 이와 같은 모호성은 가능하면 피해야 한다.

## A.5 행위 문서화

UML은 시스템 행위를 모델링할 수 있는 다양한 다이어그램 타입을 제공한다. 이들 중에 많은 것을 8장에서 알아보았다. 행위 다이어그램은 모듈, C&C, 할당 뷰에서 발견되는 구조 다이어그램을 보완한다. 예를 들어, 클래스와 패키지, 그리고 이들의 사용 의존성을 보여주는 UML 클래스 다이어그램은 사용 뷰의 기본 프리젠테이션일 수 있다. 시퀀스 다이어그램은 특정한 추적이나 시나리오를 실행할 때 모듈(클래스 다이어그램의 클래스)의 행위를 서술할 수 있다. 표 A.1은 UML에서 사용할 수 있는 행위 다이어그램의 타입과 각 다이어그램을 사용할 때를 요약한다.

**표 A.1** UML 행위 다이어그램 타입

| UML 다이어그램 | 정의 |
|---|---|
| 액티비티 다이어그램 | 시스템의 작업 흐름을 행위의 순서로 서술하는 데 사용한다. 조건 분기와 동시성 행위를 보여줄 수 있다. |
| 시퀀스 다이어그램 | 아키텍처 요소와 특정한 추적의 참여자 사이의 메시지의 명확한 순서를 보여주기 위해 사용한다. 추적의 조건 세그먼트와 반복, 병렬 세그먼트를 보여줄 수 있다. |
| 커뮤니케이션 다이어그램 | 특정한 추적에서의 아키텍처 요소 사이의 메시지 순서를 보여주기 위해 사용한다. |
| 타이밍 다이어그램 | 타이밍 제약뿐만 아니라 엄격한 시간대에 따라서 상태 변경을 수집하기 위해 사용한다. 특별히 실시간 시스템을 모델링하는 데 유용하다. |
| 인터랙션 오버뷰 다이어그램 | 활동 다이어그램 표기법을 따라서 작업 흐름을 구성하는 데 사용한다. 여기에서 활동 자체는 인터랙션 다이어그램(시퀀스 다이어그램이나 액티비티 다이어그램과 같은)이다. |
| 상태 머신 다이어그램 | 아키텍처 요소의 상태와 상태 사이의 모든 가능한 전이를 명시함으로써 아키텍처 요소의 행위를 모델링하는 데 사용한다. |
| 유스케이스 다이어그램 | 액터와 액터가 실행하는 유스케이스를 보여주는 데 사용한다. 유스케이스는 시스템이나 시스템의 일부의 기능을 표현한다. |

다음 하위 절에서는 각 타입의 UML 행위 다이어그램의 간단한 개요를 제시하고, 각 다이어그램에서 가장 유용한 기호를 보여준다.

### A.5.1 액티비티 다이어그램

UML 액티비티 다이어그램<sup>activity diagram</sup>은 흐름 차트<sup>flow chart</sup>다. 시스템의 해당 업무 프로세스에서 수행되는 행위의 순서를 서술하는 데 사용해야 한다. 특별히 동시성(즉, 병렬로 실행되는 행위)을 포함하는 업무 흐름을 서술하는 데 유용하다. 그림 A.23은 UML 액티비티 다이어그램에서 주로 사용되는 기호를 보여준다.

**그림 A.23**
UML 액티비티 다이어그램에서
사용되는 기호

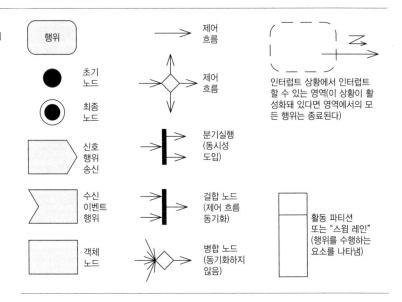

8.3.2절에서 행위 표기법으로서 UML 액티비티 다이어그램을 설명한다.

시스템의 행위를 서술하기 위해 액티비티 다이어그램을 사용할 때, 어느 아키텍처 요소가 활동 파티션('스윔 레인')을 사용해 각 행위를 수행하는지 나타낼 수 있다. 두 개의 스윔 레인 사이에 상호작용이 있다면 이들 요소가 정의되는 기본 프리젠테이션의 대응되는 아키텍처 요소 사이에 관계나 커넥터가 있어야 한다. 그림 A.24는 액티비티 다이어그램의 예를 보여준다. 이 예에서 깊이 미터기, 다이빙 추적기, 온도계는 모듈 뷰의 모듈이나 C&C 뷰의 컴포넌트일 수 있다.

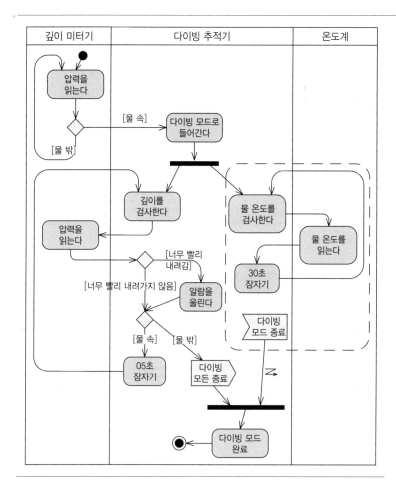

**그림 A.24**
UML 액티비티 다이어그램의 예. 다이버의 깊이(물 압력을 기반으로)와 물 온도를 기록하는 단순한 다이빙 컴퓨터가 수행하는 활동의 흐름을 보여준다. 깊이 미터기, 다이빙 추적기, 온도기는 아키텍처 요소다

## A.5.2 시퀀스 다이어그램

UML 시퀀스 다이어그램<sequence diagram>은 시스템의 특정한 추적 또는 시나리오에서 아키텍처 요소 사이의 상호작용의 순서를 그래픽으로 서술하는 데 사용돼야 한다. 시퀀스 다이어그램의 참여자는 UML 객체다. 이들 참여자는 모듈 뷰의 모듈인 UML 클래스의 인스턴스이거나 C&C 뷰의 UML 컴포넌트 인스턴스일 수 있다. 시퀀스 다이어그램이 한 참여자로부터 다른 참여자로 보내는 메시지를 보여준다면, 모듈이나 C&C 뷰에 각각 대응되는 클래스나 컴포넌트 사이의 ≪use≫ 의존성이나 커넥터가 있어야 한다.

8장은 시퀀스 다이어그램의 몇 가지 예를 보여준다(8.4절과 8.5절의 그림을 참조한다). 이 책의 온라인(wiki.sei.cmu.edu/sad/index.php/Workflowmanager_Module_Uses_View)에서 소프트웨어 아키텍처 문서에서 다른 예를 발견할 수 있다.

시퀀스 다이어그램의 기본 표기법은 그림 A.25에서 볼 수 있다. 또한 다이어그램을 구조화하고 조건 흐름과 반복을 표현하는 데 사용될 수 있는 다른 타입의 프레임도 있다. 그림 A.26은 사용할 수 있는 다른 종류의 프레임의 일부를 보여준다. 그림 A.27은 타이밍 제약과 병렬 추적, 그리고 엄격한 마감시간과 동시적인 작업을 갖는 시스템의 행위를 서술하는 데 유용한 코리전coregion에 대한 표기법을 볼 수 있다.

**그림 A.25**
UML 시퀀스 다이어그램의 기본 표기법

액터
(보통 시퀀스를 시작함)

라이프라인

실행 발생(객체가 실행하고 있거나 응답을 기다리고 있음)

객체 소멸

객체

동기 메시지

비동기 메시지

반환 메시지

**그림 A.26**
UML 시퀀스 다이어그램 표기법에서 사용할 수 있는 몇 가지 프레임

**sd** *id*

시퀀스 다이어그램을 식별하는 프레임
(id는 선택적임)
조건

**ref**

*id*

상호작용 사용(참조된 다이어그램의 내용을 복사하는 것의 단축)

**loop** [*guard*]

루프(보호조건이 불리안 표현식이거나 반복할 최소, 최대값임)

**loop** [0,*]

무한 루프

**opt** [*condition*]

선택적 추적

**alt** [*condition*]

[*else*]

값1

대안 추적을 보여주는 프레임(if-then-else 구조와 동일함)보호조건

**alt** [*x==value1*]

[*x==값2*]

[*else*]

대안 추적을 보여주는 프레임(switch-case 구조와 동일함)

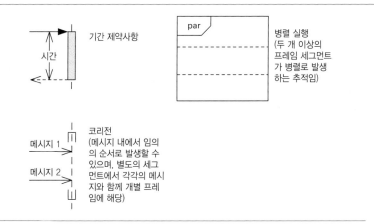

**그림 A.27**
타이밍 제약, 병렬 추적, 코리전을 위한 UML 시퀀스 다이어그램 표기법

때로는 객체가 이미 다른 호출을 실행할 때 호출을 받는다. 이러한 재진입 호출<sup>reentrant call</sup>은 그림 A.28에서 볼 수 있는 바와 같이 실행 발생<sup>execution occurrence</sup> 막대를 중첩시켜서 표현한다.

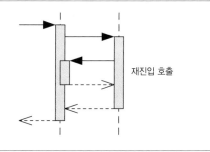

**그림 A.28**
재진입 호출을 보여주는 시퀀스 다이어그램

재진입 호출의 특별한 경우가 객체가 자기 자신을 호출할 때다. 자기 호출<sup>self call</sup>의 표기법은 UML 명세에 정의돼 있지 않다. 일반적인 대안은 실행 발생과 자기 메시지<sup>self message</sup>를 중첩시켜서 사용하는 것이다(그림 A.29(a)를 참조한다). 해당 실행 안에서 다른 호출을 나타내기를 원한다면 새로운 실행 발생을 보여주는 것은 매우 유용하다. 이것의 유효한 단순화가 중첩하는 실행 발생 막대를 생략하고 자기 메시지를 보여주는 것이다(그림 A.29(b)). 또한 유효한 세 번째 선택은 단순히 주석 상자에 해당 시점에서 내부 호출이 발생할 수 있다는 것을 나타내는 것이다(그림 A.29(c)).

그림 A.29
UML 시퀀스 다이어그램에서
자기 호출을 보여주는 옵션

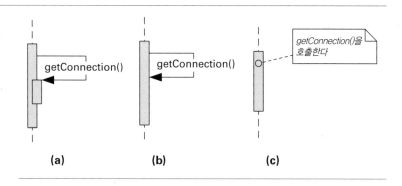

**(a)**          **(b)**          **(c)**

### A.5.3 커뮤니케이션 다이어그램

8.3.1절에는 커뮤니케이션 다
이어그램에 관한 부분이 사례와
함께 포함돼 있다.

시퀀스 다이어그램과 유사하게 커뮤니케이션 다이어그램<sup>communication</sup>

diagram은 특정한 추적 또는 시나리오에서 아키텍처 요소 사이의 상호작
용의 순서를 서술하는 데 사용돼야 한다. 아키텍처 요소는 객체(모듈의
뷰의 클래스 인스턴스)이거나 C&C 뷰의 컴포넌트 인스턴스일 수 있다.
UML 커뮤니케이션 다이어그램의 표기법은 그림 A.30에서 볼 수 있는
바와 같이 직접적이다.

그림 A.30
UML 커뮤니케이션 다이어그램
의 기본적인 표기법

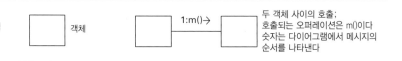

커뮤니케이션 다이어그램은 특별한 추적을 보여준다. 두 객체 사이
에 선이 있으면 이들이 해당 추적에서 상호작용한다는 것을 의미한다.
선은 화살표와 오퍼레이션 이름, 그리고 숫자 1, 2, 3 등으로 라벨을 붙
일 수 있다. 실제로 숫자는 그렇게 단순하지 않다. 오퍼레이션 호출이
순서에서의 숫자 n이라면 이 새로운 호출은 n.1로 숫자가 매겨진다.
3번째 중첩된 호출은 연속적으로 n.1.1 등과 같이 될 것이다. n 실행 안
에서 모든 중첩된 호출이 완료되면 n+1 호출이 발생한다. 그림 A.31은
이것의 예를 보여준다. 여기에서 왼쪽에는 단순한 커뮤니케이션 다이어
그램을 보여주고, 오른쪽에는 동일한 시퀀스 다이어그램을 보여준다.

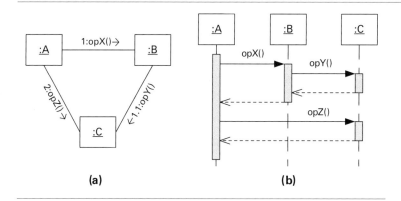

**(a)**　　　　　　　　　　**(b)**

**그림 A.31**
커뮤니케이션 다이어그램에서
호출이 숫자로 표현되는 방법을
보여주는 커뮤니케이션 다이어
그램과 대응되는 시퀀스 다이어
그램의 표기법 예

### A.5.4 타이밍 다이어그램

UML 타이밍 다이어그램<sup>timing diagram</sup>은 실시간 시스템에서처럼 아키텍처 요소가 상호작용하고 엄격한 시간 선을 따라서 상태를 변경하는 방법을 설명할 필요가 있을 때 특히 유용하다. 타이밍 다이어그램은 추적 지향적 표기법이다. 즉, 각 다이어그램은 특정한 추적 또는 시나리오에 대한 아키텍처의 행위를 표현한다.

　타이밍 다이어그램은 수평적인 시간 척도에 따라 하나 이상인 객체의 상태 변경을 보여준다. 이들 객체는 모듈 뷰의 모듈이나 C&C 뷰의 컴포넌트 인스턴스를 표현할 수 있다. 다이어그램이 상태 변경에 부가적으로 여러 객체를 보여주면 타이밍 다이어그램은 상태 변경을 야기시키는 객체 사이의 메시지를 표시할 수 있다. 또한 다이어그램은 특별한 타이밍 제약사항을 강조하기 위해 기간 제약사항을 표시할 수 있다. 그림 A.32는 타이밍 다이어그램의 예를 보여준다.

8.3.2절은 추적 중심과 포괄적인 모델 표기법 사이의 차이점을 설명한다.

**그림 A.32**
두 참여자(작업자)가 있을 때
2단계 커밋 프로토콜에서 성공
적으로 트랜잭션을 '커밋'하는
상태 변경과 메시지를 보여주는
UML 타이밍 다이어그램의 예.
기간 제약사항은 코디네이터가
작업자의 'yes'(또는 'no') 응답
을 5초까지 기다릴 수 있디는
것을 나타낸다

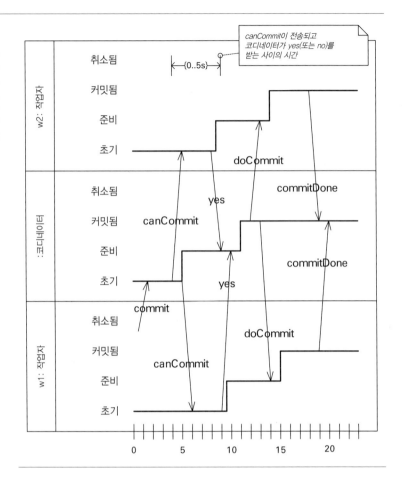

### A.5.5 인터랙션 오버뷰 다이어그램

UML 인터랙션 오버뷰 다이어그램interaction overview diagram은 대규모 요소
의 상호작용을 보여주는 아키텍처 뷰에서의 행위를 서술하는 데 사용될
수 있다. 이 다이어그램은 기존의 시퀀스 다이어그램, 커뮤니케이션 다
이어그램, 그리고 다른 인터랙션 다이어그램을 조합하는 데 유용하다.

인터랙션 오버뷰 다이어그램은 액티비티 다이어그램의 기본적인 표
기법을 사용해 작업 흐름의 조합을 보여준다. 인터랙션 오버뷰 다이어
그램의 행위는 인터랙션 다이어그램이나 (문서의 다른 곳에 정의된) 인터
랙션 다이어그램의 참조로 대체된다. 인터랙션 다이어그램(그림 A.1을

참조한다)은 시퀀스 다이어그램, 커뮤니케이션 다이어그램, 타이밍 다이어그램, 또는 인터랙션 오버뷰 다이어그램일 수 있다.

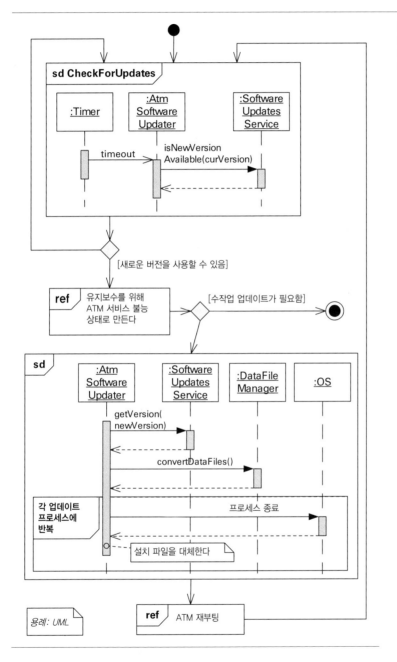

**그림 A.33**
ATM의 자동 업데이트 기능에 대한 인터랙션 오버뷰 다이어그램의 예

따라서 인터랙션 오버뷰 다이어그램은 결정 노드와 초기 및 최종 노드, 동시성을 위한 분기 및 병합 노드를 가질 수 있다. 그러나 행위의 둥근 모서리 사각형 대신에, 인터랙션 다이어그램 인라인을 정의하는 프레임이나 기존 다이어그램의 참조 프레임을 갖는다. 그림 A.33은 인터랙션 오버뷰 다이어그램의 예로서, 두 개의 인터랙션 다이어그램(이 경우에는 시퀀스 다이어그램)을 인라인으로 보여주고, 두 개의 다른 인터랙션 다이어그램이 참조된다.

### A.5.6 상태 머신 다이어그램

상태 머신 다이어그램state machine diagram은 명확하게 식별할 수 있는 여러 상태state와 전이transition를 통해 진행하는 아키텍처 요소나 요소의 그룹 행위를 모델링하는 데 사용돼야 한다. 상태 머신은 모듈 뷰의 모듈이나 C&C 뷰의 컴포넌트, 배포 뷰의 하드웨어 요소 또는 통신 채널 등에 대한 가능한 상태와 전이를 서술할 수 있다. 상태 다이어그램의 UML 표기법은 아주 풍부하다. 상태와 전이의 기본적인 기호 외에도 표기법은 다음과 같은 다른 유용한 정보의 표현을 허용한다.

- 초기 및 최종(의사) 상태
- 하나의 서브 상태 머신이나 여러 동시적인 서브 상태 머신을 갖는 상태(다중 영역)인 컴포지트 상태

**그림 A.34**
UML 상태 머신 다이어그램 표기법

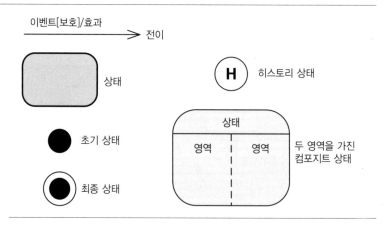

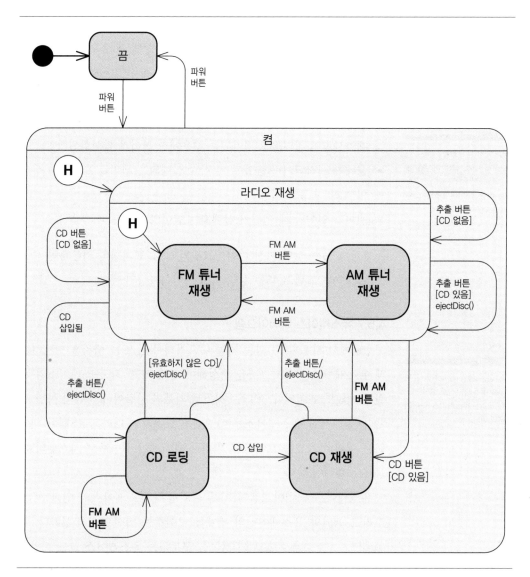

**그림 A.35**
AM/FM 튜너와 CD 플레이어가 있는 카 스테레오의 UML 상태 머신 다이어그램. 이벤트는 사용자가 전원이나 추출, 'FM AM', 또는 'CD' 버튼을 누르거나 디스크를 삽입하는 행위에 반응한다. 히스토리 상태는 처음에 스테레오를 켤 때 FM 튜너가 활성화되며, 그때부터 시스템은 라디오(FM 또는 AM)나 CBD가 마지막에 플레이되는지를 기억할 것이라는 것을 말해준다

- 서브 상태 머신은 제어가 다시 되돌아왔을 때 마지막 상태를 '기억'한다는 사실을 표현하는 히스토리(의사) 상태. 히스토리 상태는 처음에 서브 상태 머신에 들어왔을 때 활성화되는 '디폴트' 상태로의 전이를 갖는다.
- 전이의 보호 제약사항. 전이가 일어나는 이벤트가 발생할 때 보호 제약사항이 참이라고 평가되는 경우에만 전이가 활성화된다.
- 상태가 시작되거나 종료될 때 각각 실행되는 행위를 표현하는 상태의 시작 및 종료 활동
- 전이가 일어날 때 행위가 실행되는 전이의 효과

8장은 행위 문서화를 위한 표기법으로서 UML 상태 머신을 설명한다. 그림 8.8과 8.9는 UML 상태 머신 다이어그램의 다른 예를 보여준다.

그림 A.34는 상태 머신 다이어그램의 UML 표기법의 기본적인 요소를 보여준다. 그림 A.35는 상태 머신 다이어그램의 예다.

### A.5.7 유스케이스 다이어그램

8.3.1절은 행위 문서화의 표기법으로 유스케이스를 설명한다. 그림 8.2는 유스케이스 다이어그램의 예다.

시스템에서 사용할 수 있는 기능과 오퍼레이션, 또는 행위를 명세하는데 유스케이스 다이어그램을 생성해야 한다. 또한 각 유스케이스와 관련된 액터도 표시된다. 액터는 시스템 외부의 사람이나 사람이 아닌 실체다. 일반적인 유스케이스는 아키텍처 요소가 아니라, 시스템이 제공하는 행위의 개요를 보여준다. 따라서 유스케이스는 주로 시스템의 기능 요구를 수집한다.

유스케이스 다이어그램의 기본 표기법은 유스케이스의 원과 액터, 그리고 액터와 유스케이스의 관계를 보여주는 직선으로 구성된다. 주제(시스템 또는 서브 시스템)의 기능을 구분하는 유스케이스 그룹 주위로 사각형을 그릴 수 있다. 또한 액터나 유스케이스의 계층도를 보여주는 일반화를 사용할 수도 있다. 그림 A.36은 유스케이스 다이어그램의 기본적인 표기법을 보여준다.

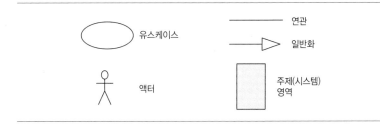

그림 A.36
UML 유스케이스 다이어그램에
사용되는 기호

유스케이스 사이에 명세될 수 있는 두 가지 관계는 다음과 같다.

- 확장$^{extend}$: 유스케이스 A가 유스케이스 B를 확장한다면 B에 명세된 행위가 조건적으로 B 안에 삽입된다. 유스케이스 B는 유스케이스 A가 '플러그인'될 수 있는 확장점$^{extension\ point}$을 갖는다고 생각한다. 특정한 조건(보통은 주석 노트에 명세된)이 참이면 유스케이스 A가 실행된다. 유스케이스 B는 A에 독립적으로 남아 있다. 그림 A.37은 그 예를 보여준다.

- 포함$^{include}$: 포함된 유스케이스의 행위는 포함하는 유스케이스 안에 삽입된다. 포함된 유스케이스는 선택 사항이 아니며, 포함하는 유스케이스는 이에 따라 다르다. 포함된 유스케이스는 여러 유스케이스에 의해 재사용될 수 있는 행위의 공통 부분을 분리하는 데 사용될 수 있다. 그림 A.37은 그 예를 보여준다.

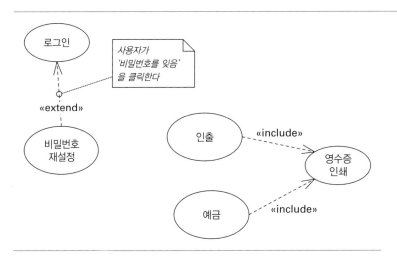

그림 A.37
왼쪽이 UML 유스케이스 다이어그램의 확장 관계의 예다. '비밀번호 재설정'에 있는 행위는 '로그인' 안의 적절한 위치에 삽입된다. 그러나 '로그인'은 '비밀번호 재설정'과 독립적으로 남아 있다. 오른쪽에는 포함 관계의 예가 있다. '영수증 인쇄'는 '인출'과 '예금'의 행위 안에 삽입된다. 이들은 '영수증 인쇄'의 실행에 의존한다.

## A.6 인터페이스 문서화

7장에서 소프트웨어 인터페이스 문서화에 대해 설명한다. 7.2.1절에서는 UML 다이어그램을 포함한 다이어그램에서 인터페이스를 표현하는 방법에 관한 충고를 제공한다.

다른 종류의 아키텍처 요소는 서로 상호작용하고 커뮤니케이션하는 인터페이스를 갖는다. 모듈과 컴포넌트의 인터페이스는 UML에서 다르게 표현된다.

모듈 인터페이스는 UML 제공 인터페이스$^{provided\ interface}$와 필수 인터페이스$^{required\ interface}$를 사용해 문서화돼야 한다. 모듈이 인터페이스를 제공(즉, 실현하거나 구현)할 때, UML에서 제공 인터페이스(막대사탕 기호)로 표현돼야 한다. 또한 인터페이스는 UML에서 스테레오 타입을 갖는 클래스로 표현돼, 인터페이스의 오퍼레이션과 속성을 더 쉽게 볼 수 있게 한다. 실현$^{realization}$ 화살표는 해당 모듈이 해당 인터페이스를 제공한다는 것을 나타내는 데 사용된다. 그림 A.38은 제공 인터페이스를 표현하는 두 가지 방법을 보여준다.

**그림 A.38**
UML에서 클래스(항법 시스템 상태)에 의해 인터페이스(Observable)가 공급(즉, 실현되거나 구현)되는 것을 보여주는 두 가지 방법

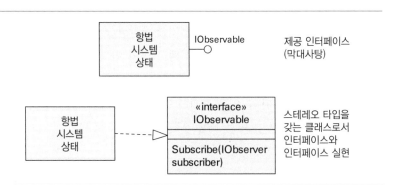

모듈이 인터페이스를 필요로 한다는 것을 나타내기 위해 모듈을 나타내는 클래스에 결합된 UML 필수 인터페이스(소켓 기호)를 사용해야 한다. 필수 인터페이스를 소켓으로 문서화하지 않는 것이 일반적이다. 그 대신에 제공 인터페이스는 해당 인터페이스를 요구하는 모듈로부터 《use》 의존성을 그려서 표현될 수 있다. 그림 A.39는 양쪽 옵션을 보여준다.

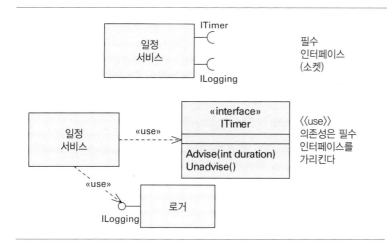

**그림 A.39**
UML에서 인터페이스가 클래스에 의해 사용되는(즉, 필요로 하는) 방법을 보여주는 두 가지 방법

C&C 뷰에서 인터페이스를 포트(컴포넌트 인터페이스)와 역할(커넥터 인터페이스)이라고 한다. 컴포넌트 포트는 선택적으로 UML 인터페이스(모듈과 마찬가지로 공급 및 필수 모두)로 확장된 UML 포트를 사용해 표현돼야 한다. 포트는 몇 개든 공급 및 필수 인터페이스를 어떤 조합으로든 포함할 수 있다. UML 인터페이스는 포트에 결합돼 해당 포트에 공급되거나 필요로 하는 오퍼레이션이나 속성을 나타낼 수 있다. 또한 포트는 다수성(일반적으로 컴포넌트 타입에만)을 포함해, 해당 포트 몇 개가 대응되는 인스턴스에서 발견될 수 있는가를 제한할 수 있다.

커넥터 역할을 표현하는 것은 UML에 조금 어렵다. 커넥터가 UML 커넥터를 사용해 표현될 때, UML 포트를 사용할 수 없다. 그 대신에 역할은 커넥터 끝에 라벨을 붙여서 식별하는 것이 최선이다. 그러나 커넥터가 UML 컴포넌트를 사용해 표현될 때, UML 포트는 역할(컴포넌트 포트에 대해서만)을 표현하는 데 사용될 수 있다.

3.4.3은 UML에서 컴포넌트와 포트, 커넥터를 표현하는 것에 관한 충고를 제공한다.

OCL은 OMG 표준으로, 명세는 omg.org/spec/OCL에서 찾을 수 있다.

**조언**

UML 인터페이스는 오퍼레이션과 속성의 구문을 서술한다. 의미론과 에러 조건, 인터페이스 리소스의 품질 속성을 수집하기 위해서 다이어그램의 주석 상자나 아키텍처 뷰의 요소 카탈로그를 사용할 수 있다. 또한 인터페이스의 의미론과 사용 제약사항도 OCL[Object Constraint Language]을 사용해 문서화될 수 있다. OCL은 UML 모델에 작용하는 형식적인 선언 언어다.

## UML 도구

UML 도구에는 다양한 상업용과 무료 도구가 있다. 내가 소프트웨어 아키텍처를 실무자에게 가르칠 때 "어떤 UML 도구가 가장 좋은가"라는 질문을 자주 받는다. 나는 항상 일반적인 대답으로 응답한다. "경우에 따라 다르지요." 그리고 정말로 그렇다. 요즘 UML 도구는 UML 모델과 다이어그램을 생성하는 것 이상의 훨씬 더 많은 것을 한다. 일부 도구가 제공하는 것은 다음과 같다.

- 역공학
- 코드 생성
- MDA<sup>Model-Driven Architecture</sup> 준수
- 코드 컴파일과 디버깅
- 요구 마이닝
- 프로젝트 관리 지원
- 설계 지원
- 소프트웨어 개발 프로세스(RUP와 같은) 지원
- 코드 복잡도 분석 및 자동 리팩토링
- 다른 언어(BPMN과 E-R 다이어그램과 같은)를 사용한 모델링
- 영향 분석
- 로또 번호 계산(아니다. 이건 아니다.)

나는 여러 번 UML 도구 평가에 참여했다. 실무자로서 나는 일상적으로 UML 도구를 사용한다. 현재 다른 프로젝트에 서너 개의 다른 도구로 작업하며, 내 앞에 다른 도구가 있으면 좋겠다는 생각을 얼마나 많이 하는지 모른다. 여러분이 작업에 가장 좋은 도구를 사용하지 않기 때문에 여러분과 동료가 소비하는 여러분의 시간은 도구 그 자체보다 훨씬 비용이 많이 든다. 따라서 현명하게 선택하는 것은 결국 많은 고통과 돈을 절약하는 것이 된다.

UML 도구(또는 일반적인 소프트웨어 설계 도구)는 기본적으로 두 가지 카테고리가 있다. 모델링 도구와 그리기 도구다. UML 모델링 도구는 UML 다이어그램을 그리고 프로젝트 컨텍스트 안에서 여러분이 정의하는 모든 요소와 관계를 카탈로그시킬 수 있다. 따라서 시퀀스 다이어그램에서 ':A' 객체에서 ':B'로 메시지를 추가할 때 도구는 클래스 다이어그램의 클래스 'B'에 이전에 정의한 오퍼레이션 중 하나를 선택하도록 프롬프트를 띄운

다. 반대로 그리기 도구 또는 다이어그램 도구는 하부에서 모델을 생성하지 않고 UML 다이어그램을 그리게 한다. 여러분이 설계 다이어그램을 스케치하는 화이트보드나 종이가 가장 단순한 그리기 도구다. 복잡한 것은 예를 들어 파벨 헐비$^{\text{Pavel Hruby}}$의 UML 2 스텐실 (softwarestencils.com/uml에서 사용할 수 있음)과 함께 사용하는 마이크로소프트 비지오다.

많은 조직이 UML 도구를 채택하는 데 많은 노력을 기울인다. 이들 중 일부는 강력한 UML 모델링 도구를 구입해, 모든 사람의 머신에 도구를 설정하고, 사람들을 훈련시킨다. 그다음에는 어떤 일이 일어날까? 몇 개월 뒤에 제공된 도구의 10~15% 정도만 사용되거나 대부분의 사람이 단순하게 도구를 그리기 도구로만 사용한다는 사실을 알게 됐다. UML 도구를 선택하는 첫 번째 단계는 평가 기준을 정의하는 것이다. 이것은 잘 생각해낸 요구를 기반으로 해야 한다. 여기에 올바른 UML 도구에 대한 다음 요청에 대한 몇 가지 추천이다.

- 요구가 단지 "나는 좋은 UML 도구가 필요하다."가 아닐 수 있다. 도구는 여러분이 필요한 기능을 제공해야 한다. 예를 들어, 여러분은 역공학과 코드 생성(순공학)을 모두 지원하는 도구가 필요할 수 있다. 여러분은 타이밍 다이어그램을 제공하는 UML 도구를 찾을 수 있다. 모든 UML 도구가 모든 UML 다이어그램을 지원하는 것이 아니다.
- 요구는 도구를 사용할 사람들로부터 와야 한다. 때로는 관리 부서에서 대상 요구 사용자에게 물어보지 않고 도구를 구입한다.
- 여러분의 지역적인 분산을 고려한다. 일부 도구는 분산 팀을 더 잘 지원한다.
- 소프트웨어 개발 프로세스가 있다면 도구는 프로세스를 지원해야 한다. 도구에 맞추어 프로세스를 적응하는 것이 훨씬 어렵다.
- 도구 지원 비용을 고려한다. 무료 도구라면 커다란 사용자 기반을 갖는 유명한 제품이 부딪힌 문제의 해결 방안을 찾기 쉽다.
- 도구의 광고와 출판된 도구 순위를 맹목적으로 신뢰하지 말라. 평가지는 여러분이 아니라, 자신의 기준으로 도구의 순위를 매긴다.

나는 여러 가지 이유로 내가 어떤 UML 모델링 도구를 선호하는지 말하지 않고 이 설명을 끝내려고 한다. 여러분에게 적합한 것을 찾는 일은 재미있다. 적합한 도구는 여러분의 작업을 더 쉽게 만들어줄 수 있을 것이다.

　- P.M.

# SysML

존 맥그레거(John D. McGregor)와 함께

전용 아키텍처 서술 언어로 의도되지 않았지만, SysML<sup>Systems Modeling</sup> Language은 시스템 엔지니어의 많은 필요성을 충족시켜주는 충분한 구조를 제공한다. 엔지니어는 하드웨어의 토폴로지를 표현하고, 소프트웨어 단위를 이들 하드웨어 단위에 할당할 수 있다. 소프트웨어 아키텍처를 문서화하고, 특별히 하드웨어와 소프트웨어의 결합된 뷰를 보여주는 데 필요한 다양한 아키텍처 뷰를 표현하는 것이 가능하다.

SysML은 시스템 엔지니어링 애플리케이션의 다양한 범위의 분석과 설계 활동을 지원하는 범용 시스템 모델링 언어다. 시스템 엔지니어는 일반적인 문제 진술로 시작해 좀 더 특정한 문제 진술로 발전하고, 궁극적으로 다양한 솔루션 요소에 문제의 부분을 할당한다. SysML은 다양한 자동화된 분석 및 설계 도구를 지원하기 위해 충분한 상세한 사항이 명세될 수 있도록 정의됐다.

SysML은 OMG<sup>Object Management Group</sup>가 관리하는 표준이며, INCOSE<sup>International Council on Systems Engineering</sup>와 협력해 OMG에 의해 개발됐다. SysML은 UML<sup>Unified Modeling Language</sup>의 프로파일<sup>profile</sup>로 개발됐다. 프로파일이라는 것은 SysML이 UML의 많은 것을 재사용한다는 것을 의미하지만, 또한 시스템 엔지니어의 필요성을 충족시키기 위해 필요한 확장을 제공한다. 확장된 중첩은 SysML로 작성하는 시스템 엔지니어와 UML로 작성하는 소프트웨어 엔지니어 사이의 상호작용을 용이하게 한다. SysML은 SysML 구조를 정의하는 데 필요한 UML 요소를 포함함으로써 UML의 확장성을 유지한다.

SysML 표준은 표 B.1에서와 같이 여러 가지 다이어그램 타입을 정의한다. 첫 번째 열은 SysML이 변경하지 않고 재사용하는 UML 다이어그램 타입을 열거한다. 두 번째 열은 수정된 다이어그램 타입을 열거한다. 세 번째 열은 SysML에 고유한 다이어그램 타입을 열거한다. 관례상, SysML 다이어그램은 둘러싸는 프레임에 다이어그램 타입 지명자를 표시한다. 표에 있는 각 이름 다음에 두세 개의 문자가 다이어그램 타입을 식별하기 위해 각 다이어그램의 둘러싸는 프레임에 사용되는지 명자를 구성한다. SysML 모델은 보통 여러 다른 다이어그램 타입의 여러 다이어그램 인스턴스로 구성된다.

**표 B.1** SysML 다이어그램 타입

| 그대로 | 수정 | 고유 |
|---|---|---|
| 시퀀스(sd) | 액티비티(act) | 요구(req) |
| 상태(stm) | 블록(bdd) | 매개변수(par) |
| 유스케이스(uc) | 내부 블록(ibd) | |
| 패키지(pkg) | | |

## B.1 아키텍처 문서화

SysML 모델은 다이어그램 인스턴의 집합으로 함께 완전하게 대상을 서술한다. SysML은 ISO/IEC 42010 준수 서술을 구축하는 데도 사용될 수 있다. 또는 하나의 모델 안에 시스템의 아키텍처를 서술할 수 있다. SysML 모델은 일반적으로 패키지를 사용해 구성되며, 각 패키지는 네임스페이스namespace를 정의한다. 패키지는 다이어그램의 집합을 포함하며, 다른 패키지의 다이어그램을 임포트할 수 있다. SysML은 관점과 뷰의 표준 정의를 지원하며, 각각에 대해 스테레오 타입을 갖는다. SysML에서 뷰는 특정한 관점을 순응하는 정보를 포함하는 패키지로 표현된다. 그림 B.1은 SysML 블록 다이어그램에 서술된 하나의 관점과 3개의 순응하는 뷰의 예를 보여준다.

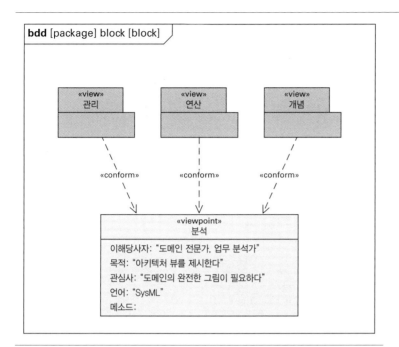

**그림 B.1**
SysML 블록 다이어그램

## B.2 요구

SysML은 요구 사이와 아키텍처에서 서술된 대로 요구에서 구현으로의 추적성을 수립하는 수단을 제공한다. 그림 B.2는 이들 관계를 보여준다. 다른 요구로부터 도출되는 요구를 포함해 요구는 다양한 이유로 서로 관련된다. 요구는 만족하다$^{satisfy}$ 관계를 통해 요구를 만족하는 요소에 관련될 수 있다. 이 기법은 요구를 아키텍처에 연결한다. 예를 들어 지불은 그림 B.2와 그림 B.3에 둘 다 표현된다.

그림 B.2
SysML 요구 다이어그램

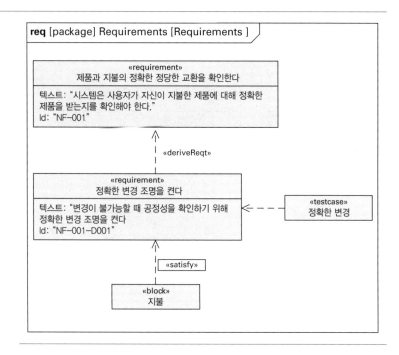

그림 B.2
SysML 요구 다이어그램

## B.3  모듈 뷰 문서화

표 B.2는 뷰와 그 너머 모듈 뷰와 SysML 블록 다이어그램block diagram의 요구 매핑을 제공한다. 블록block은 UML에서 클래스와 유사한 SysML 모델 요소다. 블록 다이어그램은 통상적인 일종이다is a, 의존하다depndes on, 부분이다is part of를 포함하는 블록의 집합 사이의 관계를 보여준다. 이것은 다른 뷰에서 참조될 기본적인 구조 정보다. 그림 B.3은 SysML 블록 다이어그램을 사용해 일종이다is a 모듈 뷰를 보여준다.

표 B.2 모듈 뷰와 SysML 개념 매핑

| 모듈 | SysML |
| --- | --- |
| 모듈 | 블록 |
| 일종이다(is a), 의존하다(depndes on), 부분이다(is part of) 관계 | 모든 관계 |
| 이름, 책임, 구현 정보 | 이름, 오퍼레이션, 속성 |
| 관계 속성 | 이름, 가시성, 많은 속성, 추가적인 속성을 정의할 가능성 |

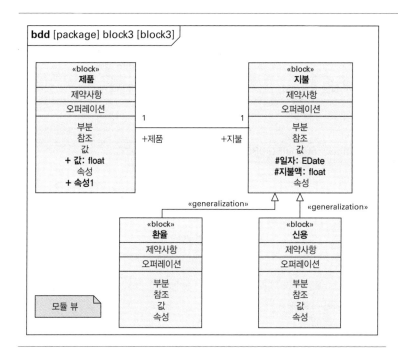

**그림 B.3**
SysML에서 일반화 뷰

## B.4 컴포넌트−커넥터 뷰 문서화

블록과 내부 블록 다이어그램이 함께 사용돼 C&C 뷰를 제공할 수 있다. 블록 다이어그램은 컴포넌트 타입과 이들의 관계를 정의하는 사용된다. 내부 블록 다이어그램<sup>internal block diagram</sup>은 컴포넌트 인스턴스와 이들의 연결을 표현하는 데 사용된다. 표 B.3은 C&C 뷰와 SysML 요구 매핑을 보여준다. 그림 B.4는 그림 B.3의 블록의 C&C 뷰를 보여준다.

**표 B.3** C&C 뷰와 SysML 개념 매핑

| C&C | SysML |
|---|---|
| 기본적인 처리 단위와 데이터 저장소 상호작용 메커니즘 | 블록과 파트 |
| 결합 | 흐름 포트와 항목 흐름 |
| 커넥터 | 커넥터. 커넥터는 out 포트를 in 포트에 연결한다. |
| 컴포넌트 이름, 타입, 다른 속성 | 이름, 타입, 블록의 다른 속성 |

이어짐

| C&C | SysML |
|---|---|
| 커넥터 이름, 타입, 다른 속성 | 이름 만. 다른 속성은 주석이나 스테레오 타입으로 추가될 수 있다. |
| 고정되지 않은 토폴로지 | 문제에 적합한 토폴로지 |

**그림 B.4**
내부 블록 다이어그램

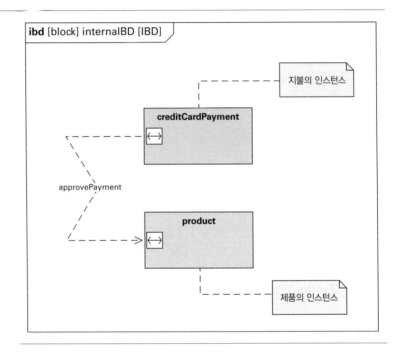

## B.5  할당 뷰 문서화

시스템 엔지니어는 할당 관계를 사용해 많은 다른 유형의 정보를 연관시킨다. SysML은 다양한 할당 타입을 보여주는 여러 가지 방법을 제공한다. 가장 일반적인 할당 뷰는 소프트웨어를 하드웨어에 할당하는 것이다. 표 B.4는 SysML 내부 블록 다이어그램과 할당 뷰 요구 매핑을 보여준다.

표 **B.4** SysML과 할당 뷰 개념 매핑

| 할당 | SysML |
|---|---|
| 소프트웨어 요소, 환경 요소 | 블록은 하드웨어를 표현하는 스테레오 타입을 갖는다. 해당 하드웨어에 할당되는 소프트웨어 서술이 추가된다. |
| 할당하다(allocated-to) 관계 | 이 할당의 관계는 실행하다(runs on)이다. |
| 소프트웨어 요소는 필수 속성을 갖는다. 환경 요소는 공급 속성을 갖는다. | 소프트웨어 요소와 하드웨어 요소는 둘 다 이 정보를 제공하는 다른 다이어그램에서 좀 더 완전한 서술을 갖는다. |
| 속성은 스타일에 의존한다. | 속성은 다른 곳에 정의된다. |
| 토폴로지는 스타일에 따라 다양하다. | 'from'과 'to' 요소의 쌍방 일치 |

그림 B.5는 블록 정의에서 'allocatedFrom' 파티션을 보여준다. 또한 'allocatedTo' 파티션으로 양방향 추적성을 제공하는 것도 가능하다. 또한 할당은 많은 다른 모델 요소에 명세될 수 있다. SysML은 할당의 테이블 스타일을 추가한다. 표 B.5는 그 예를 보여준다.

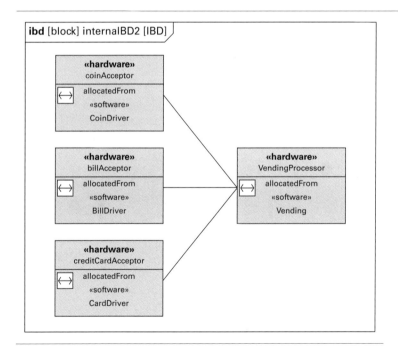

**그림 B.5**
SysML에서 하드웨어에 소프트웨어 할당

**표 B.5** 할당 테이블 뷰

| 타입 | 이름 | 단 | 관계 | 단 | 타입 | 이름 |
|------|------|-----|------|-----|------|------|
| 액티비티 | CoinDriver | from | 할당하다 | to | 블록 | coinAcceptor |
| 액티비티 | BillDriver | from | 할당하다 | to | 블록 | billAcceptor |

## B.6  행위 문서화

SysML은 행위를 모델링하는 두 가지 방식을 제공한다. 시퀀스와 액티비티 다이어그램이다. 시퀀스 다이어그램은 보통 시나리오의 단일 경로를 그리며, UML 정의로부터 변경되지 않는다. 액티비티 다이어그램은 SysML과 UML에서 모두 완전한 알고리즘을 표현할 수 있다. 그러나 SysML 액티비티 다이어그램은 더 광범위한 행위를 좀 더 정확하게 서술하도록 지원하는 많은 확장을 추가했다. 여기에는 다이어그램의 경로를 따라 다양한 점에서 입출력을 표현할 수 있는 능력과 활동을 클래스 다이어그램에 나타날 수 있는 일등급 엔티티로서 모델링할 수 있는 능력을 포함하며, 특수화/일반화 관계에 참여할 수 있다. 그림 B.6은 작은 액티비티 다이어그램을 보여준다.

**그림 B.6**
SysML 액티비티 다이어그램

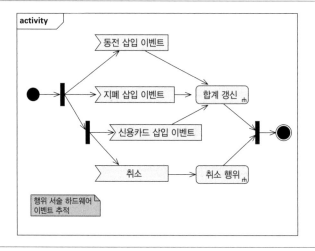

## B.7  인터페이스 문서화

SysML은 블록 다이어그램 타입에서 인터페이스 모델 요소를 제공한다. 또한 인터페이스는 관련된 제약사항을 가질 수 있다. 모든 SysML 다이어그램 타입과 마찬가지로, 제약사항이 다이어그램에 있는 어느 요소에든 추가돼, 보통 제약사항이 결합되는 요소의 의미론을 명세할 수 있다. 그림 B.7에서 제약사항은 뷰 인터페이스의 의존성의 의미를 수집하는 데 사용된다.

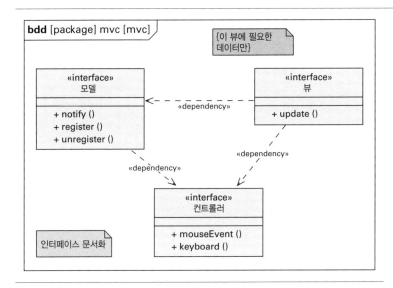

**그림 B.7**
SysML에서 인터페이스 문서화

## B.8  요약

여러 상업용 및 오픈소스 도구가 SysML을 지원한다. Topcased 프로젝트(topcased.org)는 SysML의 그래픽과 XML 기반 구문을 모두 지원하는 편집기를 제공한다. Rhapsody와 MagicDraw, Enterprise Architect와 같은 상업용 도구도 SysML을 지원한다.

이 책을 쓰는 시점에 SysML 버전 1.2가 가장 최신 릴리스다. SysML의 사용이 확장되면서 많은 변경 요청이 많이 나올 것으로 예상하며, 언어는 시스템 엔지니어링 커뮤니티의 필요성을 좀 더 완전하게 충족

시키도록 발전될 것이다. 또한 UML의 변경되는 부분도 SysML에 반영
될 수 있다. 메타 모델의 큰 부분을 공유하기 때문이다.

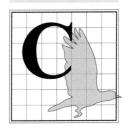

# AADL – SAE
# 아키텍처 분석과 설계 언어

피터 페일러(Peter Feiler)와 함께

## C.1 개요

아키텍처 분석과 설계 언어<sup>AADL, Architecture Analysis and Design Language</sup>(SAE
AADL 2010)는 유럽과 미국 항공, 우주, 자동차, 의료 장비 산업이 참여
하는 SAE 국제 산업 표준으로서 개발됐다. SAE 인터내셔널<sup>International</sup>은
항공 및 자동차 산업의 가장 큰 표준 공급자다. 처음에 AADL은 20개
이상의 회원 조직에 의해 승인됐으며, 2004년 11월에 출판됐다(SAE
2004/2009). 2009년 1월에 AADL의 산업 경험으로부터의 피드백을 기
반으로 SAE 문서 AS5506A로 개정판이 출판됐다.

AADL 표준은 소프트웨어 시스템의 런타임 아키텍처를 작업과 상호
작용, 아마도 분산 형식으로 시스템이 실행되는 하드웨어 플랫폼, 그리
고 비행기, 자동차, 의료 장비, 로봇, 위성 또는 이러한 시스템의 집합들
과 인터페이스하는 물리적인 환경이란 용어로 텍스트와 그래픽 언어
를 정의한다. 이 핵심 언어는 프로세서와 메모리, 네트워크, 다른 하드
웨어 플랫폼에 소프트웨어 배포 대안이란 점에서 시간과 리소스 소비
에 관한 속성과 애플리케이션 소스 코드의 추적성을 포함한다. AADL
은 사용자 정의 속성과 서브 언어 부속을 통해서 확장될 수 있다. 표준
은 SAE AS5506/1(SAE 2006)로 출판된 부속 문서 집합을 포함하며,
이 부속은 AADL 메타 모델과 AADL을 위한 XMI 모델 교환 형식을 정
의한다. 또한, 결함 모델링과 신뢰성, 의존성 분석을 지원하기 위한 표
준화된 확장으로서 에러 모델링 부속을 정의한다. 보안, 행위, 그리고
ARINC653과 같은 아키텍처와 같은 다른 확장이 시안 표준과 작업 중

문서로서 존재한다.

AADL의 UML 프로파일은 OMG[Object Management Group] 이니셔티브 (OMG 2009)와 함께 표준화되고 있다.

AADL은 여러 가지 컴포넌트의 카테고리를 제공한다.

- 개념 모델링과 아키텍처 템플릿 또는 패턴을 명세하는 데 사용되는 일반적인 추상화 컴포넌트
- 다음과 같은 소프트웨어 컴포넌트
  - 일정을 갖는 동시적인 작업을 표현하는 스레드
  - 공통적인 인터페이스를 갖는 그룹으로 스레드를 그룹화하는 것을 지원하는 스레드 그룹
  - 보호된 주소 영역을 표현하는 프로세스
  - 애플리케이션 데이터 타입과 정적인 데이터 컴포넌트를 모델링하는 데이터
  - 애플리케이션 함수와 함수 라이브러리를 표현하는 서브 프로그램과 서브 프로그램 그룹

- 다음과 같은 하드웨어 컴포넌트
  - 스레드를 실행하는 프로세서
  - 가상 머신과 계층적 스케줄러를 표현하는 가상 프로세서
  - 저장소 하드웨어를 표현하는 메모리
  - 하드웨어 컴포넌트 사이의 통신을 지원하는 데 사용되는 버스와 네트워크를 표현하는 버스
  - 프로토콜과 가상 채널을 표현하는 가상 버스
  - 엔진이나 카메라와 같은 물리적인 시스템의 컴포넌트를 표현하는 장치
- 소프트웨어와 하드웨어 컴포넌트의 계층적인 그룹화를 지원하는 시스템

AADL 표준은 특정한 의미론을 각 컴포넌트 카테고리에 연관시킨다. 예를 들어, 하이브리드 자동화란 관점에서 스레드의 실행 의미론을 정

의한다. AADL은 다른 카테고리의 컴포넌트에 포함 관계를 부과한다. 예를 들어, 스레드와 스레드 그룹은 하나의 프로세스에 포함돼야 한다. 프로세스와 하드웨어 컴포넌트, 시스템 컴포넌트는 시스템 컴포넌트에 포함될 수 있다. 상호작용 관계는 연결을 통해서 표현되며, 연관은 참조 속성을 통해서 표현된다.

　AADL 모델의 속성과 부속 주석은 그림 C.1과 같은 같은 아키텍처 모델로부터 다른 품질 속성의 분석적 모델의 생성을 지원한다(루이스와 페일러, 2008).

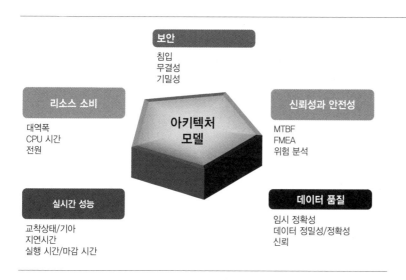

그림 C.1
다차원 AADL 아키텍처 분석

## C.2　모듈 스타일 문서화

AADL이 '모듈'이란 용어를 사용하지는 않지만, AADL은 구현 단위와 이들 사이의 관계를 표현할 수 있다. AADL 모델은 패키지로 구성되며, 각 패키지는 네임스페이스를 정의한다. 패키지는 자바 패키지와 유사하게 중첩된 명명 계층도 안에 둘 수 있다. 패키지는 컴포넌트 명세를 포함하며, 다른 패키지의 컴포넌트 사용을 명세할 수 있다. 패키지는 다른 패키지에서 접근할 수 있는 컴포넌트 명세를 포함하는 공개 부분과 패키지에 지역적인 컴포넌트 명세를 포함하는 비공개 부분을 갖는다. 패키지와 컴포넌트 명세는 표준화된 AADL 메타 모델을 기반으로 한 XMI 표현에 유지되며, 텍스트와 그래픽 표현을 둘 다 갖고 있다. 그래픽 표현은 특정한 관점에 따라서 해당 모델의 서브 집합을 보여준다.

컴포넌트 타입은 (텍스트 AADL에서 extends 키워드로 표현되는) 확장하다extends 관계를 통해서 다른 컴포넌트 타입 관점에서 정의될 수 있다. 이 관계는 UML의 일반화generalization 개념에 대응한다. 이것은 템플릿으로서 역할을 하는 불완전한 컴포넌트 타입이 기능과 속성의 명세를 완료함으로써 정제되고, 추가적인 기능으로 확장되도록 허용한다. 이들 컴포넌트 타입은 컴포넌트 인터페이스의 패밀리를 효과적으로 표현한다.

여러 컴포넌트 구현이 구현 명세의 일부로서 타입을 명명함으로써 표현되는 실현realization 관계를 통해서 컴포넌트 타입과 관련될 수 있다. 이들은 컴포넌트의 변형을 표현한다. 구현 그 자체는 다른 구현의 정제와 확장일 수 있다. 이들 불완전한 컴포넌트 타입과 컴포넌트 구현은 명확하게 매개변수화될 수 있다. 이것은 아키텍처 패턴과 참조 아키텍처, 시스템 아키텍처의 패밀리를 모델링할 수 있도록 허용한다(페일러 등 2004, 페일러 2007, 페일러 등 2009).

그림 C.2는 전력원, 수력원, 그리고 신호 흐름에 접근을 필요로 한다는 것을 나타내는 기능을 갖는 랜딩 기어 명세를 보여준다. 기능뿐만 아니라 컴포넌트도 속성을 가질 수 있다. 우리의 예에서 랜딩 기어는 무게 속성과 요구에 추적성을 제공하는 속성, 그리고 다중 티어 아키텍처에서 의도된 티어의 표시를 갖는다. 랜딩 기어 특징의 속성은 전력과 수력 요구를 나타낸다.

```
system LandingGear
  features
    ElectricalSupply: requires bus access ElectricalPower
      { SEI::PowerBudget => access 6000.0 w;};
    HydraulicPower: requires bus access HydraulicPressure
      {SAVI:: PressureBudget => access 300.0 psi;
      };
    Signals: requires bus access SignalFlow;
  properties
    SAVI::requirement => "Req 3";
    SEI::NetWeight => 30000.0 kg;
   SAVI::SystemTier => tier2;
  end Landing Gear
```

그림 C.2
랜딩기어 명세서

이 컴포넌트의 그래픽 뷰는 그림 C.3과 같으며, 오른쪽에 기능을 갖는 랜딩 기어를 보여준다. 하단에는 랜딩 기어 명세와 관련된 속성을 보여주는 속성 뷰어가 있다. 여러분은 왼쪽의 팔레트에서 적절한 컴포넌트 카테고리를 선택하고 팔레트로부터 기능을 컴포넌트 타입에 추가함으로써 새로운 컴포넌트 명세를 생성할 수 있다.

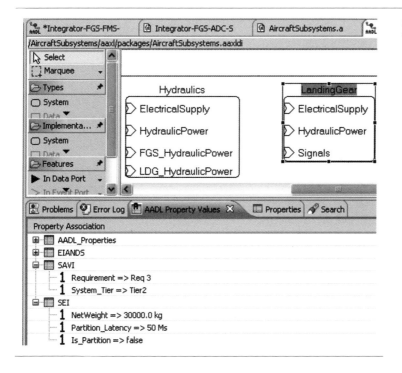

그림 C.3
컴포넌트 명세의 그래픽 뷰

사용자는 AADL 데이터 컴포넌트 타입을 사용해 데이터 타입을 정의할 수 있다. 이러한 데이터 타입 명세는 별도의 패키지, 그림 C.4의 예에서는 DataDictionary에 둘 수 있다. 이 명세는 소스 코드에 있는 데이터 타입을 아키텍처 수준에서 데이터 타입의 크기와 소스 파일, 기본 타입 표현, 그리고 데이터 값과 측정 단위에 대한 제약사항과 같은 적절한 속성으로 특징짓는다. 데이터 컴포넌트 타입은 클래스의 메소드를 반영하는 공급 서브 프로그램 기능을 가질 수 있다. 이러한 데이터 타입의 내부 상세는 프로그래밍 언어에서 선언되거나, UML 클래스 다이어그램과 같은 데이터 모델링 표기법으로 표현될 수도 있다. 또는 이들은 AADL로 표현될 수도 있다.

---

**그림 C.4**
사용자 정의 데이터 타입

```
package DataDictionary
    public
  data NavSignalData
    properties
      Source_Data_Size => 2 Bytes;
      Source_Text => ("DataDictionary.java");
      Data_Model::Base_Type => data BaseTypes::uint16;
      Data_Model::Real_Range => 0.0 .. 255.8;
      Data_Model::Measurement_Unit => "km";
    end NavSignalData;
```

---

컴포넌트 구현은 컴포넌트를 실현할 때 청사진으로서의 역할을 한다. 그림 C.5는 비행 관리자 프로세스의 구현에 대한 이러한 청사진의 예를 보여준다. 프로세스의 서브 컴포넌트로서 여러 스레드로 구성된다. 연결은 이들 스레드가 서로 그리고 왼쪽에 있는 프로세스 인터페이스의 기능을 통해서 프로세스 밖에 있는 컴포넌트와 통신하는 방법을 보여준다. 이 경우에 포트 그룹 그래픽은 포트 그룹의 요소를 보여주도록 확장돼 포트 그룹의 개별 포트가 연결된다.

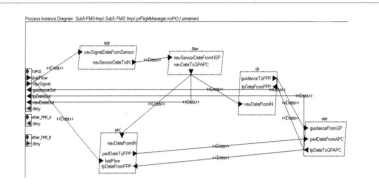

**그림 C.5**
비행 관리자의 컴포넌트 청사진

## C.3 컴포넌트-커넥터 뷰 문서화

각 AADL 컴포넌트 카테고리는 잘 정의된 의미론을 가지며, 이들 중 많은 것들이 컴포넌트-커넥터[C&C] 뷰의 컴포넌트에 대응된다. 예를 들어, AADL 스레드는 동시적인 작업 또는 소스 코드의 순서적 실행을 표현하는 활성화 객체를 모델링한다. 스레드는 실행을 위해 가상 프로세서나 프로세서에 묶인다. AADL 스레드는 정기적으로 디스패치[dispatch]되거나, 이벤트나 메시지의 도착에 의해 트리거된다. 후자의 경우에 스레드는 비정기적으로, 즉 이벤트나 메시지 도착에 반응해 실행될 수 있다. 스레드가 이미 활성화됐다면 새로 도착한 이벤트나 메시지는 큐에 저장된다. 스레드는 산발적으로 실행될 수 있다. 즉, 이벤트와 메시지에 반응하지만, 실행한 최대 비율로 제한된다. 스레드는 timed라는 디스패치 프로토콜을 가질 수 있다. 즉, 비정기적 스레드와 같이 이벤트나 메시지에 반응하지만, 특정한 시간이 지나도록 이벤트나 메시지가 도착하지 않는다면 시간이 끝나게 된다. 스레드는 하이브리드 디스패치 프로토콜로 선언될 수 있다. 즉, 정기적으로 실행하며 이벤트와 메시지 도착에 반응한다. 스레드는 백그라운드 스레드로 디스패치될 수 있다. 즉, 한 번 디스패치되고 완료할 때까지 실행한다. 이러한 디스패치 프로토콜과 보류, 준비, 실행과 같은 스레드 스케줄링 상태는 하이브리드 오토마타를 사용해 표준에서 정확하게 정의된다.

그림 C.6은 프로세스의 컴포넌트 명세 예다. AADL 프로세스는 영역 파티션을 보여준다. 즉, 다른 프로세스로부터 런타임 주소 영역을 보호한다. 이것은 모든 컴포넌트 계층도 수준에서 예시하며, 컴포넌트의 완전한 인터페이스와 외부 컴포넌트의 서브 컴포넌트를 명세한다. 또한 포트 그룹의 사용을 예시해 이 프로세스가 다른 소프트웨어 컴포넌트와의 상호작용하는 포트의 컬렉션을 나타낸다. 다른 컴포넌트와 상호작용은 각 포트의 별개 연결 대신에 단일 포트 그룹 연결을 통해서 명시될 것이다.

---

**그림 C.6**
포트 그룹을 가진 소프트웨어
프로세스

```
process prFlightManager
    features
        toFGS: port group Integrator::FGS::FMS::ICD::FMS_To_FGS;
        other_FMS_A: port group Integrator::FGS::FMS::ICD::FMS_CrossPlg;
        other_FMS_B: port group Integrator::FGS::FMS::ICD::FMS_CrossSkt;
end prFlightManager
```

---

포트 관점에서 상호작용 세부사항은 그림 C.7에서와 같이 별도의 AADL 패키지 안에 있는 포트 그룹 타입 선언에서 별도로 명세된다. 우리의 예에서 하나의 포트 그룹은 두 개의 들어오는 포트와 네 개의 나가는 포트로 구성된다.

---

**그림 C.7**
포트 그룹 명세

```
Package Integrator::FGS::FMS::ICD
    public
    — DataDictionary 와 함께
    port group FMS_to_FGS
        features
            fuelFlow: in data port DataDictionary::FuelFlowData;
            navSignal: in data port DataDictionary::NavSignalData;
            guidanceOut: out data port DataDictionary::GuidanceData;
            fpDataOut: out data port DataDictionary::FPData;
            navDataOut: out data port DataDictionary::NavData;
            dmy: out event data port;
    end FMS_to_FGS;
```

---

포트 기반 통신은 메시지 형식(AADL 이벤트 데이터 포트)과 이벤트 형식(AADL 이벤트 포트), 상태 데이터 형식(AADL 데이터 포트)일 수 있다. 이벤트 데이터 포트와 이벤트 포트는 자신과 관련된 큐를 가질 수 있

다. 이와 함께 메시지나 이벤트 도착은 디스패치 프로토콜에 따라 스레드의 디스패치를 트리거할 수 있다. 데이터 포트와 이벤트 데이터 포트는 사용자 정의된 데이터 타입으로 타입이 결정될 수 있으며, 호환되는 데이터 타입을 갖는 포트만 연결될 수 있다.

AADL에서 커넥션 개념은 컴포넌트 포트나 서브 프로그램 기능, 또는 접근 기능을 연결하는 데 사용된다. 커넥션은 원하는 프로토콜이나 보증된 전달과 같은 프로토콜이 제공하는 서비스 품질을 나타내는 속성과 같은 속성을 가질 수 있다. 다음에 커넥션은 프로토콜 관점에서 가상 버스나 논리적인 커넥터 역할을 하는 버스 또는 송신자와 수신자의 다른 하드웨어 컴포넌트 사이에 통신을 수행하는 물리적인 커넥터와 묶인다.

AADL은 포트와 커넥션을 통해서 방향을 갖는 흐름을 지원한다. 스레드는 통제 시스템과 같이 신호 스트림의 정기적인 샘플링된 처리를 수행할 수 있으며, 결정론 샘플링을 보장하는 통신 타이밍 의미론을 포함한다. 또한 스레드는 데이터 주도적 메시지 처리와 구별된 이벤트 처리, 정기적 알람 처리를 수행할 수 있다. 포트 기반의 통신과 함께, AADL은 동시 제어(예를 들어 블랙보드 아키텍처)를 갖는 공유된 데이터 컴포넌트에 접근 모델링과 하드웨어 컴포넌트 사이에 통신을 위한 버스 컴포넌트에 공유된 접근을 지원한다. 마지막으로 AADL은 서비스 호출을 모델링하는 서브 프로그램을 호출을 통해서 스레드 사이와 장치와의 상호작용을 지원한다.

AADL은 컴포넌트 명세의 집합과 청사진과 시스템 모델의 인스턴스 사이를 구별한다. 인스턴스 모델은 최상위 수준 시스템 구현을 재귀적으로 인스턴스화한 결과다. 일반적으로 이러한 시스템은 애플리케이션 소프트웨어와 컴퓨팅 플랫폼, 물리적인 환경으로 구성된다. AADL 표준은 분석 도구가 직접적으로 또는 분석 모델과 런타임 실행부가 생성될 수 있도록 작용할 수 있는 인스턴스 모델의 별도의 XMI 표현을 정의한다.

인스턴스 모델은 그림 C.8에서와 같이 완전한 컴포넌트 포함 계층도를 표현한다. 커넥션 인스턴스는 컴포넌트 계층도의 리프 노드에 있는 컴포넌트 사이, 예를 들어 스레드 인스턴스 사이나 프로세서 인스턴스와 버스 인스턴스 사이에 있다. AADL 표준은 완전한 컴포넌트 포함 계층도가 인스턴스 모델에 반영되는 것을 요구하지 않는다. 인스턴스 모델은 커넥션 인스트를 갖는 컴포넌트 인스턴스만 포함하도록 평평해질 수 있다.

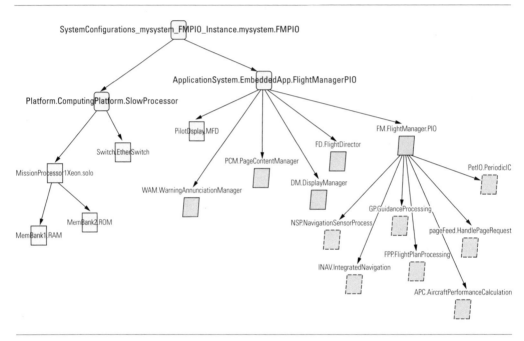

**그림 C.8**
시스템 인스턴스 모델의 컴포넌트 포함 계층도

AADL은 불완전한 시스템 모델의 인스턴스화를 지원한다. 이것은 이러한 모델이 개발 라이프사이클 초기에 분석될 수 있도록 하며, 모델로서 재고된 분석이 정제되도록 한다. 예를 들어, 단 하나의 프로세스만 스레드 모델로 확장된다. 각 모델에 대해 우리는 스레드로부터 데이터를 수집해 이것을 프로세스의 리소스 예산과 비교함으로써 리소스 예산 분석을 수행할 수 있다. 이들 예산은 하드웨어에서 가용한 용량과 비교된다.

AADL은 종단 간 흐름을 명세하는 능력을 제공하고 이들을 지연, 정교함, 기밀성과 같은 적절한 흐름 속성으로 주석화함으로써 시스템을 통한 중요한 흐름의 분석을 지원한다. 종단간 흐름은 컴포넌트 흐름 명세와 커넥션의 연속이란 관점에서 명세된다. 컴포넌트 흐름 명세는 컴포넌트 구현을 노출하지 않고도 컴포넌트 입력(포트)에서 출력(포트) 중 하나로의 흐름을 명세한다. 이것은 지연 분석과 같은 종단 간 흐름 분석이 명세된 흐름 속성을 기반으로 시스템의 시스템상에 수행되도록 하지만, 개별 시스템의 구현이 명세된 흐름 속성을 충족시키는지의 여부는 별도로 확인돼야 한다.

## C.4 배포 뷰 문서화

임베디드 시스템의 완전한 AADL 모델은 소프트웨어 컴포넌트와 컴퓨터 하드웨어 컴포넌트, 물리적 시스템의 컴포넌트를 포함한다. 애플리케이션 소프트웨어는 컴퓨터 하드웨어상에 배포돼야 우리가 타이밍, 성능, 신뢰성, 안전성 중요도, 보안 요구를 충족시키는 것과 같은 운영 품질 속성의 분석을 수행할 수 있게 된다.

그림 C.9는 배포 뷰의 그래픽 표현을 보여주며, 이것은 아키텍처 문서에서 종종 발견할 수 있다. 또한 컴퓨터 하드웨어 컴포넌트와 그들 안에 놓여진 소프트웨어 컴포넌트가 각각 하드웨어 컴포넌트에 묶여 있다는 것을 나타낸다. 이 배포 정보는 프로세서 바인딩, 메모리 바인딩, 그리고 커넥션 바인딩에 대한 속성을 통해서 기록된다. 이 배포 정보는 모델 상단에서 속성 값의 컬렉션으로 선언될 수 있으며, 프로세서와 메모리, 버스에 묶인 프로세스와 스레드를 참조할 수 있다.

**그림 C.9**
배포 뷰의 그래픽 표현

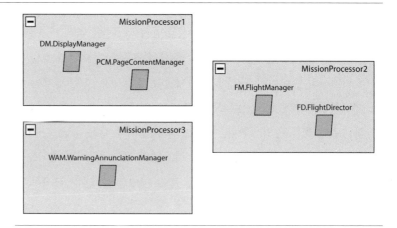

## C.5 행위 문서화

AADL은 다양한 시스템 행위의 모델링을 지원한다. AADL 모드와 모든 전이 개념은 사용자가 운영 모드와 다른 모드에 대한 다른 속성값, 그리고 다른 모드에 대한 컴포넌트와 커넥션의 다른 런타임 설정을 명세할 수 있게 한다. 예를 들어, 항공기의 유도 모드와 크루즈 모드 동안에 다른 스레드와 포트 커넥션을 정의할 수 있다.

또한 AADL 모드는 다른 결함 감내 설정을 정의하는 데 사용될 수 있다. 이것은 그림 C.10에서와 같이 아키텍처 다중화 패턴으로 예시된다. 이것은 헬스 여부를 결정하는 옵저버를 갖는 복제된 컴포넌트를 보여준다. 복제된 컴포넌트는 소프트웨어 컴포넌트나 하드웨어 컴포넌트일 수 있다. 핫 스탠바이 패턴에서 프라이머리와 백업 컴포넌트 둘 다 프라이머리 및 백업 모델에서 활동화된다. 수동적 백업 패턴에서는 어떤 순간에 단 하나의 컴포넌트만 활성화된다. 이벤트 트리거 모드는 이들 설정 사이의 전환의 동적인 면을 전이시킨다. 이들 아키텍처 패턴은 기본 기능 뷰를 복잡하게 하지 않는 관점으로서 아키텍처와 연관될 수 있다.

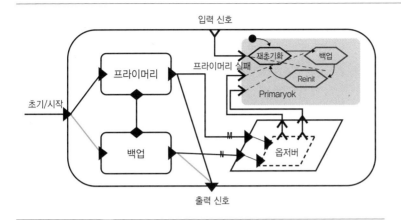

그림 C.10
이중화 패턴

AADL 속성 집합 메커니즘은 사용자가 일정한 분석을 지원하는 새로운 속성을 도입할 수 있게 한다. 예를 들어, Bell LaPadula와 Chinese Wall 프레임워크와 같은 보안 프레임워크의 보안 행위는 기존 AADL 모델 개념의 속성으로 표현될 수 있다(한슨[Hansson]과 페일러, 2008). 그림 C.11은 보안 분류의 정의를 해당 타입의 값을 가진 보안 속성을 정의하는 데 사용되는 열거형 타입으로 보여준다.

```
property set Security_types is
    -- 시스템에 적용할 수 있는 보안 수준
    -- 수준의 순서를 강제하지만,
    -- 순서가 전체 선형 순서로 제한되는 하도록
    -- 열거형 타입을 사용할 필요가 있다
    --
    -- 여기서 우리는 표준 군사/정부 분류를 사용한다
Classifications:
    type enumeration (unclassified, confidential, secret, top_secret);
```

그림 C.11
사용자 정의 속성

또한 AADL은 AADL 모델 주석에 서브 언어의 사용을 지원한다. 그림 C.12는 AADL 에러 모델 부속 언어를 사용한 에러 상태 머신의 명세를 보여준다(루지나[Rugina] 등, 2008). 이 에러 머신은 결함 없는 상태와 에러 상태, 내부 결함과 발생 가능을 가진 에러 전파, 그리고 에러 상태가 변경될 수 있는 조건을 명세한다.

**그림 C.12**
에러 모델 부속 서브 언어의 예

```
error model basic
features
        Error_Free: initial error state;
        Failed: error state;
        Crashed: error state;
        Fail: error event {occurrence =〉 poisson 10e−3};
        Repair: error event {occurrence =〉 poisson 0.0001};
        KO: in out error propagation {occurrence −〉 fixed p};
        OK: in out error propagation {Occurrence =〉 fixed 0.2−p};
end basic;

error model implementation basic.nominal
transitions
        Error_Free −[Fail]−〉 Failed;
        Failed −[Repair]−〉 Error_Free;
        Error_Free −[in KO]−〉 Failed;
        Failed −[out KO]−〉 Failed;
        Error_Free−[in KO]−〉 Failed;
        Failed−[out OK]−〉Crashed;
end basic.nominal;
```

에러 상태 머신은 컴포넌트 타입이나 컴포넌트 구현과 연관된다. 결과적으로 이 에러 상태 머신은 이 컴포넌트의 각 인스턴스에 결합된다. 다른 컴포넌트 인스턴스의 에러 상태 머신은 소프트웨어의 하드웨어 배포뿐만 아니라, 논리적 및 물리적 연결성을 기반으로 에러를 전파함으로써 상호작용한다.

또한 AADL은 이 책을 쓸 당시에 출판이 예정돼 있는 행위 부속 표준 시안을 갖는다. 이 부속에서 초점을 맞추고 있는 것은 컴포넌트 상호작용 행위와 컴포넌트 안에서 구별된 상태 행위의 명세를 지원하는 것이다.

## C.6   인터페이스 문서화

컴포넌트 타입은 다른 컴포넌트와의 인터페이스를 선언하며, 서비스 명세를 제공하고, 하드웨어 플랫폼에 대한 리소스 요구를 제시한다. AADL 기능 개념은 컴포넌트가 다른 컴포넌트와 상호작용하는 것을 통해서 공급 및 필수 기능을 모두 표현하는 데 사용된다. AADL은 컴포넌트 사이의 3가지 타입의 상호작용을 지원한다. (1) 하나의 컴포넌트에서 다른 컴포넌트로 데이터, 이벤트 및 메시지의 포트 기반 흐름 (2) 공유된 데이터 컴포넌트와 같이 공통적인 리소스에 공유된 접근을 통한 통신 (3) 결과를 반환하는 서비스를 요청하는 서브 프로그램 호출이다. 또한 AADL은 구현에 접근하지 않고도 컴포넌트를 통한 흐름을 표현하는 흐름 명세의 개념을 지원한다. 흐름 명세는 컴포넌트를 통한 흐름의 예상 지연과 같은 속성을 가질 수 있다. 이들은 대규모 시스템의 종단 간 흐름 분석을 지원한다.

## C.7  요약

AADL은 동적인 시스템 아키텍처의 특성뿐만 아니라 정적인 구조와 상호작용 토폴로지의 모델링을 지원한다. AADL 모델에 반영된 의존성과 계층성은 변경용이성과 같은 아키텍처 설계에 집중된 품질 속성 분석의 중요한 기반이 된다. AADL 모델은 애플리케이션 소프트웨어의 작업과 통신 아키텍처, 런타임 아키텍처, 그리고 하드웨어 플랫폼과 가용성과 같은 운영 품질 속성의 분석을 지원하기 위한 소프트웨어의 하드웨어 배포를 포함한다.

AADL 표준은 XMI로 모델의 표준 상호변환 형식을 포함한다. 이 상호변환 형식은 기존 도구와의 통합과 프로젝트와 조직 사이의 AADL 모델 상호변환을 용이하게 한다. 이클립스를 기반으로 하며 상업용 도구조 지원하는 AADL의 오픈소스 도구 집합(OSATE라고 함)이 있다(SAE AADL 2010). 런타임 실행의 자동 생성뿐만 아니라, 많은 아키텍처 분석 도구가 이들 AADL 도구 집합에 통합돼 있다.

# 약어

| | |
|---|---|
| AADL | Architecture Analysis and Design Language 아키텍처 분석 및 설계 언어 |
| ACSPP | Architecture-centered software project planning 아키텍처 중심적 소프트웨어 프로젝트 계획 |
| AD | Architecture documentation 아키텍처 문서 |
| ADD | Attribute-Driven Design 속성 기반 설계 |
| ADL | Architecture description language 아키텍처 서술 언어 |
| ADR | Active design review 능동적 설계 검토 |
| AOP | Aspect-oriented programming 관점지향 프로그래밍 |
| AOPA | Aircraft Owners and Pilots Association |
| AOSD | Aspect-oriented software development 관점지향 소프트웨어 개발 |
| API | Application programming interface 애플리케이션 프로그래밍 인터페이스 |
| ArchE | Architecture Expert 아키텍처 전문가 |
| ARID | Active Reviews for Intermediate Designs 중간 설계 능동적 검토 |
| ASR | Architecturally significant requirement 아키텍처적으로 중요한 요구 |
| ATAM | Architecture Tradeoff Analysis Method 아키텍처 트레이드오프 분석 방법론 |
| ATIA | U.S. Army Training Information Architecture System |
| ATM | Asynchronous transfer mode 비동기 전송 모드 |
| AV | All-view 전체 뷰 |

| | |
|---|---|
| BDUF | Big design up front 대규모 사전 설계 |
| BPEL | Business Process Execution Language 업무 프로세스 실행 언어 |
| BPMN | Business Process Modeling Notation 업무 프로세스 모델링 표기법 |
| C&C | Component and connector 컴포넌트와 커넥터 |
| CCM | CORBA component model CORBA 컴포넌트 모델 |
| CLR | Common Language Runtime 공통 언어 런타임 |
| CM | Complexity 복잡성 |
| CONOPS | Concepts of Operations 운영 개념 |
| CORBA | Common Object Request Broker Architecture |
| COTS | Commercial off-the-shelf 상업용 기성품 |
| DBMS | Database management system 데이터베이스 관리 시스템 |
| DCM | Data collection module 데이터 수집 모듈 |
| DoD | U.S. Department of Defense 미 국방성 |
| DoDAF | Department of Defense Architecture Framework 국방성 아키텍처 프레임워크 |
| DSM | Dependency structure matrix 의존성 구조 매트릭스 |
| ECS | EOSDIS Core System |
| ERD | Entity-relationship diagram 엔티티-관계 다이어그램 |
| FEAF | Federal Enterprise Architecture Framework 연방 전사적 아키텍처 프레임워크 |
| FOS | Flight Operations Segment |
| FTX | Fault-tolerant UNIX 장애 감내 유닉스 |
| HLA | High-Level Architecture 상위 수준 아키텍처 |
| HTML | Hypertext Markup Language 하이퍼텍스트 마크업 언어 |
| HTTP | Hypertext Transfer Protocol 하이퍼텍스트 전송 프로토콜 |
| HTTPS | Hypertext Transfer Protocol Secure |
| IDL | Interface Definition Language (CORBA) 인터페이스 정의 언어 |
| IEEE | Institute of Electrical & Electronics Engineers |
| INCOSE | International Council on Systems Engineering |

| | |
|---|---|
| IP | Internet Protocol 인터넷 프로토콜 |
| ISO | International Organization for Standardization |
| Java EE | Java Platform, Enterprise Edition Java 플랫폼 기업용 판 |
| JSON | JavaScript Object Notation JavaScript 객체 표기법 |
| JSP | JavaServer Pages |
| JVM | Java Virtual Machine Java 가상 머신 |
| MVC | Model-view-controller 모델-뷰-컨트롤러 |
| OMG | Object Management Group |
| OSATE | Open-source AADL tool environment |
| OV | Operational view 운영 뷰 |
| OWL | Ontology Web language 온톨로지 웹 언어 |
| RAID | Redundant array of independent disk |
| RMI | Remote Method Invocation 원격 메소드 호출 |
| RUP | Rational Unified Process |
| SaaS | Software as a service 서비스로서 소프트웨어 |
| SAE | Society of Automotive Engineers |
| SARA | Software architecture review and assessment 소프트웨어 아키텍처 검토 및 평가 |
| SCM | Software configuration management 소프트웨어 형상 관리 |
| SDL | Specification and Description Language 명세 및 서술 언어 |
| SDPS | Science Data Processing Segment |
| SHARK | Sharing and Reusing Architectural Knowledge |
| SLA | Service-level agreement 서비스 수준 계약 |
| SOA | Service-oriented architecture 서비스지향 아키텍처 |
| SV | Systems and services view 시스템과 서비스 뷰 |
| SysML | Systems Modeling Language 시스템 모델링 언어 |
| TCP | Transmission Control Protocol 전송 제어 프로토콜 |
| TDDT | Training and Doctrine Development Tool |
| TLCD | Top-level context diagram 상위 수준 컨텍스트 다이어그램 |

| TOGAF | The Open Group Architecture Framework |
| TV | Technical standards view <sup>기술 표준 뷰</sup> |
| UM | Uncertainty <sup>불확실성</sup> |
| UML | Unified Modeling Language <sup>단일화 모델링 언어</sup> |
| UTMC | Unit Training Management Configuration |
| WBS | Work breakdown structure <sup>작업 분할 구조</sup> |
| WSDL | Web Services Definition Language <sup>웹 서비스 정의 언어</sup> |
| XML | Extensible Markup Language <sup>확장 마크업 언어</sup> |

# 용어 정리

- **UML**<sup>Unified Modeling Language</sup> 소프트웨어 시스템의 산출물을 시각화하고 명세하며, 구축하고 문서화하기 위한 그래픽 언어
- **가변성** 미리 계획된 방식으로 변경을 빠르게 달성하는 능력
- **가변성 메커니즘** 변경이 수행되면 그 결과로 새로운 인스턴스가 생성되는 변경을 위한 내장된 소프트웨어 메커니즘. 가변성 메커니즘이 발생하는 위치가 가변점이다.
- **가변성 지침** 아키텍처 문서에서 가변점이 아키텍처에 설계되고 이들을 실행하는 방법에 대해 설명하는 위치
- **가변점** 특정한 종류의 유연성이 내장돼 있는 아키텍처의 위치
- **가상 머신** 때로는 추상적인 머신이라고도 하는, 분리된 밀집성 있는 프로그램을 실행할 수 있는 서비스의 집합을 형성하는 모듈의 집합
- **결합된 뷰** 두 개 이상의 다른 뷰의 요소와 관계를 포함하는 뷰
- **계층적 요소** 유사한 종류의 요소를 구성할 수 있는 요소의 일종. 모듈은 스스로 모듈인 서브 모듈로 구성되기 때문에 계층적 요소다.
- **관계** 요소들이 함께 작업해 시스템의 작업을 완수하는 방법의 정의. 관계의 서술은 요소 사이의 관계의 이름을 짓고, 요소가 관계될 수 있거나 없는 방법에 관한 규칙을 제공한다.
- **관심의 시스템** ISO 42010은 관심의 시스템을 '개별 애플리케이션, 전통적인 의미에서의 시스템, 서브 시스템, 시스템의 시스템, 제품 라인, 제품 패밀리, 전체 엔터프라이즈, 그리고 다른 관심의 집합'을 망라하는 것으로 정의한다.

- **관점** ISO 42010은 관점을 아키텍처 뷰와 관련된 아키텍처 모델의 구축과 해석, 사용을 위한 관례를 수립하는 작업 산물로 정의한다.

- **구현 상속** 하나 이상의 이전에 정의된 구현에 기반을 둔 새로운 구현의 정의. 새로운 구현은 보통 조상의 행위를 수정한다.

- **구현 정제** 요소와 관계의 일부 또는 전체를 다른 좀 더 구현에 특정한 요소와 관계로 대체되는 정제

- **근거** 아키텍처 결정을 하게 된 이유의 설명

- **데이터 무결성** 시스템은 모든 애플리케이션 사이에 공유되는 데이터의 일관성과 정확성을 보장하는 속성

- **동적 아키텍처** 아키텍처 가변점이 런타임에 수행되는 아키텍처

- **레이어** 함께 밀집성을 갖는 서비스 집합을 다른 레이어에게 제공하는 모듈의 그룹. 레이어는 엄격한 순서를 갖는 사용-허용하다 관계에 의해 서로 연관된다.

- **모듈** 일관적인 책임의 집합을 제공하는 소프트웨어의 구현 단위

- **모듈 스타일** 모듈 타입의 특정한 집합을 도입하고, 이들 타입의 요소가 결합되는 방법에 관한 규칙을 명세하는 스타일의 일종

- **분할 정제** 하나의 요소가 내부 구조를 드러내도록 상세하게 설명하는 정제다. 내부 구조의 각 요소는 순환적으로 정제될 수 있다.

- **뷰** 시스템 요소의 집합과 이들 사이의 관계의 표현

- **뷰 패킷** 시스템의 작은 부분을 구현하는 데 배정된 개발자나 개요에 관심이 있는 고객과 같은 개별 이해당사자에게 보여주는 가장 작은 뷰 문서화의 단위

- **브리징 요소** 두 뷰에 공통적이며 하나의 뷰로부터 다른 뷰를 이해하는 연속성을 제공하는 데 사용되는 요소. 브리징 요소는 두 뷰에 나타나며, 보통은 뷰 사이의 매핑으로 결합된 그림을 보여줌으로써 대응성을 명확하게 하는 지원 문서를 갖는다.

- **사용하다 관계** 두 모듈 사이에 존재하는 의존성의 한 형태. A의 정확성이 B의 정확한 구현에 의존한다면 A는 B를 사용한다.

- **상위 수준 컨텍스트 다이어그램** 범위가 전체 시스템인 컨텍스트 다이어그램

- **서브 스타일** 다른 스타일과 일관성을 갖고(즉, 위반하지 않고) 요소 타입, 관계 타입 및 토폴로지 제한에 더 많은 제약사항을 추가한다면 다른 스타일의 특수화다.

- **서브 시스템** (1) 전체 시스템의 사명의 기능적으로 응집력 있는 서브 집합을 수행하고, (2) 독립적으로 실행될 수 있으며, (3) 점증적으로 개발되고 배포될 수 있는 시스템의 일부분

- **서술적 완결성** 아키텍처 문서화의 속성. 문서화 범위에 있는 시스템의 모든 요소와 관계를 문서화했다면 문서화는 서술적 완결성을 갖는다.

- **소프트웨어 아키텍처** 시스템을 추론하는 데 필요한 구조의 집합으로, 시스템은 소프트웨어 요소와 이들 사이의 관계, 그리고 이들 요소와 관계의 속성으로 구성된다.

- **소프트웨어 제품 라인** 특정한 시장의 필요성 또는 미션을 충족시키는 공통적이며 관리되는 기능 집합을 공유하며 미리 규정된 방식으로 핵심 자산의 공통 집합으로부터 개발되는 소프트웨어 집약적인 시스템의 집합

- **속성** 요소와 관계의 추가적인 정보. 아키텍처 해당 스타일을 기반으로 뷰를 문서화할 때 속성에는 값이 주어질 것이다. 속성 값은 보통 아키텍처가 품질 속성 요구를 충족하는지를 분석하는 데 사용된다.

- **스타일 지침** 아키텍처 스타일을 서술한 것으로, 설계의 용어(요소와 관계 타입의 집합)와 규칙(토폴로지 및 의미론적인 제약사항의 집합)을 명세한다.

- **스테레오 타입** 메타 모델의 의미론을 확장하는 UML 모델링 요소의 한 타입. 스테레오 타입은 일정한 기존의 메타 모델의 타입이나 클래스를 기반으로 해야 한다. 스테레오 타입은 의미론을 확장시킬 수는 있지만, 기존 타입과 클래스의 구조를 확장시키지는 못한다. 어떤 스테레오 타입은 UML에 미리 정의돼 있으며, 사용자가 정의할 수도 있다.

- **시스템** 공통적인 목적을 위한 구성된 엔티티(요소, 컴포넌트, 모델 등)의 컬렉션

- **아키텍처 밑그림** 지원 문서가 없는 뷰의 기본 프리젠테이션의 그래픽 부분

- **아키텍처 서술 언어** 소프트웨어 및 시스템 아키텍처를 표현하는 데 사용되는 언어다. ADL은 보통 그래픽 어휘와 아키텍처 표현에 내재하는 의미론을 모두 제공하며, 보통 관련된 도구를 사용한다.

- **아키텍처 스타일** 요소와 관계 타입의 특수화, 그리고 이들이 사용되는 방법에 대한 제약사항에 대한 집합

- **아키텍처 시각** '시스템의 여러 아키텍처 뷰에 걸쳐 고려할 필요가 있는 특정한 집합의 관련 품질 속성들을 나타내도록 하는 데 쓰이는 아키텍처 활동, 전술, 지침의 컬렉션'이다(로잔스키와 우즈, 2005).

- **아키텍처 이해당사자** 아키텍처에 기득권을 갖고 있는 사람

- **아키텍처 패턴** "아키텍처 패턴은 소프트웨어 시스템의 기본적인 구조적 구성 스키마를 표현한다. 미리 정의된 서브 시스템의 집합을 제공하며, 이들 책임을 명세하고, 이들 사이의 관계를 구조화하는 규칙과 지침을 포함한다."(부쉬만 외' 1996, p.12)

- **아키텍처 프레임워크** 특정한 도메인 또는 이해당사자 커뮤니티 안에서 수립된 아키텍처 서술의 관례와 공통적인 실천(ISO/IEC 42010:2007)

- **액터** 요소가 상호작용하는 다른 요소나 사용자, 시스템

- **엔티티** 데이터 모델에서 엔티티 집합이나 엔티티 타입의 특별한 인스턴스(예를 들어, 지구는 행성 엔티티 집합의 엔티티다)

- **역할** 커넥터의 인터페이스. 역할은 커넥터의 상호작용점을 정의하며, 컴포넌트가 상호작용에서 커넥터를 어떻게 사용하는지를 나타낸다.

- **오버레이** 두 개 이상인 뷰의 기본 프리젠테이션을 결합함으로써 결합된 기본 프리젠테이션의 문서화를 지원하는 뷰

- **요소** 스타일에 고유한 아키텍처 빌딩 블록. 요소는 모듈이나 컴포넌트나 커넥터, 또는 문서화하고 있는 아키텍처의 시스템의 환경 안에 있는 요소일 수 있다. 요소의 서술은 아키텍처 안에서 어떤 역할을 하는지를 말해주며, 중요한 속성을 나열하고, 뷰 안에 요소의 효과적인 문서화의 지침을 제공한다.

- **위키** 단순한 마크업 언어를 사용해 기여하거나 내용을 수정하기 위해서 어떤 사람이라도 접근할 수 있게 설계된 웹 페이지의 컬렉션

- **의존성 구조 매트릭스** 행과 열 헤더에 모듈을 표시하고 표의 셀에

의존성을 보여주는 테이블. 행의 모듈과 열의 모듈 사이에 의존성이 있는 경우에만 셀은 0이 아니다.

- **이해당사자**  아키텍처 이해당사자를 참조한다.

- **인터페이스 문서**  다른 실체가 상호작용하거나 커뮤니케이션하기 위해 요소를 공개적으로 알게 하도록 아키텍트가 선택한 것의 명세

- **인터페이스**  두 요소가 만나고 서로 상호작용 또는 의사소통하는 경계

- **인터페이스 상속**  이전에 정의된 하나 이상의 인터페이스에 기반을 둔 새로운 인터페이스 정의. 새로운 인터페이스는 보통 조상의 인터페이스의 서브 집합이다.

- **정제**  일련의 서술에 걸쳐서 점차적으로 정보를 드러내는 과정

- **질문 세트**  아키텍처 문서 검토를 위해 좁게 초점을 맞춘 목적을 집합적으로 해결하는 질문. 질문 자체 외에도, 질문 세트에는 사용자가 질문 세트가 적절하며 효과적으로 사용할 수 있다는 것을 확인할 수 있는 정보를 포함한다. 이 정보에는 이름, 목적, 이해당사자와 관심사, 응답자, 예상 답변, 중요성, 충고 등이 포함된다.

- **책임**  아키텍처 요소와 아키텍처에 공헌하기를 기대하고 있는 것에 관한 일반적인 진술. 이것은 수행하는 행위와 유지하는 지식, 또는 시스템의 전체 품질 속성 또는 기능을 달성하는 데 수행하는 역할을 포함할 수 있다.

- **커넥터**  두 개 이상의 컴포넌트 사이의 런타임 상호작용 경로

- **컨텍스트 다이어그램**  시스템(또는 고려하고 있는 시스템의 일부)과 환경 사이의 경계를 정의하는 표현으로, 상호작용하는 환경에서의 실체를 보여준다.

- **컴포넌트**  시스템 안에서 실행하는 기본적인 연산 요소와 데이터 저장소

- **컴포넌트-커넥터**(C&C) **스타일**  컴포넌트와 커넥터 타입의 특정한 집합을 도입하고, 이들 타입의 요소가 결합되는 방법에 대한 규칙을 명시한 스타일의 일종. 추가적으로 C&C 뷰가 시스템의 런타임 관점을 표현한다면 C&C 스타일은 또한 일반적으로 이 스타일로 설계된 시스템을 통해 데이터와 제어가 흘러가는 방법을 규정하는 연산 모델과 관련된다.

- **특수화** 어떤 스타일이 다른 스타일과 일관성을 갖고(즉, 위반하지 않고) 요소 타입, 관계 타입 및 토폴로지 제한에 더 많은 제약사항을 추가한다면 다른 스타일의 특수화다.

- **티어** 시스템 분할 메커니즘. 보통 클라이언트-서버 시스템에 적용되며, 시스템의 다양한 부분(티어)(사용자 인터페이스, 데이터베이스, 업무 애플리케이션 로직 등)이 다른 플랫폼에서 실행된다.

- **파이프** 필터의 출력 포트로부터 데이터를 값이나 순서를 변경하지 않고 다른 필터의 입력 포트로 전달하는 파이프-필터 스타일의 커넥터

- **포트** 컴포넌트의 인터페이스. 포트는 컴포넌트와 환경의 상호작용점을 정의한다.

- **프레임워크** 프레임워크는 일반적인 기능성을 제공하는 공통적인 코드가 특정한 기능성을 제공하는 사용자 코드의 의해서 선택적으로 재정의되거나 특수화될 수 있는 추상화다.

- **프로세스-커뮤니케이션 뷰** 컴포넌트가 독립적인 프로세스로 실행할 수 있는 C&C 뷰

- **필터** 입력 포트에서 읽은 데이터를 변형해 출력 포트에 쓰는 컴포넌트. 일반적으로 필터는 동시에 점증적으로 실행된다.

- **할당 스타일** 소프트웨어 단위를 소프트웨어가 개발되거나 실행되는 환경의 요소와 매핑을 서술하는 스타일의 종류

- **합성 스타일** 두 개 이상의 기존의 스타일을 결합한 것. 합성 스타일은 특정한 시스템에 적용될 때 뷰를 생성한다.

# 참고 문헌

Abelson, H., and G. Sussman. 1996. Structure and Interpretation of Computer Programs. 2nd ed. MIT Press.

Acme 2009. The Acme Project. http://www.cs.cmu.edu/~acme/.

Adventure Builder 2010. Java Adventure Builder Reference Application. https://adventurebuilder.dev.java.net/.

Agile Alliance. 2002a. "Manifesto for Agile Software Development." http://www.agilemanifesto.org.

---. 2002b. Web site. http://www.agilealliance.org.

---. 2002c. "Principles Behind the Agile Manifesto." http://www.agilemanifesto.org/principles.html.

Akerman, A., and J. Tyree. 2005. "Position on Ontology-based Architecture." Proceedings of the 5th Working IEEE/IFIP Conference on Software Architecture (WICSA 2005). November 6-10, pp. 289-290.

Alexander, Christopher. 1979. The Timeless Way of Building. Oxford University Press.

Allen, R. J., and D. Garlan. 1997. "A Formal Basis for Architectural Connection." ACM Transaction on Software Engineering and Methodology 6(3): 213-249.

Ambler, Scott W. 2006. "The Object Relational Impedance Mismatch." http://www.agiledata.org/essays/impedanceMismatch.html.

Ambysoft. 2008. "Modeling and Documentation Practices on IT Projects Survey Results: July 2008." http://www .ambysoft. com/surveys/modelingDocumentation2008.html.

Araujo, I., and M. Weiss. 2002. "Linking Patterns and NonFunctional Requirements." Proceedings of the Pattern Languages of Programs Conference (PLoP 2002). Monticello, Illinois, September 8-12. Available at http://www.hillside. net/plop/plop2002/proceedings.html.

Atlantic. 1956. "Rhythm in My Blood." The Atlantic Magazine, February 1956.

Avritzer, A., Y. Cai, and D. Paulish. 2008. "Coordination Implications of Software Architecture in a Global Software Development Project." Proceedings of WICSA 2008, pp. 107-116.

Bach, Maurice. 1986. The Design of the UNIX Operating System. Prentice Hall.

Bachmann, Felix, and Paulo Merson. 2005. Experience Using the Web-Based Tool Wiki for Architecture Documentation. Carnegie Mellon University, Software Engineering Institute Technical Note CMU/SEI-2005-TN-041.

Barker, Richard. 1990. CASE Method: Entity Relationship Modelling. Addison-Wesley.

Bass, L., P. Clements, and R. Kazman. 2003. Software Architecture in Practice. 2nd ed. Addison-Wesley.

Beck, Kent. 2000. Extreme Programming Explained: Embrace Change. Addison-Wesley.

Beck, Kent, and Cynthia Andres. 2004. Extreme Programming Explained: Embrace Change. 2nd ed. Addison-Wesley.

Bianco, Phil, Rick Kotermanski, and Paulo Merson. 2007. Evaluating a Service-Oriented Architecture. Carnegie Mellon University, Software Engineering Institute Technical Report CMU/SEI-2007-TR- 015.

Bianco, Phil, Grace Lewis, and Paulo Merson. 2008. Service Level Agreements in Service-Oriented Architecture Environment. Carnegie Mellon University, Software Engineering Institute Technical Note CMU/SEI-2008-TN-021.

Bloch, Joshua. 2006. "How to Design a Good API and Why It Matters." http://www.infoq.com/presentations/effective-api-design.

Boehm, B., D. Port, A. Egyed, and M. Abi-Antoun. 1999. "The MBASE Life Cycle Architecture Milestone Package: No Architecture Is An Island." 1st Working International Conference on Software Architecture.

Booch, Grady, James Rumbaugh, and Ivar Jacobson. 2005. The Unified Modeling Language User Guide. 2nd ed. Addison-Wesley.

Bosch, J. 2000. Design and Use of Software Architecture: Adopting and Evolving a Product Line Approach. Addison-Wesley.

Brooks, Jr., Frederick P. 1995. The Mythical Man-Month: Essays on Software Engineering. Anniv. ed. Addison-Wesley.

Buschmann, Frank, Regine Meunier, Hans Rohnert, Peter Sommerlad, and Michael Stal. 1996. Pattern-Oriented Software Architecture Volume 1: A System of Patterns. Wiley.

Buschmann, Frank, Kevlin Henney, and Douglas C. Schmidt. 2007a. Pattern-Oriented Software Architecture Volume 4: A Pattern Language for Distributed Computing. Wiley.

---. 2007b. Pattern-Oriented Software Architecture Volume 5: On Patterns and Pattern Languages. Wiley.

Cataldo, M., P. Wagstrom, J. D. Herbsleb, and K. Carley. Forthcoming. "Identification of Coordination Requirements: Implications for the Design of Collaboration and Awareness Tools." In Proceedings, Computer-Supported Cooperative Work.

Chen, Peter. 1976. "The Entity-Relationship Model: Toward a Unified View of Data." ACM Transactions on Database Systems 1(1): 9-36.

Clements, Paul, and Linda Northrop. 2001. Software Product Lines: Practices and Patterns. Addison-Wesley.

Clements P., R. Kazman, and M. Klein. 2002. Evaluating Software Architectures: Methods and Case Studies. Addison-Wesley.

Clements P., F. Bachmann, L. Bass, D. Garlan, J. Ivers, R. Little, R. Nord, and J. Stafford. 2003. Documenting Software Architectures: Views and Beyond. 1st ed. Addison-Wesley.

Cockburn, Alistair. 2000. Writing Effective Use Cases. Addison-Wesley.

———. 2001. Crystal methodologies Web page. http://alistair.cockburn.us/crystal.

———. 2002. Agile Software Development. Addison-Wesley.

———. 2004. Crystal Clear: A Human-Powered Methodology for Small Teams. Addison-Wesley.

Conway, M. E. 1968. "How Do Committees Invent?" Datamation 14(4): 28-31.

Date, C. J. 1999. An Introduction to Database Systems. 7th ed. Addison-Wesley.

———. 2003. An Introduction to Database Systems. 8th ed. Addison-Wesley.

de Boer, R. C., and R. Farenhorst. 2008. "In Search Of 'Architectural Knowledge.' " 3rd Workshop on SHAring and Reusing architectural Knowledge (SHARK). Leipzig, Germany. May 13, pp. 71-78.

DeRemer, F., and H. J. Kron. 1976. "Programming-in-the-Large versus Programming-in-the-Small." IEEE Transactions on Software Engineering, SAE 2(2): 80-86.

Dijkstra, E. W. 1968. "The Structure of the 'T.H.E.' Multiprogramming System." Communications of the ACM

18(8): 453-457.

---. 1972. "Notes on Structured Programming: On Program Families." In Ole-Johan Dahl, ed., Structured Programming, pp. 39-41. Academic Press.

Dobrica, L., and E. Niemela. 2002. "A Survey on Software Architecture Analysis Methods," IEEE Transactions on Software Engineering 28(7): 638-653.

DoDAF. 2007. U.S. Department of Defense Architecture Framework, version 1.5. http://www.defenselink.mil/cio-nii/docs/DoDAF_Volume_I.pdf.

Eeles, P., and P. Cripps. 2009. The Process of Software Architecting. Addison-Wesley.

Feiler, Peter H. 2007. Modeling of System Families. Carnegie Mellon University, Software Engineering Institute Technical Note CMU/SEI-2007-TN-047.

Feiler, Peter H., David Gluch, John Hudak, and Bruce Lewis. 2004. Embedded Systems Architecture Analysis Using SAE AADL. Carnegie Mellon University, Software Engineering Institute Technical Note CMU/SEI-2004-TN-005.

Feiler, Peter H., David P. Gluch, and John J. Hudak. 2006. The Architecture Analysis & Design Language (AADL): An Introduction. Carnegie Mellon University, Software Engineering Institute Technical Note CMU/SEI-2006-TN-011.

Feiler P., D. Gluch, K. Weiss, and K. Woodham. 2009. "Model Based Software Quality Assurance with the Architecture Analysis and Design Language." Proceedings of AIAA Infotech @Aerospace 2009, Seattle, Washington, April 6-9.

Flurry, G., and W. Vicknair. 2001. "The IBM Application Framework for e-business." IBM Systems Journal 40(1): 8-24.

Fowler, Martin. 2002. Patterns of Enterprise Application

Architecture. Addison-Wesley.

———. 2003. UML Distilled: A Brief Guide to the Standard Object Modeling Language. Addison-Wesley.

Freeman, Eric, Susanne Hupfer, and Ken Arnold. 1999. JavaSpaces Principles, Patterns, and Practice. Prentice Hall.

Gamma, E., R. Helm, R. Johnson, and J. Vlissides. 1995. Design Patterns: Elements of Reusable Object-Oriented Software. Addison-Wesley.

Garlan, D., and M. Shaw. 1993. "An Introduction to Software Architecture." In V. Ambriola and G. Tortora, eds., Advances in Software Engineering and Knowledge Engineering, vol. 2. World Scientific.

Garlan, D., R. Allen, and J. Ockerbloom. 1995. "Architectural Mismatch or Why It's So Hard to Build Systems out of Existing Parts." Proceedings of 17th Int. Conf. on Software Engineering, Seattle, Wash., April 24-28.

Garlan, D., and D. Perry. 1995. "Introduction to the Special Issue on Software Architecture." IEEE Transactions on Software Engineering 21(4): 269-274.

Garlan, David, and Bradley Schmerl. 2006. "Architecture-driven Modeling and Analysis." Proceedings of the 11th Australian Workshop on Safety Related Programmable Systems (SCS'06), Melbourne, Australia.

Garland, Jeff, and Richard Anthony. 2003. Large-Scale Software Architecture: A Practical Guide Using UML. Wiley.

Gelernter, D. 1985. "Generative Communication in Linda." ACM Trans. Program. Lang. Syst. 7, 1 (Jan. 1985), pp. 80-112.

Goethert, W., and J. Siviy. 2004. Applications of the Indicator Template for Measurement and Analysis. Carnegie Mellon University, Software Engineering Institute Technical Note CMU/SEI-2004-TN-024.

Gorton, I. 2006. Essential Software Architecture. Springer.

Hamalainen, N., and J. Markkula. 2007. "Quality Evaluation Question Framework for Assessing the Quality of Architecture Documentation." In the CD proceedings of E. Berki, J. Nummenmaa, M. Ross, and G. Staples, eds., Software Quality Meets Work-Life Quality. International BCS Conference on Software Quality Management-SQM 2007. Tampere, Finland, August 1-2.

Hansson, Jorgen, and Peter H. Feiler. 2008. "Enforcement of Quality Attributes for Net-centric Systems through Modeling and Validation with Architecture Description Languages." Proceedings of 4th International Congress on Embedded Real-Time Systems, January.

Harel, David, and Michael Politi. 1998. Modeling Reactive Systems with Statecharts: The Statemate Approach. McGraw-Hill.

Harvey, Miles. 2000. The Island of Lost Maps: A True Story of Cartographic Crime. Random House.

Hoare, C. A. R. 1985. Communicating Sequential Processes. Prentice Hall.

Hoffman, D. M., and D. M. Weiss, eds. 2001. Software Fundamentals: Collected Papers by David L. Parnas. Addison-Wesley.

Hofmeister, C., R. Nord, and D. Soni. 2000. Applied Software Architecture. Addison-Wesley.

Hohpe, Gregor, and Bobby Wolff. 2003. Enterprise Integration Patterns. Addison-Wesley.

Hughart, Barry. 1984. Bridge of Birds: A Novel of an Ancient China That Never Was. Random House.

Humphrey, Watts S. 1989. Managing the Software Process. Addison-Wesley.

IBM. 2004. Rational Unified Process. http://www306.ibm.com/software/awdtools/rup/.

IEEE 1471. 2000. IEEE Product No.: SH94869-TBR:

Recommended Practice for Architectural Description of Software-Intensive Systems.

IEEE Standard No. 1471-2000. Available at http://shop.ieee.org/store/.

IEEE 1516.1. 2000. IEEE Standard No.: 1516-1-2000: Standard for Modeling and Simulation (M&S)-High Level Architecture (HLA)-Federated Interface Specification. IEEE Product No.: SS94883-TBR. Available at http://shop.ieee.org/store/.

ISO/IEC 10746-2. 1996. Information Technology-Open Distributed Processing-Reference Model: Foundations. Available at http://www.iso.org/iso/catalogue_detail. htm?csnumber=18836.

ISO 15704. 2000. Industrial Automation Systems-Requirements for Enterprise-Reference Architectures and Methodologies. Available at http://www.iso.org/iso/catalogue_detail. htm?csnumber=28777.

ISO/IEC 42010. 2007. Systems and Software Engineering-Recommended Practice for Architectural Description of Software-Intensive Systems. (Identical to ANSI/IEEE Std 1471-2000). http://

www.iso-architecture.org/ieee-1471/.

ISO/IEC CD TR 24748. 2007. Systems and Software Engineering-Life Cycle Management-Guide for Life Cycle Management.

ISO/IEC 12207. 2008. Systems and Software Engineering-Software Life Cycle Processes. 2008.

ISO/IEC WD2 42010. 2008. Systems and Software Engineering-Architectural Description. Working draft dated 1 March 2008. http://www.iso-architecture.org/ieee-1471/docs/ISO-IEC-WD2v1-42010.pdf.

ISO/IEC CD1 42010. 2009. Recommended Practice for Architectural Description of Software-Intensive Systems-ANSI/IEEE Std 1471 :: ISO/IEC 42010. http://www.iso-architecture.org/ieee-1471/.

Iverson, K. E. 1987. "A Dictionary of APL." APL Quote Quad
18(1): 5.

Jackson, Michael. 1995. Software Requirements and
Specifications: A Lexicon of Practice Principles and
Prejudices. Addison-Wesley.

---. 2000. Problem Frames: Analysing & Structuring Software
Development Problems. Addison-Wesley.

Jacobson, I. 1992. Object-Oriented Software Engineering: A Use
Case Driven Approach. Addison-Wesley.

Jazayeri, Mehdi, Alexander Ran, and Frank van der Linden. 2000.
Software Architecture for Product Families: Principles and
Practice. Addison-Wesley.

Kiczales, G., J. Lamping, A. Mendhekar, C. Maeda, C. Lopes,
J. M. Loingtier, and J. Irwin. 1997. "Aspect-Oriented
Programming." Proceedings of the European Conference
on Object-Oriented Programming (ECOOP). Published as
Lecture Notes in Computer Science, Number 1241. Springer
Verlag, pp. 220-242.

Kircher, Michael, and Prashant Jain, 2004. Pattern-Oriented
Software Architecture Volume 3: Patterns for Resource
Management. Wiley.

Komiya, S. 1994. "A Model for the Recording and Reuse of
Software Design Decisions and Decision Rationale." Third
International Conference on Software Reuse: Advances in
Software Reusability. Rio de Janeiro, Brazil, November 1-4,
pp. 200-201.

Kruchten, Philippe. 1995. "The 4+1 View Model of Architecture."
IEEE Software 12(6): 42-50.

---. 2004. "An Ontology of Architectural Design Decisions
in Software Intensive Systems." Proceedings of the 2nd
Groningen Workshop on Software Variability, Groningen,

The Netherlands, December 2–3, pp. 54–61.

–––. 2009. "Documentation of Software Architecture
from a Knowledge Management Perspective–Design
Representation." In Software Architecture Knowledge
Management, ed. M. Ali Babar, T. Dings ø yr, P. Lago, and H.
van Vliet, pp. 39–57. Springer Verlag.

Kruchten, P., P. Lago, and H. van Vliet. 2006. "Building Up and
Reasoning about Architectural Knowledge." In QoSA: Quality
of Software Architecture. Published as Lecture Notes in
Computer Science, Number 4214, ed. C. Hofmeister, pp. 43–
58. Springer Verlag.

Kylmakoski, Roope. 2003. "Efficient Authoring of Software
Documentation Using RaPiD7." Proceedings of the 25th
International Conference on Software Engineering, Portland,
Oregon, May 3–10.

Laddad, Ramnivas. 2008. AspectJ in Action. Manning.

Lewis, Bruce A., and Peter H. Feiler. 2008. "Multi-Dimensional
Model Based Development for Performance Critical
Computer Systems Using the AADL." Proceedings of 4th
International Congress on Embedded Real–Time Systems,
January.

Liskov, B. 1987. "Data Abstraction and Hierarchy." OOPSLA'87:
Conference on Object Oriented Programming Systems,
Languages and Applications. Orlando. Also available as
SigPlan Notices 23(5): 17–34.

Louridas, P., and P. Loucopoulos. 2000. "A Generic Model for
Reflective Design." TOSEM 9: 199–237.

Martin, James, and Clive Finkelstein. 1981. Information
Engineering. Technical Report. Savant Institute.

Medvidovic, N., and R. N. Taylor. 1997. "A Framework for
Classifying and Comparing Architecture Description
Languages." Proceedings of the 6th European Software

Engineering Conference together with FSE4, pp. 60-76.

Microsoft Developer Network. 2002. Using .NET to Implement Sun Microsystems' Java Pet Store J2EE BluePrint Application. http://msdn2.microsoft.com/en-us/library/ms954626.aspx.

Moyers, Bill. 1989. A World of Ideas, ed. Betty Sue Flowers. Doubleday.

Nii, H. P. 1986. "Blackboard Systems." AI Magazine 7(3): 38-53 and 7(4): 82-107.

Nygaard, K., and O.-J. Dahl. 1981. "The Development of the SIMULA Language." In History of Programming Languages, ed. R. Wexelblat, pp. 439-493. Academic Press.

Object Management Group. 2009. Modeling and Analysis of Real-Time Embedded Systems (MARTE). http://www.omgmarte.org.

Palmer, Stephen, and John Felsing. 2002. A Practical Guide to Feature-Driven Development. Prentice Hall.

Parnas, D. L. 1971. "Information Distribution Aspects of Design Methodology." Proceedings of the 1971 IFIP Congress. North Holland Publishing.

---. 1972. "On the Criteria to Be Used in Decomposing Systems into Modules." Communications of the ACM 15(12): 1053-1058.

---. 1974. "On a 'Buzzword': Hierarchical Structure." Proceedings of the IFIP Congress '74, pp. 336-339.

---. 1996. "Why Software Jewels Are Rare." Computer 29(2), February, pp. 57-60.

Parnas, D. L., and D. M. Weiss. 1985. "Active Design Reviews: Principles and Practices." 8th International Conference on Software Engineering, pp. 215-222. Reprinted in Software Fundamentals: Collected Papers by David L. Parnas, ed. D. Hoffman and D. Weiss. Addison-Wesley.

Parnas, D. L., and P. C. Clements. 1986. "A Rational Design

Process: How and Why to Fake It." IEEE Transactions in Software Engineering SE-12(2): 251-257.

Parnas, D., P. Clements, and D. Weiss. 2001. "The Modular Structure of Complex Systems." Reprinted in Software Fundamentals: Collected Papers by David L. Parnas, ed. D. Hoffman and D. Weiss. Addison-Wesley.

Parnas, David L., and H. Wuerges. 2001. "Response in Undesired Events in Software Systems." In Software Fundamentals: Collected Papers by David L. Parnas, ed. D. Hoffman and D. Weiss. Addison-Wesley.

Paulish, D. J. 2002. Architecture-Centric Software Project Management: A Practical Guide. Addison-Wesley.

Perry, D. E., and A. L. Wolf. 1992. "Foundations for the Study of Software Architecture." Software Engineering Notes 17(2): 40-52.

Ponniah, Paulraj. 2007. Data Modeling Fundamentals. Wiley.

Prieto-Diaz, R., and J. M. Neighbors. 1986. "Module Interconnection Languages." The Journal of Systems and Software 6(4): 307-334.

Rozanski, N., and E. Woods. 2005. Software Systems Architecture. Addison-Wesley.

Rugina, Ana-Elena, Karama Kanoun, Mohamed Kaaniche, and Peter Feiler. 2008. "Software Dependability Modeling using an Industry-Standard Architecture Description Language." Proceedings of 4th International Congress on Embedded Real-Time Systems, January 2008.

SAE. 2004/2009. SAE International, Avionics Systems Division AS-2C Subcommittee: Standard Document SAE AS-5506A. Nov. 2004, rev. Jan 2009. Avionics Architecture Description Language Standard.

SAE. 2006. SAE International, Avionics Systems Division AS-2C Subcommittee. Annex Document AS-5506/1. June 2006.

SAE Architecture Analysis & Design Language (AADL) Annex
Volume 1: Graphical AADL Notation, AADL Meta-Model and
Interchange Formats, Language Compliance and Application
Program Interface.

SAE. 2010. AADL Standard Web site. http://www.aadl.info.SARA.
2002. Final Report of the Software Architecture Review and
Assessment (SARA) Group, version 1.0. http://philippe.
kruchten.com/architecture/SARAv1.pdf.

Scaffidi, Christopher, and Mary Shaw. 2007. "Developing
Confidence in Software through Credentials and Low-
Ceremony Evidence." International Workshop on Living with
Uncertainties at the 23rd IEEE/ACM International Conference
on Automated Software Engineering (ASE 2007), Atlanta,
Georgia, November 2007.

Schmidt, D., M. Stal, H. Rohnert, and F. Buschmann. 2000.
Pattern-Oriented Software Architecture Volume 2: Patterns
for Concurrent and Networked Objects. Wiley.

Schwaber, Ken. 2001. Agile Software Development with Scrum.
Prentice Hall.

SEI. 2010. "Defining Software Architecture." http://www.sei.cmu.
edu/architecture/start/definitions.cfm.

Shaw, Mary. 1990. "Elements of a Design Language for Software
Architecture." Position Paper for IEEE Design
Automation Workshop. January 1990. Unpaginated.

---. 1991. "Heterogeneous Design Idioms for Software
Architecture." Proceedings of the 6th International Workshop
on Software Specification and Design, Como, Italy, October
25-26, 1991, pp. 158-165.

---. 1995. "Making Choices: A Comparison of Styles for Software
Architecture." IEEE Software, Special Issue on Software
Architecture 12(6): 27-41.

---. 1996a. "Truth vs. Knowledge: The Difference Between

What a Component Does and What We Know it Does."
Proceedings of the 8th International Workshop on Software
Specification and Design, pp. 181-185.

---. 1996b. "Procedure Calls Are the Assembly Language of
Software Interconnection: Connectors Deserve First Class
Status." In Studies of Software Design, Proceedings of a
1993 Workshop, ed. D. A. Lamb; published as Lecture Notes
in Computer Science No. 1978, pp. 17-32. Springer Verlag.

Shaw, M., and D. Garlan. 1996. Software Architecture:
Perspectives on an Emerging Discipline. Prentice Hall.

Smith, C., and L. Williams. 2002. Performance Solutions: A
Practical Guide for Creating Responsive, Scalable Software.
Addison-Wesley.

Smith, John Miles, and Diane C. P. Smith. 1977. "Database
Abstractions: Aggregation and Generalization." ACM
Transactions on Database Systems 2 (2).

Snyder, A. 1986. "Encapsulaton and Inheritance in Object-
Oriented Programming Languages." In Proceedings of the
Conferences on Object-Oriented Programming Systems,
Languages, and Applications (OOPSLA'86), ed. Norman
K. Meyerowitz, pp. 38-45. Available as SIGPLAN Notices
21(11), November.

Soni, D., R. L. Nord, and C. Hofmeister. 1995. "Software
Architecture in Industrial Applications." Proceedings of the
17th International Conferences on Software Engineering, pp.
196-207.

Spivey, J. M. 1988. The Z Notation: A Reference Manual. 2nd ed.
Available at http://spivey.oriel.ox.ac.uk/mike/zrm/.

Stafford, J. A., and A. L. Wolf. 2001. "Software Architecture." In
Component-Based Software Engineering: Putting the Pieces
Together, ed. G. T. Heineman and W. T. Council. Addison-
Wesley.

Steward, Donald. 1981. "Design Structure System: A Method for Managing the Design of Complex Systems." IEEE Transactions on Engineering Management 28(33): 71-74.

Szyperski, C. 1998. Component Software: Beyond Object-Oriented Programming. Addison-Wesley.

Taylor, R. N., N. Medvidovic, and E. M. Dashofy. 2009. Software Architecture: Foundations, Theory, and Practice. Wiley.

TOGAF. 2010. The Open Group Architecture Framework, version 9. http://www.opengroup.org/architecture/
togaf9-doc/arch/.

Trachtenberg, Marvin, and Isabelle Hyman. 1986. Architecture: From Prehistory to Post-Modernism/The Western Tradition. Prentice Hall.

Urdangarin, R., P. Fernandes, A. Avritzer, and D. Paulish. 2008. "Experiences with Agile Practices in the Global Studio Project." IEEE International Conference on Global Software Engineering (ICGSE), Bangalore, India, August 17-20, pp. 77-86.

Weeks, Edward, and Emily Flint, eds. 1957. "Emily Dickinson's Letters." In Jubilee: One Hundred Years of the Atlantic. Little, Brown and Company.

Wikipedia. 2010a. "Architectural style." http://en.wikipedia.org/
wiki/Architectural_style.

---. 2010b. "Representational State Transfer." http://
en.wikipedia.org/wiki/REST.

---. 2010c. "Wiki." http://en.wikipedia.org/wiki/Wiki.

Wright, Tim. 2003. "Flying Like the Birds." AOPA Pilot. June 2003: 81-89. Also available at http://roman-hartmann.de/html/
flying_like_the_birds.html.

Yahoo!. 2010. Pipes Web site. http://pipes.yahoo.com/pipes/.

Zachman, J. A. 1987. "A Framework for Information Systems Architecture." IBM Systems Journal 26(3).

# 찾아보기

# 소프트웨어 아키텍처 문서화 2판

**발　행** | 2016년 7월 29일

**지은이** | 폴 클레멘츠 · 펠릭스 바흐만 · 렌 베스 · 데이비드 갈란
　　　　　제임스 이버스 · 리드 리틀 · 파울로 멀슨 · 로버트 노드 · 주디스 스태포드
**옮긴이** | 전 병 선

**펴낸이** | 권 성 준
**편집장** | 황 영 주
**편　집** | 조 유 나
**디자인** | 송 서 연

에이콘출판주식회사
서울특별시 양천구 국회대로 287 (목동)
전화 02-2653-7600, 팩스 02-2653-0433
www.acornpub.co.kr / editor@acornpub.co.kr

한국어판 ⓒ 에이콘출판주식회사, 2016, Printed in Korea.
ISBN  978-89-6077-887-0
ISBN  978-89-6077-114-7 (세트)
http://www.acornpub.co.kr/book/swarchitect-document-2e

책값은 뒤표지에 있습니다.

# 뷰 템플릿

**섹션 1. 기본 프리젠테이션**

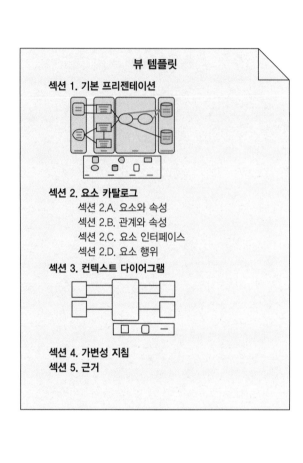

**섹션 2. 요소 카탈로그**

섹션 2.A. 요소와 속성

섹션 2.B. 관계와 속성

섹션 2.C. 요소 인터페이스

섹션 2.D. 요소 행위

**섹션 3. 컨텍스트 다이어그램**

**섹션 4. 가변성 지침**

**섹션 5. 근거**

## 뷰 너머 문서화 템플릿

**아키텍처 문서 정보**
{
섹션 1. 문서화 로드맵

섹션 2. 뷰 문서화 방법
}

**아키텍처 정보**
{
섹션 3. 시스템 개요

섹션 4. 뷰 매핑

섹션 5. 근거

섹션 6. 디렉토리 – 인덱스, 용어집, 약어 목록
}

## 인터페이스 문서화

1절. 인터페이스 명칭

2절. 리소스

　각 리소스에 대해 　– 구문

　　　　　　　　　 – 의미론

　　　　　　　　　 – 에러 처리

3절. 데이터 타입과 상수

4절. 에러 처리

5절. 가변성

6절. 품질 속성 특징

7절. 근거와 설계 문제

8절. 사용 지침